Treasures for Scholars Worldwide

俞江 ◉ 著

# 清代的合同

广西师范大学出版社
·桂林·

国家社会科学基金重点项目"清至民国徽州合同文书的辑释与研究（1644—1949）"（批准号：12AFX004）项目成果

QINGDAI DE HETONG
清代的合同

**图书在版编目（CIP）数据**

清代的合同 / 俞江著．—桂林：广西师范大学出版社，2022.2
　　ISBN 978-7-5598-4332-6

Ⅰ. ①清… Ⅱ. ①俞… Ⅲ. ①合同－法律文书－汇编－徽州地区－清代 Ⅳ. ①D927.542.362

中国版本图书馆 CIP 数据核字（2021）第 203508 号

广西师范大学出版社出版发行
（广西桂林市五里店路 9 号　邮政编码：541004）
　网址：http://www.bbtpress.com
出版人：黄轩庄
全国新华书店经销
广西广大印务有限责任公司印刷
（桂林市临桂区秧塘工业园西城大道北侧广西师范大学出版社集团有限公司创意产业园内　邮政编码：541199）
开本：787 mm × 1 092 mm　1/16
印张：37　　　字数：803 千字
2022 年 2 月第 1 版　　2022 年 2 月第 1 次印刷
印数：0 001~2 000 册　　定价：188.00 元
如发现印装质量问题，影响阅读，请与出版社发行部门联系调换。

# 序

本书的书名虽有"合同"二字，关心的却是民间大事。有人问：民间也有大事儿？那要看从什么角度说。从官府的角度，民间的事不算事儿，更别说大。我是这样看：如果有件事必须两家人坐一起，白纸黑字写下来，又要签字画押，有时还要摆酒桌，请亲朋喝几盅，那么它对这两家人肯定是大事了。所以，合同都是大事儿。民间当然还有别的大事，但这本书只讲合同。

那为什么说"民间"，而不是"民间社会"？旧时说"民间"，不用加"社会"；说"社会"，就不是民间。"社会"是什么？是祭祀社神而起的"会"。本书有些章节讨论"会"，顺便提到过"社会"，有兴趣可以翻翻。

我以为"民间"二字，是"万民之间"的缩略。《周官》有"万民"，地位不如大夫、士，但绝不卑贱。《大宰》说"以九职任万民"，九职排首位的是"三农"。"三农"就是居住在平原、山地和湖泽的农民。今天，农民是一种职业，但"九职"是王国分派的职务。《大宗伯》说，周王的策命分为九等，最低等称为"一命受职"，据说指下士，也有说包含中士和"不命之士"的。无论如何，士和万民同在王国任职，如果说士是公务员，万民就相当于国企职工。实际上，九等策命都以"受职"为基础，诸臣不必说，诸侯的职责是治理封国，不能履职的，朝觐时周王收回命圭，不必赴任了。周王不在九等之内，不过按旧说，天子也是一种爵位。上至周王，下逮万民，无不有职，也无不有责。尽职也称守职，不守职谓之废职。国家昌盛离不开每个人守职，这是周人的观念。

万民对王国的职责是纳税和服役。普通的赋役并不重，上缴的赋税不到粮食产量的十分之一。力役每年只有三日，田役要几年才轮上一次。最重的是兵役，各种战备物资如甲具、兵器、旗鼓、车马等等，无不由当地居民供应。万民源源不断地供应物资、人力和兵源，王国也尊重和保护他们，唯恐其利益受损。《小司徒》说"九夫为井，四井为邑"，描述的是西周早期的情景。"井"是方形的九百亩大田，每个农夫负责百亩。"邑"是封闭式的方形建筑，带军事防御功能，也有两层以上的，今天在赣南和闽南尚能见到，俗称围屋。井田是统一规划和整治好的。每四井一邑，也是建好的。负责耕种四井的农夫，只需携家人拎包入住。换言之，周朝的农民享受福利分房，分的还是联排别墅，外带种蔬果的菜园子。发达国家的中产阶级不过如此。

《周官·遂人》说"以下剂致甿"，郑玄说"甿"就是"民""氓"，本来不错。孟子说过，如果不胡乱征税，"则天下之民，皆悦而愿为之氓矣"。孟子是很高傲的，但他愿意用"氓"字。从他的话，依稀看出战国的民还有迁徙自由，也有愿与不愿的选择，这些都是周民尊严的残余。秦法之后，就大不如前了。郑玄说："甿犹懵。懵，无知貌也。"许慎也说："民，众萌也。萌而无识也"，又说"氓"读若"盲"。经他们重新诠释，民的形象变成无知识的孩童，欠教训，又很萌，萌得跟盲人一样，出门需要导盲犬。其实，王都百里之内称乡，乡外的边远地区称遂。遂的官府为招徕农夫垦荒，承诺发给永远耕种田地的权证，就是"下剂"。下剂是不起租、不强拆的保证书，是官府尊重农夫的表现。

我们说了，周民相当于有编制的国企职工。而且他们会打仗，随时上前线保家卫国，地位该比国企职工还高。他们的养老是绝不成问题的，年高望重者，每年周王还要陪着喝一次大酒。然而，经过汉儒的"炒作"，舆论从此一边倒，变成了氓、盲、懵、萌，相当于社会闲散人员。普通老百姓成日忙于生计，怎么会是闲散人员呢？因为观念变了，没有正式编制就是闲散人员。没有编制，若还真闲，那就是流氓或盲流了。有人说，秦王统一六国，灭了隔在君王与万民中间的贵族，民的地位自然上升了。如果您是正式编制的职工，突然下岗了，取消福利分房的待遇，自谋出路，还被说成氓、盲、懵、萌，这是地位上升还是下降呢？我觉得是下降了。看来世上没有"自然"的爱，秦王也不例外。

当然，不管升降，生活都要继续。本书就是讲述万民自谋出路以后的生活，简称民间生活。自二十世纪初以来，各种外来的激进思潮狂飙突进，颠覆了传统的一切。覆巢之下无完卵，原本的朝夕日用，迅速变成没了生命力的陈迹。到如今，人多不知祖辈的生活方式，更别提生活态度和日常规则。我并不认为"民间"二字与美好划等号，也不认为一提"传统"就要满含泪水。我只是不相信失忆的人会有正常的审美和道德判断力。斯为序！

俞 江

二〇一九年十月卅一日

# 目　录

导　论 ………………………………………………………………… 1

## 第一节　合同起源之一："契" ……………………………………… 1
　　一、契与"刻侧" …………………………………………………… 2
　　二、"傅别"、"书契"和"质剂" ……………………………………… 3
　　三、"判书" ………………………………………………………… 8

## 第二节　合同起源之二："约" ……………………………………… 10
　　一、要 ……………………………………………………………… 10
　　二、约 ……………………………………………………………… 11
　　三、盟 ……………………………………………………………… 13
　　四、小结 …………………………………………………………… 15

## 第三节　合同文书的统一性 ………………………………………… 16
　　一、纸质合同文书的时间跨度 …………………………………… 16
　　二、纸质合同文书的空间跨度 …………………………………… 17
　　三、古代合同的统一形制 ………………………………………… 19
　　四、统一形制的内在必要性 ……………………………………… 21

## 第四节　合同关系的类型 …………………………………………… 23

## 第五节　本书的结构与体例 ………………………………………… 27

# 第一编　家庭合同：分家合同

导　言 … 31

## 第一章　分书的外观与格式 … 36
一、阄书和分单的外观 … 36
二、序言 … 37
三、正文 … 38
四、尾部 … 39
五、加批 … 41

## 第二章　分家与门户 … 44
一、什么是"门户"？ … 45
二、什么是"钱粮"？ … 47

## 第三章　分家的当事人、有分人与参与人 … 50
### 第一节　分书中的署名 … 50
一、立分书人 … 50
二、家族与亲戚 … 50
三、中人与代书 … 52

### 第二节　兄弟或儿子 … 53
一、娶亲费用 … 54
二、长子产和长孙产 … 56

### 第三节　父母 … 57
一、父母的权力：主持分家 … 57
二、分家后父母的权利 … 60

### 第四节　有分人 … 62
一、在室亲女 … 62
二、待嫁亲女的奁产 … 63
三、归宗子侄 … 64
四、其他家属 … 65

## 第四章　分家时的债务：账 ……………………………………………… 70
### 第一节　欠账 …………………………………………………………… 71
一、账簿与账目清单 …………………………………………………… 72
二、欠账 ………………………………………………………………… 72
三、欠账的原因 ………………………………………………………… 74
### 第二节　借账和赊账 …………………………………………………… 74
一、借账 ………………………………………………………………… 74
二、赊账或生意账目 …………………………………………………… 75
### 第三节　会账 …………………………………………………………… 77
一、会次 ………………………………………………………………… 77
二、收与填 ……………………………………………………………… 78
三、偿还会账 …………………………………………………………… 78

## 本编小结　分家合同的性质 ……………………………………………… 82
一、分书是小家庭成立的凭证 ………………………………………… 82
二、分家中的基本财产关系 …………………………………………… 83

# 第二编　家族合同

## 引　论 ……………………………………………………………………… 87
一、家族的分类 ………………………………………………………… 87
二、血缘家族 …………………………………………………………… 89
三、族产的基本分类 …………………………………………………… 92

## 第五章　设定存众的合同 ………………………………………………… 96
### 第一节　概论 …………………………………………………………… 96
一、存众的设定目的与范围 …………………………………………… 96
二、存众的管理 ………………………………………………………… 97
三、存众的分割 ………………………………………………………… 98
四、存众的类型 ………………………………………………………… 101

## 第二节 存众楼屋 103
一、楼屋的基本管业关系 103
二、房步与股分 104
三、余地 106
四、存众与股分 107

## 第三节 存众山业 109
一、山业股分 109
二、存众山业 112

## 第四节 小结 114

# 第六章 存众祀产 116

## 第一节 概述 116
一、定义 116
二、性质 116
三、分类 118

## 第二节 设定祀产 119
一、祀田 119
二、祀会 121

## 第三节 经营祀产 124
一、经营管理 124
二、重振与清理 125

## 第四节 小结 126

# 第七章 坟产合同 128

## 第一节 概述 128
一、坟墓的结构 129
二、坟墓的余地 132

## 第二节 相邻坟产 134
一、同族相邻坟产 134
二、异姓相邻坟产 135

### 第三节　合墓分棺 ········· 138
一、合墓分棺的形成 ········· 138
二、坟墓的管业关系 ········· 141
三、小结 ········· 144

### 第四节　存众坟产 ········· 146
一、管业关系 ········· 146
二、家族坟山中的规则 ········· 148
三、收租管业 ········· 150
四、管理费用 ········· 152
五、小结 ········· 153

## 第八章　祠产合同 ········· 154

### 第一节　祠产的性质 ········· 154
一、祠产与祠户 ········· 154
二、祠户收入田产 ········· 155
三、族产与祠产辨析 ········· 158
四、小结 ········· 163

### 第二节　祠产的经营与管理 ········· 164
一、概述 ········· 164
二、收取升主银 ········· 165
三、买卖与置换 ········· 167
四、山场与坟山 ········· 169
五、散胙 ········· 172

### 第三节　祠之大事：祠屋与族谱 ········· 176
一、祠屋的兴建与重建 ········· 176
二、房分与支族 ········· 179
三、维修祠堂 ········· 182
四、纂修族谱 ········· 183

### 第四节　余论 ········· 185

**本编结论** ·········································································· 189
  第一节  家族合同与合同家族 ·················································· 189
    一、家族合同是一种代议契约 ············································· 189
    二、庶民家族是一种合同家族 ············································· 191
  第二节  错把他乡认故乡：家族会议≠"亲属会" ··························· 193
    一、家族会议的内容 ······················································· 193
    二、此会非彼会 ···························································· 195
  第三节  家族合同的特点 ······················································· 199
    一、持续性 ·································································· 199
    二、证据力 ·································································· 201

# 第三编  邀会合同

**第九章  会名与会次** ··················································· 205
  第一节  概述 ······································································ 205
  第二节  会名 ······································································ 206
    一、钱会 ····································································· 207
    二、祀会 ····································································· 208
  第三节  会次的财产价值 ······················································· 209
    一、会次的财产性质 ······················································· 209
    二、会次的用途 ···························································· 211
    三、会次的经营与管理 ···················································· 212

**第十章  祀会** ······························································· 215
  第一节  祀会的经营与管理 ···················································· 215
    一、普通祀会的经营 ······················································· 215
    二、祠会的经营 ···························································· 217
    三、祀会的管理 ···························································· 218
  第二节  神会的经营 ····························································· 219
    一、神会与自愿性 ························································· 219

二、经营与收益 …………………………………………………… 221
　　三、迎神赛会与神会 ……………………………………………… 222

## 第十一章　钱会导论 ……………………………………………………… 225
### 第一节　概述 …………………………………………………………… 225
　　一、钱会中的固定概念 …………………………………………… 227
　　二、钱会的分类 …………………………………………………… 230
### 第二节　会规的形制 …………………………………………………… 233
　　一、会规的格式 …………………………………………………… 233
　　二、会规是合同文书 ……………………………………………… 234

## 第十二章　轮　会 ………………………………………………………… 237
### 第一节　平金式轮会 …………………………………………………… 237
　　一、填会 …………………………………………………………… 238
　　二、卸会 …………………………………………………………… 238
### 第二节　堆金式轮会 …………………………………………………… 241
　　一、堆金式轮会Ａ型 ……………………………………………… 241
　　二、堆金式轮会Ｂ型＋抵当 ……………………………………… 244
### 第三节　缩金式轮会Ａ型 ……………………………………………… 247
　　一、基本原理 ……………………………………………………… 247
　　二、余利 …………………………………………………………… 248
### 第四节　抵押式轮会 …………………………………………………… 250
　　一、每会抵押 ……………………………………………………… 250
　　二、会首与一会抵押 ……………………………………………… 252

## 第十三章　摇　会 ………………………………………………………… 253
### 第一节　典型的缩金式摇会 …………………………………………… 253
　　一、缩金式摇会Ａ型 ……………………………………………… 253
　　二、余利补贴办法 ………………………………………………… 255
### 第二节　缩金式摇会的亚型 …………………………………………… 260
　　一、缩金式摇会Ｂ型：一会不满 ………………………………… 260

二、缩金式摇会C型：会脚承让会额 ······················································ 261
　　三、缩金式摇会D型：会脚承让会额＋"中填" ······································· 263
　　四、缩金式摇会E型：复式 ···································································· 265
　第三节　本章小结 ······················································································ 270

## 第十四章　钱会在民国的变化 ················································································ 272
　第一节　概述 ······························································································· 272
　第二节　堆金式摇会A型 ··········································································· 273
　　一、实例 ···································································································· 273
　　二、"假"摇会 ························································································· 275
　第三节　"夺五子会" ················································································· 276
　　一、实例 ···································································································· 276
　　二、夺五子会的作用 ················································································· 278
　第四节　民国晚期的谷会 ··········································································· 279
　　一、缩金式摇会A型 ················································································ 279
　　二、堆金式摇会B型 ················································································ 280
　　三、堆金式轮会 ························································································ 281
　　四、缩金式轮会B型 ················································································ 281
　　五、倒会或未完会的例子 ········································································· 283
　第五节　小结 ······························································································· 284

## 第十五章　钱会的管理与收益 ················································································ 287
　第一节　钱会的运营与管理 ······································································· 287
　　一、邀集 ···································································································· 287
　　二、"至公"的会 ····················································································· 288
　　三、会账 ···································································································· 290
　　四、倒会与清算 ························································································ 294
　第二节　会利率与钱会收益 ······································································· 295
　　一、钱会账面上的静态收益率 ·································································· 295
　　二、普通商业和借贷收益 ········································································· 297

三、田地投资收益率 ……………………………………………………… 299

**本编结论** ………………………………………………………………………… 316
　　一、钱会是一种合同关系 …………………………………………………… 316
　　二、会规的内容与性质 ……………………………………………………… 319

# 第四编　田土管业合同

## 第十六章　导论：田土管业契据 ……………………………………… 325
### 第一节　官府簿册与契 …………………………………………… 325
　　一、概述 ……………………………………………………………………… 325
　　二、官府簿册 ………………………………………………………………… 326
　　三、契 ………………………………………………………………………… 330
### 第二节　据之一：印照 …………………………………………… 331
　　一、契据＝契＋据 …………………………………………………………… 331
　　二、由帖到印照 ……………………………………………………………… 332
　　三、清晚期印照 ……………………………………………………………… 334
### 第三节　据之二：佥业票 ………………………………………… 334
　　一、清前期的佥业票 ………………………………………………………… 335
　　二、佥业票称谓之辨 ………………………………………………………… 338
　　三、清前期佥业票的性质 …………………………………………………… 341
　　四、清中后期的佥业票 ……………………………………………………… 342
### 第四节　据之三：推收税票 ……………………………………… 347
　　一、推收税票的兴起 ………………………………………………………… 347
　　二、清代推收税票 …………………………………………………………… 351
### 第五节　据之四：串票 …………………………………………… 357
　　一、截票与三联串票 ………………………………………………………… 358
　　二、新式版串 ………………………………………………………………… 359
### 第六节　契据与契书 ……………………………………………… 362
　　一、契据与门户文书 ………………………………………………………… 362

二、契据与证据 …………………………………………………………… 362
　　三、契书与管业凭据 ……………………………………………………… 364

## 第十七章　共业合同 …………………………………………………………… 367

### 第一节　概述 ………………………………………………………………… 367
　　一、共业 …………………………………………………………………… 367
　　二、共业合同 ……………………………………………………………… 368

### 第二节　股分管业 …………………………………………………………… 368
　　一、"股分" ……………………………………………………………… 368
　　二、股分管业的功用 ……………………………………………………… 369
　　三、出卖与实际分割 ……………………………………………………… 371

### 第三节　共同管业 …………………………………………………………… 372
　　一、共同管业的目的 ……………………………………………………… 372
　　二、共同管业的功用 ……………………………………………………… 374

### 第四节　分业合同 …………………………………………………………… 376
　　一、踏勘和定界 …………………………………………………………… 376
　　二、原契据的分派 ………………………………………………………… 377

### 第五节　小结 ………………………………………………………………… 378
　　一、共业合同是多方合同 ………………………………………………… 378
　　二、共业合同是有偿合同 ………………………………………………… 379
　　三、共业合同是要物合同 ………………………………………………… 379

## 第十八章　邻界合同 …………………………………………………………… 380

### 第一节　邻界合同的功用 …………………………………………………… 380
　　一、实际边界与登记边界 ………………………………………………… 380
　　二、实际边界与纠纷和解 ………………………………………………… 382

### 第二节　"定分"与"情理" ……………………………………………… 383
　　一、民间调解结案文书 …………………………………………………… 383
　　二、边界中的规则与情理 ………………………………………………… 384

## 第十九章 换产合同 ... 389
### 第一节 概述 ... 389
一、换产合同的功用 ... 389
二、换产合同的三种格式 ... 390
### 第二节 便契、换契与合同 ... 391
一、便契与便约 ... 391
二、换契与换契合同 ... 392
三、换产的草契习惯 ... 393
### 第三节 换产与管业凭据 ... 394
一、换产合同与交易手续 ... 394
二、换产合同的性质 ... 396
### 第四节 小结 ... 397

## 第二十章 召租合同 ... 399
### 第一节 典型"对书": 召租批的形制与意义 ... 399
一、召租批与对书形制 ... 399
二、召租批的意义 ... 402
### 第二节 是租不是租? ... 404
一、设定小买管业 ... 404
二、设定永租管业 ... 406
### 第三节 召租与山林经营 ... 407
一、区分栽苗期和掌养期的山林召租 ... 408
二、看山与永租 ... 411
### 第四节 山地召租与包芦经营 ... 412
一、概述 ... 412
二、包芦承种人的管业 ... 414
三、清理棚民与管业权限 ... 416
### 第五节 小结 ... 419
一、召租的类型 ... 419
二、查禁棚民: 何种理由? 何种冲突? ... 420

# 第五编　调处合同——以坟墓纠纷调处为例

## 第二十一章　侵害坟墓的纠纷 ······ 425
### 第一节　概述 ······ 425
### 第二节　盗葬 ······ 429
　　一、盗葬与罪名 ······ 429
　　二、盗葬与刑罚 ······ 431
### 第三节　盗卖 ······ 432
　　一、盗卖与变卖 ······ 432
　　二、收买"分籍" ······ 434
### 第四节　盗砍荫木 ······ 435
　　一、律例加重过程 ······ 435
　　二、民间的处理办法 ······ 438

## 第二十二章　坟界纠纷的调处 ······ 441
### 第一节　坟界纠纷与调处 ······ 442
　　一、异姓相邻坟墓与调处 ······ 442
　　二、同族相邻坟墓与调处 ······ 445
### 第二节　禁步 ······ 446
　　一、禁步惯例 ······ 446
　　二、法令中的禁步 ······ 448
　　三、禁步惯例与法令的关系 ······ 451
### 第三节　其他解纷合同 ······ 454
　　一、坟山禁约 ······ 454
　　二、齐心诉讼合同 ······ 455
　　三、劝息约 ······ 457
### 第四节　再议古代中国的"民法" ······ 460
　　一、习惯与合同的关系 ······ 460
　　二、等级体系与"庶民之法" ······ 462

# 第六编　禁约合同

## 第二十三章　乡规与民约 …………………………………………………… 469
### 第一节　概述 ………………………………………………………………… 469
一、禁令与禁约榜文 ………………………………………………………… 469
二、禁约告示与官禁碑 ……………………………………………………… 470
三、"禁约"辨义 ……………………………………………………………… 471
四、禁约合同与民禁碑的关系 ……………………………………………… 475
### 第二节　"乡规"：禁约合同的公共性 ……………………………………… 477
一、官禁约与公共性 ………………………………………………………… 477
二、民禁约与公共性 ………………………………………………………… 480
三、再议公共事务类的民禁约：以禁约窃盗为例 ………………………… 482
### 第三节　"民约"：禁约合同的私人性——以禁山约为例 ………………… 484
一、禁山约的订约人与禁止对象 …………………………………………… 484
二、禁止砍伐的办法 ………………………………………………………… 485
三、禁山约的性质 …………………………………………………………… 488

## 第二十四章　乡约与乡禁约 …………………………………………………… 490
### 第一节　明清时期的乡约 …………………………………………………… 490
一、乡约的渊源与发展 ……………………………………………………… 490
二、清代的乡约 ……………………………………………………………… 492
### 第二节　乡禁约 ……………………………………………………………… 494
一、乡禁约的渊源 …………………………………………………………… 494
二、乡禁约的内容 …………………………………………………………… 496
三、乡禁约的性质 …………………………………………………………… 498

## 本编结论 ………………………………………………………………………… 504
一、民间自治与私人管业 …………………………………………………… 504
二、合同联合体与自治组织 ………………………………………………… 506

# 第七编　应役合同

## 第二十五章　里甲承充合同 ………………………………………… 513
### 第一节　概述 ……………………………………………………… 513
一、里的缘起 …………………………………………………… 513
二、里与催科 …………………………………………………… 515
三、清代的里役 ………………………………………………… 518
四、非法定的银力差 …………………………………………… 520
### 第二节　轮充与应比 ……………………………………………… 524
一、排年：里甲承充的办法 …………………………………… 524
二、催征与应比 ………………………………………………… 530

## 第二十六章　保甲承充合同 ………………………………………… 534
### 第一节　清代保甲制概述 ………………………………………… 534
一、从总甲到保甲 ……………………………………………… 534
二、保甲制的完善 ……………………………………………… 535
### 第二节　保甲与乡里 ……………………………………………… 537
一、保甲变例之一：以黟县为例 ……………………………… 537
二、约保的传统：休宁与婺源 ………………………………… 538
三、里甲与保甲重合：祁门与歙县 …………………………… 541
### 第三节　本职与兼差 ……………………………………………… 544
一、保甲本职与保甲自治 ……………………………………… 544
二、衍生职役与兼差 …………………………………………… 547
三、结论 ………………………………………………………… 548

**参考书目** ………………………………………………………………… 553

**全书图表名** ……………………………………………………………… 567

**跋** ………………………………………………………………………… 569

# 导 论

## 第一节　合同起源之一："契"

在现代汉语中，"契约"与"合同"是意义等价的词。日常语言中，"合同"更加通用。"契约"较为典雅，常出现在学术著作中。

在古汉语中，"契"与"约"，"契"与"合同"，"约"与"合同"均有区别。张传玺先生在1982年《文史》第16辑上发表的《中国古代契约形式的源与流》一文①中，辟专节研究了"合同形式"，区分了"合同"与"单契"这两种古代契约形式。他指出，上古的契分为左右两支，"基本特点是两支契上都写有全部契文，又在两契并合处大书一个'同'字，使两支契上各带有半个'同'字。这实际是最早的款缝制度，或谓之押缝制度。后来又发展为大书'合同'二字，使每支契上各带有'合同'二字之半。合同契之名也由此得来"。②合同契与单契不同，"单契形式的契约不是一式两份的判书或合同契，而是由关系一方根据协议出具给另一方收执的契约。这类契约主要使用于绝卖关系中。在抵押、典当、租赁、借贷等活契关系中也有使用的"。③张先生关于"合

---

① 该文其后收入张传玺先生专著《秦汉问题研究》，北京大学出版社1985年，第167—187页。
② 张传玺：《秦汉问题研究》，北京大学出版社1985年，第176—177页。
③ 张传玺：《秦汉问题研究》，北京大学出版社1985年，第180页。

同"与"单契"的定义,成为后来深入研究契约史的基础。简单地说,"合同"与"单契"的区别主要表现在缔约形式上,单契是一式一份,合同契则一式两份或多份。为什么合同契是两份或多份呢?合同契是按合同当事人的人数写立的,两个当事人就是两份,多个当事人就是多份。现代合同遵循民事主体平等的原则,也按当事人人数订立合同,与古代合同契的订立形式相同。所以,今天将契约关系称为合同关系,把规范契约关系的法律称为"合同法",是符合中国古代契约习惯的。

在近代学术史上,王国维先生最早辨识出简牍中的"合同"。他的"五佰阡券"跋语说:"合字下刁字,乃同字之半。此简乃取予文书,故先大书同字于中,后分为两,以为符验也。"① 这支曹魏元帝景元四年(263年)的契简,曾被认定为最早的有明确年代可考的合同契。现在则以长沙东牌楼出土的东汉中平三年(186年)《桐丘何君□借物木券》为最早的例证。② 但是,王国维认出"刁"是"同"字在契简上的中分痕迹,在古代合同契的研究中也有开创意义。

## 一、契与"刻侧"

"契",又作"栔""鍥",训为刻。《释名·释书契》:"契,刻也。刻识其数也。"可知"契"的原义是刻画,用于记事或记数。

"契"字源出较早。甲骨文中已有"契",原作"丯"形,或在"丯"旁加"刀"。其"丯"形三横划均向左或向右倾斜且弯曲。戴侗《六书故》定为"契"字,曰:"古未有书先有契,契刻竹木以为识,丯象所刻之齿。"于省吾从之。③ 又,《易·系辞下》:"上古结绳而治,后世圣人易之以书契。"郑玄注:"书之于木,刻其侧为契,各持其一,后以相考合。"这种在木片上刻划印痕,从中分开,就是所谓的"刻侧"或"刻齿"制。

刻侧制发源于文字产生之前,是合同契的远祖。刻侧制在最近考古中也有发现。1993—1998年,南京博物院、金坛市文物管理委员会对江苏省金坛市西岗镇三星村遗

---

① 王国维:《流沙坠简·屯戍丛残·杂事类》,中华书局1993年,第202—203页,图版见第57页。
② 长沙市文物考古研究所、中国文物研究所编《长沙东牌楼东汉简牍》,文物出版社2006年,第46页图版正背,第112页释文。释文可参考张传玺《中国历代契约粹编》,北京大学出版社2014年,第63页,及注四,第64页。
③ "在未有文字的时代,初民往往刻木为齿以记事,这当在商代以前。但就甲骨文之刻木为齿以及《墨子》和《列子》有数齿的记载来看,则商周时代仍保存着刻契的遗风。近代有些少数民族还用木片或木条刻齿记事。"参见于省吾主编《甲骨文字诂林》,中华书局1996年,第3292页。

址进行了大规模考古发掘。① 其中，M636出土的板状刻纹骨器就是早期刻侧制的遗物。②该骨器共4件，用大型哺乳动物长骨制成，长12.8—13.2厘米、宽1.8—3.7厘米、厚0.2厘米，呈扁平薄片状，经过打磨抛光，正、背面刻有圈点纹以及由凹点组成的线纹。发掘报告称："经拼对组合，发现各片纹样之间存在密切联系"，"片片间的组合变化复杂繁多"。且同一遗址中M677、M909出土的骨簪上的细直凹槽，与M636出土骨器上的凹槽完全相同。研究过这些骨器的学者指出，三星村骨器的凹槽，正是先民有意刻画的印痕，意在从中剖开骨器后，将来可以对同验证。故将其拟名为"骨契"。③ 循此思路，研究者认为，在以前的出土器物中，如赤峰市哈拉海沟墓地M40出土的骨簪，已有类似的"骨契"，但未得确证。④

骨契的发现，印证了文献中的刻侧制，为了解处于刻侧时期的合同契提供了实物证据，把未有文字时代的刻侧骨契作为中国合同的先祖，应该没有问题。

## 二、"傅别"、"书契"和"质剂"

王国维先生曾指出，景元四年的契简是两周时期"傅别"的遗制，张传玺先生则认为是"书契"的遗迹。⑤ 至于单契，张传玺先生指出大约发生在南北朝中期，由古代的"质剂"演变而来。究竟如何？我认为两位先生的判断皆有值得商榷之处。

傅别、书契和质剂皆载于《周官·天官·小宰》"八成"中，曰：

> 以官府之八成经邦治：一曰听政役以比居，二曰听师田以简稽，三曰听闾里以版图，四曰听称责以傅别，五曰听禄位以礼命，六曰听取予以书契，七曰听卖买以质剂，八曰听

---

① 发掘简报见江苏省三星村联合考古队《江苏金坛三星村新石器时代遗址》，《文物》2004年第2期。
② 南京师范大学、金坛市博物馆：《金坛三星村出土文物精华》，图版1、2，南京出版社2004年。
③ "M636：6两面的一侧均见一道刻划的竖向细直凹槽，与M636：5拼合后，凹槽正位于器体的中线附近……因此，M636：5、M636：6拼合后位于器体中部的细直凹槽，可能原为中央对剖的标志或辅助手段，由于操作失误，两骨片未按此线劈裂。由此我们进一步认为，板状刻纹骨器是一种原本连为一体、使用时一分为二的工具。"参见王鹏《论三星村遗址出土的板状刻纹骨器》，《文物》2012年第9期。
④ 王鹏：《论三星村遗址出土的板状刻纹骨器》，第55页。我认为，哈拉海沟墓地出土的骨簪没有刻侧或其他对同符号，即使可以拼合，还难以直接定名为"契"。倒很可能是符节或兵符的雏形。
⑤ "可是傅别所剖的，是全部契文；合同契所剖的只是一个作为标记使用的'同'字，两支契上的契文全具。'同'字的作用，除如上所述，表示'合意'外，作为合券验证的标记，正是代替了书契'刻侧'制。又合同契首先使用于收受关系一事，也反映了这种契约与书契的渊源关系。"参见张传玺《秦汉问题研究》，北京大学出版社1985年，第177—178页。

出入以要会。①

《小宰》只记载了"八成"的称谓和用途，没有描述其形制。认识这三种契约的形制，现在只能靠二郑注，也即汉儒的理解。当然，二郑注的底子是两汉时期仍在流传的先秦师说，但我的判断是，这些师说的形成上限不超过春秋时期，传流时又有讹误，必须非常小心地辨别。

先要明确的是，"八成"是八种官文书，而非私人文书。"八成"中的"傅别"、"书契"和"质剂"，也不是私人间的契约。让我们先来看"八成"中的其余五种官文书。一是"比居"，是征发师田之役的簿籍。②二是"简稽"，用于核对师田之役的人数，以及服役者必须携带的旗鼓、兵器、六畜、车辇等物资。③三是"版图"，是人口名籍与土地登记簿籍，由地官负责编制与保管。④五是"礼命"，是周王策命诸侯与诸臣的简册，由春官制作与保管。⑤八是"要会"，官府财货的进出登记簿册，每月末和岁终都要接受审查。⑥以上五种官文书，各属不同的官府。何以一并规定在小宰的职责中呢？因为大宰是"治官之属"，专门负责考察官吏，享有向周王提出官吏黜陟的建议权，相当于明清的吏部。而小宰是大宰官署内的中大夫，爵位仅在大宰之下。考察官吏的具体事务，大多由小宰办理。为此，小宰有权调取各官署在日常公务中形成的原始簿册，这些在各官署日常公务中形成的存底或档案，就称"成"。共分八种，故称"八成"。"以官府之八成经邦治"，就是说小宰用"八成"来考核各官署的政绩。

---

① ［清］孙诒让：《周礼正义》，中华书局 2015 年，第 205 页。以下所引《周官》文献后面所附页码，均是孙著页码。

② 《天官·小宰》"比居"先郑注："比居谓伍籍也。比地为伍，因内政寄军令，以伍籍发军起役者，平而无遗脱也。"（第 205 页）《天官·小司徒》先郑注："五家为比。"（第 775 页）

③ 《地官·乡师》："凡四时之田……简其鼓铎、旗物、兵器。"（第 1002—1003 页）《地官·遂人》："稽其人民……简其兵器。"（第 1349 页）《地官·县师》："及其六畜、车辇之稽。"（第 1181 页）《春官·大宗伯》："大田之礼，简众也。"（第 1358 页）

④ 《天官·小宰》先郑注："版，户籍。图，地图也。听人讼地者，以版图决之。"（第 205 页）《地官·大司徒》："掌建邦之土地之图。"（第 833 页）《天官·司会》郑注："图，土地形象，田地广狭。"（第 475 页）《地官·小司徒》："地讼，以图正之。"（第 982 页）《天官·司书》："邦中之版，土地之图。"（第 581 页）《秋官·司民》："登万民之数，自生齿以上皆书于版。"（第 3414 页）又，《天官·宫伯》先郑注："版，名籍也，以版为之。今时乡户籍谓之户版。"（第 281 页）

⑤ 《春官·大宗伯》："以九仪之命，正邦国之位。"（第 1645 页）《春官·典命》："典命掌诸侯之五仪，诸臣之五等之命。"（第 1935 页）《春官·内史》："凡命诸侯及孤卿大夫，则策命之。"（第 2562 页）

⑥ 《天官·宰夫》："岁终则令群吏正岁会，月终则令正月要。"（第 257 页）《天官·小宰》先郑注："要会，谓计最之簿书，月计曰要，岁计曰会。"（第 205 页）

明白了"傅别"、"书契"和"质剂"等是特指官署存底，对于理解它们的形制有特别重要的意义。三者皆有正本与副本的区别，换言之，它们的原始状态是两件。无论小宰审查的是正本还是副本，必定还有一件正本或副本在官署之外。下面就来考察三者的形制以及它们是哪些官署的公务档案。

### （一）傅别

《小宰》"傅别"先郑注："称责，谓贷子。傅别，谓券书也。听讼责者，以券书决之。傅，傅著约束于文书。别，别为两，两家各得一也。"郑玄注："傅别，故书作'傅辨'。郑大夫读为'符别'。杜子春读为'傅别'。"又曰："傅别，谓为大手书于一札，中字别之。"（第205页）

责，通"债"。先郑所谓"称责谓贷子",[①]"贷子"就是借贷取息。傅别是记录借贷关系中本金与利息的契约文书。先郑说"傅别"之"傅"，取自"傅著"之意。何谓"傅著"？傅，"相也"。"相"就是在旁辅助的意思。"傅母""傅父",[②]皆指伴随之人。"傅著"是指在契简正本写立之后，再誊抄一份文字相同的副本。又，"别为两，两家各得一也"，说的是将正文和副本分给缔约双方，各执一份。若依此说，则官府留存的"傅别"是正本，以备稽查。副本则在借贷人手中。又依郑注："傅别，谓为大手书于一札，中字别之。"刘熙《释名·释书契》："莂，别也，大书中央，中破别之也。"在傅别的正文和副本之间写一个大字，从大字的中央剖开简牍，剖开的两半上各留大字的一半。这种形式在后世纸质合同中仍然保留。

傅别是哪个官署的档案？贾公彦认为它是泉府的放贷文书。按《地官·泉府》："凡民之贷者，与其有司辨而授之，以国服为之息。"（第1320页）可从。

### （二）书契

《小宰》"书契"先郑注："符书也。"郑注："书契，谓出予受入之凡要。凡簿书之最目，狱讼之要辞，皆曰契。"（第205页）又，《地官·质人》"掌稽市之书契"，郑注："书契，取予市物之券也。其券之象，书两札刻其侧。"（第1297页）郑玄把《质人》中的"书契"说成"取予"之券，明显是以《小宰》"听取予以书契"为本。按他的意

---
[①] "子"，旧本作"予"。从贾公彦、孙诒让改。详见孙诒让《周礼正义》，第210页。
[②] 《谷梁传·襄公三十年》："妇人之义，傅母不在，宵不下堂。"枚乘《七发》："今夫贵人之子，必宫居而闺处，内有保母，外有傅父。"

思，书契是在两支简牍上分别书写（"书两札"），再把两支简合并，在合并处刻划纹路（"刻其侧"）。若依此说，"书契"是远古刻侧制在西周契简中的遗迹。

我甚怀疑郑玄此注的真实性。首先，先郑注为"符书"，后郑与先郑注抵牾。其次，后郑是因"书契"中有"契"字，而"契"字训为"刻"，才用刻侧制来解释，此注有望文生义之嫌。再次，刻侧制是先在简的中间刻好纹路，再将其剖分。郑玄却说是先在两简上写好文字，再把两简并拢，在合缝处刻纹路。说明郑玄并不了解刻侧制。最后，我们知道，出土的商代卜甲骨、玉器上已有毛笔书写的朱书或墨书，说明在商代已有毛笔书写。符书只需将两简合拢，在款缝书写大字，比刻侧简易。西周时期即使保留有刻侧制，在大规模使用时，也是符书制省时省力。这涉及《小宰》所说的"书契"由哪些官署使用、适用的范围是否广阔等问题。

可以肯定的是，《小宰》的"书契"适用于财物取予关系。贾疏："听取予以书契者，此谓于官直贷，不出子者，故云取予。"按贾公彦的说法，"取予"就是私人向官府借用物品，只是官府不取利息。若真如此，那就还是"借贷"，不用说"取予"。贾疏不确，已可概知。实际上，《周官》中不止一处"书契"。"书契"一词使用的范围不止于取予文书。如，《质人》的"书契"，是指市场中私人订立的契约，显然不是"八成"的"书契"。我认为，《酒正》中"书契"与"八成"的"书契"相符。《酒正》云："凡有秩酒者，以书契授之。"郑玄说"秩酒"是老臣受赐之酒，可从。在授酒之际，由酒正制作一式两份的"书契"，一份存在酒正的官署内，一份由受赐人保存。将来审查酒的储量为何减少，可两相查证。可见，《周官》的"书契"有特指与泛指的区别，《质人》的"书契"泛指一切私人交易文书，《小宰》《酒正》的"书契"特指官府财物取予的登记簿籍。另外，《大司马》中还有一处"书契"，泛指军中簿籍。① 循此思路，《宰夫》"八职"中有"五曰府，掌官契以治藏"，说的虽是"官契"，却符合《小宰》"书契"的定义。据《宰夫》的"官契"，可知凡是负责保管财物的府官，如大府、玉府、内府、外符、泉府、天府等，在财物取予时都要制作契书。又，《司会》云："掌国之官府、郊野、县都之百物财用凡在书契版图者之贰，以逆群吏之治，而听其会计。"（第576页）司会是大宰序列的中大夫，与小宰的爵位相同，职责是考核各官府的财用。既然"群吏之治"皆可依据"书契"加以考察，也可以说，只要是官府"百物财用"

---

① 《夏官·大司马》："群吏撰车徒，读书契，辨号名之用。"郑注："读书契，以簿书校录军实之凡要。"贾疏："书契，谓兵事簿书之要契，此《小宰》之八成云'师田以简稽'，一也。"（第2781—2782页）贾公彦以为《大司马》之"书契"是《小宰》"八成"的"简稽"，亦不确。然而他指出《大司马》的"书契"并非《小宰》的"书契"，甚是。孙诒让坚持《大司马》的"书契"就是《小宰》"八成"的"书契"，误。

的取予，都要制作书契以备司会的审计。

由上可知，《小宰》"八成"所谓的"书契"，适用于一切官府财物的取用登记，用途广泛，数量巨大。郑司农认为这类书契采用符书制，而非刻侧制，是有道理的。

## （三）质剂

《小宰》"质剂"先郑注："质剂，谓市中平贾，今时月平是也。"郑注："质剂，谓两书一札，同而别之，长曰质，短曰剂。傅别、质剂，皆今之券书也，事异异其名耳。"（第205页）又，《地官·质人》："凡卖儥者，质剂焉。大市以质，小市以剂。"郑注："质剂者，为之券藏之也。大市，人民、牛马之属，用长券；小市，兵器、珍异之物，用短券。"（第1296页）

所谓"长券""短券"，是指书写用札的长短。无论长短，都是在一支简的左右各写两份相同文字（"两书一札"），再将简牍从中剖开（"同而别之"）。双方各执原简的一半。依郑玄之说，质剂既不刻侧，也不符书。

《小宰》既然说"听卖买以质剂"，而《质人》中又有"质剂"一名，郑玄将二者互训，似乎理所当然，后世学者也无异议。然而，只需深思《小宰》的职责，就知道此说仍有可议之处。我们说过，《小宰》"八成"都是官府档案或官文书，天官乃"治官之属"，若非官文书，小宰是没工夫理睬它的，更勿论将审查"质剂"的职责写入此官的职文中。所以，真正的问题是，《小宰》"八成"之"质剂"，究竟是哪些官署中的档案文书？我认为当以泉府为主。《周官》有六府，天官的大府、玉府、内府、外府都是收藏税敛和贡品的府库，春官的天府收藏祭祀用品、诰诏、策命等，这五府俱无买卖，但有记录取予关系的书契。唯有泉府负责市场调控，部分职能类似今天的央行，但它履行职能的具体形式，是利用从市场征收来的税金，随时购买滞销货物，再在有需求的时节卖出。①这样做的好处，是在滞销时向市场投放了货币，而在货物短缺时平抑物价。所以，泉府必然藏有大量的买卖契约。除泉府外，另有少数官署需要购买无法从税赋中备齐的战略物资。如夏官的马质，其职责是为王国选马和买马。②质马的官署中当然也藏有大量的买马质剂。

---

① 《地官·泉府》："泉府掌以市之征布，敛市之不售、货之滞于民用者，以其贾买之，物楬而书之，以待不时而买者。买者各从其抵，都鄙从其主，国人、郊人从其有司，然后予之。"（第1317页）
② 《夏官·马质》："马质掌质马。马量三物，一曰戎马，二曰田马，三曰驽马，皆有物贾。"郑注："此三马，买以给官府之使。"先郑注："皆有物贾，皆有物色及贾直。"（第2858—2859页）按："物贾"即物价。"贾直"即价值。"马质"之质，可训为质剂之质。

综上，傅别区分正本与副本，副本或许文字较小，或许内容比正本简略，但正本和副本之间有符书可合拢，作为正、副本同属一个借贷关系的凭证。书契是将缔约内容分别书于两简，再将两简合拢，在合并处符书。质剂则在同一札的左右书写相同文字，再从中分开，买卖双方各执原札的一半。三者的共同点是它们皆为一式两份。但傅别和书契用符书表示二者同属一个交易关系。质剂为一札所分，无需符书。后世的纸质合同文书，主要外观特征就是上有"大手书"的符书，又称"半书"。半书是合同一式两份或数份的验证凭据，它的得名，正是源于合同契仅留原符书的一半。在这一意义上，傅别、书契和质剂可算后世合同文书的源头之一。

值得注意的是，三者中唯有傅别是区分正本和副本的。换言之，在借贷关系中，只需用正契表示契约关系的成立与有效。傅别的正契必定由出借人执管，作为将来请求偿付的凭据。副本则是抄本而已，提醒借贷人牢记借贷项及数额。我们知道，后世的纸质契约中，典卖田房是由典卖方出具典契或卖契给买方收执，买方既已付钱，无需再向出典方或出卖方立契。另外，民间借贷关系中，是由借钱人向出借人立借据，俗称"打借条"。出借人已付借款，无需向借钱人立契。田房典卖契和借契也就是单契的主要门类。若采先郑"傅别"注，傅别又可视为后世单契的源头之一。张传玺先生认为单契是从质剂发展而来，主要是因为质剂是记录买卖关系，与后世典卖田房契一脉。然而两周时期买卖双方所执的质剂有同等效力，并无正本与副本的区别。

回头看王国维和张传玺争论的那支景元四年的契简，上面遗有半书大字，它是采用符书制的合同契。"傅别"与"书契"皆有符书，因该契简记载的是取予关系，似乎可算"书契"之遗制，则张是而王非。但是，依我之见，《小宰》"八成"所谓的傅别、书契或质剂，是记录官府与民间的借贷或买卖关系，或记录官府之间的取予关系，其主要性质是官文书或官方档案，均属于《宰夫》所谓"官契"的范畴。而后世纸质契约中的单契或合同契，主要是指私人契约关系。所以，《小宰》的"傅别"、"书契"或"质剂"，在源头的意义上，至多算是在上游汇入的支流。私人合同契的真正发源，尚需另觅。

## 三、"判书"

《秋官·朝士》载"凡有责者，有判书以治，则听"，表明两周时期存在私人借债，私人间的借债契约称为"判书"。《朝士》郑注："古者出责之息，亦如国服与？"（第

3407页）依《泉府》先郑注，"国服"指借贷人可以用本地土产偿还利息。[①] 依《泉府》郑注，"国服"是指借贷人服役时向泉府借贷，利息率不超过5%。[②] 无论何解，《朝士》注引用《泉府》的"国服"，是想说明私人借贷的偿息方式或利息率参照王国的放贷利息。从《朝士》强调"有判书以治"可知，当时的私人借债并非都订有书面契约，若原告不能提交判书，朝士则不予立案。

又依《朝士》郑注"判，半分而合者。故书'判'为'辨'"，先郑注"'辨'读为别，谓别券也"（第3407页），再结合前引《小宰》"傅别"注，可知郑司农看到的《周官》旧本，写的是"傅辨"与"辨书"。后"辨"字分别改为"别"与"判"，于是成了今本的"傅别"与"判书"。"判"是"半分而合"，"别"是"大书中央，中破别之也"，二者之义相同。但傅别是分正副本的，而判书不见得有符书，所以，真正与判书形制相近的是"质剂"。我们知道，《质人》的"质剂"是私人间的买卖契约，另外，《司市》也把私人间的买卖契约称为"质剂"，[③] 结合《小宰》的"质剂"，有把握说，"质剂"算是公私买卖契约的统一称谓。

总的来说，契约文书的称谓在《周官》中并不统一。比如，《质人》说："掌稽市之书契，同其度量，壹其淳制。"郑玄把这句中的"书契"等同于《小宰》的"书契"，也就是"取予"契约，显是误注。这句话是阐述质人的一项职责，即必须稽查市场里的各种"书契"，保证其中采用的计量标准是一致的。它紧接在"凡卖儥者，质剂焉"之后，下句则是"凡治质剂者"。若采广义的解释，这个"书契"是泛指市场中订立的一切契约；若采狭义的解释，则与质剂相当。无论如何，要么说明"书契"可以指代各类契约文书，要么说明"书契"与"质剂"可以混用。又如，《地官·遂人》"凡治野，以下剂致甿"（第1351页），是说遂人用"下剂"招徕农人垦荒。周人以右为尚，右券称"上券"，左券称"下券"。"下剂"即左券。这种"下剂"不是契约文书，而是官府发给垦荒者的土地权证，但它采用一式两份的形式，右券由官府保管，左券交农人保管，也用"质剂"的称谓。可见，由于"质剂""书契"等代表了一式两份的形制，它们既可以指代相近形制的文书，如官文书、权证等，又可以包含私人契约。

称谓不统一的现象，无需讶异，它只是契约尚处于起源阶段的表征。实际上，傅

---

[①]《地官·泉府》先郑注："以其所贾之国所出为息也。假令其国出丝絮，则以丝絮偿；其国出绨葛，则以绨葛偿。"（第1320页）

[②]《地官·泉府》郑注："玄谓以国服为之息，以其于国服事之税为息也。于国事受园廛之田而贷万泉者，则期出息五百。王莽时，民贷以治产业者，但计赢所得受息，无过岁什一。"（第1320—1321页）

[③]《地官·司市》："以质剂结信而止讼。"（第1273页）

别、书契、质剂、判书的得名无不源于契约的订立形式。"别"和"判"是中分,"契"字的"丰"形也表示中分,"质""剂"都是"同而别之"。这些字均有"刀"旁,表示剖分使用的刀具。看似称谓不同,但在形制与制作方式上,它们是统一的,都可归入"契"的范畴。契就是刻,在没有文字的时代,把木片或骨器刻侧并分剖,成为二人"结信"的信物。发展到西周时期,用毛笔大写"符书"的形式兴起,刻侧的方式已渐衰微。也是形制相通的缘故,"书契"与"质剂"在《周官》中可以混用。而王国的放贷叫做"傅辨",私人的借贷叫做"辨书"。用郑玄的话说,"皆今之券书也,事异异其名耳"(《小宰》注)。所以,把这四种上古契书视为后世合同的源头,本无不可。不过,我们今天看到纸质时代的官文书、官颁权证,与民间写立的单契或合同有着较大的差异,本书也有专章讨论明清时期部分官颁权证(详见第十七章),可以参看。明清时期的部分官文书,如"税票"、串票或忙票等,仍然采用"同而别之"的形制,若追溯其源,说其源自《小宰》中的"傅别""书契"和"质剂",当无大碍。

因此,为准确起见,应把《朝士》的"判书"和《司市》《质人》的"质剂",也即两周时期的私人借债和买卖契约文书,算作后世民间纸质合同文书的主源头。

## 第二节　合同起源之二:"约"

"约",甲金文中无,是文字史上晚出的字。"约""要"通假,"要"字或比"约"字早出。

### 一、要

甲文中是否有"要"字?杨树达以为有,是祭祀名,通"禴",与"禴"古音同,不是约束的意思。[①]金文中有"要"字,从"糸",见《散盘》"左执要",义为约。[②]"要"本义有二:

(1)身中之会。要即腰,在人体之中,于是有"会"的意思。《礼记·乐记》:"要

---

① 杨树达:《卜辞求义》,上海古籍出版社2006年,第53—54页。
② 容庚编著《金文编》,中华书局1985年,第167页。

其节奏。"注："犹会也。"

（2）简要、大要、大略。《小尔雅·广诂》："最、凡、目、质，要也。"《周官·司会》注："契，其最凡也。"（第576页）最和凡都是概要、纲要的意思。目，《周官·宰夫》有"治要""治凡""治目"。郑注："治要，若岁计也"，"治凡，若月计也"，"治目，若今日计也"。（第237页）有学者认为："是岁计曰会，亦曰要；月计曰要，亦曰凡；日计曰成，亦曰目。"①其实这里的"要""凡""目"，都有汇总、提纲挈领的意思。

腰和纲领都有收缩、挤压的意思，"要"字也有强制、强迫的含义。如《公羊传》庄十三年："要盟可犯。""要盟"，即在要挟或胁迫之下盟誓。《尚书·禹贡》：甸服五百里，侯服五百里，绥服五百里，其外是"五百里要服"。《国语·周语》说"蛮夷要服"，韦注："要结好信而服从之。"②其实"要服"的"要"，不止是结信，它还有压制、裹胁的意思。又据《周官·职方氏》，王畿以外九服，依次是侯、甸、男、采、卫、蛮、夷、镇、藩。贾公彦把"蛮服"当"要服"，说"言'要'者，亦见要束以文教也"。③这是直接把"要"解释为"约束"。近是。在约束力、强制力的意义上，"要"等同于契券。《左传》文六年：赵盾为政，"由质要"。杜注："质要，券契也。"《论语·宪问》："久要不忘平生之言。"孔疏："久要，旧约也。"

## 二、约

"约"，原指绳索。④由绳索而引申为约束、缠束，⑤如《论语·子罕》"约我以礼"。又引申为契券，如《周官·士师》"正之以傅别、约剂"，郑玄注："约剂，各所持券也。"

《周官·司约》系统阐述了"约剂"制度，对理解上古"约"的观念至关重要。"约剂"分为"邦国约"与"万民约"。郑注："诸侯以下至于民皆有焉"，表示各阶层都适用。孙诒让说"凡王与邦国及万民为约，或邦国及万民自相与为约，此官并掌其约剂之书"，又引《大史》"凡邦国、都鄙及万民之有约剂者，藏焉"，（第3429页）指

---

① 黄怀信：《小尔雅汇校集释》，三秦出版社2003年，第75页。
② ［清］董增龄：《国语正义》，巴蜀书社1985年影印本，第36页。
③ ［清］阮元校刻《周礼注疏》（十三经注疏），中华书局1980年影印本，第863页。
④ 《仪礼·既夕记》："约绥约辔。"《诗·小雅·斯干》："约之阁阁，椓之橐橐。"《左传》定九年："锲其轴，麻约而归之。"《吕览·本味》："旄象之约。"
⑤ ［清］朱骏声：《说文通训定声》，中华书局1984年，第336页。

出约剂会制作多份，分别藏在司约、大史等官署。"约剂"的内容必定涉及比较重大的政治或社会关系，否则不会由官府慎重地收藏。

约剂又分为神约、民约、地约、功约、器约、挚约等六种。依郑注，神约主要是各级人等关于祭祀限制的约定。比如，诸侯不能祭天，也不能祭祀国土以外的地示。地约是关于周王城邑、诸侯国、卿大夫采邑等边界的约定。功约则是颁爵赏赐时，赏赐人与受赐人之间的约定。器约是各等级使用礼乐、器物、车服等不得僭越的约定。挚约则是宾客、婚姻等赠礼的约定。以上五种约剂，皆属于国家制度或社会制度的范畴，按今天的民事契约观念是无法理解的。以看上去不起眼的器约为例，五等诸侯所执玉瑞各不相同，有明文规定。① 低等级的诸侯不许执高等级的命圭，非诸侯则不许执命圭。而诸侯又不许执天子的镇圭。再如挚约，不同等级的人在行相见礼时所执的挚敬，俱有定制。② 违者属于僭越。

民约的争议较大。依郑注，民约是诸侯与万民之间关于重大事务的约定，内容多是"征税""迁移""仇雠既和"，也即赋役、国都迁移、平息争斗等。有一种观点认为，除了政府与国民的约定外，私人间的借债、买卖等契约都属于民约的范畴。③ 孙诒让也同意这种观点。所以这种观点反而占了上风。值得注意的是，郑玄为"民约"所举的实例是："若怀宗九姓在晋，殷民六族、七族在鲁、卫，皆是也。"据《左传》定四年载，周初封建晋、鲁、卫三国，怀姓九宗等是赏赐给三侯的殷遗民。也就是说，"民约"是指殷遗民与三国始封君的效忠约定。"怀姓九宗，职官五正"，后来称"翼九宗五正"，曾迎晋鄂侯于随。④ 说明怀姓九宗后来成为晋国强宗，拥有左右晋国政治局势的实力。⑤ 郑玄的举例还有其他旁证。《左传》昭十六年载，子产对韩宣子说，郑国的商人自始封君桓公以来，"世有盟誓，以相信也"⑥，并说"恃此质誓，故能相保以至于今"，表明民

---

① 《春官·大宗伯》："以玉作六瑞，以等邦国，王执镇圭，公执桓圭，侯执信圭，伯执躬圭，子执谷璧，男执蒲璧。"（第1663—1666页）又见《典瑞》。
② 《春官·大宗伯》："以禽作六挚，以等诸臣，孤执皮帛，卿执羔，大夫执雁，士执雉，庶人执鹜，工商执鸡。"（第1667—1668页）
③ 《秋官·司约》孙疏引惠士奇云："民约者，《小司徒》邦国之比要，《乡师》州里之役要也。凡大司马之所简稽，旅师之所兴积，质人之所卖儥，泉府之所敛赊，有约剂者皆是。"（第3430页）
④ 《左传》隐六年："翼九宗五正，顷父之子嘉父逆晋侯于随，纳诸鄂，晋人谓之鄂侯。"
⑤ 杨伯峻说："顷父或系当时极著声望之人，故叙其子嘉父，冠以其名位，与桓二年'靖侯之孙栾宾'为一例。此只叙一人耳，而详其地，详其族，详其官，详其父，于以见晋之有强宗耳。"参见杨伯峻《春秋左传注》，中华书局1990年，第49页。
⑥ 《左传》昭十六年载约辞："尔无我叛，我无强贾，毋或匄夺。尔有利市宝贿，我勿与知。"

约对诸侯国的政治秩序具有奠基作用。又，《左传》襄十年载，伯舆之大夫瑕禽说："昔平王东迁，吾七姓从王，牲用备具。王赖之，而赐之骍旄之盟，曰：'世世无失职。'"由此可知，不止诸侯，周王为巩固政治基础，也与万民约。

我认为，郑玄关于民约的观点是正确的。第一，《司约》阐述的六种约剂，无不关涉重大，若民约是民间交易契约，实在琐细，与其他五种约剂不配。第二，《司约》提到约剂有大小之别，郑玄认为"大约剂"是"邦国约"，"小约剂"就是"万民约"。大约剂镂刻在"宗彝"之上，重要性不言自明。小约剂书于"丹图"，郑玄已不明其制，以"丹书"当之。史载销毁"丹书"须请示国君。① 则"万民约"也绝非琐细的民间交易契约。第三，按《司约》，凡是约剂的争讼，要核查所藏之约，对违约者处墨刑。若是大乱，则开启六卿官署所藏副本，查验核对。② 违约者，杀。从《质人》可知，买卖契约的当事人发生争执，质人在期限之内审理，"期外不听"。③ 可见，财产契约争讼不过细事，与刑罚无关。综上，约剂虽分大小，但小约剂也绝不至于是私人间的借债或买卖契约。私人间的契约都属于"契"的范畴，不在"约剂"中。

《司约》反映的"约"的观念，在后来很难作伪。约剂规范的领域极为广泛，包括祭祀、赋役、领土、外交、策命、赏赐、车服、玉瑞、乐器、赠礼等等，涵盖了国家制度和社会制度的方方面面，这种观念与两周的制度环境是兼容的。后人若非处于当时的制度与社会环境中，很难凭空想象或捏造。汉以来，"约"这个词与"契""券"相当，《说文》"契，大约也"，表明在汉代的契约观念中，契大而约小，与《司约》阐述的约剂制度已格格不入。

## 三、盟

按《周官·司盟》的记载，盟约主要适用于诸侯之间（"邦国有疑会同"），也包括周王派卿大夫与诸侯盟。诸侯与万民通常采用约剂的方式，但是，若约定万民不得"犯

---

① 《左传》襄廿三年："初，斐豹，隶也，著于丹书。栾氏之力臣曰督戎，国人惧之。斐豹谓宣子曰：'苟焚丹书，我杀督戎。'宣子喜，曰：'而杀之，所不请于君焚丹书者，有如日！'"杜注："盖犯罪没为官奴，以丹书其罪。"杨伯峻："丹书，以红色书于简牍。"参见杨伯峻《春秋左传注》，第1075页。
② 《秋官·司约》郑注："六官辟藏，明罪大也。六官初受盟约之贰。""六官初受盟约之贰"者，贾疏："以《大司寇》云'凡邦之大盟约，大史、内史、司会及六官皆受其贰而藏之'者是也。"（第3435—3436页）
③ 《地官·质人》："凡治质剂者，国中一旬，郊二旬，野三旬，都三月，邦国期。期内听，期外不听。"（第1299页）

"命",则用盟约。① 普通的万民约,只有在发生争议后,且约剂副本又保存在司盟的,才用"盟诅"。② 也就是说,并不是所有的民约都在司盟处有副本,司盟藏有副本的民约必定事关重大。由此可知,盟约只是"约剂"的特殊形态。

盟诅礼仪由两大仪轨构成,一是大声读出盟载的内容,也即"北面诏明神"。郑注:"读其载书以告之也。"所告的"神",郑玄说是"日月山川"之神。告神的同时,必有降神仪式,如《大宗伯》的"槱燎""血祭""貍沈"之类。降神之后,双方在神的监视下发誓,誓辞中有严厉的诅咒。诅咒的对象除了与盟之人,还可能祸及后代。如《左传》僖廿八年载王子虎与诸侯的盟辞:"有渝此盟,明神殛之。俾队其师,无克祚国。及其玄孙,无有老幼。"在神鬼信仰尚且坚定的时代,这样的诅咒极具威慑力。有神监与诅咒,是盟约与普通约剂的基本区别。

盟诅的第二大仪轨是歃血坎牲,并加载书于其上埋之。③《司盟》说"既盟则贰之",又说"其贰在司盟"。说明与牲一同埋下的载书是盟约正本,藏于司盟的则是副本。藏盟载副本的地方又称"盟府",《左传》襄十一年"夫赏,国之典也,藏在盟府","盟府"即司盟的官署。

《司盟》郑注:"贰之者,写副当以授六官。"依此注,则盟载副本至少有七份,一藏盟府,其余六份藏于六卿官署。又,《大司寇》曰:"凡邦之大盟约,莅其盟书,而登之于天府、大史、内史、司会及六官,皆受其贰而藏之。"贾公彦认为,大盟约是"王与诸侯因大会同而与盟,所有约誓之辞"。换言之,大盟约的副本要缮写十一份,除盟府与六卿官署外,还有四份。一份藏于天府,天府在宗庙内。按《小宗伯》"右社稷,左宗庙",可知宗庙必在朝寝之间,藏于天府既显示了慎重,又有告知祖先的意思。另外三份藏于大史、内史和司会。内史和大史皆是史官中的大夫官,自不必说。司会是天官的中大夫,职责是审计天下官府,不负责档案文献收藏。但天官的中大夫只有小宰和司会,而小宰在大宰官署内,没有独立官署。大盟约副本藏一件在司会官署,

---

① 《秋官·司盟》郑注:"犯命,犯君教令也。"郑玄举《左传》襄廿三年臧纥出奔,与臧氏盟:"毋或如臧孙纥,干国之纪,犯门斩关。"孙诒让引《诗·小雅·何人斯》孔疏举例:(1)《左传》襄十一年,季武子将作三军,与叔孙氏、孟氏"乃盟诸僖闳,诅诸五父之衢"。(2)《左传》定六年,"阳虎又盟公与三桓于周社,盟国人于亳社,诅于五父之衢"。(第3441—3442页)按:唯有《左传》定六年"盟国人于亳社",与此经相符,其余皆卿大夫盟。

② 《秋官·司盟》贾疏:"此谓司约副写一通来入司盟,捡后相违约勘之。"又曰:"此盟诅谓将来讼者先使之盟诅,盟诅不信,自然不敢狱讼,所以省事也。"[清]阮元校刻《周礼注疏》(十三经注疏),中华书局1980年影印本,第881页。

③ 《秋官·司盟》郑注:"盟者书其辞于策,杀牲取血,坎其牲,加书于上而埋之,谓之载书。"(第3437页)

是为了防止大宰官署发生意外。对大盟约的重视,由此可见一斑。

通过对《司盟》的分析,可知盟即约,而约不一定是盟。所谓"盟约",就是约剂加上盟诅礼仪。这个判断也可印证于其他文献,如《礼记·曲礼下》:"约信曰誓,莅牲曰盟。"盟与约的正本只有一件。"约"的正本,要么刻铭于"宗彝"之上,要么"书于丹图";"盟载"则在告神、歃血之后,与牲一起埋于穴中。所谓正本,按今天的理解就是有效力的文书,只是当时的"效力"不是指法律效力,而是具有某种宗教或信仰的力量。

上古"约"与"契"的区别,一是体现在缔约内容上,约的内容是与国内政治秩序或社会秩序有关的大事,而契主要是财产交易事务。二是体现在缔约关系上,约的当事人必定有一方是诸侯或卿大夫士。契主要签订于万民之间,但政府向民间采购物资也用契。三是体现在文书形式上,通常,契分左右,右券为上,左券为下,各自保管在缔约当事人手中。唯"傅别"即借债契,有可能是区分正本与副本的。而约都有正本与副本之分,约的正本镂刻于宗彝或"丹图"上;盟载的正本则与牲体埋入地中,保管在司约、司盟、"六官"等官署中的都是副本,用于备查。

我们说过,进入纸质契约文书的时代,田房卖契只立一份为正本,由卖家出名写立,买家收执。田房卖契的正本须赴官税契,加盖印戳,并办理交割手续(详见本书第十七章)。此后,这件契约正本具有完整的法律效力,是田房争讼中的主要证据。因其上朱印累累,俗称"官契""印契""红契"或"赤契"。田房卖契是单契的典型代表,其文书形式的源头,是两周时期的约剂或盟载。

## 四、小结

综合《周官》的《小宰》《司市》《质人》《司市》《司盟》诸职文,并细绎二郑以下注疏,可以确定,两周是"契"与"约"分离的时代。契,适用于财产交易关系;约,则是国家制度和社会制度的一部分。契与约分离,是中国古代契约在起源时代的主要特征。契与约分离的阶段,就是中国古代契约发展史上的第一阶段。

近代中国在翻译卢梭的《社会契约论》时,曾用"民约论"为译名,后来又放弃了。"社会契约"是指国民之间签订让渡部分权利,以建立与限制政府的契约。而"民约"或"万民约",是指政府与国民签订契约。二者的缔约关系不同,缔约内容也不同。"民约论"遭弃,或因它与"社会契约"存在内在的差异乎?!

## 第三节　合同文书的统一性

### 一、纸质合同文书的时间跨度

上古的约和契，对后世的纸质单契与合同文书产生了深刻影响。这种影响表现在形制和观念两方面。观念方面的影响，此处不展开。从形制方面，纸质单契文书可以视为上古约的遗迹。而纸质合同文书则是上古契或判书（傅别、书契、质剂）的后代。合同契简，一直延续到公元三世纪，在西晋时期的买卖契简上，仍然可见合同半书。[①]说明此时的部分买卖关系还适用合同。公元五世纪，中国已进入纸质契约文书时代。张传玺认为，单契大约出现在南北朝中期。最早的一份载明单契的契约原件是卖婢券，上写"券唯一支"，[②]是卖人向买人写立的凭据。

目前已知最早的汉文合同纸质原件，应当是《阚氏高昌永康十二年（477年）闰月十四日张祖买奴券》。[③]1997年出土于鄯善洋海1号墓。该券书内容完整，背面有"合同文"三个大字，仅存一半。原券书应为一式两份。券书内容是张祖从粟特商人处购买胡奴所订的契约。2015年1月，在长沙简牍博物馆举办的敦煌吐鲁番文书特展中，我们得以就近看到这件合同文书，实乃幸事。同时展出的另一件合同文书原件，是《唐景龙二年（708年）十一月八日西州高昌县宁大乡肯义租田契》，2006年在吐鲁番征集，现藏于吐鲁番博物馆。该合同文书残纵24厘米，横25.5厘米，尾部年月日上骑写大写的"合同文"半书字样，惜内容残缺。应是已知唐代最早的合同原件。这两件合同原件，见证了纸质合同文书的悠久历史。

1995年，张传玺先生主编的《中国历代契约会编考释》出版。该书收录的契约文书，上起西周，下至民国，按朝代分为八部分，每部分按契约的性质分类，每类按时序编排。共收录1402件历代契约文书。多为单契文书。但仍收录唐代以后的合同文书

---

[①]　《西晋泰始九年（273年）高昌翟姜女买棺材约》，木简正面有"同"字右半文。张传玺主编《中国历代契约粹编》，北京大学出版社2014年，第86页。

[②]　《北凉承平八年（450？）高昌石阿奴卖婢券》正文及注释六，张传玺主编《中国历代契约粹编》，北京大学出版社2014年，第89—90页。

[③]　张传玺主编《中国历代契约粹编》，北京大学出版社2014年，第90页。

105 件。其中,唐至元 15 件;明代 47 件;清代 30 件;民国 13 件。尤其是唐至明代的 62 件,件件珍贵,是合同文书自南北朝以来绵延不绝的明证。

汉文的纸质单契与合同原件,均可追溯至五世纪。传统纸质契约文书彻底退出历史舞台是 20 世纪 60 年代,在中国文献史上绵延 1500 余年之久。1500 余年间,契约是国人日常生活和社会交往的平台,是规范财产和身份关系的基本制度。但是,直到近两年,仍有研究者将单契作为古代契约的唯一载体,把单契视作全部的古代契约文书,由此产生的误读,不能不予以注意。

## 二、纸质合同文书的空间跨度

2001 年前后,我在坊间发现一些完整的徽州门户文书。除了买卖、典当等单契文书外,又有种类不一的合同文书,遂把研究重点转向古代合同关系。当时公开出版的古文书辑录或图录中,已散见各种合同文书,比如:

(1) 1988 年,安徽省博物馆分类整理点校出版的《明清徽州社会经济资料丛编》第一集;1990 年,中国社会科学院历史研究所徽州文契整理组编校的《明清徽州社会经济资料丛编》第二集。均为中国社会科学出版社出版。其中,第二集未收录合同文书。第一集收录了明洪武二年(1369 年)至清宣统二年(1910 年)间的契约文书共 950 件,在第 18 类"其他"中,收有徽州合同文书 19 件。

(2) 1991 年,王钰欣、周绍泉主编的大型影印本《徽州千年契约文书》,花山文艺出版社。该书整理了中国社会科学院历史所收藏的部分徽州文书。全书共计 40 册,分为"宋·元·明"和"清·民国"两编,每编各 20 册。共收录元明时期合同文书 145 件,其中元代合同文书 1 件(《泰定二年(1325 年)祁门谢利仁兄弟分家合同》);又收录清代和民国时期的合同文书 93 件。

《徽州千年契约文书》是徽州契约文书第一次大规模地、系统地向社会影印公布。共收录 238 件合同文书,远远超过《明清徽州社会经济资料丛编》(第一集)中的数量,为研究合同文书提供了较好的帮助。

(3) 2001 年,田涛、郑秦和(美)宋格文等整理出版的《田藏契约文书粹编(全 3 册)》,中华书局。从田涛家藏契约文书中精选 950 件,分三册整理:第一册自明代永乐朝起至清宣统三年(1911 年)止;第二册自民国元年(1912 年)起至 1969 年止;第三册收录安徽洪氏契谱等。第三册有合同文书 1 件,其余两册收录的合同文书共 23 件。

总的来说，《徽州千年契约文书》较重视合同文书的收录。但是，当时面临的最大问题是：古代合同文书可以分为多少类？这个问题实际上意味着：合同文书适用于古人的哪些生活关系？已公布的合同文书不足以回答这个问题。

要搞清楚这个问题，要么得去各大公立馆藏单位查阅，要么自己收集。据了解，各馆藏单位对未出版的契约文书多未编目，无法提阅。这就逼得我只能自己动手。自2002年起，我每年赴徽州数次，搜集门户文书和合同文书，十余年后，稍有头绪。现在，我搜集的徽州古文书分为两个部分：一部分以门户文书为主，50余户，5000余件，均已编目。其中有不少合同文书，因析出不便，暂未整理；另一部分是散见契约文书，以合同文书为主。又经八年的整理，这批合同文书的图版、释文分别于2017、2020年由广西师范大学出版社出版①。本书即以这一部分为基础写就。

值得注意的是，本书虽以徽州合同文书为基础展开研究，不等于徽州合同文书与其他地区的合同文书有何区别。在南北朝时期，新疆地区的汉文纸质合同已经具有成熟的半书格式。隋唐以来，纸质合同更以统一面貌呈现。宋元两朝，又因朝廷重视，反复出台法令规范。如，宋代曾规定，典卖田宅也需用合同契，业主和钱主各存一纸。②到明代，合同文书的格式和种类发展至烂熟，清代合同不过是延续。所以，虽然合同文书的内容各异，合同文书的形制和格式却可当作汉文化区域内的统一制度。我们在开展此项研究时，各地合同文书的传世情况不明，不得不以徽州为核心工作区域。若发现其他地区的合同文书与徽州合同文书一样，具备统计学上的价值，自可另辟蹊径。

实际上，随着近年来各地古文书的发现与整理，徽州以外的合同文书大量公布，丰富了古代合同的地域分布。据不完全统计，已公布的浙江、福建、贵州、广西等省（自治区）的古合同文书如下：

（1）2006年，《厦门典藏契约文书》，福建美术出版社。陈娟英、张仲淳等整理，收录厦门市博物馆馆藏契约文书1189件。无原件图录。可辨别为合同的有18件，其中清代10件、民国8件。

---

① 俞江主编《徽州合同文书汇编》，广西师范大学出版社2017年影印版。俞江主编《徽州合同文书汇编（点校本）》，广西师范大学出版社2020年。
② ［明］张四维辑《名公书判清明集》卷之五《户婚门·争业下·典卖园屋既无契据难以取赎》中引用法令："在法：典田宅者，皆为合同契，钱、业主各取其一。此天下所通行，常人所共晓。"中华书局1987年，第149页。又，元代也有类似规定，方龄贵《通制条格校注》卷十六《田令·典卖田产事例》："今后质典交易，除依例给据外，须要写立合同文契二纸，各各画字，赴务投税。典主收执正契，业主收执合同，虽年深，凭契收赎，庶革侥幸争讼之弊。"中华书局2011年，第478页。

（2）2007年，王万盈编《清代宁波契约文书辑校》，天津古籍出版社。宁波市档案馆藏，以卖田契和卖地契为主，共415件。收有合同2件。

（3）2011年，《清代浙东契约文书辑选》，浙江大学出版社。张介人自藏契约，释文版。选用浙东契约340件，另有山西契约12件。可辨为合同文书的10件、分家文书14件、会书9件。

（4）2011年，《石仓契约》开始公布，曹树基等编，浙江大学出版社。目前出版到第五辑。我们统计了前三辑，发现第一辑共收录文书1956件，收录10份合同；第二辑（2012年）公布2648件文书，收录有53件合同；第三辑（2014年）公布文书3095件，收录有合同49件，分家文书8件。

（5）2007年以来，张应强等编《清水江文书》开始公布，广西师范大学出版社。目前出版有三辑。我们仅统计了第一辑，发现其中收录有合同558件，分家文书9件。

（6）2009年，《广西少数民族地区碑文契约资料集》，民族出版社。公布碑文及契约共433份，收录有14件合同，以息事、换山、分家、禁约、乡约为主。

（7）2010年，孙兆霞等编《吉昌契约文书汇编》，社会科学文献出版社。共收录420件文书，以买卖、典当契约为主。其中收有45件合同，内含39件分关。其它是招赘约、了息约、掉换约、绝嗣产承管合约等。

《清水江文书》中收录的合同文书最为丰富，清水江地区有可能成为徽州以外另一个具有系统研究价值的区域。不过，无论是清水江地区，还是浙、闽、桂等地区，其合同文书的形制与徽州合同文书并无二致。

## 三、古代合同的统一形制

今古"契约"非一物。现代汉语中的"契约"与"合同"为同义词。"契约"的今义，是在清末翻译日本政治法律著作时期才固定下来的。在此以前，"契""约""契约""议据"等等，均指交易凭证文书，并无统一称谓。

古代合同文书是一个独立的文书种类。合同与契的差别，就像现代合同与民间借条一样。明清时期的契，可以把它理解成一种收据。比如，田房卖契是田房买卖完成后，卖主向买主写立的文书，内容主要是说，自己合法拥有的田房已经出卖给某某，并收足价款。然后由卖主署名画押，交由买主收执。将来若有争执，买主就用卖契作为管业来历的证据。所以说，卖契就像今天的民间借据或借条，是借钱人向出借人写立收到借款的凭据，出借人想要收回借款，就得凭借条找借钱人。借钱人不还，得凭借条去法院起诉。借条仅此一件，若是丢了，借钱人可以赖账，法院可以不受理起诉。

合同则不然，它也可以作为凭据，但它是各方当事人相互向他方写立的，基本特征是一式多份。标准的合同文书，就是以一式多份的形式记录协商事项，由各方当事人共同署名画押，重叠并骑写文字，再分开由当事人各执一件的文书。所谓"一式多份"，是指文字内容完全相同的两件以上文书。称它合同文书，就是指它是一套文书，而非一件。今天，大多数古代合同只传流了一份下来，特殊情况下，才有一式多份的合同流传下来。此次整理的合同文书中，有一式多份的情况，可以印证古代合同的完整样貌。

周绍泉先生较早系统地讨论了明清时期合同与单契的区别方法。他指出，南宋以后，特别是降至明清，单契成为田土买卖、典当的通常形式。他列举的单契类型有：土地买卖契、典契、当契、批契、佃约、借约、婚书、还文约、甘罚约、投主文约等。他又根据当时所见的明清合同，把合同分为清白分单合同、承役合同、息讼合同、商业合同等。他指出二者的形制区别是：第一，契的署名花押只有一方，而合同有双方或多方。第二，契在文书形式上反映为单页形式，即只有一张契纸，合同的文书形式则是以参加订立合同的当事人为准，有几个当事人就书写几张内容相同的合同，因此，合同一定反映为同样内容的两张或两张以上的文书形式。第三，合同末尾一般有半书，这是对同骑写文字后，再分开来所留下的遗迹。该文还指出，形制上的区别，反映了合同当事人之间地位相对平等，而单契的缔约当事人之间地位相对不平等。[①]这都是极有见地的。

应该注意的是，认定一份文书是否为合同，应该综合使用以上特征，单独一项特征均有例外。比如，合同通常有半书，但没有半书的合同也是有的。要辨别一件传世文书是否为合同，除了半书外，还需要结合内容或格式：

首先，看文书的题头。合同的题头多以"立议合同人""立议合墨人""立议合约人""立议禁墨人"等开头。题头包含了古人对文书的基本定性。合同、合墨、合约、禁约等性质，均表明有多方参加，且缔约者的地位相当，至少在这一合同关系中，没有区分社会地位或经济地位的必要。故题头是辨识合同的重要依据之一。也有例外，如召佃合同，常写作"召批""佃约""召约"。又有一些契约文书写作"墨据"或"议据"，既可能是单契，也可能是合同。可以说，题头写明"合同""合墨"的，一定是

---

[①] 周绍泉：《明清徽州契约与合同异同探究》，载张中政主编《明史论文集（第五届中国明史国际学术讨论会暨中国明史学会第三届年会论文集）》，黄山书社1993年，第170页。

合同；但写"墨据""议据""约""批"等的，不一定是合同。

其次，看署名。"单契"的尾部署名只有一方当事人。所谓一方当事人，与一个当事人不同。如田房卖契，一般是一个当事人署名，但也有母子、兄弟等共同署名的。所以，署名的人数并非辨别单契与合同的依据。要确认双方或多方当事人的署名，必须结合契约文书的内容。一旦确认缔约各方当事人均已署名，多半就是合同文书。但仅看署名也有例外，像"对书"合同，它不是标准意义上的合同，只有一方当事人署名。可以说，凡是有双方署名的契书一定是合同，但不能说只有一方署名的契书就不是合同。

最后，看合同的尾部套语。一般来说，单契的尾部套语是"立此为据""立据为凭"等。所谓"立此为据"，就是说只写立了这一件契书。而合同的尾部套语，往往是"立此合同，一样两纸，各执一纸"等语，见到这一套语，即使没有半书或当事人署名，也可断定为合同文书。也有例外，如召租约的末尾套语多有"立此召约为凭"，却有半书，仍可辨识为合同。

总结以上规律，可以归纳出四项辨别合同的要件：一是外观要件，即半书；二是内容要件，即双方或多方当事人署名；三是格式要件之一，即题头出现"合同""合议""合墨""合文"等词语；四是格式要件之二，即尾部出现"一样几纸，各执一纸"等用语。凡是拥有以上四项中任一项的契书，即为合同文书。凡是四项皆不具备的契书，则可判定为单契。

我们确信，按照以上方法，可以把所有时期和地方的古代合同文书识别出来。

## 四、统一形制的内在必要性

古代合同文书的形制统一性，是由合同的目的与性质所决定的。现代民法学中的通说认为，合同是各方当事人基于意思表示一致而成立的法律行为。所谓"意思表示一致"，在理论上是指合同可因双方一诺而成，无需书面的或其他形式的载体。古代中国的合同固然也是基于意思表示的一致，但古人不认为仅有意思表示一致就足够，尤其是较为重要的身份或财产事务，其成立与履行在时间上有一定的延续性，必须订立正式的书面文本，这就是合同文书。

古代合同的直接目的，就是为了维持长期信用关系。一般来说，凡是需要订立合同的事务，必定不能即时完成，需要当事人在相当长的时间里去履行或监督履行。以兄弟分家为例，分家合同中往往留有一些未尽事宜，比如，如何赡养父母，如何抚养未出嫁的姐妹,如何分担父母去世后的丧葬费用,等等。所以,分家不是即时完成的合同关系,而是需要长期维持或履行的身份性财产关系。分家合同就是约束兄弟之间长期信守承诺的凭证。

合同文书是一种维持长期信用的凭证文书,这对民间社会的重要性已是不言而喻。但是,合同又是一种无法由官方背书的信用文书。一方面,事无巨细,皆可订立合同,这就不像田房典卖关系,由于征税的需要,可以通过纳税而获得官方凭证。另一方面,合同是个筐,什么都可以装。后面我们还会谈到,只要能达成一致意见,当事人可以把许多相关问题一并纳入到一个合同中解决。这就决定了合同内容的不确定,既有固定格式,也有不固定的。合同的内容不确定,格式也不固定,又缺乏官方背书,那就必须具有某种标准,以保证人们一眼即知合同的真假。换言之,合同形制的标准化成了合同信用的重要保障。在古代中国,合同的标准化或统一化,主要是通过骑写"半书"、书写内容基本一致、当事人共同署名画押等加以体现的。其中,半书制度尤其重要,它直接继承远古的契骨和上古的刻侧制度。辨别真伪时,必须将两件文书重新对同,笔画符合一致的,才承认是真的。合同,也就是"对同"与"符合"的简称。

由于合同形制的标准化,只要某个当事人拿出自己收执的合同文书,就能保证内容的一致性和真实性。这在有的当事人隐匿或丢失合同文书时,显得尤为重要。严格保证合同文书的形制统一性,是合同内容取信于各方当事人的基础。古代合同文书形制的统一性,是合同文书作为信用凭证的内在价值决定的。基于此,我们才敢大胆断言,在形制方面,天下合同都一样。

基于"天下合同都一样"这一判断,我们有信心通过徽州合同,来展示古代中国合同的主要特征。我们这项研究,也是基于此项判断。本书不可能穷尽古代所有的合同文书,甚至不能穷尽清代徽州的合同文书。它的工作,类似于动植物学中的标本研究,是要通过观察和分析一些样本,来展现研究对象的系统性。

在区域史研究方兴未艾的今天,一些研究者主张把某个区域的历史现象仅仅视为这个区域的独特现象,而不敢说它能够代表全国的现象,甚至也不准别的研究者越雷池一步。这种态度固然表现了研究者的严谨,但也有画地为牢之嫌。我们认为,对某个区域的研究,首先要做的工作,就是弄清楚研究对象是该区域的独特现象,还是具有统一性或代表性的现象。即使是表面看上去独特的区域现象,它在何种层次上代表了人类社会的共通性,也应首先考虑。事实上,说清楚独特性与共通性,是区域史研究者的主要学术责任,不能说清楚这一关系,是对学术责任的懈怠,研究成果也会留有相当的遗憾。

## 第四节　合同关系的类型

合同文书的形制是统一的，内容却可以千差万别。在笔者开始着手搜集合同文书时，面临的第一个问题就是：清代民间存在过哪些合同关系或类型？但是，在研究这个问题之前，我们先来了解另一个问题：一个清代家庭，在整个存续期间，大约有多少次签订合同的行为？

实际上，2005年以后，随着刘伯山主编的《徽州文书》陆续出版，合同文书在门户中的占比、地位以及与其他文书的关系，已有较好的显示。据我们统计，第一辑共4084件文书，有合同513件，合同文书的占比约为12.6%。第二辑（2006年）共2664件文书，有合同205件，占比约7.7%。第三辑（2009年）共3684件，有合同157件，占比约4.3%。第四辑（2011年）共3904件文书，合同共314件，占比约8%。第五辑（2015年）共3621件文书，合同有279件，占比约7.7%。

以上所谓的"占比"，是指合同文书在所有门户文书中的比重，而非在契约文书中的占比。一般来说，门户文书中除了契约文书外，还有不少反映其他门户事务的文书，如赋税凭证、流水账簿、族谱、门牌、信件等等。现在我们知道，徽州文书主要以门户文书的形式传世，是私家档案。合同在门户文书中的占比数，就是合同在存世古文书中的占比。上面统计了五辑《徽州文书》，得到五组数据，分别是12.6%、7.7%、4.3%、8%、7.7%。我认为，4%—8%这个区域值比较正常，12%为畸高数值。为什么呢？我曾经有过数次在上千件散件白契中检寻合同文书的经历，100件白契中有四五件合同是比较正常的情况。当时不可能做记录，但印象非常深刻。所以，《徽州文书》第二至五辑显示的合同文书占比数，恰好与我的搜集经验相印证，反映了合同文书在古文书中的正常占比数。《徽州文书》第一辑出现占比值畸高现象，是因该辑出现了大量的祁门召佃约，召佃约是一个乡里大户与多个佃户同时签订的合同，当然会拉高合同的正常占比率。

我们知道，门户文书是古代家庭保存的本门户重要事务的凭证文书，而合同文书则反映了这个家庭需要利用合同来解决的重要事务。所以，合同文书在门户文书中的占比，代表了一个家庭在其存续期间需要利用合同来解决日常事务的数量。传世的门户文书，少则三五十件，多则三四百件。如果以5%作为占比率的中间值，则一个家庭在其存续期间需要合同来解决的日常事务在两次以上。这是约估数，但大致与生活经验相吻合。比如，一个家庭至少会经历两次分家，一次是从大家庭中分出来，另一次是再次析分成多个小家庭。在此之间，若以25年为间隔阶段，这个门户中至少会保留自己从大家庭中分出来的那件分家合同，再加上在它存续期间可能碰到至少一次其他合同事务，所以我们说，一个门户中通常会有两件合同。这个约估数与实际生活不会偏离太远。它对我们理解合同在古人日常生活中的地位，也是有帮助的。

合同在门户文书中的占比，还揭示了另一个现象，合同在门户文书中远远少于单契。单契代表的主要财产关系是田房典卖，它反映的是民人重大财产的交易情况，受到交易人的重视。又因为反映了古代田土流转频率、不动产价格等，所以一直受到学界的重视。但是，这也是合同关系遭到忽略的原因。

为什么要把合同的种类作为本项研究的首要任务？当我第一次看到门户文书中的合同时，我意识到，合同文书承载的财产和身份关系远多于单契。通过合同文书，中世纪的民间社会已经向我打开了一扇窗户。顺着它，既能走入民间社会的深处，也能大致摸到民间社会的边界。

关于清代合同类型的研究结果，我们已有单独的论文发表。[①] 该文的署名人只代表论文起草者。整理小组的童旭、陈颖等人也参与了讨论，并对论文的观点有贡献。下面再谈一些我的看法。

首先，如果对照明代和清代的徽州合同，会发现两个时代的合同关系既有延续性，也有不少差异。所以，清代的合同类型不能贸然地加于明代，这是肯定的。差异和延续性是下一步值得深入研究的问题。我的基本看法是，合同关系必定反映了各种社会关系或经济关系。反过来，社会关系或经济关系的变迁，直接影响到合同关系的变迁。因此，从合同关系的变化入手，是研究明清社会变化的一条重要线索。但是，我们力有未逮，尚未深入展开。现在能较系统地展示清代合同类型，已经在合同关系变迁的研究方面迈出了第一步。下面的工作量还很大，但轮廓已较清晰。

其次，清代的合同文书存世量较大，搜集起来较为容易，能够较好地反映一个时代完整的合同关系。这是把清代合同作为突破口的重要性所在。明代合同已经珍罕，反而无法保证这种完整性，再往前就更不用说了。现在，我们比较有把握地说，这次整理所得到的关于清代合同关系的整体性的印象，是最有价值的成果。当然，这次整理研究也不能保证百分百的种类完整，是否还有我们没有注意到的种类，也有待时间

---

① 俞江、陈云朝：《论清代合同的类型——基于徽州合同文书的实证分析》，《法学》2014年第6期。

的验证。另外，在已有的类型中，也还可能有亚型或变型没有搜集到。不过，正如上面说的，此次整理与研究是为了走入民间社会的深处，摸到民间社会的边界，这个目标基本算是达到了。

再次，清代的合同关系不能完全用固定的类型去理解。一开始，我们对于合同类型的理解是机械的，希望通过找出相同格式的合同文书，来确定合同类型。这种工作的确取得了进展。但最后发现，始终有一些合同关系处于不定型的状态中。经过讨论，我们感觉到应该高度重视这一现象，它或许意味着，合同背后的社会关系或经济关系也处于发展或模糊的状态。最终，我们认为，应该以"定型"与"不定型"为标准，把清代合同分成两大类。

其中，按照特定事项和相对固定格式书写的合同，可归入定型合同。所有偶见的、"一契多事"的和处于过渡形态中的"对书"合同，都归入不定型合同。既然清代有不定型合同，不排除明代及以前各代也有各自的不定型合同，但不同时代的不定型合同应是有差别的。定型合同，可以反映一个时代人们较为确定的社会关系和生活预期。而不定型合同，则反映一个时代正在发生哪些变化或发展。定型合同的研究固然重要，而不定型合同的研究则可能展示社会生活史中较为隐蔽的一面。不定型合同的发现，提醒我们在将来的研究中，观察一种明代及以前的合同文书，首先需要明确它在当时是一种定型合同还是不定型合同。定型合同代表着一种固定的规则，或延续数百年的习惯。不定型合同，则需要与后来的合同关系进行比较，看它是消失了，还是在后代定型了。我们知道，民间习惯会受到国家法令的影响，一旦形成又可跨越朝代。把定型和不定型合同放在习惯与国家法的互动关系中去考量，会发现今后的相关工作可能别开生面。

复次，清代徽州的定型合同，我们又再分为三大类：财产类合同；纠纷调解、息讼和兴讼合同；公共事务类合同。在财产类合同下面，再分有：（1）分家合同；（2）共业合同；（3）分业合同；（4）会书合同；（5）换产合同；（6）合股商业合同；（7）佃仆合同；（8）邻界合同；等等。在纠纷调解、息讼和兴讼合同下面，再分有：（1）调处合同；（2）息讼合同；（3）齐心诉讼合同。在公共事务类合同下面，再分有：（1）禁约；（2）公约；（3）承充合同；（4）升（生）图合同；等等。这种划分是依据现有的发现，在经验总结的基础上，适当照顾了逻辑关系，仅供学界参考。是否合适，还可以探讨。

最后，在解决不确定或不可预知的利益冲突中，不定型合同扮演了十分重要的角色。不定型合同就像现代合同法上的无名合同，遵循自愿原则，只要双方达成合意，合同即告成立。不定型合同又分三种：（1）偶见的、不确定事项类合同。这种合同其实可以视为某些定型合同的变型，在任何时代都可能发生。但单独作为一种类型却不可能。比如，古代家庭都要分家，特殊情况下，也有分家以后又合为一家的。这种合为一家的合同，也可算是分家合同的变型。（2）"一契多事"类合同。最典型的是与坟产、族产相关的合同。一开始，我们觉得坟产合同可以算单独的一类，但是，坟产、族产合同的内容实在太复杂，内容和利益侧重各不相同，无法一把抓。其实，一种事情可以涉及多种财产或身份关系，在实际生活中很正常。能够把多件事务归入一件合同，正是合同具有包容性的体现。（3）对书合同。

对书是此次整理中的重要发现。经过多年观察，我们认为，明清契约文书中存在一种非标准意义的合同文书，可定名为"对书"。对书中，有的有半书，有的没有半书；有的是一方当事人署名画押，有的是各方当事人共同署名画押。对书的共同特点是，它必定是两件一套，但不一定是"一式两件"。它的两件分别记载同一合同关系中不同当事人的权利义务。单独一件对书传世，很可能不会被视为合同，只有一套对书同时传世，才能确定那是一个合同关系中两件相对的契约。目前为止，清代徽州采用对书形式的合同关系有两种，一种是承嗣约，另一种是召佃约。另外，在田房互换合同中，部分是标准的合同形制，部分则是对书。

对书是两件文书针对同一个事项，但文字不尽相同。这就显然有别于标准合同，因为标准合同的文字内容总是趋向一致的。对书的尾部套语往往是"立此一纸为据"，而标准合同的尾部套语必定是"一式两份，各执为凭"等。但是，对书虽然申明"只此一件"，却是指双方各自向相对方书立了一件文约。因此，从同一契约关系而具有两份文约来看，对书并非单契。

以前很少有研究者注意到对书与单契的区别，原因是传世的对书往往只有一件，能够同时有两件对书传世的情况甚少，这就让人很难识别这种文书形式。当孤立的一份传世对书上没有半书时，会误认为这是一份单契；孤立的一份传世对书上有半书时，会误认为这是一份典型的合同。

对书的存在，也是不定型合同必须与定型合同区分开来的理由。我们的基本看法是，对书是一种从单契中脱离出来，正在向标准合同过渡的非标准合同。比如召租约，在明代很可能只是佃人向田主书立承租约，田主无需向佃人写立契约，这种租约就是一种单契。随着主佃地位的不平等关系逐渐消弭，且佃人的押金也需要信用保证，就产生了田主向承租人书立召佃约的需要。再加上，清代召租约把购买永久的小买、永租和押租等关系也包容进去，也就需要田主把押租钱、价金等要素写入契约，付租赁人收执，以作管业凭据。但是，由于召约和租约的格式尚不能统一，就形成了双方相对书立，内容各不相同的对书。

## 第五节　本书的结构与体例

拙著实际是在研究报告的基础上删改而成，个别地方可能尚留有报告的痕迹，请读者见谅。

全书共分七编。每编讨论一种合同大类，或两三种意义相近的合同种类。各编顺序如下：

第一编只讨论一种合同，即分家合同。中世纪的家庭每隔一段时间分家，将原来的大家庭按儿子数分解为小家庭。分书或阄书就是分家时签订的合同。分书是存世清代合同的最大宗。分书的普遍性，反映的是分家制度的普遍约束力。分书也说明，中世纪的合同适用于家庭内部关系。

第二编讨论家族合同。当一个大家庭分为数个小家庭，这些小家庭就共同构成一个家族。并没有一种统一的家族合同，我们把家族内部各房或族人之间商议各种家族事务而订立的合同视为一个整体。它们展现了清代家族内部有哪些值得重视的财产或身份事务，以及不同性质的财产关系。比如，在笼统的"族产"概念中，通过分析当时的合同，可以发现管业主体不同。又比如，家族能否干涉族人的家庭财产，通过家族合同可以看出大概。这一编套入了一个较为复杂的部分，就是与坟产相关的合同。清代徽州的坟墓并不仅由同一家族管业，有不少坟墓分属于异姓家族。不深入到合同中，不可能看到这一现象。

第三编是邀会合同。这种合同可以统称为会书或会规。通过会书，我们可以知道哪些人在"开会"。在一个大家族内，不同的小家族还有各自的祀会。异姓家族或家庭，以及不同村庄之间，又因共同的神灵信仰而结成神会。另外，任何熟人都可以邀一个钱会。有人参加钱会仅仅为了利息，有人为了支持财务困难的亲朋，也有人是为了凑钱打官司，还有人是为了半年一次的聚餐。

第四编是管业合同。这是由四种定型合同组成的一个大类，分别是邻界合同、共业合同、换产合同和召租合同。它们就像卖契和典当契一样，主要是作为田土管业的凭据。为了说明管业凭据的意义，这一编之中用于讨论"契据"的文字，比讨论四种合同的文字还多。我相信这是必要的。

第五编是调处合同。有管业就有纠纷，而且管业不止是田土管业。持有会书，是对会股的管业；持有分书，是对家产的管业。所以，光是管业的纠纷，就不止一种。但是，无论谁都会承认，坟山的管业纠纷是田土管业中最复杂的，我们既然不可能去讨论所有的纠纷，就以坟山纠纷的调处合同为例，来讨论清代民间的调处。

第六编是禁约合同。禁约合同是民间为了维护村社山林的秩序，联络当地所有居民签订的禁止某些行为的合同，也称民禁约。在某种意义上，它和调处合同一样，反映的是民间自治秩序是如何可能的。在民禁约和官禁约之间，清代还有一个介于民与官的中间层的禁约，即乡约，乡约所发布的禁约又称乡禁约。在本编里，我们也想看看，乡禁约与民禁约、官禁约有何不同。

第七编是本书最后一部分，专门讨论应役合同。清代受朝廷承认的有两大基层组织，一是里甲，二是保甲。它们都可以视作乡里职役，又可有本职。民户承担里甲和保甲差役，在清代已经出现许多折中的方法，只要用合同商定，保证有人应役，官府并不干涉。我们也借此考察在职役中有多少自治的成分。

以上各编，少则两章，多则八九章。字数少则三万余，多则十余万不等，并无定数。基本的思路，是从社会的基本单位家庭出发，一步步向外走去，看看同姓家庭的联合组织（如家族），再看看异姓家族的联合组织（如会、禁约、里甲或保甲）。是否可以说，虽然每一种合同只为我们画出了一些孤立的片段，但把这些断断续续的片段连缀起来，也能隐约猜到一些画卷的整体面貌？若能如此，本书的心愿也就实现了。

本书以《清代的合同》为名，但如果以为本书是研究中国合同法的历史，那就要失望了。笔者根本不赞成中国中世纪有近代意义上的合同法。合同，的确是一种制度，但这种制度是基于惯例和承诺的约束力。它是平民在自我关心中发展起来的。在朝廷和官府看来，民间合同中的那点财产或身份关系，实在不值一哂。而我们也认为，朝廷和官府实不足观。所以，如果说本书有什么关心的主题，那就是中世纪的民间社会。

由于笔者的疏懒，最终并未全部利用所有已出版的原件。敬请见谅！本书以本次整理的合同文书为基础，书内引用的合同释文，注明合同文书题名，并括注题名在点校本中的页码。若需核对原文，请查阅影印图版（《徽州合同文书汇编》，广西师范大学出版社2017年）或释文点校本（《徽州合同文书汇编》点校本，广西师范大学出版社2020年）。本书引用的合同释文在标点及个别文字上与点校本容有差别。

第一编

家庭合同：分家合同

# 导　言

　　分家制度是中国古代基础性的社会制度。从秦国颁布"分异令"之后，家庭从宗族中获得解脱和独立，已经是大势所趋。分家制的核心价值，是要让小家庭，尤其是非长房的小家庭，在社会中获得门户独立和财产独立。明代以来，庶民的诸子小家庭，地位进一步巩固。明初的《大明令》规定："凡嫡庶子男，除有官荫袭先尽嫡长子孙，其分析家财田产，不问妻、妾、婢生，止依子数均分。"[①] 庶民家庭无爵位，对庶民来说，该条体现的是诸子在家产中享有与长子相同的份额。但因户役沉重，明代分家出去的户丁户，大多仍在长房掌管的总户之下，以便分摊总户的赋役原额，所以，长房对分家出去的户丁户，仍享有较强的控制力。到清代，随着力役折银制的确立，庶民家庭分家后，长子虽仍旧掌管原家庭的门户文书，但已无需整合家族中的力役，各个小家庭只需按本房的田产缴纳税粮，直接与国家打交道，不受长房控制，在国家体系中的独立性进一步提升。

　　规范分家的国家法也一直在让步。先是唐律中规定："诸祖父母、父母在，而子孙别籍、异财者，徒三年。"这是严格禁止祖父母、父母在时，子孙别籍异财，处刑亦重。但唐律为了适应小家庭独立的需求，还是留了一个缺口："若祖父母、父母令别籍及以子孙妄继人后者，徒二年；子孙不坐。"其疏议曰："但云'别籍'，不云'令其异财'，明其无罪。"[②] 意思是，子孙虽不能另立户籍，但祖父母、父母可以令其分析财产。唐律"子孙别籍异财"条的特点有二：一是祖父母、父母在，子孙不得请求别立户籍、分析

---

[①] 刘海年、杨一凡主编《中国珍稀法律典籍集成》乙编第一册《大明令》，科学出版社1994年，第10页。
[②] 刘俊文撰《唐律疏议笺解》卷十二《户婚》，中华书局1996年，第936页。

家产；二是允许子孙依据父母的命令分家产，只是不许别立户籍。而清律规定："凡祖父母、父母在，子孙别立户籍、分异财产者，杖一百。"唐律是满徒，清律是满杖，在刑罚上降了三等。清律的小注："须祖父母、父母亲告，乃坐。"明确此罪为亲告罪，对于违法分家的情况不主动追查，体现了官府对分家持允许和放任的态度。又律下的条例规定："祖父母、父母在者，子孙不许分财异居。其父母许令分析者，听。"① "许令"之"许"是许可，"令"是命令。唐律规定只有父母命令才可分家，清律承认子孙可以请求分家，只要得到父母允许即可，其实是子孙"闹分家"的合法化。通常，父母在世时，分书记载由父母主持分家，这就表示得到了父母的"许"，符合了法定条件。

清代的家产类合同，大别为两种：（1）分家合同，俗称分书、关书、分关、分单、阄书、析分阄书等等。（2）立嗣或承嗣合同，也即拟制家庭成员身份的合同。其中，立嗣合同存世量较少，本书暂付阙如。分家合同存世量较大，本编主要讨论分家合同。

分家析产，是原家庭有两个以上儿子，其中一个儿子可以独立成家时，将家产在儿子们之间分割。记载这一分割过程和内容的合同，即分家合同。古代中国的家庭形态，是认识古代中国社会形态的基础，长期以来受到学界的重视。在郑振满利用明清闽台分家文书讨论古代家庭结构及演变周期之前，② 分书对于古代家庭的基础性作用还不明确。此后，关于古代分家及其文书的研究逐渐增多，地域从原来的福建、徽州等

---

① 《大清律例》，田涛、郑秦点校，法律出版社1999年，第186—187页。
② 郑振满：《明清福建的家庭结构及其演变趋势》，《中国社会经济史研究》1988年第4期；《清代台湾家庭结构的若干特点》，《台湾研究集刊》1989年第2期。二文已收入作者论文集《乡族与国家：多元视野中的闽台传统社会》，三联书店2009年，第132—170页。

地扩展到山东、浙江、贵州等。① 可以说，分家是古代中国社会中普遍存在的不成文的财产承继习惯，是调整和规范古代承继关系的主要制度。由于分家制度的不成文性，不同地域、时期的分家习惯容有差异，但不影响基本规则的一致性。选取任一地域或时期的分家习惯，均能有效说明该制度的根本特征。本编即主要以自己搜集的四百余件徽州阄书或分单为依据。②

分家的基本关系是兄弟之间分割原家庭财产。分割家产是一种财产关系，而且只是分家合同中记录的各种关系中的一种。分家合同还有一种重要的意义，即原家庭分裂为两个以上的小家庭，这既是家庭关系的变动，也是作为社会基本单位的家庭再分裂而发生的一种社会变动现象。按照郑振满的说法，分家制度的普遍性，决定了中国古代"家庭结构必然表现为大家庭与小家庭之间的周期性变化"。① 不过，我更愿意理解为：这一制度的根本意义在于，它决定了自秦以来的中国社会始终以家庭为基本单位。

理由如下。民间俗称的"大家庭"和"小家庭"，是依据世代和人口规模作为依据的模糊称谓。一般来说，"小家庭"是指夫妻和子女两个世代组成的家庭，标准人口为三人，也即通常所说的"三口之家"。"大家庭"，则是指三个世代及以上的未分家的家庭。三个世代的家庭，标准人口为五人，也即"五口之家"。同时，当世代超过三代、

---

① 麻国庆：《分家：分中有继也有合——中国分家制度研究》，《中国社会科学》1999年第1期；张佩国：《制度与话语：近代江南乡村的分家析产》，《福建论坛》（人文社会科学版）2002年第2期；王跃生：《20世纪三四十年代冀南农村分家行为研究》，《近代史研究》2002年第4期；张小也：《从分家继产之讼看清代的法律与社会——道光、光绪年间陕西相关案例分析》，《清史研究》2002年第3期；张研：《对清代徽州分家文书书写程式的考察与分析》，《清史研究》2002年第4期；俞江：《继承领域内冲突格局的形成——近代中国的分家习惯与继承法移植》，《中国社会科学》2005年第5期；俞江：《论分家习惯与家的整体性——对滋贺秀三〈中国家族法原理〉的批评》，《政法论坛》2006年第1期；张国刚：《论唐代的分家析产》，《中华文史论丛》2006年第1期；王裕明：《明清商人分家中的分产不分业与商业经营——以明代程虚宇兄弟分家为例》，《学海》2008年第6期；刘道胜、凌桂萍：《明清徽州分家阄书与民间继承关系》，《安徽师范大学学报》（人文社会科学版）2010年第2期；谢开键：《清水江分家文书档案考析》，《浙江档案》2013年第6期；倪静雯：《清末山东农村家族财产代际传递研究——以广饶杜氏家族地契、分家书和继单为例》，《中国农史》2013年第6期；秦海滢：《明清时期山东宗族分家析产与财产纠纷》，《东北师大学报》（哲学社会科学版）2014年第3期；李楠、甄茂生：《分家析产、财富冲击与生育行为：基于清代至民国初期浙南乡村的实证分析》，《经济研究》2015年第2期；等等。
② 俞江主编《徽州合同文书汇编》影印版、《徽州合同文书汇编（点校本）》，广西师范大学出版社2017年、2020年。本书引用的合同文书，若不特别说明的，均出自《汇编》。
① 郑振满：《明清福建的家庭结构及其演变趋势》，载《乡族与国家：多元视野中的闽台传统社会》，三联书店2009年，第132页。

人口远在五口以上而仍未分家的家庭，也即"四世同堂""五世同堂"的家庭，也是"大家庭"。由此可见，无论"小家庭"还是"大家庭"，都统摄于"家庭"这一概念之下，区别于"家族"概念。决定古代中国家庭的制度性标准，不在于世代或人口，而在于分家与否。实际上，古代中国家庭的法律定义始终只有一个，即"同居共财"。凡属"同居共财"者，即使世代多至九世、人口多达数百人的超大型家庭，仍属家庭的范畴。而一旦分家，即形成两个以上的"同居共财"之家庭，这些家庭因可追溯到同源或拟制的同源祖先，相互之间为族人关系，共同构成一个家族。最小的家族，也即两兄弟分家后形成的两个小家庭构成的家族。因此，由分家制度之普遍性，可知中国自秦以来的社会，不过以千万个因"同居共财"而具有同质性的家庭作为其不可再分解的单位。也因其不可再分解性，家庭即是社会的基本单位。因这些基本单位的再联合与团结关系，家族这一社会结构的中间层就形成了。

家庭和家族，在可知的古今中外社会中，并不是特异的社会现象。古希腊和古罗马社会也有家庭和家族，今天的欧美社会也不例外。只是中国古代的家族，其联合与团结的形式表现出引人瞩目的差异性或特异性，使人一提起中国古代社会，即联想到这种家族的特色。于是，近代以来的中外学界，往往愿意将这种社会简称为"家族社会"，不少学者在中国古代家族的特点方面用力研究。久之，则忽视这一社会的底层乃是一个个财产独立的家庭，并且渐渐产生家庭完全笼罩在家族之下，没有丝毫独立性或对抗性的看法，这是将来的研究需要注意纠偏之处。

以分家作为区分家庭和家族的分界点，家庭和家族的界限极为分明，由此可以判断，中国古代基层社会存在家庭和家族的二元结构。古代国家与社会的主流意识形态倡导家族内部团结，逐渐形成了以家族为"公"和家庭为"私"的公私对立的话语体系，同时形成了以家族所代表的"公益"对家庭"私益"形成压制的格局。毋庸置疑，在这一格局中，家庭看似处于弱势地位，家庭利益往往不能在官方的、主流的话语体系中获得强有力的支持。这也使得今天较为忽视古代家庭的研究。不过，在家族的强势话语下，家庭仍能普遍维持门户与财产的独立性，恰从反面说明了古代家庭的强大生命力。本编着重从分家的角度，阐释家庭内部的财产和身份关系，这并不意味着要否认家族在中古社会中的特殊地位。

值得注意的是，家庭和家族的区分在中国以外的社会中是不明显的，这也反衬了中国古代社会的特异性。如，在英语中的family，既可指家庭，也可以指家族。不区别"家庭"和"家族"的语言现象，正是缺乏家庭和家族二元对立的反映。但在中国社会，是不能用"家族"或"家庭"来相互替代的。语言现象所反映的基本社会事实，值得研究者注意。西方学者研究西方社会时，可以用核心家族（nuclear family）、主干家族（stem family）和直系家族（lineal family）等概念体系作为分析工具，但将这套概念体系直接套用于中国社会，尤其是用于分析中国家庭，几乎可说是张冠李戴。这是因为，这些概念主要是以世代和人口规模为基本标准，将它们用于中国古代家庭的分析，会消弭家庭和家族的界限，使中国古代两种不同性质和形态的社会单位混为一谈。需要再次强调，中国古代家庭和家族的区分标准是是否"同居共财"，这一区分标准既是社会共识，也是法定的。相比于"同居共财"，世代和人口规模仅仅是辨别其性质的参考依据。本文既以古代中古家庭为主要研究对象，则须摒弃西方的"家族"概念体系，仅采用"家庭"和"家族"作为基本概念。

# 第一章

# 分书的外观与格式

　　从外观形式上，清代分家合同有两类：簿册类和单页类。簿册类通常称"阄书"，单页类称"分单"。二者可统称分书。下文用"分书"作为分家合同文书的简称。

## 一、阄书和分单的外观

　　"分单"一词并非分家文书的专用名词。但凡分割共有财产，或明确共同经营中的利益分享关系等，均可称"分单"。[①] 本节所谓的分单，仅指分家合同中的一种。

　　分单符合普通合同文书的外观。第一，作为当事人的兄弟们，在分单中共同署名；第二，分单末尾常有一式数份的申明，说明由兄弟们各执一份；第三，均有半书，说明在数份分单上曾骑写文字。分单为一种典型的合同，毋庸置疑。

　　"阄书"也可称"分单"，分单和阄书的名称可以互换。[②] 由此可知，阄书仍为合同文书，区别仅在于阄书为簿册。阄书的"半书"多在文字以后的空白页，这也是阄书是合同文书的证据。没有半书的阄书，结尾均有"立阄书一样几本，各领一本"等，说明阄书是"一式数份"。

　　阄书强调的"阄"，代表清代分家流行的"拈阄"习惯。拈阄的程序：一、品搭。

---

[①]《清雍正十年（1732年）十月章、李、方姓清白分单合同》（点校本1215页），是章、方、李三姓祠堂，因出拼共有的山林，为"分派分价"而订立的分单。《清乾隆五年（1740年）二月章廷谏等清白分单合同》（点校本1225页），是存众山业的分割。

[②]《清乾隆三十七年（1772年）八月罗氏阄书》（点校本164页），开首称"立分单人母亲罗氏"，签名为"立分单人母亲"。半书是"合同分单大发"。

"品"像三个"口",象征分量均等。"品搭"即均匀搭配,是把家产按兄弟人数,搭配成均等的份额。品搭时一般会请长辈近亲主持。二、制阄。为数份家产编立字号,如两份可编"乾""坤"二号,四份可编"元""亨""利""贞"四号。一号一纸,每号代表一份财产。纸揉成团即为阄。三、拈阄。兄弟们拈到的字号,代表那个字号下的家产归他管业。古代法律规定,分家以均平为原则。① 拈阄即是均平的直接体现。

当然,只要品搭是均平的,不拈阄也不见得会发生矛盾。不注明"阄书"的分书,可能就是未经过拈阄程序的。所以,阄书是分书的一种,但不能反过来说"分单"或"分书"必然是阄书。

阄书和分单的区别主要在外观上。分单是把分家合同写在一张大开的白纸上,与普通合同相同;阄书是把分家合同写在簿册上,基本格式、内容等与分单没有区别。另外,阄书有封面,封面上往往有值得重视的信息。比如,会写上阄号或某个儿子的名字,代表此本阄书为某个儿子执管;有时候,年月日也写在封面上。

## 二、序言

分书的基本格式:一是序言;二是正文;三是尾部,包括时间、署名、画押、半书等;四是加批。下面先来看分书的序言。

绝大多数分书都有序言。不写序言的分书也有,这类分书直接登载各房分得的财产。这说明,记载兄弟们各自分得的产业,才是分书的核心内容。我们将登载各房分得财产的部分称为分书的正文,以区别于序言。

序言一般以"立分书人"的口吻叙事。分家的"立分书人"有两大类,一类是父母,另一类是兄弟。序言主要叙述以下情况:

(1)家庭状况。包括源流、近世祖先、父母在世与否、子女或兄弟情况等。

(2)分家的原因。如,父母命令或兄弟商议;经济困难;家庭成员不和;等等。

(3)用于析分的家产范围。如,是析分全部还是部分家产;若仅析分部分家产,原因为何,未分家产如何处理;父母百年后,养膳产业立为祀产还是存众;等等。

(4)拈阄。是否拈阄,哪些人在场见证,等等。

清代的普通分书,序言已有格式化的倾向,但仍不乏非常慎重的记述。如《康熙

---

① 《大清律例·户律·户役》"卑幼私擅用财"条:"若同居尊长,应分家财不均平者,罪亦如之。"《大清律例》,田涛、郑秦点校,法律出版社1999年,第187页。

五十五年（1716年）正月詹一寿阄书》，序言自称"遗嘱"，长达1100余字。可见，父母亲临终前主持的分书，就是古代遗嘱文书的一种。

## 三、正文

### （一）按兄弟各房排序

常见的分书正文格式，是按照阄号或兄弟们各自的房号，罗列各阄或各房名下分得的家产。这种格式的优点是清楚地表明了原家庭的家产已经全部分配到了兄弟各房名下。

但是，除了兄弟各房分得的家产外，正文还会约定一些特殊性质的财产：（1）赡养老人的产业。也称养老田或养老产，是设定来赡养在世父母的。（2）扶养父母以外的家庭成员的特定财产，如"坐与"归宗或未嫁亲女的财产。（3）祀产。通常是为祭祀已故家庭成员设定的。（4）长子田和长孙田。（5）存众产业。存众产业与祀产不同，祀产是某项产业确定归属为某先祖或某人，用途是祭祀；存众产业的归属不确定，暂时公用，将来还会析分。

### （二）按家产内容排序

正文的另一种格式，是按原家庭的家产内容来排序。这种格式的长处，是可以完整显示原家产的整体状况，各房的情况则在不同产业中体现。

### （三）仅列各房产业

通常来说，合同文书的内容完全相同。但有一种分书的格式，内容不可能完全相同。这种分书只序言部分相同，正文则抄录各房分得的家产。这种格式在清代分书中也是较常见的。当各房分得的家产较多时，这种格式显得一目了然。缺点是，若要了解原家庭的全部家产和分家是否均平，除非将同一套阄书凑齐合看，一旦遗失一本，就不知道原家庭的财产全貌了。

### （四）房分与产业混合排序

除了以上三种正文格式外，有的分书既按各房顺序罗列分得的财产，又把性质特殊的财产单列，是为混合型的格式。在原家庭财产较多且构成复杂时，这种混合格式更能清晰地展现原家产与分家后各房财产的关系，也使后人知道本家族还有哪些财产未分。

以上四种正文格式外，还有一些变例，不再赘述。

## 四、尾部

分书的尾部格式包括：年月日；署名人；画押；半书。

### （一）年月日

分单的年月日书写在正文之后，没有发现写在其他地方的情况。

阄书的年月日，一般是写在正文之后，也有写在封面上的。

### （二）署名人

署名人分为四种：（1）立分书人；（2）家族与亲戚；（3）中人；（4）代书。这些署名人就是分家活动中的当事人和重要参与人。

### （三）画押

#### 1. 画押的意义

画押在清代契约文书中所占的位置不显眼，却是契约文书生效的必备要件。清代徽州分家文书也不例外。辨别一份契约文书是否生效，主要是看署名下面是否均已画押。流传下来的清代契约文书，有正式文书与契稿、草契、抄白的区分。

契稿，是契约文书的草稿。契稿上往往有涂抹痕迹，或者正文和结尾署名部分尚未填写姓名，或者署名借用符号替代等情况。

草契，是经正式眷抄，并由当事人共同承认的契约文书。草契已经填写完整，尤其是署名已经填写。田房、田骨的买卖契约，若尚未入官投税盖印，也可视为草契。对于无需投税盖印的白契，如田皮买卖契约、加找契、合同文书等，辨别其是否正式生效，即以署名是否有画押为依据。署名人已经全部画押的，则正式生效；全部未画押的，则为未正式生效的草契或草合同；若个别署名人未画押，则合同虽已生效，但将来若有争议，未画押的署名人可以推脱自己不知道或未参与合同订立过程，甚至可以称自己当初即有异议。

抄白是后人抄录原契而留下的文书。抄白的形成原因主要有两种，一是因原契漫漶或朽烂，需要抄录保存其内容；二是因产业原契保管在长房手中，其他房分需要了解原契内容而抄录。抄白与契稿的形式相似，但抄白的尾部往往有立契人、中人的姓名，只是没有画押，或模拟草画上统一的十字押。一些抄白在边角处有"抄白"字样，则更易辨认。

### 2. 画押的类型

画押形式有二：一是十字押；二是花押。十字押，是在署名下画一横一竖交叉的"十"字形符号，适合不会写自己名字的人。花押，是文人或粗通文字的人，为自己的签名设计的花体符号，可以是姓名合写、简化或重叠，也可是"福""富"等吉祥文字的草体。除此之外，偶见押拇指印的。[①]

也有不画押的，原因可能是不在场或有争议。但在清代，只要父母画押，部分家族亲戚或中人不画押，对于分家析产的效力影响不大。

分家当事人署名后面，也有直系亲属或家庭成员代押的情况。[②] 代押现象说明，画押代表的是家庭意见，而非个人意见。

## （四）半书

半书是合同文书的形式要件之一，分书大多也有半书。有的阄书虽然没有半书，但每页盖有骑缝印章，可以视为半书。

分单上的半书一般在署名后的空白处上方，与普通合同文书中的位置大致相当。阄书中的半书，有的紧随在署名后的空白处，有的在后面空白页的正中，也有把半书置于阄书封面的。

半书字体通常大于正文字体。以内容分类，大致有以下几种：

（1）仅表明半书的性质。如："合同"；"若合符节"；"好合符节"。

（2）仅写吉祥语。如："福禄寿"；"光前裕后"；"人旺财兴"；"长发其祥"；"兰桂腾芳"；"分枝后发"；"百世其昌"；"永敦和好"；"对同大发执照"；"一团和气百世荣昌"；"一团和气百代流芳"；"房房皆发达代代总均匀"；"裕后光前螽斯衍庆大发祥"；"宜其家室俾尔炽昌"；等等。

---

① 《清同治十二年（1873年）二月戴詹氏关书》（点校本491页）。
② 《清光绪十三年（1887年）二月吴大溁阄书》（点校本556页），宣统三年的加批，吴广俊署名后面注明"子代"，仅一见。民国阄书中也见一例，《民国元年（1912年）六月程家焕阄书》（点校本778页），第五子程国均署名为"父代"，程国均为成年儿子，可能不在场。

（3）写明阄书或分单的性质，并写吉祥语。如："永远存照"；"阄书对同　永远大发"；"分开继产　大发隆兴"；"合议阄书　永远子孙发达存照"。

（4）写明阄书或分单的性质，并写明分书的份数。如："阄书两纸"；"四本对同大发"；"对同一样五本　存照"；"合阄五本　大发旺隆"；"一样家书两本　各执一本为据"；"立阄书壹样三本　各执壹本　永远大发存照"；"立此分单二纸　各收一纸为据"；"立遗嘱阄书一样两本　各执一本　永远存照"；等等。

（5）以立分书的时间作为半书的。如："道光贰拾二年立阄书二本　各执一本　照"；"同治二年二月日立　阄书壹样"；"光绪念九年桂月日立　大发"；等等。

（6）把分家时的阄号写进半书的。如："同治拾壹年月日立阄书礼、智、信　大发大旺"；"对同天、地、人阄书一样三本　各执一本大发存照"；等等。

## 五、加批

### （一）加批的位置和性质

加批，是灵活地加写在分书中各处的批语。加批的位置，既可以夹批在序言或正文之间，也可旁批或脚批在某项财产边作为说明，更多的是写在正文后的尾批。加批有时在抬头上会写"批""尾批""再批""再""又批"等。加批较多时，也有"三批""四批""五批"。有的加批不写抬头，只能从字体大小、墨迹、内容等推测是批语。

分单的加批，有的批在年月日之后，有的批在年月日与正文之间的空白处。阄书的加批既有写在正文中的，也有写在正文之后的。一般来说，大段的加批写在阄书的空白页。阄书通常留有空白页，正是为了满足不断加批的需要。

加批也是分书中的重要内容。有的批语是为了说明家庭情况和家产情况，类似序言的补充。大多数加批则直接处理家产分配、变更、用途等，性质与正文相同。如处理赡养父母的方式，有时旁批在某项财产边上，有时则写在尾批中；又如，正文写立时尚有未分财产，多年后再分，可将财产分割办法写在尾批中。因此，不能把加批一概视为仅是解释分书的正文，也不能一概视为正文的附属文字。

按加写的时间，加批可分两种：第一种是在写立阄书的同时加写的。第二种是分书生效后陆续加批上去的。后一种加批可以不断增加，世代或年代跨度可以非常大。

写立加批的人有多种情况。有的是分家时，由中人或代书人按照当时的约定直接写在阄书中，有的是阄书执管人或者后代子孙加写的，以上两种情况很普遍。另外，有的加批是父亲以叮嘱的口吻写下的。①

### （二）加批的内容

加批的内容，有单纯用于情况说明的，有用于规定违反阄书时的处理方式的。

除此之外，加批涉及家产的处理、变更、用途等内容，又可大别为二：一是记载家产变动情况。如，有的家产虽已分析，但分析时未考虑管理是否方便，分割完成后，兄弟间商议进行调换。调换的产业不多时，可以加批记载。二是处理兄弟之外的家庭成员对家产的权益，如父母的养老和祭祀、众存产业等。这两种内容可以细分如下：

（1）二次以上分家的情况。

（2）分书正文中已经分割的财产，但兄弟商议调换、重新分割或重新分配。

（3）未婚配，或已定亲而未举行婚礼的兄弟，用加批约定娶亲费用的处理办法。

（4）众存产业。关于众存产业的加批较多。有的仅约定众存产业的性质，有的加批约定租息的分享办法，有的则约定众存产业的用途，还有一些加批约定将来的分割办法等。

（5）父母养老、丧事、祭祀等。处理父母养老丧祭事宜的加批是常见现象。

（6）长子田或长孙田。常见于分书正文中，有时也记载于加批中。

（7）约定某些特殊家庭成员的扶养办法。

（8）某项财产的性质、数量、用途等，以加批形式注明。这种批语多在正文叙述的财产边加旁批，往往一句话即可处理，甚至一两个字也可。如，某项田产旁批"当业"二字，表明此田从他人手中当来，将来可能被赎回。又如田地的面积、佃人名字、租额等，均以一两句话加旁批即可。也有内容虽然简单，但以尾批说明的。② 也有财产较多，只能在个别财产旁边加批的。③

总的来说，清代徽州分家文书中的加批内容丰富多样，是阄书中不可分割的内容。

---

① 《清道光二十一年（1841年）一月罗永良阄书》（点校本288页）有条"总批"，内有"特嘱汝曹，倘后有人争分论法，即行捡验，不得执阻"，应是父亲的叮嘱。

② 《清道光十八年（1838年）三月叶汪氏阄书》（点校本285页）在年月日和署名前的一条"再批"为："坑里田秧田打秧，大元又照。"是以尾批形式说明某块田的用途。

③ 《清道光二十四年（1844年）十一月奠安兄弟阄书》（点校本309页），因家产较多，单独为某项财产做尾批不容易说明情况，在一块"新买周村土名后头坦熟地"后面，紧随了一段较长的批语："缘因荆州庄将土名下胡家碓塘圻小顶水麦田，共壹亩七分，出典与胡孝名下佃种，得受典价洋二拾元，现将捌元公议合买周村土名后头坦熟地壹业，以护祖坟。暂归入洋者收租，日后四房准将原价取赎，装入祀产，轮流挨收。"（点校本335页）

下面再以《清乾隆五十三年（1788年）八月吴光友阄书》（点校本170页）为例，说明加批的重要性。该阄书的初次写立时间在乾隆五十三年，序言中说到原配潘氏已故，继配姜氏无嗣。分家按"礼、乐、射、御、书、数"六个阄号，把家产分为六等份，并说明"数"字号阄的财产专为继妻姜氏设定，归她以后生育的儿子"经管"。姜氏其后生了两个儿子，到了嘉庆三年（1798年），只好加批约定，将"数"字号父亲赡产分与继配所生的二子。这条批语实际是一次新的分割约定。

到了嘉庆八年（1803年）三月，父亲又以"主盟"的身份，与已分家的儿子商议，将其余五个阄号下的财产各抽出部分，补足两个分家后出生的儿子，以作七等份。这是以加批来记载重新分家的结果。这次分家后，又约定一批产业"以作养老供赡资费"。这是以加批约定父母养老产。这次加批还用专条约定众存产业，包括屋前的空地、荒山、山上的树木、坟地或与他人"合业"的风水坟地等等；又将房屋门面作为众存，并约定此项租金用于父母丧葬祭祀。又约定待今后作七等份均分。另外，这次加批中还有专条设定长孙田。同年十二月，为确认前次七兄弟均平分家的约定，又凭亲族重新分拨拈阄，按"品、经、立、才、能、先、营"等七个阄号重新记载各房家产。在每号财产下，又有新的"族中"的加批，说明原来在各房财产中作为父亲的养赡产业，已经变更为祀产。这条批语说明，父亲吴光友已经去世，原来为他设定的养老产转为祀产。

其后，又有以"原因"二字开头加写的批语，补充说明再次分家和设定光友公祀产的情况。批语说，先父吴庆德曾与其他六房共同商议，订立合墨，"立规定章，公存生息"，将祖父吴光友的赡产"嗣后永遗七房，春秋祀产"，后面再记载"光友公祀产租脑"。该条批语虽然没有写明年月日，但祀产记录的后面，长、二、四房的署名均为吴光友的孙子，三、五、六、七房的署名为吴光友的儿子，可知批语是吴光友第四房孙子吴万辉写的，此时吴光友早已去世，第四子吴庆德也已去世，该批语加写时间必定在嘉庆八年之后数十年。

以上情况说明，加批的内容是综合的，既可以用于说明家产的设定、变更、用途等情况，也可以作为变更家产的新合同。在研究清代分书时，必须把加批和正文的内容结合起来，才能得到分书的全貌。

## 第二章

# 分家与门户

清代分书中除了分割各种财产外,还有一项重要内容是分割"钱粮门户"。①"钱粮门户"也可称"户役",②或"户丁"③;还可分开,只称"钱粮",④或只称"门户"。⑤有的父母在把"钱粮"交与各房时,还会特别叮嘱,以昭郑重。⑥

清中后期的徽州,民间分家之后,通常与同族人共用一个户名,不一定要到官府登记新户头。故在县衙中登记的户名,往往仍是已故先祖的名字或户记,是为总户。在这个户名下,为了区别分家单立的房份,又以兄弟名字作为记号,甚至用分家时的阄号直接作为户名,将钱粮登记在此户名下。⑦这种以阄号名为门户的户头,无需到官府登记,只经乡里册书记录,作为纳粮管业的凭证。在讨论分家合同之前,有必要先了解清代家庭的核心概念——"门户钱粮"。

---

① 《清光绪二十三年(1897年)胡怀枧阄书》(点校本625页):"故托族内弟兄、叔侄、伯公,将屋宇、山场、地业、零碎、钱粮门户、往来账目,品搭三股均分。"
② 《清光绪十三年(1887年)二月吴大溁阄书》(点校本556页):"嗣分之后,异居各爨,钱粮户役,各自承当。"
③ 《清同治七年(1868年)七月方廷金遗嘱关书》(点校本459页):"所是粮则,前立户丁,俱已均分均纳。"
④ 《清光绪十三年(1887年)三月朱德铭兄弟遗嘱阄书》(点校本566页):"将地业、山场、钱粮、屋宇、田地,高低傅搭均分。"
⑤ 《清道光八年(1828年)三月黄兆林等分单》(点校本52页):"所有账目、门户亦是三股匀认。"
⑥ 《清咸丰二年(1852年)二月列时遗嘱关书》(点校本386页):"一,钱粮现今交纳,候予夫妇百年后,尔三股均交。此乃急公正事,切勿怠慢失记。"
⑦ 《清同治十一年(1872年)八月江宗熙阄书》(点校本487页):"所有门户,立有礼、智、信三本,各执壹本为据。"

## 一、什么是"门户"?

通常所称的门户,可以分为门与户。在物质形态上,门和户可以看成是家庭人口生息的房屋,也可作为家庭的统称。

在统称的意义上,门户意指一个独立的家庭。一个家庭要独立于世,要有人和财的保障,还要有国家承认的合法性。按时缴纳官府的"钱粮",是门户具有合法性的主要依据,也是门户独立性的标志。有独立钱粮,且按时缴纳钱粮,门户的合法财产及处分行为受到官府保护,其他家庭不得干涉。

### (一)广义和狭义的"门户"

#### 1. 广义的门户

广义的"门户",是指房屋组成的相对独立的生活空间,以及空间内的人和名下产业的总和。如:"今为顶立门户,事务费用甚大,竭力难持。"[①] 这里所说的就是总和意义上的门户。总和意义上的门户,是日常生活中最常用的意义,也是中国社会史研究的重要对象。

广义的"门户"中,空间、人员和财产都很重要。空间具有标志的意义,楼屋或院落在空间上将不同门户隔别开来,一户人员"早出晚归",是相对于空间而言;家庭名下的产业分散四处,但管业和收益则隶属、归总或进出于某个空间。人们认识门户,首先因为空间上的归属和认同,其次因为空间上的隔别。空间的认同与隔别感,使门户具有了独立性。

广义的门户还有一个重要的意义,它指在国家和社会制度中,以家属和所属财产构成的相对独立的合法单位,以及合法性的证明过程和凭据的加总。它强调门户在国家和社会体系中的合法性和独立性,尤其重视门户得到承认的过程。分家就是证明新门户成立的过程之一。分家仪式把新家庭和原家庭区别开来。分家后的新家庭向国家纳粮,以持续地证明它的合法性,并通过本门户与其他家庭的交往互动,反复确认门户的独立性。

#### 2. 狭义的门户

在清代分书中,常见一种狭义的门户概念。狭义的门户,是指在国家制度中证明

---

① 《清康熙四十年(1701年)十一月黄寄禄兄弟关书》(点校本3页)。

其具有合法性的各种凭据或文书。狭义的门户，是广义门户的物质形态，也即体现家庭合法性和独立性的文书载体。文书载体具有抽象性，载体和纸张文字不同。载体可以不是纸张和文字，比如语音、电子数据也是载体。纸张文字的物质形态可能遮蔽了过程的抽象性。收藏家或历史家，不会把过去的凭据或文书当成废纸，是因为载体的抽象性和物质形态不同。这里所谓的文书载体，是指那些证明门户合法性的各种凭据或公私文书。

### （二）门户文书的构成

狭义的"门户"由一系列凭据或文书构成，或称门户文书。门户文书也有狭义和广义之分。

#### 1. 狭义的门户文书

但凡官方或半官方性质的凭证或文书，均可视为狭义的门户文书。如业税凭证，它是缴纳业税的凭证，主要包括易知由单[①]、推收税票、纳税执照或忙票等，是门户文书之大宗。此外，官方文书还包括县衙颁发的产业执照、禁约告示、门牌、官颁契尾等。半官方文书则包括清初图正在丈量田土后出具的金业归户票，以及清中期里长或册里出具的金业票和吊（推）税票、收税票、甲户实征册等。

这些官方或半官方的文书，可以证明一户之地位、丁口之身份、管业之凭证等，主要内容是记载户之所在、户内人口和户内产业，确认户内财产的来源、变更、转让、消灭等信息。特殊一点的，如诉讼文书、禁约告示等，说明产业曾得到官府的保护。

#### 2. 广义的门户文书

广义的门户文书，还包括契书、账簿、信件、家谱或家谱零页、祭祀文书、收租凭据、鱼鳞册或实征册抄件等，它们虽非官方或半官方的，却能证明家庭人口和财产的变动过程，后世子孙依靠它们知道家庭和财产的来历或变动。这些也在门户文书的保存之列。

能够反映家庭和财产发生变化的文书，徽州家庭均单独归类，小心封存。大量的徽州文书得以保存和流传，正因民间保存门户文书的习惯。刘伯山先生搜集和主编的《徽州文书》，均以门户文书为主，也较好地体现了徽州文书的来源主要是个体家庭的

---

[①] 易知由单本来是业户纳税的通知书，但梁方仲先生早已指出："由单原本定于开征前每花户发给一张的，事实上则往往于完粮后才发，且有时一州县只印数张，张皇招贴，无非虚应故事而已。"梁方仲：《易知由单的研究》，《明清赋税与社会经济》，中华书局2008年，第137页。总的来看，徽州归户文书中的易知由单保存情况不一，不见得都如梁先生所说的是"虚应故事"。

档案,而非官府档案。

### (三)门户文书的意义

门户文书的最大意义,是它反映出正史、官书或文人纪事中所不能看到的信息。一套门户文书就是一个家庭的历史档案,是研究明清社会史、经济史、制度史等不可或缺的文献。

门户文书的抽象性,主要表现在两个方面:

#### 1. 意图的抽象性

门户文书反映了管业人的意图。这些意图包括:(1)保存与丁口或身份相关的门户文书,显示门户的内容,以及门户独立性与合法性;(2)保存与产业相关的门户文书,显示门户与产业的关系;(3)保存钱粮文书,显示管业过程与合法性。

#### 2. 时间的抽象性

门户文书在时间上的指向:(1)指向过去。门户文书是累加的,通过门户文书,可以看到历代管业人在数十年或数百年里的添加和整理。添加,是不断增加新来的文书;整理,是把新旧文书分类、分包、编目、加注、封存等。管业人在保存行为中,默认了历史是门户合法性的来源或依据。(2)指向未来。不断添加的门户文书,表示合法性的证明过程从未结束,需要不断添加新的凭据。管业人通过新旧文书的积累试图证明门户的永久合法性,显示其面向未来的稳定预期。

## 二、什么是"钱粮"?

钱粮,即业税和杂税的统称,又称皇粮国税、粮税、"官粮"等。税,一般从朝廷和官府的角度来认识。从有产家庭的角度看,税是一种必要的家庭开支或家庭费用。

### (一)钱粮文书

"钱粮",既是税的别称,又区别于税。徽州文书中俗称的"钱粮",其实是指记载钱粮的各种文书,或称钱粮文书。钱粮文书是狭义门户文书的核心内容。有的家庭只保存钱粮文书,不保存保甲或丁口的文书。这些钱粮文书,主要是产业执照、纳税执照、推收税票、易知由单、甲户实征册等。其中,纳税执照可以视为逐年纳税的凭证,而实征册或归户册则仅用于记载户内财产、税额、田房推割等内容,是征收和缴纳业税的依据。分家时交付的"钱粮",通常是指各种钱粮文书,及其代表的管业权与纳税责任。

由此可见，单独提及"钱粮"时，主要是指门户文书中的业税文书，不能理解为这个家庭没有门户或门户文书。相反亦然。

### （二）钱粮的分派与缴纳

钱粮的多少，随产业多少而定。产业少的钱粮少，产业多的钱粮多。分家以均平为原则，分得的产业相当，纳税义务也相当。门户独立后，原家庭的钱粮起割到小家庭名下，各家按自己名下登记的税额纳粮。田产与税粮相对应，没有不均之虞。

钱粮虽小，毕竟是一笔固定支出，原家庭的钱粮分割办法，在分书中有以下几种：

第一种，钱粮随田产起割，各房各自缴纳。这是极为彻底的分家。道咸以后逐渐增多，光绪时期特别明显。但凡序言中提到钱粮门户，又说"各自承当""照税完纳""照依田地均纳无异"等，均可断定钱粮已经起割，推入新家庭。

第二种，钱粮并未起割，每年钱粮由各房均摊。此法在嘉庆以前不详，嘉庆至光绪年间在徽州通用。但凡分书中提到钱粮或门户"众管均配""匀认""均还""均交""均纳"等，①皆属之。钱粮均摊的好处，是不用专为钱粮起割造册，少一道推收手续。而且总数清楚，均摊数额精确。

第三种，钱粮由各房轮流管理，每年由一房向各房收齐数额，统一缴纳。②好处是责任清晰，不会贻误缴纳日期，又免得为同一事劳动多家。

第四种，约定一项众存产业的收入，专门应付钱粮。③

以上四种为分家时处理各房门户钱粮的一般办法。这些办法也可由同一家庭混合

---

① 《清嘉庆五年（1800 年）二月黄胡氏遗嘱分单》（点校本 31 页）："所有门户五股均认。"《清嘉庆六年（1801 年）十一月张尚慈分单阄书》（点校本 36 页）："但钱粮门户，五房均派。"《清嘉庆十八年（1813 年）七月吴景鸿阄书》（点校本 215 页）："其余未分山场，并应支持门户，俱是众管均配。"《清道光二十二年（1842 年）十一月胡阿方阄书》（点校本 295 页）："其钱粮门户租苗，四人均还。"《清同治七年（1868 年）七月方廷金遗嘱关书》（点校本 459 页）："所是粮则，前立户丁，俱已均分均纳。"《清光绪二年（1876 年）一月汪胡氏阄书》（点校本 497 页）："及钱粮、门户、神祀、会次，至吾生前膳食，身后一切之费，亦照三股支持。"
② 《清乾隆四十八年（1783 年）四月吴宏第等分单》（点校本 26 页）："凡廷彩公一应门户事，俱系三家轮管，并户头钱粮，递年三家派出上纳，毋得推诿。"
③ 《清乾隆五十三年（1788 年）八月吴光友阄书》（点校本 170 页）："支年使费，二嫂豆租柒升，元庆豆租二升五合。"《清光绪二十七年（1901 年）六月方振玉兄弟阄书》（点校本 666 页）："一则，钱粮、费用、豆租，同收照配。"

地采纳。①

　　分家时，需要特别约定钱粮缴纳办法的，往往是那些不分割的产业，如众存、养赡产或祀田。一份阄书显示，将一份 10 亩正的田产坐为"成栋公清明"，其税银约 1 两零。此田产母亲生前又作为养赡产业，税银由三房分摊。母亲去世后，此项田产转为祀产，收入用于祭祀，各房子孙均无分割之权，故其钱粮与田产收入是分别计算的。②另一份阄书，有先祖门户及其产业存在于原家庭中，已设定为"膳茔"，约定两房子孙每年轮值，钱粮也由两房"均派"。③这种门户中尚存有先祖门户，先祖门户下的钱粮需由各房子孙管理的情况，在清中后期较为常见。而且，有的还可能不止一个先祖门户。④这些都提示我们，先祖祭祀不但有产业支撑，还依托于原有的门户文书，也即通常所说的"老户"。

　　此外，众存产业在未析分和起割前，也只能采取各房均摊或轮管的办法。有的存众产业的钱粮约定各房均纳。⑤有的是共同管业，所得银钱均分，钱粮均摊。⑥

　　以上只是概述分家中门户钱粮的分割和安排。总的来说，门户钱粮与清代家庭一样，有着分裂与延续的动态过程。

---

① 《清嘉庆十七年（1812 年）一月江余氏阄书》（点校本 208 页）："递年钱粮营米、排年里长，三各均管，不致推挨。"加批："三大房公议，所祖遗分受递年收租，各项以作膳茔钱粮，无异。此照。"
② 《清光绪十九年（1893 年）二月冯胡氏阄书》（点校本 587 页）："再，又楼下大买田业，共计拾亩正，计税一两〇三分六。其田且有肥瘦不匀，其租年岁内有不同。是以请公议定，坐立成栋公清明，以垂永远标祀颁胙使用。现下租谷麦分，尽归予坐养膳之需。……递年钱粮，归尔三人派认。待予百年之后，或尔弟兄三人轮流收租、麦分、纳粮、标挂，或停存数年生息，豫理坟茔。"
③ 《清道光十三年（1833 年）五月汪锡本阄书》（点校本 274 页）："再批，后载存遂生户内田地、山场、风水、房屋、基地、字号税业，以作膳茔，二人经管。每人各管一年，收租纳粮，元旦、清明各节使用，周而复始。其存字号税业，不得擅自变易。倘有取用，二人公办，或遇钱粮，十年津贴，二人均派，各宜凛遵嘱。"
④ 《清光绪十四年（1888 年）四月胡汪氏阄书》（点校本 569 页）："其祖宗坟茔、钱粮、门户并神会使费，照四股承值。"
⑤ 《清道光二十七年（1847 年）四月方治之阄书》（点校本 349 页）："仍有屋基、风水，俱各存众，钱粮均纳。但有山场、田地，日后所有取用，俱各存众。"
⑥ 《清光绪二十四年（1898 年）二月章汪氏阄书》（点校本 632 页）："一议，自分之后，无论产业多寡，各以执业扒税完粮；一议，新买卑字等号，土名剪刀弯、金竹弯、黄林坑、双坞，合山三大股之一，此山四房均执，钱粮均扒均派。"

# 第三章

# 分家的当事人、有分人与参与人

## 第一节　分书中的署名

在分书的末尾署名中，共有三类署名：（1）立分书人；（2）家族与亲戚；（3）中人和代书。以下分述之。

### 一、立分书人

立分书人是分家主持人的统称，常见称谓有"立分单人""立阄书人""立分关人""立遗嘱阄书人""立嘱书人""立主盟人""立分关阄书人""立析分阄书人"等等。

立分书人的身份一般在分书开首就会明确。在正文后署名区域，立分书人主要有三种情况：一是以父母亲为立分书人，或者以其中一人为立分书人；二是以兄弟为立分书人；三是父母与儿子们共同作为立分书人。比较特殊的情况，是父母已过世，以母舅为立分书人。

### 二、家族与亲戚

家族与亲戚在署名中的位置，一般紧随立分书人之下。家族、亲戚是一种特殊的中见人。有的阄书不单列家族、亲戚的名字，而是放在中人里。也有的是中人与族人合称，如称"中族""见族""见分叔、兄、弟""中见亲叔""凭族""凭亲""凭中叔、伯""凭亲戚人""凭中母舅""证盟兄"等。有的反过来称"族中""戚中"等。

## (一) 家族

分书中仅由家族署名的情况比较普遍。常见的家族身份有"族长""房长""家长""亲房""伯叔""族""族叔""亲""堂叔""侄""堂侄",偶见"堂伯母""婶母"等女性族人的署名。他们的署名排在"立分书人"之后,中人之前。

### 1. 亲支近房

在家族中,亲支近房通常是追溯到父亲的祖父,包括父亲的兄弟、堂兄弟、亲侄和堂侄。如果是兄弟分家,则是他们的亲伯叔、堂伯叔、堂兄弟、从堂兄弟等。以服制计算,一般就是期亲和大功亲,有时也包括小功亲。

近房亲支除了监督分家过程外,还有"共议""同谋",即共同商议和谋划的作用。田地山场的丈量,也参与其间,并讨论怎样调换、贴补才算公平。荒山和宅基地怎样估值,需由这些亲支近房"公评定派"。这些亲支近房不仅是观察者,而且亲自参与丈量、估值、评判等工作,在家产的调换、贴补时拿主意。分家需要他们的参与来体现"均平"。

### 2. 族人

族人比亲支近房的服制更远,很多已经出了五服,但在分家时占有不可忽视的地位。族人的身份分为两种,一种是从辈分上讲,长辈排名在前,平辈和下辈则排名在后;一种是从家族中的地位尊卑上讲,区分族长、房长、家长,其中又有亲疏关系的区别。他们在家族中的地位虽高,但与亲支近房相比,在分家中的重要性或作用则相对较小,在署名中一般排在亲支近房之后,主要是见证分家仪式。

## (二) 亲戚

亲戚,也称"戚""眷"。主要是指异姓亲戚,即母系近亲属和妻亲。署名称"亲"而异姓的,也是亲戚。也有直接称亲戚关系的,如"母舅""表叔""子婿"等。亲戚的署名地位均在亲支近房之下,甚至在族人之下。偶见仅有亲戚而无家族署名的情况。舅父的地位最为特殊,有舅父主持分家的例子。

凡是亲支近房、族人或亲戚,都是当然的中人或见证人。最重要的是亲支近房。亲戚中的舅父相当于亲支近房,甚至可以上升到分家主持人的地位。至于其他族人如家长、房长、族长、族尊等,主要发挥见证的作用。

家族、亲戚等人不但起监督、评议、协商和见证的作用,分家之后发生争议,他们也是当然的证人和调解人。康熙年间的徽州知府吴宏曾说:"凡民间口角细事,亲邻可以调处,些微债负,原中可以算清者,不得架词诳告。"① 分家纠纷即属"细事",官府鼓励亲族调处分家纠纷。

## 三、中人与代书

(一)中人

中人在契约文书中的一般地位,已有专门研究。②

具体到分书中,中人的署名位置,通常在家族亲戚之下。但家族、亲戚和中人相合并的,如"凭中叔、伯"等人,则紧随立分书人。分书中仅有中人而无家族、亲戚的情况较少见,即使署名为中人的,实际上也多为家族亲戚人。

常见的中人称谓有:"凭""凭中""凭中见""中人""中见""见人""见中"等。可区分出三种系列:一是"凭""凭中""凭中见"等;二是"中""中人""中见""中族""中亲"等;三是"见""见中""见族""见房亲"等。

"中证"仅见两三例。某阄书中有两位异姓"中证亲",署名在族人之前,可能是母舅。③

未见"中保"或"保证"一类署名,说明分家时基本上没有保人和担保关系。

中人署名顺序的规律归纳如下:第一,"凭"或"凭中"的地位较高,高于"中"或"见"。"凭"有"凭借""依靠"的意思,阄书序言中常见"请凭亲房族人"等用语。"凭中""凭叔""凭房长"等,均有依赖和尊重的意味。第二,"中"与"见"的地位相差不大,可以合称"中见",偶称"见中"。分书中常有"邀中"的说法,绝不见"请凭"中人的说法。但"中""见"与亲族相结合时,如"房中""族中""中叔伯""见房叔"等,其地位与"凭叔"等接近。

还有一些特殊的分家中人。一是家族组织和乡里组织的代表,如"祠首""文会""约"。"祠首"即宗族或支族的祠堂首事;"文会",是明代以来文人雅会,往往有

---

① [清]吴宏:《纸上经纶》卷五,载郭成伟、田涛点校整理《明清公牍秘本五种》,中国政法大学出版社1999年,第219页。
② 李祝环:《中国传统民事契约中的中人现象》,《法学研究》1997年第6期。
③ 《清光绪二十四年(1898年)八月汪张氏阄书》(点校本640页)。

"司事"①;"约"即乡约的约董。二是"村长",仅两三例,其中一村长又是堂兄。三是"亲邻",有二例,皆异姓,地位在近房和母舅之下。

### (二) 代书

代书,仅指书写、抄录分书的人。常见称谓有"代笔""依书""依口代书""依口代笔人""依言代笔人""奉书人""书人""奉笔",偶见"稿书""秉书""序录友人""执笔""原笔"等。也可简称"代"。代书的署名在所有署名人之后。

"依书"应该是"依口代书"的简称。严格地说,"依口代书"是"依口人"与"代书人"的合称。依口人,是对阄书序言和正文进行起草、整理、修改和润色的人。代书人只照录或工整抄写文字。"依口人"和"代书人"同时出现的,依口人在前,代书人在后。②

## 第二节 兄弟或儿子

以上四种署名人中,只有立分书人是分家合同的当事人,其余皆是参与者(舅父作为立分书人的情况例外)。对于当事人的权责关系,有必要深入讨论。

分家中的兄弟或儿子,可称为分家人或受产人,也称"承受人""分受人""分产人",是指有资格承受家产和分割家产的人。

究竟是兄弟分家还是儿子分家,其实是相对于原家庭中的身份而言。父母已故,兄弟们已成门户和家产的执管人,此时,原家庭主要由兄弟及其妻子、儿女们组成,为两代的旁系血缘大家庭。兄弟分家的分书,在"立阄书人"之下,或紧接长兄名字,或长兄与兄弟并列。结尾署名均依长幼顺序排列,有的则在名字前依次注明"长子""次子""三子",或注明"长房""次房""三房"。有兄弟去世的,由其子署名,身份称"侄",也有注明某"房"之侄。

当父母双方或一方在世,家庭主要由父母、儿子和儿媳们、孙子们等组成,从父

---

① [清]余华瑞《岩镇志草·贞集·艺文下》"逸事":"(南山文会)每岁例以五人司其事。余资则五人分领。"
② 《清嘉庆八年(1803年)一月吴景福兄弟阄书》(点校本200页)。

母起计算,这是一个三世直系血缘大家庭。分家由父母主持,儿子们立于承继门户的地位,故称受产人。古代的家产代际传承关系,可以统称"承继"。又分"承受"和"继受"。"继受",是家中无亲子的,择立继子以承继门户。"承受"是指亲子承继父祖门户,也称"承祖产业"。承受又分独子承受和分家。故而分书中,常用"承受人"表示亲子身份。实际上,参与分家的是兄弟代表的小家庭或各自的房份。所以,某个兄弟或儿子去世,并不影响他所代表的房照常参与分家。

分家时,兄弟享有的最重要的权利,是不分嫡庶,均平地获得家产。下文介绍子孙在家产中享有特殊份额的情况。主要有两类:(1)未婚儿子的娶亲费用;(2)长子或长孙产业。

## 一、娶亲费用

为儿子娶亲成家,是清代家庭的主要责任。如果儿子俱已娶亲,序言中会强调原家庭已经尽到此项责任。个别儿子未娶亲而分家的,则须单独声明。①

娶亲费用应由原家庭财产负担,分家时未娶亲的儿子,自应在分家时享有一份单独的份额,这样才算真正均平。不但如此,分家较晚,有的孙子已经娶亲,娶亲费从原家庭支出的,分家时同样要贴给未娶亲的孙子。②以此类推,有的儿子曾上学读书,读书费用由原家产中支出,未读书的儿子在分家时也可请求贴补。③分给未娶亲兄弟的家产,一般不称"分",而称"坐",或称"扒""拨"等。都是贴补的意思。可见,贴补娶亲费用恰恰反映了均平分家。这在清代是常识,故而许多阄书直接在产业下注明为娶亲费用,无需赘述理由。④

娶亲的费用,有的写在正文中,有的写在序言里,还有的写在加批中,并无严格限制。娶亲费用的多少,也无定论,视家产多少和已娶亲兄弟的用费,前后相当即可。

---

① 《清嘉庆十二年(1807年)十二月许和定阄书》(点校本205页):"长、次俱已婚配。三名灶旺者,亦已搬娶在室,尚未成婚。本欲俟灶旺长成婚配,而后分授所遗。奈予两老年届,各有古稀,筋力衰微,统理家务纷纭,莫为之治。"

② 《清光绪十五年(1889年)十二月方张氏阄书》(点校本576页):"二房孙媳完娶无异。长房孙媳未定,众坐光洋陆拾员,以作聘仪之费。听凭长房早晚办事,断不致误。"

③ 《清光绪二十五年(1899年)二月方汪氏阄书》(点校本643页),贴补四房观远"上荒塘柴山一业;东乡中塘小买田五亩七分"。其下批注:"因未读书贴补。"

④ 《清康熙三十二年(1693年)十月曹三寿阄书》(点校本151页)"塌头田租拾秤"后批"父存三子嘉鼎娶亲"。

有贴补"田租"的，有贴补田租加田地山房的，也有贴补现银的，①还有贴补一头牛的。②

自明代以来，江南地区多不行冠礼。③习惯上，包括徽州在内的江南地区，男子成丁年龄约在十五六岁。④需要说明的是，年龄只是成丁标志，《橙阳散志》中又称成丁为"冠丁"。所谓成丁，在明代主要是指服丁役的年龄。改募役制以后，则需缴纳丁银。这是一个男丁对国家的主要义务。在民间，成丁还意味着可以结婚、参与入祠祭祖等。成丁并不等于成年。对成年人的承认标准，是要看他是否娶亲。一份阄书以极端情况反映了这种习惯。这个家庭有六个儿子，只有长子娶亲，五个弟弟需要养育，父亲本希望长子能留在原家庭，但他坚持要分家，父亲也只能同意。⑤反过来，在另一个家庭中，次子、三子的年龄虽已"出幼"（已满16岁），但未娶亲，仍与父亲同居，被视为未成年人。有的家庭虽然名义上已分家，但未娶亲的儿子仍在父母膝下，娶亲费用并不单列或出注，为儿子娶亲仍是父母未完成的义务。⑥

总之，男子的娶亲婚配，才是成年的重要标志。所以，这三个概念几乎可划等号：婚娶＝成家＝成人。"家"是其中最核心的概念。一个成丁只是意味着他已经具备成家的条件，真正让他在社会上独立的是成家。家在古代社会中才有独立的地位，一个成丁只是自然意义上的人，不是古代社会承认的独立主体。用现代民法中的人格、权利能力等概念去分析古代中国人，都是似是而非。古代中国社会只有一个个独立的家庭，找不到法律意义上的个人人格。而士大夫、读书人在精神上的独立人格，则是另外一码事。

家庭是古代社会享有独立地位的最小单位。家庭的独立基于一种资格而非财产，是婚姻赋予了家庭以独立的资格。通过婚姻成立家庭，才能把姓氏、门户、血脉、家

---

① 《清道光元年（1821年）二月孙俞氏关书》（点校本232页）："贴洪瑶娶亲银二百两。"
② 《清嘉庆十九年（1814年）十一月振穆兄弟阄书》（点校本218页）："水牸牛一条，补递三房娶亲。"
③ 《云亭四礼仪·冠礼》："（冠礼）行之甚少。"摘自嘉靖《（浙江）太平县志》卷五《职官下·职掌》。又，嘉靖《武康县志》卷第三《风俗志》："冠礼久废。"万历《新昌县志》卷四《风俗志·冠礼》："冠礼不行久矣。……今仕夫之家，间有行之者。"
④ ［清］江爱山："冠礼未有行者。然各祠规例或以十五岁，或以十六岁谓之冠丁。"《橙阳散志》（乾隆四十年）卷六《礼仪志·冠婚》。万历《新昌县志》卷四《风俗志·冠礼》："男子年十六以上，垂发总角，长而冠，多于冬至或正旦加巾网于首，拜天地祖宗尊长，如斯而已。"
⑤ 《清道光二十四年（1844年）二月吴福禄阄书》（点校本299页）。
⑥ 《清光绪三十一年（1905年）三月高张发阄书》（点校本709页）："三房定而未娶。日后聘金，仍系吾二老料理，是以不坐田地为聘费。"

产一直传承下去。男人婚娶之后，就可以要求分家，此时，他是代表自己的家庭或房提出要求，而不是以个人的身份。家庭赋予了他的要求的正当性，分家只是为新的家庭配置物质或财产的条件。

古代的家庭和家产制，以及附属的男子成人等习惯和观念，都是在社会制度中"自然"而奇妙地安排妥当的，并不依靠法律。必须观察实际生活和行为，才能从中提炼出这些习惯和观念，理解它们。所以，这些习惯长期不受重视。但它们至今仍深刻地影响着中国社会、家庭和个人，如何用现代法律理论解释这些习惯，并在立法上予以合情合理的照顾，尚有极大的讨论空间。

## 二、长子产和长孙产

设定长子或长孙产业，是徽州分书中的常见现象。

设定长子或长孙产业，在分书称"坐"或"存坐"，偶称"扒补"或"贴"。有的分书只设定长子产，有的只设定长孙产。有将长子产和长孙产合并叙述的，此时，长孙必定是长房长孙；也有分别叙述的，此时，长孙可能非长房所出。

为何在均平分家之外，要为长子长孙设定特有财产？一些阄书认为，这是遵守"古礼"。① 清末安徽省民事习惯调查报告也提到，安徽凤阳府等地"有酌拨遗念财产于长房及长孙者"。② 这个"酌拨遗念财产"的说法，也与"古礼"相通。还有阄书指出，设定长子产是为了酬劳长子对原家庭的贡献。③ 还有一件阄书指出，长子早年去世，长房长孙由次子抚育，所以不特别设立长子长孙产。④ 这从反面证明了，长子长孙产的设立原因是长子对原家庭有重大贡献。

---

① 《民国二年（1913年）杜和鋑兄弟分阄单》（点校本107页）："再长子、长孙，各户分爨，除田业，自古之礼。现土名社屋圩田九秤，归长子福房执据管业，无辞。"《清光绪二十三年（1897年）一月方福熙阄书》（点校本622页）："正堂楼上左边后步房壹步，坐于长子之劳，以漂古人之训。"
② "析产虽以房计，然长房有多提一分者，有酌拨遗念财产于长房及长孙者。皖北如凤阳之凤台、和州之本治。"《安徽宪政调查局编呈民事习惯答案》第五编《承继关系》第三章《遗产之承继》，清末稿本，国图藏。
③ 《清光绪四年（1878年）十月江汪氏遗嘱阄书》（点校本505页）说："又坐土名上干田壹业，坐长子经管，以报勤劳之苦。又坐土名水角后地壹业，坐长孙经管，以为爱恤之恩。泣思夫掳之后，其时衣食难敷，幸赖长男勤俭治家，顶天持守，仅得衣食无虞。"
④ 《清同治十一年（1872年）六月潘永灶阄书》（点校本485页）："所有产业公同品搭，长、二两房一样均分。缘长子早年去世，其长孙等皆系次子挪做抚育，是以长子、长孙之业，是以亦不另坐也。"

不过，这些说法都出自清晚期。咸丰、同治时期的分书显示，长子、长孙产的业税，是由各房平摊，其中的原因与长房执管门户有关。① 还有一些阄书说，设定长子产是为了"公坐抵长子账目"。② 可见，长子产也可能是为了应付原家庭的事务。

综上，流行于清代的长子、长孙产习惯，在晚清已有两种说法，一种认为它遵循"古礼"，也就是自来习惯如此；另一种认为它是为了酬劳长子操持门户。我认为，从咸、同年间的阄书看，设定长子长孙产是因为分家之后，原家庭的门户尚有一段存续期，原家庭的门户由长房执管，欠债和一些琐碎事务皆由长房料理，故而设定特有财产以为对价。到后来此义已逐渐为人所不知，只是相沿成习，以"古礼"的名义流行。至于酬劳长子之说，又是基于事实而对"古礼"的新解释。

## 第三节  父母

### 一、父母的权力：主持分家

《大清律例》"别籍异财"下的条例："祖父母、父母在者，子孙不许分财异居"，否则"杖八十"。该律下条例规定"其父母许令分析者，听"③，也即父母命令分家，或者儿子们请求分家得到父母允许的，法律不予处罚。所以，父母署名赋予分家合同的合法性。

---

① 《清咸丰十一年（1861年）八月汪良隍阄书》（点校本422页）："土名上际头大买熟地两片，坐于长孙。钱粮众纳。"《清嘉庆十二年（1807年）十二月许和定阄书》（点校本205页）："只将小屋楼上下房一半，外降上下地一业，坐与长子；江坑源田存有六分，坐与长孙。……除坐长子、长孙业外，三股均纳。"
② 《清同治二年（1863年）十二月张吴氏阄书》（点校本432页）。又，《清光绪五年（1879年）八月张兴闵等阄书》（点校本513页），拨出了两份长子田产："坐于长房财理之费。"长子兆法已去世，子女尚幼，此处"财理"不可能是"财礼"之误，联系上下文，"财理"当指欠账。
③ 《大清律例·户律·户役》"别籍异财"条："凡祖父母、父母在，子孙别立户籍分财产者，杖一百。（小注：须祖父母、父母亲告乃坐。）若居父母丧，而兄弟别立户籍分异财产者，杖八十。（小注：须期亲以上尊长亲告乃坐。若奉遗命，不在此律。）"该条下之条例："祖父母、父母在者，子孙不许分财异居。（小注：此谓分财异居，尚未别立户籍者，有犯亦坐满杖。）其父母许令分析者，听。"《大清律例》，田涛、郑秦点校，法律出版社1999年，第186—187页。

### （一）父亲

古代的制度安排是，家产是属于家的，而不是父亲个人的。在未分家之前，儿子和其他家庭成员可以理所当然地、合理地享有家产。同时，父亲天然地享有掌管家产的最高权力，并且负有使家产保值或增值，以维持家庭和照顾家庭成员的义务。对此，可以结合分书的形式和内容综合加以考察。

父亲主持分家时，分书的形式特点有：其一，父亲为"立分书人"时，仍然按照儿子数来写立分书的份数。其二，分书开首仅列父亲的名字，但在结尾署名时，儿子排在父亲之下，同属于"立分书人"的范畴。其他中人或代书则必定注明身份，与父亲和儿子的署名区域分割开来。这说明父亲和儿子们可以视为共同的"立分书人"。由此可见，不能简单地认为父亲能够吸收儿子的人格，也不能认为父亲主持分家时，儿子们的意愿就不重要。

父亲主持的分家，分书序言中基本上是泛泛地交待分家前的家庭情况和分家原因，也有暗示家庭成员不和，儿子、儿媳"闹分家"，这些现象只要在一定限度内，就不视为违忤父亲的意志，更不会上升到"违反父母教令"的法律层面。或可说，解决"闹分家"的最好办法是分家。家，是先祖传下来的，又要由儿子们传承下去。古代的家庭，既面向历史，又面向未来。某一代男性家庭成员，既是儿子们的父亲，又是祖先的子孙。儿子们的"闹分家"，隐含着成年儿子可以单独成家，获得部分家产以求独立发展的权益。"闹分家"的背后是习惯中的权益在生活中的表达方式。而父亲在世即可分家的现象，已经说明了家产不是父亲个人所有，家产也不是父亲个人意志可以随意处分的。这样，分家也就不会因为父亲不愿意就无法进行了。家产制度决定了分家制与现代继承法有着本质区别。现代继承法是把私有财产视为个人财产，若非个人死亡，就无所谓财产继承，父母可以依照自己的意志来决定如何处分财产，比如，通过遗嘱将财产遗赠子女以外的人。在现代继承法中，不能想象父母在世时子女就有资格继承父母的个人财产。

总之，父亲主持分家，与舅父主持分家并无本质区别，他们都是以家庭或家族长辈的权威身份主持分家。不能因此而认为父亲享有家产的所有权，也无法认为父亲在分家时吸收了儿子们的人格。把父亲视为分家合同中的唯一当事人，或者认为父亲可以在分家时独断专行，任意处分家产，在分书的形式和内容上都得不到支持。实际上，父亲是以"立分书人"的身份，代表原家庭完成家产的处分和分割事务。分书成立之前，儿子们仍然属于原家庭。分书生效可以视为原家庭分解和新的小家庭成立的分界点。

### (二) 母亲

由母亲主持的分家，均是父亲已经过世，而母亲未嫁守寡的情况。由母亲主持分家的，分书开首称母亲为"立分书人"；结尾署名时，"立分书人"的署名区域中，母亲排在第一行，儿子们紧随其下。

例外情况有三种。第一种，是在结尾署名的"立分书人"区域中，母亲排在第一行，而家族长或近支亲房紧随其下。① 二是分书只有母亲署名，儿子们均未署名，此时，家产仍按儿子数量均分。② 三是母亲虽为主持人，但署名却在儿子们之后。③ 以上三种情况都只是格式上不遵惯例而已。看不出儿子不遵母命或逼迫母亲分家的情况。且有的母亲承认是自己主动提出来要分家。儿子们不署名的分书，恰恰说明寡母在分家时非常受尊重。

这和田房卖契中的情况略有不同。在田房买卖契约中，以父亲名义出卖田房的，田房契开首称父亲为"立卖人"，署名仅以父亲的名义即可，极少发现父亲卖田房还需副署儿子名字的，但寡母与儿子们联合具名是常见情况。这些正是家产制的外在反映。田房卖契意味着家产要流出某个家庭，父亲可以完整地代表家庭意志，以父亲的名义出卖田房，卖契即为有效。而寡母只是"继管"家产，"继"是继替父亲的意思，暗示了母亲对家产的管业有临时性，家产在儿子成年后或儿子们分家后，还要交由儿子管业。"继管"一词在清代已较少使用，清代寡母管理家产的法定概念是"承分"。④ 无论"承分"还是"继管"，其实都是一种临时性的财产安排，条件有二：一是寡妇不改嫁；二是有亲子，或无亲子者凭亲支近房立有继子。有亲子的寡妇虽承分夫家财产，最终会通过分家传给亲子。无亲子的寡妇，所承夫分传给继子。

寡母执管家产比丈夫可疑，症结就在有改嫁而脱离夫家宗族的可能性。出卖会使家产流出本家。寡母代表家庭出卖家产，必定是儿子尚未成年，若寡母单独署名，就有儿子不知情或不同意的嫌疑，儿子成年后就可能找买家赎回，影响此项交易的稳定性，于是，母亲与儿子们共同署名才能完整地代表家庭意志。分家则是内部分配家产

---

① 《清乾隆二十四年（1759 年）三月王氏关书》（点校本 158 页）。
② 《清嘉庆十六年（1811 年）九月毕王氏阄书》（点校本 207 页）。
③ 《清乾隆七年（1742 年）二月潘学洲兄弟阄书》（点校本 152 页）。
④ 《大清律例·户律·户役》"立嫡子违法"律下条例二："妇人夫亡无子守志者，合承夫分，须凭族长择昭穆相当之人继嗣。其改嫁者，夫家财产及原有妆奁，并听前夫之家为主。"田涛、郑秦点校，法律出版社 1999 年，第 179 页。

的关系，不涉及家产流出，且分家意味着寡母已经将儿子们抚养成年，妥善保管多年的家产即将全部交卸给儿子们。此时，她独立支撑家庭的重大贡献已可定论，受到家庭、家族和全社会尊重。这就可以理解那些寡母单独具名的分书，在这些家庭内部，寡母享有崇高地位，儿子们以此表达对母亲的尊重，仿佛是说："母亲说了算！"

### （三）小结

由父母主持分家，是父母在家庭生活中的重要权力。父母主持分家有着深刻的内涵。首先，父母署名，明示了父母允许分家的意愿，分家活动具有了合法性。父母在原家庭中当享有崇高的自然权威，未得到他们的承认，分家在事实上是很难开展的。这就要求分书中必须要有父母的署名。只要父母署名，说明他们最终赞同分家的倾向压倒了不赞同的倾向。

其次，分家的目的是成立新的家庭。它的反面，则意味着原家庭的分解，分解的时间标志，就是分书生效之时。在新的小家庭成立之前，儿子们"无私财"，处于"同居共财"格局下，一旦分家，各个小家庭的发展将很不均衡。若原家庭财产分配不均，就为发展不利的儿子提供埋怨的借口。因此，均平分家不仅是财产问题，而且会直接影响到将来家族之间是否和睦。

最后，父母署名带有某种超然的味道。一旦分家，父母就再不掌握家产，至少不掌握主要的家产。重要的是，他们将支持门户的责任也交给了后代。因此，分家对父母来说，不一定是交出权力的遗憾，而可能是卸下生活重担的轻松。古来的父母，一生中最大的责任就是将子女抚养成年，分家就是这一责任的终点，从此，他们无需操持家务，改由成年儿子赡养，并在死后安享祭祀。

归纳起来，父母主持分家意味着：

父母同意成年儿子从原家庭独立出去；

父母同意将原家庭的全部家产或主要家产，均平地交付给儿子们；

父母已经完成祖辈赋予他们的支持门户和抚养后代的责任。

## 二、分家后父母的权利

人都有老的时候，怎样对待老人，也就是怎样对待自己。在民事习惯上，养老、送终和祭祀，需三样齐备，才算尽到了对老人的责任。这些责任，既是家庭后代的责任，也是家庭财产上必须负担的责任。子孙孝顺，但养老产业安排不妥，也会使奉养有亏。

分家时彻底分光家产是常见的。此时，默认由诸子分摊赡养父母和送终的责任。但这样安排，可能就会留下隐患。稍微慎重一点的做法，是在分书中明确约定子孙的养老义务。① 更慎重一些的，是把养老、丧葬和祭祀等三个方面，都考虑齐全，一并写入分书。如，某阄书约定一块"大小买之田"为众存，收入专门留作老人的丧葬费用，因为丧葬费开支浩大，若不提前准备，临时不易筹措。其余家产全部分割，但约定两房"生供膳米养给之资"，这是养老；"殁作历年祭扫香烟之费"，这是死后祭祀。② 可见，阄书中的内容，并非只是分家，同时也有养老、丧葬和祭祀，履行这些义务需要漫长的时间。

这些内容，一般是写在正文或加批中，也有写在序言中的。安排的办法，或由子孙各房均摊，或总提一份产业，或专为其中某事设定一份产业，均无不可。通常以老人的意见为准，儿孙不敢有异议。其中，提出一份产业给父母养老送终的，称"坐""公坐""坐与"等；设立祀会或拨出租产的，也有不写"坐"的。葬地坟穴则可事先指定，或约定在哪个儿子的田地中发现吉地，则必须用作父母的葬地。

祭祀方面，父母可以在分书中提出，将某份田产或田租设立为专祭自己的祀会，收入专做祭祀，不准后代儿孙析分。③ 也有儿子们专为父母设定祭祀产业的，并在分书中已将其定名为"祀田"。④ 还有分家时留出部分产业作为众存产业的，这是族内各房的共同财产，不专属于某房或某人。养老、丧葬和祭祀本属于家族内公共事务，相关费用也约定由众存产业负担。有的阄书，设定众存就是为了养老和祭祀，此时，众存与养老、祭祀产已经合并，可以称"存众祀产"。⑤ 家资富厚的，父母还可以既指定养老产，又设定众存产业，并约定养老产在自己死后不许分割，全部转换为众存。⑥ 众存产业与祭祀产业一旦合并，原则上不允许子孙侵占或分割。为了保证用于祭祀的众存祀产不致分割，有的父亲在批语中指出：若子孙分割或侵占众存祀产，不许参与管理和分享祀产收益，且不许参与祭祀会饮和分胙。⑦ 祀产不能分割，也就逐代地在宗族内

---

① 《清道光元年（1821年）六月帅君彩分单》（点校本45页）："父同庶妻在生，供膳、养老饭食，凭公议每子每月贴饭米足钱捌佰文，二人自膳时节，每人各持侍奉，如有欠少，以不肖出词禀究。"
② 《清光绪七年（1881年）八月汪江氏分拨遗嘱》（点校本72页）。
③ 《清光绪九年（1883年）二月张德海阄书》（点校本535页）。
④ 《清咸丰八年（1858年）三月张有春阄书》（点校本411页）。
⑤ 《清嘉庆元年（1796年）九月家兴分单》（点校本29页）。
⑥ 《清乾隆五十三年（1788年）八月吴光友阄书》（点校本170页）。
⑦ 《清道光三十年（1850年）八月方士英阄书》（点校本365页）："倘若晚后子孙划算此存众之租苗，即不与其收租、司事、饮福。"

积淀下来，世远代深，积累也越来越多，成为族产的重要组成部分。但是，这些祀产的初始设定仍在分书里，分书需要世代慎重保管，这也是重要的原因之一。

综上，必须明确的是，分书不仅处理兄弟分家事务。分家是儿子们和亲族都在场的难得机会，把家产中的责任和父母的考虑都写在分书中，相当于写进了合同中，更具约束力。其中，家产对于先祖和父母的责任，无非四件大事：养、丧、葬、祭，也即养老、操办丧事、墓地选址和下葬及祭祀先祖。四件大事，均需财产上的保障，而家产是养丧葬祭的主要保障。

## 第四节　有分人

有分人，是指在原家庭中，除了祖父母、父母和兄弟们之外的其他家属。在分书中，有分人常常出现在序言或正文中，他们受家产的照顾，甚或享有部分家产，但却不会出现在署名人中。有分人分为两类，一是亲女和曾经脱离家庭的男性血缘卑属。其中，亲女因在室或出嫁的不同，家产对其照顾的方法也不同。二是因婚姻、拟制血缘亲属等方式加入的家庭成员，如妻妾、赘婿、养子等。继子不是有分人，继子的拟制身份是亲子，是家产的承受人。

有分人是家庭成员，是家属的一分子，但没有承受家产的资格，只能通过其他办法，如设定扶养财产、祀产或特留部分财产等方式加以照顾。为有分人设定的财产，一般不是家产中的大宗，且设定的财产需要得到儿子们的承认。这些内容记载在分书中，有利于保护这些家庭成员的利益。

### 一、在室亲女

在室亲女是有分人的典型例子。先看为亲女安排产业的例子。

有两件阄书提及，亲女只要不出嫁，儿子们始终要负担扶养之责。[①] 另一件阄书则

---

[①] 《清道光元年（1821年）二月孙俞氏关书》（点校本232页），"每年贴亨女干谷三十秤"，由四个儿子"均敷送交"。《清光绪二十一年（1895年）四月韵仪阄书》（点校本601页）："胡氏与小女，另坐膳资，以防老境。"

明确指出，四个儿子有义务承担父母和两个亲女的膳食费用，女儿出嫁之后，扶养费用递减。①有一份阄书不但安排了亲女的抚养费用，而且委托二房负担丧葬和祭祀费用，为此特别设定了一份财产。②由此看来，这个家庭已经预料到女儿有可能终身不嫁。

对于不出嫁的在室女和出嫁女归宗的，她们的生养葬祭如何安排，在清代法律中并无明文。亲女承受原父母家产只有一种情况，就是原父母家庭"绝户"，也即原父母家庭没有亲生子和继子。③但这条法律几为具文。自明代后期以来，国家放松了立继的严格限制。此前，立继不但限制于同宗"昭穆相当之人"，还要论"次序"。一般来说，"次序"是亲兄弟中的长房次子，再次房次子，以此类推；亲兄弟中无子，才能在堂兄弟各房中择继。按照这种立继"次序"，如果亲房中有人不愿出继，或者同宗中均无合适的出继人，家庭就会"绝户"。但是，按照《大清律例·户律·户役》"立嫡子违法"律下条例三的规定，清代的父母立继可以"择立贤能及所亲爱者"，此谓"爱继"。爱继突破了立继"论序"的规则，立继时只要不乱了辈分，即"若于昭穆伦序不失，不许宗族指以次序告争，并官司受理"。这样，父母在择立继子一事上，享有了绝对的权威。宗族以"论序"为由阻碍的，官府不予支持。这就大大扩宽了立继的范围，且降低了家族对小家庭的影响。另外，习惯上，父母生前虽未立继，过世多年后由亲支近房择立继子，也是允许的。如此，一个家庭即使绝户多年，也可以为其择立继子。总之，清代家庭绝户的情况仍然存在，但立继规则的放松大大缓解了绝户的忧虑，同时，亲女承受家产的可能性也大大降低。若仍有在室未嫁或出嫁归宗的亲女，原家庭必须预先安排扶养办法。

## 二、待嫁亲女的奁产

亲女不是家产的承受人。不过，亲女出嫁时的奁产，却是家产中必须分割出去的

---

① 《清道光二十七年（1847年）四月方治之阄书》（点校本349页）："一议，余同尔母并二女，四人饭米，明有承值一股，仍尔三人均派供给。今将土名独亩墓坑口田租抵给口食之需，仍缺饭米壹担捌斗，三人派出，不得欠缺。如女出嫁一人，后一年除给每日半升。"
② 《清光绪三十一年（1905年）一月胡锦堡阄书》（点校本707页）："又批，新屋下园地六坝，里至路，外至沟，坐与愚女领娣膳食。叮嘱二房，在生供食穿衣。亡故之后，香烟追远。又批，新屋前步西边楼上房壹步，领娣在生安宿。亡后归与二房经管，长、叁不得争论。"
③ 《大清律例·户律·户役》"卑幼私擅用财"条下条例二："户绝财产，果无同宗应继之人，所有亲女承受。无女者，听地方官详明上司，酌拨充公。"田涛、郑秦点校，法律出版社1999年，第187页。

一份，这些内容在分书中也有所体现。①也可以说，亲女对家产的有分，主要是通过奁产来体现的，奁产是家产必须负担的。

值得一提的是，待嫁亲女如同未婚娶的儿子，视为未成年人。分家时，无法为其单独设定奁产，所以，通常将其概括设定在父母的赡养费中。如一份阄书说，家里有五子三女，长、次女已出嫁，"三女在闺，然已定宅"。女子嫁夫称"于归"，此处"定宅"引申为订婚待嫁。②由于待嫁女儿视为未成年人，她的奁产也就写进父母的"供赡"的正文条款中，由各房分摊。③这就足以反映对奁产的重视了。

## 三、归宗子侄

子孙迁徙外地或在外寄籍，在明清时期是较为常见的现象。这些在外的子孙还可能回乡，分书中会特意预留他们的财产。④还有一种是随母改嫁的情况。若随母改嫁的子孙长大后要求归宗，法律只是禁止带走在义父家庭中的财产，⑤但归宗子孙在本宗的家产如何安排，并无明文。我们看到的实例是，族人预先将归宗子孙的应得财产写在阄书里。⑥

还有确实归宗的例子，《清光绪十九年（1893年）二月曹启信阄书》（点校本586页）的序言说："天旭公所遗屋宇、田地、山场，前已立书，三股品搭均分。后因贼匪入境，阄书遭毁无存。二房启儒，不幸病故无嗣。三房逃出在外。比时独身在家，于是三股产业，自身经管。幸三房启佩在外，生有五子。长子世镛，今春回家，执管伊父祖产。故身凭同族房，当面一并交还世镛执管。倘后捡出前日阄书，不作为用。"这

---

① 《清乾隆四十三年（1778年）十月章家兴分关文约》（点校本25页）的序言："其余实租一百四十秤有零，存留吾夫妇口食，及嫁女之用。俟吾夫妇百年之后，存为祭祀。俱系三人公共收贮。"
② 《诗经·大雅·崧高》："王命召伯，定申伯之宅。""定"，与《四十二年逑鼎》铭文"余命汝奠长父"之"奠"同。
③ 《清光绪二十九年（1903年）八月江谷逵阄书》（点校本687页）："一议，父母在堂，目下随男力增贴膳米使用。候三女出嫁之后，再为各房供膳，无异。其账款再摊派还。尤恐无凭，立此执笔。存照。"
④ 《清乾隆十六年（1751年）十一月叶茂彩兄弟分单阄书》（点校本8页）："立分单阄书人叶茂彩、茂勋，原身太祖光公共有四房，因有斐、元鼎二房俱已乏祀，元宠房亦在浙省住歇。"又，"其元宠房之子永法，倘若归家，茂彩兄弟二人所住之屋与他住歇。无辞"。
⑤ 《大清律例·户律·户役》"立嫡子违法"条下条例四："凡乞养异姓义子，有情愿归宗者，不许将分得财产携回本宗。"田涛、郑秦点校，法律出版社1999年，第179页。
⑥ 《清光绪三十四年（1908年）二月朱吴氏阄书》（点校本750页）："再批，老长房大伯之孙，名曰黑闷，自幼随母方氏寄养北岸。日后回家，将楼屋内楼上东边里房，分革壹步与他栖力，不得违逆。又照。

里所谓的"贼匪入境",当指咸丰十年（1860年）左右太平军入徽。当时兄弟分散,三弟曹启佩在外生有五子,其长子于30余年后归家,长房立即将家产两分。由此可知,只要身份明确,归宗子孙对原家庭的家产始终有分。世代稍近的,还可分得家产的主要部分。

## 四、其他家属

其他家属,是指虽非家庭的直系血缘家属,但以拟制血缘、婚姻等方式获得家属资格的人。他们只要没有脱离家庭,就始终受到家产的照顾。

非直系血缘的家属可分两类,第一类是因婚姻关系而加入的,包括妻妾、赘婿和女婿;第二类是因拟制血缘关系加入的,主要有继子和养子。对于非直系血缘的家庭成员来说,地位不同,享有家产的份额也不同,获得家产照顾的方式也不同。以下略述这些家属与家产的关系。

### （一）妻

妻是因婚姻而加入男系家庭的主要家庭成员。没有妻子单独在分家时受产的情况。妻子被丈夫休弃或改嫁的,无论是否生有子女,均与丈夫家庭断绝关系,不能带走任何财产。原家庭曾用过儿媳妇奁产,分家时有批与产业补偿的。① 但这不是受分家产,而是补偿奁产。

妻在分书中需要特别照顾的,主要是指下面两种情况。

一是寡妻。寡妻无论是否育有子女,均可继管全部家产。如果妻子生有儿子,家产自然由亲生子成年后承受,或由多个亲生子分家承受。如果未生育儿子,择立昭穆相当的继子以承受家产。也有例外的情况:寡媳无子而守节,又暂时没有合适的子侄入继,只能在分家时批与产业养老。②

二是已故之妻。妻子去世在丈夫之先的,也分两种情况。一种是妻子生前生育儿子的情况。无论丈夫是否续娶继室,她有亲子祭祀,因而没有乏祀之忧。另外一种是

---

① 《清同治四年（1865年）五月吴锡荣兄弟阄书》（点校本448页）:"父母所用长媳之钱,父母之言,将白石坞口田两坵六分并小儿坞地壹块,与长媳经管。曹家凹下田三分,批与二媳嫁妆之用。"
② 《清同治十一年（1872年）六月潘永灶阄书》（点校本485页）:"又不幸三子于同治年间去世,膝前乏嗣无传。而三媳娶于本村张姓,因其矢志苦节,是以另坐大小买田五分,又豆子地一斗,住房二步,以安其守节之心,以冀老来之靠。"

特殊情况，即已故之妻未育亲子，或亲子在分家前也去世。按说，原配自当与丈夫同享祭祀。实际上，这种礼制只在士大夫家庭中讲究，庶民家庭的儿子可能只祭祀自己的亲生母亲，而不祭祀丈夫的已故妻。因此，对于这种没有亲生子，而名分上属于正式家庭成员的已故妻，必须在分书中明文约定祭祀办法。①

## （二）妾

清代，有妾的庶民之家，通常也是富裕家庭。妾不但是家庭成员，且当生有儿子时，其子虽是庶子，但按法律规定与嫡子均平分得一份家产。妾随其子，也就有了生活保障。一些阄书显示，分家时，丈夫会为自己和妾设定一份养膳产，丈夫去世的，妾可以依靠这份养膳产业生活。②

【妾方氏分家案】例外的情况，丈夫宠爱的妾，也有"受分家产"的。汪方氏阄书是由两件构成，记载同治十一年（1872年）正月元旦日，汪方氏的长子大椿和次子正招阄分家产。正月初一，一家人忙着分家，必定有不寻常的矛盾。原来，次子方正招有两个妻子，一个称"元配"，显然是正妻；第二个称"嫡配"，其实是妾。按清代的法律，禁止一夫多妻和"妻妾失序"。③方正招若是娶妾时用媒妁之言，行正式婚礼，则犯"有妻更娶妻"；若以妾的名分入门，此后称妾为妻，将妾凌驾于妻之上，则犯"以妾为妻"。均已构成犯罪。对此，其母亲、哥哥方大椿及妻子姚氏的宗族都是知道的。方大椿和方正招分家正是这个原因。④兄弟分家后，再由母亲主持，把方正招家在"原配"和"嫡配"之间均分。把妾从原大家庭里分出去，不致连累原家庭成员，同时照

---

① 《清光绪九年（1883年）一月吴治珍阄书》（点校本532页），原配潘氏曾生育一子，但此子无嗣。继室汪氏生有五子，家产按五份均分。再批："元配母潘氏，所生一子亦无嗣后，将兄弟五人以为祭标之需。"
② 《清光绪元年（1875年）四月洪求果阄书》（点校本496页），原配、续配和妾各生一子。"倘若后以母年轻，父年老，枯杨生稊，多少以作父、母亲坐膳茔产业，亲戚、舍弟面言底作，不得均分。不生稊，天、地、人均匀。"意思是，若父亲老年得子，则后生之子"坐膳茔产业"；若以后再无子，膳产按三阄平均分割。"稊"，或是"蒂"的异体，或指"弟"。
③ 《大清律例·户律·婚姻》"妻妾失序"条："凡以妻为妾者，杖一百；妻在，以妾为妻者，杖九十，并改正。若有妻更娶妻者，亦杖九十，后娶之妻离异归宗。"田涛、郑秦点校，法律出版社1999年，第206页。
④ 《清同治十一年（1872年）一月汪方氏遗嘱阄书》（点校本477页）："为因次子正招元配姚氏，因娶嫡配方氏，常有弃别之意。凭族嘱咐谏，奈不听命，犹恐祸虑其兄，兄弟分居皆因此事。"

顾了方正招的原配正妻的地位。①

方正招为妾方氏分家，不是清代家庭秩序中的正常现象。从阄书可知，正妻姚氏的亲族已经威胁要赴官呈控，于是才想出了分割家产的办法。这是极个别的情况，不能因此认为妾享有分割家产的资格。而且，妾方氏能分得家产。首先，她只能名义上分得财产，实际上不能为其单独立户，在法律上，她所分得的家产还在方正招的家庭中。其次，妾方氏若将来生育子嗣，所分财产由其子承受，也即由方家子孙承受。最后，若她无子，身后无人承继，所分财产仍是在方家中，至于她要改嫁而将所分家产带走，那是绝不可能的。

【妾王氏分居案】无独有偶，在中国第一历史档案馆藏的清代宝坻县档案中，也有一件妾分家的档案。这件档案为"署开封府知府唐咸仰会同候补直隶州承印通判郑朝樑"等委审安阳县孀妇杨王氏赴都察院衙门京控案件的稿件。据稿件内容显示，前湖北保康、应山县知县杨思谦在京时，"价买王氏为妾，杨思谦立给年庚红帖，并无媒妁婚书"。杨王氏长期随侍杨思谦在任上。杨思谦原配则在乡抚养儿子。妾杨王氏曾生有一子，但夭折。同治年间，杨王氏随杨思谦回乡居住，光绪四年（1878年）杨思谦去世。王氏与嫡妻马氏不和，要求分家，马氏和孙子杨天成不允。于是王氏呈控到县，县令断"每年给杨王氏钱二百千文、一顷地、籽粒，作为养赡"。杨王氏不愿与杨马氏同居，不肯具结，又越过府、省等衙门赴京呈控。都察院将案件咨解回河南，饬开封府审办。委审结论是：杨天成每年给杨王氏养赡钱三百千、谷五十石，并允许"与杨王氏分居"。②

遗憾的是，档案馆所存是审断草稿，不知此稿是否为最终裁断。妾王氏年龄已高，身份为庶祖母。通过京控，换来的是与嫡妻分居和定额养赡的权益，而不是分家产。从该案可知，妾虽地位低下，却仍在家产必须照顾的范围内。

## （三）婿

清代的婿，分为女婿与赘婿。女婿不是女方父母家庭的成员，而是亲戚。分书中，女婿也以亲戚署名，作为见证人。法律规定，女婿受岳父母喜爱，且"相为依倚"，可

---

① 《清同治十一年（1872年）一月汪方氏遗嘱阄书》（点校本477页）："姚氏亲戚凭论弃妻事端，恐后丧家。故此浼托族戚兄弟，均分产业，元、嫡二配均分。正招之身，二各挨轮，均匀照应。日后倘有爱宠弃屈事情，凭族理论。"

② 中国第一历史档案馆，顺天府（28-4）·法律词讼·184—082号。

以"酌分给财产"。①这其实是指女婿依靠岳父母生活，或为其养老（也即父母依靠女儿养老）的情况。这种"酌分"财产有酬劳女婿的性质。在分书中未找到女婿养老和"酌分"家产的实例。

赘婿，是以亲女丈夫的身份进入女方家庭，与女方父母同居之人。赘婿与妻所生子女，冠以妻家姓氏。赘婿是妻家的家属。

【赘婿王启亮案】赘婿与家产的关系，在合同文书中有所反映。《清道光十八年（1838年）一月汪文铭嗣养赘婿子并分祖产合同》（点校本1373页）：

> 立议合同字据人汪文铭同侄明槐，承祖遗有住屋下边壹半，又枧坑坞头实田壹段。今同侄商议，托亲族将住屋、田中半均分。文铭伯接有金氏义女，赘与黟邑王启亮为正室，嗣养长子，鼎立汪门香火，安奉祖先，务必汪、王二姓。日后伯侄兄弟存心和顺，永毋生端异说。恐口无凭，立此合同为据。

观其内容，这就是伯侄分家，但不称分单而称"合同字据"。因为侄儿要承继本房，不能过继给伯伯。伯伯的养老和祭祀，由义女及赘婿负担。合同就是要侄儿承认：今后金氏和赘婿所生之子，要接伯伯的"香火"。这不是赘婿承受家产的例子，却说明赘婿在无子家庭中的重要。

【赘婿方馥庭案】《清光绪二十一年（1895年）二月余巧官分单》（点校本85页）和《清光绪二十一年（1895年）二月方少卿分单》（点校本86页），一套两件，是反映徽州赘婿的婚姻与财产状况的珍贵史料。方少卿和余巧官均为方馥庭之子。前者是方馥庭与前妻王氏之子，后者是方馥庭入赘余家之子。方馥庭又与余氏"分异"，离开余家时，"余氏将吴邑前房屋三联单壹纸交与方姓"。方馥庭过世前，将余巧官找来，"托老友余大元，将观东妙香室粉店一爿，英洋二百元付与巧官"，未及交割，馥庭已去世。余巧官于是找王氏索要"观东妙香室粉店"。经中人调处，约定将吴邑前房屋三联单交与余巧官收执，另给一百元"以作习业、完姻之用"，又给方馥庭入赘时所生女儿二十元以作"妆奁之用"，约定"观东妙香室粉店"仍为方氏家产，归方少卿管业。约定余巧官"生育长续余氏，次续方氏"。

综上，余巧官分单与方少卿分单，是同父异母兄弟的分家合同。分家的实质内容，

---

① 《大清律例·户律·户役》"立嫡子违法"条下条例："若义男、女婿为所后之亲喜悦者，听其相为依倚，不许继子并本生父母用计逼逐，仍酌分给财产。"田涛、郑秦点校，法律出版社1999年，第179页。

是将方馥庭从余家带走的房产，传给入赘所生子余巧官，另从方姓家产中给了一百元给余巧官。约定余今后所生长子姓余，又因分得部分方姓财产，次子姓方。说明赘婿在生前可以享用入赘家庭的财产，死后须将财产还回入赘家庭，其身份与妻妾相当。

### （四）养子

养子或义子是异姓子孙，因收养或抚养在家庭中，冠以家庭姓氏而成为家庭成员。

法律明文禁止养子为嗣。[①] 但三岁以下"遗弃小儿"，允许收养，并允许"酌分给财产"。其地位与"相为依倚"的女婿相当，可以视为法定的家产有分人。分书中未找到义子或养子分得家产的实例，暂付阙如。

---

[①] 《大清律例·户律·户役》"立嫡子违法"律："其乞养异姓义子，以乱宗族者，杖六十。若以子与异姓人为嗣者，罪同。其子归宗。"又："其遗弃小儿，年三岁以下，虽异姓，仍听收养，即从其姓。"小注："但不得以无子，遂立为嗣。"其下例文："凡乞养异姓义子，有情愿归宗者，不许将分得财产携回本宗。其收养三岁以下遗弃之小儿，仍依律即从其姓，但不得以无子遂立为嗣，仍酌分给财产，俱不必勒令归宗。如有希图资财冒认归宗者，照律治罪。"田涛、郑秦点校，法律出版社1999年，第178—179页。

# 第四章

# 分家时的债务：账

　　分家所分的财产，包括田山、房屋、茅厕等不动产；也包括附着于田地上的作物或"事业"，如林木、茶树、竹林、水碓、灶等等；又包括设定在不动产之上的权益，如典、皮租等；还包括各种动产如牛、"家伙"等。另有特殊的财产，即"会次"，也即参加神会或钱会后享受的权益。以上均可统称为"产业"，或简称"产"或"业"。产业是分家当事人看重的，但分家不仅要析分产业，还要算清各种债务，这是容易忽视的。

　　债务主要分为两类：一是各种"费"，二是各种"账"。先简单地考察各种"费"。

　　费，是指家庭生活的各种必要开支。稍微大一点的开支，就会记账。小额的家庭花费，有的随用随支，即时结清，只在账目上反映，不构成欠账。只有小额花费而赊账的，才构成欠账。花费较大的，如造屋、装修、娶亲、养老、丧葬、修坟等，往往分次支付，形成欠账，需在分家中处理。另有一类固定的家庭费用，即门户钱粮，又称为"支年使费""门户使费"等，实质为税。

　　常见的费用，可以分解为：

　　（1）婚娶费用，常常称为"娶亲费""聘婚事费""聘仪之费""喜费"等等。

　　（2）养老费用，又称"膳费""养老供膳资费""二老在日食用之费"等等。

　　（3）丧葬费用，又称"丧费""棺椁使费""衣衾使费""棺衾使费""殓殡之费""扦葬等费"等等。

　　（4）祭祀费用，常称为"祭扫之费""殁后祭需之费""先人坟墓等费"等等。老人的丧葬、祭祀等费用，又可统称为"身后一切之费"。

　　（5）会的费用，又称"会账""神会使费"等。

（6）造修费用，一般径称"造屋之费""修理费"等等。

（7）钱粮、门户费用，又称"完粮之费""门户使费"等等。

娶亲、养老、丧葬、祭祀等，多会做出特别的安排，甚至贴补产业加以保障，前文已有叙述。此外，分家时需做账处理的大额费用，主要是造屋、装修费用和钱粮门户费用。其中，修造屋宇是非常浩大的开支，凡在近期要修造屋宇的，分家时或存足银钱，或拨产供应。没有预留现金，也会留出"田租"，临时才不会短缺。① 小型的房屋修造或装修，如翻新老屋、装修房间、修造围栏厕所等，也会在分家时有所预备，安排好木料，或预留田业典价。② 又有水碓、碾磨等大型生产工具的修理费，也要在分家时预先安排。水碓不宜零星分割，往往存众公用。维护和修理费则各房分摊。③ 类似的，碾坊、磨屋均可如此安排。④

即使如此，家庭开支仍有不敷之时，难免欠下债务，这些债务统称"账款"。⑤

## 第一节　欠账

"账"，又称"账目""账款"等。账目作为有经济价值的财产，在分书中与产业并举。⑥ 认识"账"的内涵，对于了解分家合同的性质，有着重要的意义。

---

① 《清咸丰三年（1853年）十二月兴堡兄弟阄书》（点校本393页）："父世炤公不幸于道光二十三年捐馆于河口，其时遗有洋银六百拾叁两，存舅父和记店内，属堡经理运殖，支应家用及置租坦、买屋、造屋。历今十年，约计支应二千余两，现在仍存叁百余两，堡、文、培均分领讫。""此阄之屋，概系倾颓，非重造不能住。然造之费，约在二百余金，现乏银钱，并亦无暇，故难料理。惟将所置田租公估补贴，毋论何人拈着，听其自行划算修造。"
② 《清乾隆五十三年（1788年）八月吴光友阄书》（点校本170页）："上北山坐存做老屋，大松木二十一根；坐存装房作栏、厕，松木三十九根。"《清咸丰四年（1854年）十二月宏春兄弟阄书》（点校本403页）："一段田皮，土名汪坑高磙坞，计额贰亩，作典价钱贰拾千文，算做余屋并装修屋之资。"
③ 《清光绪二十九年（1903年）一月方起泰阄书》（点校本684页）："再批，山脚水碓各人三股之壹，以后修理费，各派三股之壹。"
④ 《清光绪二十九年（1903年）王廷晄遗嘱阄书》（点校本691页）："住屋西边磨屋楼下，又碓屋并挨磨辘碾器皿，一概坐众未分，各有三股之一。日后修理，公费照股均派。"
⑤ 《清光绪二十四年（1898年）二月章汪氏阄书》（点校本632页）："家务近来装修屋宇、婚娶等情，目前分晰，结欠洋银柒拾壹元。每年约包利洋拾элемент元，以致将二处店租归母食用，仍还账款。"
⑥ 《清道光二十七年（1847年）四月方治之阄书》（点校本349页）："是以特请亲族，将田地、山塘、屋宇、账目，一概品搭均分。"

## 一、账簿与账目清单

账，不是账目清单或账簿。账目清单或账簿是记载账的文书，[1]可算是分书的附件，没有账目清单或账簿，分家就缺少了一项依据。未看到账目清单或账簿，也就未看到家产的全貌。分书序言中会提到"账目"分配或清偿的原则。有的直接将账目清单列举在正文中的财产部分，还有的阄书中夹有账目清单。与分书相结合，可以较好地认识家庭账的意义。

## 二、欠账

账目包括"往"和"来"，也即欠账和入账两个基本面。广义的账目，包括入账和欠账。入账是家庭的正资产，也称"收来账目"；欠账是家庭的负资产，也称"所欠账目"。[2]

单独使用"账目"时，一般仅指欠账。如一件分书说"家私微薄，账目深沉"[3]，"账目深沉"就是指欠账很多。后文又说："以作仁、义、礼、智、信五阄均分，其账目以作三股均认。时逾、时达、时近各壹股。其时迎、时周年幼，不认账目。"这里所谓"账目"，也是仅指欠账。"账目均认"就是分摊欠账，"不认账目"就是不用清偿欠账。

欠账除了用"账"或"账目"，常见用法还有"旧账""该账""该还账""该派账目"等等。清偿欠账，也称"还账""销账"；承认自己负有清偿的责任，就是"认账"。"还账"和"认账"，到今天仍是中国民间常用词。一个人暂时还不了债，但可以问他"是否认账？"承认的就叫"认账"，不承认的叫"不认账"。"不认账"也可以叫作"赖账"，引申义有耍赖、否认自己做过的事等。对做过的事"赖账"或"不认账"，是人品不好的表现。可见"账"的影响之深广。

---

[1] 《清乾隆五十九年（1794年）十一月胡押李阄书》（点校本186页）："所有账面立清单。"《清道光二十一年（1841年）一月罗永良阄书》（点校本288页）："男福华、孙亨达，乃为主器承重者，将账簿并外人典当票约，付与执掌。"
[2] 《清嘉庆二十年（1815年）四月汪仲宝兄弟阄书》（点校本219页）："收来账目、会银二人均分；所欠账目、会银二人均还；倘有不还者，其大买租以作账目。"
[3] 《清乾隆四十年（1775年）二月方社管阄关》（点校本14页）。

如果不在分家时把欠账计算清楚，就无法核算家产的正资产，不能做到均平分家。有的家庭就是因为欠账较多才分家；也有父亲在分书序言中表示很庆幸没有欠账，这是较好地履行了家长责任的表现。通常，分书重视欠账的分割、抵消、清偿等，因为入账属于正资产，有账目清单或账簿为凭。只要欠账清楚，入账只需均平析分，所以入账在分书中常常一笔带过。以下主要介绍欠账的处理。

### 1. 欠账的处理办法之一

"账目"在作欠账理解时，也称"债"。债又有"债负""债欠""债项"等说法。在分书中，"账目"和"债"都可以用来表示欠账。

分家时处理欠账或债负，有两种基本的处理办法。第一种，是将欠账与田产绑定，在均平析分田产的同时，也就把欠账在各房之间进行了均摊。①

### 2. 欠账的处理办法之二

第二种处理欠账的办法，是将账目归并。这种情况在徽州分书中较为常见。徽州家庭有长子长孙"承重"的观念，账目可以一并交给长房，当然，前提是入账和欠账相差不多。有的家庭欠账已经归总为一项，不易分割，可由一个儿子负担，但从总的家产中拨出一份给承担欠账的儿子，使他在家产分割中与其他儿子分得相当的财产。②

### 3. 父债子还

总的来说，无论采用哪种偿债办法，偿还欠账的办法遵循一个总的原则，即"父债子还"。在分家时把账目结算清楚，要儿子们认账，就是"父债子还"原则的落实。实际上，分家时清理的欠账不仅是父亲欠下的，还有所谓的"承祖账目"等。如一份阄书序言说"父在之日，逋久债负未还"，但正文中又说"该承祖众账，三人均还"，③这说明家庭欠账中不但有父亲主持家政时的"债负"，还有祖父遗留的账目。

---

① 《清雍正元年（1723年）十月洪荣亮兄弟分单阄书》（点校本5页）："今兄弟和同商议，接族尊长，将父移借之债，品搭四股，拈阄为定。"又："荣亮壹阄。欠禄叔银伍两；欠星文叔银壹两；欠荣杞弟银柒钱；欠长碓米银一两；欠城口碓米银五钱；欠子三弟银一两；欠九叔公银五钱；欠汉公坑新借银一两；欠该认浇会银一两二钱五厘。欠代坤股认半股会六钱一厘。田搭定拈阄作各股分：一，中圳田一号，分路下；一，石壁底一号。"

② 《清乾隆四十三年（1778年）十月章家兴分关文约》（点校本25页）："不期迩来生意维艰，兼之婚娶、造屋之费，以至所空客本四百两。今将买受十三都土名界步头店屋壹重并余地；又搭儿下土碓壹所；又十二都土名塘坪上子碴土坑，八股之一；高眉坞土坑，五股之一；又存行镇上，并碓上土不壹万五千；又存大块土，并碎作银五十两。以上六行，共作银肆佰两，德权坐去，抵还客账。不得累及德绪、德强。"

③ 《清乾隆五十年（1785年）五月姚程氏阄书》（点校本168页）。

### 三、欠账的原因

从各种记载欠账的分书，大致可以辨认出清代家庭欠账的基本原因：（1）费，即因婚娶、造屋等开支大笔家庭费用而留下的欠账；（2）借账；（3）赊欠和生意往来账；（4）会账。

了解以上四种欠账，才能较完整地认识"账"的概念。以下讨论"费"以外的三种欠账。

## 第二节　借账和赊账

### 一、借账

俗话说："有借有还，再借不难。"借账是家庭欠账的大宗。一份阄书显示，除六担米账不算，现金欠账总计是 287 元，其中借账 200 元，在现金欠账总额中占到了 69.6%。①

现金借贷留下的欠账，就是借账。完整的借账包括两个要素：（1）出借人；（2）本金和利息。

#### （一）出借人

分书中记载的出借人，是指借给这个家庭银钱现金的人。借账写明出借人的称谓，可以帮助我们了解清代家庭向哪些人借钱。一般来说，出借人不写姓，仅称名的，多是同族之人。称某"公"的，多是族中先祖的祀号，如称"该某公众账与某公众账"，必是某先祖存众祀产的简称。也有称祠堂堂号的，则是以宗祠为放贷人。

---

① 《清光绪七年（1881 年）六月叶大核阄书》（点校本 525 页），其"债负开述"为："朱渭川兄洋贰拾元正、翰文侄洋贰拾元正，此二项派长房振烈承还，无异。程秋华洋五拾元正；陈社男兄洋叁拾元正；胡鸣高洋二拾元正；旺嫂洋四拾元正；意芳洋二拾元正；广丰店洋拾捌元正；同丰店洋五元正；福昌店洋四元正；义和店米六担；起首会一夕洋六拾元。以上拾笔欠项，已派二、三、四、五房房均共承还，无异。"

记载出借人的分书，出借人项下的账目构成欠账；对于出借人家庭来说，这笔借出的钱构成入账。

### （二）本金和利息

借账只记录本金的，说明这项借账没有利息，此时，出借人与借钱人的关系非亲即故。也有记载本金和利息的情况，如一条借债记为："该则瓒七四钱贰拾两，又洋钱捌元计七四钱十二两，共本叁拾二两。利长年壹分四，共三年。该利七四银拾叁两四钱四分。"①这条借债记录包括本金、年利率、偿还期限和到期本利，是较为完整的借债记录，为了解道光年间徽州民间借钱利率提供了有利依据。

## 二、赊账或生意账目

赊账，一般是指购买日用必需品时的小额欠账。生意往来的暂缓付款，也采用赊欠记账的办法，根据交易习惯结账，性质也是赊欠，但生意赊账的金额较大，分家时的处理办法较复杂。

### （一）日用赊账

日用的赊账，是清代城乡日常生活中常见的交易现象。赊欠的原因，一是因店主与买方熟识，相信买方的信用，以年节或约定的时间为结算时间，到期统一销账；二是购买的物品，如米面、布料、盐酒等，多为小额的生活必需品，支付不便，待滚存为较大金额后，统一结账。分书中称"店账"的，或在"账"前加物品种类，如"布银""烟账""谷钱"等，大多指赊账。

赊欠在家庭欠账中占有相当的比重。我们计算了一个雍正初年的家庭赊账，原家庭欠账共计银48两6厘，赊账共计8两7钱6厘，约占家庭债负总额的18.2%。②这说明赊欠是较常见现象。不过，日用赊账的金额较小，分家时，或分摊或归并，留待各房独立后陆续偿还即可。

---

① 《清道光十六年（1836年）五月嘉时兄弟阄书》（点校本283页）。
② 《清雍正元年（1723年）十月洪荣亮兄弟分单阄书》（点校本5页）。

## （二）生意账目

生意往来账目的处理，则大费周章。尤其是账款金额较大，店本不敷，一旦将生意账目计入家庭总资产中，家产就大打折扣，分家也难以进行。徽州的经商家庭颇多，他们在分家时都面临家产与生意账目的处理问题。还有些家庭虽不亲自经商，但把资金投资生息，分家时尚未收回资金，也面临如何结算的问题。

【邵章氏分家】先来看一个小本经营的家庭账目。邵章氏家有两项生意，一项是"槽房"（酿酒坊），一项是杂货店。家庭经济"全赖店坊支取"，家产很难与店坊分开，家庭账目也很难与店、坊的生意账目区分。那么，分家时，家产和生意账目该怎么分？

该家庭生意往来账目分为"槽坊进出款项"和"店中进出款项"。两项账目中，凡称"该"的，即欠账；凡称"现存"的，即指存货，每样存货又有对应的现金价值。分家结算时，先结算店、坊账目，共计欠账370余两银，存货不足140两银，已是负值。接着与"借主"商议，"本利按季抽还"，也即通过"认账"的办法，把账挂起来，以后逐季偿还，俗称"挂账"。这样，店、坊账目暂时归零。再把店、坊的房屋与两套家庭住房打通了析分。分得店、坊的两个儿子，就负责生意账目；未分得店、坊的，各自分得了一套房屋，以后不过问生意及其账目。①

【奠安兄弟分家】再看一个富厚家庭的分家。这个家庭有一个典铺和一个货店。先将家产析分，各房分得的产业置于阄号之下。再专门处理商业资产及其账目。先将货店账目归零。货店账目本来尚有盈余，货本和入账通共折算成七〇折典钱1900两余。三房用自己在货店中的份额，加上在典铺的份额和在典铺中应分"架利"，再添70两，凑成1300两。再拿600两归典铺。等于由三房盘下了货店。同时，货店的价值均已转入典铺，本身价值已经归零。

再把典铺账目归零。先把典铺的本钱现银由四房平均分割，每房大约分到1200两。典业本身为"四房众业"，典本既然均分了，典业的财产价值也就归零了，唯一有价值的是"典牒"即典铺执照，归愿意掌管典铺的兄弟。长、四房均愿意执管，于是约定典业由长、四房"合开"，典铺东家从原家庭变更为长、四两房。这两房将自己分

---

① 《清光绪十一年（1885年）三月邵章氏阄书》（点校本548页）："但先夫在日，店坊所借资本，现结除收进、抵对外，尚有洋银叁百七十有零未归。再盘店坊存货，实本扣洋不满百四。今蒙亲友商酌，请各借主，面求分作三等，本利按季抽还，幸蒙允诺。所有祖遗阄分，并续置田地、山塘、屋宇、通用什物等项，眼同品搭均匀。编作元、亨、利、贞四阄，拈阄为定。兴阄得酒坊，海阄得店业，照阄得住屋后步房，广阄得住屋前步房。惟进出帐项，照、广日后概不闻问。"

得的架本,仍投入到典铺中。三房分得货店,又将"架利"核算清楚,从此与典业无关。二房则按约定,将分得的典铺本银分出 500 两投入货店,剩下 700 两折算成典铺的"起"字号至"户"字号架业,先结算以前未结的"架利",以后投入典铺中作本金,坐收到期的"架利"。这样,二房对典业和货店均可获取投资收益,但约定不能以东家身份介入商业。①

综上,赊账和生意账目是分家时必须计算的账目。赊账是普通家庭中常见的欠账,在分家时计入家产,可以兄弟分摊,也可归并于一人。生意账较为复杂,若将上两例作为商业家庭分家的例子,基本思路是:

(1)将家产中的普通账目与生意账目区分。生意账目单独核算,有欠账的单独规定偿还办法,偿还范围限制在生意账目之内,不与家庭账目混淆。不过,家庭生意与家产既有区分,又有归并。区分在于,生意账目与家庭账目各自独立核算;归并在于,生意账目独立核算后,再作为家产,在兄弟间明确归属。

(2)分家时要把生意账目归零,析分才方便。归零的生意,谁愿意执管就给谁,都愿意就共同执管,这才不影响均平析分的原则。

## 第三节 会账

### 一、会次

"会次",字面意思是指会友在钱会或神会中的轮会次序。由于次序到期就是缴纳或收领会金的日子,故而引申为会中的财产,常见于徽州分书中。本节论述会与分家相关之处。对钱会感兴趣的读者,可以先看本书第三编《邀会合同》。

会次有两种基本区别,一是已坐会的会次,其价值主要是领到会金,以后再逐期偿还本利;二是未坐会的会次,需要逐期缴纳会金,直到坐会时再收回。轮会的周期多是半年或一年一次,也有一月一次的,所以,会次具有周期性。需要偿还的会内债务,统称"会账"。一般来说,会账和其他债务一起,放在家产的"债项"或"账目"之下。一份阄书显示,这个家庭的欠账有店账、货款、典账和会账,共计洋银 93 元 9

---

① 《清道光二十四年(1844 年)十一月奠安兄弟阄书》(点校本 309 页)。

钱6分,其中,"该会洋"66元8钱,[①]占家庭总债负的71.1%。可见,会账有时候在家庭债务中占较大比重。

## 二、收与填

会金的收领和偿付,可以分为"收""填""付"三种形式。

【已收与未收】收是指收领会金和会息。会规对于每届轮会到期时坐会人应收多少会金,都有明确的数额或比例的规定。会首和会脚坐会时,可以按会规收取会金。其他未坐会的会脚,则按会规缴纳会金。在分书中,又将"收"分为"已收"和"未收",已收是指已经按照会规收到的会金或利息;未收是指尚未到期,但根据会规算出的收领缴纳的会金。"未收"的总和构成一项家庭的债权。

【已填与未填】填是指不坐会的会脚按会规缴纳会金。会书对于每届到期时未坐会的各会脚应缴纳的会金或比例也有明确规定,已经填过的会金称"已填",尚未缴纳的会金称"未填"。"未填"的总和构成一项家庭债务。

【已付与未付】"填"在某些时候也称"付"。但有的时候,"付"是专指会首和已坐会的会脚按会规陆续付出会息。已经按会规付出的会息称为"已付";尚未到期,但按会规的规定必须支付的会息,则称"未付"。故"未付"的总和也是一项家庭债务。

分书中所称的会账,主要是指"未填"或"未付"。

## 三、偿还会账

下面结合分书的记载,考察徽州家庭中为偿还"会账"而设定的方法。

偿还会账的办法,与会书设定的缴纳会金的办法有直接关系,分书并未说明会书约定的缴纳会金的办法,我们只好推测。缴纳会金的办法,可参考本书有关钱会合同的介绍。

---

[①] 《清光绪二十年(1894年)十一月福来等分家书》(点校本598页):"二人共还账目:……该会洋六十六元八钱;时来典屋洋三元,候出屋之日,二人均派。福来该股还账:一,该白山总祭会本洋五元;一,该义生灯会本洋六元……福喜该股还账:……一,该十八会本洋陆元;一,该总祭会本洋二元八钱;一,该三月三会本洋一元;一,该元宵会本洋一元。"

## （一）"未付"均摊

"未填"或"未付"在分家中的分配，最直接的办法，就是将其与会次绑定。谁分得会次，谁就负责"未填"或"未付"。如果"未付"的会次较多，则计算"未付"的总价值，再和其他财产搭配均摊。如，一个家庭有两个"未收"、三个"未付"。"未收"作为债权，价值相当，则各分一个。"未付"则按债务计算，将两项较小的分割给一房，较大的分给另一房。①

## （二）"未付"与"未收"独立分割

如果会次中"未付"和"未收"都较多，而每个会次的"未付"和"未收"较难平衡，采用会次与会账绑定的办法，只能导致分家不均。此时，可考虑将"未收"和"未付"打通计算，把所有"未收"视为债权，又将"未付"视为债务，然后分别合计，再在兄弟间平分。如：

> 未收会：一，五拾两会二股，各承一股小填，各应，自众首会；一，栋叔公首会二拾两一股，付会本二两；一，樑叔公首会八两一股，付过叁会；一，名玉叔公首会叁两，付过一会。
>
> 未应会：一，自众首会五十两，仍五会未付，对半均填；一，大母舅首会十五两，未应；一，元寿舅首会二十两，未应；对半均填，每年二次，不应小填；一，该行玉太公，银四拾六两；一，该球太公，银拾两〇五钱。②

在上例中，"未收会"即"未收"。所谓"五拾两会二股，各承一股小填，各应，自众首会"，是指在"五拾两会"中占了两股，其"小填"均已缴纳，以后的会期只管收回本金和利息。"自众首会"指会首是自己家族的存众产业。又如"樑叔公首会八两一股，付过叁会"，是指家族中的樑叔公祀会作为首会，每位会友在首会时缴纳八两，以后由首会逐期偿还本金和利息，已经领过三次，剩余的尚未领。以此类推，所有未领的会金就构成债权，在兄弟间平均分割。

"未应会"即"未填"或"未付"。如"自众首会五十两，仍五会未付，对半均填"，

---

① 《清光绪二年（1876年）一月汪胡氏阄书》（点校本497页）："六批，漳坑鲍六喜会，一过未收，金海处。增贴树荣上年任付一会，计钱一千四百文。七批，树荣会，一过未收，金寿处。八批，方正元会，收过大填，金寿、海二人同付。九批，汪兴妹会，收过大填，金寿任付。十批，汪兴法会，收过大填，金海任付。"
② 《清乾隆七年（1742年）二月潘学洲兄弟阄书》（点校本152页）。

这段话的意思是，自家作为"自众会"的首会，已经收过会金 50 两，现正在逐期还本付息的过程中，尚有五期"未付"，这些"未付"由两房均摊。

这是债权和债务独立计算的典型例子。

### （三）"未付"与产业绑定

"未付"不多时，可以用"未付"作为债务，搭配给多分得家产的某房；反之，因为某房有"未付"，也可用产业去补贴。如，一头牛不能在分家时分成两半，因此，分得牛的一房就搭配某项"未付"。①

大多数情况下，"未付"都与某种产业有绑定关系。"未付"是一种债务，绑定产业相当于担保。会次中的"未付"，通常又意味着"已收"，也即收过会金，需要还本付息。收来的会金已投资到田产或商业中，这些资产优先用于清偿绑定会次中的"未付"，形成潜在的担保关系。所以，徽州人提到的会次，不仅是指现金往来，而且暗含了会次在田产或商业中的投资。如在一份阄书中，"山业"没有在三房之间分割，而是注明由长房和三房"付会"，"山业作抵"。② 说明这些山业与会账绑定，专门应对会账中的"未付"。

会次与会账的关系，可以简略成"已收—未付"。"已收"与投资绑定时，这对关系可扩展为"已收—资产—未付"。

更复杂的是，如果坐会所得金额较大，原家庭用其购买了田、地、山、房等，而又没有明确将会金与田产绑定的，则田产已构成家庭总资产的一部分，"未付"仍单独作为债务。分家时，如果直接将这笔较大的债务分给某房，显然不妥。这就需要从家庭总资产中专门拨出部分田产，用于贴补"未付"。③ 这说明"未付"的会金必定较大，而较大的会金多是首会或二会时收取的。

有一条批语显示，分家时为了抵偿会账和母亲丧葬的一亩地，长房在五年里负担

---

① 《清光绪十二年（1886 年）七月俞李氏关书》（点校本 555 页）："牡牛一头，津贴长男，因丁亥年该股会未付，伊弟灶根充付，此牛作抵，毋得争竞。蔼廷、老物、仰乔三位会，皆系灶□付作牛价，牛栏、家伙俱在内，日后灶夷供牛对分。"

② 《清道光二十七年（1847 年）五月汪时顺阄书》（点校本 352 页）批语："咸丰七年十二月，因二房不幸亡故。将会账目，年迈难以付出，共成付出钱拾五千六百文将会。长、三房付会，将山业作抵：土名外凸柴山一业，长房经管付会；土名大山柴山一业，长房经管；土名横路下柴山一业，付会一半、阄分一半，三房经管；土名横路上柴山一业，二房经管。"

③ 《清道光二十一年（1841 年）一月罗永良阄书》（点校本 288 页）："一则，黄连坞、周公睡、汪六坪俗名炭铺三处，嘱与男福华，归还所该会银。"

了 299 元零，所以，五年后结算时，确认这一亩地也就"永归长房执管"。① 由此可见，与会账等绑定的资产，基本上可视为已经归零的资产，在分家时给哪个房，并不意味着多分家产。

除了借账、赊账、会账等家庭债务外，还有一种近似于债务的账，即租。租，既可以指收租的权利，又可以指欠租。如，一件分书提到两份"租"分别价值"五秤"和"四十斤"②，都是固定收租额，属于正资产，可以作为"婚娶之资"和祀产③。这种"租"就是指收租的权利。但是，在租住他人房屋和租佃他人之田时，"租"是指一种债务。如"欠禄妹房租银四钱"④，这是一种因房租而留下的欠账。再如，"又该程姓田租，两担叁斗捌升七"⑤，这是租佃他人田地，欠租留下的欠账。尚未偿还的租，可以视为一种赊账，分书中记载它们，即是认账。因租账在欠账中所占比例不大。田产应收的租谷和租佃田亩应交的租额，分书中一般放在分割的田产中叙述。

欠账放在分书中，充分说明了分家不但分割家庭财产，也分割家庭债务。偿清欠账需要一定时间。有的欠账与资产相绑定，偿清欠账之后，还需要各房重新结算，看看资产是否还有剩余价值，如果有剩余价值，还可以在各房之间重分。如果没有剩余价值，也需要确认这项资产归属于偿清欠账的一房。这些都说明，分家合同虽在分家时写立，但只表明家产中的正资产在分家时基本分割完毕，而家庭的义务在分家之后还有很长一段履行期。分书不但是记载兄弟们分割家庭财产的合同，也是记载他们在将来承担家庭义务的合同。

---

① 《清光绪三十二年（1906 年）一月胡方氏阄书》（点校本 714 页），末尾有条宣统三年（1911 年）二月的加批："土名亭屋后大小买田壹亩，计四坵。并土名方坵下田九秤。分居之日，将上两业公坐付会，并母亲丧用。母亲年前仙逝，今会已付满，以致凭中公算明白。付会与丧费，共用去洋二百九拾九元八角六分。……凭中将亭屋后田一亩，抵归长房了讫，统不作缴。自后，此田永归长房执管，与二、三、四房无涉。"
② 秤，徽州多以二十斤为一秤。俞正燮《癸巳存稿》卷十《亩制》："今黟之砠、秤二十斤"。但据有的学者考证："有以十八斤、二十二斤、二十三斤半、二十五斤、二十六斤为一秤（砠）的，最高有以三十五斤为一秤（砠）的。不过，这些都是少数事例、个别情况。"惠东：《明清时期徽州的亩制和租量》，《安徽史学》1984 年第 6 期。
③ 《清嘉庆八年（1803 年）闰二月陈立儒兄弟分关合同》（点校本 37 页）："四保，土名张家青，大租五秤。其租立信原欠有三秤，仍租二秤，面议津贴永和名下婚娶之资；又号四保土名汪良住前，大租四拾斤，存父标祀。"
④ 《清雍正元年（1723 年）十月洪荣亮兄弟分单阄书》（点校本 5 页）。
⑤ 《清乾隆五十年（1785 年）五月姚程氏阄书》（点校本 168 页）。

# 本编小结

# 分家合同的性质

## 一、分书是小家庭成立的凭证

分书是门户文书中不可缺少的部分。一件分书，既是记录原家庭分解的文件，又是一个新家庭成立的凭据。新家庭在成立之初，除了分书外，没有任何能证明其独立的门户文书。为了办理产业过割，新家庭的户主必须去补办金票、推单等手续，此时，除了原家庭的门户文书外，能证明他独立于原家庭之外的凭证，就是属于本家的分书。

分书是小家庭独立成户的初始依据。对次房子孙如此，对长房家庭也如此。长房家庭比次房家庭更有优势，是他们掌管了"老户"的门户文书。但是，老户的门户文书只能证明原家庭情况，而原家庭的财产，至少有一半已分扒给了兄弟；原家庭的祀产或众存，也是各房分享。所以，长房家庭同样需要分书来证明本家门户的独立性。

因此，认识清代徽州分书的性质，仅仅看到它是一种财产文书或家产分割文书，是远远不够的。首先，分书是门户文书的重要组成部分；其次，分书对于门户来说具有初始性和基础性的意义。

分书具有财产和身份的双重属性，在财产属性上，分书体现了原家庭和各房兄弟在分割家产时的各方意志，承载了家庭尊亲属与各房之间的合意；在身份属性上，分书体现了新家庭与原家庭的关系、新家庭的独立性等。

综合地看，分书具有统合身份和财产的属性。而在身份属性方面，最大的作用，就是在分家之后很长时间里，它一直是门户独立的凭证。

## 二、分家中的基本财产关系

### （一）承受和分割家产

从家产承受和析分的角度看，分家是一种财产合同。父母或父母一方主持分家的，分家合同再分为两种关系：一种关系是纵向的，即移交与承受。移交是父母把家产移交给诸子；承受是诸子以直系卑属的身份接受家产。另一种关系是横向的，即分割家产，是家产在各房之间均平分配。父母和其他直系尊亲属去世的，家产已经概括地移交给诸子，由兄弟商议分家，分家合同只处理横向的分割家产关系。总之，分家包含两种基本关系，一是诸子代表的新家庭承受原家庭的家产；二是诸子代表的各房约定分割原家庭的家产。

### （二）赡养或祭祀家庭成员

家产，以实现家庭的延续和发展，以及照顾所有家属为总目的。这体现在，对于在世的家属，家产负担其生活、消费、学习等义务。所以，分家之后，各房承接的最重要的一项义务就是赡养父母、祖父母等，另外还有对在室姊妹或其他家属的扶养义务。对于已故家属，则负担丧葬、祭祀等义务。这些附随于身份上的财产义务，都详尽地写在分书正文或批语中，是分书中的重要内容，分家合同不仅是兄弟分得家产的凭证，也是所有家属获得家产照顾的凭证。

赡养和扶养家属是一个长期过程，在分家之后的许多年里，父母和其他家属的生养、死葬和祭祀，都在分书中明确规定。兄弟各房对这些家庭成员的照顾，既是伦理的、习惯的义务，也是履行分家合同中约定的义务。

### （三）清偿欠账

家庭欠账由家产概括地负担。原家庭负担的欠账，须由家产负担无限责任，这就是"父债子还"。所谓"父债"，不过是父亲或直系祖先在主持家政时留下的欠账。分家，不是免除家庭欠账的理由。但是，分家之后，各房的家产相互独立，某房再有欠账，其他各房不再承担连带责任。这在国家法律中也有体现，即亏空官员因本身家产无法赔补时,"分居别业"的兄弟家产不负担连带赔偿责任。① 也就是说,分家后的兄弟各家,家产界限已经清晰,没有"共财"关系。

欠账的清偿办法也会在分书中一一载明。在分割家产时,欠账作为负资产和正资产进行搭配,保证分家均平。分家之后,分得欠账的兄弟各自偿还分得的欠账。如果有绑定会账的田产,还会在多年后结算,看在偿清后是否还有剩余价值。

这些都说明,在分家之后,原家庭的债务延续、分割和清偿办法等,在家庭内部主要是按照分家合同确定的。分家之后的很长时间里,分书是债务履行的主要依据。

总之,通过考察清代分书,我认为,分家是以儿子们所代表的各房分割原家庭财产,并约定以分得的家产负担原家庭的各种赡养或扶养义务,并偿还原家庭各种欠账的合同关系。在分家合同中,基本完成的主要是原家庭财产的分割;需要继续履行的则是各种约定的赡养、扶养义务和清偿欠账。其中,清偿欠账少则数月,多则数年,而赡养父母和扶养其他家属动辄数年、数十年。

据此可知,分家合同不是一次性即可完成的合同,而是一种需要长期执行的合同。

---

① 《大清律例》卷十二《户律·仓库下》"隐瞒入官家产"下条例:"凡欠帑人员,或因独力难赔,或因产尽无着,遂将分居别业之弟兄、亲族,并不知情之亲友旁人,巧借认帮名目,转辗株连,勒令赔补者,将承审、承追各官,均照违制治罪。"田涛、郑秦点校,法律出版社1999年,第248页。

## 第二编

# 家族合同

# 引 论

家族合同，内容多与家族财产和家族事务有关，可据此观察家族财产关系和家族内部秩序。

## 一、家族的分类

### （一）三分法

郑振满以家族的演变趋势为内在逻辑，把明清家族分为三个类型。

一是继承式家族。原家庭通过分家析产，裂变为多个继承原家庭祭祀、财产的小家庭，共同构成继承式家族。继承式家族采取各房共管族产的模式。

二是依附式家族。族内各家庭出现贫富分化，共管模式难以维持，于是按房分拆族产及有关事务，继承式家族分解。然后出现祠堂，祠堂是家族的最高权力机构，族内家庭依附于祠堂，继承式宗族转为依附式宗族。[1]

三是合同式家族。主要指以联宗、通谱、合祭等形式聚合起来的家族，他们以互利为目的，以合同的方式组成家族联合体。"明清时期福建各地的散居宗族，一般都是合同式宗族。这是因为，在散居各地的族人之间，既不存在共同的地缘关系，也不具备可靠的继嗣关系，因而利益关系也就成为联结族人的唯一纽带。"[2]在徽州，明代已经

---

[1] 郑振满：《明清福建家族组织与社会变迁》，中国人民大学出版社2009年，第63页。
[2] 郑振满：《明清福建家族组织与社会变迁》，中国人民大学出版社2009年，第84页。

出现同姓家族合谱、合祭的现象。① 异姓联宗合谱的合同原件较为少见，但在其他文献也有反映，如绩溪许姓与余姓合谱，是因"余为舅而许为甥，余有大造于许"。② 研究者认为，同谱的原因，"更在于预防日后许、余通婚，杜绝同姓为婚的弊端"。③

我们基本认同以上分类所依据的逻辑。但对"依附式家族"这一概念，持保留态度。祠堂家族有非常复杂的形态，清代大型家族都有总祠与多级支祠，运作模式以商议与合同为主。把祠堂家族视为依附于祠堂，过分夸大了祠堂的专制性，偏离了祠堂作为家族祭祀中心的定位。这一问题，会在本编《祠产合同》和《本编结论》等章节中再加讨论。

### （二）"家族"概念

对于明清时期的庶民家族，本编统一使用"家族"概念，不采用"宗族"一词。宗族意味着有宗法，宗法的核心涵义是大宗率小宗。明清家族中相当于宗子地位的长房长孙，已经不像宗族中的宗子，对群小宗有绝对领导权。祭祀方面，长房长孙不能干涉次房祭祀先祖；族产方面，长房长孙不能垄断管理。明清家族自称"宗族""宗祠"等，是沿用古称谓，而学界今天用"宗族"名之，又是沿用明清人的自谓。在明清家族研究中使用"宗族"一词，不意味着明清时期仍有以长房长孙统宗的宗法。明清时期的"宗族"，就是建立在小家庭基础上的利益联合体，不过披上了血缘或同姓的外衣。在家族中，又因房、族、派等多个层次，以祠堂、祀会、修谱等活动而形成网状联系。家族内部包含"公私"关系，家庭具有独立性，是为"私"，同时家庭与家庭又有联合关系，是为"公"。了解分家析产的基础意义，就知道家庭是"公私"关系的坚实底层，家族则是家庭之上的联合体。这一结构对于清代全国的庶民家族来说，概莫能外。假设把明清家族中的家庭抽掉，家族就成了无源之水，无本之木。而上古宗族里的"家"，是卿大夫之家，也即一个个小宗。那时候，小家庭依附于宗家，没有独立的社会地位和财产，和明清家族不是同一概念。

本编也不采用"核心家族"、"主干家族"和"直系家族"等概念。理由已在上一编阐述过。古代中国家庭和家族的区分标准是同居共财。如果按照世代和人口规模来研究古代中国家庭，必定混淆中国特有的文化体系。

---

① 郭锦洲：《明朝徽州的合族过程——以岩镇吴氏为中心》，《徽学》第七卷，第 182—197 页。
② 《绩溪南关惇叙堂宗谱》卷一《谱例·世系》，转引自谈家胜、郝瑞平《〈绩溪南关惇叙堂宗谱〉的文献特色及其价值》，《黄山学院学报》2011 年第 4 期。
③ 谈家胜、郝瑞平：《〈绩溪南关惇叙堂宗谱〉的文献特色及其价值》，《黄山学院学报》2011 年第 4 期。

## 二、血缘家族

### （一）血缘家族与非血缘家族

本编仅讨论血缘家族，暂不涉及异性联谱而形成的家族。张研曾用"家族""宗族""乡族"这三个概念，来分析族在区域公共政治或公共秩序中的作用，由此呈现家族在区域社会或基层社会中逐渐扩张的政治需要。张研的"乡族"就相当于郑振满所谓"合同式宗族"。二者虽称谓不同，但都认为家族有初级到高级的递进关系，继承式家族为明清家族的初级形态，依附式家族为较高级形态，合同式家族为高级形态。这种观点，如果是从家族与区域社会的联接关系上看，自有合理之处。但是，这种高级形态也意味着缺乏血缘的联系，它之所以能联合在一起，已经带有非血缘的区域政治原因。

我们已经了解分家制，知道家庭是处于不断裂变的过程中，家庭每隔一代人就会有规律地裂变。普通家庭保持在三世以下，人口有限。规律性的裂变周期，使每个家庭内部相对稳定，一旦出现不稳定因素，则通过分家析产再次裂变。裂变与再裂变的结果就是血缘家族。血缘家族的特点是，族内所有的家庭尚能追溯到同一血缘的先祖。但是，这种追溯最多能到达始迁至某地的祖先及父祖。再往上，世系与分支已经不明。在这一意义上，明清庶民家族都是以始迁祖为顶点的血缘团体。

家庭本身是有内聚力的，这种内聚力对家族而言则是离心力。家庭与家族的张力体现在两方面。一方面，家庭成员之间可称"家属"，服制多在期亲以上，又出入一个门户，空间上独立，共同生活多年，感情深厚。家族内则分门别户，仅称"亲属"。五服之内的，服制在期亲以下、小功以上的可称近支亲房；缌麻算远房兄弟；五服之外的，礼制上没有辨别亲疏的必要，通称族人，按辈分则可称"族叔伯""族叔祖""族侄"等。同村族人尚有邻里互助之谊，不在本村本里，甚而跨都跨县的分派，感情更加疏远。另一方面，家庭是以同居共财构成的独立财产单位，家属之间由家产维系，具有利益一致性；家族之间的财产纽带则是一些未完全分割的原家庭众存、祀产等，大家族有祠产，但祠产在祠户名义之下，由专人管理，普通族内家庭不与焉。

家庭与家族的这种既相联系又相区隔的关系，集中体现在家庭之私与家族之公的矛盾中：

> 在宗族内部，公、众与私是相对的概念。就一个家庭来说，个人是私的，家产是公的。

> 就一个支派来说,家是私的,支派则是公的。就一个门派而言,则支派是私的,门派为公。就一个宗族而言,门派为私,宗族为公。①

家族内部之所以形成各层次的公私对立关系,其主要原因仍在财产关系上。家庭是独立的私有财产单位,在家产上存在独立的财产意志,典卖、出租、借贷、使用家产等行为,又不断强化着家庭的独立意志。族人无法分享家产,也无权干涉;家产上的债负,族人也没有分担的义务。家族也无力阻止族内家庭的贫富分化趋势。家庭和家族之畛域,就在时间中自然形成,并体现为公私之辨。

家族内部也有利益相关性,当族人受到侵害,家庭无法保护时,依靠家族内部团结可抵御外侮。当乡里环境受到破坏,仅凭一家无法制止时,家族可组织有力的抵抗。村族合一的族人之间发生矛盾时,由家族出面调处,易于化解,等等。家族成员的利益相关性,往往体现在跨家庭的村社环境、公共秩序等方面。在相对封闭的乡土社会中,家族的公共性构成了家族内部的利益相关性。其中,族产是联系家族成员的形式纽带,公共秩序则是家族团结的内在需要。

当血缘家族不能维护地域内的公共需求时,就开始出现联宗通谱的家族形态。同姓联宗和通谱的家族,往往超越了各自的始迁祖,但有的尚能追溯到同一血缘先祖,只是其中的世系和分支有所不明。有的已不能追溯,只能想办法拟制一个共同先祖。一般来说,江南旧族追溯同一血缘先祖到唐代是可能的。追溯到汉晋已属个别,且谱牒失传,汉晋至唐之间的世系已经不明。追溯到先秦的必是拟制先祖。联宗家族都是超越血缘家族的基层社会组织,它们的联合基础是公共利益,已经进入社会自治组织的范畴。②在这些自治组织中,公私关系和性质也发生变化,财产的"公""私"对立亦非重点,它们的关系更多地体现为维护地方秩序和违规行为之间的矛盾。

总之,"乡族"已经超越了血缘关系。在清代基层社会,脱离了家族的家庭有孤立之势。同理,利用联宗、通谱形成的家族,可避免孤立于乡里或市镇等公共领域。除了因纳税而合户的异姓家族外,以联宗、通谱联接的各种家族,与以联姻方式联接的异姓家族,性质上是相通的,政治利益或社会利益才是这种家族的联合基础。本编以梳理家族内部财产关系为主,联宗通谱的自治组织不是关注重点。

---

① 唐力行:《徽州宗族社会》,安徽人民出版社 2005 年,第 101 页。
② 张研:"共同祭祀之外,这些组织兼而负责各村庄治安联防、协调各宗族利益冲突、维持当地教化风俗等,由于其在治安、司法、教育方面的作用,实质上称为村落联合自治组织。"见张研《清代社会的慢变量》,山西人民出版社 2000 年,第 174—175 页。

## （二）血缘家族与始迁祖

清代的血缘家族，是指在同一血缘先祖下，由各房、支族和家庭构成的联合体。一般来说，血缘家族也是地域性的，他们所要追溯的共同先祖，多以始迁祖为限。比如，歙县江村在乾隆年间自称有"烟户三千余家"，共同承认的始迁祖是"宋歙州倅江公"。① 又如，祁门善和程氏在追溯自己的先祖时，总要谈到"徽之程氏，皆出晋本郡太守元谭之后"。据说，程元谭传至程灵洗已经十二代，再传至唐代程仲繁又十四代。但总祠祭祀的主要原则，是"推迁始之义，列祀中奉以下诸祖于报慈（庵）"。所谓"中奉"公，即程仲繁第三子程洭，他才是迁居祁门善和的始祖。② 乡志的撰写人也说"仲繁以上无考也"③，也即明确所追溯的世系顶点只能到始迁祖程洭之父。始迁祖对于血缘家族最大的影响，是通过始迁祖可以在家族谱系上考订清楚源与流。源即源头。流是世代与支派的繁衍关系。善和程氏这样的大家族，也不得不承认"上世屡经兵燹，旧籍无存"，也即程灵洗至仲繁之间的世次与支派俱不可考，谱系之流已不清楚。所以，从仲繁公以后，族谱改称"新府"，也即"别子为祖"，另立支族。

始迁祖的重要性，既反映在血缘和祭祀的同一性，又反映在作为共同祖先的子孙，均有权在聚居地繁衍生息，分享聚居地的资源。歙县北乡沙溪凌氏家族对隆塌的管业权争议，就是典型例子。隆塌是凌氏先祖迁至沙溪后，于唐初时修筑，据说，"唐时，自塌首迄尾，空旷未有村落"。塌和渠俱由凌氏管业，由塌引渠之水，只灌溉凌氏的五百亩田地。又在凌氏内部分立十甲，分担隆塌和水渠基址的业税。随着朝代更迭，宋元以来，汪姓迁居这一带，其后生齿渐繁，渐渐在塌畎上搭建了房屋。到了明朝崇祯辛巳（十四年，1641 年），岁大旱，凌、汪二姓因隆塌灌溉的权益发生争执，以致"群斗弗休，死伤相赎，结构仇怨"。经凌氏族人控告至县，再至抚、按，经年不决。后赴京师诉于都察院，才争回了隆塌的管业，并将谳语勒石。④ 此案最难得的是，凌氏家族自迁居沙溪以来，历经数朝约九百年，还能拿出塌、渠、畎等产业的管业凭证。这表明，围绕始迁祖聚族而居的家族，不仅世次源流和支派是清晰的，且族内财产的

---

① ［清］江爱山：《橙阳散志》卷一《舆地志·疆界》。
② ［明］程敏政：《善和程氏重修报慈庵祠宇记》，《善和乡志》卷二。
③ ［清］程文翰《善和乡志》卷一《志居》："乡今所居者，始唐尚书程仲繁，自歙来镇祁门。因避地居斯焉。谱谓新府是也。仲繁以上无考也。上世屡经兵燹，旧籍无存。后仲繁以御寇至番，因居号浮梁之锦里，惟令子季洭奉母胡夫人留居其地，开大其业，及再传，居乃三分。"
④ ［明］方卜频：《隆塌记》，载［清］凌应秋《沙溪集略》卷六《艺文》。

传承、共有关系等也是清晰的。在这一意义上，始迁祖是族人共享资源、平等对待、和平共处的历史依据。

### （三）血缘家族的层次

庶民家族本无所谓爵位继承，族内除了谱系与祭祀外，最重要的就是财产关系。根据族产关系的不同，家族又分两个层次。第一层次是自然家族。有分家，就有自然家族。分家时只要留有未分的产业或共同祭祀父祖的祀产，那么这个家族就有了第一批族产。再以后，族内的支派开始添加祭祀产业，或团结支派内的一些家庭设立祀会，家族团结开始出现新的趋势，但它尚未脱离自然家族的形态。第二层次是祠堂家族。不是所有的家族都会发展出祠堂，建立祠堂的家族中，祠堂成为族内权威机构，对外可代表家族，对内是团结家族的核心组织。

发展出祠堂的家族，大多有过族内"人心不齐"的现象，所谓"人心不齐"是相对于祖先认同和按时祭祀而言。祖先祭祀是一种有规律的组织活动，在节日、忌日等时间点上重复祭祀祖先，不间断地提示族人的祭祀义务，强化族人对同一身份的归属感。祭祀的规律性，约束和规范着族人行为，在这一意义上，祭祀是具有约束力的社会制度。但是，庶民家庭通常以墓祭和在家祭祀为主，家内空间有限，无法放置三世以外的祖先牌位。坟墓则零星分布，清明期间若要遍祭三世以上祖先，须辗转多处。若不采取合祭制度，庞大的祭祀义务会让任何家庭成员都不堪重负。而且，随着世深代远，族人对于远祖失去了亲切之感，容易忽略远祖及始迁祖的祭祀。负担沉重加感情淡漠，"人心不齐"是必然的。祠堂的诞生，主要是为了保障始迁祖和远祖的祭祀不缺，它首先是祭祀场所，是全族祭祀活动的中心。对于不少家族，如明代的祁门善和程氏，祠堂仅仅是祭祀场所，包括地基和祠屋的财产，属于族产的一部分。族产并不置于祠堂之下。但是，因祠堂中供奉着各支族的先祖，祠堂家族于是形成了全族拱卫祠堂的格局；又因祠堂需要接受升主银、族人捐助等，也就产生了独立的财务管理，祠堂作为资金池，吸纳以祭祀产业为主的财产，并渐渐成为独立而庞大的财产单位。祠堂家族也就呈现出不同于自然家族的特点。本编试图通过比较自然家族和祠堂家族的合同，说明二者的区别。

## 三、族产的基本分类

族产有多种用途、规模和性质，但再复杂的财产关系，也以存在于其上的人的意志为主,族产也不例外。在区分族产的类型时,最重要的是看在其上附加的目的。附加多种目的的,要看主要目的。族产其实只有两种主要目的,一是以使用为主要目的,二是以祭祀为主要目的。因此,我们只把族产分为两类:第一类是存众产业,即综合性的族产;第二类祭祀产业,如祠产、祀会、祭田等。

### (一)存众产业

存众产业,俗称存众或众存,是族产的普遍形态。赵华富在研究徽州族产时,指出徽州家庭分家时,"往往都存留一部分田地和山场作为'众存',不参与分配,只在阄书上注明各个支丁拥有的份额"。并据绩溪《胡氏宗谱》卷六,考订在南宋庆元四年(1198年),龙川胡氏在子孙分家时留有存众族产,说明宋元时期徽州已出现众存族产。[①] 刘道胜又论述了众存产业的形态,廓清了存众产业的基本面貌。[②] 存众产业主要来自分家析产时未分割或不宜分割的产业,也可包含父、祖为自己特留的祭祀产业。存众产业不以祭祀为特定目的,但可以和祭祀相结合,是一种综合目的的产业。存众的财产关系与祀会、祠堂等财产关系不同,对此,刘道胜、周晓光等人也做了初步说明:存众产业以"众存共有与房派份额互为前提","而祠产不存在任何'份额',即使是捐产入祠,也没有'份额'可言"。在存众的管理方面,"一般体现为房派间的松散联合,采取轮管轮收方式,大多无专门管理,收益主要为共业者用于互助、祀祖等众务。而祠产一般设置司年、管年等专人管理,实体性更强,组织化程度更高,收益用途更广"。[③] 存众与祀产有着千丝万缕的联系,它可以转化为存众祀会(此时,存众产业中全部或一部分转为祀产),[④] 也可以捐入祠堂而转化为祠产。存众产业在族产中具有基础性的价值,它不但在清代徽州的族产中占有重要地位,而且对于认识宋代以后的家族和族产,都有基础性的价值。刘道胜用"普遍""最原始""前组织化"等词来说明存众产业的特征,多是想说明存众在族产中的基础性的地位。[⑤] 学界以往研究表明,大型家族、商业家族、富贵家族往往设定大规模族产族田、祠产等,由此可以发现,在没有发展成大型家族之前,族众之间的经济关系是以存众为纽带。家族发展到较大规模,或者存众模式无法应付家族发展时,才有了进一步整合族产的必要。因此,存

---

① 赵华富:《徽州宗族研究》,安徽大学出版社 2004 年,第 284 页。
② 刘道胜:《众存产业与明清徽州宗族社会》,《安徽史学》2010 年第 4 期。
③ 刘道胜:《众存产业与明清徽州宗族社会》,《安徽史学》2010 年第 4 期。
④ 周晓光:《明清徽州民间的众存祀会》,《安徽师范大学学报(人文社会科学版)》2010 年第 2 期。
⑤ 刘道胜:《众存产业与明清徽州宗族社会》,《安徽史学》2010 年第 4 期。

众与祠产有递进关系，二者可以粗略地视为分别对应自然家族和祠堂家族。

到清代，存众产业与祠产、祀产、祀会等族产形态处于并存状态。其实，小家族、世代较浅的家族主要以存众产业发生经济联系；大家族、世代较深、人丁规模较大的家族则逐步发展出祀会、祠产等。当然，存众与祠产之间不乏一些过渡形态，如存众与祀会相结合的族产形态，或祠产中包含祀会，或一个大家族中，既有全族和支族的祠堂，又有支派的祀会与众存。如某个吴氏家族，"所有石潭祠堂、众清明会，五人次序轮流，挨转承直（值），不得推委"①，说明这个家族中既有祠堂，又有众存祀会。因此，有必要区分存众与祀产，认识其中的内在逻辑和转换关系，使各种综合的族产形态能够找到相应的坐标。

### （二）祭祀产业

为祭祀先祖而设定的产业称为祭祀产业，或称祀产、祭产、祭田等。除了把一些存众产业设定为祀产外，祭产还包括三种类型：第一为族坟产；第二为祀会；第三为祠产。

（1）族坟产。族坟产是典型的祭产。主要特征是，将坟墓及其附属地、附属物等一并设定为祭祀产业，供后代子孙祭扫。徽州的坟墓是以墓墩为中心，环以拜台、明堂等附属建筑结构或附属建筑物，有的坟墓还包括毗连的余地。坟墓及其附属物是专供墓祭的重要场所；毗连的余地则有环卫坟墓、防止侵扰的作用，还可以种植荫木以保护坟墓。面积较大的余地还可招佃出租，收取租谷，以支持祭祀费用，同时让佃种人负担守坟的责任。

族坟产既是祭祀产业的重要组成部分，又属于坟产的范畴。清代徽州坟产上的财产关系较为复杂，坟产既可以属于族众，也可以属于某个家庭管业，还可以属于两家以上的异姓家庭共同管业。属于家庭管业的坟产，随着时代推移，迟早会成为后代族人的产业，但我们不能就此认为坟产均为族坟产，也不能忽视它从家庭管业向族坟产过渡的过程。

（2）祀会。祀会是以邀会形式组织族人祭祀先祖的财产关系。会是一种典型的合同关系，会的当事人之间享有现金或实物给付的请求权和给付义务。通过邀会来组织族人祭祀先祖，已经脱离了众存产业的原始形态。周晓光认为，存众祀会具有自发性、平等性、灵活性等特点。② 这里值得重视的是"平等性"，也即会众之间是相对平等的

---

① 《清道光四年（1824年）二月吴承桂等共业合同》（点校本1340页）。
② 周晓光：《明清徽州民间的众存祀会》，《安徽师范大学学报（人文社会科学版）》2010年第2期。

合同关系，祀会不凌驾于会众之上。其实，祀会还有稳定性的特征。刘道胜在讨论存众的特点时，谈到存众产业有"脆弱性"的特点，祀会则约定与祭祀周期相适应的会期和定期聚会，以保证祭祀的稳定，这种特点正好弥补了存众的脆弱性。另外，存众不一定专为祭祀而设，会随着世代递增而分割得越来越细，房派之间逐渐疏远，也增加了管理上的困难，且存众不禁止买卖，子孙可以出卖存众的"分法"或"分籍"，所以，存众产业难以长期维系。祀会则利用邀会习惯的规范性和强制力，将不稳定的祭祀关系稳定下来。祀会还有一个优势，是会众之间自由邀会，满足了一些小家族或大家族的小支派祭祀各自先祖的需求。

（3）祠产。祠堂产业是为祭祀共同先祖而设定的专户产业。祠产的内容：一是祠堂所在的地基和建筑物；二是归属于祠户的田产。祠堂田产用于出租生息，可以维持日常祭祀费用。祠产规模较大的，在祭祀费用之外，还能支持族内一些公共事务，如族人入学的膏火费、贫困族人的救济等。学界对祠产研究较为成熟。本编结合祠产合同，主要阐述祠产的财产关系。

祠产、祀会、族坟产，都以祭祀为主要目的，故而区别于普通的众存产业。陈柯云在考察山场产权的变动时曾指出，徽州的山场在明代还大量保有在家庭地主手中，到清代则逐渐转为族产，清末时，60%的山场已为族产。据新中国土改前的调查显示，80%—90%的山场在公堂地主手中。产权转换大致经历了这样几个阶段：先是山场经分家后作为"分籍"转移到小家庭手中；因细碎化的"分籍"对小家庭的经济作用不大，故小家庭倾向于出卖山场；而山场因关系祖坟龙脉或村庄水口的保护，家族一般禁止出卖外人，故由家族祀会或祠堂买回或赎回，逐渐归拢为族产。他认为，存众产业与祠产的关系是："在宗祠尚未建立时期，众存产业即是族产的主要形式。而一旦宗祠建立，则众存山场遂逐步转为祠产。"[①] 这是极有见地的，实际已经指出了众存产业与祠产有形态层次的高低。

---

① 陈柯云：《从〈李氏山林置产簿〉看明清徽州山林经营》，《江淮论坛》1992年第1期。

第五章

# 设定存众的合同

## 第一节　概论

存众是族产中最基本、最普遍的形态，存在范围广泛，财产关系复杂。认识存众的性质，对认识古代族产形态有着直接的帮助。关于存众族产的研究还较为薄弱，系统研究尤少。一些教科书因袭陈说，把族产视为公有财产，有的则把它说成集体所有。以讹传讹，贻误不少。在已有研究成果和新材料的基础上，继续探讨存众产业的内容和性质，实有必要。

设定存众，既可以专门订立合同，也可以写在分书的正文或批语中。

### 一、存众的设定目的与范围

#### （一）存众的设定目的

设定存众有多种目的。存众中有一种专为祭祀预留且大多可以获得稳定租金的田产，也称存众祀产。但存众的目的不限于祭祀，有的存众是为了养老，是存众膳产。完成养老后，存众膳产可以转为存众祀产，也可在兄弟间分割，转为各房家产，有时也用来偿还债务。[①]

---

[①]　《清乾隆五十三年（1788年）十一月潘阿吴氏阄书》（点校本182页）："土名福泉山前塅里边山壹半，众坐福泉山上塔大买田、路边大小田二坵，其田抵父手零欠账目，系土彩承值。"

有的存众是因不便析分而设定的,①如房前余地、厨灶、通道、厕所、粪窖、水沟、晒场、猪栏等,设为存众是为了今后生活方便。还有的存众在事实上不宜分割,如耕牛、水碓或其他大件劳动工具,以及成套的锅碗瓢盆、桌椅板凳等用具,虽可与其他财产搭配分割,但存众供各房使用,可避免重复购买,节约开支。

如果家资浩大,也有专为赋税而设定存众的情况,如《窦山公家议》记载明代程氏家族的"众存未分田地,原以备户役、祭祀等项用费"。②又,洪武三十二年(建文元年,1399年)《高祖仁山公遗嘱军役文书》中说:"今将户下众存田亩,批扒付当军分内收租,略办盘缠,送至辽东军前,付应役之人支用。"③这是专为应付军役的存众。

### (二)存众的范围

存众的范围非常广泛,除了田、地、山、房、生产工具、生活用具等,常见的还有:(1)竹苗、树木等,留待将来装修房屋,或者出拼后得价再分。(2)会股也可存众,收息时各房均分。(3)坟山或墓穴也是一种重要的存众。有的还将棺位存众,留作将来亡人入葬;有的还约定,若所分田产内能看出风水,则看出的风水存众。④(4)债务若未分割,又可视为存众账目,也称"众账"。⑤

## 二、存众的管理

### (一)轮管与均管

存众之"众",即族众、众人。存众,是单独保存以利族众之义,它是相对于各房家产而言:原家庭的主要财产已转为各房家产,在此之外,保留一些不分割的产业。存众在徽州文书中又称"众存",二者同义,细绎其义,又有众人同意单独保存的意思。所以,存众也有经过族众同意而设定的意思。

通常情况下,族中各房对存众均有管理权限。但具体的管理办法不一,大别为"轮管"和"均管"两种。

---

① 《清乾隆七年(1742年)二月潘学洲兄弟阄书》(点校本152页):"除存养膳茔,并不便阄分者存众外。"
② 周绍泉、赵亚光:《窦山公家议校注》卷四《田地议》,黄山书社1993年,第28页。
③ 周绍泉、赵亚光:《窦山公家议校注》卷八《附录》,黄山书社1993年,第136页。
④ 《清乾隆五十九年(1794年)十一月胡押李阄书》(点校本186页):"各去看出风水,以作存众。"
⑤ 《清乾隆五十年(1785年)五月姚程氏阄书》(点校本168页):"该承祖众账,三人均还,(乾隆)五十二年分均一千六百八十二文,本利在内。"

轮管即各房轮流管理，每房各收一年的收益。轮流耕种一片田地也是一种轮管。①

均管即共同管理和使用。②常见的是将存众出租，各房均分租金。③存众田产虽由某房租种，但租谷交各房均分的，也是一种均管。④有的存众山业中有坟地，树木视同荫木，一律"归公禁养"，约定族人不得私自砍伐。需砍伐的，由各房共同商议。⑤

### （二）管理费用

存众的管理费用，一般采取各房均摊的办法。⑥

存众田房的业税单据和田房契书多只一件，需要专人收藏保管，有的是存于长房保管的老户中。单据和契书较多的，须设立单独保管的匣，也称"公匣"。但各房均有管理之权，必要时可"公同开匣公看"。⑦设立"公匣"的存众具备祠堂管理的雏形，只是没有独立的祠户和祠堂场所。

## 三、存众的分割

### （一）约定分割

存众在设定期限内暂不分割。但是，虽未实际分割，众兄弟可以约定分割的条件。

---

① 《清乾隆二十四年（1759年）三月王氏关书》（点校本158页）："众存土名狮箭坦田皮半亩，轮流耕种，递年交母亲皮租贰秤大。"
② 《清乾隆七年（1742年）二月潘学洲兄弟阄书》（点校本152页）："今将众存菜地、厕所，对半均管。"
③ 《清道光六年（1826年）十二月绍发阄书》（点校本255页）："岩镇店家伙未分，四人同众，每年包家伙，租钱卅六千文。"
④ 《清乾隆三十一年（1766年）十二月江东美阄书》（点校本163页）："外又尖上小买熟地一业，众。召与三、四房作种，公议租脑，每年豆租二斗捌升，以为支年使用。"
⑤ 《清道光九年（1829年）二月项万宝兄弟阄书》（点校本264页）："所有分家之后，所存与地、山，一应归公禁养。土名玉基垣山地一块；又山地一块，阴阳二培；又绵花坦松树二根，存众禁养，系（私）自不得砍伐。其山言明，四房教应经管。柴新（薪）砍伐之日，四房公议。不得系自上山砍伐，倘有系自上山砍伐，凭族理值，无得异说。"
⑥ 《清乾隆五十年（1785年）五月姚程氏阄书》（点校本168页）："五十二年管众支年，并做社，三股均派。"《清嘉庆三年（1798年）三月金以棣兄弟关书》（点校本187页）："所有各位田粮税，照册解纳。余税归众，两半均纳。"
⑦ 《清道光二年（1822年）五月汪时海兄弟共业合同》（点校本1333页）："今己酌查祖业，三房共管，照依归户税亩。……其老契、归户、老顶、约、租、召，存于长房收贮，毋得私卖众产，亦无户税失移。倘有公众要事看用，公同开匣公看，不致推委诈讹，倚强欺弱之端。及有盗卖众业，归户差移，公罚白银伍两正，治甘不孝之罪。"

有的约定以父亲去世为分割条件。① 还有的已经按兄弟数设定了均分份额，但当前需要用存众养老，并预留为丧葬费，只有丧葬事务了结后，存众仍有剩余的，才能转为各房家产。②

有的存众只是概括地约定在兄弟们各自修造了房屋、厕所或厨灶之后，即对其进行分割。③ 可见，存众的存续时间与设定目的有直接关系，分家后的一段时间里，存众用于支持小家庭开始新生活；等到新家庭有能力完全独立后，许多存众会面临新一轮的分割。

也有的存众设定为永久不分割，但其上的收益可以定期均分。如存众山业，它可以视为山地和林木两部分，山业并不分割，具有永久性；林木的掌养时间较长，一般需二三十年，林木长成出拼后，拼价在各房之间均分。④

还有的存众虽已约定将来均分，但何时均分视情形而定。⑤ 有的存众约定将来根据不同情形，再决定分割与否。如存众膳产在老人去世后，究竟是转为祀产，还是三房均分，订立阄书时说不准，于是约定将来再说。⑥

## （二）实际分割与按份分割

存众的分割有两种，一是实际分割，二是按份分割。

### 1. 实际分割

实际分割的，存众关系消灭，存众产业转为各房家产。如一份凌氏兄弟专门分割众存的合同显示房屋在同治年间遭匪焚毁，只剩基址。一般来说，各房共同居住的房屋，基址为存众产业，可以在原基址上共同修造新屋，但凌氏兄弟选择了重立分单，

---

① 《清乾隆三十一年（1766年）十二月江东美阄书》（点校本163页）："竹园存众，父亲在日存坐。百年之后，四股均分。"
② 《清嘉庆二十四年（1819年）十二月汪应鐄遗嘱阄书》（点校本229页）道光九年（1829年）加批："立批，产业父在存坐百年，未情分楚。奈因兴柏同府争论，托宗族理处，将业存坐众业，以作七人均分，再后无得议言。倘要倚强欺弱，干罚洋廿元，以作宗族理治，永远毋得议言。"又："祖父母在堂坐种膳粮。百年之日斋醮使用，将地作价。除用仍多，七人均分；使用仍少，七人科派。"
③ 《清光绪十年（1884年）闰五月汪正河兄弟分单》（点校本75页）："其屋宇、房步、地基、厨灶、厕所，俱系坐众。日后五人均造，分派均匀，再立阄书无异。"
④ 《清咸丰十一年（1861年）十月程圣发兄弟分单》（点校本64页）："溏领山业，存。砍伐之日均分。"
⑤ 《清嘉庆五年（1800年）二月黄胡氏遗嘱分单》（点校本31页）："众存各处山场、苗木、竹园，五股分分。"
⑥ 《清光绪二十三年（1897年）九月吴天贵分单》（点校本89页）："再批，社屋外黄柏粟熟地两业，存众。如遇祖母百年去世，三人均派。如有不派，此地两业，不得均分。如有要派，三人均分。"

将包含基址、石料、砖头在内的存众尽行分割，三房之间再无存众，故称"一概除消不算"。①

有的存众一部分实际分割，另一部分仍保留存众的性质。如吴氏兄弟把存众分为两部分，一部分按七股进行实际分割，转为各房的家产；另一部分父亲的存众膳产，改变了设定目的，转为祭祀父亲的存众祀产。②

### 2. 按份分割

按份额分割的，一般是不能实际分割的产业，但与实际分割具有同等效果。按份分割后，存众关系消灭，产业转为各房按份管业的家产。按份分割存众的情况非常普遍，约定按份额分割林木与租谷，就是一种按份分割。

按份额分割的复杂之处，在于同一产业上可能同时并存家产和存众，也可能同一产业分割为田产和收益，田产为众存族产，收益为家产。

假设第一代分家时有三个儿子，山业存众，约定林木拼价三房均分，到第二代再分家，各房的儿子数不同，长房只有一个儿子，二房两个儿子，三房三个儿子，即第二代共分出六房，如果按六房均分拼价，不利于长房和二房。为避免纠葛，就需按份额分割存众山业。先按三房平均分割，每房分到1/3的份额。再在各房中分割。再分割的结果是，长房独子分得原山业的1/3，次房两个儿子每人分得原山业的1/6，三房的三个儿子每人分得原山业的1/9。这种分割就是按份分割，各房不一定要在山业上立石划界，但今后林木拼价就按分得的份额收领。存众山业在分割前为存众族产，或称"公产"。按份分割后，已转为各房的家产，或称"私产"。族产和家产形成公私对立的关系。

但是，山业上有经济价值的是林木，为了防止各房私自砍伐林木，影响水土保护，可以将山业分为山地和林木，山地存众，林木作为收益分割。或者虽已分割山地，又约定重新"归众"，而林木仍然按份由各家管业。这就使得同一产业上既有存众，又有家产。

如果山业并不分为山地和收益，也可能出现到第三代分家时，有的房将山业份额存众的现象。比如二房的两房又各有两个儿子，二房长房在分家时愿意将山业份额作为家产分割，则二房长房两个儿子各分得1/12的山业份额；而二房次房两个儿子同意

---

① 《清同治十年（1871年）十一月凌大枝兄弟分单》（点校本67页）："以前存众等项，砖头、石料、铁器、银钱、账目、众租，长、二、三房凭中，一概除消不算。"

② 《清乾隆五十三年（1788年）八月吴光友阄书》（点校本170页）。

把 1/6 山业份额存众。这样，同一山业上的份额，有的性质是家产，有的性质为存众族产。这是存众与家产的复杂联系。各房不能擅自出卖存众族产，但却可以出卖已分割的份额。后面关于楼屋的讨论中，还会看到细碎的份额如何在族内交易，此不赘述。

## 四、存众的类型

存众可以按照多种方式分类。比如，按照不动产、动产、租金等物质形态分类。不动产又可分为田、地、山、房、塘等。但这种分类不能很好地反映存众的性质。比如，同属于房屋的附属结构如厕所、猪栏、水沟等，可以单独设定为存众，但它们也可能单独分割到各房名下，也可能拆毁，将剩余的砖瓦在各房中分割。反之，也可将各种产业混杂，如豆租、祖坟、大买水田、树坦、山场、楼房内的堂前余地和过厢等，一起设定为存众。①

有的产业之上，财产关系比较复杂，比如水碓。水碓是利用水力碾磨的大型生产工具，既可长期使用，也可出租收取租金，是较具经济价值的产业。但水碓不便于实际分割，且需持续维护和管理。一份合同显示，水碓的产权分给四房按份管业，基址则由四房共同管业，业税由四房均摊。大修费用，包括工时（"粗工"）、工匠费用、材料费用等，也是四房均摊。同时，日常维护和小修费用，则由四房分为两班，每班分管一年。②总之，存众产业的不同对存众的存续有较大影响，下面两节将专门讨论存众楼屋和存众山业，我们可以从中了解不同产业上的存众。

对存众的产权关系和存续情况发挥决定作用的，仍是人的目的。按设定目的将存众分为：

（1）普通存众产业，即并无特殊目的的存众。普通存众可以是不动产、动产、大

---

① 《清嘉庆二十二年（1817年）六月胡国文、胡国成、胡国仁等共业合同》（点校本1316页）："各处山场、田地，估值（按：漫漶文字若干）树坦，豆租叁斗，并塘角头；又土名屋后豆租五斗五升；又土名塔破上豆租二升；又土名何家坞社田豆租捌升；又土名上塘坟租二升半。又土名溪上九柔岭大买水田壹秤，佃种者出山收成之日，依时交还归众，毋许拖欠。若有欠者，听凭另召。其屋内堂前目面，楼上阁堂前并过厢众存。毋许堆塞，一体而行，不得倚强欺弱违拗。若有拗者，计罚钱壹仟文，以不肖罪论。"
② 《清道光六年（1826年）一月张灶云、张社顺等水碓共业合同》（点校本1345页）："今议余庆潭水碓一事，赖先人创造之，恐烦人心不一，恐烦将水碓废败。今来覆兴修造，拈阄为定，四股经管。定两股管一年，增贴麦两担、油廿斤，二股均分，无得（按：或脱"异"字）论。碓基原系大兴阄内，递年包还碓租白米肆斗，四股均派，出与大兴收去，无得短少。其大修石碣、车杆、牛头、傍龙、打磨十三副、海磨心、将军柱、磨套、穿车，大修工手、粗工、拼料，四股派。小修管年承治。"

型生产工具、植物、牲畜、会次等。设为存众的目的，要么是方便各房共同生活或劳作，要么是节省各房开支。其中，会账具有周期性，存众则可在开账时由各房共担债务和共享会租。普通存众一般在分家时设定。分家后，这些存众存续一段时间，随后自行灭失，或再次分割。也有的转为永久不分割存众。普通存众是族产的原始形态。

（2）存众膳产，也即设定为养老的存众。老人去世后，有的约定分割，有的会转化为祀产，还有的转化为普通存众，不一而足。

（3）存众祀产，即分家时设定为永远祭祀的产业。有的是以父母遗命设定，在观念上，父母虽然死去，但这份祀产仍是属于父母的。子孙若敢"划算"（即议论分割之事），则处以"不与其收租、司事、饮福"的惩罚。有的兄弟分家时，约定将普通存众转为祀产。在家产规模有限时，把部分产业或收益约定为存众祀产，是祀产的原初形态。

（4）存众坟产，即设定为丧葬和墓祭的产业。坟山、坟墓、坟墓的附属余地、荫木、坟山上的杂木、可以看出风水的田产等等，均可设定为存众，一般不许再行分割，不得私自砍伐。存众坟产往往成为家族共同管理的财产。坟产在用于祖父母、父母下葬之后，也可视为祀产。

（5）存众账目，也称"众账"，即暂时不能清偿的欠账。众账包括原家庭债务、管理存众的费用、业税等。众账可以均平分摊，也可以利用存众的收益统一支付，具体管理办法依照约定。

值得注意的是，徽州文书中常常提到"众坐"产业。众坐也称"存坐"或"坐存"。狭义的众坐，包括坐与长子长孙田、坐与未娶亲兄弟的聘财，以及坐与未嫁女的奁产等。广义的坐产，也包括坐与祖父母、父母或其他家庭成员的养赡产业。"众坐"相当于对偿付某项债务的请求权，只是这项偿付是由各房共同负担。狭义的众坐，带有一次性清偿的性质，一旦将产业坐与长子长孙，或坐与未娶亲兄弟作为聘财，或坐与亲女作为奁产，则"众账"已经清偿，坐与的财产视为受坐人的私产或家产，不再是族产或众存。广义的坐与祖父母、父母养赡的产业，则是一种需要长期持续清偿的"众账"，坐与的产业可以视同存众产业。

比较两种"众坐"产业可知，身份上的长期债务关系，是形成存众族产的重要原因之一。长子长孙田、聘财、奁产等对应的事务是一次性的，一旦坐与产业，相当于债务清偿完毕。赡养、祭祀、丧葬等均为长期性的身份和财产责任，设定某项固定财产，以便持续履行义务，即形成了初始的族产关系。可见，任何设定存众的合同或合同条款，都包含了某种长期的、持续的履行义务的关系。

## 第二节　存众楼屋

下面以存众楼屋为例，说明存众上的管业关系和变动情况。

### 一、楼屋的基本管业关系

楼屋是指两层以上的房屋，房间和堂屋是楼屋的主要建筑空间。此外，还有多种建筑结构如墙壁、门、阁桥等，以及其他建筑空间如过厢、堂前余地等。下面以乾隆年间汪氏楼屋的分割合同为例，[①] 来看楼屋内的产权关系。

第一，楼屋内有六个供居住的房间，又称"房步"。房步设定为六股，两房各占三股。因此，房步已是两房各自的家产，其上是专属的管业关系。将来两房再分家，房步也只能在各房的三股内分割，男丁多的，房步不够分割，就只能按份分割。

第二，堂屋，是房屋内的公共出入空间。房内只有一个堂屋的，可以存众。但楼屋内上下至少各有一个堂屋。结构复杂的楼屋，楼上和楼下还分前堂和后堂。汪氏楼屋就有四个堂屋，已经分给两房。所以，堂屋上也是专属的管业关系。

第三，楼下前后堂前的余地"坐众"，以便族人婚庆等公用，禁止族人任意堆放杂物。这是明确作为存众的产业。

第四，楼上两堂前的余地、过厢，分为六股均管。楼屋内还有四围墙壁、明堂、地面、坦桥、柚枋、阁桥，过厢、大门、耳门等，也归两房按六股均管，装修费均按六股均摊。可见，这些建筑空间或结构上已经存在按股均分的管业。这是一种不同于存众的管业关系，后面将看到，产业虽然不能实际分割，但已经按股分进行抽象分割的，股分至少可以在族内买卖。所以，这也是专属的管业关系。

通常，居住在一栋楼屋内的族人会说，这座楼屋是"我们家"的。这里的"我们

---

[①] 《清乾隆五十五年（1790年）一月汪士法、汪仲宝等楼屋共业合同》（点校本1273页）："今将新建楼屋壹堂，未曾装修整理。四围墙壁、明堂、地面、前后堂前坦桥、柚枋、阁桥，过厢、大门、耳门，照房装修。工钱匠饭，六股均出，各人毋得怀私推委。其有楼下前后堂前坐众，婚姻喜庆，毋许堆垛闭塞。楼上前后堂前，并过厢余地，每每六股均管。正堂房四柱，并前堂左边房壹柱，仲宝经管。前堂右边房壹柱，士法经管。二人金谋共酌，日后葺理，添新换旧，照房均出。"

家"相当于家族，而楼屋也就往往被视为家族产业。但深入到一栋楼屋时，应知道其中包含了复杂的财产关系。首先，族是由已经分家的各房构成，所以，其中的房间已经在分家时确定地分到了各房中，不再是族产，而是各房家产；其次，楼屋的其他建筑空间也存在分割关系，只是不宜实际分割，由各房共同管理和使用，所以，各房又以股分"均管"为纽带。

楼屋内的存众与家产的界限非常清楚，它既不同于实际分割的堂屋或房步，也不同于按股"均管"的公共空间。合同会明确地指出哪些空间或地面是存众，其上有明确的管理规则或禁止性规定，防止族众利用管业或"有分"等借口，滥用、侵害、破坏存众。所以，设定存众带有强烈的排他性和目的性，以使存众区别于普通的管业。在汪氏楼屋内，严格意义上的族产，也即依旧保留在全族名下的，唯一没有分割，也不准备分割的存众，就是楼下两堂前后的余地，其余都是已分割到各房的家产。各房家产可能会在以后的分家中转为族产，但在再次分家前，家产性质是明确的。

## 二、房步与股分

下面再结合其他合同文书，讨论具体建筑部分上产权关系的发展。

先来看"房步"。楼屋中用于居住的独立房间，在徽州通称"房步"或"步房"。房步不是指房间的长宽仅止"一步"。"步"也非"五尺为步"的计量单位，而是"住房一步"的简称。"步"相当于"间"，房步即房间。有的合同约定"照步分派"，这里"步"是指房步；有的合同中说"仍多一步"，是指多出一间住房。房步一旦分割，就形成各家住同楼屋不同房间的格局。一般来说，原家庭俗称"家"，分出的小家庭称"房"。"家"和"房"的关系，与这种同楼屋不同房间的建筑空间关系相互照应。

房步与各房的关系还体现在：当各房再析分时，房步就会被分为不满整数的份额，如 1/2 或 1/3 房步。在合同文书中，这种份额通常称为"股分"。"股分"的"股"是指所占比例。"分"，不是份额，而是一种资格或权利。再析分的各房与楼屋的关系，就体现为占有房步的股分。比如，原家庭有两兄弟，楼屋有四个房步，各分两个房步。往后，长房三子，再分家各分得 2/3 房步。次房四子，再分家各分得 1/2 房步。此时，楼屋中虽然一共是七房堂兄弟，却绝不能认为每房对整栋楼屋各有 1/7 的份额。

再进一步，只要楼屋没有垮掉，股分关系就始终存在。通常来说，一旦旧屋朽坏，族人迁出，旧屋成了空屋，房屋已经没有利用价值了，但是，只要旧屋一天没有夷为平地，原来的房步关系依然有效。如果重修，就得"邀集"全族共同商议。① 房步的约束力具体表现在：第一，凡是翻新或重修后的房屋，均按原来的房步分派。② 有的甚至约定，各房在新屋修好后只能选原来的朝向，不能借修新屋重选房间。③ 可见，原先在房步上的约定或居住关系，就是各房对新屋管业的凭据。第二，翻新或重修的各种费用，包括工时、饭食、材料费等，均按房步摊派。拆旧建新，连原来的砖瓦、木料都照房步分派。④

唯有房屋彻底垮塌或烧毁了，原来的房步才不再有约束力。比如，方姓楼屋于1772年（乾隆三十七年）被火烧毁。半个世纪后，才由方统穗独立修造完成。族中论定："无论向日分法多寡，总照现在十一家分派，各阄得住房一步。仍多一步，坐酬统穗为业，聊以再造之功。"⑤ 可见，只有当楼屋彻底灭失后，新楼屋不再按原式建造，才可不计原来的"分法"，按现有房分重新分配。

总之，按房步摊派费用和分配新房，绝不等于按兄弟数或房分数计算。房步才体现了各房与楼屋之间的管业关系。不能简单地把房步理解为小家庭在楼屋中的生活空间，它还是小家庭对楼屋的权益，体现了小家庭在楼屋中所占的份额。

---

① 《清乾隆四十八年（1783年）一月吴汶公架下人等祖屋共业合同》（点校本1263页）："今因吾祖始至阳川，创造楼屋壹所，裕后安身乎至今。不念当日创造之艰难，至今各居己屋。不料众屋屡年未见有人葺理，将来朽烂败坏不堪。是以邀集商议，谨选大利年月吉日，整理装修。所用钱谷，每房步壹两，仓厢五钱。目面每股壹两，支丁壹升，每年三期科抖。粗工拾五岁起，六拾岁止。女丁供膳，匠工拈阄轮流，毋得推阻。葺理齐整，楼上楼下目面，毋许堆塞。"
② 《清同治九年（1870年）十一月余叙有等共业合同》（点校本1434页）："日后所造银钱，照步分派，仍前分定，各管各业。"又，《清宣统元年（1909年）十月汪全锡、正林等楼屋共业合墨》（点校本1548页）："迨至栋宇落成，依然家声丕焕，其房步照旧各人经管。"
③ 《清道光十五年（1835年）十一月吴可新公支下人等祖屋共业合同》（点校本1368页）："竖造成工以后，楼上二曾（层）、三曾、正堂、前堂，东西左右，其房并过厢，照旧各管原处，不得止（指）东要西。"
④ 《清道光十五年（1835年）十一月吴可新公支下人等祖屋共业合同》（点校本1368页）："所用资银，照依房步均出。粗工并匠饭，照依房步均派。……其老屋成功之后，修理之时所用资钱、匠饭、瓦片，递年照依房步、过厢科派。"又《清光绪十四年（1888年）五月汪天赐、汪天福、汪天锡等楼屋共业合墨》（点校本1486页）："所有粗工、匠食、砖瓦、木料等，一概照依拾贰步房，派算清讫无异。"
⑤ 《清道光四年（1824年）一月方统穗、方统夏等房屋共业合同》（点校本1339页）。

## 三、余地

### （一）屋内余地

楼屋内的建筑部门或建筑物不宜分割。楼屋之外有围墙的，在楼与围墙之间又有附属建筑物，如围墙、水沟、通道、厕所、晒场等等。

在建筑空间或附属建筑物上，又有两种不同的管业关系。

第一种是均管。分楼屋主要是分房步。其他部分只要没有设定存众，其管业份额就与房步相等。一旦建筑部分需要修葺或装修，费用按房步摊派。①但"均管"的意思，还指各房均能合理地享用楼屋空间。否则，过厢按房步分割，某房只能走右边二分之一，某房只能走左边三分之一。均管还意味着，平日有人滥用、侵害或破坏公共空间中的秩序，各房均可出面制止。

第二种是存众。均管仍不足防止侵害、滥用或破坏，或有公共空间需要特别保护，才在其上设定存众。像上文提到，为了节庆时族人有聚会宴饮的空旷地方，把楼下堂前后余地存众。这种存众不是个别情况，而是徽州楼屋中设定存众的习惯。②

堂前后余地存众，是与均管房步相对的。若无特别约定，楼屋的所有空间已经转为各房家产。设定存众就是告诉族人：你在楼屋上的股分，不得及于堂前后余地。通过合同设定存众，充分体现了合同在古代社会的重要价值，以及各种管业关系对于合同的依赖性。

### （二）屋外余地

还有一种与楼屋相连的屋外余地。有围墙的楼屋，屋外余地在围墙之外；没有围墙的，则屋外四周的基地均可视为余地。屋外余地有多种用途，小块的可以做晒场，

---

① 《清光绪十四年（1888年）五月汪天赐、汪天福、汪天锡等楼屋共业合墨》（点校本1486页）："所有前后堂前明堂，未曾成工之日，倘有装修地磴，照依房步均派"，"倘有屋内墙垣修葺，不拘那边损伤修漏，照依房步均派"。《清宣统元年（1909年）十月汪全锡、正林等楼屋共业合墨》（点校本1548页）："及前堂之装修，并后堂之照壁、明堂、天井以及楼梯、天桥，一概照房步均派。"

② 《清光绪十四年（1888年）五月汪天赐、汪天福、汪天锡等楼屋共业合墨》（点校本1486页）："其前堂堂前右边房间五尺通口，天福经管。……一概前后堂前余地，统入众用。倘有茅柴零碎，一概毋许堆塞阻闭。"《清道光四年（1824年）一月方统穗、方统厦等房屋共业合同》（点校本1339页）："其上下阁堂前并阁厢存众，以后毋许装房、作灶、堆柴。如违公论。"《清宣统元年（1909年）十月汪全锡、正林等楼屋共业合墨》（点校本1548页）："其前后堂前公同取用，毋许堆积茅薪。"

或堆放谷物或杂物。凑成大块面积则可修造建筑物。房屋四周用于通行的"巷路",也是一种余地。①巷路无经济价值,但隔离楼屋与外界,还可避免相邻房屋的滴水倾泻到围墙或楼屋根脚上。水沟也是一种余地,水沟是附属楼屋的排水建筑物。②总之,屋外余地可视为屋基的部分,也可独立于楼屋之外。

屋外余地通常会按房步一起分割。真正可以存众的,是被各房分割之后的"仍余之地"。如一份合同约定:"屋下余地",三房各分得三丈六尺。一尺约32厘米,三丈六尺约为11米,则用于分割的余地共有33米左右,这是一块不小的面积。"仍余之地坐众,兴养水口。"③可想而知,存众用于修筑水口的余地不会小。此例就是将贴近房屋的余地分作家产,远离各家的余地设为存众。水口是在村庄边上修筑的小型储引水工程。沙溪水口布局精美,还是当地的主要景观。④

## 四、存众与股分

上例中,如果不把屋外余地整体存众,只需再有两次分家,余地上的"分法"或"股法"就会变得极为细碎,再想兴办一些公共事务,必须归拢股分,这就要有人出面一一与各房商量,或召集全族家长商议,十分麻烦。

更麻烦的是,股分是小家庭的家产,一旦分给各家,它就可以买卖、调换等。一件嘉庆年间的合同显示,程光开、程国珂两房"承祖遗下堂前四股之一"。这是堂前余地在先年分家时全部分割为股分,没有设为存众的例子。经过多次分家,这个家庭只分得四分之一的股分,此次两房分家,各房分得八分之一。合同后的批语说:"议墨内该光开兄弟三人股分,立契尽卖与光盛名下,此合墨一同缴付讫。"⑤这说明,程光开一房又有三兄弟,若他们不出卖本房的八分之一股分,则三兄弟可再分得余地股分的二十四分之一。

---

① 《清道光四年(1824年)一月方统穗、方统厦等房屋共业合同》(点校本1339页):"两边巷路一条,因崇礼堂分法最多,坐贴伊管业。"
② 《清道光四年(1824年)二月吴承桂等共业合同》(点校本1340页):"恐日后屋宇东南西北、前后左右水沟等处,倘有塝涨、阻塞,压倒墙壁等项。今凭公议,五人均派,公挑公砌。"
③ 《清同治九年(1870年)十一月余叙有等共业合同》(点校本1434页)。
④ [清]凌应秋《沙溪集略》卷一《舆地》:"宋元以来,里中创建水口,亭台卉木,布置益工。明张给谏涛标题村景,曰沙溪春晓、双溪垂虹、新桥晚眺、平楚遥晴、文台秋月、社坛烟柳、苍松挺秀、梅山霁雪八景,一时名士歌咏甚多。"
⑤ 《清嘉庆十八年(1813年)九月程光开、程国珂共业合墨》(点校本1310页)。

细碎的余地股分是分家的衍生品。细碎股分对小家庭来说只有象征意义，既不利于管业，又不易分割。因此，把细碎的余地股分凑整卖出，无疑是最佳选择，而且买方还只能是同住楼屋的族人。可以想象，当八分之一股分在族人间买卖时，这个楼屋内部必定相当拥挤，余地很可能已经实际分割，成为各房子孙堆放杂物的空间，甚或在余地上搭建了临时棚屋、厨灶、厕所什么的。与扩大日常生活面积相比，节庆筵席、水口等公共事务显然次要得多。

从现有的研究看，分家时不留存众，把原家庭财产全部分割干净的做法，是古代分家的原始形态。有学者考察了唐代分家文书后指出："早在唐代，诸如水井、公共道路等暂时不能分割的财产往往采取共有"，"民间分家留存众存产业颇为鲜见"。存众是在宋代分家时逐渐发展起来，当时也只是称"未分"产业。[①] 两相印证，存众显然是后来兴起的。

到了清代，分家时设定普通存众已是徽州地区的民事习惯。主要证据就是传世的徽州合同大多在楼屋内外余地上设有存众，这足以说明它并非个别的、偶然的行为，而是在该地区流行。

同时，徽州地区仍能看到不在余地上设定存众的例子，普通存众的习惯可以和私有股分并行不悖。存众的约束力，本来就基于合同。存众是私有产权发展到一定程度时，管业人意识到公共空间或公共事务的重要性，相互妥协，并让渡部分产权才能设定。如果各房在分家时坚持把原家庭财产彻底分割，也完全没有问题。并且，股分可以任意处分，买卖、堆放杂物均无不可，其他人没有权力干涉。但是，清代的小家庭大多没有选择彻底分割，而是选择了存众。

楼屋是近乎封闭的私有产权，是朝廷"王法"不欲深入之地，也即典型的民间自治领域。在存众和股分的对立关系中，股分是私人产权（private right），存众余地则是通过私人自觉让渡各自的产权而达致的公共秩序（public order）。细碎股分导致楼屋内部环境恶化，人们领悟到公共秩序的重要性，在没有公共权威（public authority）等外力干预时，发明了存众。这一过程，体现了私人的理性选择最终在私人产权与公共秩序之间找到平衡。只要有点耐心，把时间拉长一些，就能看到，私人产权才是公共需求的渊源。当私人拥有财产权时，完全有能力去权衡如何安排财产，使其最有利于自己和众人。

同时，余地存众的实例说明，在没有政府干预时，合同与民事习惯相互协调，即可构建和保障社会中最基本的公共秩序。

---

① 刘道胜：《众存产业与明清徽州宗族社会》，《安徽史学》2010年第4期。

## 第三节 存众山业

　　山业的重要性，首先体现在：按风水之说，有的山脉是龙脉或风水所在，禁砍伐，禁兴造建筑，以免龙脉受损，散走风水。① 至于山业中已有祖坟的，更需保护荫木，维护界址，使祖坟免遭侵扰，同时禁止分割出卖山业，不使他姓坟墓与本家混淆。其次，山体和山林是邻近城市和村庄的屏障，如，"飞布一山为郡邑之屏藩，结营镇之基址，钟灵毓秀，实与黄山、紫阳遥相联络，不特东北两乡数十村落、墓门、第宅倚此山为来龙，即合郡之学宫、神庙，以及先贤祠宇、文物官署，皆藉此为保障"。② 故而禁止开山凿矿，以免泥沙流失，破坏居住环境、用水卫生等。最后，山业在徽州具有重要的经济价值，是一种重要财产。"田之所出，效近而利微；山之所产，效远而利大"。③ 蓄养林木出拼，收益比耕种产出更多。

　　山业上也有股分与存众之分。小家庭的山业股分，并非通常所谓之族产。山业的股分分割与楼屋不同，楼屋中的房步和堂屋作为相对独立的空间，尚且可以指地分割。而山脉总是连续的、整体的，山业股分多是观念上的分割。山业股分又与山业存众相错杂，极易混淆，故介绍山业存众之前，必须先了解山业股分的情况。

### 一、山业股分

　　山业上已经分割有股分的，股分为各房家产，可任意处分。下面介绍四种处分股

---

① ［明］程复用《风水说》："彼石山碣头山垄，堪舆家号为禽星。至成化庚子，吾同居用衡兄凿平其山，造屋于上。应时先兄布政公得暴病而卒于官。又不几时，族叔宪副公感风症而殒于家。于是一乡之人大骇之，以为风水之验有如是也。遂集众毁其屋，而复其山。用衡兄乃不自咎，反奏告多人，经年不解。天灾屡见，数岁不宁。此尤见风水之验不诬也。吾兄用本公大惧风水之损，复鸠一乡贤达，重立议约，申明前言，俾各家爱护四围山水，培植竹木，以为庇荫。如犯约者，必并力讼于官而重罚之。凡居是乡者，当自思省，务前人之规，悟已往之失。载瞻载顾，勿剪勿伐，保全风水，以为千百世之悠久之业，不可违约以取祸败于后来也。"参见［清］程文翰《善和乡志》卷二《山川景致》。
② 《飞布山保龙禁碑》（乾隆十一年，歙县），载于［清］江爱山《橙阳散志》卷十《艺文志上》。另见收入同卷的乾隆三十七年和乾隆四十年《飞布山保龙禁碑》（歙县）。
③ 周绍泉、赵亚光：《窦山公家议校注》卷五《山场议》，黄山书社1993年，第74页。

分的办法，以明股分的权限。这四种办法分别是：(1) 调换；(2) 买卖；(3) 召佃；(4) 加禁。

### （一）山股调换

山业股分可以在各房之间调换。有的山业分割到各房后，没有继续分割，或虽然继续按股分割，但未实际踏勘，为房内族人共同管业，合同文书中称为"混同管业"。混同管业导致纠纷的，往往因为界址不清，故需实际踏勘，划清界址，再将界限错杂而不便管业的山业，在各房之间调换凑整，以便"各管各业"。① 可见，调换山业股分的前提是管业界址明确。一件清初的山业合同显示，由于祖传山业股分已经细碎化，不便于管业和掌养林木，各房不但要实际踏勘，还要"画图定界"，重新拈阄分割。接着，再把各阄调换，使各自的山业相连，凑成整片。②

### （二）山股出卖

山业股分可以出卖。③ 通常是在同族内部转卖，但有的山业本来就属于不同姓氏的家族，山业股分也在这些家族之间转卖。④

实力雄厚的，趁不同家庭出售山业股分时陆续购置，最终把连片山脉买下。如歙县城北江氏，所居江村"周十五里有奇"。⑤ 当明晚期时，"昔年郡邑诸先达深谋远虑，将此来龙自大尖下以至白额厚山等处，蝉联二十余里，或用价契买，或将产易换。锱铢积累，集腋成裘，以永保护"。⑥ 其凑成的连片山脉竟比村庄还多出五里。

### （三）召佃承管

明代以来，徽州形成了召佃管山的习惯，又称"火佃"。承佃一方多为两家或多家。

---

① 《清道光十四年（1834 年）九月吴尧宝等劝息合同》（点校本 1363 页）。
② 《清顺治七年（1650 年）二月张昌绍等山业合议》（点校本 1192 页）："因税业多寡不匀，不便长养，特集同业之家，量山肥瘦、朝阳带阴，编阄配搭。"又："因长立不便，愿将悌阄与民誉调义阄，得成片段；廷元拈得信阄，在汴拈得忠、礼二阄。又愿将忠阄与廷元换信阄，便二阄相连。"
③ 《清乾隆五年（1740 年）二月章廷谏等清白分单合同》（点校本 1225 页）："原上门振福公有朝山壹号，坐落十三都壹保，土名檀木段。振福公生四子，作四房分派。缘因变卖不一，以致荒芜多年。"
④ 《清嘉庆二十五年（1820 年）十月吴程詹等禁约合同》（点校本 1327 页）："天瑾一股卖与茗坦詹干租名下"；"明尚股卖与茂钊名下，明高股卖与茂钊名下，明榜股卖与天玥名下"；"茗坦詹就股卖与茂镳名下"。
⑤ ［清］江爱山：《橙阳散志》卷一《舆地志》。
⑥ 《（乾隆十一年歙县）飞布山保龙禁碑》，载于［清］江爱山《橙阳散志》卷十《艺文志上》。

召佃之后，山场收入由业主与佃人分成。明中期以后的业佃分成比例大致为50%。① 清代，业主仍然利用成熟的召佃习惯管理山场。

不过，已分割为股分的山场，面临的真正难题是股分私有与统一管理之间的矛盾。一件乾隆中期的合同显示，该山业上先前已分为五大股，该山东至和南至与歙县接壤，"因人心不一，屡被歙人放火焚烧"。为了制止外人盗砍盗垦，于是五大股联合，召十家佃户承管山场。但是，五股联合并非放弃各自股分，而是股分管业人之间合同商议解决问题。在五股之下，又有细分的股分，这些小股分的家庭在山场召佃之后，仍然"将山成地"，开垦耕种。承佃人可以阻止外人入山，却对股分管业人无可奈何。于是，这次订立合同主要是为了约定：再有"私自砍斫新锄"的，罚白米五斗；允许佃种人捉拿"内外人等"，申明"倘有分内之人，恃强砍斫，故荒山场，亦与外人盗砍同论"。②

上例说明，股分管业人当然可召佃，但是，既然山场已经分割出许多细小的股分，这些小股分管业人认为自己也是"分内之人"，仍然在山上开垦，这就破坏了山场召佃合同。其实，小股分管业人与召佃合同之间的矛盾，就是先年未将山场设为存众而导致的。

### （四）加禁保护

所谓山场加禁，主要是指所有的股分管业人共同签订合同，约定禁止个别人进山砍伐林木。为了保护山里的祖坟，也约定禁止将股分卖出族外。③

加禁山场不是禁止砍伐林木，而是禁止有分人单独入山砍伐。如果需要取用林木，可以约齐有分人到场，眼同砍伐后分用。④ 如果禁养林木是为了出拼，则需"成林之日，相邀业主公同议价，出拼其价"。⑤

山场上存在的股分，其细碎程度远超人们的想象。如康熙年间购置的山场，经过百余年的分家，到道光二十一年（1841年）时，其中一个房派执管的仅有1/96股分。

---

① 刘和惠、汪庆元：《徽州土地关系》，安徽人民出版社2005年，第81—83页；又参阅刘和惠《明代徽州洪氏誊契簿研究》，《中国社会经济史研究》1986年第3期。
② 《清乾隆三十七年（1772年）三月柯大楠公派下人等禁约合同》（点校本1252页）。
③ 《清光绪七年（1881年）十二月夏有贵等山场禁约》（点校本1468页）："福元、志公，共存山税四厘五毛二系五忽养坟。""自今立议墨之后，其税永远不得出业。倘若不肖支孙起意出业，随即业主将山税扒入进众，照税均分无异。其费用照税敷门无辞。"
④ 《清嘉庆二十五年（1820年）十月吴程詹等禁约合同》（点校本1327页）。
⑤ 《清光绪七年（1881年）十二月夏有贵等山场禁约》（点校本1468页）。

若再分割，就会出现 1/200，甚或更小。①若明代开始分割的山场股分，细碎至千分之一也不稀奇。细碎的股分，对应的是众多"分内之人"。禁约合同无一例外地表示要约束"内外人等"，但合同只对合同当事人才有约束力，所谓"内外人等"，主要是指"内"而非"外"。

可见，加禁山场的合同，就是要结束山业上"各管各业"的局面。加禁的基础，是股分管业人自觉让渡在山场上的部分权益。

## 二、存众山业

即使一座山场的股分管业人都是同族，它也不是族产。在这份山业上，林木、业税都是各家私产。下面就来看以族或房的名义拥有的山业，即存众山业的情况。

### （一）分家时存众

分家时，或多或少会将一些山业存众。②有的也把山地分到各房名下，却把山上一切林木存众。林木出拼后的收入，用于各房装修，有剩余则归族内公用。③林木是山场上最有经济价值的产业，把林木存众，即可阻止各房子孙单独入山砍伐，不失为一种聪明的办法。

### （二）山业"归公"

很多家族在分家时已经把山场分割到各房，等意识到要整体地保护山场时，只好采取加禁和召佃。加禁和召佃仍然无效，就会考虑"归公"或"归众"。

"归公"，是一种介于"各管各业"和存众族产之间的办法。来看一个实例。吴姓为了制止"分内"族人上山"魃行私砍"，保护村头水口，将已经分割到各家的股分"不论多寡，概行归公"。这里的"公"不是指全族，而是指初次分家时分出的四大房。

---

① 《清道光二十一年（1841年）闰三月方以庄等分业合同》（点校本1376页）："内原于康熙年间，方大海公原买程姓山业，合伊法九十六股之一，其山面议分执。……方大海公派下分长方、观森等执业，仍有各处山场阄分业内，合大海公派下人等，日后不得争论分法。"
② 《清嘉庆九年（1804年）十一月家兴祀秩下人等清白分业合同》（点校本1290页）："缘先年承父命分爨，已立分关，仍存众田租、小利、山场未分。"
③ 《清咸丰八年（1858年）六月吴灶贤同侄等松杉杂木共业合同》（点校本1417页）："缘因前手分扒家财，兄弟三人存养松杉杂木，众坐装屋修宇，各人业内树木都有。"

由于山业股分曾经在族内买卖，山业归公后也不是分为四股，而是根据归公前各房之下的股分，共分为六股。其中有三房各管 1/6 股多一点，加起来共占山业的 3.5 股。另有一房则持有 2.5 股。"归公"的直接后果，是截断了房下子孙家庭与山业之间的"有分"关系，但维持了四大房在山业上的"股法"。山业归公后，山上任何杂木都不许族人砍伐，连自然掉落的枝桠，也只有四大房共同商议才能处理。①

山业归公是一种有趣的现象。"公"是有明确主体作为代表的，它仅指相对于小家庭的房派，而非超越主体以外的抽象利益。归公山业仍非全族产业，但若把房派也看成一个家族，则归公山业已可视为族产。

### （三）山业"归众"

山业"归众"，则是彻底将山业收归到家族名下，族下各房股分在山业上消失，但各房可以共同代表家族进行管理。归众后的山业是名副其实的存众族产。

将已分割到各房的山业，订立合同，约定重新归众，在明代已有实例。据《窦山公家议》记载，程氏山场归众的过程分两次完成。第一次在正德十五年（1520 年），用禁约合同把"青真坞"一山归众，不涉其他山业。第二次在嘉靖二十六年（1547 年），其合山合同说，"照青真坞事体"，除曾摽分各业外，凡在窦山公名下的各处山场，尽行归众，合一兴养，以备众用。②此后，自明至清，多次订立合同，不断完善规则。因青真坞等山业荒废，又于顺治十二年（1655 年）立合同重设庄屋，招人居住看守兴养。顺治十三年（1656 年）的合同约定："议定无事则各房管理，照房均派浮租，惠给子孙；有事则众贮出纳，公费公支，永为定额。"③先前所立合同未明确各房管理所需提留的租金，以致各房将租金视为己有，此次合同还明确了每年从租金中抽出十分之二，以备公用。

《窦山公家议·山场议》中抄录的合同，较好地反映了存众山业在明清时期的延续情况，以及山业需要归众的原因。程氏家族拥有的是大型山业，不但有整山在内，且

---

① 《清嘉庆十九年（1814 年）一月吴上鼎、吴上良等禁约合同》（点校本 1310 页）："吴上鼎、良同侄四大房人等，为公禁土名源坑头住屋前水口……将住屋前山业分法载明，原有六分，今之变易不益。各买股法，不论多寡，概行归公，禁养柴薪杂木，以遮水口护庇。公禁之后，毋许魋行私砍。或遇木朽风吹倒者，毋许乱行抢夺。或刁桠抽林，公同会议，照依股法派分。鼎得六分之一零，有支下得六分之一零，良得六分之二半，珆得六分之一零，无异争论。"
② 周绍泉、赵亚光：《窦山公家议校注》卷五《山场议》，黄山书社 1993 年，第 84—86 页。
③ 周绍泉、赵亚光：《窦山公家议校注》卷五《山场议》，黄山书社 1993 年，第 94 页。

有多座山场，故《山场议》中不断提到"山场浩繁""众山甚多""各处山场甚广"等。为管理这种大型存众山业，程氏家族主要采取了设立庄屋和各房均派等办法。归众只是明确山业的产权归属为家族，经营仍可分为召佃承管和委托各房均管的模式。

还有一种存众山业，是将买到或赎回的山业存众。小家庭常把分得的山业卖出族外，山业出族之后，会有许多不便。有一个极端的例子：吴姓族人卖出山业后，儿童去捡拾枝桠，被"罚钱数仟"。吴氏祠堂决定"将业赎转，归众兴养水口"。有意思的是，祠堂只是动员族人出钱赎回，并未动用祠堂经费。赎回的山业也就不归入祠堂，而是"归众"。原来，祠堂要避免自己争夺此业之嫌，且山业归众，兴养竹木，可以约定出拚竹木的价金平均分给族内老人，[1] 以使全族人都关心此项山业。由此可见祠产与存众的功效不同。其实，存众与祠产并行不悖的例子很多，祁门程氏在明代已有各种祠堂，[2] 但也是将山业尽数归众，而不归入祠堂。

## 第四节　小结

存众，有的由专门订立的合同设定，有的利用分书、禁约等合同中的条款设定。这些合同或合同条款的主要内容，有的是约定原家庭的部分财产不分割，有的则约定买得或赎回的财产不再分割，还有的约定把已分割财产重新归拢。存众的目的，是要解决股分划分细碎而导致的族内秩序混乱。它往往代表一些族内潜在的公共需求，包括公共空间（堂前余地）或公共利益（祖坟、水口等），同时，它也是在族内建立公共秩序的基础。如，堂前余地存众后，可禁止族人堆放杂物，禁止堵塞道路等。又如，山业存众，可禁止"分内之人"私自砍伐，还可禁止将股分卖出族外。在公共的意义上，存众的直接受益人是共同生活的族人。

存众是典型的族产，又是一种特有的私有财产。它是族内各房或各小家庭让渡自己的部分权益，以预留、归拢或凑整等办法，通过合同加以重构的私有财产。一旦设定，族内外人等均不得侵害，但族内各房或各家庭可以共同约定收益办法。同时，任

---

[1] 《清光绪三十二年（1906年）三月吴如渭公支下等禁约合同》（点校本1538页）："今等栽培树木，兴养竹园，日后竹密林丛，凭公开禁出拚，或者归公办事。或者照老摊分，论老不论丁，准兴不准败。"
[2] "予宗有合族之祠，予家有合户之祠，有书院之祠，有墓下之祠。"周绍泉、赵亚光：《窦山公家议校注》卷三《祠祀议》，黄山书社1993年，第19页。

何族人都可以合理地利用，亦可代表本族排除外来侵害。

存众合同具有长期约束合同当事人的效力。像楼屋内的存众余地，其存续时间至少在楼屋垮塌或焚毁之前一直有效。存众林木用于出拼的，一般在下次出拼时会重订加禁合同，这之间也往往有二三十年的有效时间。至于保护祖坟、水口的存众山业，通常假定为永久存续。可见，存众必定是一种长期有效或需要长期履行的合同关系。

# 第六章

# 存众祀产

## 第一节　概述

### 一、定义

存众祀产，是专门支付祭祀费用，保障祭祀不缺的存众族产，也称祀田、祭田、膳莹等。广义的存众祀产包括坟墓，因为坟墓及附属田地用于上坟祭扫。但是，墓又对应丧葬（古代老人的三大问题：赡养、丧葬和祭祀），故本书在祀产之后另辟坟产专章。

本章仅讨论分家后设定的存众祀产。分家后再设定祀产，大致有三种原因。一是原家庭未分割的家产，可以约定为存众或祀产。二是后人为祭祀先祖，倡议设定祀产，或增加祀产，或变更原设定祀产的性质，如将祀田纳入祀会等。三是某个房派为绝嗣家庭设定祀产。第一、二种原因较为常见，第三种原因，参见下文引述的姜氏族人为有元公设定祀产的合同。

### 二、性质

一般来说，合同中会明确交代祀产是存众。如姜有元绝嗣，无人祭祀，合同约定："将公沂出嫁所得之财礼内，抽出钱伍千文钱与兄弟侄等存众，共为生放，日后或续置产业，以为有元永远清明标挂祭扫之资。"①姜有元去世后，寡妇改嫁之夫家向姜家支付财礼。清代，女子本家无改嫁主婚之权，与唐律有较大区别。②唐代的女子改嫁，由本身父母、祖父母主婚。③清律增加了寡妇自愿改嫁的条例，赋予夫家主婚和接受财礼的权力，④所以，改嫁之夫所赠财礼，是前夫家的合法财产。姜有元公支下既已绝嗣，亲房近支将改嫁财礼抽出五千文作为祀产，自无不可。合同特别叙述此项现金财礼为"存众"，将来用此款购买的田产即存众祀产。

再来看比较复杂的存众祀产。姚德禄公支下原有"存众未分之产"，先已分扒到各房，但"支下经管不均"。也即支下各房再次分割，出现了股分细碎且比例不一的现象。于是将"未分之产"归众，再以存众祀产建立祀会。所谓"未分之产"，就是各房存众尚未在支下分割的剩余存众。这些产业归拢以后，在祀会总额中所占的比例，称为"胙股"。胙股共有12股，其中，"聘公支下六股，轩公支下四股，辂公支下两股"，是为老股。胙股的收益是"胙仪"，在每年聚会祭祀后，按胙股的比例颁发。⑤

由此可见，德禄公祀会所谓"归众"，与上一章里介绍的山业"归公"是一样的，都是把各房不同比例的存众归拢。出现比例不一的现象，是因为归众前各房支下的股分已有转卖或分割，导致各房归众产业的价值不等。由此还产生一个后果，即各房为归众产业缴纳的业税也不等，所以，该祀会合同特别申明："其字号税数，原照各户轮粮。"

---

① 《清咸丰四年（1854年）十一月姜公沂兄弟侄等祀产合同》（点校本1410页）。
② "此例云夫家并无例应主婚之人云云，夫家究系何人例应主婚耶？查康熙十二年题准，凡妇人夫亡之后愿守节者，听；欲改嫁者，母家给还财礼，准其领回，载在《会典》。修例时未经纂入，自系疏漏。若如此例所云，是直以醮妇为主婚矣，错误之至。《律例通考》云：'孀妇改嫁，事所恒有，母家、夫家，恒致争夺滋讼，自应补纂，列为例款，以昭划一。'不为无见。"［清］薛允升：《读例存疑重刊本》卷十一，黄静嘉编校，（台北）成文出版社1970年，第296—297页。
③ 《唐律疏议》卷第十四《户婚》"夫丧守志而强嫁"条："诸夫丧服除而欲守志，非女之祖父母、父母而强嫁之者徒一年，期亲嫁者减二等。各离之，女追归前家。娶者不坐。"刘俊文认为："所以如此，盖因礼又有'父为子天'之文，规定祖父母、父母对于子孙有教命之权。于此可见，唐律'明刑助礼'之立法思想无微不至也。"刘俊文：《唐律疏议笺解》，中华书局1996年，第1044页。按：明律的"居丧嫁娶"条沿袭唐律律文，但对于"非女之祖父母、父母而强嫁"的处罚，从唐律的"徒一年"减为"杖八十"。
④ 《大清律例》卷十《户婚·婚姻》"居丧嫁娶"律下条例："孀妇自愿改嫁，翁姑人等主婚受财，而母家统众强抢者，杖八十。"田涛、郑秦点校，法律出版社1999年，第207页。
⑤ 《清道光十五年（1835年）三月姚宗聘、宗轩、宗辂公支下人等经管祀会合同》（点校本1366页）："情因吾祖德禄公所遗存众未分之产，支下经管不均。是以支下相商，将未分之产，公议□□□德禄公祀会，以为永远标祀，修整坟茔。其标挂之日，所办祭仪，原分拾二股饮胙，聘公支下六股，轩公支下四股，辂公支下两股，不得争论。"

实际上，无论是分家时设定的存众，还是已分割而再次归众的存众，各房都占有应分比例的产业，同时它与业税存在着对应关系。分家时未分割的存众，各房所占比例是均等的，存众合同无需记载各房比例，只规定由各房均摊业税即可。已分割而归众的，既可以按产业价值重新计算比例，也可以按各房应缴税额来计算比例。

约定收益按"税亩"分割的，其实也是以税额确定比例。上章介绍的某家族林木禁养合同，就是约定林木拼价以各房税额为标准进行分割，并将税额直接抄录在合同里。而且，在某房税额之后，又有"廷钏股卖阳宝管业"的记载，说明这一房的山业股分由某个家庭全部买下，则该房的山税实际是由这个家庭缴纳，此房应得的林木拼价也由这个家庭获得。①

总之，存众祀产的产权关系与普通存众相同，但它又是一种特殊的存众。反映在：（1）它专供祭祀，多是可以收取固定租谷或租金的田房。若是现金，也会积累起来购买田产。（2）普通存众很多都有期限性（设定为永久性的为例外，如水口），而祀产假定为永久存续，没有时间限制，不允许后人私自分割或出卖。当然，永续性是设定祀产时的良好愿望，由于战争、灾难、瘟疫、朝代更替等原因，祀产流失、转卖或分割屡屡发生，但那是不得已的情况。在家族完整的和平年代，祀产总会保持不断扩大的趋势。

## 三、分类

祀产按照祭祀对象来分类，大别有二：一是祭祀直系先祖的祀产；二是祭祀旁系先祖（往往是绝嗣的伯叔或伯叔祖）的祀产。本族子孙共同为族内先祖设定的祀产，则不分旁系和直系。

祀产也可按照财产性质分类，其别为二：一是祀田或祭田。是将田地设定为祀产，租金或租谷用于支付祭祀费用。二是祀会。以邀会的形式，约定将产业、收入或现金等各种财产入会为本，共同管理，息金供祭祀费用。

---

① 《清光绪七年（1881年）十二月夏有贵等山场禁约》（点校本1468页）："出拼其价，照后所开税亩，分日无异。"又："税亩述后：有贵户，山税七厘五毛七丝三忽三。有华户，山税二分六厘三毛〇八忽七。有记户，山税四厘四毛七丝，廷钏股卖阳宝管业。胜春户，山税叁厘正。云兴户，山税二厘捌毛二丝三忽。振声、炊兴户，山税二厘二毛正；福元、志公，共存山税四厘五毛二丝五忽养坟。共册税五分零九毛正。"

## 第二节 设定祀产

以下按祀田与祀会分别叙述祀产设定的情况。

### 一、祀田

#### （一）为直系先祖设定祀田

在刚分家后，族内人口较少，组织全族祭祀比较简单。随着房分和人口越来越多，要组织全族人丁同日祭祀，花费较大。这就需要把祭祀经费预先准备好，且这些经费最好有稳定的来源。此时，若有收取租金或租谷的田产，既可应付祭祀，还可以"支持门户之需"。

来看一个设定祀田的典型例子。李大晓为始迁祖，繁衍五代后，族内共11房，各房均有"未清理"的产业。合同约定除坐长子田外，其余一切田地"存以为祭祀"。田地之外的"屋宇"等产业，则照11股均分。① 经此合同之后，这个家族不再有普通存众，族产均转为存众祀产。

#### （二）为旁系先祖设定祀产

无直系子孙，或直系子孙绝嗣的，为避免无人祭祀，旁系子孙也可为其设定祀田，并委托近房支派照管这份祀产。通常说来，本房有子孙而绝嗣的，亲支近房应为其立嗣，由嗣子承继家产，同时负责祭祀。但死者生前未立继的，继父母没有抚养过继子，感情无从谈起。如果家产太少，是没人愿意入继的。如，镇淘公两个儿子均未娶妻生子，死后，族内侄辈皆不愿入嗣。亲房不得不订立合同，把其名下全部产业"以作公

---

① 《清道光二十二年（1842年）七月李大晓公秩下人等分业合同》（点校本1381页）："一切屋宇、产业，均未清理，派下不无异说。是以浼托亲友，将先年所遗产业，一并融义，照十一股均股均分。其先年所置田租，除批与尚功公嫡派外，余存以为祭祀，支持门户之需，派下无得私行典卖。"

之赡产,后日收租生息,照丁发胙,祭祀莫忘"。①

旁系子孙祭祀的,又分各房均管和一房专祭。各房均管的,主要是旁系各房亲疏相当,均沾了死者家产。如镇淘公名下的产业,第一部分是账目、零星什物,"七分摊收目下。春露秋霜,七人尽礼"。第二部分是两处大小买熟地和楼屋的一间房步,租金用于祭祀和散胙。既然是七人均分,胙分相同,说明与镇淘公的服制一样,无分彼此。又如,吴宸公支下原有六兄弟,二至六房绝嗣多年。长房两支与诸房的服制相同,将各房所剩产业拈阄均分,其中的不动产"微取租赁,以作完粮、春秋之需"。②

一房专祭的,多是亲支无人,由服制最近一房得其家产。如,王宏庆去世无子,其妻改嫁时付给王宏顺洋六元,合同中特意交代王宏顺是"堂兄",说明王宏庆没有亲兄弟,只这堂兄服制最近,可算近房。王宏顺用六元买了一段租谷七把一的田骨作为祀田,承诺祭祀由本支子孙负责。③值得注意的是,所谓"田骨",在徽州不同地方的称谓不同,又称大买、田底等。与田骨对应的是田皮,或称小买、田面等,是在田骨上再设定的收租权益。田骨和田皮均为固定收益,但祀产多以田骨为主。田骨交易与全业交易一样,需要过割和契税,并缴纳业税,因此,田骨的管业契据完整,有利于保障祀产的永久性。

如果亲支近房均无子孙,则可委托族内亲属祭祀。如孤老姜公焕于道光十一年(1831年)凭族房长等立下"终老托字一纸",约定由族人姜应元养老,名下产业也付与姜应元管理。姜公焕在姜应元家生活了20年,于咸丰元年(1851年)逝世,产业俱由姜应元之子姜太芹管业,姜太芹则拿出与产业相当的十千文钱,"前去生放置产,同立祭祀,以保焕公一派祖先坟墓之资。则死者叨安,而生者亦乐"。④

总的来说,祀田以田房等不动产为主,以便收取稳定租金。为绝嗣的旁系先祖设立祀田,规模一般不大,租金也有限,主要是为了防止旁系子孙遗忘,保证祭祀能持续下去。

---

① 《清光绪三十三年(1907年)七月相丽、相燧等祀产合同》(点校本1544页):"吾等叔祖镇淘公,乃是吾等王父亲弟,德配吴氏。曾孙二子,长讳承法,次讳承忠。二人皆未娶妻,相继弃世。本当为抱螟蛉,以延一脉。但家资无几,未能如愿。"
② 《清宣统三年(1911年)二月吴国宸公支下任事人等祀产合墨》(点校本1556页)。
③ 《清咸丰二年(1852年)十二月王宏顺等祀产合同》(点校本1408页)。
④ 《清咸丰元年(1851年)三月姜太芹、发有、兴旺祀产合同》(点校本1401页)。

## 二、祀会

邀会与祭祀相结合，即祀会，祀会的会友俱是同一先祖的子孙。祀会是比祀田更慎重的祭祀组织。这是因为，祀会利用钱会的形式，胙肉就是会利。而钱会的会式都是按固定日期支取会息。祀会会友须按钱会习惯，在会期当日到场，才能领得会胙。这就保证了祭祀的规律性和严肃性。

祀会与普通钱会的不同之一，是钱会多约定期限。祀会则假定为无限期。有的祀会还说要"年年祭祀，代代流传"。至于祀会败落的，与初衷无关。

祀会的另一个特点，是会股的开放性。钱会都要设定固定的会本，不能随意增减。祀会则相反，会本是可以变动的，甚至明文规定新生男子必须参会。[①]

### （一）祀会的本金

祀会的资本，一般有三种来源，一是将受祭人名下的田产、会账等作为会本，直接投入祀会；二是族人共同出资购买田产，将田产作为会本，田产租息作为会息；三是以运作钱会的模式，向族内男丁收取丁钱，将丁钱作为会本，投资生息。

#### 1. 受祭人产业

用受祭祀人名下产业成立祀会的，受祭人的家产必定较为丰厚。如，吴氏元昆公传至永录公后绝嗣，元玉公支下三房要为其成立祀会，会首是"照依人丁，轮流挨转"，也即由每个男丁轮流充当会首。祀会的本金是元昆公名下的"山场、地坦"，其租金由当期办会人负责收来，再用于出借生息，收益利用于维修元昆公的旧屋和祭祀等。[②] 我们虽不能确切知道元昆公家产多少，但该田产年租金的利息就能作为首会的会本，规模必定不小。

也可以把绝嗣族人的产业作为会股，加入到现成的祀会中。此时，祀会祭祀的通常就是绝嗣族人的父亲。如江氏族内二房学东公无嗣，族内现有班璜公祀会，于是约

---

[①]《清乾隆十九年（1754年）三月柯士宏等经管祀产合同》（点校本1234页）："又议派下子孙，所生一子，定出纹银叁分，付众生息，以作春秋纸陌祭仪之需。"又，《清光绪五年（1879年）一月吴国珍公支下人等经理祀会合同》（点校本1458页）："嗣后添丁，每上丁钱八十四文，亦照丁颁胙给散。"

[②]《清光绪二十四年（1898年）三月吴元玉公支下任事人永聪等祀会合同》（点校本1511页）："照依人丁，轮流挨转。春季祭祀，标挂银包二十个。秋季同春季一样，以全其美。其房屋不时照管修理。其山场地坦，一并尽行归依会内经管收租，其租收来粜借生息。"

定将二房产业作为一股，悉归班璜公祀会。班璜公就是学东公的父亲，祀会在祭祀班璜公时可照应学东公，免致遗忘。①

把绝嗣家庭的田产设为祀会的，其管理模式与单纯的祀田不同。祀田直接用租谷供应祭祀费用。祀会则相当于以祀田为抵押，融资数倍或十数倍，再以其中收取的利息去供应祭祀花费。这样一来，既盘活了绝嗣家庭的田产，又方便族人放贷和投资，还增加了祀田的收入。

#### 2. 购置田产

愿意出资共同购置田产发起祀会的，往往都是受祭人的直系子孙。

如，唐氏族人"欲立祀会，愧无租息"，于是共同出钱购买了两处荒山，约定租息"以为标祀之需"。②所谓"标祀"，也称"挂纸"，特指上坟祭祀。③一般来说，上坟标祀所需的费用较小。据《沙溪集略》抄录的一套山场召佃以资标祀的合同记载，山场佃户从清明前一天开始，连续三天每天供应凌氏家族上山标祀所需的米三升五合三勺，纹银三分五厘四毛，再加一些菜蒜。不计菜蒜，共计米一斗零六合，纹银一钱零六厘。沙溪凌氏这种大家族所需的三天标祀费用才一斗米和一钱银，还要在清明前日照旧例给赏佃户，清明日并清明后日各给佃户肉和祭饼，以为犒劳。④这些都说明，唐氏家族设立这一祀会，用意更在于保障祭祀的稳定性，以及预备荒山作为家族墓地。

#### 3. 丁钱

按族内男丁数凑钱成立的祀会，一般也是由直系子孙发起。

这类祀会所说的男丁，通常不是成年男丁，而是指男性族人。比如，吴国珍公的支孙用先前祀会的储蓄十六千八百文正，购买一处大买田，再配上在全族存众的股分，成立一个清明祀会，所得息钱供"标祀之需"，同时约定："嗣后添丁，每上丁钱

---

① 《清光绪二年（1876年）三月江班璜公祀会经管绝嗣祀产合同》（点校本1450页）："缘因先祖枝蕃五叶，长房学福公，二房学东公，三房学国公，四房学云公，五房学荣公。长、三、四、五房，均续茂焉。惟二房学东公，不幸乏嗣，禋祀无依。因念情怀一本，不忍死魄漂流。爰是公同商议，将二房所有产业、房屋……悉归班璜公祀会生息，以为标祀之需。"
② 《清光绪三年（1877年）二月尚玉公支孙观妹等设立祀会合同》（点校本1452页）："缘自吾祖迁居此地，迄今久矣，未立清明祀会。是以支孙面议，欲立祀会，愧无租息。于是各均派出钱，合买到张姓土名住里大小买荒山壹业，刻开熟地。又土名石堆垎大小买荒山壹业。但此二业，以作租息。历年收来，以为标祀之需。"
③ ［民国］吴吉祜：《丰南志》卷一《舆地志·风土》："三月二十六日，忠烈庙后殿有夫人会，入会者清明沿唐代遗风，家家插柳于户，上冢增封，悬纸钱于墓，名曰挂纸。亦称标祀。"
④ ［清］凌应秋：《沙溪集略》卷二"环山召租批附载"。

八十四文，亦照丁颁胙给散。"① 由此可知，丁钱作为胙股，不断汇入首会的会本中，各会脚的应缴会金也会相应扩大，这个祀会的会额也相应扩大。通常的钱会会股一旦固定，就无法再添加人，但可以分拆股分。祀会则通过首会扩股来吸纳男性子孙，同时把胙分作为福利覆盖到每个族人，增强族人的归属感。

另一件如渭公祀会合同显示，族房首事为始迁祖发起祀会，本钱"照丁科齐"，每丁科派二百文，新添男丁满周月就需出钱。约定"首事管会，轮流挨转"，也即丁钱总额为会首，首事代表各房任会脚，祀会收入用于"清明标挂之需"，待"会内兴隆，再行颁胙"。② 也即会利只保证祭祀之需，暂不分发胙肉。值得注意的是，前面提到的吴氏元昆公祀会以元昆公祀产租息为会首，其余男丁为会脚。如渭公祀会的会脚却是各房，而非男丁。原因可能是如渭公支下已有五代子孙，男丁较多，元昆公支下只有三代男丁，男丁较少。虽然他们采取何种会式不明，但会首在钱会中无疑是最大的受益者，这些祀会都有亲族襄赞的性质。

总之，祀会丁钱的收取不是按成年男丁，而是按男性人头。我们知道，丁钱是祠堂资本的重要来源，收取丁钱的祀会，已经具有向祠堂族产过渡的味道。

## （二）祀会的股分

祀会与钱会的另一大区别是，钱会收益主要为现金，祀会收益主要是胙肉。组成祀会会首的股分，也就直称为"胙分"或"胙股"。

胙肉是祭祀时供神享用的肉。祭祀完毕，撤下的胙肉被视为神灵享用后的剩余物，称"祭余"，暗示神灵或祖先在其上留有余泽。族人们虔诚祭祀，主要是祈求福报，而胙肉就成了祖先莅临赐福的物质载体。分割、领取和食用胙肉是全族中的重大事件，寓意分沾祖先赐福和庇佑。族人犯重大过错，则可取消其领取胙肉的资格，以示惩罚。所以，祀会以胙肉为收益，不是发不出现金，而是本就以分胙肉为目的。

胙肉不可能像现金一样精确分配。所以，祀会合同虽然承诺"给胙照股均分"，同时又要强调"毋得争长竞短"。③ 原因就在于胙肉不在多少，而在于其中隐含的精神价值。

---

① 《清光绪五年（1879年）一月吴国珍公支下人等经理祀会合同》（点校本1458页）。
② 《清同治十二年（1873年）二月如渭公支下嗣孙首事人华生、华铎等经管祀会合同》（点校本1445页）："各出丁钱，照丁科齐。告成祀会，以为每岁清明标挂之需。日后会内兴隆，再行颁胙。……首事管会，轮流挨转。则年年祭祀，代代流传。……再批，每年加丁，至周月之期出钱二百文，每丁出钱二百文，又照。"
③ 《清道光十二年（1832年）三月汪应龙支下人等经理祀会合同》（点校本1359页）。

## 第三节 经营祀产

### 一、经营管理

经营祀产，是让祀产保值或增值的活动，包括召佃、收租、偿债等。祀产的基本性质是存众，经营祀田也与经营存众相近。祀会的主要财产由田产构成，经营祀会田产时，可以采取与经营祀田相同的模式。

#### （一）轮管与轮种

存众有轮管，祀田也如此。轮管方式就是各房轮流占有和耕种。轮流耕种田地，每年都会起业和交割，若族人舍不得起耕移交，则易生争执。如绝嗣的汪国春公，仅存一份祀田，本应三房轮种，但一直由汪仲庆占种，也不交纳租米。于是，"祀下人等，口角争种"。最终约定，让汪仲庆再种三年，以后每年轮种。田租仅为白米五升，作为标祀国春公的费用。[①]此田租谷甚少，轮种就是为了避免把祀田据为己有，是一种保护产权的办法。

通常，轮种的一房把祀田交由本房族人承种，承种人负责交租米，其中已经包含了租佃关系。只是期限仅一年，不是长期租佃。

#### （二）召佃与均管

若祀田的产权明晰，无人占种，按召佃习惯把祀田召租，自无不可。召佃是清代流行的田产经营习惯，召佃合同另有专章论述。由家族或祀会作为出召方把祀田召佃垦种，在徽州是常见现象。

祀田召佃是一种长期租佃关系，佃人要先缴纳承佃银。如方明辉公会的大买祀田以十年为期，承佃银四两，酒食中人银三钱。十年之内，佃人按时缴纳租谷的，不得起佃；佃人欠纳租谷，听凭收回祀田。十年届满，若不原价赎回该祀田，承佃人继续

---

① 《清嘉庆二十三年（1818年）五月国春公祀田轮值合同》（点校本1318页）。

耕种。① 吴迪公会出召的山田，承佃银"七折钱四两伍钱正"，召批约定"其租不少，永远不得起业"，在此祀田上设定了无限期的承佃权。承佃人若不按期缴纳租股时，可以按租谷价值从承佃价银中扣算，并可起佃另召。② 承佃银带有担保性质。

祀田长期召佃的，家族或祀会只需按时收取佃租，再将其用于祭祀，从内部管理模式看就是各房共管。

## 二、重振与清理

祀田或祀会往往年久破败，原因大致有：(1) 族人私吞田租；③ (2) 隐匿租金、账目等，或短少应纳租金，或不按时缴纳；(3) 将祀会内物品"私当偷卖"。④ 祀产破败则需清理财务。

但是，祭祀不兴，有的不能完全归因于祀产破败。不少家族都提到，即使有祀产或祀会，族人仍不到场祭拜祖先。柯氏家族的绝祀者无人标挂，甚至到了"寂然无望"的地步。⑤

### （一）重振祀会

重振祀会，不见得是祀产破败，而是需要重新订立规则。但重订规则，就得解散原来祀会，把本金均分掉，重新成立新的祀会。再借重新成立的机会，议定新规则。还可以借此机会调整祀产，比如，解散无人祭祀的旁系先祖的祀会，将原祀会中的祀产放入直系先祖或始迁祖的祀会中，以保证同时祭祀。向族内男丁派费也是一种办法，收取丁银作为祀产本金，同时约定必须在每年固定日子上坟祭拜，方能支取胙分。

议定的新规则，一般包括职责和罚则两方面。职责主要是针对管理祀产之人。比如，柯氏祀产的经管人称"总首"，新订规则明确其职责为：负责经管租谷和银两利息，

---

① 《清乾隆十九年（1754年）十一月方明辉公会召批》（点校本1238页）。
② 《清乾隆四十八年（1783年）二月吴迪公会内人等熟地召批》（点校本1265页）。
③ 《清道光十二年（1832年）三月汪应龙支下人等经理祀会合同》（点校本1359页）："倘有吞租执拗不遵者，甘罪钱三千五伯文。"
④ 《清嘉庆十年（1805年）三月鲍子义公支下裔孙人等经管祀会合同》（点校本1292页）："且租花、银钱、账目，时出交还会内，不得短少，若有短少为拗者，祖前重责。不得以强欺弱，以势压人。又将杂项等情，无得諔骗，私当偷卖，倘有私当偷卖者，以不孝之罪。以后查出者，即时原物取回归会外，干罚钱加倍。若有不遵为拗者，革出不得入会，听凭会内经公理论。"
⑤ 《清乾隆十九年（1754年）三月柯士宏等经管祀产合同》（点校本1234页）。

保管祀产，清理坟墓，缴纳税粮，以及每年备办祭祀物品等。

罚则既有针对管理人的，也有针对族人的。针对管理人的，如："总首遇一事不到，躲闪私己者，罚银壹钱，入众公用。倘若顽梗执拗，除名另举。"又如，出借或出当钱物时，无论内外人等，必须提供抵押。"魆当魆借者，甘罚纹银叁钱，入众公用。仍要本利赔出，物件仍要赎出。另举为首经管，不得争论。"

针对族人的罚则，一般来说，清明不上坟祭拜的，可以重罚至不发胙分。其余视情节而定，有的罚不领酒，但可以领胙。有的罚每年交少量财物。还有的不准会饮时入席等。最重的还是"鸣公，以不孝罪论"。柯氏家族订立的重振祀产合同，还记录了一条立即执行的惩罚——某房曾在祀产中借走银谷，本利合计钱二两，至今未还，于是罚该房族人在交还本利之前，全都不得入茔领胙。

### （二）清偿欠账

确有经营或管理不善而败坏的祀产，需清理账目，偿还欠账。如吴壹明公祀会所欠外账，"负利甚巨"，年复一年，愈积愈重，终于到了每年租息不能抵偿欠账的地步。该祀会的本钱不多，不能抵偿债务，各房约定将族产中的一处山业，除存留三十根"松杂树木"外，其余全部出拼，所得拼价用于清偿欠账。①

## 第四节　小结

存众祀产与存众产业在经营管理方面有许多相似之处，比如，都是要么族内各房轮管，要么各房均管。原因无他，存众祀产不过是存众的一种。有关设定、经营和清偿祀产的合同，其当事人无一例外是族内各房，有的简称"某支下五大房"或"某公支下长、二、三大房"，有的则写各房首事姓名（以他们代表各房），还有的写出各房派名（如，管理汪氏国春公祀田的三大房，分别是国明公支、国思公支、国宾公支等；江氏班璜公的祀产合同，当事人是长房学福公下两支）。这些都说明，原家庭分出的各

---

① 《清光绪三十一年（1905年）七月吴壹明公支下人等议族产清账合同》（点校本1535页）："立合同吴壹明公支下长、二、三大房人等，缘因昔年该有帐款，负利甚巨，年复一年，愈积愈重。若不尽早调停，诚恐总难了结。益以会中出息无几，不得不赶紧收拾。惟此邀集诸人，公同妥议，将此土名小阳公山松杂树木，提养三十根外，尽行出拼变价，作了帐款。嗣后，年清年归，收租完赋，轮流散胙。"

房就是存众祀产的管业人，只有他们有权处理祀产，订立的合同才是没有争议的。

存众祀产与存众的区别，仅在于存众祀产的目的是维持祭祀，普通存众可容纳各种公共原因。如果说普通存众是长期的，则存众祀产多假定为永续的。

# 第七章

# 坟产合同

## 第一节 概述

坟产，是围绕坟墓而形成的综合产业。坟墓，又称坟山、坟穴、风水等。

中国古人敬宗尊祖，推崇孝道。孝道具体表现在三个环节：养老、丧葬和祭祀。丧葬有隆重的仪式，是观察主葬者敬祖的时刻。然而，妥葬亡人需要土地，土地终归有稀缺性，坟产遂成为一种财产制度。古人又信风水，以为风水宝地能使子孙发达，遂不满于普通荒山或隙地，必要在万山中择一上佳风水，于是坟穴有优劣，其价值有高低。

普通坟产仍是一种特殊的存众。同时，坟产与普通存众、存众祀产又有千丝万缕的联系。来看吴氏家族为父母和四叔恒梓夫妇修造家族墓园，需要在家族产业上作出哪些安排。①

首先，坟地存众。吴氏家族在长房士杰的一块大买熟地内卜得佳穴。于是用其他存众的收入，支付给长房契价。约定今后再不得耕种，此大买地也就从长房的家产转为存众坟产。

其次，修造坟墓。议定用先祖倚裕公清明祀会和"母置烟店屋租"开支。前一项是存众祀会，后一项是母亲奁产。二者合并为一项存众。费用仍不足的，"于支下有能力者应用"。

---

① 《清道光四年（1824年）十月吴恒栗等坟产合同》（点校本1342页）。

再次，今后每年的标祀费用和坟地业税，约定从倚裕公清明祀会的租金中，分出一半支付。

最后，维修坟墓。葬事完毕后，用于修造坟墓的田产，归并为膳茔，收租积贮，添置祀产，以备修整坟墓。也即各项田租转为存众祀产。

由上可知，葬事费用主要包括坟地契价和修墓费用。为支付葬费，将存众祀会和母亲奁产归并。葬事安排完毕，再将归并产业存众，专门支付维护费、祭祀费和地税。丧葬、坟墓、祭祀，可在财产上对应葬费、坟产和祀产。

坟产上的财产关系，主要体现在分割、使用、管理、保护坟产。坟产合同，就是管业人为分割、使用、管理和保护坟产，与共同管业人、相邻产业的管业人之间订立的合同。本章利用坟产合同，认识与坟产有关的财产关系或财产习惯。

## 一、坟墓的结构

坟产合同会涉及堪舆方面的知识，笔者未能深究，暂付阙如。下面仅对常见的徽州坟墓建筑结构，作一简要介绍。

### （一）坟山与坟墓

本文所称坟产，是一个广义的概念。按坟产的空间关系区分，可大别为两种，第一种为坟山，第二种为坟墓。

坟山不是一座山，而是坟地的俗称。徽州居万山中，葬地多用荒山丘垄，故坟地又有坟山之称。或荒山，或丘岗，或荒地，由管业人划定界限，设为下葬之所，则界限之内的范围，皆可称为坟山。要之，坟山多为包含坟墓的地业，其中的坟墓可以一座，也可不止一座。除坟墓外，多少有些余地及附属林木。因此，坟山是指划有界限，专供下葬亡人，由坟墓、余地及其附属林木共同构成的坟产，相当于今天的墓园。

坟墓特指下葬亡人所用的建筑物。坟墓多在坟山之内，但从徽州坟产合同看，也有四周均为垦种粮食作物的熟地，而坟墓居其中者。坟墓的财产关系比较复杂，一姓之坟墓可独立于异姓坟山内，坟墓之外，俱为他人产业。因为坟墓具有独立性，而独立之坟墓必有相邻的他人产业，故坟墓与相邻产业产生界限和限制，遂有专门处理这种相邻关系的合同。又因为徽州葬俗，一家可与他人共享一墓中的不同棺，遂有专门处理同墓异棺的合同。这些在坟墓上存在的财产关系，均有详细解释的必要。

## （二）坟墓的建筑结构

坟墓是一种建筑物，有核心部分和其他构造部分。明清坟墓的结构，各地有相通之处，可参考相关研究成果。① 但坟墓结构的称谓各地不同。以下先介绍徽州坟墓结构的称谓。

### 1. 棺

棺，是徽州坟墓的核心建筑部分，又称椁。专门分割棺的合同，又称"议椁单"。

通常所称之棺，即棺材，多为木制，用于放置亡人。② 木棺入穴后，再覆封以土石。徽州有存亡人于木棺多年，下葬时再起移"原棺"的情况，被视为陋俗。所谓"原棺"之棺就是木棺。

本书研究的棺，特指存放和封闭木棺的空间，可称为棺位。徽州坟墓往往包含两个以上棺位。坟产合同中记载棺位最多的坟墓有十三棺。棺位是不动产，是坟墓的主要建筑部分，也是民间极为重视的财产。

### 2. 墓的其他建筑构造

徽州的坟墓，通常由居中的墓墩和墓庭两部分构成。

【墓墩】墓墩有两种形制。一种是独立于四周的拱圆形建筑物。一种因坟墓修造在山里，周边空地有限，只能在山坡斜面上以砖石砌出半圆形扇面，与山体区隔。这种半月形或半圆形的建筑面，称"罗圈"或"罗晕"。当地人将圆形或弧形的层层扩散状称为"罗"。歙砚有种品名称"罗纹"，"罗纹"指分散的弧形纹路。③

罗晕拱卫的正前方，即墓墩的正上方为"脑"。脑为弧形，又称墓脑或坟脑。

脑下为碑，刻写亡者姓名。棺位就在碑之后，罗晕之前，脑之下。

棺位两边档头称"坐厢"。数个棺位的，坐厢之间有石壁区隔，其上压有平整的块石，隔开棺位与罗晕，这些块石又称"塪被"。墓墩建筑中还有一些小结构，如坟脑与碑之间的突出部位，可遮挡雨水，称"压檐"。整个墓墩的正前面，包括碑、脑、坐厢，统称"坟面"。

以上大致为墓墩的整体构造和构造部分的称谓。

---

① 陈进国：《信仰、仪式与乡土社会：风水的历史人类学探索》，中国社会科学出版社 2005 年，第 221—231 页。
② 《礼记·檀弓》："有子曰：夫子制于中都，四寸之棺，五寸之椁，以斯知不欲速朽也。"
③ ［清］赵吉士：《寄园寄所寄》卷十一《泛叶寄》："（歙砚）石之心最紧处为浪，又出至漫处为丝，又外愈漫处为罗纹。"周晓光、刘道胜校，黄山书社 2008 年，第 904 页。

【墓庭】墓庭，是围绕墓墩而与外界相隔的空间。墓庭的主要结构如下：在坟面之前为"拜台"，是子孙上坟祭拜时摆放祭品的地方；拜台又称坝，两边档头称"坝首"或"坝手"，统称"左右坝首"。拜台前为"明堂"，明堂又分内明堂与外明堂，① 内外之间有墙壁区隔。明堂或外明堂之外即为墓园界限，又称"四围""圈围"，或建有围墙。

一件民国时期的坟产合同，对坟墓的修造结构有所解释，可作为清代坟墓结构的参考：

> 其坟建造式样，外面看去坟虽壹座，其中平排各自设立坟面一个，如一屋而设两门面焉。两边坐厢已由各人自行砌造完竣，惟后面罗圈、坟碑，前面明堂、坝台，则两家共同合造为一。②

这件合同是两家人合造一个墓，所以约定造两个坟面，要像一间屋的两扇门。坟面按棺位的数量修造，代表各棺所葬亡人。外人走进墓园，看到坟脑和碑在坟面正中，常将碑、脑视为坟墓外观的代表。其实，明堂为墓园必备的构造，可以代表墓庭；而罗晕（罗圈）代表墓墩，有区隔墓墩与相邻山地的视觉作用。故徽州人常用罗晕和明堂代表整个墓园。总的来说，罗晕、坐厢（棺）、拜台、碑、脑、明堂等为必备结构，是不能减少的。

只要条件许可，整个墓地应设置为正方形。正方形的规制，是从坟墓中心至四面边界各留一丈之地，也称"四丈之地"。实则墓园并非宽长四丈，而是长宽各两丈的正方形。在长宽两丈之内，又称"禁步"，如："将四至内除坟茔禁步，上存一丈，下存一丈，左存一丈，右存一丈，共存四丈，不在卖内。"③ "禁步"一说为古制，后文再解释。

综上，罗晕（代表墓墩）和明堂（代表墓庭）为徽州坟墓不可或缺的建筑部分。这也是后面讨论坟产时的大背景。合同中常常约定棺位归属，却不讲明堂的归属，似乎墓内没有明堂。其实，明堂仍是有的，只是不分割，这就形成分割棺位而共用墓庭的特殊关系。不了解坟墓的基本构造，也就无法理解这一关系。

---

① 《民国十四年（1925年）十一月方大金等与方柏春换产合同》（点校本1605页）："内明堂归于坟水内经管，以及标挂出入路通行。外明堂应归方柏春经管，两下不得争论异言。"
② 《民国二十六年（1937年）五月吴启月、吴承浒公子孙等坟产合同》（点校本1648页）。
③ 《清道光十五年（1835年）十一月王应槐坟产卖契》（点校本1367页）。

## 二、坟墓的余地

### （一）余地与余山

只要与坟墓毗连的余地，即可视为坟墓的附属地。多数坟墓之外还有余地，用于环绕和保护坟墓。余地不是坟墓的必备构造，不在坟墓的范畴之内，但却是坟产的重要组成部分。

小块的余地，对坟墓有保护作用。没有余地环绕的坟墓，容易遭水淹，容易坍塌，又容易遭耕种或放牧的入侵。有条件的家族尽可能为坟墓留出小块余地，以作屏障。这种余地，通常规格为左右各留五尺。[①] 再大一点就可以召人佃种，如"坟前田租"24斤，[②] 并不算多，但已经超出小块余地的范畴。

更大的余地是坟墓所在的整片山地，此时不称"余地"，径称"余山"。如康熙年间汪氏两家，约定山里只能修造一座坟墓，两家子孙"只许登山祭祀，不许来山再葬"。[③] 乾隆年间沙溪凌氏的召佃合同，也是把周围山业从顶至脚，一概视为十世祖荣禄公墓的"余山"，召人看管，蓄养荫木。[④] 可见，余山是相对于坟墓而言。汪氏合同说："听凭舆人卜定吉穴，立定中心。"此种墓穴是风水中心，添新坟会散走此山风水，故大片山业均视为坟墓的附属地。

### （二）余地与家产

不但民间把坟墓毗连的余地视为坟产，官府也是如此。通常认为，坟墓余地是专供死者祭祀的产业，是族产，而非家产。《红楼梦》第十三回，借秦可卿之口，建议贾府在坟边置买田产："便是有了罪，凡物可入官，这祭祀产业，连官也不入的。"其实就是指买下与坟墓相连的田地。可见，清代的豪族会有意识地把坟边田地整片买下。

不过，是否真像秦可卿说的，在籍没家产时，无论多少坟边余地都不入官呢？也不尽然。

首先，按照"隐瞒入官家产"律下例文："凡亏空入官房地内，如有坟地，及坟园

---

[①] 《清道光十五年（1835年）十一月柯贵喜、石尔昌等坟产合同》（点校本1367页）："又议，左右留余地五尺，不得锄种。"
[②] 《清康熙三十二年（1693年）九月胡天仁、胡士龙坟产均业议约》（点校本1199页）。
[③] 《清康熙六十一年（1722年）七月汪文台、汪尔修坟产合同》（点校本1210页）。
[④] ［清］凌应秋：《沙溪集略》卷二"环山召租批附载"。

内房屋、看坟人口、祭祀田产，俱给还本人，免其入官变价。"① 这是指亏空公款，需要家产赔偿的，坟地不必入官。该条例定于乾隆元年（1736年）。② 则顺、康、雍三朝抄没家产的，不能豁免坟前余地。

其次，薛允升认为该条例与明令有关。他抄出的明令："凡籍没家产，除反叛外，其余罪犯，止没田产孳畜。田地内有祖先坟茔者，不在抄没之限。"查《大明令·刑令》（洪武元年，1368年）虽有此令，但无"田地内有祖先坟茔者，不在抄没之限"一语。③ 可见，薛氏所引明令是基于《大明令》增改。洪武年间是否不抄没祖先坟墓及相连田产，尚需存疑。

最后，薛允升指出，该条例应与《户部则例》相参看，并摘《户部则例·田赋门》"存留坟地"例："凡八旗及汉员，应行入官地内有坟园、祭田，数在三顷以下者，免其入官。若在三顷以上，除给还三顷外，余地悉行入官。"④ 查乾隆四十五年（1780年）《户部则例》，"存留坟地"条在《田赋门·旗地上》，共分四条，主要规定的是八旗坟地。薛允升所引条文是"存留坟地"中的第二条。其条文中并无"汉员"二字。⑤ 由此可知，薛允升所引"存留坟地"例文，在乾隆朝仅指旗人。乾隆朝以后才把汉官员与旗人视同一律，在籍没时豁免坟园。不过，坟墓余地若超过三顷的，超过部分仍然籍没入官。

从以上史料，大致可梳理出明清时期籍没家产同时豁免坟产的法律演变过程。明初《大明令》并未区分家产与坟产。发现不妥后，遂增补令文，不再籍没坟产。清前期三朝，籍没家产也不豁免坟产。乾隆元年，才在条例中规定坟园等财产不用变价偿官。这一规定的社会影响较大，《红楼梦》成书于乾隆年间，秦可卿的话就是以此为背景，隐含了颂扬今上德政的意思。其实，曹寅家抄没于雍正初年，即使曹家有大量坟产也一并抄没。再往后，发现有的家族坟园规模过大，又规定籍没时，只留三百亩坟

---

① 《大清律例》卷十二《户律·仓库下》，田涛、郑秦点校，法律出版社1999年，第248页。
② 薛允升："此条系乾隆元年刑部议覆侍读学士积德条奏定例。"《读例存疑重刊本》卷十四《户律·仓库下》，黄静嘉编校，（台北）成文出版社1970年，第二册第369页。
③ "凡犯籍没者，除反叛外，其余罪犯，止没田产、孳畜。"《中国珍稀法律典籍集成》乙编第一册《大明令》，杨一凡点校，科学出版社1994年，第41页。
④ 薛允升：《读例存疑重刊本》卷十四《户律·仓库下》，黄静嘉编校，（台北）成文出版社1970年，第二册第370页。
⑤ "八旗应行入官地内有坟园、祭田，数在三顷以下者，免其入官。若在三顷以上，除给还三顷外，余地悉行入官。"《钦定户部则例》卷五《田赋·旗地上》，故宫博物院编（影印版），海南出版社2000年，第79页。

地，多余部分仍旧入官。

总的来说，明清时期认为坟墓归属死者，与子孙家产有别。一般来说，功臣或官员的子孙犯罪，可以籍没其家产，但功臣或官员的坟墓仍要保护。坟前田产又与坟墓有别，是家族祭祀先祖的族产，籍没官员家产时可予豁免。这与抄没官员家产时不牵连分家的兄弟一样。

## 第二节　相邻坟产

所谓相邻的坟产，是指坟前田产分别属于多个管业人，而界址相连或错杂的情形。坟产的相邻人，既可以是族人，也可以是异姓家族。

典型的相邻坟产，是在兄弟分家时形成的。这是因为原家庭坟前余地一旦分到各个兄弟名下，界址必定相接，则兄弟各家拥有相邻的坟产。但分家时决定把原家庭坟产存众的，存众坟产不能视为相邻坟产，而是各房共同管业的坟产。又如某项地业指定为将来父母下葬扦坟，暂不分割，此项地业也是族内的存众坟产，各房是该项坟产的共同管业人，而非相邻人。

若兄弟共同出资续置的田产，用于埋葬同一先祖，约定共同管业、祭祀和收息，业税分摊，这也是存众坟产，而非相邻坟产。但把买到的坟产当即分割业税，指定棺位，这又属于相邻坟产。兄弟之间尚且如此，普通族人或异姓合买坟产当然也分割。下面看坟产相邻的具体情况。

### 一、同族相邻坟产

先来分析一个族内相邻坟产的实例。胡氏坟产合同中，附画了坟穴（厝屋或厝基）与余地的位置图，并配注有批语，为坟产的相邻关系提供了直观的依据。[①]参见图7.1：

---

[①]《清康熙三十二年（1693年）九月胡天仁、胡士龙坟产均业议约》（点校本1199页）。

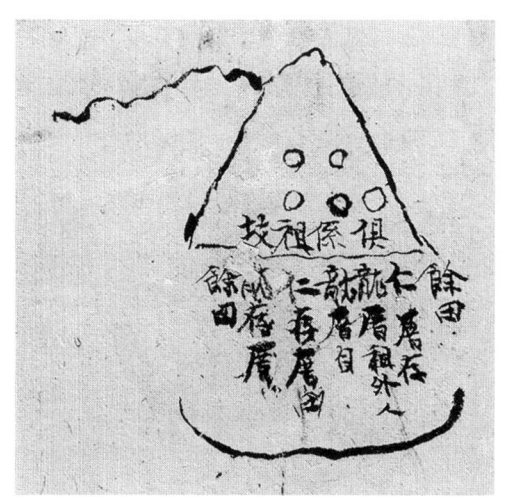

图 7.1　康熙三十二年（1693 年）胡氏坟产关系图

整块坟产呈三角形，内有五个圆圈，下方线框内注明"俱系祖坟"。三角形外有五项批注，分别是：（1）"仁厝存余田"；（2）"龙厝租外人"；（3）"龙厝自"；（4）"仁存厝田"；（5）"龙存厝余田"。其中，"仁"指胡天仁，"龙"指胡士龙。"厝"本是安放、放置的意思，此处指安放棺位的坟穴。

五个位置的批注，分别是指产业的不同用途和归属。"仁厝存余田""龙存厝余田"和"仁存厝田"，都是说附属于坟穴的"余田"，不用于安葬的田产；"龙厝自"，是指坟穴为胡士龙家产，用于安葬自家人口；"龙厝租外人"，是指胡士龙家的坟穴，已出租给外人。从约定的租息可知，坟产的 2/3 归胡士龙，1/3 归胡天仁，胡士龙所占的"厝"也多于胡天仁。故胡士龙不但有自存"厝"，还将一个"厝"出租外人。

由此可知，坟产是既有使用价值，又有经济价值的田产，除了坟边余地可以招佃收租，坟穴也可出租给外人，收取租金。这样，人们在坟产上也就形成了复杂的相邻关系，像胡氏墓园内就存在两重相邻关系，一是本族两房的相邻坟产，二是出租外人的坟墓与本族坟产的相邻关系。

## 二、异姓相邻坟产

多数坟产都是异姓此家与彼家相邻，这就必须明确坟产的归属和界限。异姓相邻坟产的形成有多种原因。常见因共买一处坟山而形成相邻坟产。也有因赠与而形成相邻坟产的，如俞、余两家为姻亲，俞氏就直接把坟穴赠与余家兄弟葬父，且立即起割坟地业税。① 下面来看一处三家人共管坟产的实例。该坟产已经勘界分扒，在合同中写明了各自的方位、坐向，再在合同末尾附图，画明各家坟产的相邻关系。② 详见该合同附图（图 7.2）。

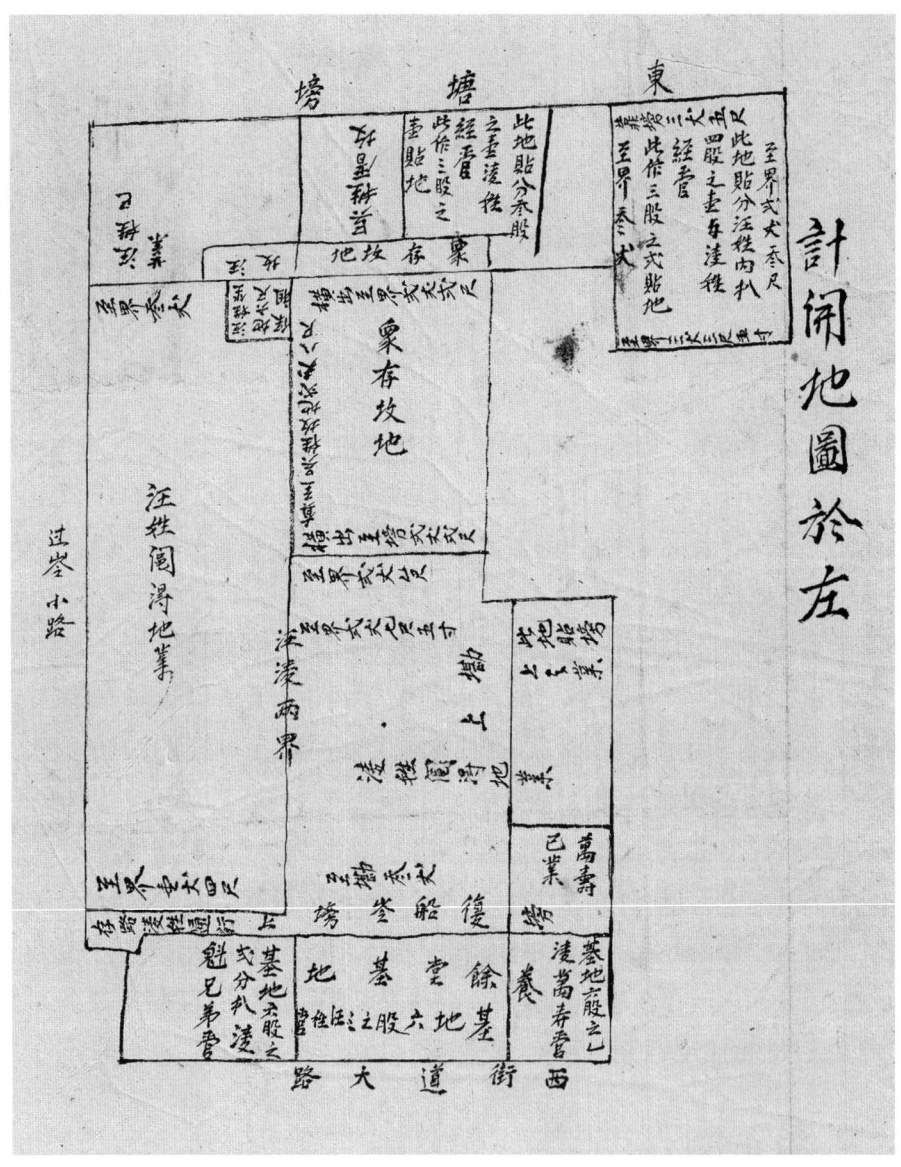

图 7.2　嘉庆十四年（1809 年）汪、凌两家坟产相邻关系图

---

① 《清康熙三十九年（1700 年）十一月俞、余两姓坟产合同》（点校本 1203 页）："以姻交世谊，自情愿让一穴与余瑞溱兄弟葬父，扒税壹厘与余庇坟。"
② 《清嘉庆十四年（1809 年）十二月汪喜贵、凌万寿等地业分扒合同》（点校本 1299 页）。

从合同原文可知，汪姓与凌姓曾共同买有本项地业，此后用作扦坟。凌姓分家后，凌伦魁家分得地业的 1/3，凌万寿家分得地业的 1/6。为分扒方便，先将凌姓两家占有的地业合成全业的 1/2，立合同约定地业中扦坟的规则，来年"邀同公拆公分"。如果不看附图，会以为在该项地业中汪、凌两家是整齐地划出界限。然而，图中显示，地业中的界限关系相当复杂。这份地业夹在"西街道大路"和"东塘塝"之间，内有"复船岭塝上"和"塒上"字样，说明是一处山岭。大路和复船岭之间即地业所在位置。其中，汪姓占据中间的 1/2，凌姓两家分居两旁，左边是凌伦魁兄弟的 1/3，右边是凌万寿的 1/6。从坟产往上，左边是凌姓众存的小路，右边有一处为凌万寿家的地业。再往上，左边是汪姓地业，右边为凌姓地业。在凌姓地业之上，则是合同中提到的存众坟地。这份存众又被分为两块，下面一块注明"直至吴姓坟地，二丈八尺"，说明与吴姓坟地接壤。众存坟地上面一块又与汪姓坟地接壤。在上下两块众存之间，还夹有一块明确为汪姓的"保祖地六尺"，是汪姓为坟穴留出的余地。最后，在众存坟地之上至"东塘塝"之间，共四块地业，最左边汪姓地业，汪姓地业之右为"吴姓厝坟"，再右为凌姓地，最右边至地界又为汪姓地业，而这份汪姓地业中，凌姓占有 1/4 的份额，尚未实际分扒。

总结上图的内容，在这件坟产地业中，至少有四家（即汪姓一家、吴姓一家和凌姓两家）坟地相接。另外，与坟产毗邻或错杂的，又有分割于四处的存众地业，以及相接相夹的各家"己业"。

从汪、凌二姓的坟产合同中，又可看出两类不同财产性质的坟产。

第一类是由某些家庭或某些族共同管业的坟产，如汪、凌二姓的共管坟地。特征是已确定管业的家庭或家族，但各自管业的份额未定，需待实际分割时确定。有的已确定各自份额，只是未实际踏勘和分界。共同管业的坟产，又分两种情况，一种是同族各房共同管业且确定不再分割的坟产，这其实是族内存众坟产；第二种是两家或两族人已分割或已确定分割比例，只是没有踏勘划界，暂时共同管业，这种坟产已不属于族产的范畴，而是两家各管股分的相邻坟产。

第二类是明确归属于某个家庭，且已实际踏勘和分界的坟产。如上图中的"吴姓厝坟""汪坟"等，它们归属明确，界址明晰，相互构成典型的相邻关系。这类坟产的管业，当然有各种契据为凭。但仅凭契据还不够，坟产之间涉及一些特有的权责关系，如"界内不得动土"，坟墓的"上下左右日后不得扦葬"，荫木"两姓不得砍伐"，等等。

所以，相邻管业者还会专门订立明确权责关系的合同，①这种合同也是坟墓管业的重要凭据。

## 第三节　合墓分棺

### 一、合墓分棺的形成

徽州坟墓的一大特点是同墓不同棺。依照棺位管业人的不同，墓穴又可分为两种：第一类是同一墓穴内，所有棺位均属同一家庭或家族。此类墓穴若约定永不分割，则为存众坟产，下节再讨论。第二类是同一墓穴内，棺位属于不同家族或同族内不同家庭。

墓穴虽属同一家族，但棺位在不同家庭之间分割，就是合墓分棺。有的墓穴自启用时，已约定属于不同姓氏的家族，也是典型的合墓分棺。徽州坟产的复杂性在于，看似同一墓穴中葬有相同姓氏的亡人，但根据不同的财产归属关系，一个墓穴上的产业性质可能并不同；看似同一墓穴中葬有不同姓氏的亡人，但二者的财产性质可能是相同的。下面重点讨论合墓分棺的财产属性。

#### （一）族人合墓分棺

同族的合墓分棺非常普遍，其中不乏在原家庭坟山中下葬而自然形成的。同族家庭在坟山产权上绝不会含糊，一分八厘银的山税各分到九厘，也要慎重写入合同，还要注明"各归各户"。②

有的是刚刚在祖遗田业中看出一处吉地，坟墓还没开始造，就把棺位在同族家庭

---

① 《清嘉庆元年（1796年）十一月王、俞两姓坟产合同》（点校本1280页）："原桑园宅基下首，土名下琢林，承祖有老生茔壹穴，今大众共售与俞姓扦葬。其右边有王姓祖坟壹穴，左边有古墓壹穴，其古墓系俞姓买。界内不得动土，并上下左右，日后不得扦葬。其俞姓买葬之穴，日后听目开看。在山近坟有荫木，两姓不得砍伐，其木系王姓宅荫，俞姓不得争竞。"
② 《清康熙六十一年（1722年）七月汪文台、汪尔修坟产合同》（点校本1210页）："得左者葬左，不得越右；得右者葬右，不得逾左。各照各坟。其余山两家公同管业。……其山税均分归户，各得玖厘，各归各户，永远存户。"

中卖出去了。卖契刚生效，随即商议各家棺位次序和修造费用，再把这些内容固定在合同里。①

亲支近房之间也有赠与棺位的。但更要说清棺位的管业性质。凌来彩把六棺中的两个赠与堂叔凌大箕。合同中特别说明凌大箕既可安葬亡人，也可"便卖他人"，凌来彩不得阻挡。②

### （二）异姓合墓分棺

异姓管业的合墓分棺，明代已有实例。如汪、鲍两家于明天启三年（1623年）合买了一份山地，价银十五两，业税五厘分摊。两家约定"同买合做［厝］屋壹堂"，也即合墓分棺。尾批显示，第二年两家用银九两二钱添买同号地业，决定"日后二各对半扦造管业"。③明显是添买之后基址面积扩大，改为各造一个墓穴。但异姓同墓分棺在明代并无忌讳，是可以肯定的。

不同性别的亡人入藏同墓，也无忌讳。如，叶奎廷在祖遗山业中修造八棺之墓，自留三棺安葬自家三位女性。其余五棺卖给三家。其中，一家用来安葬父亲，一家用来安葬父母，还有一家安葬父亲和叔叔。棺位不分优劣，由四家拈阄预定。④这样，必然有两个紧邻棺位内安葬了不同家庭的男女两位亡人。

异姓合墓分棺的，各家的棺位次序也必须明确约定。慎重一些的则画有棺位图。我们选择程、汪二姓的坟产棺位图（图7.3），⑤供读者参考。

---

① 《清宣统三年（1911年）九月凌大锟、大椿等坟产合同》（点校本1559页）："于是吾等三人同买到大椿田业内毛地三棺，本家合造一棺，共计四大明椁。并罗晕、明堂、坝首标杞、路道通行，所有砖灰、做工、使费，照依四股均派。坐定左边椁下大治经管，左中椁大椿经管，右中椁道福经管，右边椁大锟经管，无异。"

② 《清同治十一年（1872年）凌来彩与堂叔坟产合同》（点校本1444页）。

③ 《明天启三年（1623年）十一月汪、鲍两姓坟产合同》（点校本1190页）。

④ 《清光绪十四年（1888年）十一月汪、叶两姓坟产合同》（点校本1488页）："立合议墨据人十都三图汪正福、奎廷，七都九图叶荣发、长妹，缘因土名由山湾，系叶奎廷祖遗山业，三家自愿同便到奎廷名下，当立有契为凭。其税每棺二厘正，其契各执各照，其税继于叶正日户完纳。议定每棺计厘钱十二文，递年清明交楚。是以四家合墓，明厝、暗葬、圭家共计八棺，抽阄为定。左中汪正福，居柩先考启灯朝奉汪公；右中叶荣发，居柩先考、妣兆禧朝奉叶公、孺人吴氏；左边第三棺叶奎廷，居柩先妣兆先孺人杨氏，并妻正日孺人江、潘氏；右边叶长妹，居柩先考兆银、叔兆煌朝奉叶公，各安先柩，以妥以裕。自扦之后，明堂左右前后，毋得镶棺、闭塞、锄种、挖泥、掘石、盗砍等情，至伤茔墓，各守其规。"

⑤ 《清光绪七年（1881年）十月程润之、汪绍光、汪学华等坟产合同》（点校本1466页）。

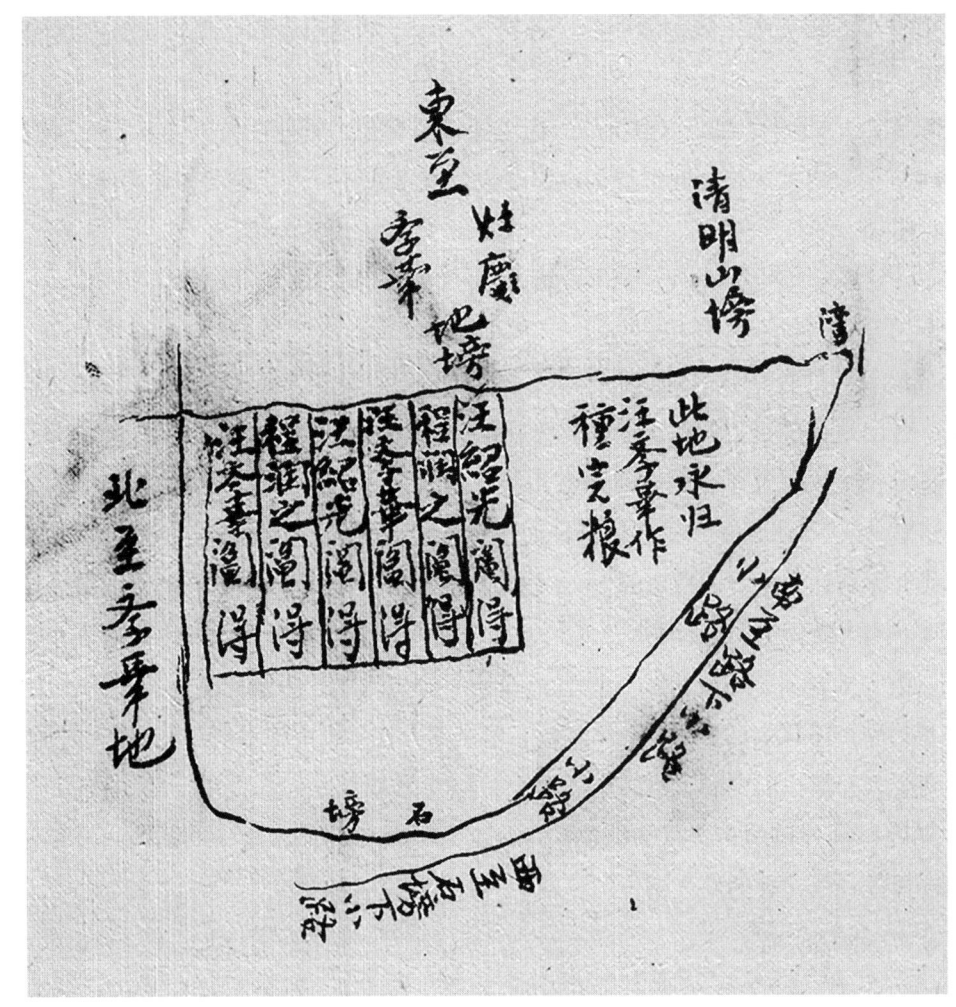

图 7.3 光绪七年（1881 年）程、汪两姓棺位相邻图

由上图可见，此乃一墓六棺的情况。汪姓占有四棺，分别为居中两棺和左右两边各一棺。程姓占有两棺，位置分别为中右棺和中左棺。

### （三）棺位分配

分配同墓之棺的办法有两种，一种是通过商量议定，另一种是拈阄选定。两种办法都很常见，但拈阄分配必定在合同中说明，所以，未特别说明拈阄的就是议定分配。

康熙晚期，汪氏家族的两个亲支家庭，用拈阄的办法分割了一个两棺之墓。① 这是

---

① 《清康熙六十一年（1722 年）七月汪文台、汪尔修坟产合同》（点校本 1210 页）。

此次见到的最早用拈阄来分配棺位的例子。其实,对这两个家庭来说,拈阄分割这座坟墓和余山,就像拈阄分家一样自然。它提示我们,很可能是亲支近房先将分家拈阄的办法用在分棺上,异姓家庭再模仿这种办法。

到了乾隆朝时,拈阄分棺已是常见现象。而且异姓家庭之间尤喜这种办法。叶奎廷等人是"抽阄为定"。程、汪两姓的棺位图中也注明是"阄得"。有的合同文书自名为"阄单",主要内容就是记载拈阄分棺的结果。① 若非合同当事人为异姓,就会与分家阄书混淆。还有的合同文书则在合买墓穴时先约定今后棺位以拈阄为定。② 大有听天由命,唯此公平的味道。

总之,墓穴选址虽有"吉地"之说,但同墓之棺没有价值高下之别。就像分家时,经公平分割和搭配的家产,只需拈阄管业,无需计较好歹。而预定棺位的做法,又与今天按楼层房号预售公寓楼的套房非常相近。

## 二、坟墓的管业关系

由于合墓分棺的普遍存在,坟墓上的管业规则也变得复杂起来。

### (一)按棺管业

#### 1. 棺位与坟地业税

坟地业税是坟墓管业的重要凭据。坟地最好是全业,至少应是有业税的大买,可以保证管业契据的完整性。祖遗田山用作墓葬的,其税据存在老户,自无庸论。若是置买,双方必会办理推收手续,把业税收入买家户内。

但是,既然有合墓分棺,则坟墓上就有两个以上的管业人。如果把坟地业税视为主要的管业依据,业税也必须分割。通常,一墓二棺的分割较为容易,只需一分为二,将一半起割推给另一棺的管业人即可。这种业税分割俗称"分扒"。前文提到一分八厘银的业税,各扒九厘,就是一墓二棺的情况。又如,宋兴杰家把田当给宋兴源家。当

---

① 《乾隆四十九年(1784年)十一月吴观玉、程灶贵等坟产议单》(点校本1267页):"同买到凌名下,土名水圳后地壹穴,同造椁四大明棺。评中面议,拈阄为定,各得经管。东边第壹只,文相公支下阄得。第二只,文孙公支下阄得。第三只,启富公支下阄得。西边第四只,程尚武公支下阄得。共立阄单四纸,各公支下名目列后,每人收一纸为据。"
② 《清乾隆二十四年(1759年)十一月江上乡、江辉远、江鼎立等坟产合同》(点校本1244页):"至于排列位次,临时拈阄,听其天数。"

田是不需起割业税的，故业税仍在宋兴杰家。后来田里看出坟穴，两家决定营造两棺之墓，共葬母亲，于是立即把一半田税扒出，收入宋兴源家的户头内，保证两棺各有业税凭据。①

真正麻烦的是一墓多棺。比如，叶奎廷等四家之墓，每家棺数不同，有一棺、二棺和三棺的，估算每棺之税约折十二文钱，如果起割业税，则应分为 12 文、24 文、24 文和 36 文。合同中说："三家自愿同便到奎廷名下，当立有契为凭。其税每棺二厘正，其契各执各照，其税继于叶正日户完纳。议定每棺计厘钱十二文，递年清明交楚"。② 也就是说，坟地业税留在叶奎廷的老户（叶正日户）内，并不起割，其余三家每年按棺数把税钱交叶奎廷，由其统一缴纳。合同说得很清楚，此前叶奎廷与三家已经各自签订了便契，棺位管业凭据就是便契和一式四份的合同。

不分扒业税的田土买卖，徽州民间俗称为"便"，契书自名"便契"。"便"有方便、凑齐的意思。如"将祖坟明堂下余地，便来合造坟墓壹穴，其内十有三棺之数"。③ 该墓有十三棺之多，业税本来就难分扒。再加上祖坟多是存众族产，业税需要统一保护，或在长房保管的老户内，或在族内公匣，不会允许起割分扒到多个族人的户头中，所以只能是"便来"。

清中期以后，还流行一种类似合伙关系的墓穴。道光中期的一个坟墓是由一方供应坟地，并负责修造明堂和坝首，另一方"承认人工、砖灰、饭米各用等项"。坟墓造成后，棺位平分。违约责任是，一方反悔的"甘罚白银一百两"。④ 这个罚金数额，很可能接近或等于造坟费用的一半。光绪末年的一座坟墓，一方仅用祖遗大小买地出资，不负责任何修造费用，另一方负责修造明堂、坟脑，左右坝手，并一切"使费人工"。坟墓修造完毕，以坟地出资的一方还需再拿洋十元，才能得到一个棺位。其余数棺则

---

① 《清光绪十六年（1890 年）九月宋兴杰、宋兴源坟产合同》（点校本 1494 页）："原此田系兴杰之父当与兴源之父。今两在意气相投，兴杰愿将此田租税扒出三分四厘，付承义户交纳，自存培生户田租税三分四厘，合葬母棺，按序安葬。兴源之母戴氏安于左，兴杰之母詹氏安于右。"
② 《清光绪十四年（1888 年）十一月汪、叶两姓坟产合同》（点校本 1488 页）。
③ 《清道光十四年（1834 年）十二月吴元仕等坟产合单》（点校本 1364 页）。
④ 《清道光十五年（1835 年）十一月柯贵喜、石尔昌等坟产合同》（点校本 1367 页）："柯姓出地，并明堂、坝首，听师展造。石姓承认人工、砖灰、饭米各用等项。结墈如二，两相均分，抽阄为定。择吉居金，眼同面进。自后，两姓前后左右，毋得恃强，扒造侵损，亦毋得两造反悔。如有此情，甘罚白银一百两，入众公用，仍不破此。"

"永归"修造方管业。①

由此看来，清中期以后，对坟地、棺、墓的看法正在悄悄改变，由于坟墓修造费用远远高于坟地价格，而棺又是坟墓的主要部分，所以人们渐渐地把棺看成独立于坟地之外的贵重物品。用坟地出资的一方，肯定不会把业税分扒给修造方。修造方也不在意业税，而重视得到多少棺位。至于管业凭据，业税和便契都可以不要，只需合同即可。

**2．"照棺均出"**

按棺分割业税，已说明棺位才是坟墓的主要部分。或者说，分棺之墓主要是按棺管业。

按棺管业，不但体现在分享棺位，还体现在按棺位负担与坟墓有关的各种义务。如三家分管八棺，所有修造费用"照棺数均派交清"。维修"四围、坟面、墙壁"的费用，不是三家分摊，而是"照依八棺公配"。又如，亲支近房合造的坟墓，各房下葬人数不同，所以下葬费用也要"照棺均出"。每年上坟标祀完毕，还要"照棺分胙"。②

可以说，按棺管业是坟墓管业中的核心规则。

## （二）坟墓的保护

坟墓的保护则涉及坟墓内外，坟墓内是主体建筑和明堂等附属建筑，坟墓外则是余地、荫木等。约定保护和惩罚的条款，是坟产合同的重要内容。保护条款虽多不涉及财产关系，但可看出管业人的地位。

荫木的保护，主要是共同养护，禁止私砍和盗砍。明堂周围余地，最怕闭塞、锄种、挖泥、掘石等，通常各管业人均有出面制止的责任。

最严重的侵害是盗葬和盗典卖，合同对此均会约定严厉的惩罚，如"所有余地不得私葬、盗卖。如有此情，即行毁挖，议罚七十钱五十两，安坟祭请需用"。③这类约定主要针对各自的子孙，子孙不知坟地是异姓管业，以为葬有先祖，坟产必是族产，遂将亡人葬入。如宋、吴两姓于嘉庆八年（1803年）的"合葬坟茔"，约定"永远不得再行扦葬、售卖"，才半个世纪多，吴姓子孙就"偷葬"亡人，后因两姓族人共同出面

---

① 《清光绪三十二年（1906年）四月汪长根、汪顺桃坟产合同》（点校本1539页）："根出地，桃出钱，地内听扦壹穴。前明堂，后化脑，左右坝手，听凭取用。穴开果佳，使费人工，概归桃给。根执壹樗，出洋拾元。以下数棺，永归桃管。"
② 《清道光十二年（1832年）一月吴、方两姓坟产合同》（点校本1357页）。
③ 《清光绪七年（1881年）十月程润之、汪绍光、汪学华等坟产合同》（点校本1466页）。

干预,"到各家代为哀求",宋姓才未赴官府呈控。①

总之,在分棺合墓的管业关系中,凡涉及费用、业税的,均是按棺管业。但保护坟墓则须共同出面,责任均担。

## 三、小结

合墓分棺中的财产关系有两种,一是坟地与坟墓,二是分棺与合墓。

### (一)坟与地分离

坟墓和基地的自然属性是不可分离的。罗马法也认为土地与房屋不可分离。土地是主物,植物和房屋是从物,附着于土地,归土地所有人。②在没有地上权、没有当事人特约或相反习惯时,建筑物应随土地的转移而转移。③《法国民法典》接受了罗马法的观念。④

德国法则采取土地与地上物分离模式。《德国民法典》把建筑物视为土地的重要部分,不得脱离土地设定所有权。⑤但是,允许设立地上权,房屋所有权可成立于地上权之上。⑥这就突破了建筑物为从物的观念。地上权是抽象权利,在自然界中找不到对应物。德国学者指出,分离主义是为了解决采邑主与农奴的土地权利冲突,以封建制度

---

① 《清同治七年(1868年)十二月吴、宋两姓坟产合同》(点校本1430页)。
② 周枏:《罗马法原论》,商务印书馆1994年,第343—344页。
③ 周枏:《罗马法原论》,商务印书馆1994年,第290页。
④ 《法国民法典》第二卷《财产及对于所有权的各种变更》,第552条1项,第553条,马育民译,北京大学出版社1982年,第120—121页。参考第555条(1960年5月17日第60—464号法律)。
⑤ 《德国民法典》第一编《总则》第二章《物,动物》第93条,第94条1项,杜景林、卢谌译,中国政法大学1999年,第20页。
⑥ "所有权人可以给予那些有造房意向的人一项权利,许可他们在自己的土地上建造房屋,但不使该房屋成为土地的重要成分。这样所有权人还保留有对土地的所有权,作为补偿他获得所谓的地上权租金;而建筑物的所有权人则是地上权人,且他可以像对土地所有权那样(故有'类于土地所有权'之说!),出让建筑物或在其上设定负担。"〔德〕鲍尔/施蒂尔纳:《德国物权法》(上册),张双根译,法律出版社2004年,第40页。

存在多层次土地权益与负担为背景。① 因此，它虽是抽象的，但不是德国法学家在书斋里凭空想象的，而是历史的产物。

中国古人一直接受建筑物与土地相分离的观念。楼屋可与地基分离，坟墓可与墓地分离，都是典型例子。中国的土地与建筑物分离观念，同样是深受封建土地制度的影响。上古时期，"普天之下，莫非王土"。王土由天子分割并分封给国君，国君又再分割分封给卿大夫。层层封建，使中国人很早就理解多层土地权利。西周以后，封建土地制逐步退出历史舞台，但已深刻影响了后世的土地制度和观念。任何王朝一旦建立，全国土地就回归到"莫非王土"的状态。国家重新丈量土地，确定税额。土地实际占有者则缴纳租税，重获土地的合法管业资格。完全的管业，仍非土地所有权，而是长期租赁王土的权利，业税就是租金。一切建筑物，既在民人管业的土地上，也在王土之上。完全的管业，还可以再分割为大买与小买。管业自身是从王土中分割出来的，再把它分割也没有任何观念障碍。

不同的是，中国人无法想象地上权这类抽象权利，也就没有隔离建筑物与王土的观念。任何长期或永久的分层权利，都理解为租赁或典当，也即建立在实物转移的直观印象上。建筑物永远在土地之上，否则就漏了。建筑物依附于土地，同时依附于王土，这就是中国人的理解。

所以，古代的土地权利既是分割的，又是不分割的。是分割的，因为它不认为土地是主物，建筑物是从物。不是分割的，因为分割出来的土地权利，割不断王土与建筑物的关系，也无法托举起建筑物。

### （二）棺与墓分离

合墓分棺的管业关系，特征归纳如下：

第一，财产关系上，基本规则是照棺均分一切费用和收益。费用包括修造费、维修费、材料费、人工费和坟地业税。收益主要是指利用棺位妥葬亡人，也包括余地租息、原建筑物料卖得的价金等。但合同另有约定的除外，如约定一方出地，另一方负

---

① "德意志各邦国继受了此种分割所有权，以区分封建农奴和采邑主的地位：采邑关系导致了所有权划分，通过将采邑主的权利理解为上级所有权（直接占有 dominium directum），将封建农奴的权利理解为用益所有权（用益占有 dominium utile）。作为学说汇纂学派代表的普赫塔，如同启蒙哲学一样，清晰地意识到分割所有权和封建关系之间的联系，从而清晰地意识到一种必要性，即通过二者之一克服其中的另外一个。"〔德〕罗尔夫·克尼佩尔：《法律与历史——论〈德国民法典〉的形成与变迁》，朱岩译，法律出版社 2003 年，第 239—240 页。

担所有修造费用。

第二，管理上，坟墓、附属建筑或附属物被视为整体，由各棺管业人共同管理。附属建筑包括坝和坝首、内外明堂、罗圈、坟面、拜台和余地；附属物主要指荫木。附属建筑事实上不能分割，附属物则不允许分割。凡对其毁损、侵占、盗葬、盗卖、盗砍等行为，或发生妨碍、遮挡等行为，均不分棺位，由管业人共同出面排除损害。

综合以上两种特征，分棺之墓的管业关系，近似于现代楼房物业中的建筑物区分所有权。这是因为分棺之墓仍是一个整体，建筑部分不能从整体性中分离出去，因此，不能将分棺视为按份额共有的关系。

坟墓主体部分是棺位，棺位的独立管业，类似建筑物所有权中的专有权。具体体现在：（1）仅对特定坐落的棺位进行管业；（2）任意处分棺位，如安葬亡人或出卖棺位，处分效力及于坟墓的其他共有部分。

对棺位以外的附属地或附属物共同管业，类似建筑物所有权的共有权。具体体现在：（1）共同管理和使用全部附属地和附属物，而非限定在坟墓的某个特定部分，也不按照份额限制使用和管理。（2）管理费用和收益，按照棺位数进行分摊或分享。（3）与共同共有不同。共同共有人可以随时请求分割共有物，并可自由处分其应有的份额。但是，坟墓附属部分视为不可分割的整体，禁止棺位管业人请求分割或处分共有部分。

## 第四节 存众坟产

随着子孙繁衍和不断分家，埋葬父祖的家庭坟产，终归会成家族坟产。

理论上，庶民家庭墓祭三世以内祖，三世以外则家族合祭。家庭坟产向家族坟产的过渡时期，应在三世至四世之间。实际上，只要兄弟分家，父母一方去世的，其墓即为兄弟各房的家族坟产。因此，家族坟产也可成立于二世之内。本节所谓的家族坟产，均为存众坟产。存众坟产与普通存众产业的相同之处，以下不赘。

### 一、管业关系

（一）存众墓穴

存众坟产可以是零星地段，供葬一二亡人。也可以是面积较大的山业或田产，供葬本支族人。后者对族人是一项重要的权利，"本家"子孙均可入葬。如，姜姓永盛祀派的"祖坟山"，本家子孙只需托中人与"裔孙"商议，再办酒席款待族人，就确定了葬母位置和周围八尺"禁步"。"裔孙"是本家长房长孙，也是祖坟山业税的管理人。与"裔孙"商议需要"托中"，说明服制已疏，交往不密。①

入葬祖坟山是一种身份权利，唯有本家子孙才享有免费入葬的资格。但入葬资格不等于独享。康熙初年成立的胡氏家族墓园规定："日后坟山或有余穴，两家同迁同葬。如有一家不便于同穴者，即凭众议价，津贴不葬之家。"②由此可知，家族墓园中扦造的坟墓棺位必须两房共享，如果独享一墓的所有棺位，则需出钱补偿另一房。当然，也可以理解为棺位可以在家族内部交易。

非本支的族人，是否绝对没有资格入葬呢？③来看一起实例。吴氏家族分家时，父母均未下葬。约定若在各家田产中看出上佳风水，安葬父母，"不得取价"。这种约定常见于分书，可视为惯例。合同接着说，若是兄弟和他的子、孙三代，也想入葬这一坟墓，必须"照依原价再加一倍，量地照派，价交业主"。这是因为，这一坟墓在分家后已是各房家产，今后也是本房子孙的坟产。父母固然可以免费入葬，但允许其他两房三代之内入葬，就算是格外照顾了，且必须照原价加一倍价钱支付给本房。这个价钱既是棺位的对价，也可视为对非本支族人的限制。合同还说："如过三代，听凭各人自愿，照疏而论"。"疏"即"亲疏"之疏。意思是，自兄弟曾孙一代起，视为服制较远的亲属，本房可以拒绝其入葬。实际也就是不许入葬。

由此可见，家族坟产对于非本支的族人，虽不能说绝对地拒绝入葬，但至多也在兄弟三代以内，且不是免费的。三代以外，即使近房子孙，通常也不允许入葬，更不用说远房。

## （二）存众棺位

不是所有家族都能为后世子孙提供充裕的坟地。实力单薄的家族只能提供棺位。

---

① 《清光绪二十一年（1895年）三月姜根发等坟产合同》（点校本1506页）："缘因身母所葬本家永盛祀内派下祖坟山上，土名岗垱。身托中向伊裔孙相议，身即备酒数席接饮，时母所葬之处议妥。上下左右，横直捌尺，脚下勿同字向。禁步之内，任身保墓。"
② 《清康熙二年（1663年）九月胡天坤、天仁坟产合同》（点校本1194页）。
③ 《清嘉庆十四年（1809年）十二月吴起万、吴起高等坟产合墨》（点校本1303页）："各人分受业内，倘有看出风水，安葬上人，不得取价。若兄弟及子并孙，三代之内用事，照依原价再加一倍，量地照派，价交业主。如过三代，听凭各人自愿，照疏而论。不得而论争强占踞。"

当然，如果是风水上佳的坟墓，存众棺位也是族内的重要财富。方氏家族的田产中，就看出一块号称"牛眠"的风水宝地。这个家族决定在此修造一座六棺之墓，此时，父亲去世，母亲健在。议定坟墓修好后，父亲葬于"左手中棺"（以头向为准），三房各占一棺。留出两个棺位存众。① 该合同画有棺位图形，仿线图（图 7.4）如下。

| 合承祥 | 合承楠 | 母氏生宫存众 | 已居先考 | 合承盛 | 此棺存众 |

图 7.4　光绪二十一年（1895 年）方氏家族存众棺位示意图

由图可知，存众的两个棺位，一个是右手中棺，注明"母氏生宫存众"，是为母亲预留的。左手的存众边棺，才是留给不确定的亡人。

## 二、家族坟山中的规则

### （一）规则之一：入葬次序

棺位存众的情况，随之带来一个问题：若各房均有亡人，如何确定入葬的先后次序？

一件乾隆年间的合同记载了当时的惯例："先死先葬，后死后埋。"也即以死亡时间的先后，确定入葬家族坟山的次序。亡故在后而抢先下葬的，称为"魆行越葬"，越葬视同盗卖族内坟产，族内公同将起坟，罚银十两，用于"安坟、醮墓公用"。若不服

---

① 《清光绪二十一年（1895 年）二月方承盛等坟产合墨》（点校本 1503 页）："堪舆来往皆谓牛眠。所以于辛卯年同造坟水壹穴，共六大明棺。左手中棺已居先考，又将左手边棺与右手中棺存众。余下叁棺，每人壹棺。但此地已阄分于长房经管，今造坟水，穿去明堂、罗晕，其地有亏。所以三人共议，将土名山桃凹下熟地半块傍补，以后不得争长论短。"

从，合族呈官。①

值得注意的是，"先死先葬，后死后埋"这一规则，主要适用于存众坟山。一件天寿公派世德堂的合同显示，在祠堂坟山中看出一处上佳风水，决定作价银洋60元。愿意接受该处墓地的，"其洋先交出，后开穴，其洋与付管首，归与世德堂公用"。②这其实就是在族内出卖墓地。为什么家族墓地可以论价出卖？因为世德堂是本族祠堂，此处坟山是祠产，而非存众坟山。祠堂产业归祠堂合理支配，已经脱离了族人的控制。祠产当然也属于族产的范畴，但这提示我们，在"族产"这一笼统称谓中，包含了存众族产与祠产的基本区别。

### （二）规则之二：昭穆与长幼

无论大族还是小族，棺位排列均需讲究"昭穆"和长幼。③

昭穆制是上古庙祭规则。西周时，宗庙建筑的排列、合祭先祖时的神主排放，以及升主后重排神主，均需昭穆有序。明清时期，宗法已废，所谓"宗祠"，已非宗子祭祀大宗的宗庙，而是庶民家族杂陈先祖的祠堂，上古昭穆制度已不行于庶民的祠堂祭祀中。但是，祠堂内先祖牌位仍按辈分排列，辈分高的居上位，辈分低则依次往下，昭穆也渐渐变成辈分的代名词。明清律例或立继文书中所称"昭穆相当"，即指继子须为父母的同族侄辈。以侄入继，又称"昭穆有序"。昭穆有序还表现为"左昭右穆"，是指始祖的灵位居中和居上。以始祖灵位的朝向为准，往外第二行左侧放置第二代祖先灵位，右侧为第三代。第三行左侧为第四代祖先灵位，右侧放置第五代。以此类推。整体形制为雁翅形行序往外延展，辈分越低，所在行位离始祖越远。在双层棺位的大墓中，也应以此为序，如张氏家族有两层棺位之墓，始祖张节臣公却排在下层棺位。族人认为"公祖不安，支下人财未遂"，于是重造整个坟墓，将始祖移至上层。再以始祖为中心，"其左右之塽，挨昭穆同心合做"。④

但是，只有一层棺位的坟墓不可能按昭穆序行。变通办法是只按"左右之塽"来

---

① 《清乾隆十二年（1747年）二月胡光灶等坟山合墨》（点校本1228页）："日后兴养树木柴薪，照股均派，毋得异言。其各处坟山，已下现种，倘有风水，俱各存众。俗云：先死先葬，后死后埋。毋得魃亡越葬，亦无得私行盗卖。如有此等情，以不肖罪论。立刻鸣公起举外，倍罚银拾两，以安先灵，安坟、醮墓公用。如有强梗不服，会族呈官究治，乞罪无辞。"
② 《清光绪六年（1880年）二月天寿公派下人等坟产合同》（点校本1462页）。
③ 《清道光十四年（1834年）十二月吴元仕等坟产合单》（点校本1364页）："至于其坟合造已成，议定逢大利之年，邀集拣选日期，依伦昭穆挨排居椁。"
④ 《清嘉庆二十四年（1819年）十一月张节臣公支下人等坟产合议》（点校本1325页）。

排列，也即按辈分往左右两边延展。以此为据，观察上图（图 7.4）中的方氏家族棺位图，可知其中仍然暗寓了昭穆制，父母占居中二棺，暗寓父母居中居上，左边是长兄，右边是两个弟弟。假设拉伸这个棺位图为两行，可知兄弟在父母之前拱卫。若严格按昭穆制，两个弟弟本应排在长兄一旁，右边应排孙辈亡人。只是棺位仅葬两辈人，才变通为儿子拱卫父母之形。

另外，亡人昭穆相同，还需辨长幼。通常，同岁亡人以生肖属相确定长幼。因为同岁者若按"虚岁"计算，查验其所属生肖，则知长幼。若生肖相同，则不必细究。①

## 三、收租管业

### （一）"股法"与分扒

前文曾多处提到，已分割到各家的田产中看出风水，应免费且优先安葬父母，其田地也转为存众坟产，涉及的费用在各房摊算。但这种优先扦葬的规则，只适合父母，兄弟各房不与焉。在信仰风水的时代，看出风水会大大增益田产的价值。比如世德堂的荒山中看出风水，穴址立即卖出银洋 60 元的高价，还不愁没人买。分家后的田产中看出风水，兄弟们不能分享田产增值也罢了，连入葬资格都没有，的确让人不安。然而，分家往往迫在眉睫，看出风水则不可预期。二者似乎不可得兼。

的确有解决的办法，那就是设定存众坟山。不过，还需要一套产权制度予以配套。胡氏家族就是先设定存众坟山，再将其分扒给四房。约定"各处坟山，已下现种，倘有风水，俱各存众"。② 如此，各房族人可以耕种或召佃。若田产中发现风水，则扦葬优先。这办法合理地解决了坟山不能在族内分享的矛盾，但它能够顺利运行，还要配合一套特殊的产权制度。需知，用于耕种或召佃的土地，要让佃人退佃，或让族人弃耕，是有相当难度的。这就涉及两种特殊的制度，第一是按"股法"管业，第二是分扒存众。

胡氏家族自顺治年间分家，就在存众坟产上"载清股法"。"股法"和"分法"，是合同文书中的常用词。"法"，在此借用"法律"之法，有办法、制度、规则或章程的意思。各家按"分法"管业，就是把分家合同视为各家管业时必须遵守的制度。分法

---

① 《清道光十四年（1834 年）十二月吴元仕等坟产合单》（点校本 1364 页）："其年毋得有参差之理。至于日期，各配生肖，即或参差，亦无异言所云。"
② 《清乾隆十二年（1747 年）二月胡光灶等坟山合墨》（点校本 1228 页）："顺治年间曾立合墨四纸，载清股法，照缺公派。今因人心不一，仍顶接前墨，各房分受，免后争论。"

包含的产业比股法广泛，可说一切财产皆可入分法；股法则仅指在不能分割的产业上设定份额进而分割的办法，主要适用于余地、房步或商业资产等。在存众坟产上设定股法，想必在明代已经成熟，胡氏家族不过是承袭旧制。乍一看，这种制度颇为矛盾，仔细琢磨才能发现其设计之巧妙。

通常，不宜分割的财产才设定股分，田产只需直接分割即可，不必设定股分后再分割。而且，存众坟产就是不可分割之物。普通的存众就是因为不能分割，才导致管理办法主要采取各房均管或轮管。在存众坟产上设定"股法"，意思是既不分割，又允许分割管业。岂非矛盾？！

所以，把存众坟山按股法分到各房，必须采用特殊的分派办法，即分扒。上一节介绍棺位便契时讨论过分扒。分扒对应的是一种不起割业税的交易模式。在族内分扒产业，同样是不起割业税，也无需便契，只用分书或合同约定股分，并将股分所代表的田产交付各房实际管理，各房通过耕种或召佃，也就直接享受了田产收益。

然而，产权完整的股分是可以出卖的。分扒的真正用意是禁止子孙出卖田产。存众本来就禁止卖出族外，更何况存众坟山。但要真正杜绝族人盗卖，必须有制度上的约束。分扒就是有效约束出卖的制度。这是因为，分扒并不推收业税，存众坟山的业税契据仍然整体保留在长房长孙的门户内，或设立公匦由各房统一保管；只要业税契据没有流出，存众坟山就无法办理起割手续，也就无法收入买家户头，在法律意义上已达到禁止出卖的效果。胡氏家族自顺治年间分扒存众坟山后近百年，到乾隆十二年（1747年）才发生族人胡伯祥"私卖"事件，这已是极其难能。事件发生后，"各房出银取回"。原文用"取回"而非"赎回"，暗含了取回自家物品的意思。能够如此轻松"取回"，就是因为业税契据仍在族内，所谓"私卖"，至多是转移了耕种或召佃的收益而已。

## （二）分扒与"收租管业"

分扒众存坟山和按股分管业的习惯，究竟起于何时，尚待考订。万历末年方氏四房分扒坟产的合同抄白，是明清时期分扒众存坟产的代表作。其中提到，方氏"玄祖十九公"下的四房，在嘉靖十一年（1532年）首次析分时，已经约定以四房为"分数"，也称"四柱四分"。由此可见，明中期，已有家族分扒存众坟山的股分，也间接证明了胡氏家族在清初分扒存众坟山是有所本的。

从嘉靖十一年至万历三十九年（1611年），近八十年间子孙繁衍，各房再析分，方以茂公等续置大批存众坟产，这些续置坟产需要在四房中再分扒。此次采用拈阄均分的方法，拈阄之前还进行了"画图、量定丈尺、埋石"。所谓"埋石"，是在田产边界树立界石。而"画图"和"量定丈尺"都是明清时期官府丈量土地时的必需环节，故明清实际丈量后颁发的金业归户票中，均有"量手"和"画手"等人役称谓。方氏家族此次丈量离万历初期推行条鞭法不久，有意严格地模仿官府丈量土地的流程。丈量划界之后，又将田产"分作十二条品搭"。可想而知，这"十二条"田产，每条价值相当，拈阄之后，四房获得任意三条，都没有不均之虞。其实，整个分扒过程与拈阄分家没有不同，只是田产庞大，为免各房担心，模仿了官府丈量田土的办法。

唯一与分家不同的是，合同注明分扒后的坟产用途是"收租、标挂、祭祀"三项，且特别申明这些田产的管业性质是"收租管业"。[①] 所谓收租管业，就是指以享受田产上的收益为主。而分家后，各家对分得的产业是完整的管业，也即持有业税并可自由处分的管业。

总之，明清时期的存众坟山上存在着一种特殊的管业形态，即收租管业。其实质，是坟产存众业税不分割也不起割，而整体保留于老户中，但坟产已经按股分均分，并实际丈量和分扒给各房，各房依据分扒合同确定的股法，享受坟产收益，只是禁止将股分卖出族外。

## 四、管理费用

存众坟产的管理费用，主要包括坟山业税、祭祀和维护费用。分担费用遵循谁收益谁负担的原则。分扒到各房的存众坟产，各房享有坟产的耕种、出租、出拼等收益，费用也由各房负担。

与普通存众的管理方法相同，未分的存众坟产由各房共同管理，且其收益用于分担费用。稍微特别的是，存众坟产中常有大片山业委托他人照管，订立的合同也称守山合同。纯粹的守山合同，守山人无需培植养护林木，只负责看守坟山，还可在指定空地里"种作取利"，也无需负担任何费用。但林木成材以后，拼价的分成比例是二八开，守山

---

① 《明万历三十九年（1611年）二月方原俊等坟产合同》（点校本1189页）："但管业收租不便。议立合同，画图量定丈尺埋石，分作十二条品搭，四柱四分，拈阄经业，收租、标挂、祭祀。所有以茂公续置，各分下数分，照嘉靖十一年合同收租管业。自立合同之后，俱照画图，孝、弟、忠、信管业。亦毋得反悔。如有反悔，甘罚白银伍两，入众公用。"

人得二，业主得八。① 也有订立掌养合同的，掌养人需负责种植和养护林木，山内禁止耕种和砍伐。林木成材出拼，拼价由掌养人与业主均分。各种费用也是"两半均认"。②

极为特殊的情况，坟山费用才按人丁摊派。如某处存众坟山，先前的费用"向来照依房头科派"，匪乱之后，各房"人丁不一"，议定此后"均照人丁科派"。同时约定该处坟产的收益以后也按人丁分配。③ 显然，收益与负担相结合的原则并没动摇。

## 五、小结

家族的坟产，也就是俗称的坟山，其内容丰富多样。大的坟山，可能是允许不断添加坟墓的山地，也可能一个坟墓占据连片山脉，数座山峰仅视为此墓的余山，禁止在其中添加任何坟墓。小的坟山，不过是一座墓穴，甚至只是一墓之内的部分棺位。

按财产关系可将家族坟产大别为两类。一类为祠堂管业的坟产，它是祠产的一部分，在下章介绍。另一类就是本节讨论的存众坟产。

存众坟产上的财产关系，又可分为两种。一种是未分的存众，另一种是已分扒的存众。

存众未分的坟产与普通存众的管理模式相同，无需特别介绍。只需知道，未分坟产对子孙有开放性，既不能阻碍本家子孙上坟祭祀，在条件允许时，也允许本家子孙免费入葬。购买坟地和修造坟墓对普通家庭是一项巨大的开支，免费入葬是族人的重要福利。这项福利在族内对每个人都是平等的，只要是本家子孙都可以享有。但入葬坟山的次序以死亡时间为准，入葬的棺位也要遵守尊卑长幼顺序。

存众已分的坟产，只是分扒田产，并不起割业税，各房按股法实际管理，享受收益，分担费用。这又称"收租管业"。按股分管业的存众坟山必须遵守合同约定的限制，包括：（1）禁止典卖出族。（2）看出风水的，须退耕起佃，优先扦葬。

---

① 《清乾隆五十八年（1793年）一月玄干公门支孙人等坟产合同》（点校本1277页）："今本门公议，支孙加锦成值守山。候树木成材出拼之日，其拼价言定二八抽分，以作守山工资。坟前空地一段，听凭守山之人种作取利。"
② 《清乾隆五十七年（1792年）三月李延勋公支孙等保护坟产合同》（点校本1276页）："俱付石上如掌养，承种划立。日后杉松杂木成材出拼之日，与石上如对半均分，不得私曲。倘有内外人等恃强侵害者，一经捉获，本家众内公同理论，两无推却。倘用费，两半均认。坟边左右前后，不许掘作惊动。近坟杂柴、松木、杉木，禁立不砍。"
③ 《清光绪十七年（1891年）十一月太宝公支孙等共管坟产合同》（点校本1497页）："（歙县北岸）笞杯山之地业、坟山、树木及余众业，日后一应进出，亦照人丁，公作公用。"

# 第八章

# 祠产合同

## 第一节 祠产的性质

### 一、祠产与祠户

家族以祠堂名义设立祠户，归入祠户名下的财产即为祠产。

祠产由专设的祠堂机构管理，田租归其支配，主要用于祭祀祖先、维护祠堂、纂修族谱、接济贫乏等事务。它是以神主为中心而建立起来的财产体系。祠堂内的一个神主代表一个已故族人，多数入祠的神主都附带有该亡人家庭捐赠的祀产，这些祀产归拢在祠户名下，构成祠产的最初来源。所以，祠户是辨别祠产的主要依据。祠产在法律意义上的主体是祠户，而非祖先或某个族人。此即"户因祠立，税以户收"。没有祠户，无所谓祠产。有学者根据歙县档案馆藏《歙县地籍清册》，查出民国时期歙县12个村落222族田户。① 其中，凡注明"某堂"或"某祠"的，可以断定为祠户。凡称"某会"或"某公会"等的，可能存在两种情况，一种是祀会，但这些祀会户后来是否实际发展为祠户，并不确定。另一种情况则是包含有多个支祠的祠会。下文将谈到的王氏三庆堂祠会，就是由三个支祠构成的。又如，棠樾鲍氏宣忠派下的祠产，是由四个祠户名下的产业共同构成。其中，宣忠户下购置的田产和田租，专门支持族内祭祀。

---

① 张明：《清至民国徽州族田地权的双层分化》"表五"，《中国农史》2010年第2期。

其他三个祠户下的田产为义田，用于赡族。①

家族产业可以同时有祠产和存众。祠产与存众族产不同，存众是各房共享和管理财产，间接地属于全族人，存众不一定置于宗祠的统辖之下。如程氏家族在明代已有多种祠堂，"予宗有合族之祠，予家有合户之祠；有书院之祠，有墓下之祠"。②但大批田产和山场并不置于祠堂名下，到清初仍是众存产业。其中，程氏家族的山场"归众合业兴养"，在前面讨论众存山业时已经说过。此外，尚有大量田地存众，用以缴纳户役粮差，多余的田租则用于置买田产。③程氏家族的内部管理模式，也是采取每年五房轮值。轮值所设的"管理"，由五房各抽一人担任。"管理"只是负责日常事务。决定族内大事，要由各房家长会集家众商议。家长和家众会议才是族内的最高权力机构，并监督和奖惩轮值"管理"之人。管理的"众事"，主要指"众共田地、山场、祠墓"等族产和族内大事。祠、墓作为祭祀场所，只是"众事"之一。④

## 二、祠户收入田产

下面专门讨论田产是如何进入祠户的。

祠产主要由田产和银钱构成。有学者指出，徽州祠产的来源有四：一是货币购买，二是子弟捐献，三是众存批入祠堂，四是进主入祀。⑤这四种祠产来源，只有进主以缴纳银钱为主。所谓进主，也称升主，是指族内家庭把亡人的神主牌位送入祠堂，委托祠堂永久祭祀，并为此缴纳银钱。徽州较大的祠堂如许荫祠，可容纳三四千个牌位，每个牌位收取3—5两银，收入在银万两以上。⑥可见，进主银是祠产的重要部分，也是稳定持续的一种资金来源。为了入祠，乏银的族人也会把田产出卖或抵偿给祠堂，这又构成了祠堂田产的来源之一。此外，经营田产有盈余，会与进主银一起用于添置

---

① "祠户产业是宗祠产业的一个单元，若干祠户单元的组合，从而构成宗祠共有财产整体结构。"刘淼：《清代徽州祠产土地关系——以徽州歙县棠樾鲍氏、唐模许氏为中心》，《中国经济史研究》1991年第1期。
② 周绍泉、赵亚光：《窦山公家议校注》卷三《祠祀议》，黄山书社1993年，第19页。
③ "议曰：众存未分田地，原以备户役、祭祀等项用费，今议将韩村、方村、杨坑、青真坞、项源田租，尽贮五仓存积，以备户役粮差。所有羡余，置买便产。其中村田租，除备祭祀外，余谷量分，各处暂分浮谷，照依旧则无过。其暂分各处浮谷，倘众有急务，俱要存积以应众用，各房毋得执拗。"周绍泉、赵亚光：《窦山公家议校注》卷四《田地议》，黄山书社1993年，第28页。
④ 周绍泉、赵亚光：《窦山公家议校注》卷四《管理议》，黄山书社1993年，第13页。
⑤ 赵华富：《徽州宗族研究》，安徽大学出版社2004年，第269—288页。
⑥ 彭超：《歙县唐模村许荫祠文书研究》，《中国社会经济史研究》1985年第2期。

田产，以保证稳定的租金收入。

批助，即今天的捐赠，也可简称"批"或"助"。祠堂田产还依靠族人批助，或各房把存众田产批助入祠。通常，存众田产批助入祠是一次性的，但规模较大。族人把家产批助给祠堂，则是分批次的。这些零星田地进入祠堂，在统一管理下，集腋成裘，渐渐成为庞大的资产。比如，汪氏敬德堂的祠屋地基，就是靠族人的零星地面凑成的。据批助合同称，敬德堂祠屋于咸丰十年（1860年）"被贼焚毁"，因原基址狭隘，族众商议在原址东边扩建。由支下三个小家庭各助相邻的三幅零星地面，分别是15步、8步、6.5步，最终凑出一块29.5步的整幅地面。① 这里的29.5步是指税亩，虽不知精确面积，但至少不小于29.5步方，以五尺为一步计，也即3亩以上。大量零星的田产不用凑整，但要统一收取租金，且合并缴纳业税，这些田产至少要归拢到祠户下。同时，田产归入祠户，也是家产变为祠产的标志，又能预防族人盗卖田产。

民国元年（1912年）的一套"批助契"，② 为我们展现了祠户是如何收进田产的。一对一的批助，本来只需订立一份契书，但此次接受捐助的"三庆堂公祀"名下有三个支祠，所以采用一式三份的合同，分别交由三个支祠的管理人。据批助契叙述，这批田产本是继子阄分得来的家产，他耽于赌博，吸食洋烟，将田产"私押变卖"。父亲在族人支持下，剥夺其部分田产，捐入祠堂，以保证本家先祖祭祀。这件批助契也成为子孙荡废家产，被父祖剥夺部分家产的特殊例证。

有意思的是田产的起割方式。七处田产俱是全业或大小买田，价值租53秤零，又称"全业租"。祠产最好是全业或大小买田。若不能办，也尽量购入大买田。③ 明代和清早期祠产中，小买田很少，清中期才有增多的趋势。④ 这可能与小买田租上涨、获利增多有关。但祠堂仍以购买大买为主。大买业主负责纳税，买卖有完整的登记过割手

---

① 《清同治十三年（1874年）二月太宾公派下行魁等助税合同》（点校本1446页）。
② 《民国元年（1912）九月王聪柔批助祀产合同》（点校本1561页）。
③ 刘淼："鲍氏宣忠户置有大买田75.085亩，小买田10.57亩，共有田税亩85.628亩，其中大买田占祠田总数的87%，小买田则占13%。除宣忠户外，节俭户所置祠田，亦说明系'置大买田一百亩'。由此可见，徽州宗祠置产是以大买田为主要对象。"《清代徽州祠产土地关系——以徽州歙县棠樾鲍氏、唐模许氏为中心》，《中国经济史研究》1991年第1期。
④ 张明："从明代到康熙年间，许荫祠契约种类有买田赤契、买地赤契、买田白契，没有一件是底面分离的契约，说明在康熙年间及其之前，族田的地权分离很少或不普遍。雍正年间，许荫祠有1件小买田契约，族田开始出现底面分离。嘉庆年间许荫祠出现了4件小买田置产契约，占此期间交易契约总数的12.5%。道光年间许荫祠出现了6件小买田置产契约，占此期间交易契约总数的37.5%。"《清至民国徽州族田地权的双层分化》，《中国农史》2010年第2期。

续，有效保证祠产的合法性。

这批全业当然也要推收业税，它按税亩计算共6亩4分6厘6毫。起割程序在契内的原文是："公同取立庆三父会在一图七甲王国重户富云的名下，随契扒入供解。不必另立推单"。这段话需要重点解释。

从批助契可知，"庆三父会"就是"三庆堂公祀"，它是由三个含"庆"字的支祠构成的总祠，三个支祠分别叫庆余堂、承庆堂和衍庆堂。三庆堂又称"庆三父会"，说明总祠的组织形式是祀会，也即三个支祠成立的大型祀会。总祠户名中的"一图七甲王国重户"，是先祖王国重于清初在官府登记的户名，此人早已亡故，户头保留，成为全族的老户。再因分家而在老户下创立多个户丁户，"富云的名"则是其中之一。按福建等省的习惯，可以直接称"户丁户富云"。但徽州的很多地方已不用"户丁户"，仅称"的名"。这种称谓区别，是否意味着，称"户丁户"的县，实征册尚有登记，而称"的名"的则没有登记，据现有资料尚不清楚。若没有登记，则一府之内哪些县没有登记，哪些县仍在登记，尚需细致考订。无论如何，即使在县衙的实征册中没有登记，在里册书攒造的底册里也必定登记了户丁户。在没有登记户丁户的县，县衙只能看到"一图七甲王国重户"，它已成了王氏全族田产和田税的总代表，只要该户每年缴齐业税，官府对户下田产和业税过割事宜概不过问。而从王氏族人的角度看，每年只需按各自管业的田产凑齐应缴业税总额，委托值年里长缴纳，就无需与官府打交道。官府与民人相安无事，各得其所。

问题是，老户名下的产业买卖，该如何交割？如果交易对方是老户以外的户，可以到县衙办理推收手续，无论是起割或收入，推收单上均填老户名。但是，老户内的户丁户之间买卖田产，仅需由里册书办理。里册书为每个户丁户造有归户册，册内仍填写旧管、割除、新收、实在等四柱，与明代以来官府所造黄册、鱼鳞册、实征册的基本格式相同。办理推收手续时，在卖出的册内填注割除的田产，在买入的册内填写收入的田产，核对无误。再以里册书的名义出具推税票和收税票。推税票付卖家收执，收税票付买家收执，票式与官府出具的推收税票相同，只是加盖里长或里册书的图章，并无县印。至此，田产过割和业税推收办理完毕。自第二年起，该项业税由买家缴纳。里册书办理的过割推收手续是官府承认的，户丁户归户册和推收税票是业户管业的法律凭据，凭这些票据和簿册可赴县衙补办契税。发生田产纷争时，则是有效的诉讼证据。为了与官府正式的过割手续相区别，这一手续俗称"扒"。在"公同取立庆三父会在一图七甲王国重户富云的名下"一句中，"取立"是指取出户丁户的归户册，写立田产和业税的割除和新收情况。"公同"，是指取立时有多方人士在场监督。在"随契扒入供解"一句中，"扒"是指凭里册书办理过割手续，"供解"是指由扒入方缴纳业税。其中，"公同取立"是指产业过割，对应的是簿册。"扒入供解"是指业税推收，对应的是票据。"不必另立推单"一句，是指此次捐赠不用赴县办理过割手续，推收双方没有县衙出具的推税票和收税票。所以，将来祠堂对这批捐赠田产的管业凭据，主要是批助契、户丁户归户册和收税票。

其实，清代的田房买卖都在县衙或里册书那里办理了过割推收手续，管业凭据的统称是"契据"。"契"即卖契。"据"，则是管业凭据的总称，至少有归户册和收税票。如果是在县衙办理，还要当即缴纳契税，契税凭据即契尾，契尾要粘连在卖契左侧，并在卖契正文人名、银钱数和粘连契尾的骑缝处加盖县印，卖契就成了俗称的"红契"或"官契"。红契和契尾也是管业凭据。此后，业户每年缴纳业税。官府出具的缴税凭证，又称"钱粮执照""钱粮串票""版串"等，也是据的一种。其他管业凭据，还有官府为田产管业专门颁发的田土执照，也称"印照""粮单"等。还有丈量田亩之后，由图正出具的佥业票，也称"佥业归户票""佥归票"等。契据，就是卖契与一系列簿册、票据共同构成的管业凭证体系。认为契据就是卖契是不对的。卖契只是证明管业来源的凭据。管业来源的凭据也不止一种，另有批助契、阄书、分扒合同等。

王聪柔批助契说明，设立祠堂是民间自治行为，只有特别慎重时才到官府登记独立的祠户。但祠户至少是户丁户，才能收拢祠产和归并业税，否则，祠产散寄在其他族人户头之下，容易遭人盗卖。族人捐助产业给祠堂，是将家产无偿赠与给祠户。从过割手续上讲，仍要把产业及业税从一个户头推入另一个户头，与买卖过割没有不同。用扒入的办法，只是可以不缴契税而已。

## 三、族产与祠产辨析

### （一）三种族产类型

对于以祠堂名义独立经营和管理的祠产，祠堂通常有管理祠户的专门机构，如鲍宣忠户有专门的司祠、司年，又称督总、襄事、总理、分理等。襄事三人是从宣忠支下长、二、三房每房各抽一人，辅助督总管理，每四年轮换，是轮值管年人员。这种管理模式是以督总与襄事组成的专门机构，代表祠堂独立管理，襄事既代表各房对祠堂的监管之权，又是祠堂机构成员。收租由司祠和三大房管年经收，各房房长监收。

独立的经营和管理模式，还表现在祠户在买卖田产方面具有独立性和灵活性，如果是存众产业的买进，买契中的买主往往是"某族名下"或"三大房"等。祠堂在买进田产时，买主则为"某堂"或"某祠"等。但是，祠堂并非独立于家族之外的体系。在前引汪氏敬德堂接受捐助的合同后面有两种署名，前面是太宾公派下各房房长的署名签押，其下是敬德堂各执事的署名花押，执事名谓分别是"大总管"一名，"大总理"一名，"收官丁钱"一名，"轮流理事"二名。所谓"大总管"相当于鲍宣忠户的督总，"大总理"则相当襄事。这也说明，在汪氏家族中存在两套管理体系，一套是太宾公派下各房房长，代表派下各房支孙；另一套为敬德堂的管理人员。后者唯前者是瞻。

清代是族产发展的成熟阶段，族产已经形成了三种基本类型，即存众、祀会和祠产。在族产研究中，应注意从产权关系上区别这三种基本的族产类型。尤其需要注意有祠堂而无祠产的情况。像《窦山公家议》中显示的，程氏家族的山场和田地均为存众，没有迹象显示明代程氏家族为祠堂专门立户，将祠堂作为独立的纳税主体。也没有以祠户为名进行买卖交易的痕迹。祠堂只是族人祭祀时的祠屋，从财产属性上看，与一份田产、一份山业是一样的，也就是说，祠屋、田产、山场等均为存众的一部分。专门以祠堂为名在州县呈立或在本图登记的祠户则不同，祠户成立后，有专设的归户册，田产登记在祠户名下。缴纳业税、买卖、推收过割、租佃等均以祠户名义进行。此时，祠堂是一批产业的法定主体，祠屋是祠产的一部分。另外，通常所谓"公堂"产业，是特指祠堂产业，用公堂来泛指族产，令人不安。

有学者曾将清代全国的族田划分为四个种类。第一是赡族类的族田，又分义庄田和义田；第二是奉祀类的族田，又分祭田和墓田；第三是助学类的族田；第四是其他类型，如会田、抚恤寡妇的恤嫠田、隶属本族所建寺庙的祖寺田等。① 这一分类是以设定族田的目的和用途为基本标准，其他学者大致也采用这一划分标准，多把族田分为祭田、义田和学田。② 说明这些学者主要关心的是族田的社会功能。

而清代徽州的族产类合同，主要反映的是族田设定、经营和管理等方面的内容，借此可以认识族产的财产关系。若以产权性质为标准，则需对族产重新分类。财产关系的核心，是财产归属或财产主体。用清代的表达方式，财产关系即管业关系，财产归属者即管业人。管业人的不同性质，决定着管业关系的不同。而笼统的族产，可能包括各房共同管业的存众、家族内部联合成立的祀会，以及归入祠户的祠产。同时，三种族产又相互联系，比如祀会本身可以存众，反过来，存众也可归入祀会。祀会还

---

① 张研：《清代族田与基层社会结构》，中国人民大学出版社1991年，第21—37页。
② "根据族田收入的用途，族田可以分为祭田、义田、义学田三种类型。"祭田用于祭祀祖先，义田用于赡族，义学田则是为了培养族人科举。冯尔康等：《中国宗族社会》，浙江人民出版社1994年，第181—189页。又参考赵华富《徽州宗族研究》，安徽大学出版社2004年，第289页。

可以单独立户，称会户。会户下的田产租息作为会息或胙份，定期在会股中分派。祀会既可以独立于祠堂，又可以将会次或会产作为财产捐助入祠。多个支祠还可以联合成立一个大型祀会。祀会、存众和祠产之间可以交叉组合，构成复杂多层的族产关系。

族产的管理人也可能存在多重关系。比如，祀会会首和会脚，可以借助房或祠堂，此时，房长或祠堂首事就是祀会经管人，但这只是个人身份的重合，祀会与房、祠堂各自是独立的。一般来说，祀会户是独立的管业人，田产和业税可以归拢于祀会户名下，独立交易，并办理过割登记和推收业税等手续。而存众之上并无独立的管业人，经营管理直接委托各房，或各房共同管理，若需典卖、出租、推收、过割等，只需将原买契作为上手，笼统以族名或各房共同在卖契中出名。与存众相比，祀会户、祠户更具有组织性，可以把祠产视为清代族田的高级组织形态，把普通的祀会视为介于存众与祠产之间的过渡形态。至于设立为祀会户的族产，已接近祠产的层次。

### （二）族产的管业关系再分析

张研按功用对族产进行过较为完整的分类。[①] 下面试以她的分类为基础，简析各种族田的管业关系。

**1. 恤嫠田**

恤嫠田是专为嫠妇设定的养赡田产，规模不大。在徽州分书中，曾见专为遗孀设置的养赡田。以分书设定的嫠妇养赡田，多用"坐与"一词，是存众产业的一种。嫠妇去世后，特定的养赡目的消失，田产要么转为普通存众，要么转为亡人的存众祀产。若此后批助入祠，用于专祭此妇，则又转为祠产。

**2. 会田**

某些族人以合同形式成立的祭祀祖先的祀会，属于祀会产业。

但祭祀公共神祇的祀会，如汪王会、关帝会、兰盆会、至圣会等，非一族专有，入会以自愿为原则，已非族产范畴。

**3. 祖寺田**

在江南流行的祖寺田，是在佛道寺观中为祖先设立祠堂，施舍田产入寺，以供祖先祭祀，大约起源于南唐时期。[②] 与祖寺田相关的合同，说明家族对祖寺田产享有决定权。如，龙泉庵的主持僧去世，作为庵东的凌氏族人，可以在现有僧徒中决定"承值

---

[①] 张研：《清代族田与基层社会结构》，中国人民大学出版社1991年，第22—37页。
[②] 冯尔康等：《中国宗族社会》，浙江人民出版社1994年，第178页。

家物"的主持。①主持僧在师徒间授受，寺产在本寺僧徒中传递，这些现象都说明龙泉庵属甲乙寺。②重要的是，寺产就是"家物"，凌氏族人才是寺产真正的管业人。另一个例子是金岗山般若庵，它的佛殿和厨房需要维修银约100两，此事成了俞氏两个支祠的公事。他们决定，"庵周围杉木"留一部分预备将来维修，其余的砍伐出拼，拼价支付人工费后，剩余18两。这18两不够维修费用，再约定不足部分由两个支祠分担。整个工程在支祠监督下完成，账目由祠堂派人"逐日清记，工完核算"。③

龙泉庵产业是由凌氏"惟爵公支下人等"控制的（也即族内各房共同管理），与存众相当。俞氏的般若庵产业则由两个支祠出面管理，显是祠产，与王聪柔捐助田产分属三个支祠一样。由此可见，祖寺田产既可以是存众，也可以是祠产。

### 4. 祭田

从管业关系看，祭田和坟产都是笼统称谓。它们既有可能是存众，也可能是祀会，当然也可以是祠产。

这种情况不但徽州如此，其他地方的情况也可以印证。如张研例举的萧山徐氏寿大公等"自遗祭田一十八亩"，景宁抽"口香"风俗"父为子析灶时，自抽田租曰口香，即为后日祭田"④，二者不涉及祠堂，称谓虽有不同，但管业性质都是存众。又《丹徒柳氏宗祠条例》的规定，⑤以及休宁《江村洪氏家谱》卷十四《宗祠祀田记》，⑥都说明此类祭田是祠产，由祠堂统一管理。

### 5. 义学田

学田、书院田、义塾田等，多是祭祖和赡族之外尚有余力，专为资助子孙进学、科举所设。规模不大，却是大家族才会设立。江南的学田既有属于祠堂的，也有附属于义庄而独立于祠堂之外的。⑦若将义庄视为广义的祠产，则义学田大多属于祠产的范畴。

---

① 《清嘉庆二十一年（1816年）十一月凌天敬公、凌天元公支下人等调处庙产合墨》（点校本1314页）。
② 刘长东：《论宋代的甲乙与十方寺制》，《四川大学学报（哲社版）》2005年第1期。
③ 《清嘉庆十七年（1812年）八月余特兴祠、俞崇本祠支孙等共修庵屋合墨》（点校本1307页）。
④ 张研：《清代族田与基层社会结构》，中国人民大学出版社1991年，第29页。
⑤ "宗祠有祀田，采租经营。不论尊卑长幼，只论殷实老成，每年公派一人承值料理祠中一应事务。"又规定："祭田余利只以赡养宗族之贫乏，若非宗族不得擅支。"转引自张研《清代族田与基层社会结构》，中国人民大学出版社1991年，第31—32页。
⑥ "吾家宗祠既建，钟鼓既具，则春秋禋祀，所恃以备羊豕、洁粢盛、立百年不敝之贮者，非田不可。……后世子孙，即有共用急需，勿得妄动祀田。如弃田，是绝祖宗血食也。"转引自赵华富《徽州宗族研究》，安徽大学出版社2004年，第290页。
⑦ 张研：《清代族田与基层社会结构》，中国人民大学出版社1991年，第34页。

### 6. 义庄与义田

义庄和义田，均属大中型族田。义庄起源于北宋的范氏义庄。在清代，"立祠建庄"通常并举。义庄中往往建有祠屋，祠屋只是义庄内的建筑物和祭祀场合。有的义庄还建有多个支祠的祠屋。

义庄的组织管理模式与祠堂基本相同，尤其是所谓"开庄"的义庄，"就是要将族田呈宪注册，正式立为'义庄公产'，下要由族人公同议定，建立一套与'义庄公产'相适应的义庄管理机构"。① 换言之，义庄一旦开庄，必定要设立独立的税户，庄内产业均归入税户名下，统一管理。因此，义庄与祠产的称谓虽异，但管业关系相同，都是把田产归入同一税户下统一管理的模式，只不过祠户名下田产多是零星的，义庄户下是成片凑整的大田产。在管业关系上，义庄就是大型祠产。

义田的管业性质，则要看将其置入义庄户或祠户之内，还是直接将田产及契据交由家族各房共同管理。若是置入义庄或祠户内，则管业关系与祠产相同，由祠堂或义庄的管理人支配。若交给各房共同管理，则管业关系与存众相同，由各房商议支配。

### 7．"庄屋"

明清徽州的庄屋，简称"庄"，以招诱庄仆、佃耕庄田、服役主家等为主要的经营和管理模式。庄屋与义庄的管业关系不同，二者不能混淆。

庄屋往往建于田头、山沟，用于安置佃仆。"族居者曰村，其系属于村者曰庄。"② 庄屋既可以由祠堂设立，也可以由富庶家庭设立，不一定附属于祠堂。庄仆既有世代为仆的，也有由家内奴婢脱籍而成庄仆的，还有为官任上带回安置在庄田中的。③ 自雍正五年（1727年）颁下"开豁为良"谕旨后，至嘉庆十四年（1809年）安徽巡抚再次奏准开豁远年世仆，徽州、宁国、池州三府一时开豁为良者达数万人，佃仆庄屋已经衰落。据20世纪60年代调查的基本判断是，残存的佃仆几乎都隶属于祠堂，靠租种祠田过活。"私人占有的佃仆已很少了。"④

不过，直到道光年间，仍有小家族创立新庄，如一个只有两房八个男丁的叶氏小家族说，"各股俱有己庄"，也就是他们所在的大家族里，其他各房都有庄屋。又说，"造作庄屋安庄，以为子孙呼唤使用"。⑤ 说明庄屋是概括性的，并非专供祭祀。庄屋也

---

① 张研：《清代族田与基层社会结构》，中国人民大学出版社1991年，第93页。
② 《黟县续志》（嘉庆）卷三《风俗》。
③ 叶显恩：《明清徽州农村社会与佃仆制》，安徽人民出版社1983年，第241页。
④ 叶显恩：《明清徽州农村社会与佃仆制》，安徽人民出版社1983年，第282、300页。
⑤ 《清道光二年（1822年）九月叶新芸公支共造庄屋合文》（点校本1334页）。

不都是祠堂财产。只有部分庄屋是专为祠堂、墓祠等所设，承担协助宗祠祭祀、守祠墓等劳役。

义庄、祠产不是属于某个家庭的，从无析分祠产或义庄一说。而庄屋可随分家而析分给各房，佃仆也随之分配。《窦山公家议》中屡屡提到"祖庄"和"己庄"的区别。[①] 这种"祖庄"与"己庄"的佃仆役使关系，正因分家析产而成。叶显恩认为，佃仆的占有形式分为族众占有、祠堂占有和私家占有三种，并认为这三种形态对应《茗洲吴氏家记》中"众仆、己仆""众、堂、私家仆婢"等字句。[②] 其实已经指出了庄屋的三种管业关系。

所以，庄屋是一种财产，而非独立的财产主体。它就像田产、山场一样，既可以是存众，也可以是家产，当然也可以是祠产。只有从属于祠堂的庄屋，才算祠产的一部分。

## 四、小结

族产是明清时期对家族产业的笼统称谓。按管业关系分析，祠产、存众和祀会各不相同。祠产是族产中的高级形态，它的主要特点是设立祠户，把各种产业及其业税登记归拢于祠户名下，以便祠堂机构统一管理。

理论上，存众是族产的基本形态，在分家时多已成立，由各房轮流或共同管理。祀会是过渡形态，初级的祀会，是以存众祀产及其租息作为首会，以各房或小家庭作为会脚，联合出资，轮流经营，收益用于合祭或墓祭。这是一种把存众族产和家产联合在一起，重构为族产的组织方式。祀会的形式具有包容性，大型祀会中，存众和祠产也可以作为会股。祀会的高级形态就是成立祀会户，这已接近祠产。

祠产的优势在于，祠户名下的财产不易盗卖，且管理方便，易于统筹。因为这个优势，祠户既能归拢小额现金，又能接受大量零星的田产，成了一个资金池。小额现金和零星田产归集之后，发生协同效应。只要祠堂在经营和管理中不出现腐败问题，祠产的增值速度自然高于那些分散的家产。民国时期，遍布祠堂的县，祠产占到一县田地的一半以上，挤压了农户的财产总量，这就是祠产在组织和管理模式上的优势积累所致。

---

① 周绍泉、赵亚光：《窦山公家议校注》卷六《庄佃议》，黄山书社1993年，第95页。
② 叶显恩：《明清徽州农村社会与佃仆制》，安徽人民出版社1983年，第319页。

祠产的局限性在于，它由祠户管业人支配，当祠户管业人不是各房房长兼任，或者不由各房委派时，祠户的意志可以独立于家族之外。祠户的收益也不能直接由族人分享。因此，在一些大家族内，祠产、祀会和存众同时并存。还有的大家族不设立祠户，把祠屋及基地视为财产，或视为祭祀场所，置于存众或祀会之下，由各房共同管理，这样可以牵制或防止祠产独大。

## 第二节 祠产的经营与管理

### 一、概述

祠产的经营管理与祠堂管理公共事务不同。在整个家族中，最高权力机构不一定是祠堂。全族事务由各房商定的，各房与房下支族的会议才是全族的最高权力机构。若是有祠堂的家族，在祠堂中又分总祠和支祠，有的家族有总祠，但总祠只是祭祀场所，不设管理机构。也有的家族没有总祠，但各房设有支祠，全族事务由各支祠会商。只有全族设有总祠，且总祠与各房的议事机构相重合，才具有领导全族的权力。

在聚族而居、村族合一的地方，当总祠与各房首事合并时，总祠也就享有了管理当地公共事务的权力。在这些公共事务中，也有涉及村族经济利益的，但这种经济利益并非祠产，而是公共事务的一部分。

比如，徽州山区的林木出拼后，木商要把木材捆扎成簰，顺流而放，运出山区出卖。放簰就形成了一套产业链，又称"河利"。放簰人领有官府的"放簰批文"，各自按惯例负责某段河运。沿途有坝碣的，要搬运过坝，又有搬运费。河利不是某个家族垄断的，而是公共事务。所谓"令开河路以便簰，是通商之政切也"。[①] 然而，人多簰少时，族人往往争抢放簰，他们不属同一房，只有总祠出面制定规矩才合适。垄断某一河段的放簰，又面临与其他村族的大规模械斗，只能是总祠出面协调各房派。如敦伦堂是总祠，也是全族最高领导机构。族下为四大房，各房长是第二级。再下为十一支族，支族各族长是第三级。商议放簰次序、械斗、经官诉讼、补偿伤者的合同，需要召集二、三级房长和族长，写立十二份合同，一存祠堂，其余十一份由族长收执。

---

① ［清］凌应秋：《堨论》，《沙溪集略》卷六《艺文》。

写立十二份合同并不意味着总祠与十一族的地位相同。合同中提到，在召集房族长之前，总祠已经缮写诉状二纸，派人"亟随奔禀明县主张老爷台下"。① 这说明，总祠享有最高决策权，并有独立的办事机构。诉讼已经启动，各族必须配合。召集会议，更像是宣布命令。祠堂保存一份合同，更像是监督各族执行。

不是所有的祠堂都有公共事务管理之权，但只要有祠产，就一定有经营和管理之权。本节主要讨论祠堂对名下祠产的经营和管理。财产的经营管理，有的是有共性的。比如，坟山都要禁养荫木，田产总要召佃收租。这些内容，有的在前面章节叙述过，有的在后面有专章。本节不赘。

祠产的经营管理也有自身的特点，主要是两种情况造成的：第一，祠堂拥有自身的特殊财产，如祠屋、升主银等。以祠屋为例，祀会的聚集地点一般不固定，可以在各房首事家里，也可以在当期坐会的男丁家庭中，所以，祀会的聚集场所无需专门管理。而祠屋是固定集会场所，又是祭祀先祖的神圣场所，必须专门管理。祠屋应保持干净整洁，不允许堆放污秽杂物等。这些内容一般规定于祠规或家规，② 也需要通过合同约定。③ 合同的好处，一是便于不断在后代子孙中重申、强化祠规的效力；二是可以约定细化的罚金数目，补充祠规的不足。

第二，是由不同的管业关系造成的。比如，同样是山场，存众山场上有股分，祠堂名下的山场则没有。类似这种情况，需要详细讨论。

两种情况有时不好切割，下面以常见的祠产管理或经营事务为例，在涉及不同情况时再加说明。

## 二、收取升主银

升主银是祠堂经营中的特殊财产，没有祠堂，也就无所谓升主银。升主，在上古的宗庙祭祀中，特指谱系完整且建有宗庙群的王族或贵族，将刚逝去的父辈神主奉入

---

① 《清康熙三十三年（1694年）三月敦伦堂众等公约》（点校本1201页）。
② 《窦山公家议》："祭祀乃是大事，必精洁，必诚敬，否则祖宗不歆。""不许安顿农具、灰粪、柴薪，并不许晒物养畜等项。一切污秽，悉在所禁。有不听令者，管理即告家长家众，重加责罚。"周绍泉、赵亚光：《窦山公家议校注》卷三《祠祀议》，黄山书社1993年，第21页。
③ 《清嘉庆三年（1798年）六月程万友等祠产管理合墨》（点校本1282页）："自今修理之后，祠内一概不许堆积物件。如违，公罚银叁钱。惟禾秆及柴薪二项，照倍双罚。再祠内，不得私租出借。如违，罚银叁钱。如不遵罚者，照合墨闻公究治。"

宗庙，并依昭穆次序，逐次调升历代神主，原先的五世祖则升入上一宗庙，配享于更上的五世先祖，以此类推，直到有一辈先祖升入始祖之庙配享。升又可称为"迁"，始祖的神主不用升，故称"不迁之主"。庶民无爵，没有资格建立宗庙，更不用说二庙以上的宗庙群。祭三世以内先祖，在家或墓祭即可。但宗庙制废坏后，庶民也产生"认祖归宗"的精神需求，庶民祠堂应运而生。在庶民家族的祠堂中，各房先祖杂陈，神主迁升早已不复旧制，更无转迁宗庙一说。升主一般就是指将各家父、祖的神主，以及在家无法安置的三世以上先祖，奉入祠堂。

严格说来，明嘉靖开放庶民祭祀三世以上祖的禁例之前，庶民祠堂仍属僭越。只是建有祠堂的庶民家族，多是先祖曾在宋、元做官的旧族，在前朝已有祠堂。到了明代，仍以先贤或士族视之。入明之后，又有族人出仕本朝，有郎或大夫之阶，保留始祖祠堂亦属合法。官府也不深究。

嘉靖以后，庶民皆可"追本溯源"，祭祀远祖。这就产生了一个普遍的需求，对于庶民家族来说，若不祭祀包括始迁祖以下的远祖，就是不知报本，内心有愧。而许多家族是唐、宋、元时期迁居本地，到明中期，少则已历十余世，多则三十世以上，中经改朝或战乱，始迁祖及各代远祖坟墓荒废无考，是极平常之事。若要有规律地祭祀始迁祖及以下远祖，就不能依靠墓祭，必须建立合祭的祠堂。一旦祠堂建立，庶民家庭就产生一种需求或压力。庶民家庭不用考虑祭祀始祖，但本族既然有祠堂，自应把本家先祖配享于始祖或支祖之侧，才算尽孝。再加上祭祀世远年深的先祖，须于清明期间辗转墓祭，普通家庭对两世以上先祖已经顾不过来，祖墓多已荒废。若有旁系先祖需本家祭祀，更难周全。祠堂是组织化和制度化的祭祀场所，神主入祠可以享用有规律的祭祀，不必担忧沦为冻馁之鬼，且可配享始祖。这就解决了普通家庭的实际困难。

祠堂收取升主银及祠屋修造或维护费用，往往用"科派"二字，模仿官府科税，是毫不客气的。其实，科派之钱是照顾各房各家的先祖，族人都知道是自家事。祠堂代表父祖之命，自然无需客套。况且，每个人都知道，自己死去后也需祠堂负责祭祀，若费用合理，谈不上祠堂强制，亦无所谓抵触。

在鬼神信仰的背景下，完全可以把升主视为一种自愿的合同关系。在此关系中，族人委托祠堂管理和祭祀本家神主，祠堂则向族人提供有规律祭祀的服务。升主银就是祠堂提供祭祀服务后应得的对价。升主银可以按祠规收取，特殊情况下，也可通过合同来约定价格。如歙县佘源有一支徐氏家族，①自先祖尚驷公迁居至此，到乾隆末年已历七世。这支族人已两代未回原籍祭祖，原籍兴建徐氏总祠乐山堂时，佘源支族亦未出银，支祖神主也未入祠。乾隆五十五年（1790年），佘源支族找回原籍，请求把支祖神主送入总祠，"共受祀典"，约定缴纳升主钱纹银10两。②从合同原文看，乐山堂在修祠时向族人收取过"丁口和灶钱"。丁口钱是按男丁摊派，灶钱是按家庭摊派，合称"支费"。交过支费的家庭，祠屋修好后无需再交升主钱。佘源支派交的10两纹银，明显是为了弥补长期未负担族内义务而特别约定的。

显然，用合同约定的升主银是自愿行为，一般是需要升主的支族或家庭请求祠堂，而非祠堂强制需索。必须结合鬼神信仰和祖先崇拜的背景来理解升主银，在这一背景下，它和批助田产入祠等都容易理解。撇开这一背景，就会把"科派"误以为祠堂对族人的盘剥。

## 三、买卖与置换

### （一）买卖

买入田产是祠堂经营祠产的主要方式。存世卖契中不乏祠堂为买主的，此类契书公布已多，本书从略。需要讨论的是，祠产究竟是只买不卖，还是有买有卖。通常认为祠产是只买不卖的。但有学者以实例为证，说明在筹集资金时，祠堂出卖田产是常有的事。③

祠堂田产的确不是绝对的不卖。但出卖祠产必须遵循"准兴不准败"的惯例。在此前提下，为了振兴祠产的筹资，或购入优质田产等，部分经营性的祠产是可出卖的。如上节提到的俞氏支祠为筹措祖寺维修款，出卖寺庙周围山林，就是卖出祠产的例子。

但是，在祠产中有一种比例较大的特殊田产，是指定祭祀专人的田产，可以统称为专祀祠产。专祀祠产通常是升主入祠时，族人为专祀某一先祖而批助给祠堂的产业，也有亡人临终前批给祠堂专门祭祀自己的。还有某房把本房的存众祀产批助总祠，专祀本房先祖的。也有祀会把祀会产业批助祠堂，专祀会内先祖的。

专祀祠产中的先祖，情况也比较复杂。但有一个总的特点，即财产原本就与专人

---

① 佘源属歙县二十九都五图，参见《歙县志》（道光）卷一之五《舆地志》。
② 《清乾隆五十五年（1790年）一月徐起晨等入祠祀议文》（点校本1274页）。
③ 张明：《清至民国徽州族田地权的双层分化》，《中国农史》2010年第2期。

对应。比如，专祀绝嗣旁系先祖的产业，一般就是绝嗣叔祖身前的家产，后因绝嗣而设定为存众祀产，仍然用于专祭这位叔祖，再后来又将其批入祠堂，同时约定祠堂必须用此产业按约定规格祭祀这位叔祖。又如，专祀某位母亲的产业，先前就是母亲的奁产，奁产具有极强的个人专属性，死前设定为祀产，再后来批助入祠，约定只能用于祭祀这位妇人。总之，专祀祠产是产和人对应的，不能视为经营性的田产。祠堂只能管理专祀产业的收入，也可将祭祀费用之外的赢余用在经营方面，但依祠堂惯例，专祀祠产是绝不准卖的。而且，除了不成文的惯例外，设定专祀产业时还会明文约定"以供祭祀，永远无许诸人变卖"。这些约定甚至会写入族谱家规。① 无论从哪个角度，祠堂都必须遵守。同理，批助田产中，如果包含葬有族人的坟山及坟前余地，坟墓与特定的族人绑定，按不成文的惯例，此类坟产也是专祀产业，祠堂绝不出卖。

另外，祠屋和地基，是族人集会和商议的主要场所，是绝不出卖的。不但如此，某些产业一旦用于祭祀，视为祠堂或家族的核心产业，也不准出卖。如，一个尚未建立祠堂的方氏小家族，指定某处房屋为全族的祭祖场所。这处房屋虽不称祠屋，但与祠屋的功用相同。由于该族没有祠户，此屋股分和地税分散在族人户内，只能用合同来约定绝不能卖出族外。② 举轻以明重，已入祠户的祭祀产业更是不能卖出。

## （二）置换

若是田产置换，则相对宽松很多。尤其是在同族之内置换价值相等的田产，不会有任何异议。比如，分家时，把整片田产品搭为多份小段田地，价值相等，业税相同。兄弟分家之后，两个小家族希望置换，只要双方自愿，任何时候在阄书中加写批语即可。

不过，若非分家品搭的田亩，两份田地的价值总会有差异。若双方愿意置换价值相当的产业，则需订立书面合同。比如，某族之下的统昌祠和承德祠，邻村邻甲。前者设有祠户，称为"一图六甲统昌户"。后者的户头挂在一个老户名下，名叫"一图七甲恒茂户"。统昌祠用于置换的是坟地，税银约二分零。此地先前也是从族人处置换而来，后坟墓迁葬，此地空出，仍可用作坟地。承德祠用于置换的是田产，可收谷租三

---

① 歙县《托山程氏家谱》卷二一《祠田》，转引自赵华富《徽州宗族研究》，安徽大学出版社 2004 年，第 288 页。
② 《清道光三十年（1850 年）六月方大有、长寿公支下人等禁止出卖屋宇合同》（点校本 1397 页）："将屋宇、地税，日后无得私事出卖与他姓。倘有以强私事出卖他姓，公族理论，干罚钱壹两正。如有净拗，呈官究治。"

秤十五斤，税银仅一分九厘五毫。二者鱼鳞字号不同，价格肯定不同。然而价值大致相当。坟地是没有产出的，但估价通常不低，且从税银看，坟地比田地略大。承德祠用田产换入此地，约定"任凭耕种，开造厝葬无异"。① 显然是要修造坟墓，对于需要坟地的祠堂，当然是合算的。可见，置换不光看价格，主要看各自的利用价值。与买卖一样，置换祠产只要遵守"准兴不准败"的惯例，就不会有异议。

置换与买卖，都是对财产享有完整处分权的表现，都以管业不受限制为前提。可以置换，就是可以卖出。从这一意义上说，祠产中可以卖出的产业，通常是经营性的或非特定的。与祭祀有关的祠产，受惯例的约束，通常不能卖出族外。而专祀祠产受惯例与合同的双重约束，设定为永远不能卖出。

## 四、山场与坟山

### （一）山场经营

经营获利的祠产主要由田产和山场构成，田产和山场的管理方法，祠堂与私人并无差别，获益靠租谷和出拼林木。后文有专章讨论召佃合同和养山合同，此处均从略。

只需提到，山场若非一族私有，多按股分共同经营。股分可以典卖，祠堂买到山场股分的，与私人处于同等地位。除了共同监督和分摊出资，林木出拼时必须派人与其他业主一起"眼同"砍伐，照股收取拼价。

从一件分割林木拼价的合同可知，徽州有一种小山场，专门掌养烧炭用的杂木，成材时间较短。康熙五十八年（1719年）出拼，雍正十年（1732年）再次出拼，其间只有13年。获利也不大，拼价银30两，除去"酒酌"2.8两，止余27.2两。从合同后附的分成账目可知，参与分成的股分共23户。其中祠户近半，计11户。其余股分由章姓的户丁户或小家庭管业。得银最多的是章汲祠，6.2976两。得银2两以上的有3户，其中2户是私人（章国勋2.812两、章贻仁兄弟2.128两），1户祠堂（章思义祠2.072两）。另有3户得银1两以上，其中2户是祠堂（李德凤祠1.4988两、章立闰祠1.48两），1户私人（章日新1.184两）。其余16户得银尚不足1两。最少的4户均止0.074两（七分四厘），其中有一个祠堂（章陶新祠）。② 可见山场股分细碎化的程度。

分成账目还提供了许多重要的信息。

---

① 《清咸丰元年（1851年）十一月承德祠与统昌祠换产合同》（点校本1405页）。
② 《清雍正十年（1732年）十月章、李、方姓清白分单合同》（点校本1215页）。

首先，纯粹经营性的山场，可以存在多个姓氏的祠堂。山场股分中，以章姓祠堂为主，共9户；李姓祠堂1户（李德凤祠）；方姓祠堂1户（方天富祠）。三姓祠堂依照早年传下的旧例，出拼需与全体管业人重订合同。

其次，山场股分处于不断转手买卖中。如，章叶国股后面注明"系买李大发分籍"，章贻仁兄弟的股分后面注明"系买章宗嗣、成器分籍"。买卖都发生在上次出拼后的13年间。也即每次林木出拼时，股分管业人就会有所不同，导致上次合同只能维持到当前出拼时。以后的山场掌养和林木出拼，虽有惯例可循，但新旧管业人必须齐集，重订合同确认。这一惯例的背景，是山场股分私有和允许自由买卖。惯例与合同相结合，构成山场经营中的规则。而惯例与合同本身又以私有产权为基础。

再次，纯粹经营性的山场，并无买卖不得出族的禁例。比如，章叶国股买受于李大发。但不排除李大发早年从章姓家庭买入此股的可能。又如，方天富祠一股后注明"内方文济分，卖与汪贵保"。这说明，方天富祠管业的是大股，"方文济分"是其中已分割的小股之一，小股管业人已将小股卖出族外，现归汪贵保管业。故方天富祠领到拼价后，还得按股分比例分给汪贵保。此例从侧面说明祠产买卖的惯例，也即以经营获利为目的的祠产无卖出族外限制，或可说，经营性的祠产就是祠堂的现金流来源。同时说明，在私人共同管业的股分上，祠堂和小家庭立于平等地位，并无贵贱优劣之别。

最后，祠堂的名称及其性质。该账目集中反映了多种祠堂共存于山场附近地区的情况。这些祠堂名称有两种类型，一是直接以人名冠以祠名，如章立闻祠、章陶新祠、章汲祠、章大有祠。两个异姓祠堂，方天富祠和李德凤祠，显然也是人名祠。另一种是吉词冠以祠名，如章敦本祠、章思义祠、章尚德祠。另有章康佑祠、章兴佑祠不易判断。以人名为祠名的，多是祭祀近世先祖，祠下房派的世代不深，男丁不多，当属章氏家族中的三级甚至三级以下支祠。该账目中出现了至少四个章姓小支祠，说明大族中的小家族兴造支祠成风。另外，在合同原文中，代表李姓祠堂出名的是"李乐善祠"，账目中的署名却是"李德凤祠"。这两个祠堂，前者为吉词名，后者是人名，明显是李姓总祠与支祠关系，也即该股分在李乐善祠户下，合同起草人遂照管业凭据上的祠户名抄录。实际却由李德凤支祠管业。这个支祠是没有独立祠户的，但支祠以实际管业人身份参加此次全体管业人集会，并在合同中签名。这种总祠与支祠的关系，与王聪柔捐赠田产给三庆堂及其三个支祠的情况相同。即总祠有独立的祠户，或依托老户、户丁户，支祠没有独立户头，却是田产的实际管业人。在章姓的两类祠堂名中，显然也有支祠和总祠的这类关系，可惜难以复原了。该合同中的大地名为"三四都十保",都、保均是南宋遗留下来的乡以下建制,明初重编里甲后逐渐淘汰。至清代,徽州各县之都,正式编制均已改称图,只有少数都下仍以保为正式建制。但祁门县自明代以来,民间订立契约,按习惯照宋元遗制仍称保。而且,只有祁门县在洪武二十四年(1391年)攒造黄册时,因归并都图,而把原辖于制锦乡的三都和四都归并为一都,称为"三四都"。① 其他徽州属县均无此编制。故不出意外,此合同当出自祁门县,同时说明至少在祁门县存在大族内的小家族不断创立支祠的习惯。这些支祠在文献中也没有留下多少名字,但在当时,它们如繁花一样四处绽放,其数量远远超过以始迁祖为主祭对象的总祠。支祠的祠产多少,也当具体而论,如章汲祠就是持有山股最多的管业人,而章陶新祠则是股分最少的管业人之一。

## (二) 坟山管理

坟山不一定有产出收益。为保祖护坟,坟山中的林木往往禁止砍伐。祀会或存众坟山的管理,在上章已经介绍。这里仅考察坟山在祠户名下的情况。

祠堂坟山仍多采用合同申禁的办法,但与存众坟山的申禁相比,祠堂坟山的申禁具有鲜明的特征。以嘉庆年间西川方氏汪公派的祠堂禁约合同为例。②

我们知道,存众坟山的禁约,防范的主要对象是"有分"族人上山耕种砍伐。合同还要特别注明,族人在申禁之后入山砍伐,将被视为"盗砍"。③ 这是因为,存众坟山上有族人的股分,"有分"族人上山砍伐,难以直接认定为律例中的"盗"。但是,祠户名下的坟山,管业关系清楚,族人绝不能以"有分"为借口上山砍伐。方氏祠堂的禁山合同,用语也是简洁明快,凡是族人未经祠堂同意入山砍伐的,均属"魆地上山盗砍",一律罚银三钱。

祠堂的坟山申禁合同,主要是约定族人抗拒外人上山砍伐荫木的办法。对此,合同不惜笔墨,凡是外人上山强行砍伐的:第一,族内壮丁必须人人"登山夺刀斧"。若有打斗小伤,族内负担医药费用;有大伤,族内安排男丁帮助耕种伤者家庭的田亩。第二,壮丁在家不到场的,罚银一两二钱。虽不在家,通知本人而不到场的,同样罚

---

① 祁门县制锦乡,下辖三个都,都以下正式建制仍为图。一都三图、二都二图、三四都二图。三四都辖村七:侯潭、桃墅、响堂湾、塔坊、九龙源、潘张村、竹溪。参考《徽州府志》(康熙)卷一《舆地志上·厢隅乡都》,赵吉士纂。
② 《清嘉庆四年(1799年)三月方汪公支下任事人等禁约合同》(点校本1283页)。
③ 《清乾隆三十七年(1772年)三月柯大楠公派下人等禁约合同》(点校本1252页):"倘有分内之人,恃强砍斫,故荒山场,亦与外人盗砍同论。"

银一两二钱。即使未通知到本人，只要未到场，也要罚钱一百文。第三，打斗后，负责邀保调处，或者代表本族到官府诉讼的族人，按重伤之例，由族内男丁"填工"。住宿、路费等由族内各家族凑钱。诉讼所需花费，照丁均出。第四，凡不服从约定的，将此人"公取夹出，日后毋许入祠"。

存众坟山与祠堂坟山虽可笼统称为族坟山，但申禁合同的用语差别，深刻反映了清代民人的法律观念和管业观念。族人在存众坟山上有股分的，还可说此山是"我家的"。对于祠堂坟山，却完全没有资格如此说。祠户虽是虚拟，但一旦呈立，和家产一样，由祠户独立管业。就像分家之后，兄弟之间无权干预他房名下的家产。族人侵入祠堂坟山砍伐荫木就是"盗砍"，而非视为"盗砍"，法律责任极为清晰。

管业关系明确，法律责任清晰，是利用祠堂保护族产的一大优势，也是清代家族愿意设立祠堂的主要原因。祠堂不能仅凭祖先权威约束族人。设立祠户固然是为了方便接收零星财产并统一管理，同时也便于运用当时的法律来保护祭祀产业。祠户与小家庭登记户头的程序完全一样，甚至很多就是寄托在户丁户名下，这使祠户取得了与家庭户同等的法律地位，并使祠产与家产具有同等的法律效力。而存众之上，各房或小家庭按"股法"或"分法"享有权益，族产与家产是你中有我、我中有你的关系。存众的实质，是因连续分家而自然形成的混合的、多层次的管业形态，它始终未能割断家产与族产的联系。用今天的话，存众是一种产权不明确、法律责任不清晰的财产关系。祠产则暗含着反对、扬弃或超越存众的意味。

## 五、散胙

散胙，是祭祀完毕，把牺牲切块，在族人中散发的制度。散胙制度是明清庶民家族在祭祀活动中建立的。用祠产供应的祭祀，祭毕在祠堂散胙。用存众祀产或祀会供应的上坟标祭，要把牺牲抬到墓前，祭毕也要散胙。前文中已在多处零散地提到散胙，现再于祠产中一并讨论。

庶民家族的散胙制是模仿上古王室和贵族的散胙之礼。胙，①"祭福肉也"，②是祭余

---

① 胙，又为西周封国名。《左传·僖公二十四年》："凡、蒋、邢、茅、胙、祭，周公之胤也。"关于"胙"的古读音，《左传》襄公十四年："世胙大（太）师，以表东海。"注云："胙，报也，才故反。"故胙肉之胙音为"才素反"和"才故反"，皆拟为"tsú"。《说文》注"昨误切"，音当为"zù"，与《左传》注近。《康熙字典》收该字历代读音还有"疾各切""则落切"，音为"zuò"。
② ［汉］许慎：《说文解字》四篇下《肉部》。

肉的简称。又称"喜肉",实为"禧肉"。①"禧"与福同。古人认为胙肉承载了鬼神赐福,祭毕散人,有分享赐福之意。散胙礼通行于上古,又分赐胙礼和归胙礼。赐胙礼是宗子祭祀祖先后,将胙肉分赐小宗,寓意分享始祖和其他祖先的赐福。但天子赐胙诸侯,不限同姓。②因为天子非止一姓之宗,乃天下之大宗。归胙礼也称归福之礼,或起于商代。③历史上最著名的归胙,当属大子申归胙晋献公而被废,④由此开启了下至晋文公称霸等一系列脍炙人口的故事。由大子申归胙事,可知归胙是代祭之人将胙肉献给国君或宗子。至汉代,祠官仍从归胙之礼。⑤

明清时期,庶民家族祭祀祖先之后,仿散胙之礼,在子孙之间分散胙肉,俗称颁散或颁胙。只要子孙无大过,足额缴纳家族科派,按时参加祭祀,即可领到胙肉。从子孙的角度看,领取胙肉是分享祖先赐福的权利。散胙重在获福,不当计较胙肉多少。然而,明代就有人批评说,族人多把散胙与缴纳的"祭谷"相对应,视为一份固定收入。⑥批评归批评,这种对应关系在明清时期已是普遍现象。胙肉换算成股分的,又称胙股或胙分。照股计算的好处是分配甚为方便,同时,也就不可避免地发生流转或分割。比如,管业人可以把多余的胙股在族内买卖,也可以在分家时把胙股分割为小股。分割和买卖不影响总的管理,祠堂或家族只按初始登记的胙股分配。只要胙股没有卖出族,族人凭股领取胙肉,均可置之不问。至于领到胙肉再分小股,有的是各房按分家后的实际情况处置,有的是小股管业人私相授受,出于自愿,亦无干涉的必要。

真正需要全族商议,是增发胙股的情况。通常来说,增发胙股会影响老股的分量,若非族内重大的公共事务,不会轻易启动。

## (一)增发胙股

比如,胡天寿公膳茔是竹园胡氏的存众祀产,膳茔内有本银 5.885 两用于放贷生息,每两银约得胙肉 40 斤。胙肉按老股 14.5 股分配,每股照本银 0.405 两(四钱五厘)

---

① 《汉书·贾谊传》:"上放受釐,坐宣室。"应劭:"釐,祭余肉也"。釐,音禧。
② 《左传》僖公九年:"王使宰孔赐齐侯胙,曰:'天子有事于文武,使孔赐伯胙。'"
③ 叶正渤:《毓祖丁卣铭文与古代"归福"礼》,《古籍整理研究学刊》2007 年第 6 期。
④ 《左转》僖公四年:"大子祭于曲沃,归胙于公。"又见《国语·晋语二》,曰:"申生许诺,乃祭于曲沃,归福于绛。"
⑤ 《汉书·文帝纪》:"今吾闻祠官祝釐,皆归福于朕躬,不为百姓。"
⑥ "祭以奉先,非为胙也。近有计胙多寡,不出祭谷者,殊可鄙笑。人人若尔,不几于废祀乎!今后但非远行、大故,应出祭谷而不出者,中元、冬至二祭俱不许领胙。"周绍泉、赵亚光:《窦山公家议校注》卷三《祠祀议》,黄山书社 1993 年,第 20 页。

计算，应得胙肉约 16 斤。三大房是胙肉分配的第一层级，各房持有的胙股各不相同。其中，长房持 5.5 股，次房持 7 股，三房持 2 股。胙肉照股分到各房，小股的再分配如下：长房，灶公一股、贞社一股、贞一股、贞福一股、大松一股半。二房，可公一股、育公一股半、成公一股、光财一股半、大雄二股。三房，文公二股。"某公"，俱是去世先祖祀号，代表各自的支族，这是胙肉分配的第二层级。从合同批语看，还有第三层级，是五位祖先"原有胙五股"，现已稀释在老股中，① 这五位先祖不在第二层级的名字中，想必是各支族中的旁系先祖，属于他们的胙股应由负责祭祀的小家族领取。胙肉最终要分配到小家庭手中，只是小家庭不在胙股的初始登记中，分配合同无法反映。而且，小家庭是不断变动的，而三大房及支族是固定的，全族以房、族为单位分割，就像以臂使指。所以，在小小的竹园胡氏家族中，胙肉分割至少经历三层。如果在第三层已有分家的，则兄弟家庭之间再分割一次，也就是第四层。

牵涉如此复杂的利益层级，胙肉老股是很难变动的。一旦变动，全族所有家庭拿到的胙肉分量都会变化，只要任何层级中的胙股管业人提出异议，都使变动难以推行。但乾隆二十六年（1761 年）订立合同就是要新增 6 股，所增胙股由胡光盛等六个家庭管业。原来，前两年胡氏家族纂修族谱，先是照丁摊派费用。仍少银 18.4 两，由族人自愿垫支。垫支过去两年，至此约定，凡垫支银 2 两以上的，可以换算为一份胙股。

值得注意的是，垫支不是捐资，按说是要归还的。换算成胙股也就是全族归还的意思。但是，垫支银在修族谱时花光了，增股并未相应增加本金，胙肉也不会明显增加，也就是说，增股稀释了老股的胙肉斤两。再从胙股价格计算，增发新股在 2 两银以上，是老股的五倍，对增股的族人来说似乎不划算。但族人却愿意接受，究竟是胙股有利可图，还是多一份胙股让族人颇感荣光，值得玩味。

再来看另一次增股事例。时日公的祠堂名曰尊美堂，其下五房。长房有一产业涉讼，于是将产业捐入尊美堂，这项产业就成了祠产。该诉讼也变成全族与外姓的争讼。族内约定由五房的招庆出面应诉，并支付讼费银洋 71 元。因讼费不足，祠堂认为不能再从"公匣"开支，决定由各房族人捐资。议定按每五千文对应清明胙肉二斤。现存两件"墨约"，一件内载光养助"钱五千文正"，"发胙亥二斤"；另一件是光锭助"钱拾千文"，"发胙亥四斤"。②

---

① 《清乾隆二十六年（1761 年）二月胡天寿公裔孙人等经管祀产合墨》（点校本 1245 页）批语："原有伯志公、伯恒公、世勋公、世公、希荣公，以上五位，原有胙五股，今入十四股半胙内，递年清明标挂，各纸角一只。又照。"
② 《清道光二十八年（1848 年）三月时日公支下人等胙肉合同》（点校本 1393 页）（两件）。

这套墨约不称"合墨"或"合约",也没有半书,说明它自认为不是合同文书。墨约正文中填写的捐助人、捐助钱文和胙肉分量均不相同,按严格的合同制度,这两件墨约不算"一式",只能算不同捐助人与祠堂分别订立的契约。但两件墨约除了捐助人等信息不同外,叙事文字完全相同,且均是族长署名在前,其下有相同的34名各房代表签名画押,其实质与格式相同而填写内容不同的收据相近,可以扩大理解为合同文书。在传世契约中,多有没有半书,而自名"墨据""约据""约"等的,其中或许还有与此套墨约相同的情况,但若止存一件,只能存疑,此次俱未整理。

尊美堂族人捐助的资金是用于祠堂诉讼,而非扩大祠堂资本,所以,此次增股也将稀释各房胙肉的斤两。这正是全族各房代表要共同署名的原因。它反映了增扩胙股是极为慎重之事。再结合竹园胡氏增发胙股是为修族谱,可以说,只有直接对祠堂或全族事务有贡献的才会增发胙股,增股带有奖励族人的意味。

### (二)颁胙的作用

从增发胙股的事例,已可看出散胙不仅限于祭祀活动,它还可以灵活运用在族内事务中,发挥约束和奖励族人的作用。散胙本身是祭祀活动中的正向激励机制,散胙制度一旦建立,随之就有了停颁胙肉的惩罚。停胙可以是短期的,也可以永远停颁。这种事例在前面多次提到,无需赘引。颁散本是为了规范祭祀行为,尤其是激励族人参与祭祀。停颁也主要是针对不参与祭祀的严厉惩罚。但是,当发现这种惩罚具有强大威慑力后,它就自然地延伸到其他非祭祀行为,如不守祠规,或不按丁灶缴纳祠堂科派。

从价值来说,胙肉不过是几斤肉。但这事真不能用经济价值计算。在聚族而居的环境下,全村全族都有的东西,自家没有,就是低人一等。停颁是一种羞辱性的惩罚,以贬低尊严的方式惩罚违规者。尊严需要财产的支撑,但没有尊严就没有财产,甚至可以剥夺生命。无人不怕被贬损人格。

散胙和停散甚至可以用于家族或祠堂试图阻止的任何行为。比如,竹园胡氏是聚族而居的小村族。村里"各种山场、田地、五禾,各色花利、茶叶、各项菜蔬,因系毗连",多被偷窃。为制止小偷小摸,他们也用上了散胙。办法是这样,从天寿公、永清公、永积公等三处膳茔中拨出银共八钱四分,"照村内锅头颁散,立条具禁"。锅头即灶头,照锅头就是按全村现有家庭为颁散单位。立禁约时颁散,不但借用了祖先名义,更大的好处是,全村任何人都不能要赖,说自己没有同意过禁约。只要领取了胙肉,就等于承认自己知道禁约的内容,也等于承诺必须遵守禁约。禁约合同只写三张,三大房各收一张。但全村各家都领取胙肉，吃了肉，就等于签字画押。三大房拿着合同，其实是便于监督。禁约又规定，凡违反禁约者，罚银一两，"仍照前锅头人等颁散"。① 所谓"仍照前锅头人等"，当然也包括违反禁约的家庭。与永不颁胙相比，罚银一两的惩罚不算严厉，甚至带有戏谑的成分。只是全村各家有份，肯定是不能随便赖账的。

当家族或祠堂领悟到散胙的好处，他们必定暗自窃喜。散胙制度天然地包含了赏与罚。颁胙是赏，可以鼓励族人捐资兴族。停颁是罚，从罚银一两到永停颁散，轻重有差，收放由心。法家早就说过，人是好利恶害的动物。能赏能罚，家族或祠堂才能成为基层社会的真正统治者。前面说过祠户对保护祠产的重要作用，祠户是依赖法律而为祠产建立的保障底线。散胙制度则是祠堂或家族手中的武器，进可攻，退可守。

## 第三节　祠之大事：祠屋与族谱

祠堂大事也是全族大事，主要是修造、扩建或维修祠屋，以及数十年一次的纂修族谱。祠产的日常经营和管理，固然会积累一些银钱，但在这些耗资巨大的事务面前，积累的银钱不见得够用。即使勉强足支，也不能一次花光多年积蓄，尤其是不能随便变卖田产。所以，遇到此类大事，祠堂还是以组织和倡议为主，由各房或捐资或派费，此时就涉及订立合同确认或补偿各种利益。

### 一、祠屋的兴建与重建

#### （一）兴建祠屋

先从兴建祠屋说起。西川方氏的始祖方汪公，原居歙县下磅溪（雍正三年合同又称"原居下磻"）。明末分家后，迁至黟县西川（今西递）。始迁祖为岩祐公。清初，方姓"人丁且寡，未建宗祠"。康、雍时期子孙繁衍，至雍正三年（1725年），方廷祯、方廷谟等族人商议兴修祠堂。

万事开头难，此前没有祠产，又无祠堂组织，兴建时皆需新创。比如，先找出老

---

① 《清乾隆三十年（1765年）八月胡天寿公等派下人等禁约合墨》（点校本1249页）。

户内的存众地基。面积不足，又要把相连的零星地基凑整。方廷祯等人说服族人捐出"地税"，搬出原地内的坟茔、屋宇等。再与族人约定分摊费用和供饭的规矩，称为"科抖三熟钱谷"。"科抖"略不同于"科"。"科"是强制摊派的意思。"抖"是方言，又作"闯"。有的合同中不用"科"字，止用"闯"，如："各时热出等闯，或分或厘，俱系均出，而女口不派。所闯之银，即交工匣，存积入账。"①"闯"的本意是"凑齐"，又含自愿的意思，和"凑份子"的"凑"意思相近。兴建祠堂的临时管理组织中也有两人名为"科抖"，排在四个"任事"之下。②任事是代表各房管理祠堂之人，科抖则专门负责筹措钱谷或工料，其下的分管职务又称"镗钹科抖""钉锹抖""通锜抖""锽锁抖"等。可见工程的组织工作全凭族人自治。不过，八年后，方氏祠屋仍未造毕。方氏族人再次议立合同，其内容与雍正三年合同相同，但增加了"如有反悔不遵者，甘罚白银伍两"的罚则。可知兴建祠堂的艰难。

总的说来，方汪公派不算是族产殷实的大家族，祠屋主要靠族人自力修建，除了以一点存众族产为基础，主要依靠族人捐助、摊派丁口费。并需男丁出粗工，妇女供饭浆，当然，实际上粗工和供饭均可换算成银钱摊派。由此看来，能兴建祠屋的家族，若非财力雄厚，至少丁口要发展到一定规模。

总祠终于修好了，叫光德堂。一百多年后，方汪公派下两房支孙交恶，竟拆毁了光德堂。但是，总祠虽然拆了，支祠还是要兴建的。光绪二十四年（1898年）社贵公裔孙独自筹建支祠。第二年，社孙公裔孙闻讯，也开始筹建祠屋。社孙公裔孙筹建祠屋的合同，前面在分析扒补关系时曾讨论过。③扒补是因为族人不愿捐助地基，只同意置换，于是在存众族产中找出价值相当的财产，去补偿族人。而雍正三年兴建光德堂是靠族人捐助基址，也就无所谓扒补。

社孙公裔孙兴建祠屋时，本支没有祠户。所以，凑整而来的祠基，其归属不能明确为祠产。比如，堂前余地的业税"归自诚户完纳，其路道乃归社孙公支丁坐众"。这说明，堂前余地和用它修筑的道路仍然定性为存众。"自诚户"是一个老户，名下产业可以与族人的家庭户隔离，且名下另有存众田产，收入可用于应付存众族产的业税。它现在还是存众族产的户头，将来有可能转为祠户。

我们知道，祠户是祠产的标志，兴建祠屋则是存众向祠产转换的关键节点。在兴

---

① 《清乾隆三十五年（1770年）十二月胡天寿公裔孙人等兴会修祠合墨》（点校本1250页）。
② 《清雍正三年（1725年）十二月方汪公派下子孙等共建宗祠合同》（点校本1213页）。
③ 《清光绪二十五年（1899年）十月方社孙公支下任事人等祠产合墨》（点校本1517页）。

建祠屋时，若家族把某个已存在的老户或户丁户转为祠户，或专门赴官府呈立祠户，再把祠屋基址和业税划入祠户，就形成了第一批祠产。若不设立祠户，祠屋基址和业税也不起割，仍保留在各房原有的存众老户名下，这就形成像《窦山公家议》中提到的情况，有祠屋而无祠堂组织，祠屋只是存众中用于祭祀的建筑物，可视为存众祀产。

### （二）重建祠屋

设有祠户的家族，必定有祠堂组织。重建或维修祠堂，可由祠堂直接组织，这是与没有祠堂组织而需新建祠屋的不同之处。不过，在已有祠堂组织后，各房的地位仍然非常重要。下面利用一个例子来考察祠堂与各房之间的关系。

柯氏良理公家族的祠堂名叫致和厅，原建于乾隆四十七年（1782年）。不到半个世纪，"渐年发蚁损伤，将以倾颓"。该祠堂"首事人"共有六人，其中，柯天浙是祠堂首领，还可能兼有族长的身份，但不是任何一房的房长。他觉得"坐难袖手"，遂召集五房会商，由此可知，祠堂首领的超然地位使他成为全族的召集人。其余五人是各房房长，他们与柯天浙一起，在祠堂名义下重构了家族组织。参与商议重修祠屋一事的，又远不止他们五人。另外29名族人，分别代表五房之下各支族（以户丁户为名）。商议完毕，只写立五份合同。这说明各房房长可以代表房下支族，但全族大事仍需各小家族的支持，不能由祠首和房长说了算。至于合同文书由五房房长各自收执，其实是以此为凭，相互监督之意。

重建的致和厅需要另选基址，新基址是一处绝嗣族人的屋业。约定地基和业税"合众"。这说明该屋的原管业人不愿将其捐为祠产，只愿暂时作为全族存众，将来若不做祠屋，此地尚属各房共管。合同中看不出以祠堂名义号令族人的痕迹，但首事人可以决定当族人不按约定缴纳派费时，本家先祖的神主"停不许进。必待补足之后，定行另进"。①

柯良理公派下支族仅有29个，以每户5名男丁计算，总数在200名以内，不算是大型家族。但这恰好说明了普通家族的祠堂情况。这些祠堂的产业不够丰厚，祠堂也不能向族内各房发号施令，祠产的扩充、维护和管理等事务，必须借助房和支族的力量。它们的特点是，祠堂组织与家族组织重合，便于祠堂统合家族组织，同时，各房相对独立，也须以祠堂为名召集和联合各房。重建祠屋时的议事模式，集中反映了祠堂和家族组织如何应对族中大事。祠堂、房和支族是族内三个层次，代表了三种利益。

---

① 《清道光八年（1828年）二月良理公派下人等修祠合议》（点校本1349页）。

荣兴公支下只有6丁，良甫公房下只有2丁，一共才8个家庭户。这样小的家族，并不妨碍分出房和家庭两个层级。据社孙公支说，是社贵公支族人倚势鲸吞了"下磻溪蛇形祖坟前田一坵祀租"。两支族人自光绪二十三年（1897年）赴县呈控，案悬两年未结。①无论是否属实，两族交恶的主要原因，不过是坟前祀产的收租管业归属。我们说过，存众族产的最大弊病，就是产权归属不清晰，坟前余地又是不能实际分割的存众产业，只能股分管业，容易引发股分管业人的矛盾。两族因此交恶，本不足为怪。

更值一说的是，在创建光德堂时，方汪公派下三支和光绪年间社孙公支下的两房，地位和关系完全一样。雍正三年（1725年），方汪公家族人丁不多，三支族人团结和睦，讲究亲亲之谊。方廷祯、方廷谟等人热心为公，为创建祠屋奔走。方氏族人也慷慨大度，捐助祠基。方廷祯就是雍正年间方汪公派社贵公支的房长兼祠首人，又是光绪年间社贵公支房长的直系先祖。那时怎能想到，百余年后，仅为坟前余地的一点谷租，自己的直系裔孙竟至于拆毁祠屋？！

很多迹象表明，方汪氏家族创建祠堂，就是因为弱小，需要以祠堂来团结各支族一致对外。据方氏族人称，祖坟在乾隆年间曾受苏姓"跨辱"。嘉庆元年（1796年），苏姓家族又在光德堂祠屋正前方修建一座高楼，把祠屋逼得寒碜不堪。方氏各房立即针锋相对，决定加高扩建祠屋。②从那时到光绪二十三年刚好100年，方氏在西川已站稳脚跟，外侮渐销，内部也相应松懈。而且，人丁渐多，族产渐丰，支族再分支族，本支族人之间互称"本家"。本家与其他支族分辨你我。这是所有家族发展到一定阶段都有的现象，也是为何各种修祠合同或族产禁约中都要提到"人心不齐"。所谓人心不齐，从祠堂或全族的角度看，是说各房各支离心离德，不顾全族"公事"。但是，从各房各支的角度看，他们只是更看重本房本族的利益，那些平行的房支与本家相隔世代甚远，不能与本房本支族人相比，这是很正常的心理。

并不是有了祠堂，各房就能服从约束，紧密团结在祠堂周围。祠堂依赖各房和支族的支持，祠首和各房任事人往往是重合的。修建祠屋无疑是家族大事，但庶民家族没有宗子或大宗，祠堂只是全族的标识。当各房需要团结，看重这个标识时，修建祠堂就是大事，身兼祠首的各房房长奔走呼号，小家族也能成功地创建祠屋。一旦家族团结的愿望不再迫切，同样是身兼祠首的各房房长，也可以煽动甚而组织族人拆毁祠屋。各房或支族的独立性，由此可见一斑。在这一意义上，明清庶民家族的祠堂，又

---

① 《清光绪二十五年（1899年）十月方社孙公支下任事人等祠产合墨》（点校本1517页）。
② 《清嘉庆元年（1796年）一月方汪公支下人等公约》（点校本1280页）。

是区域政治生活中的工具，把手捏在各房或支族的手中。

### 三、维修祠堂

木质建筑，差不多四五十年总要翻新或大修，祠屋也不例外。

#### （一）分摊经费

仍以西川汪氏光德堂为例。嘉庆元年（1796年）第一次修祠屋，此时离创建祠屋（约在1733年即雍正十一年后）已有60余年。这次修理不彻底。嘉庆四年（1799年）又一次修理，约定各头首"科抖三熟"。① 到光绪五年（1879年），中经80年，不排除其间还有一次大修，但没有合同保存下来。光绪五年是光德堂最后一次大修。此时，光德堂任事人共四位，位列三大房之上。合同共写立了六份，除三大房必会执管一份外，另外三件由谁执管不详。此次整修祠宇的原因，一是"木朽垣颓，将有覆压之患"；二是存放神主的"寝宫"已无空闲，入祠神主"无位可登"。整修工程分为装修庙堂和改装寝室。重整祠宇的花费浩大，费用约定由全族丁口分担，外加男丁出粗工，妇女做匠饭。②

重修祠屋的费用方面，还有一种特殊的分摊方法。据汪氏善德堂的重修合同，学元公和学成公两房商议采取"四六分科奢"的摊派原则。具体地说，祠屋的房步共"九步半"，这些房步就像楼屋中的房步一样，已经分到了两大房，又再分到其下的支族。因此，这个祠屋内的9.5个房间是独立地供奉着不同支族的先祖。所有重修费用，六成按"房步"摊派，四成"照灶科出"。③ 善德堂的"任首"制度也很特别，合同约定年年抽阄，"前后轮流而值，毋得推诿"。说明祠堂"任首"就是负责管理祠屋的差事，是作为义务分摊到各族人的。

#### （二）邀会集资

为修理祠屋，还有邀会筹措资金的。胡天寿公的祠屋已临倾朽，各房约定轮流值年，并由值年的一房负责维修。乾隆三十五年（1770年），轮到胡光隆等人的房派管

---

① 《清嘉庆四年（1799年）三月方汪公支下任事人等禁约合同》（点校本1283页）。
② 《清光绪五年（1879年）八月方光德堂支下人等重整祠宇合墨》（点校本1460页）。
③ 《清光绪三十二年（1906年）一月汪学元、学成二公支孙任首人等修祠合同》（点校本1538页）。

理，他们商量将本房存众作为会本，邀集自愿入会之人，筹措维修资金。

从合同签名看，这一房又分三房，胡光隆、光寿、光裕等三人称"总首裔孙"，也即各房房长。这是本房之下的第一层级。往下是三房"伦干"，有 10 人，代表各房支族，这是第二层级。合同订立 13 份，3 位总首和 10 位伦干各执一份。这说明伦干代表的支族相对独立。在各伦干之下，又有"裔孙经手"共 19 人，其中有 12 人与"总首"和"各伦干"的签名重合，而"伦干二房"中有一位"贞陆"未出现在"裔孙经手"中，可知"裔孙经手"就是房下各家庭户的代表。这是第三层级。其实，无论族内如何编制，最低层级一定是家庭户，家庭就是家族的基本单位。

胡氏这一房像很多家族一样，是按照分家时的房派来分层，分出了三层，但也就是两至三世分家的结果。家族规模并不大，小家庭为 19 户，男丁妇口共计 66 人，无论按户还是按丁，分摊修祠资金均有不足，才想出了邀会集资的办法。

具体办法，先将本房的两处坟山树木出拼，筹得拼价银十余两。再以拼价放贷，利息存为会本，邀集十股为会脚。其实这十股会脚就是由 10 位伦干占据，也即该会的会首是本房第一层级，会脚即第二层级的支族。拼价利息与入会资金一并凑整，一起放贷生息。仍有不足，再以房内散胙资本补足。仍不足，每年再按男丁均出。"各时热出等閒，或分或厘，俱系均出。"

有意思的是，胡氏祠屋的房步也分割到各房。① 其中，长房只得一步，次、三房各三步。只是整修并未按房步分摊费用。

## 四、纂修族谱

纂修族谱也是祠堂大事。修谱既需巨资，又需周密的管理。考察纂修族谱，是了解祠堂组织与经费管理的主要线索。

竹园胡氏的修谱合同，充分反映了筹措修谱资金的情况。竹园，是歙县溪头镇竹园村。这里的胡氏家族自称明经公后裔。据说，明经公迁婺源考水，支派延进公后忠公迁绩溪宅坦，传至天寿公再迁竹园。② 宅坦胡姓共有 8 次修谱，其中乾隆十九年

---

① 《清乾隆三十五年（1770 年）十二月胡天寿公裔孙人等兴会修祠合墨》（点校本 1250 页）："再批，前安祖先屋内，共有歇房七步，内长房下歇房一步，二房下歇房三步，三房下歇房三步。今议重造祖屋，其基听众取用。但造祖屋之外，左边仍有空基一片，听众取用。仍则扒补二房下歇房廊二步，三房下歇房廊二步。但长、二、三三房人等面议，批据无异。又照。"

② 《清乾隆十九年（1754 年）四月胡光盛等集资修族谱合墨》（点校本 1237 页）。

（1754年）与"外迁支派会修"。① 竹园胡氏的修谱合同也说："乃明经公支下等派胡氏，遂处逐会，整理族簿。所费银钱，各支等派。"乾隆二十五年（1760年）加批，此次修谱竹园派共用去银两71.73两。这些银两主要依靠照丁摊派。最后仍不足，由各房支族捐助18.6两零。

按照捐银账目，竹园派在乾隆年间共三房，长房下分3个支族，次房8个，三房仅1个。每个支族没有特别名号，只以族长为登记名。如族长名为胡光盛，登记名为"盛"。每个支族的捐助数目各不相同。二房之下光盛族最多，共捐4.35两。三房之下光寿族排第二，捐3.3两。而长房三族一共才捐2.364两。捐助不到1两的，数目也参差不齐，二房庆吉族最少，才0.2两。捐银数目毫无规律，说明丁多财厚者多捐，丁少财薄者少捐。捐助基于自愿，量力而行，并非摊派。

全族仍然增发胙股，奖励捐助多于1两的五个支族，分别是二房盛、永、隆三支，长房智支，三房寿支。这五个支族所捐数目有1两余、2两余、3两余和4两余等，各不相同，相差悬殊。但都只得一份散胙，说明只把散胙当作荣誉，不计较多少。另外，二房"光裕、光兴、庆吉合一股"。这三支各自捐银不多，总计才1.39两，刚过了1两的及格线。而庆吉也是全族捐资最少的，他是庆字辈，可能是刚分出不久的小家族。这只胙股是特别嘉奖那些有困难仍然捐助的支族。总之，支族捐助的银两，已经用于填补乾隆十九年修谱的缺费，并不是用来增加族产的本金。与修祠堂等捐资奖励胙股一样，增发的胙股会稀释全族各房的胙肉分量。另外，前文叙述过的增发胙股，都是捐资以后两三年才议定。此次胡氏家族增胙在乾隆二十五年，也即捐资6年之后。这些现象都说明，捐资时并无增胙承诺。也不排除家族刻意拉开时间，以示奖励出于公论。

结合乾隆十九年的竹园胡氏修谱合同，与前引之乾隆三十五年（1770年）胡天寿公裔孙修祠合同，可知宅坦胡姓有一个亲逊堂为总祠，竹园胡氏是依附于总祠的房派，自己有支祠祠屋，但祠屋由各房共管。竹园胡氏参加宅坦总祠修谱，体现的是散居外地的房派对总祠的支持。它们综合反映了祠堂运作大事的基本情况，其层级运作可分以下环节：第一，由祠堂倡议和召集，组织修祠或修谱的临时管理机构，并派人联络

---

① 唐力行："宋嘉定四年（1211）十四世胡俊卿始纂修宅坦族谱；元延祐元年（1314）十六世胡景和、至正十一年（1351）十八世胡复初分别续编；明嘉靖三十五年（1556）二十四世胡文宪等17人会纂嘉靖版，万历年间二十五世胡桓、胡东溥编万历版；清康熙五十九年（1720）的康熙版，编者失考。乾隆十九年（1754）三十一世胡挺龙并本派及外迁支派会修，同治十一年（1872）前门三十六世胡宝铎续修未果；民国九年（1920）胡宝铎弟胡宣铎修民国版。"《徽州宗族社会》，安徽人民出版社2005年，第69页。

本地和外地各房。第二，预算经费和人工，按预算总额再分配到祠下各房。各房再与支族商议，确定按男丁或家庭摊派的规则。第三，丁灶银两先上交总祠，推动事务发展。实际经费超出预算的，多出的经费再由祠堂和各房劝捐。三个环节中，总祠是最初倡议和最高层级的组织者。各房处于上传下达的中间层，执行具体筹措工作，但执行时又需与更基层的支族及其小家庭商议合同。

如果把总祠视为全族第一层级，竹园派已是第二或第三层级，它再向下与三房商议，三房已是第三或第四层级。房还要依赖支族，这已是第四、五层级。之下还有小家族和家庭。大型家族的祠堂遇有大事，首先是祠堂出面召集各大房或各派，让他们拿出办法，订立合同。各房或派回到本地，再召集支族和小家族，商议办法，订立合同。表面上，全族是以血缘关系按房族分层管理，实际上，各层房族均有相对独立的族产，最基层的家产又是不可干涉的，而办事经费无非是依靠向下汲取资源，再向上汇聚起来。

需知，清代衙门和民国地方政府的"捐"，已成法外科税的代名词。比如铺捐，就是对城镇店铺的强制摊派。但是，从以上修祠屋和修谱的劝捐实例均可看出，家族内的劝捐确实基于自愿，连奖励胙股都不明言，就是为了避免对支族和小家庭造成压力。所谓的"科派"，只是借用官府科税的严肃性，实质是采用商议确定的摊派办法凑钱。可以说，祠堂大事是靠层层商议，再用一层套一层的合同，把全族的房、族直至小家庭串联起来，最终达到汇聚全族财力的结果。

祠堂和各房族的权力，主要表现在，一旦合同达成，合同约定的条款就成了族人必须执行的规则，祠堂和房族首事就成了监督执行、实施惩罚的机构。另外，有些共通的内容早已写入祠规或家规，不用写入合同，惩罚可按祠规或家规处理。但祠规或家规，本质上也是合同而已。

## 第四节　余论

讨论祠户对山场管业时，曾提到祁门三四都十保一带，各大家族内部支祠林立。这在绩溪宅坦胡氏总祠与竹园支祠的关系中也可得到印证。实际上，只要是发展到一个自然村的家族，村内大多存在一个总祠与数个支祠并存的情况，这些祠堂现在大多已经消失，但只要询问当地的老人，他们仍能说出总祠和支祠原先所在的位置。支祠，就是各房或支族争取独立地位的最终方式。支祠获得独立之后，总祠就是族人之间加强联系的重要纽带，各房可借总祠齐聚，共商全族事务和一致对外。方汪公派拆毁总祠的行动，等于宣布各房决裂，是房派争取独立地位时的极端现象。

分家是支族不断成长、壮大和分裂的自然推手。支祠则是族内各层支族堆积出来的自然结果。房，本来代表始祖家庭的各个成年儿子，他们成家立业之后，家庭转为最小规模的家族，兄弟各房构成小家族的第二层级。各房再分家，出现房内支族，是家族的第三层级。然后，若有幸逃离战乱或瘟疫，支族开始壮大，其下再分家，出现四、五层级。此时，堆积了多层支族的各房已经坐大，房以内的族人互称本家，视平行的房为远族。若丁多财厚，就开始商量建立总祠。总祠建立后，再经世代推衍，各房的在世族人早已出了五服，本房族人更加亲近，于是建立支祠。此时，总祠是族内所有层级的最顶端，但它若不尊重各房或支祠，只能一事无成。

各房之下的支族，再因分家而发生以上裂变，堆积更多层级的支族。这个裂变过程，也是支族不断壮大的过程。所谓宋元以来的世族、旧族、豪族等，至清代时，往往自称迁居当地已历20或30余世，其实就是已历20或30余世分家。可想而知，第三层支族内早已堆积了20或30余层支族，当然也有资格成立支祠。以此类推，有能力的第四、五层支族也相继建立支祠。此时，以支祠为象征，祠内族人相互称本家，而平行的其他支族俱为远房。别说总祠，就是第二、三级支祠，若要兴办本支族的大事，也要依赖更小的支族。

支族与全族总是相对的，支族的不断壮大，意味着全族的削弱。比如，当第二层级的各房都建立了支祠，各房存众都会扒入支祠。神主、升主银、本房族人的捐助，也会汇入支祠。总祠可以动用的资源也就相对减少。支族和全族的相对性还表现在，支族的凝聚力对全族来说也是一种离心力。族人按照家族内部的裂变过程区别亲疏关系，分家时间最近的支族，与自己最亲近。分家时间越远，就越疏离。把大家族在任何时间点上定格，就能看到一个亲疏分明的横截面。这一亲疏关系的内部圈层极其复杂，要是逐层推算，早已超出了五服图的概括能力。费孝通先生看到了这个横截面，把它称为差序格局。五服图是有边界的，族人出了五服就消失在视野之外。而差序格局没有边界，族人的圈层可以从始祖往下一直发展，30余世固然很多，但还可以有40世、50世，直至无穷。只是世代越远，圈层就越淡漠，直至日常生活中已经不知道圈层。不过，两个远房族人要是较真起来，从辈分上还能找出各自的尊卑长幼关系。要是族谱可靠，也可以一路追溯，找出二者的共同祖先。

差序格局不是一朝形成的，而是永不停息的动态过程。这一过程由一系列的制度推动，这一系列制度的核心是分家制，接着是族产的股分分割制，以及墓祭制和配套的坟产制、祠祭制和配套的祠产制等等。一个家族顺着这一系列制度不断发展，等于陷入到一套亲属关系的渐溃机制中，称谓关系就是渐溃机制的外表。人们从家人渐溃为亲支，再渐溃为近房，又渐溃为本家，终于渐溃为远房族人，以至于出服的同姓路人。渐溃是一种从顶端不断坍塌的模式，它在每次坍塌后又不断生出更多的家庭，然后这些家庭又再次坍塌，直到最后坍塌成一个遍布族人的村庄，以及散落到外地的许多房派。渐溃的路线，也可以浓缩为从家属到亲属的两点连接，这一线性发展是单向而不可逆的，贯穿的主线，就是"人心不齐"。渐溃的起点是温暖的家庭，终点却是形同陌路。差序格局只是渐溃机制的结果。

这个近似永恒的渐溃机制，深藏于华夏文明的底层。华夏民族最深沉的恐惧和悲哀皆源于此。所有的人都心知肚明，他们的子孙终将成为路人，各自祭祀本支先祖，而把自己遗忘在阴间，成为孤独冻馁之鬼。将死之人为自己准备坟墓和祀产，以及捐资升主等行动，都是希望通过种种安排，避免这一悲剧过早发生。

当家规族谱和家族合同在浓墨重彩地渲染先祖赐福和族谊时，它同时也暗示了对族外世界的担忧。凭经验就知道，家族之外的世界存在太多未知数，缺乏安全和温情。就像明清话本小说中描绘的那样，家族之外充满各种残忍、血腥、贿赂、算计和暴力，随时有狡诈之徒和阴险小人准备欺骗和引诱。至于清官、义人和侠客，他们总是非常稀罕。对家族以外是如此绝望，几千年来都是如此，那就是一个巨大的丛林世界，没有改造的希望，普通人不行，皇帝、清官、侠客和义人都不行。丛林世界催促人们回归家族，外出商人和致仕官员都迫不及待地赶在回乡的路上，家族在诗歌和地方志里已被描绘成牧歌般的诗意场所。然而，回到家族和家乡之后，又回到了渐溃机制，面临着形同陌路和成为冻馁之鬼的恐惧与悲哀。

存众祀产和祀会是挽救渐溃机制的第一重努力，存众和祀会制度主要是把零星的、细碎化的族产归拢汇聚，这是与分家反向的。同时，各房和支族的议事制度，在族产的基础上创建义庄、祠屋、庄屋等，订立各种祭祀规则，完善合祭和墓祭制度，所有这些都在和平年代立即开展，就是要挽救已经被遗忘的坟墓和祭祀，避免先祖成为冻馁之鬼，同时也是对在世族人的慰藉。

祠堂，则是拯救这一渐溃机制的最后努力。它要唤起族人的想象，想象自己能够与即将成为路人的族人一起，跨过无数代先祖，共同来到始祖的膝下，也即回归到想象的父亲膝下，完成家人团聚。祠堂不但提供这套想象来挽救"人心不齐"，而且提供更加严密的组织和制度，永远免去了成为冻馁之鬼的恐惧。做到这一点，祠堂就自然地成了族人家产的汇聚之所，一代代族人不停息地捐助产业入祠，他们不是有"公心"，他们不过是为了让自己不在阴间遭受冻馁之苦。最终，在累计两百至四百年的专祀田产之后，一些地方的祠产当然变成规模庞大的产业，甚至占去一县田产的主要部分。仅从祠户与土地占有关系上看，把占有大量田产的祠堂称为"公堂地主"，自无不可。不过，如果了解祠产的成因和内部构成，就知道一个占有大量田产的"公堂地主"，是由数百年来成千上万的已故族人的专祀产业构成。这些田产寄托了死者避免成为冻馁之鬼的期望，也寄托了死者家庭对死者的尊重和怀念。摧毁它是一件多么残忍的事，不但让死亡变得可怕，也让生活变得无望。

# 本编结论

## 第一节 家族合同与合同家族

### 一、家族合同是一种代议契约

现代汉语的"合同"一词多指民事合同，是当事人（自然人或法人）通过协商，达成合意，处分各自的财产或身份权益。与古代中国的"合同"一词相比，民事合同是一种狭义的契约。

清代也有民事合同，分家、置换、典卖、召佃、出拼、邀会等都是典型的民事合同。但这些合同的当事人是家庭户，以及拟制为家庭户的祠户、会户等。祠户或会户既可以与家庭户订立合同，也可以相互之间订立合同。

家族合同与民事合同不同。它是家族内部的各房、支族与小家族之间商议家族事务而订立的合同。它已经超越了民事合同的意义。首先，合同当事人是族内各房、支族的利益代表者，他们由所代表的群体推举而来。各房房长由房内支族推举，支族族长或家长由各小家族推举，若是刚分家的小家族，则由父祖作为族长或家长。房长、族长或家长有义务维护本族的利益。其次，族中大事，如修祠、修谱，以及存众族产的分割或归拢等，祠堂家族以祠堂出面组织，无祠堂的由各房组成管理机构，召集支族和小家族等商议规则和罚则，订立合同。最后，为了执行全族商议的规则和罚则，各房或支族内部再订立配套合同，依照合同监督履约，惩罚违规族人。若合同未规定的共通事项，则依照家规或祠规惩罚。

家族合同与民事合同的主要区别在于，民事合同是管业人处分财产或与身份有关的财产利益。家族合同的内容则是族内公共事务，如保护水口、维护楼屋内的公共空间、禁养坟山、创建祠堂或纂修族谱等，目标是订立规则和罚则。其中也涉及家族财产，如存众、山场股分、拼价分割、丁钱分摊、劝捐等，但这些是公共事务的附随事务。家族合同的执管人，多是祠首、各房长或各支族族长，他们既是有权商议族内事务之人，又是合同的保管与监督者。他们在家族合同中的身份不是财产的管业人，他们的作用在于联合财产管业人，以便在获得财产管业人的一致同意后作出公共决定。家族合同虽由祠堂或各房房长召集，但往往需要第三层级的支族族长签名，族长签名有丰富的含义，至少包括：（1）支族的意见已经获得尊重；（2）支族之间、支族与祠堂、房长之间已就族内事务达成共识；（3）各支族已承诺履行合同，并会召集下一级支族商议执行办法并具体落实全族的合同。

以上两种合同关系，性质显然有别。家庭户处置家产，包括析分、典卖家产等，此种交易合同与今天的民事合同无异。祠户或会户处置名下财产，如典卖、出拼、召佃等，与家庭户处置家产相同。但是，祠首、房长、族长作为合同当事人而订立的家族合同，实质是代议契约。

代议契约是由某人或某机构代表各自的团体，商议与他们相关的公共事宜，通过让渡各自的部分权益，并用契约将这些让渡的权益联合起来，从而在这些商议的群体中建立新规则。当然，也包括重申或续签旧规则。代议契约中的署名人是代表特定的群体，而非群体内部成员。某个群体是相对固定的，而群体内部成员是不固定的。比如，某族长代表支族内现有的各个家庭签订合同，这个支族对于房内其他支族是固定的，但支族内部的家庭可因再分家而产生新的小家庭。又如，某支祠定下族内男丁缴纳丁钱和分享胙肉的规则，这个规则可以不限于当时的男丁，而是可以把将来新生男婴也包括进来。由此可见，代议契约并非直接处分财产或身份权益，因为代议契约的签名人并非财产或身份权益的管业人，他们只是受到管业人的信任，被授权处理相关事宜，并在权限范围内处理有关事宜。比如，祠堂修建祠屋，需要族内某家庭的地产作为祠屋的地基，若该家庭不愿将地基批助给祠堂，他的支族族长就不能在祠堂会议上同意捐助。但若该家庭允许置换，族长可以代表该家庭就置换地基的事宜与祠堂商议。在此例中，允许置换是一项授权，捐助则在授权之外。显然，若族长超出授权范围，在祠堂会议上承诺捐助地基，这一承诺也是无效的。

家族合同主要是为维护本族内部的公共利益。议定的规则和罚则，也主要是针对族人或族内地产，对族人之外并无约束力。清代的家族对此非常清楚，家族合同涉及族外之人时，都明确指出需投保或呈官。但是，清代的大型家族有聚族而居的特点，往往村族合一，其至数村、数甲皆为一族，且祠产、存众和族人名下的田地山场相邻相接，面积远超过居住范围，所以，一旦用家族合同将这些私家地产联合起来，在其上订立规则，也就构成某区域基层社会中的重要规则和秩序。而数个家族再相互联合，又或相互学习、模仿其他家族的合同内容，就形成了人们共同遵守的地方惯例。

代议契约是广义的契约，它的最大特点是公共性。在清代社会中，家族合同只是代议契约的一种。祠规、家规或族规都是代议契约，它们有的直接来源于家族合同，如祠规；有的虽源于父祖遗训，或源于学习模仿其他家族的规约，但无一不是得到族人遵守的承诺，均可视为家族类的代议契约。另一种代议契约，是以地域为范围，针对特定地域内的不特定人群，如村规、乡规或水利工程上的禁约等，则是区域类代议契约。

家族合同是清代地方自治或基层社会秩序的重要组成部分。家族合同往往强调公私之辨，看似存在私人管业与公共利益的冲突关系，实际上，家族合同的内容多是联合或限制私人管业，在这一意义上，家族合同以私人管业为重要基础，没有私人产权也无所谓家族合同。私人管业与公共利益是共生共存关系，而非对立冲突关系。本编各章的家族合同实例充分说明一个事实：当中国人享有私有产权的时候，同样有能力在法律缺位的地方，通过商议与合同建立公共秩序。

## 二、庶民家族是一种合同家族

在本编的引论中提到，郑振满把庶民家族分为继承式家族、依附式家族和合同式家族，这一分类用于阐释家族的三种形态时，有着清晰明白的优势。但是，"依附式家族"这一称谓值得商榷，它过高地估计了祠堂的势力，明显带有过去某种意识形态对祠堂和族权的全面否定态度。对此，需要提示的是另一视角。在家族内部运作中，只要涉及多个房族的事务，无论有无祠堂，家族公共事务都必须尊重各房、支族、小家族和家庭的意见，且需共同商议。族内大事更需订立书面合同。没有祠堂的家族，各房之间不存在相互强制的关系。祠堂家族内部，祠堂也不可能对各房、支族、小家族直至家庭享有专制力量。

早就有学者注意到，明初徽州的佃农也可以担任族长，族长的经济地位并不高，不一定是乡村社会的领导层。[①] 在敦伦堂关于争夺放籴权的合同中，也找到十位签名的

---

① 高寿仙：《明初徽州族长的经济地位——以休宁县朱胜右为例》，《江淮论坛》1994年第4期。

族长。显然，哪位族长都没有专断全族事务的大权，同时，敦伦堂没有各支族的支持，也不能决定新规则。研究明清家族宗子的学者也指出，大多数家族没有宗子。有宗子的，一般宗子只有主祭身份，最多兼及一些祠务。宗子在家族中往往只是陪衬摆设而已。① 这些都说明，庶民家族的祠堂、族长或尊长不享有家族事务的决定权。

家族会议制度是明清家族在处理族内公共事务中自然生成的，家族的最高权力在家族会议。家族会议由祠堂或各房召集，但最终决定是由会议决定，而非由祠堂或族尊长决定。这与祠首或族尊长在家族中受尊敬，以及他们可以依照家规或祠规训诫惩罚族人不同。家规或祠规都会规定尊卑长幼有序，卑幼不得抵触尊长，卑幼有过，尊长有惩戒之权。② 同时，明清律例为保护父母对子孙的教令权，设有"子孙违反教令"律。为维护尊长权威，设有"骂尊长""骂祖父母父母""妻妾骂夫期亲尊长""妻妾骂故夫父母"等律条。家规的相关规定有法律支持，使人感觉似乎族尊长在家族中享有无上权力，大小事务一听于族尊长。实际上，尊长有教令子孙的权力，不等于有权处置族务。教令子孙是针对个人品行，而家族事务主要是指族内公共秩序或公共利益。族内公共利益必然与各房族产和家产紧密相关，处置家族事务就必须尊重各房、支族和家庭的意见，家族会议享有的决定权，其实是建立在财产私有制之上。分家之后，不同居的兄弟尚且不能干涉各家家产，何况堂兄弟等近房？更何况从堂兄弟、族兄弟等远房？在清代大型家族中，若以明代始迁祖为始祖的，二层支族的在世族人动辄相隔十世以上。若以唐宋始迁祖为始祖，在世族人相隔三十余世也很平常。此时，别说二级支族，本支以下三、四级支族的族人之间早已出了五服，且各级支族又有支祠，祠堂或房长无法穿透支族去干涉族人家产。

任何家族的公共事务皆需会议商量，这是绝无例外的。如不会议，此事必定有碍，或者无法办成。如果涉及财产利益，尤其是涉及族内各房的股分，又或者需要各房及族人捐银捐产，或者调换地基和扒补业税，以及存众林木的出拼，存众坟产的谷租，等等，不论财产价值的大小，会议结论皆需书面合同以为凭据，否则将来仍有不小的麻烦。

---

① 陈瑞：《明清徽州宗子考论》，《学术界》2009年第5期。
② ［清］吴翟："子孙赌博无赖，及一应违于礼法之事，其家长训诲之；诲之不悛，则痛箠之；又不悛，则陈于官而放绝之。仍告于祠堂，于祭祀除其胙，于宗谱削其名，能改者复之。""子孙之于尊长，咸以正称，不许假名易姓。""卑幼不得抵抗尊长，其有出言不逊、制行悖戾者，姑诲之，诲之不悛，则众叱。""子孙受长上诃责，不论是非，但当俯首默受，无得分理。"《茗洲吴氏家典》卷之一《家规八十条》，黄山书社2006年，第19页。

涉及族内财产的日常经营和管理，尚且如此，更不用说全族大事，如建祠或修谱。此种大事必须订立合同，讲明规则与罚则。即使如此，尚且人心不齐，迁延耽搁。如方汪公派于雍正三年（1725年）签订创建祠堂的合同，迁延八年，至雍正十一年（1733年）仍未完工，只能再行会议，重订合同，申明更严格的罚则。

还有必要区别家族权力的性质。通常所说的族权，可以分为两大类。一是决定规则的议事权。祠堂组织或各房会议是族内最高议事机构，享有召集全族各房、支族和小家族会议的权力。但召集权不是决定权，有约束力的决定出于全族会议，而参与会议的人不止祠首（第一层级）和房长（第二层级），至少还有第三层级的支族。如果是房族（第二层级）内部决定规则，通常需要第四层级的小家族参与。二是监督权和惩罚权。处理族中公事或处置族产时，祠堂或各房有权监督和惩罚，但监督权和惩罚权依据的是家规和代议合同，即祠堂或各房相当于获得了全体族人的授权，从而享有执行权。换言之，决定规则之权与监督执行权是分离的。

毕竟，庶民家族不是官府，祠堂"科派"也不是皇粮国税。清代的私有制是不完善的，这点主要体现在官府不尊重私人财产，以法外征税等形式侵害私有产权，且法律与司法并不关心私有产权的保护。官府之所以不得不处理私人财产纠纷，只是因为担心这些纠纷激化之后影响社会稳定。但是，撇开官府的态度，在私人之间，管业界限是相对清晰的，祠堂或族尊长也没有任意处分或干涉族产和家产的权力，他们的权威主要体现在维护族内的秩序上。

所以，无论是兄弟两房构成的最小规模的家族，抑或总祠为首而支祠林立的大型家族，它们的经营和管理都以合同商议为主。在家族的运行层面，皆需各房与支族合同商议。在这一意义上，所有的明清庶民家族都是合同式家族。

## 第二节　错把他乡认故乡：家族会议 ≠ "亲属会"

### 一、家族会议的内容

家族合同当然是家族会议的结果。研究家族合同可以发现，家族会议讨论的主要是存众、坟产、祠产等有关族产的内容，一般不会讨论与家产有关的事务。但是，我们整理的毕竟不是历史上所有的家族合同。那么，现有的合同能否反映家族会议的全貌呢？或者，通过其他家族文献能否相互印证呢？

唐力行先生研究过绩溪宅坦胡氏1933—1947年的《亲逊堂宗祠会议录》（以下简称《会议录》），认为亲逊堂会议制度是明清祠堂会议传统在民国的延续。《会议录》显示，哪怕修理一根祠屋的"花脊"，或一次升主的日期，均需上会决议。可见，祠堂不仅采取议事制，且无论大事小事均需会议，管祠人员并无专断之权。把《会议录》逐年商议的事项，①与家族合同文书相互对照，徽州家族会议的议题分为：（1）公共规则或罚则。如祠堂事宜、祭祀与神主、荫木保护等。（2）族产或祠产的获得、管理、收益和分配等。（3）族内纠纷的调处与惩罚等。（4）村族的公共事务，如节庆、公共神祇的祭祀、居住环境等。

一般来说，家族会议不处理某个族人家庭的家务或家产。家庭事务与家族秩序有关的，则另当别论。比如，家族会议不会讨论某个家庭立继之事，但立外姓人为继子而违反族规的，②那就可能成为家族会议的议题。与族人家庭发生联系的家族会议议题，一是家庭户向祠堂缴纳的费用；二是婚娶、生子时缴纳的公堂费或入谱费，以及升主的费用；三是领取胙分；四是请求家族出面调处纠纷；五是惩罚违反祠规家规的族人；六是组织族人抵御外侮或兴起诉讼；等等。

那么，家族会议制只是徽州地区的习惯？显然不是。清末安徽省民事习惯调查报告显示，这种习惯在"皖南北大都皆然"，又称"开祠堂门"，安徽各地不存在与此不同的"少数习惯"。调查报告的按语还指出，开祠堂门是专指在祠堂中开会。"查皖南北习惯，召集亲族会议事务，往往有于私家行之，不尽在祠堂者。"③这是指出，没有祠堂的家族，家族会议在族人家里举行。

又岂止安徽省有家族会议的习惯，各地庶民家族无不如此。梁启超回忆晚清梁氏家族的文章《茶坑乡治》，就是反映广东省家族会议的重要文献。文中提到，梁氏叠绳堂每年两次例会，主要讨论祭祀和祠事交接等。例会之外，每年还有二十余次临时会议，议题多为调解纷争，也讨论乡团经费、小运河浚治、节庆活动筹款、族学等，可

---

① 亲逊堂会议内容：（1）修理祠屋及派费、出工；（2）祠堂林木出拼；（3）增加祠租；（4）修正办事章程及细则；（5）追缴借走的祠产或现金；（6）祭祀事务及开支，推选管祠，祠堂人员如司事等人职责；（7）移交祠务和账目；（8）保护坟产，处理擅自砍伐荫木等；（9）升主事宜；（10）塘水利的修理保管；（11）抚恤出征家属；（12）平粜和平粜人员；（13）祠税的缴纳和分担。唐力行：《徽州宗族社会》，安徽人民出版社2005年，第108—111页。
② ［清］吴翟："非所后而后焉，是谓诬礼。舍天性之爱而父他人，是谓抑本。苟有利焉，争为之后，无则虽犹子于世父弃也，是谓怀利。去是三者，则立嗣之礼，不可不讲也。"《茗洲吴氏家典》卷之二《通礼仪节·立嗣》，黄山书社2006年，第40页。
③ 《安徽宪政调查局编呈民事习惯答案》卷上第六章《亲属会》。清末稿本，原藏国家图书馆。

谓"本保大小事皆以上祠堂决之"。族中耆老常六七十人，但开会出席者每不及半数，有时仅数人亦开议。有大事或挤至数百人，堂前阶下皆满，这些人也常常发言，但发言不当，辄被耆老呵斥。①梁启超父亲自28岁起，任叠绳堂"值理"，历30余年，熟稔祠堂会议情况。由梁启超的叙述可知，叠绳堂虽为本族最高议事机构，但权力的基础在于会议制度，决议不是某个耆老做出的，而是共同商议的结果。

可以认为，庶民家族的议事制与民主制有相似之处。家族议事制是中国传统文化中值得认真研究的制度。明清时期的族权、家族与乡里自治等重大问题，如果脱离议事制，仅凭族尊长教令权去解释，必会有重大理论缺陷。

## 二、此会非彼会

需要特别指出的是，20世纪早期的民法亲属编草案，把"亲属会"拟定为家庭成员的监护组织，欲使家族会议享有干预家产的权力。②这在明清以来的民事习惯中是缺乏依据的，却对后来的民法典编纂产生了深远影响。究其缘故，主要有三：一是对庶民家族议事制的内容和性质，缺乏深入研究。二是对家庭和家产的独立性，缺乏足够了解。三是清末修订这部分条文时，基本照抄外国民法典。前两个问题，在以上章节已有论述。第三点听起来很奇怪，需要多费些口舌。

清末民律草案第四、五编，是由礼学馆负责起草，没有交给日本学者松冈义正。通常认为这两编是在尊重本国民事习惯的基础上修纂的。这是大致情形，并非尽皆如此。其中，"亲属会"章，就是典型的抄袭德国法和日本法的例子。仔细分析该章的立法理由，也能看出端绪。它先认定本国有亲属会的习惯，接着列举了当时能看到的外国民法典中都有"亲属会"，尤其提到"日本民法亦如之"。③通常以为，日本和法国的民法均有亲属会议制度，很少有人注意《德国民法典》也有。德

---

① 梁启超：《茶坑乡治》，《饮冰室合集·专集》之八十六《中国文化史——社会组织篇》，中华书局1989年，第58—60页。
② 《大清民律草案》第四编《亲属》第六章设十个条文（第1440—1449条）规定"亲属会"，该章夹在第五章"监护"和第七章"扶养之义务"之间，暗示未成年人的监护、保佐，以及家庭成员之间的扶养义务，可由亲属会议代表履行。民国十四年（1925年）的《民国民律草案》第四编《亲属》部分因袭上一草案，于第六章设立"亲属会"共十个条文（第122—131条），仍在第五章"监护"与第七章"扶养之义务"之间。民国二十年（1931年）颁布施行的《民国民法·亲属编》第七章"亲属会议"，置于监护、扶养、家等各章后，共九个条文（第1129—1137条），与前两个草案的体例稍异，但内容大致相同。20世纪下半叶，我国只有《婚姻法》，无家庭法。20世纪末以来，多个研究机构推出民法典建议稿，徐国栋教授的《绿色民法典草案》又将"亲属会议"纳入，内容和精神与《民国民法典》相近。
③ 《中华民国暂行民律草案》，法政社1912年（《大清民律草案》民国元年校刊本），第四编第62页。

国亲属会议的原条文（第 1858—1881 条）共 24 条早已废止，通行的中译本只剩条文号，不见原文。① 笔者未找到这些条文废止前的德文版《德国民法典》，但是找到两个较早的中译本可资借鉴，一个是 1912 年商务印书馆译本，② 另一个是戴炎辉编译本。③ 戴译本内有德国民法与中国台湾地区民法（原《民国民法》）亲属编条文对照表，显示民国民法的亲属会相关条文与《德国民法典》的继承关系。④ 以该表为线索，回溯《大清民律草案》与《民国民律草案》，它们的条文在德国民法中几乎都能找到对应条款。参看下表 8.1，一目了然。个别条文与德国不同的，则与日本民法相同。不同的那条，正是关键所在。⑤ 德国和法国的亲属会都在法院的直接指导之下。德国的亲属会相当于监护事务中的最高权力机构，连监护人也是亲属会指定的。⑥ 亲属会主席由监护法院的法官出任，由法官亲自指导亲属会履行监护法院的职责。⑦ 法国的亲属会议，治安法官也是当然成员，可依职权召集亲属会议。⑧ 但清末民法草案在立法理由中却明确反对，"亲属会议使审判官干涉，又与吾国

---

① 中译本一译为"亲属会议"，杜景林、卢谌译《德国民法典》，中国政法大学出版社 1999 年，第 432 页。一译为"家庭委员会"，郑冲、贾红梅译《德国民法典》，法律出版社 1999 年，第 431 页。
② 《德国民法》，商务印书馆 1912 年，第 298—302 页。该译本的译者不详。从概念使用情况看，它应是从日译本转译而来。如，仍使用"後见"表示"监护"，偶尔使用"亲族"表示"亲属"。实际翻译时间当在 1912 年以前。
③ 戴炎辉编译《德国民法·亲属编》，台湾大学法律学研究所 1965 年，第 834—840 页。
④ 戴炎辉编译《德国民法·亲属编》，台湾大学法律学研究所 1965 年，第 889 页。
⑤ 《大清民律草案》第 1449 条："亲属会有不能议决者，得呈请审判衙门审判之。"《民国民律草案》第 230 条仍之。《德国民法典》无。《德国民法典》原第 1872 条 1 项规定亲属会议的地位："亲属会议享有监护法院之权利与义务"；该条 2 项 2 款："亲属会议会员所负之责任，与监护法院推事同"。这是把亲属会视为家族中的最高权力机关，会议决议视同监护法院的判决，亲属会相当于监护法院的法官。德国民法充分信任亲属会。要做到这一点，必须以深厚的民族习惯和道德规范为基础。《日本民法典》第 952 条："亲族会不能决议时，则会员得请求裁判所为代其决议之裁判。"南洋公学译书院译《新译日本法规大全》第三类《民法》，商务印书馆 1907 年，第 81 页。
⑥ 德国民法规定，未成年人监护，是指未成年人在未处于父母照顾权（或亲权）之下，或父母无权代理未成年人的人身或财产事务时（第 1773 条 1 项），由监护法院命令设置监护人（第 1774 条），或由父母指定监护人（第 1776 条 1 项）。
⑦ 监护法院对于监护人和监护监督人的一切行为进行监督，对于违反监督义务的行为，可以干涉和禁止。监护人应向监护法院提交财产管理报告，接受监护法院的审核，等等。亲属会议由监护法院法官与亲属共同组成，并由法官任主席（第 1860 条）。监护会的事务，由主席负责指挥（第 1872 条 1 项 2 款）。亲属会是置于监护法院的直接指导和监督之下。
⑧ 《拿破仑法典》第 406 条、407 条，李浩培等译，商务印书馆 1997 年，第 53 页。

表8.1 近代中国民法典（含草案）中与《德国民法典》"亲属会议"条文对照表　　单位：条

| 清民律草案 | 民国民律草案 | 民国民法 | 德国民法 |
| --- | --- | --- | --- |
| — | — | — | 1858 |
| — | — | — | 1859 |
| 1441 | 220 | 1130 | 1860 |
| 1442 | 221 | 1131 | 1861 |
| — | 227 | 1132 | 1862 |
| — | — | — | 1863 |
| — | — | — | 1864 |
| — | — | 1133 | 1865 |
| 1443 | 222 | 1133 | 1866 |
| — | — | — | 1867 |
| — | — | — | 1868 |
| 1444 | 223 | 1134 | 1869 |
| — | — | — | 1870 |
| — | — | — | 1871 |
| — | — | — | 1872 |
| 1440 | 219 | 1129 | 1873 |
| 1445 | 224 | 1135、1136 | 1874 |
| — | — | — | 1875 |
| — | — | — | 1876 |
| — | — | — | 1877 |
| — | — | — | 1878 |
| — | — | — | 1879 |
| — | — | — | 1880 |
| — | — | — | 1881 |

现行之习惯不合"。①那么，草案认为我国的习惯是什么？"吾国习惯，遇有重要事件，则邀同族中亲戚会议处理。"这话本来没错，家族会议有权讨论"重要事件"，不过不是监护未成年人和监督监护人，因为这些事务对于家族会议来说不是"重要事件"。家族会议无权，也无意干涉家庭事务。对家族会议来说，重要的事务是祭祀、神主、分胙、修谱、族产、节庆、纠纷和其他村族公共事务。同时，家庭中有分家、立继等大事，自有各家庭的父、祖主持；无父、祖的，由母亲继管或成年兄弟相商。此时肯定会请族戚当中人，但这不是家族会议，而是家庭会议。

有一样家庭大事，在前文中未及讨论：父、祖俱亡，家有幼子，怎么办？只有一个办法——也是所有中国人都知道的——"托孤"。托孤是指父、祖临终前，将幼子托付给值得信赖的族戚或朋友，嘱咐他们保护幼子；有的也托付其管理家产，待子孙长大，再交还家产。②"寄百里之命，托三尺之孤。"托孤文化绵延已久，先秦有赵氏孤儿的著名传说，蜀汉有刘备白帝城托孤。每个朝代还会出现先皇去世时，托付年幼太子给大臣的故事。"顾命大臣"就是民间所谓的托孤老臣。提起托孤，让国人联想到的是信任、友情与忠诚等美德。受托之人只要父、祖亲自指定即可，不一定是家属或族人。与监护不同的是，托孤既可以是托付家产用于照管孤幼，又可以是辅助家属保护孤幼。当所有的同居家属都不在了，托孤之后，受托人可以全权抚养孤幼。当家庭内还有家属在世，则通常是让受托人保护孤幼，并在家属亡故或改嫁时接手抚养。在受托人作为保护者时，他接近法国的"特别辅助人"。③也有委托房长或族尊长照顾家人的，以防止监护人侵害幼子的权益，受托人相当于监护监督人的身份，④但是，外国的监护监督人由亲属会指定，中国只能由父、祖托孤。信赖关系同样是监护和托孤的关键，但托孤中的信赖关系只能由父、祖来判断。

托孤是建立在家产制上的习惯。家产只能在家属内分享，只有父、祖亲自委托的

---

① 《中华民国暂行民律草案》，法政学社1912年（《大清民律草案》民国元年校刊本），第四编第62页。
② 俞江：《家产制视野下的遗嘱》，《法学》2010年第7期。
③ 《法国民法典》第391条："父对于生存且担任监护人之母，得为其指定特别辅助人，非得该辅助人的同意，母不得为任何有关监护的行为。如父特别就一定行为指定辅助人时，前项监护人无须辅助人的辅助，得为其他行为。"《拿破仑法典》，李浩培等译，商务印书馆1997年，第51页。
④ 《法国民法典》第420条："在各种监护，亲属会议均须指定监护监督人一人。监护监督人的只能为：当未成年人的利益与监护人的利益相抵触时，代表未成年人的利益进行活动。"《德国民法典》第1799条1项："监护监督人注意使监护人依其义务行使监护职责。监护监督人应当毫不迟疑地向监护法院报告监护人违背义务的行为以及任何应当由监护法院裁判的事件，特别是监护人死亡或者是发生其他导致监护人职务终止或必须解除监护人职务的情况。"

人，才有资格介入家庭之内。除此之外，无法想象由族人、母舅或女婿等人组成的亲属会享有指定监护人的权力。这些人从来没有资格染指家产，多个无权力者加在一起，权力仍然为零。

当然，中国没有亲属会，不等于不能学外国。我的意思只是，无法以本国习惯作为编纂中国民法典的理由。否则，就像近代各民法草案或民法典一样，用本国习惯作为立法理由，其实只能抄袭外国的条文。我认同民法编纂需要尊重本国习惯。亲属会能成为欧洲国家的法律制度，本身说明了民族习惯值得尊重。但是，此会非彼会，不要错把他乡认故乡。明清庶民家族在 20 世纪下半叶已被摧毁殆尽，要在本国民法中设立亲属会或家族会议，需要更多的论证。

## 第三节　家族合同的特点

### 一、持续性

本编用了四章来讨论家族合同，既利用了以家族名义订立的合同，也利用了分书或禁约中涉及家族财产的合同条款。家族内的公共秩序，主要体现在家族能控制的田地、山场等空间上。比如，水口代表村族的公共秩序，它要得到有效保障，必须给予合理的财产安排，或依托某种财产制度。把水口的地基存众，约定不再分割，就是具体的财产安排，而合同是它所依托的财产制度。否则，按照家产制的基本规则，一切家产都必须在各房之间均平分割，不宜分割的要设立股分，股分可以再分割和出卖，那就别想修筑水口了。

家族合同具有一个共同特点，就是家族利益与私有管业相互限制。这一特点贯穿各种家族合同，事无巨细。如楼屋中的堂前余地只是一块很小的地面，如果分割房步时未将其存众，且未约定禁止堆放杂物，只需经历两三代分家，余地股分就已细碎化，并一再转卖，楼屋中的公共空间也侵蚀殆尽。又如连片的山场，若不订立禁养和共同出拼的合同，很快就会有贫乏族人入山垦荒。又若不将其设定为祖坟的余山，就会有族人入山扦坟。再如，修建和维护祠屋是全族大事，若不取得支族赞同，劝捐、工费、供饭等事情就无人搭理。

又需注意，家族利益与私有产权的界限，以双方达成一致意见为准。界限不是精确的，它有一定宽度，可以随当事人的意志而调整。比如，兴建祠堂时要利用各房的存众或族人地基，商议的结果，各房和族人可能捐出地基，也可能仅同意把地基存众，这些都意味着各房和族人放弃了管业。还可能不同意捐助或存众，只同意调换，这意味着各房和族人不愿放弃管业，祠堂只能找田产把地基换过来。这三种情况可能发生在同一家族的不同时代。没有哪条法律规定，修建祠屋时，各房或族人必须捐赠相邻的屋基。最终结果需要商谈，并以合同为准。

由于以上特点，家族合同的约定内容或约定条款主要是创设一种相对于各房、支族或族人的义务。义务是相对于完整的管业而言。比如，分家时获得的山场股分，本是家产的一部分，管业人可以随意砍伐、垦荒、开矿、扦坟等。家族出面联合族人订立掌养或禁山合同，有的是为了禁止山内扦坟，但不禁止掌养林木出拼；有的是为了保护风水，禁止垦荒、开矿等，但不禁止入山扦坟。所以，掌养或禁山合同都是设定了限制行为的义务，而非彻底剥夺管业。又如，分到各家的田产，是可以随意出卖或租佃的，但这些田产可能看出风水，为了限制管业人的处分权，各房约定一些田产存众，各家只能"收租管业"，一旦看出风水，必须优先筑造坟墓。这是设定了禁止卖出田产和起耕起佃的义务，但不影响耕种和召佃的权益。所谓家族利益与私有财产的协调，落实到具体的产权制度上，就是在私人管业上设定义务或者设定某些优先权，限制某些管业权限。

于是，所有的家族合同都具有长期性或持续性，典型的，如楼屋的房步分割和存众余地，这类约定要一直持续到楼屋垮塌。只要楼屋不成白地，按原式重造或装修，原先的房步朝向和存众余地仍然有效。还有守山和掌养合同，通常维持一个掌养周期，短则十数年，长则三五十年。等林木出拼之后，开始新一周期时再订立新合同。再如创建祠屋或纂修族谱的合同，它的长期性既体现在分期缴纳捐款等规则中，又体现在相关罚则中，这些规则或罚则贯穿修造祠堂或修谱的数年时间里，有的则延伸到今后的家族管理中，成为祠规或家规的一部分。

更特别的，是一些合同条款具有永续性。这部分主要与祭祀和坟产有关。比如，设定坟前余地，或把整座荒山设定为坟墓的余山，约定在此范围内永不许再扦再葬。又如，捐助某些田产或存众入祠，约定这些产业永远不许出卖，产业的租息用于永远祭祀指定的某位或某些先祖。其实，祠屋往往也是设定为永续的，只能不断维修和翻新，或选址另建，但不得废弃。当然，永续性只是体现了合同当事人的愿望，要实现这一愿望，还需要很多条件配合。

## 二、证据力

家族合同既然总是具有持续性或永续性，合同当事人就需要依靠某种凭据来证明权利义务关系的长期存在，合同文书就是证明长期关系的重要凭据。没有祠堂的家族合同，由各房和支族共同保存，这是为了相互监督。有祠堂的家族，由祠堂和各房各自收执，以便祠堂监督各房履约。

合同文书的证据力，也集中体现在家族合同上。可以拿卖契比较，在买卖田房关系中，由买方执管卖契，且同时执管一系列票据，如收税票、归户册、税契的契尾、纳税版串等，这些票据与卖契共同构成管业契据，作为买主管业的凭证。若买主丢失了典卖契，或者典卖契被人挖改伪造，可凭借其他簿册和票据来证明管业的合法性。即使丧失了全部管业簿册票据，还可请求里册书核查田地过割的登记底册。理论上，也可请求县衙查对鱼鳞册和契尾存根。前提是买卖后曾赴县税契，且县衙书役把税契登记在鱼鳞册中做了转登记，而架库房里存放的簿册又保存完整。这样，私家门户保管的契据、里册书的登记底册和县衙簿册，共同构成了田房管业的环形证据链。田房的管业资格，可以通过这套环形证据链相互证明。但是，家族合同中的大部分约定事项，是没有其他簿册或票据相互证明的。比如，存众田产已经按照股分分割，业税各自保留在各房户丁户或家庭户名下，并未办理归拢或扒入手续，只能凭合同证明此项田产曾经存众。又如，已分配的坟墓棺位，墓地是有管业契据的，棺位却不一定有独立的契据，棺位的管业和按棺位缴纳业税的义务，只能用合同文书证明。更勿论修祠或修谱时约定的科抖费用、升主银、楼屋中的堂前余地等等，这些都只能靠合同文书为据。粗略算来，家族合同约定的事项，可以用其他票据簿册作为凭据的，一是林木拼价的分配比例，可用各自的归户册、分扒票据和纳税版串加以证明。二是祠屋地基扒补或扒入祠户的，可用收税票、纳税版串和里册书的登记底册为凭。三是存众田产而族人收租管业的，可用存众挂靠的户丁户登记及纳税版串为凭。

总的说来，在家族商议的事项中，合同文书要么是这些事项的唯一凭证，要么是主要凭证。合同要证明某些约定义务长期存在，约定事项的重要性不亚于田房管业，且往往缺乏官方或准官方的簿册票据。在这些约定关系中，合同文书中显得特别重要，并成为徽州门户文书中重点保存的一类。也因为合同文书上没有官府印信或里长图章，它就需要一些能够保证凭据真实性的形式特征。合同文书特别强调一式数份、当事人共同签名和半书等形式，都是为了强化合同文书的证明力，满足人们需要它作为长期凭证的需求。

第三编

邀会合同

# 第九章

# 会名与会次

## 第一节 概述

　　会，本指多人聚集。民间自治组织也称"会"。清末安徽省民事习惯调查报告记载，省内有商会，有普及教育的讲学会、教育会、改良会，互助婚丧的孝义会，备荒的储蓄会，赒恤孤贫的施棺会、寒衣会、同仁会等，以及消防火患的水龙会，等等。

　　本编以徽州邀会文书实例，讨论清代的钱会和祀会。钱会是以借贷和收息为目的，以合同形式成立的自治经济组织。借用钱会的会式，所得收益用于祭祀鬼神的，也称祀会。祀会主要是指祭祀家族先祖。也有异姓家庭联合起来祭祀公共神祇的，又称神会。钱会或祀会可以统称"合会"，但徽州会书中多称"邀会"。"邀"是邀请的意思，与"召集"同义，但"邀"是敬称，是会首对会友前来支持表示敬意或感谢。

　　钱会遍及全国。以前以为一个地方只流行一种会式，比如，清末调查报告认为安徽的钱会以堆金式为主。①这是误解。从传世会书看，各县乡都有惯用的会式。把徽州

---

① 《安徽宪政调查局编呈民事习惯答案》卷上·第一编《总则》第一章《与人及团体有关系之习惯》"第十八问：如有以公益为目的之团体，请详述其名目与组织及管理之情形"："属于财团组织者，有堆金会，以贮蓄为目的，由发起人约集里中殷户，按年月各输钱若干，或谷若干，先推会员一人管理，将所鸠集之款，存放生息，或贱买贵卖，迨一年或一月期满，再易会员一人接管，共所贮蓄之款，专以备水旱凶荒及地方善举之用。皖北如凤阳府之定远，颍州府之颍上。"清末稿本，国家图书馆藏。

会式整理出来，可以看到百花齐放的景象。除了标会，其余会式在徽州均有例证，足以展现全国流行的基本会式。

钱会一度淡出国人的视野，20世纪80年代以后，随着市场经济的繁荣，又在一些省份再度活跃。民间融资需求扩大，已不限于亲朋好友之间的周转流通，中小企业利用钱会筹集资金，民间游资则用钱会来放贷，由此引发金融秩序问题。① 由于对钱会的研究较为薄弱，对管理模式、信用体系、功能等缺乏认识，而传来的西方法中也没有现成的理论解释，故政府将钱会视为非法融资，以禁为主。究竟应否承认钱会的合法地位？如何规范？数额巨大的是否应予取缔？资金链断裂后，会首是债务人，还是犯罪嫌疑人？这些均是困扰司法界的问题。

邀会本来是一种合同关系，记载这种合同关系及其规则的文书，古称"会规"，又称会书。参会者统称会友，又分会首与会脚。会首第一次邀集会脚起会，收领各会脚缴纳的会金，这叫"齐会"。会脚再按预定周期坐会（坐会人也称得会人，有资格收取会首和会脚缴纳的会金），直到最末一个会脚坐会，此会结束。入会的最大好处，当然是领取会额，但领取会额是按约定次序，只有坐会者才能领取。所以，徽州人形象地称之为"会次"。会次之"次"，就是"次序"之"次"。会次意味着固定的财产收益，久而久之，它就与其他不动产、动产一样，被视为一种财产。在分家时，与田地、山塘、屋宇、杂物等并列。②

## 第二节　会名

下面先来看徽州分书中提到的会次。以便对邀会有一概观。

---

① 据不完全统计，在2001年席卷江苏省通州的"倒会"风潮中，通州有五六万人卷入标会，会中聚集资金估算有数亿元。某镇居委会的两三百户居民中，有500多人次参加标会，涉及金额高达400万元。季任春：《"标会"融资悲剧在通州发生》，《金融经济》2002年第3期。
② 《清乾隆四十一年（1776年）七月冯国仁分单阄书》（点校本18页）："今各情愿，浼托亲房将承祖父业所记田地、山塘、屋宇、会次、什物等项，照股均搭均分。"《清光绪五年（1879年）闰三月方广成阄书》（点校本509页）："其新正堂三间、楼房屋全堂，并厨屋全所，兼屋前屋后余地与出溪巷路，及一切田租、田皮、会次等件，配搭两阄。"

## 一、钱会

钱会，又称"银会"，即约定以现金、谷物等借贷和收息的邀会。

明代以来，以文会友的文人雅会，也借用钱会的会式。所以，文会会次也是家产的一部分，在分家时写入分书中，如振英文会、立诚文会、丙戌同年会、己亥同年会等等。其中，"丙戌""己亥"等表示中式之年，而非邀会时间。文会成员在乡里地位颇高，普通乡民不与焉。

除了文会外，分书中记载的钱会分为两大类：一是单纯为融资和增值的会；二是为节日庆典或筹办乡里事务的会。

### （一）单纯融资的钱会会名

（1）以会额为名，如五十两会、三十两会、十千钱会、七十千会、五十千会、五十洋会等。

（2）以人数为名，如七贤会、十一人会、十三老会、十四会、十五会、十六会、十七会、十八会等。

（3）以吉祥词为名，如集英会、乐义会、惠育会、子母会、诚济会、梯云会、乐善会、流芳会、太和会等。

### （二）为节日庆典或乡里事务筹资的钱会会名

（1）以节庆和习俗为名，如心至上七会[1]、中秋会、重阳会、龙头会、三月三会[2]、元宵会、正月十五元宵会、初三会、春醮会、谷醮会，乌饭会[3]、芸香会等。

（2）以灯会为名，如灯会、初四灯会、十三灯会、龙灯会、马灯会、天灯会、百子灯会等。

（3）以戏会为名，如新兴傩会、范坑戏会、渡孤会（即宝胜会）等。

（4）以乡里事务为名，如浇会、车九会、杨柳会、春风会、水口会、复积会、安

---

[1] 每年正月初七为上七日。

[2] ［民国］吴吉祐："三月三日用木制香亭一座，内供驱瘟大元帅神位，扛抬遍游村市"。《丰南志》卷一《舆地志·风土》，《中国地方志集成·乡镇志专辑17》，上海书店2013年。

[3] 《丰南志》卷一《舆地志·风土》载歙县西乡的乌饭节："四月之朔，凡新嫁女之家，必采南烛叶染糯米作青精饭，以馈婿宅，分赠亲友，名乌饭节。"

苗会、荒田会、汪坑剥路会等。

## 二、祀会

### （一）祭祀祖先的祀会会名

在分书中提到的祀会，通常指祭祀先祖的邀会。这种祀会排斥异姓，股分只在家族内部流转。若是支族设立的祀会，则又限制在本支族人以内。如，汪氏族人先前成立有"庄坑"祀会，合祭全族先祖，外姓不与焉。其下支族复立祀会，标祀本支始祖汪应龙，[①] 其余支族又不与焉。

清明或冬至为祭祖的主要日子，祀会常称"清明会"和"冬至会"，简称"清明"和"冬至"。祀会的名称有两种：

（1）以雅名或祭祀日期为名，如：追远会、思源会、正月十六祭祀会、十六祭祀会、祭会、总祭会、冬至会、新冬至会、清明祭会等。

（2）以所祭先祖的谱名或祀号为名，如：始祖清明、宏培公清明、钦公清明、社全公清明头、老坟清明头、明公会、灿公会、肇树公祀典、兴宝公元宵会、里仁公冬至等。

值得注意的是，有些会次没有名称，阄书仅以首会人称之，而首会的名字往往是某位先祖的祀号，如栋叔公首会、樑叔公首会、名玉叔公首会、自众首会等。以"某公"为首会的，是指以某先祖的祀产及其租息作会首出资；以"自众"为首会的，是指以本族的存众租息作会首出资。此类祀会规模较小，多是为了标祀。

### （二）祭祀公共神祇的祀会会名

祭祀公共神祇的会次，又称"神头社会"。徽州也称"神祀"或"神会"。[②] 在神会中，最常见的是"社会"，[③] 即祭祀社神的邀会。

---

① 《清道光十二年（1832年）三月汪应龙支下人等经理祀会合同》（点校本1359页）："窃念我党幸赖先人之祚，而各家发厥生枝，遂与庄坑先立祀会，将本所分。故吾支复立一会，以标祀也。"
② 《清光绪二年（1876年）一月汪胡氏阄书》（点校本497页）："及钱粮、门户、神祀、会次，至吾生前膳食、身后一切之费，亦照三股支持。"《清光绪四年（1878年）十月江汪氏遗嘱阄书》（点校本505页）："所有一切门户、神会，三股轮流承值。"
③ 《清光绪三十四年（1908年）十一月叶方氏阄书》（点校本756页）："将承祖遗授并续置产业、屋宇、田园、山场、社会、器皿等物，高低傮（品）搭，四股均分。"

（1）以社神为名：社会、老社会、土地会、八人社会、新义社等。

（2）以其他神灵为名：关帝会、老关会①、玄帝会、太阳会、兰盆会、太子会、财神会、正月十八忠烈会、张仙神会、越华神会、文昌会、仰荀会、三官会、大圣会、海都会、华陀会、十三老七公神会、汪公会、二太子会、三太子会、大尉神会、大王会、胡老会、老胡王会②、主坛会等。

（3）以佛教人物为名：二月十九观音会、大佛会等。

## 第三节　会次的财产价值

### 一、会次的财产性质

#### （一）邀会目的

在家产中，无论何种名称的会次都可以视为财产，并按财产价值分割搭配。如，某个家庭可能分到五种会次，分别是翊胜会、新义社、集英会、追远会、冬至会。③集英会是钱会，新义社是神会，冬至会为祭祖祀会。不同会名反映了不同的邀会目的，但作为会次只重经济价值。

关于会的性质，有学者认为它是民间融资组织；④有学者认为它是民间经济互助组织；⑤也有学者指出，从会脚的角度看，钱会具有储蓄的功能。⑥从邀会目的看，钱会有筹资和融资两大目的。筹资有专门目的，比如兴办节日庆典、祭祀先祖或祭祀神祇，为专门目的提供经济保障，做到未雨绸缪，不至临时仓猝，银钱不支。还有一个附带

---

① 《清光绪二十二年（1896年）八月志龙阄书》（点校本616页）加批："即是五月十三。"

② 《清光绪二十二年（1896年）八月志龙阄书》（点校本616页）加批："即是四月初八。"

③ 《清乾隆四十二年（1777年）七月振镦、振铭阄书》（点校本166页）："今将汝父承分祖业，以及己置田地、山场、会次、住屋，除存众公堂外，编作仁、义、礼、智、信五阄，搭派均匀。"

④ 束隆定：《从一份民国三年会书看徽州民间"邀会"》，黄山市徽州文化研究院编《徽州文化研究》第二辑，安徽人民出版社2004年，第400—406页。

⑤ 徐越、方光禄：《清末和民国徽州民间的经济互助——以徽州会书为中心》，《黄山学院学报》2005年第2期。

⑥ 宾长初：《清代徽州钱会的计量分析——基于〈徽州文书〉第二辑所收会书的考察》，《中国社会经济史研究》2011年第4期。

目的，即利用钱会的周期性规范祭祀或节庆，保证人人参与。单纯的钱会，则可容纳各种目的或需求，会首或一会多是为了融得一笔款项，有的是为偿还家庭债务或商业欠账。至于会脚的目的，有的是为了储蓄收息，有的只是为了帮助亲友。也有根本不在乎银钱的，他以钱会之名凑份子，带有联谊聚会的性质。

只着眼于邀会的财产价值，则不同次序的会脚，从中受益不同。各个次序的具体收益，要根据不同会式计算，无法一概而论。具体分析可见下面钱会会式的章节。笼统地说，会首和一会融得的金额最大，具有较强的融资功能。他们需要偿还的利息，从账面价值上看，一般多于融到的资金。若其目的就是融资，仍是划算的。排名靠后的会脚，缴纳的会金总额小于最后收回的会额，多出的部分可以视为利息，所以，通常认为次序靠后的是零存整取模式。所谓融资和储蓄收息的说法，就是因此而来。实际上，是融资还是收息，主要看会友在邀会中的次序。

### （二）已坐会与未坐会

当会次作为家产的一部分时，它的特殊性反映在，根据坐会与未坐会的不同，它既可能是正资产，也可能是负资产。一般来说，未坐会的会次，意味着次序靠后，之前已经缴纳全部会金的，可以在坐时收回本金和利息。之前仅缴纳部分会金的，可以等坐会时收回的本金，也可视为正资产。但是，坐会位次靠前的，之前已经收取会额，必须在接下来的会期中还本付息，这就构成家庭欠账。

在分书中，如果会股之下注明会账的银钱数目，或写明"欠"多少银钱，这种会次指的是债务。已坐会的会股，如果用收到的会额购买了田产，则田产租金通常优先用于还本付息。一个家庭有多只不同会的会股，为免混淆，还需要在阄书中注明会股与田产的对应关系。① 分得会股的人，也分到对应的田产。他有凭会书管理田产的权利，也有义务用对应的田产偿还本息。换言之，已坐会的会股由两部分财产构成，一是用会额购买的田产，这是资产；二是需要到期结算的本金和利息，这是债务。

---

① 《清乾隆四十二年（1777年）七月振镟、振铭阄书》（点校本166页）：翊胜会下批有"田壹亩二分二厘叁毛肆系壹忽"。集英会下批有"田壹亩玖分捌厘二毛"。仰荀会下批有"殊字二百四十号，上塘坑口，田叁分玖厘二毛，收仰荀会"。

## 二、会次的用途

下面利用分书的记载，介绍清代家庭是如何利用会次的。

靠后会脚的会次，可以视为"花利"。① 就像存在银行中的资金一样，看重的是利息。会式不同，花利也不同。但无论何种会式，领取花利的金额是预定的，领取日期也有规律。这种预期性和固定性，可以用来满足某些特定目的。比如，把会股的利息设定为养老产，把会本和利息记载于阄书中。② 将来只需定期领取会息，再把会息交到老人手中，不至于疏忽遗忘。

首会或位次靠前的会脚，他们较早领到会额，可以尽快投资到田产或商业中。在一轮邀会周期内，只要投资回报高于会内利息，就是他们的获利。通常，祀会和神会的会首，都会把会额用于购买田产，再用田产租谷滚动付息。如某分书在两件"佃皮"下分别注明应缴纳的"社会租"的秤数。③ 所谓"社会租"，是指祭祀社的神会，会首用会额买了两块田骨，田皮管业人应向他缴纳田骨的租谷。

村族的公共事务，如节日庆典、祭祀等，需要在每年固定时间里拿出一笔钱。有的采用各家捐资，也有劝富户捐资的，都不能长期维持。邀会可以一年为期，设定会首到期付出利息，用利息支持这类活动，会脚的利息就是胙肉。这是一举两得之法。

邀会最利于会首。会首利用融到的资金可以应急。比如，曹方氏说，丈夫去世时，店业亏银两百多两，债主"取讨丛迫"。为清偿债务，她卖掉一批田产，以此为会本邀一会，以族人和姻亲为会脚，凑整银两还账，债务也就转移给会脚。再逐期把会账清偿完毕。④ 这样，急务得以缓办。通常来说，会脚俱是亲戚好友的，可以采用极有利于会首的会式，帮助他渡过难关。为筹备节日庆典、祭祀先祖的会，也是采取有利于会首的会式。哪些会式是明显帮助会首渡过难关的，也将在本编中再结合实例分析。

---

① 《清道光二十七年（1847年）八月汪广发兄弟阄书》（点校本356页）。
② 《清嘉庆十七年（1812年）二月孙刘氏关书》（点校本211页）内附夹页记"社会钱一千文，利一百文"，"上宅中秋会钱六百文，利六十文"，可知这两种会均为1/10的固定会利率。
③ 《清嘉庆十七年（1812年）二月孙刘氏关书》（点校本211页）："其王九公坞之田，交社会租三秤"；"其梧桐树坞口之田，交社会租壹秤"。
④ 《清嘉庆三年（1798年）十一月曹方氏阄书》（点校本193页）。

## 三、会次的经营与管理

### （一）会股及分割

完整的会次，可称"一股"。也称"一名""一会""一只"或"一户"。它们都是"全股"的意思。把全股分成两份，其中一份写成"半会"或"半股"。半股还可继续分为四分之一股。① 会书上记载的会股，虽然都附有会友姓名，但不限制转让或分割，这使会次具有不记名证券的功能，也是古人充分利用会次的财产属性的例子。

除了细分会股外，还有一种分割方法，是把所有会次上的收益和债务一分为二。收益在兄弟间均分，所有欠账在需要清偿时，再陆续均摊。②

会次还有一个特点，收息时是正收益，还本付息时就是债负。分家时发现产业不好评估或不易分割，正好可以利用会次分割发挥调换、贴补的平衡作用。贴补，既可以补多，也可以补少。如"又贴十千钱会一个"，③ 这是把"十千钱会"作为收益补贴给一方，是补少。又如，"土名三亩坵田三分，扒宏榜得旧账会于当价"。④ 这是一份设定当业的田产，需要贴补与田产原价的差价，用会次贴补，也是补少。相反，把偿还会账的义务"扒"给一方，就是补多。⑤

### （二）设定分层权益

会股的收益可以再切割。比如，"会田"的租谷可以分出一部分，设定为养老产。⑥ 也可在会次收益上再分层，设定抵押、典当等关系，与田房上设定分层权益一样简便。

抵押会次，一般是把会书交给出借方，作为借债的担保。比如，族人向祠堂借银，

---

① 《清咸丰二年（1852年）八月方干乾阄书》（点校本391页）："一，社会共全股，佛杏、（佛）有每半股，佛杏与金发家合做，佛有与天吉家合做；一，老社会股派吾家四分之一，又祭会、汪公会分法皆与余庆。"
② 《清嘉庆二十年（1815年）四月汪仲宝兄弟阄书》（点校本219页）："再批，但有新旧会银账目以分年止。收来账目会银二人均分。所欠账目会银二人均还。倘有不还者，其大买租以作账目。"
③ 《清嘉庆三年（1798年）三月金以棣兄弟关书》（点校本187页）。
④ 《清道光十年（1830年）六月郑士泰阄书》（点校本269页）。
⑤ 《清乾隆二十四年（1759年）三月王氏关书》（点校本158页）："今将太保兄、孟昭兄、元音弟三股会本银八两二钱五分，又元音弟十八年九江性手借本一两零，扒与士性承还。"
⑥ 《清道光二十四年（1844年）三月张承锺兄弟阄书》（点校本305页）："东山上水口会田，合身租谷半勺。"

以太和会会书抵押。分家时，约定借债由各房将来均摊，即可赎回会书。[①]又如，出借洋一元，收到抵押的会书，可以在分家时将其估值一元，与其他产业搭配分割。[②]上两例中，会书均是有经济价值的权利证书，类似今天的质押关系。

典当会次的，典当人也要交付会书。在阄书中，"当业"既可以是田产，也可以是会次。[③]注明是当业的，表示将来有人赎回。出典会次的，由典买方收取坐会的利息。此种收益又称"典租"。[④]与"屋宇、产业、花利"一样，都是家产中的正资产。典当会次的赎回期限，订立在典当契中，如果分家前典当会次，可以约定在回赎期限届至，由某房赎回。[⑤]此项赎回权利同样可以估价，作为一项财产分给某房。

### （三）买卖

会次当然可以买卖。[⑥]在分书中，常常见到一些家庭执管两只以上会股。[⑦]这种情况多是通过买卖得来。尤其是一些祀会，在家族中兴办已久，会股只能在本族内部交易，买家不多，导致有条件的家庭买得多股。

不过，会次的管业凭证只有会书。如果是半股的管业人要卖出，出卖时必须通知另外半股的管业人。[⑧]二者眼同出卖，平分卖价。

### （四）轮管

如果不愿意分割会次，可采用各房轮流管理的办法。[⑨]这种会次就成了家族内的存

---

[①] 《清同治五年（1866年）二月项廷熊阄书》（点校本453页）："太和会，五阄壹股。"旁批："三脚之一。押与乐善堂，本银三人均还。"
[②] 《清光绪五年（1879年）闰三月方广成阄书》（点校本509页）："又细梅将芸香会押去洋壹元，当收有会契，存长房。二房阄得。"
[③] 《清咸丰三年（1853年）十二月兴堡兄弟阄书》（点校本393页）："又，神会二股，当业。起健公一股、世一股。"又："社坛垅"注明"兴元兄当业"；"埕上南山岽，当业，田皮三秤十斤"。
[④] 《清道光二十七年（1847年）八月汪广发兄弟阄书》（点校本356页）："一、承春醮会典租一秤；一、承十八会典租十五斤；一、承元宵会典租八斤；一、承观音会典租三十七斤半。面议递年饮会交纳。"
[⑤] 《清光绪六年（1880年）十月昆来等阄书》（点校本518页）批语："光绪十年（1884年）十一月十四日，批月来账项，昆来等去取赎白山土地会租四秤，与岩金无涉。"
[⑥] 黄志繁：《"会"与近代小农资产运作：以徽州文书为中心》，《江西社会科学》2013年第5期。
[⑦] 《清光绪二十二年（1896年）八月志龙阄书》（点校本616页）："祥云公清明，叁名"；"云富公清明"旁批"一阄、二阄、六、四阄、五阄、八阄、九阄、十二阄。父买三名。庆祖卖"。
[⑧] 《清光绪十二年（1886年）七月俞李氏关书》（点校本555页）："又付夏仰乔先生会洋六元五钱，对付其半。永不能卖。如有出卖，半价对分。"
[⑨] 《清道光元年（1821年）二月孙俞氏关书》（点校本232页）："村内各会次，亦是四家轮管。"

众祀会。既然轮流管理，则轮到的一房可以收取当年会次的租息，也应承担当年的业税和办祭义务。① 由于年成有好有坏，各房收到的田租可能不均，但既然约定如此，就不能有怨言。

另一种管理办法是，每年负责管理存众会次的一房，负责把收到的租息平分给各房，这种办法不会有不均之虞。一些眼光长远的家族，约定从某年起，租息不再平分，支付完祀会的粮税等费用后，剩余租谷全部换成现银，投放生息，以便积少成多，作为发起其他祀会的本金。②

总之，会次是凭会规管业，无论钱会或祀会，会次的经济价值是预定的，如会额、利息、日期等，都明确写入会规，不致误解。坐会人为了获取收益，可以精确计算会额与投资收益的关系。投资的田产、租金等等，也较为确定。基于这些特点，会次是极易换成等价现金的财产。

作为财产的会次有两种性质：一种是定期的现金收益，会规就是收息凭据，可质押给人。另一种是坐会之后，将会金与田产绑定，田地作为会次的固定资产，田租就是利息，可以分割、买卖，还可设定复杂的权益关系，以获得分期利益或分层次收益，如轮管、抵押、典、当等。

---

① 《清光绪二十四年（1898年）二月章汪氏阄书》（点校本632页）："一议，六合观音会，合一股；按子四房轮流，各给一次，永无替出，收租者完粮办祭。"
② 《清咸丰三年（1853年）十二月兴堡兄弟阄书》（点校本393页）批语："存众田租、神会，由长及三，轮流挨收。以咸丰四年为始，饼胙本年轮收者独领不派。其租照本年实收若干，照下山时价减五分一秤。除本年开消本会所纳粮饷，及祖父厝租费外，仍着纳银派存生殖，以备日后积腋成裘成会耳。"

第十章

# 祀　会

在第二编《家族合同》里，已经多次提及祭祀先祖的祀会。一般来说，祀会是为了保障先祖祭祀，以存众租息为首会，以族人为会脚的邀会。祭祀始祖的祀会，会脚还可以是各房族或支祠。祀会若借用钱会会式，多采有利于会首的会式。本章暂不涉及会式。

祀会祭祀的对象大别有二，一是合祭本族始迁祖和列祖；二是专祭某位先祖、绝嗣叔祖或女性祖先等。祀会是介于存众与祠产之间的族产，可以与存众、祠产并存。没有祠堂的家族，有的祀会就是为了创建祠屋而设，[①] 可以视为合祭祀会的分支。

## 第一节　祀会的经营与管理

### 一、普通祀会的经营

普通祀会的成立，先有一个会本积累的过程。一般是将存众田产的租谷储积起

---

① 《清咸丰三年（1853年）十月凌观龙公支下人等祀会合同》（点校本1409页）。

来，①然后购置田产，每年收取租谷。②再把租谷枭借，以此获得息谷。③有的会本由族人缴纳的"丁钱"凑成，④但只要购置田产，储积模式并无不同。田产多，租谷就多，到一定程度就可作为会首的会本邀会。

值得注意的是，祀会的"会本"，既指田产，又指租息。田产只是产生租息的本金。真正作为会首本金的是租息。让我们设定一个例子来说明祀会的经营模式。假设某家族已经积累了存众田产20亩。用田产召佃耕种，假定每年每亩收租米5斗，共计10石。把10石米暂定为银10两，作为会首本金，邀集4名族人为会脚。会脚各须拿出10两银，这就是一个会额为50两银的祀会。实际上，在第一年起会时，会首只需用20亩田作为担保，不必拿出10两现银。拿到40两银之后，立即购置田产，合并原来的20亩，一起绑定祀会，专门应付还本付息。年底，租谷全部换成现金，从第二年开始，假定每年会首偿付15两，四年还完。在经营得当的前提下，接下来的四年里不用卖出田产，就能缴纳全部会金60两。其中40两还本，20两付息。偿还完毕，第一年用40两购置的田产就保留下来，又可以用来作为会本再次邀会。假定这40两银购买的田产可以产生租米5石，那么用同样的会式，可以邀集会额为60两的祀会。祀会也就在这种滚动经营中不断扩大规模。

以上假定的数字仅是就理论而言，实际情形不必皆如此。祀会经营的秘诀，一是通过融资杠杆放大投资资本，再通过分期偿还减少还债压力。二是利用米价和银钱汇兑波动，从中赚取差价。比如，清中期以后，一石米价多在一两银以上，如果真有10石租米作担保，对应的本金在12两以上，收到40两银，买到的田产只要租米在3石以上，次年交完15两还有盈余。除非倒霉，碰上连续旱涝，才会卖出田产补足会金。

一般来说，祀会每年皆有盈余。盈余就用来供应祭祀。祭祀的主要开支是"颁胙"。

---

① 《清道光十五年（1835年）三月姚宗聘、宗轩、宗辂公支下人等经管祀会合同》（点校本1366页）。姚聘公名下存众由五处产业构成，一处土名"岭后坑上培"的熟地，租额为一斗五升；一处土名"陈家坞上塘"的，租额为"定租五升"；其余有两处荒山没有出租，留作族坟山。另一处"土名草莱坦"的产业，便与族人，"便价钱拾千文，其钱归入祀会生息标祀"。
② 《清光绪三年（1877年）二月尚玉公支孙观妹等设立祀会合同》（点校本1452页）："欲立祀会，愧无租息。于是各均派出钱，合买到张姓土名住里大小买荒山壹业，刻开熟地。又土名石堆圫大小买荒山壹业。但此二业，以作租息。历年收来，以为标祀之需。"
③ 《清光绪二十四年（1898年）三月吴元玉公支下任事人永聪等祀会合同》（点校本1511页）："其房屋不时照管修理，其山场地坦，一并尽行归依会内经管收租，其租收来，枭借生息。"
④ 《清同治十二年（1873年）二月如渭公支下嗣孙首事人华生、华铎等经管祀会合同》（点校本1445页）："各出丁钱，照丁科齐，告成祀会，以为每岁清明标挂之需。"尾批："每年加丁至周月之期出钱二百文，每丁出钱二百文。"

在上一编里，曾提到一个祀会要向新添男丁征收"丁钱"，每丁 84 文。颁胙则始终以全族男丁为基数。① 做到这一点，仅靠每年收取新添男丁的"丁钱"是不够的。这个祀会能做到这一点，其实是以先前的"支年公会"为基础，它已经滚存了 16800 文钱，这些本金再作为会首本金，重新设立一个"清明祀会"，新添丁钱只是不断汇入原来的本钱中，是一种现金滚存的经营模式。

## 二、祠会的经营

祠堂也可以成立祀会，又称"祠会"。祠会主要是支持祠堂合祭。祠会与普通祀会可以并存。如，程姓支祖为玄干公，立有支祠。合同说："本家年头、祠会，两项俱无费用，每岁阄费甚属艰难。"所谓"年头"，即正月间的祭祀活动；所称"祠会"，是指族人在祠堂合祭及宴饮聚会。为了支持这两项大型开支，程姓支孙设立了两个祀会，即"年头会"和"清明祠会"。②

年头会的会本构成是："今众议将众山税业入会，会内纳粮。所有美女窝屎坟山荫木，日后出拼银两，俱要入会，不得私拼肥囊。今支丁喜助入银，并照丁入银敷费，合立年头会。"所谓"众山税业"，即族内各房的存众山业，这些山业并业税原本零星地掌握在各房手中，现在归拢作为会本。山业归拢后，出拼林木的价银作为会金来源。我们知道，养山出拼的收益较大，但周期较长。所以，又约定将丁银和"喜助银"一并纳入年头会。（"喜助银"是族内男丁婚娶时向祠堂缴纳的入谱银两。）这两项缴费为年头会提供现金来源。由此可见，年头会的会本是不动产和现金。

再从喜助银和丁银中，拨出银一两为会本，用于设立祠会。对外放贷生息，放贷对象是各支族的"家头"，年利率为两分。每年四月，家头交回本利，再由祠会放出。本利暂时积存不用，滚存有余后，再从里面支付年头祭祀费用。③ 可见，这个清明祠会以现银为会本，以放贷生息为经营模式。可能会有疑问：1 两银每年只收 2 分银，祠会

---

① 《清光绪五年（1879 年）一月吴国珍公支下人等经理祀会合同》（点校本 1458 页）："昔年立有支年公会，自向至今生息，余利甚尤，经已存蓄之资，共成钱十六千八百文正。奈恐人心不古，爰是公同酌议，将蓄之资议与清明祀会。……嗣后添丁，每上丁钱八十四文，亦照丁颁胙给散。"
② 《清乾隆四十八年（1783 年）一月玄干公支孙万有等兴立祠会合墨》（点校本 1264 页）。
③ 《清乾隆四十八年（1783 年）一月玄干公支孙万有等兴立祠会合墨》（点校本 1264 页）："其会喜助银并入丁银，会簿订明。内拨银一两，另立清明祠会，另立会簿生殖。仍银，立为年头会。议定照家头平领，每年二分行息。酌于四月内，本利交出，然后照会例发领。俟至银两生息富余，再行酌议拨银，以为年头费用。议定照家头平领银一两，余银封包置产。"

的规模和赢利是否太小？实际上，这个祠会的规模是以会脚多少而定的。用 1 两银作会本的意思，是指每位会脚在首会时缴纳的会金都是 1 两。这件合同中没有明说会脚多少位，如果会脚是 7 人，会额就是 8 两，分 8 年还本付息。

### 三、祠会的管理

　　祠会的管理与普通祀会是不同的。程玄干公支祠立有祠户。祠会是祠户名下产业的一部分。家头代表各支族签订的祠户合同，只是祠会的管业凭据之一。该合同末尾提到"众业契墨七纸。户管一本。会簿二本。阄付士良收执"。加批可辨识文字为"嘉庆伍年四月□□□□□□领山契七纸，户管一本"等。说明"众业契墨七纸"就是"山契七纸"，也就是年头会的会本，一共七处存众山业的契据，都归拢在祠户名下。"户管"，即祠户的归户清册。"会簿二本"，是为年头会和清明会订立的会书。合同中又说"自今立会之后，祖宗祭扫，从此而兴，年头、门户费用有赖"。"门户费用"是指祠户名下产业的业税，可知祠户下还有田产需要缴纳业税。我们说过，祠户与家庭户相同。祠户设立的祀会，与某个家庭作为钱会会首并无不同。祠户持有会规，表示自己在祠会中占有一会。只不过，程氏支祠采用七个支族拈阄轮流管理祠户的办法。

　　然而，以存众祀产发起的祀会，存众分散在各房或支族的户头下，没有归拢产业的单独户头。依赖存众产业设立的祀会，只能由各房相互订立合同而成立，管理形式可以是各房共同管理，也可以各房轮流值年。所以，普通祀会的成立和运作方式，以祀会合同为凭据，合同即可视为会书。[①] 祀会的管业以合同为凭据。

　　收益和支出方面，祀会的收入主要用于每年祖先祭祀活动与全族聚会宴饮。在颁散上，普通祀会与祠会是相同的。胙肉的发放，若以丁钱为会本，则以男丁数为基数分发；若以各房存众入股，则以入股产业的比例分发。对于侵害祀会利益的，罚则也大致相当。主要是罚钱、不准参加祭祀、革出祀会，以及不孝呈官等，这些在前一编的祀会管理中已有论述，不赘。

---

[①] 《清光绪二十四年（1898 年）三月吴元玉公支下任事人永聪等祀会合同》（点校本 1511 页）："议定会规文契一样三纸，各执一纸。"半书为"一样对同三纸各执一纸"，签名为三家家长。该合同即合同中所说"会规文契"。

## 第二节 神会的经营

设立神会或神祇，是为了祭祀公共神祇，并在神祇降临日举行迎神赛会活动，之后分享胙肉。

### 一、神会与自愿性

社神是全国公共神祇的一种。祭祀社神的活动在中国源远流长，但汉晋以前的社早已不传。歙县北乡九都七图的皇富社，相传始建于唐僖宗光启年间（885—888 年），改址重建于南宋孝宗隆兴二年（1164 年），① 算是传流有绪的古社。岩镇的镇东祖社，始建于南宋咸淳六年（1270 年），② 沿用至清，已属不易。古社皆屡废屡兴，皇富社和镇东祖社都有毁于明洪武初的记录。

明清府州县社坛，始定于洪武元年（1368 年）十二月。祭日为春秋二仲月上戊日。③ 乡里社坛，洪武三年（1370 年）六月，中书省臣等奏："乡村春秋祈土谷之神"，里社自举之。④ 则此时已经允许乡里自设社坛。如岩镇的四义井社，早年曾由关、龚、黄、胡四姓创建。毁坏后，洪武六年（1373 年）由关姓邀汪、方、吴等三姓重建，当时约有 60 余户加入。但明人通常认为，令每里置社坛的时间是洪武八年（1375 年）。⑤ 到明中期，洪武时期建立的社坛多已倾坏，祭祀不兴。还有的地方虽然祭社，亦无复洪武旧制，里中不设社坛和神主，改为社庙与塑像。⑥ 嘉靖五年（1526 年）应天巡按

---

① ［清］凌友彤：《皇富社记略》，［清］凌应秋：《沙溪集略》卷七《艺文》。
② ［宋］邱龙友：《题请建立镇东祖社奏疏》，［清］佘华瑞《岩镇志草·利集·艺文上》。
③ 《明太祖实录》卷三十七"元年十二月己丑"条。
④ 《明太祖实录》卷五十三"三年六月禁淫祠"条。
⑤ （嘉靖）《（浙江）太平县志》卷四《职官志上·坛壝庙祠》："洪武八年，令每里置社坛。"又见（万历）《黄岩县志》卷二《舆地志下·坛壝》。
⑥ （万历）《黄岩县志》卷二《舆地志下·坛壝》："今里中率无坛，而设庙塑像。祭亦多非旧制云。"

申明乡约，①徽州等地又掀起一波建社的风潮。歙县丰南的仁德社、岩镇的永兴义井社等都是在这一时期创建。

有的社是家族独立创建。如康熙丙辰（十五年，1676年）鲍汝璋所建的岩镇龙潭社，由鲍氏独祭。万历己丑（十七年，1589年）至辛卯（十九年，1591年）岩镇佘姓合族兴建的长兴社，规模宏大，除祭祀社神的神宫外，还有文昌阁、沼宫和"斯文习业"之楼，是一个基址广阔、亭台楼阁俱全的庞大建筑群，有专人典守。但是，大多数社都是异姓共建，尤其是异姓杂居的城镇，以异姓共建为主。以歙县岩镇为例，崇祯乙亥年（八年，1635年）所建长塘祖社，又名寿庆会，注明社户十九姓同修。还有些社，只注明"众姓复置"，如义成祖社、宁寿祖社等。②

祭祀社神的邀会称"社会"。③社是列入国家祀典的神祇，社会以自愿加入为原则，没有哪个家族可以垄断祭祀。所以，自明代以来，以社会支持祭祀的，大多由各姓各家轮流充当会首。④由家庭户占据主导地位，是社会与家族祀会的最大区别。

其余的神祇祭祀也是以家庭户为主。比如，关帝是清代全国的公共神祇，从现存的关帝神会合同看，兴办关帝会的当事人多是家庭，而非族长。如某个关帝会合同的签名是九个家庭的家长，分属徐、丰、汪三姓。⑤另一件关帝会合同的签名为吴、吕、叶三姓，共有11人代表各家庭户。⑥同族兴办的神会也是如此。一件设立太子会的合同，强调会友由"本境"之人组成，而八名会友又全部姓高。其实，他们仅代表本家庭，既非家族之下的房族，也非所有的高氏族人。⑦

为神祇创立神会带有支持公共事务的性质，愿意入会的会友均需有信仰和热心。这也决定了必须以自愿参与为原则。但是，社会与其他神会稍有不同，社会带有一定的强制性。比如，方氏家族的社会合同规定："若有违拗不遵者，甘罚白银壹两。"社

---

① 《嘉靖五年四月歙县知县孟镇等建立社坛示碑》，[清]江登云：《橙阳散志》卷十《艺文志上·碑》。另参考《嘉靖五年十二月歙县知县高琦等申明乡约碑（十六都二图仁德社）》，[民国]吴吉祐：《丰南志》卷八《艺文志下·碑记》。

② [清]佘华瑞《岩镇志草·元集》"里社坛宇"。

③ 《清乾隆四十三年（1778年）四月方美宣等社会合同》（点校本1262页）中说："立议社会合同人方美宣、美彭、观美等，后稷播百谷粒食有赖，神以人为主，民以赖扶持。党内原有社会，今人心不古，将会败坏。故合立社会。"

④ 万历《黄岩县志》卷二《舆地志下·坛壝》："凡遇春秋二社，里中人户轮当会首。恭办祭物。"

⑤ 《清乾隆四十二年（1777年）八月徐声远神会合同》（点校本1260页）。

⑥ 《清道光九年（1829年）三月关帝君会经管合同》（点校本1352页）。

⑦ 《清道光八年（1828年）八月太子神会邀会合议》（点校本1351页）。

不但是一种神祇，还是一种基层自治组织。并非所有居民都热心社祭，这种情况自明初以来就如此，这也是各地社坛到明中期已经荒废无祀的主要原因。通过成立社会，把本社家庭都拉入会内，既让他们当会首赚到一笔小钱，也希望他们分担社祭等相关事务。社祭是本社居民必须参加的，社会也就具有不准退出的性质。而其他神祇祭祀就不一样。如高氏族人的太子会就说："倘有不愿来者，将米本退还，无辞。"并不限制会众退出。再如关帝虽是全国性质的神祇，但与基层组织无关，只由崇拜关帝的人张罗神会，反而不会因会众懈怠而荒废。

神会由家庭主导，由家庭充当会首和持有会股的现象，反映的正是参与神会的自愿性。从这一意义上，除了按法令或官府命令而成立的社，其他神会均是以信仰自由为基础而建立的地方自治团体。

## 二、经营与收益

神会的会首多是轮充。这种经营方式不同于普通的钱会。一般来说，钱会是会首与会脚之间轮流坐会，除会首外，会脚位次由协商或拈阄决定，不同位次的收益各不相同。有的家族祀会与钱会相同，只是会首永远是存众或祠产，其余位次由族人或各房商议决定。神会与此不同，它更像是一个基金会，由入会家庭共同出资凑成会首的会本，再由每个家庭经营一年，当年办完祭祀和饮宴后，就把经营权限交给下一家。比如，高氏族人组成的太子会，是每股出"干扇米二十斤"，凑成会首的会本共米160斤，把它交给"值年人"放贷收息。到年底本利交清，利息用于"每年两次敬神散席"，多余的则存积起来，准备将来购置田产。据后文谈到的钱会会账中记载的放贷实例，可知徽州民间的短期借贷利率多为20%。但以米谷放贷，借出的谷价视同米价，实际收益可以翻倍。但即使年息谷达到64斤（米160斤，收益40%），换算成银也就不到一两，只够办简单的会酌。另一个关帝会的会首，会本是共同出资购买的一处大小买田地，[①] 规模较大，收入较多。但就经营模式而言，仍是每年轮充会首。

凑有固定会本的神会，需会首管理收租或放贷等事务。此时，会首更像是临时受会众委托处理会务，只能以有利于会众的方式处理会务。而会众可以收回管理权，或者特别约定管理办法。如，会内发生过"挪借"会本的事件，重订合同时，可以约定

---

① 《清道光九年（1829年）三月关帝君会经管合同》（点校本1352页）。

管理人必须"通知众会友，公放公收"。① 也就是说，管理者只负责找寻借钱人，订立借据时，必须全体会众在场签名，否则就是私贷会本。又如，会本是大小买田的，发生过欠租和"盗顶他人执管"等事，会众决定撤佃，将此田交由会内人等承佃交租。② 总之，有会本的神会，虽然经营模式与钱会、祀会有别，但为此订立的神会合同仍是一份财产，内含本金和利息两部分，合同则是会友的管业凭证。

轮充会首的方式，是由神会的目的决定的。神会不以赚钱为目的，会首收取的租息，主要是为了祭祀神祇。在祭祀之后撤下胙肉分享，各会友吃了胙肉，受神的赐福和保佑，接下来的一年心中踏实，就是入会的最大利益。所以，有的神会并无会本，只在祭祀之前临时凑钱。如前面说到的方氏社会，是"每年各股科抖三期银钱"，就像家族修建祠屋是分三期劝捐一样，每家出钱不多，办完祭祀和饮宴不再有剩余，订立合同只是规范每年凑钱的义务。又如，一个小型三元神会的会本，合同约定在每年三个元日前临时凑钱，会资一次用完，不积存，不经营。③ 另一个关帝会合同也明确地说，祭祀费用是由每股"捐资"而成。④ 每年临时凑钱的好处是事务简单，只需组织祭祀和散席即可，平时没有会内事务需要管理。这种神会合同不能视为财产，主要是规范祭祀行为，保证有规律地祭祀神祇。

应注意的是，参与自愿性决定了神会是自由组合而成，一个地方也就必定存在着祭祀同一神祇的多个神会。每年祭祀和赛会时，也有多个神会分别举行活动。同时，同一个家庭也可以参加数个神祇的神会。神会构成了本地人分享信仰和交流信息的网络体系，参与神会的家庭不在意经济利益，但显然很在意融入这一网络中。

## 三、迎神赛会与神会

### （一）赛会

普通的神会，大多规模有限，资金较少，除了应付每年的祭祀颁胙外，不足以支持迎神赛会。迎神赛会是明清时期全国共通的风俗。所谓赛会，是指节庆或祭祀前后的娱神活动。如明代小说中的"社火"，即是社祭之后的赛会。

---

① 《清乾隆四十二年（1777年）八月徐声远神会合同》（点校本1260页）。
② 《清道光九年（1829年）三月关帝君会经管合同》（点校本1352页）。
③ 《清道光二十三年（1843年）十月汪社荣支下人等经理祀会合同》（点校本1385页）。
④ 《清乾隆四十二年（1777年）八月徐声远神会合同》（点校本1260页）。

> 你道如何叫得社火？凡一应吹箫打鼓、踢球放弹、勾拦傀儡、五花爨弄，诸般戏具，尽皆施呈。却像献来与神道观玩的意思，其实只是人扶人兴，大家笑耍取乐而已。所以王孙公子，尽有携酒挟伎特来观看的。直待诸戏尽完，赛神礼毕，大众齐散，止留下主会几个父老，亭中同分神福，享其祭余，尽醉方休。此是历年故事。①

上面描述的赛会活动，是由一个大型神会组织的，故而"主会几个父老"在赛会之后，又有"同分神福，享其祭余"的惯例。然而，神会与赛会毕竟不同。神会主要支持祭祀，赛会则是借祭祀而自发产生的节日娱乐。赛会参与者的成分也很复杂，有摆摊的杂耍卖艺人，也有各种敬神团体或村社凑钱请来的文艺节目表演者。节目不需要神会出钱，他们只是借此机会各逞技艺，目的是"与神道观玩"。由于支持的团体不同，赛会有相互竞赛之意。"乃尔徽民囿于习俗，一方各奉一神，每岁敛钱赛会。甚至彼此争雄，两不相下，往往殴毙人命，下手加功，皆罹法网。"②导致"彼此争雄"，正因节目背后"敛钱"的敬神团体不同。为防赛会中发生死伤事件，礼部曾题定例文，地方官也出示禁约。③但官府只能禁淫祠邪教，而列入国家或地方祀典的神道，如社稷、关帝、真应庙等，均为合法祭祀，是无法禁止的。因此，大多数赛会活动也无法禁绝。

## （二）迎神

迎神赛会又以迎神为主，迎神活动也不一定由神会支持。一般来说，地方神祇崇拜存在于一府一县之中，至少也存在于多个村落中，也即"一方各奉一神"。所谓迎神，主要是指在祠庙中迎接神祇降临的仪式。但是，当多个村落或祭祀团体共同崇拜一个神祇，在祭祀期间由各村轮流迎接神像或神主，前来本村"坐会"，这也叫做迎神。迎神坐会的费用和人工，既有各村独立负担的，也有共同承担的。比如，歙县深渡大圣堂一带祭祀李王神像的活动，有专门的庙产支持，但每年的迎神坐会又由各村分担。李王神的迎神坐会时间始于农历十二月三十日，当日午时后，神主"迎归"龙蟠祖庙。

---

① ［明］凌濛初：《二刻拍案惊奇》卷二《小道人一着饶天下 女棋童两局注终身》。
② ［清］吴宏：《纸上经纶》，见郭成伟、田涛点校《明清公牍秘本五种》，中国政法大学出版社1999年，第222页。
③ ［清］吴宏："凡迎神进香，击鼓鸣锣，聚众张打旗帜执事等项，愚民被惑，肆行无忌，倡众为首者，照邪教惑众律，拟绞监候；为从者，枷号三个月，责打四十板，不准折赎。"［清］吴宏：《纸上经纶》，见郭成伟、田涛点校《明清公牍秘本五种》，中国政法大学出版社1999年，第222页。

正月初八日,迎至汪角坞坐会。初九日,迎至八亩坦坐会,辰时再迎至新义合社庙内。① 从地图上看,大圣堂到八亩坦的垂直距离是3.5公里,神像主要在这一带四个地方巡游,巡游费用由下一个坐会的村落负担。

另一个三社联合的迎接社神活动,由云川社先供奉,时间是正月初一至十二。十三日由永丰社迎神,在永丰社坐两日;十五日,再由云川社迎回;十六日,由竹川社迎神。在这一系列迎神活动中,明确规定"只接不送"。其中,围绕着社神出庙门、牌位下坛等仪式,三社要举行三次大规模的游神活动。这些活动,从派出壮丁、开庙门、游神,到各社依次接神,也是明确规定"只接不送"。由此可知,"只接不送"是当时迎神活动中的惯例。接就是迎,"只接不送"意味着,整个活动中只有迎神,没有送神。同时,迎神的各种费用开支,也随着这一惯例而确定下来,较大的开支有请"师人"为社公牌位开光下坛、出坛,以及派出壮丁接神和游神等。另外,有一项十年一次的开支,即"尊神装銮",是为神像贴金或彩绘的费用,约定到期由三社商议分摊办法,订立合同,叫做"三社合同后事"。②

值得注意的是,合同中提到的永丰、云川、竹川三社,在徽州的村落名和地名中是找不到的。它们是祭祀同一社神的祭祀团体,由不同的自然村落组成。订立迎神合同的原因,是永丰社本来由"木庄背"和"竹党"两大村落组成,后因各自建立社庙,分裂为永丰社和竹川社两大祭社团体,两社在此期间发生嫌隙,遂致竹川社多年不迎社神。于是重订合同,规范三社的迎神活动。

总之,迎神与赛会又不同。迎神是指迎接神灵降临的仪式,包括神像在村落之间巡游的活动。神像巡游到某村供奉的期间,又称"坐会"。伴随着迎神的娱神节目是赛会,它可以在神主巡游途中,也可以在祠庙外的固定场所。至于神会,它是支持祭祀神祇的一种财产组织方式,有的设有固定的会本,有的只是定期凑钱。迎神赛会围绕着祭祀活动展开,支持这些活动的经费,有的出自神会,也有的出自寺庙财产,还有的由村落或敬神团体凑钱。

---

① 《清光绪六年(1880年)一月八亩坦、汪角坞人等经管庙产合同》(点校本1461页)。
② 《清光绪十三年(1887年)四月永丰、云川、竹川三社人等尊迎社神墨据》(点校本1483页)。

# 第十一章

# 钱会导论

## 第一节 概述

钱会的会式，是以下几章的主要研究内容。会式规定在会书中，包括会式的性质、得会办法、集会规则、还本付息办法等。会式对于钱会的重要性不言而喻，但是，只看会书是不知道会式的。会书中只有提示，比如，它在序言里会提到本会性质是摇会或轮会，但不会说具体属于摇会或轮会的哪一种会式。在会书中，每个会友名下要注明到期应缴纳多少会金，或领到多少会额及利息等，但不说根据什么规律计算出来。会式是一种习惯或惯例，每个会友都熟悉会式，所以不必写出来。在每个会友名下注明的金额，也是当众算好记录下来，以便一目了然，且不用再算。这在不懂会式的人看来，或许一头雾水。

20世纪30年代，学界已开始系统研究钱会。[①] 民国时期的学者和读者们是在邀会传统中长大的，深谙会式，觉得会式不是什么难题。所以，这些著作要么直接列举会式的计算方式（王宗培），要么直接讨论会式的改进办法（杨西孟）。这对当时的读者不算难，但今天的国人大多已经不知道会式为何物，难免有神秘之感。以下几章我们要拆解那些看似复杂的会式，让现在的读者也能看懂，看后不再觉得钱会是什么洪水猛兽。

---

[①] 王宗培：《中国之合会》，中国合作社1935年版；杨西孟：《中国合会之研究》（国立中央研究院社会科学研究所丛刊第四种），商务印书馆1935年。

对于杨西孟的研究，不免要多说几句。他的主要观点是，传统会式规定的会金和利息不是精确而公平的，会脚位次不同，收益差异较大。他提到，在江苏的十一人会中有"五苦六极"的说法，即第五、六位次特别吃亏。四川会友也有类似看法，认为会首和末会最有利，居中位次最吃亏。他认为，传统会式"亦如其他科学，粗疏特甚"。[①] 而他的研究宗旨，就是要探讨精确而公平的会式，目标是"使会众了然，觉着合算，才能甘愿入会"。

杨先生的目标，在我看来值得商榷。会式中苦乐不均的现象，是有意造成的。后面章节将通过实例展现，清代的会众完全能够在基本会式的基础上，按自己的需求调整位次收益，既有完全有利于会首的会式，也有各个位次收益均衡的会式。但是，一旦位次收益均衡，它就失去了投机性。钱会吸引人的地方就是投机性，由此带来了一点乐趣。至于极苦的五、六位次，又并不亏本，在保本的前提下，人们才敢大胆参与。所谓"粗疏特甚"之处，恰是会式的特点。而杨先生计算出来的精确而公平的标准会式，只能看作一种理性研究，用于实践，则剥夺了会式中的那点投机性，反倒不会吸引人去参加。

我还要强调，会式中的那点投机性，绝不至于成为禁止钱会的理由。钱会传统在20世纪下半叶已经中断，今天的国人和政府对其认识都非常粗浅。少数人利用人们的知识缺陷，邀集数百上千人筹资，美其名曰钱会，其实已非传统钱会，对其定性为非法集资，毫无问题。真正的钱会有规模和利率的限制，且人数与利率、会期直接对应。以十一人的平金式轮会为例，会首支付的利息总额约占本金的50%以上（参见表12.1），但支付期限长达10年，平均每年摊还利息仅5%左右。虽然当时的投资渠道有限，但只要合理地经营田产，这一利率也是安全的。以此类推，邀集一万人的钱会，理论上也是可以的，只是必须分期一万年付息。这个简单的道理，今天很多国人不知道，若知道要在一万年后才能拿回本息，也就没有兴趣入会了。

所以，真正的钱会，政府是不必禁绝的，反而应该鼓励。因为钱会就是政府鼓励的小额借贷融资组织。而那些打着钱会的旗号，不受会式约束，胡乱发展会众的，是不负责任的敛财组织，当然应该坚决打击。

---

[①] 杨西孟：《中国合会之研究·序言》，商务印书馆1935年，第2页。

## 一、钱会中的固定概念

### （一）约定俗成的概念

在了解会式之前，有必要先介绍一些钱会中约定俗成的称谓。主要包括：

（1）会首，即钱会的发起人，又称会头。会首先领取所有会脚缴纳的会金，这一期称为首会，也称齐会或园会。一般来说，计算集会期数有两种办法，第一种是不计首会，第一名会脚收取会额时称为第一期，第一名会脚称一会。以此类推，有多少名会脚就有多少期。比如，十一会是指会首一人，会脚十人。不计首会或齐会，一共有十期。第二种计算方式，则以首会为第一期，第一名会脚称为二会，收领会金时称为第二期，十一人会则有十一期。无论哪种计算方式，最后一期都称末期。这两种计算方式在实例中的比例相当。为了给每种会式制作转会和收益表，我们必须统一称谓，故以下均采用第一种计算方式。叙述中若原文是第二种计算方式，再特别予以说明。

（2）会脚或会总。会首以外，所有其他位次的会友均可称为会脚。如果某个钱会的会脚均由个人组成，此会为单式会；某个钱会中的部分会脚代表若干人，这个代表称会总，有会总的会式为总式会。

（3）会规，也即常说的会书、会簿。其内容主要是预定会期、会额总数、会金和会利计算办法等。

（4）会期，特指按会规预定集会日期的间隔。普通的会期为一年、半年或数月，小型钱会也有一月或一旬的。通常来说，参与钱会的人数少，则会期长而利率高；人数多，则会期短而利率低。

### （二）钱会的运行环节

钱会的运作，大致可分以下几个环节：①

邀会。即筹备组织钱会。由会首发起，邀集若干人为会脚。会首阐述成立合会的原因、会脚应缴会金、会款总额等，征得会脚的同意。

园会或齐会。即首会，是钱会的成立大会。会首事先通知齐会日期。至期，设宴招待会脚。会脚齐集后交出约定的会金，凑成会额，由会首收领。会首再填写会规，送交各会友收执。

---

① 徐畅：《"合会"述论》，《近代史研究》1998年第2期。

转会。齐会之后，每隔一个会期，会首与会脚齐集一次，缴纳预定的会金，凑成当期的会额，由坐会的会脚收领。

得会。坐会也称得会。预定当期收取会额的人，又称得会人或坐会人。得会的办法有：事先商定位次轮收、摇彩（如掷骰、拈阄、抽签等）或投标等。

满会。亦称终会或末会，即最后一次集会。满会时，只剩最后一个未得会的会脚，此会脚也称末会，由其收领约定的会额后，此会即告终止。

以上为钱会运作的基本环节。一般来说，邀会、园会、转会和满会等环节，在各种会式中并无太大区别。只有得会办法各异，有轮会、摇会、标会等区别。按不同的得会办法，可分出会式大类，在这些大类下，再有不同的亚型。亚型主要是在有规律的计算办法之外，采取特别约定的办法，改变一些位次的收益。

### （三）常用的辅助说明性概念

还有一些钱会中的常用语，当时参与钱会者与后来的研究者并无统一的称谓，为行文方便，这里也一并说明。

（1）会金。一般来说，会金是指每期集会时，按会规约定，会首和会脚各自缴纳的银钱数额。

（2）会额。也称会款。齐会时，各会脚缴纳会金的总数，就是会额。以后每期集会，会首和各会脚缴纳预定的会金，由得会人收领，也称会额。会首和会脚收取的会额，有的相等，有的不相等，具体情况要看会式如何。

（3）附加额。是邀集钱会所产生的各种费用，主要包括会首减免的会金、各会酒席钱等。以宴请费为大宗，宴请费又称会酌。

（4）会利率，或称会利。会规中一般不会出现固定的会利率。利率只是研究者根据会书记载计算出来的理论利率。实际的会规，只写明会额和会金，得会者按会规收取会额，未得会者按会规缴纳会金即可。没有一致的会利，各位次的收益才能变通。否则，会式就成了杨西孟所谓的标准会式。当然，变通后的会利率也不会太离谱，还是可以计算出一个大致的比率，这个比率可以视为钱会的利率。

通常来说，会利率绝不会接近高利贷利率，否则会首就成了借高利贷的傻瓜。仅凭这一点，就知道那些认为钱会是高利贷的观点是错误的。不过，如何判断会利率的高低，取决于当时当地的市场利率或投资项目的好坏，否则，仅凭会规算出的会利率，无法判断是高还是低。

而且，会利对于不同位次的价值也是不同的。首会和一会拿到会额较早，也就较早获得市场利率与会利率的差额。因此，会利率越是低于当时当地的市场利率，获益越大；反之，得会较晚，获益越小，甚至亏赔。对于位次排在中间靠后的会脚，投入的会金少于会额，具有零存整取的储蓄功能，会利率越高，获益越大，即使会利率低，他们也只少得利息，不会亏损本金。

那么，怎样才能做到会首愿意邀会，而不同位次都有会脚愿意承认呢？这就必须要找到一个与当时当地市场利率相比仍具有公平性的会利率，形成多方共赢的局面。关于这一点，杨西孟讨论甚详。他算出了适当的会利率标准与市场利率的对比关系，做成《会利率大约标准表》，[①] 据该表可了解市场利率在 0.5%—30% 之间浮动时所能吸引人入会的公平利率。我们将他的这个表格简化如下（见表 11.1）。

表11.1 适当会利率与市场利率的对应表

| 市场利率（%） | 会利率的适当标准（%） | 市场利率（%） | 会利率的适当标准（%） |
| --- | --- | --- | --- |
| 30 | 23.1 | 12 | 8.7 |
| 28 | 21.4 | 11 | 7.9 |
| 26 | 19.75 | 10 | 7.2 |
| 24 | 18.1 | 9 | 6.4 |
| 22 | 16.5 | 8 | 5.7 |
| 20 | 14.9 | 7 | 5.0 |
| 19 | 14.1 | 6 | 4.2 |
| 18 | 13.3 | 5 | 3.5 |
| 17 | 12.5 | 4 | 3.8 |
| 16 | 11.7 | 3 | 2.1 |
| 15 | 11 | 2.5 | 1.7 |
| 14 | 10.2 | 2 | 1.4 |
| 13 | 9.4 | 1 | 0.7 |

这个表格中的会利率不是实际会利率。杨西孟是想表示会利率与市场利率相比较，当取值适当时，则会首与会脚的损益接近公平的程度。所以，计算公式需考虑会首和会脚在复利率的情况下，在不同时间段，获得会额与缴纳会金之间的损益关系。再以

---

[①] 杨西孟：《中国合会之研究》，商务印书馆1935年，第66页。

全体会众的获益均不低于 0 为原则，结合市场利率，根据公式计算到适当的会利率。

以会利率为 16% 为例，从上表可知，16.5% 的会利率对应的市场利率为 22%，这表示：

> 通常利率在 22% 左右时，会利率大约应为 16%，所以这个被检查的会规假如通常利率在 22% 左右的地方应用，可以认为恰当。假如通常利率远高于 22%，这会规的利率便是太低，于先得会者有益，于后得会者有损。假如一地的通常利率远低于 22%，这会规的利率便是太高，结果是损先得会者以益后得会者，而且事实上这样会规在该地便不能见诸实行。因为后得会者受损，只是在储蓄的立场利率低微而已，有的人还可以不计较，但若先得会者受损，便是在借贷的立场上受高利的压迫，绝少有人应命。①

杨先生的这一观点，命中了钱会收益的要点，揭示了钱会获益和投机性的秘诀。不过，他的观点在实际上很难落实。尤其是现代商业社会中，市场利率变动极快，会利率不可能随时与之波动。而且一旦起会，锁定资金的时间很长，会首和会脚都没办法改变会规。换言之，市场利率随时波动和会利率固定的矛盾，不能因为这一观点而得到破解。

也正因此，可以说，人们在加入钱会时，其实不必再顾虑市场利率的波动。谁也不能操作市场利率，只要入会时计算的收益是可以接受的，本金不受大损，以后的市场利率波动就当成一场小赌博。这场赌博对会首和其他会脚都是公平的。

## 二、钱会的分类

采用不同的分类标准，可以得到不同钱会的类型。以下仅介绍惯常的分类。

### （一）以得会办法为标准

主要有独会、轮会、摇会、标会等类型。这种分类在钱会中最重要，其他类型均可视为与这四种类型结合的亚型。以下章节以这一分类为基础。

**1. 独会**

顾名思义，即一人独得会额的钱会。各地又有不同称谓，如独脚会、鳌头会、单

---

① 杨西孟：《中国合会之研究》，商务印书馆 1935 年，第 61 页。

刀会等。发起办法是，约定会脚出会金若干，一次性交会首收领，此后不再出会金，也无人得会，由会首按期还本或付息。独会常带有亲友襄赞的性质。此次整理的钱会会规中没有独会，但前面介绍的神会合同，会脚凑钱或设定一份田产为会本，再由会友轮流充当会首的，均可视为独会。后面章节不再介绍独会。

2. 轮会

轮会，又称认会。轮会的主要特征，是会脚的得会次序已经预定。会期较长，要么以一年为期，短期也不下半年。轮会的好处，是各会脚可按需认定得会位次。有投资项目或急需资金的，可以认先得会；有闲钱而满足于取得利息的，可以后得会。

3. 摇会

摇会，首会于第一期收领会额后，各期用拈阄或抽签的办法，确定摇骰的次序，再依次摇骰，以点数多者得会；点数相同的，由先摇者得会。一般来说，摇会的各期会金由会规预定，但会金或伸或缩，会利率不是按复利表精确计算，故得会位次对于会脚的盈亏有关键影响。但是，拈阄和摇骰结果皆是天注定，摇到好位次的固然可喜，摇到没有赚头的位次只能自叹运气不佳。所以，摇会看似对位次不佳的会脚不公平，其实参与者是冲着博彩而去，皆知盈亏自负的道理，只要不蚀本金，也就无所谓了。摇会可视为一种保本的博彩活动，故为民间所喜爱。

4. 标会

标会，又称写会、划会、票会，标会的第一期会额仍归会首收领，以后各期由会脚投标，投标的办法，是由会脚各自写明标价，以标价数额最大者得会。

标价的写法不一，大别为两种。

一种是内标法。又分两种，一是标价的会金为扣减数，如每脚会金为10元，标价为0.5元，则每脚只缴纳9.5元，但会首和已得会的会脚，仍交10元。这种写法一般适用于固定会金的标会。另一种标价是写会额的扣减数，如会额为100元，共10会，除会首第一期收100元外，第二期若标价8元最大，则得会的会脚只收92元，但会首和得会者仍交10元，其余8名会脚只需平摊72元，即各交9元。

另一种是外标法，是会额或会金不变，但由会脚写出竞标额，如会额100元，共10会，标价8元最大，则得会的会脚仍收100元，但拿出8元付会脚平分。这8元可视为买断当期的竞价，也可视为收到会额后即时付出的利息。此次整理的徽州会规中没有标会。后文不再介绍标会。

## （二）以会金或会额的伸缩趋势为标准

主要分两种，一种为缩金会，另一种为堆金会，也称堆积会。缩金会是会金逐期递减，堆积会是会额逐期递增。有的学者认为缩金会和堆积会主要是摇会的子类型，这是不确切的。从徽州轮会的实例可知，在轮会中也有缩金会和堆积会。

独会的会金和会额是固定不变的，没有伸缩之说。标会的会金或会额随每期标价而改变，不是有规律地递减或递增，也无所谓伸缩。所以，缩金式和堆积式主要是与摇会和轮会相结合，产生不同的会式。在清代钱会的实例分析中，将以轮会和摇会为基础，再结合缩金式和堆积式加以分析。当然，这只是一种叙述方式。也可以缩金会和堆积会为基础，再结合轮会和摇会进行分析。

### 1. 缩金会的基本原理

缩金会，指会额固定，会金递减。首会于第一期得会后，以后各期付息。各期得会的会脚，也于下一期开始付息。付息的会脚越多，息金越多，由于会额固定，未得会的会脚缴纳的会金逐期递减。如会额100元。会首于齐会时收会额。第一期，一会收100元，会首付会金13元，余87元由9名会脚分摊，每名会脚纳9.667元；第二期，二会收100元，会首与一会期各付13元，余74元由9名会脚分摊，每名会脚纳8.222元。以此类推，未得会的会脚所付会金依次递减。

### 2. 堆金会的基本原理

堆金会，是指会金固定，会额递增。首会于齐会后，逐期还本付息。其余得会的会脚则于下一期开始付息，随着得会的会脚增多，利息总额不断递增，会额随之递增。如十一人会，会金5元，共10期（不含首会），每年息金1元。第一期该一会收领会额，只有会首付息，其余9名会脚各付5元，共51元付一会。到了第二期，该二会收领会额，一会也开始付息，会首和一会共交12元，其余8名未得会会脚仍各交5元，会额增至52元。以此类推，到了末期（第10期），已有9名会脚得会，加会首共10人各付6元，末会实收60元。

除了缩金式和堆金式，还有会金与会额都固定的平金式，在实例中再作说明。又有复式会和单式会，在有总会的实例中再作解释。

## 第二节　会规的形制

### 一、会规的格式

清代钱会的实证研究，主要依据徽州当地收集来的会书。[①] 狭义的会书，专指会规，主要记载钱会成立、会额、会利率、会金收付办法等。广义的会书还包括会账，记载钱会的首会收支、转会收付、借贷收支等内容。本节只讨论狭义的会书，即会规。会账在实例中介绍。

会规的格式分为两部分，第一部分交待钱会成立情况，如首会和会脚的姓名，会期，轮会还是摇会，会金是否伸缩等。相当于法典的总则部分，以下统称为会规总则。第二部分，叙述齐会和转会时的收付情况，以下称为会规分则。

#### （一）总则

以《道光三十年（1850年）四月戴艳文会书》的原文为例，试析会规的基本格式。该会规总则：

> 敬邀诸公俯裹成一会，会则九五五色实平元银壹百两正。越匝岁以举期，届七年而告竣。得虽分多寡利，实遍乎始终。既蒙金诺于斯时，更藉玉成于异日。谨订。
> 会友芳名：胡伯銮兄、杰夫弟共；礼为弟；润庭侄；胡彰美兄、首会共；顺昭侄；祯祥侄。

该总则包含以下格式要素：（1）会额。又称"会则"，有的会书称"本银"，该会会额为955色银100两正。（2）会期。"匝岁"就是一周年，即会期一年。（3）入会人数。会首一名，会友六名，共七人。其中有两名是共同持股。（4）七股各坐会一期，故齐会至满会共七年。

---

[①] 此次已初步整理的清代会书共59件（含未填写的会书格式），其中既有会规，也有会账。跨越嘉庆十九年（1814年）至宣统三年（1911年）近百年的时间，反映了清中后期的钱会情况。由于整理时间与篇幅所限，这批会书和180余件民国会书最终未能收入《徽州合同文书汇编》。

有的总则还叙述以下要素（要素序号接上文）：（5）钱会名称。如"认会"（轮会）或摇会；七贤会或十一人会。（6）缴纳会金的规则。如是否"伸缩"。（7）得会规则。如摇会规定，"点大者得会；同点者，尽先不准后"。（8）会利率。如"加三息"。（9）其他事项，包括：用于抵押的产业；会宴金额等附加额及其出资办法；禁止"押欠"；禁止会外账目牵连；罚则；等等。

综上，总则是规定钱会的基本规则。主要包括钱会名称与性质、会首与会脚、会额、会期、会利率、会金缴纳规则、得会规则、罚则等。

### （二）分则

再来看戴艳文会规的分则：

> 首会：得银壹伯两正，六友各交银拾六两六钱六分六。
> 二会：得银伍拾两正，首交银卅两正，后五友各交银四两。
> 三会：得银伍拾两正，交银，后四友各交银二两。
> 四会：得银伍拾两正，交银，三交银八两正。
> 五会：得银伍拾两正，交银，交银。
> 六会：得银伍拾两正，交银，交银。
> 七会：得银四拾五正，交银，交银。

从格式上看，分则采用列举式。列举内容主要有：（1）首会与各会得会时收领的会额数。（2）首会与会脚在转会时应交纳的会金。

其他分则还会列举的内容（序号接上文）：（3）轮会的，列举占据各位次的会脚姓名。（4）列举首会和各期转会的具体日期。

综上，分则规定的内容主要是转会日期、得会人与位次关系、会额、会金等具体信息。

## 二、会规是合同文书

会规为合同文书。但会规的外观与单契文书相似，不易辨认。

会规与单契相似之处。第一，签名画押。很多会规没有签名。有签名画押的往往只有"立会书人"（也即会首）的签名画押。也有会首、"见会"和代书签名画押的。

"见会"即钱会的中见人。没有签名画押的会规更像一件章程规约，有签名画押的会规更像是一件单契。第二，会规总则没有"立合同人"一类的起首语，结尾通常写"立此会书为据"字样。一般来说，"立此为据"多在单契中出现，表示仅此一件。第三，大多数会书原件上没有半书。

毋庸置疑，会规乃一式多份的合同文书。理由如下：

第一，钱会的参会人一定在三人以上，即一个会首与两个以上会脚。钱会运行具有周期性，绝非一次支付和收领即可满会。会首和会脚要在长达数年中，支付会金、收领会额和领取利息，必须有据可凭。会书就是唯一的凭据，若会书仅有一件，则一个钱会中，只有会首持有会书，各会脚没有凭据。独会的会脚需在第一期付完会金，从第二期转会才开始收领会额和利息，相当于整存零取；轮会、摇会和标会是逐期付会金和收会额，更为复杂，既有还本付息，又有零存整取。若无凭据，会脚断不敢轻易付出现金，也断不敢无凭无据地在数年之后要求偿付本息。因此，会书虽由会首制定，会脚却一定要各持一份为据。故每个钱会皆一定要制定一式多份的会书。

第二，有一式多份的会书原件传世。光凭道理上推断会规为合同文书，毕竟不妥帖。幸好此次整理中，发现了三套一式多件的会规。① 有原件为证，会规为合同文书，应无疑义。有一套明显是随着会首的门户文书一齐保存下来，因为三件均注明"会终之日，会书缴还首会"，且有"不得行用"的批语，说明会首在满会时收回了会脚持有的会书，批语注销，但未毁弃。

第三，会规中也有"一样数份"等字样，共发现9件。② 虽无相同的两件传世，也

---

① （1）《咸丰四年（1854年）五月心稿立会书》："立此会书为照。"现存两件。（2）《光绪元年（1875年）九月吴继发立会书》："恐口无凭，立此会书一样陆张，各执一张存据。"现存两件。（3）《光绪二年（1876年）四月汪大椿立会书》："会终之日，会书缴还首会。今立会书十本一样，各执一本为据。"现存三件，均有批语"不得行用"。自藏。

② （1）《同治八年（1869年）八月吴社高立会书》："今欲有凭，立此会书一样六张，各执一张为据。"（2）《光绪三年（1877年）六月王元隆立会书》："立此会书，付各执一本存据。"（3）《光绪十二年（1886年）八月马溪立会书》："恐口无凭，立此会书一样六张，各执一张存照。"（4）《光绪十六年（1890年）四月李仁昌立会书》："今欲有凭，立收会券，各执一本存照。"分则末尾有："会终之日，此书不缴，永作废纸。"（5）《光绪二十七年（1901年）十月意似等会书》："立会书七张一样，各执一张存据。"（6）《光绪三十二年（1906年）五月康俊贤立会书》："今欲有凭，立此会书十本，各执一本存照。会终之日，书不缴回。"（7）《光绪三十年（1904年）五月李情田立会书》："立收会券，各执一本存照。"（8）《光绪三十四年（1908年）郑春全立会书》："立会书十本，各执一本存照。会满之日，此书不邀（缴），以作废纸，恐口无凭，立此会书存照。"（9）《宣统三年（1911年）七月吴得禄立会书》："恐口无凭，立此会书一样八张，各执一张为据。"自藏。

可断定为合同文书。

第四，虽无"一样数份"等字样，但要求满会后缴还会书，或约定自动作废，也可证明各个会脚手中均有相同内容的会规。注明此类文字的会规发现了 6 件。[①] 有 5 件约定在会终时，不用缴还会首，自行作废；有 1 件要求会终时缴还会首。

综上，共 18 套 22 件（含两件以上的 3 套）会规原件，可以证明会规是一式数份的合同形式。与普通的清代合同相比，钱会合同（会规）有以下特点：

（1）钱会合同又称会规，特别强调规则的属性。"立此会规"的"此"，不宜解释为仅此一件会书，而应解释为这一钱会中只有一种规矩。大多数会规其实只是确认一种长期沿用的会式惯例，参会人对该会式已经熟悉。起会时，按熟悉的惯例订立合同，惯例与约定相结合，就是此次钱会中会首和会友必须遵守的规则。

（2）有的会规，份数是会首和会脚的总人数，有的份数等于会脚的人数。二者内涵有别。按照会脚人数写立的会规，因为会首处于清偿债务的地位，同时负担维护钱会正常运行的义务，所以它隐含着会首担保会额不足的责任。每件会规就是会首向会脚出具的收据或保证书。但是，按会首和会脚总人数写立的会规，暗示会首与会脚共同享有权利，共同负担清偿义务。

（3）大多数会书在钱会终止后，宣布自动作废，无需缴还会首。部分会规约定会终时缴还会书。二者内涵也有差别。无需缴还的，会规与普通合同相近，是合同关系确立与维持的凭据，故由合同当事人执管，随合同关系终止而失效。会书应缴还会首的，倾向于把会书理解为会首付与会脚的债务凭据。钱会终止时，债务关系已经终止，凭据不宜保留在会脚手中，由首会收回注销。

---

[①]（1）《光绪九年（1883 年）四月曹文宝立会书》："会终之日，会书不缴，以作废纸。"（2）《光绪十三（1887 年）年四月邱芳甫立会书》："会终之日，此书不缴，已为毁纸。"（3）《光绪二十二年（1896 年）二月唐恒丰立会书》："会终之日，会书概行不缴，日后捡出，不作行用。"（4）《光绪三十年（1904 年）八月江廷魁立会书》："如有半涂告止者，俟会满之日，退回原本，不计官利，并缴消会书。"（5）《光绪三十二年（1906 年）七月汪初长立会书》："会终之日，此书不作底（抵）用矣。"（6）《宣统三年（1911 年）六月灶林立会书》："恐口无凭，立会书存据。轮满之期，作为废纸。"自藏。

# 第十二章

# 轮　会

　　宾长初利用《徽州文书》第二辑中收录的会书，按照钱会的会金和收息方法，将徽州钱会分为五类：一是独会；二是堆积会；三、四是缩金会的变型；五是复式缩金会。从这项研究可知，徽州的钱会类型以独会、缩金会、堆积会、复式会等为主，未发现标会。该文未单独讨论徽州的轮会，则为一憾。[①]

　　轮会，徽州又称"认会"。轮会的特点，是转会的位次已预定于会规中，各会脚按预定位次得会。轮会极易辨认，只要发现分则中按位次载明会脚姓名，即可判定此为轮会。

　　下面结合实例，展现轮会的不同会式。

## 第一节　平金式轮会

　　实例一，歙县深渡镇轮会，每位会脚应得第几会，均在会规中预定。典型的平金式轮会。十一人会。会期十月。会额100千钱。[②] 以此会为例，平金式轮会的转会和缴纳会金规则如下：

---

[①] 宾长初：《清代徽州钱会的计量分析——基于〈徽州文书〉第二辑所收会书的考察》，《中国社会经济史研究》2011年第4期。

[②] 《道光九年（1829年）十二月吴载兴会书》。自藏。

## 一、填会

缴纳会金称"填",又称"垫"。填是指每位会脚依照预定的得会位次,按前伸后缩的原则,先得会的多交会金,后得会者少交会金,每会之间递减大钱一千文。齐会时,由会首收领会额 100 千文。一会填大钱 14.5 千文,二会填大钱 13.5 千文,依次递减到末会即十会,填大钱 5.5 千文。十位会脚所填会金,凑足正好为大钱 100 千文之数。即:

14500+13500+12500+11500+10500+9500+8500+7500+6500+5500=100000 文 =100 千文

## 二、卸会

卸会,是指会首在从第一期起,逐期替得会人代交会金,交到第十期,会首收到的 100 千文也全部退完,整个过程就像将身上的重物全部卸下一样,故称"卸"。以第一期为例,会首替一会交出会金即 14.5 千文,其余各会仍然按原定会金填会,凑齐会额 100 千文,由一会收领。依此类推,直到第十会收到 100 千文为止。这就是会规说的:"首会递期仍照位数卸出,嗣后收者亦照认数而填定,以会终填清,盖无余分,亦无伸缩。"平金式轮会不止流行于徽州,民初山东省民事习惯调查报告中记载的山东省流行的"齐摇会"也是这种会式。[①]

此会转会办法与收益如下表(表 12.1):

---

[①] "民间因有急需,自为会首,集邀会友十人,占定等次,筹足会首所需之数,先交会首应用,而等次既有差别,会友所纳会费亦因之不同。譬如,会首需用一百千文,其会友之占第一等者,须纳会费十四千五百文,第二等纳费十三千五百文,以次递减,至第十等则仅纳会费五千五百文,适符百千之数。迨第二次集会时,即应归占第一等得之,而其应纳之费亦即由会首如数补足。以后每会均仿此办理,直至第十等者得会后,会始结束,其期约有五年之久。"前南京国民政府司法行政部编《民事习惯调查报告录》(下),中国政法大学出版社 2000 年,第 461 页。

表12.1 平金式轮会转会与收益简表（会额100千文）

（表中数字前的"-"表示支出）　　　　单位：千文

| 会次 | 齐会会金 | 一期会金 | 二期会金 | 三期会金 | 四期会金 | 五期会金 | 六期会金 | 七期会金 | 八期会金 | 九期会金 | 末期会金 |
|---|---|---|---|---|---|---|---|---|---|---|---|
| 首会 | **100** | −14.5 | −13.5 | −12.5 | −11.5 | −10.5 | −9.5 | −8.5 | −7.5 | −6.5 | −5.5 |
| 一会 | −14.5 | **100** | −14.5 | −14.5 | −14.5 | −14.5 | −14.5 | −14.5 | −14.5 | −14.5 | −14.5 |
| 二会 | −13.5 | −13.5 | **100** | −13.5 | −13.5 | −13.5 | −13.5 | −13.5 | −13.5 | −13.5 | −13.5 |
| 三会 | −12.5 | −12.5 | −12.5 | **100** | −12.5 | −12.5 | −12.5 | −12.5 | −12.5 | −12.5 | −12.5 |
| 四会 | −11.5 | −11.5 | −11.5 | −11.5 | **100** | −11.5 | −11.5 | −11.5 | −11.5 | −11.5 | −11.5 |
| 五会 | −10.5 | −10.5 | −10.5 | −10.5 | −10.5 | **100** | −10.5 | −10.5 | −10.5 | −10.5 | −10.5 |
| 六会 | −9.5 | −9.5 | −9.5 | −9.5 | −9.5 | −9.5 | **100** | −9.5 | −9.5 | −9.5 | −9.5 |
| 七会 | −8.5 | −8.5 | −8.5 | −8.5 | −8.5 | −8.5 | −8.5 | **100** | −8.5 | −8.5 | −8.5 |
| 八会 | −7.5 | −7.5 | −7.5 | −7.5 | −7.5 | −7.5 | −7.5 | −7.5 | **100** | −7.5 | −7.5 |
| 九会 | −6.5 | −6.5 | −6.5 | −6.5 | −6.5 | −6.5 | −6.5 | −6.5 | −6.5 | **100** | −6.5 |
| 十会 | −5.5 | −5.5 | −5.5 | −5.5 | −5.5 | −5.5 | −5.5 | − 5.5 | −5.5 | −5.5 | **100** |

此会的原则是，得会者的会金由会首缴纳，会额为固定额。会首的责任是交出得会者应交会金。满会时，会首交出的会金之和正好是会额。会首先得会额，只还本，不付息，仅承担会酌费用，是相当划算的。平金式轮会显然是亲友抬举会首，是比较有利会首的会式。

按此会账面，计算各会脚的静态收益如下：

一会先交会金14.5千文。隔10个月拿到会额100千文，实得85.5千文。以后90个月共计缴纳130.5千文。以85.5千文为本金计算，相当于支付45千文的利息，总资本付息率为52.6%。按90个月即7.5年计算，年均付息率约为7%。

二会先交两次会金27千文，拿到会额100千文，实得73千文。以后80个月共缴108千文。相当于支付35千文的利息，总资本付息率为47.9%，按80个月即6.7年计算，年均付息率为7.18%。从账面看，二会的付息义务比一会略重。

三会先缴37.5千文，拿到100千文会额时，实得62.5千文。以后缴纳共计87.5千文。以62.5千文为本金计算，相当于支付25千文的利息，或者说，总付息率为40%。按70个月即5.8年计算，年均付息率为6.86%。三会的付息义务比一、二会略轻。

四会先交会金共 46 千文，拿到 100 千文，实得 54 千文。以后共缴 69 千文。相当于支付 15 千文的利息，资本付息率为 27.8%。按 60 个月即 5 年计算，年均付息率为 5.56%。

五会先交会金 52.5 千文，拿到 100 千文，实得 47.5 千文。以后共缴纳 52.5 千文，相当于支付 5 千文的利息，资本付息率为 10.5%。按 50 个月即 4.2 年计算，年均付息率为 2.5%。五会的付息率看似不高，但前面 50 个月付出的本金高，实得本金少，且还本付息的时间紧促。

六会先缴会金共计 57 千文，拿到 100 千文，实得 43 千文。实得数低于前期投入的本金。以后缴纳共 38 千文，比本金少 5 千文。从六会开始，实得数多于缴纳的会金总数，会脚在会内账面上出现赢利。从此，还本付息转为零存整取模式。六会总共付出本金 95 元，收益 5 元，100 个月里的资本收益率约为 5.3%，年利率仅 0.64%。

七会先交会金共计 59.5 千文，拿到 100 千文时，实得 40.5 千文。以后分三期缴纳会金 8.5 千文，共计 25.5 千文。满会时从会中赚到 15 千文。七会总投入 85 千文，100 个月里的总资本收益率为 17.6%。年利率约 2.1%，只是今天商业银行的活期利率水平。

八会先交会金共 60 千文，拿到会额 100 千文时，实得 40 千文。以后分两次缴纳会金 7.5 千文，共计 15 千文。满会时赚了 25 千文。若以本金 75 千文计，资本收益率为 33.3%。年利率约 4%，接近今天商业银行的定期利率水平。

九会先交会金共计 58.5 千文，拿到 100 千文，实得 41.5 千文。再交一年会金 6.5 千文，满会时赚到 35 千文。若以本金 65 千文计，资本收益率为 53.8%，年利率约 6.5%。

十会共交会金总数为 55 千文，一次性拿回 100 千文，从会中赚到 45 千文。资本收益率 81.8%，年利率 9.86%。

综上，从账面上看，此会从六会开始出现零存整取的趋势，越往后越明显。四、五会处于还本付息阶段的末期，收到的本金少，还本付息的周期短，资金利用率低，最不合算。此会的四、五会未计入首会，若按十一期计算，就是五、六会。俗话说"五苦六极"，正是指的这两会。以后的会脚开始从会账中赢利，虽然利率很低，但本金不亏损。所以，六会称"极"，象征事物发展到极端，开始反转，非常形象。包括本件会规在内，此次共整理 8 件平金式轮会会规。① 其中四件出自歙县深渡镇，说明平金式轮会在徽州较为流行。

## 第二节  堆金式轮会

### 一、堆金式轮会 A 型

堆金式轮会的实例只找到三件，其中两件会式完全相同。区别仅在于一件会额为 20 千文，② 另一件会额为洋 30 元。我们选取后者分析，以说明堆金式与平金式的收益区别。

实例一，十一人会。会额英洋 30 元。会期一年，每年六月初一日集会。分则规定，"得洋"即实得会额，是指会首或会脚得会时，扣除自己缴纳的会金，实得数为多少。该会名义会额为 30 元，其实 30 元是会首的实得数。③ 具体会式如下：

---

① （1）《道光二十八年（1848 年）十二月吴奕枃会书》，深渡镇轮会，十一人会。会额 50 千文，会期十月。一会填 7250 文，以下按 500 文递减，至十会填 2750 文。（2）《光绪六年（1880 年）八月汪观福立会书》，深渡镇轮会，十一人会。会额大钱 50 千文。会期十月。会式与上件同。（3）《光绪六年（1880 年）月吴萃廷会书》，十一人会。会额英洋 60 元。会酌洋 1 角，会首付。会期十月。一会付洋 8.7 元，以下按 0.6 元递减，十会付 3.3 元。（4）《光绪二十二年（1896 年）二月唐恒丰会书》，十一人会。会额英洋 20 元。会期十月。一会填洋 2.9 元，以下按 0.2 递减，十会填 1.1 元。（5）《光绪二十五年（1899 年）五月朱天法会书》，十一人会。会额典钱 50 千文。会酌由每股分摊 100 文。会期十月。一会填 7250 文，以下按 500 文递减，十会填 2750 文。（6）《光绪三十年（1904 年）八月江廷魁会书》，十一人会。会额大钱 50 千文。会酌每股分摊 100 文。会期十月。一会填钱 7250 文，以下按 500 文递减，十会填 2750 文。（8）《光绪三十一年（1905 年）五月汪七桂会书》，深渡镇轮会，十一人会。会额大钱 35 千文。首会负担每年会酌 400 文。会期十月。一会 5075 文，以下按 350 文递减，二会 4725 文，十会 1925 文。自藏。
② 《光绪十三（1887 年）年四月邱芳甫会书》。自名"苏会"。十一人会。会期十月。酒费钱 200 文。会额 20 千文。缴纳会金的办法，首会和一会 2900 文。会金按 0.2 千文递减，末会 1100 文。会额自二会起按 0.2 千文递增，二会 20.2 千文，依次类推，末会收 21.8 千文。自藏。
③ 《宣统三年（1911 年）六月灶林会书》：首会得洋卅元，迭年浇出洋四元三角五分；一会得洋卅元，迭年浇出洋四元三角五分；二会得洋卅元〇三钱，迭年浇出洋四元〇五分；三会得洋卅元〇六角，迭年浇出洋三元七钱五分；四会得洋卅元〇九角，迭年浇出洋三元四角五分；五会得洋卅壹元二钱，迭年浇出洋三元一钱五分；六会得洋卅壹元五钱，迭年浇出洋二元八角五分；七会得洋卅壹元八角，迭年浇出洋二元五钱五分；八会得洋卅二元壹角，迭年浇出洋二元二钱五分；九会得洋卅二元四钱，迭年浇出洋壹元九角五分；十会得洋卅二元七钱，迭年浇出洋一元六角五分。自藏。

(1) 齐会。各会脚将预定会金交首会收领。一会交 4.35 元，其余会脚按 0.3 元递减，二会交 4.05 元，以此类推，末会只交 1.65 元。理论上，会首本人也交 4.35 元，则会额共计 34.35 元。不计会首的会金，会首实得 30 元。

(2) 第一期，一会得会。首会交 4.35 元，以后每期首会均交 4.35 元，直至末会。一会本应缴纳的会金与会首相同，故一会实得会额 30 元。

(3) 第二期，二会得会，实收会额 30.3 元，比会首和一会多出 0.3 元。这是因为，二会至末会，每位会脚的会金不变，但会首和一会每期交 4.35 元也不变，故每期会脚实得数以 0.3 元的规律递增。如二会实得 30.3 元，三会实得 30.6 元，以此类推，末会实得 32.7 元。

这是堆金式轮会的典型会式。主要特征是会额按规律不断增加，而会首和会脚应缴会金是固定的，且有规律地递减。我们将其命名为堆金式轮会 A 型，以后要谈到的堆金式轮会，可以视为不同的亚型。该会式的具体收益模式参见表 12.2。

表12.2 堆金式轮会A型转会与收益简表（会额30元）

（表中数字前的"-"表示支出）　　　　　　　单位：元

| 会次 | 齐会会金 | 一期会金 | 二期会金 | 三期会金 | 四期会金 | 五期会金 | 六期会金 | 七期会金 | 八期会金 | 九期会金 | 末期会金 |
|---|---|---|---|---|---|---|---|---|---|---|---|
| 会首 | **30** | -4.35 | -4.35 | -4.35 | -4.35 | -4.35 | -4.35 | -4.35 | -4.35 | -4.35 | -4.35 |
| 一会 | -4.35 | **30** | -4.35 | -4.35 | -4.35 | -4.35 | -4.35 | -4.35 | -4.35 | -4.35 | -4.35 |
| 二会 | -4.05 | -4.05 | **30.3** | -4.05 | -4.05 | -4.05 | -4.05 | -4.05 | -4.05 | -4.05 | -4.05 |
| 三会 | -3.75 | -3.75 | -3.75 | **30.6** | -3.75 | -3.75 | -3.75 | -3.75 | -3.75 | -3.75 | -3.75 |
| 四会 | -3.45 | -3.45 | -3.45 | -3.45 | **30.9** | -3.45 | -3.45 | -3.45 | -3.45 | -3.45 | -3.45 |
| 五会 | -3.15 | -3.15 | -3.15 | -3.15 | -3.15 | **31.2** | -3.15 | -3.15 | -3.15 | -3.15 | -3.15 |
| 六会 | -2.85 | -2.85 | -2.85 | -2.85 | -2.85 | -2.85 | **31.5** | -2.85 | -2.85 | -2.85 | -2.85 |
| 七会 | -2.55 | -2.55 | -2.55 | -2.55 | -2.55 | -2.55 | -2.55 | **31.8** | -2.55 | -2.55 | -2.55 |
| 八会 | -2.25 | -2.25 | -2.25 | -2.25 | -2.25 | -2.25 | -2.25 | -2.25 | **32.1** | -2.25 | -2.25 |
| 九会 | -1.95 | -1.95 | -1.95 | -1.95 | -1.95 | -1.95 | -1.95 | -1.95 | -1.95 | **32.4** | -1.95 |
| 十会 | -1.65 | -1.65 | -1.65 | -1.65 | -1.65 | -1.65 | -1.65 | -1.65 | -1.65 | -1.65 | **32.7** |

根据上表，归纳各会的静态账面收益如下。

会首的账面收益，实得 30 元，分 10 年偿还利息 13.5 元，总的资本付息率 45%，年付息率 4.5%。平金式轮会的会首是不付息，堆金式轮会的首会收益肯定低于平金式。以后还会看到，首会不付息的会式非常少见，所以，我们才能断定平金式轮会是亲友赞助会首的会式。但是，即使在堆金式轮会中，会首付息率也不高，至少低于一会和二会。但必须承认，会首付息减轻了靠前会脚的负担。

一会的账面收益，第二年实得 25.65 元，分 9 年偿还利息 13.5 元，资本付息率约 52.6%，年均付息率约 5.85%。一会付息率高于会首，但比平金式的一会低了百分之一点多。显然，相对于平金式而言，堆金式的会脚收益更均衡。

二会的账面收益，第三年实得 22.2 元，分 8 年偿还利息约 10.96 元，资本付息率 49.37%，年付息率约 6.17%。二会的年付息率是最高的，但与平金式轮会相比，降了一个百分点。

三会的账面收益，第四年实得 19.35 元，分 7 年偿还利息 6.9 元，资本付息率 35.66%，年均付息率约 5.09%。

四会的账面收益，第五年实得 17.1 元，分 6 年偿还利息 3.6 元，资本付息率 21.1%，年均付息率约 3.51%。四会的地位相当于平金式十一人轮会中的"五苦"，但后者年均付息率为 5.56%。相比而言，堆金式轮会的四会已经不算苦。

五会的账面收益，第六年实得 15.45 元，分 5 年偿还利息 0.3 元，总付息率约 1.9%，年均付息率仅约 0.39%。五会处于还本付息向零存整取切换的边缘，年均付息率已降至可忽略不计的地步。可以说付出和实收基本持平。五会的地位，就是平金式十一人轮会中的"六极"，但后者的总付息率为 10.5%。从四、五会的处境，也可看出堆金式轮会的均衡性比平金式轮会更好。

六会的账面收益，第七年实得 14.4 元，以后再缴 11.4 元，从会内净赚 3 元。共付出本金 28.5 元，相当于 10 年里领到 10.5% 的总息金，年利率 1.05%。这个利息率当然不高。

七会的账面收益，第八年实得 13.95 元，再缴 7.65 元，从会内净赚 6.3 元。七会共付本金 25.5 元，资本收益率约 24.7%，年利率约 2.47%，相当于今天商业银行的活期利率。

八会的账面收益，总付出本金 22.5 元，收入会额 32.1 元，净赚 9.6 元。资本收益率 42.67%，年利率约 4.27%。

九会共付出本金 19.5 元，收入 32.4 元，净赚 12.9 元。资本收益率约 66.2%，年利率约 6.62%。

末会共付出本金 16.5 元，收入 32.7 元，净赚 16.2 元。资本收益率约 98.2%，年利率约 9.82%。末会的本金在十年里翻了近一倍。不过，平金式十一人轮会的末会，资本收益率仅 81.8%，但年利率约 9.86%，比堆金式轮会还高。他的收益率低于本会，是因为会期按 10 月计算，而非一年。所以，两种会式的末会收益实际是相当的。

同样是十一人轮会，平金式和堆金式的区别是，堆金式第五、六位次的付息率大大衰减。主要原因是堆金式的会首分担了部分付息义务，使得其他付息位次的会脚，年付息率相应地降低了一个百分点。即使如此，一会和二会的付息率仍然高于会首，而得会时间总是晚于会首，从这一角度，可以说钱会总是有利于会首。这是会首始终要表示感谢的缘故。

## 二、堆金式轮会 B 型 + 抵当

下面来看另一种堆金式轮会的会式。该会自名"苏州会"。[①] 七人会。会首一人，会脚六人。附有一件"抵挡字"，是会首将水田二坵算作"铜钱六十千文正"，抵当给会脚六人。约定如果"傍纳不清及以私抵公，仍轮流接会人耕作管理"。也即，如有会脚欠缴会金，得会人可以把会首抵当的水田耕种一年，收获或租谷用以补偿得会人的损失。这是会首用抵挡方式保证钱会顺利运转的例子，说明该会由会首解决会内矛盾，不关会脚之事，得会人也不承担风险，体现了会友之间"明算账"的关系，与单纯地襄赞会首已经不同。

该会以一串钱为计量单位，下文将其换成一千文。各会每年应缴纳会金是固定的：首会 13.24 千文；一会 13.24 千文；二会 12.04 千文；三会 10.7 千文；四会 9.38 千文；五会 8.18 千文；六会 6.64 千文。转会办法如下：

（1）会期一年。首会收到名义会额 73.42 千文，减去自己的 13.24 千文，实收 60.18 千文，与抵挡入会的水田价值相当。

（2）一会，仍然收到名义会额 73.42 千文。实收 60.18 千文，与会首所收相同。

（3）二会，收到名义会额 73.42 千文。不同的是，减去二会会金 12.04 千文，实收 61.38 千文；以此类推，随着靠后的会脚会金递减，实收越多。但实收数没有递增规律，

---

[①] 《光绪四年（1878 年）十二月刘庆某等会书》："倡会刘庆□：每年傍纳钱一十三串二百四十；壹会刘蜀藩：每年傍纳钱一十三串二百四十文；贰会刘岳屏：每年傍纳钱一十二串零四十文；叁会刘鹿泉、吴兴芝：每年傍纳钱一十串零七百文；肆会刘鹿泉：每年傍纳钱九串三佰八十文；伍会杨巽孚：每年傍纳钱八串一百八十文；陆会蒋玉堂：每年傍纳钱六串六百四十文。"自藏。

分别是：三会收领会额 62.72 千文，四会 64.04 千文，五会 65.24 千文，六会 66.78 千文。六会收完满会。参见表 12.3。

表12.3 堆金式轮会B型转会与收益简表（会额60千文）

（表中数字前的"-"表示支出） 单位：千文

| 会次 | 齐会会金 | 一期会金 | 二期会金 | 三期会金 | 四期会金 | 五期会金 | 末期会金 |
|---|---|---|---|---|---|---|---|
| 首会 | **60.18** | −13.24 | −13.24 | −13.24 | −13.24 | −13.24 | −13.24 |
| 一会 | −13.24 | **60.18** | −13.24 | −13.24 | −13.24 | −13.24 | −13.24 |
| 二会 | −12.04 | −12.04 | **61.38** | −12.04 | −12.04 | −12.04 | −12.04 |
| 三会 | −11.7 | −11.7 | −11.7 | **62.72** | −11.7 | −11.7 | −11.7 |
| 四会 | −9.38 | −9.38 | −9.38 | −9.38 | **64.04** | −9.38 | −9.38 |
| 五会 | −8.18 | −8.18 | −8.18 | −8.18 | −8.18 | **65.24** | −8.18 |
| 六会 | −6.64 | −6.64 | −6.64 | −6.64 | −6.64 | −6.64 | **66.78** |

堆金式轮会 B 型与 A 型的不同之处：（1）B 型设定了一个名义会额，也即 73.42 千文，使它看上去很像平金式。经过拆解，知道它的实得会额是递增的，只是小于名义会额。但这不是重点，因为 A 型表面上也设定了 30 元的固定会额，只不过每次实得会额高于名义会额。（2）关键是，各会脚的会金没有递减规律，二会比一会少 1.2 千文，三会比二会少 0.97 千文，四会比三会少 2.32 千文，五会比四会少 1.2 千文，六会比五会少 1.54 千文。（3）由于会金递减没有规律，二会以后的会额递增也没有规律可循。为了解会金递减没有规律的原因，再计算该会账面的静态收益。

会首实收 60.18 千文，一年后开始还本付息，分六年共支出 79.44 千文，多出的 19.26 千文为付息总额，资本付息率 32%，年均付息率约 5.3%，比 A 型略高。

一会先垫支 13.24 千文，得会时实收 46.94 千文。一年后还本付息，五年本息共付 66.2 千文，多出的 19.26 千文视作利息额，资本付息率 41%，年均付息率为 8.2%。付息率突破了 8%，较高。

二会前两年垫支 24.08 千文，得会时实收 37.3 千文。分四年还本付息。满会之日，除还清本金外，多支出 10.86 千文，资本付息率 29.1%，年付息率约 7.3%。二会拿到的本金只有会首的六成，且年均付息率较高。

三会前三年共垫支 35.1 千文，第四年得会时，实收 27.62 千文。一年后开始还本付息，分三年再付出 35.1 千文，相当于支付利息 7.48 千文。资本付息率 27.1%，年付息率为 9.03%。三会拿到的本金不到会首的五成，而付息率突破了 9%，远高于平金式和堆金式 A 型。本会的三会即第四位次，相当于十一人平金式轮会中的第六位次，但比平金式轮会的六会还苦。

四会前四年垫支 37.52 千文，第五年实得 26.52 千文。一年后开始还本，分两年还清。满会之日，再支出 18.76 千文。共支出 56.28 千文。账面转为正收益，从会内赚到 7.76 千文，资本收益率 13.79%，年利率 1.97%。从四会起转为零存整取模式。

五会前五年垫支 40.9 千文，第六年得会，实收 65.24 千文。一年后再付一次 8.18 千文的会金，共支出 49.08 千文。从会账上获益 16.16 千文。资本收益率 35.9%，年均收益率 4.7%。

六会前六年垫支 39.84 千文，这也是他的总支出。第六年得会即满会，实收 66.78 千文。账面获益 26.94 千文。资本收益率 67.6%，年利率约 9.66%，这个收益水平低于平金式和堆金式 A 型的末会。

从以上分析可见，在七人会中，三会（若计入会首则为第四位次）相当于十一人会中"六极"，没融到多少钱，付息周期短，年付息率高。该会式有意打乱会额递增规律，故意让四会会额多出了一千多文，想必是非如此没人愿意认此位次。我们知道，要做到账面上的会额均衡递增，只需按堆金式 A 型即可。该会刻意打乱递增规律，必定出于邀会者的有意设计。假设以 1.2 千文作为会额递增的平均值，那么，四会递增值畸高，末会次高，而三会的付息率却冲高到 9% 以上。如此设计，明显是为了补偿四会和末会，同时降低三会的收益。也就是说，让本就"极苦"的三会变得苦不堪言，但增加了四会和末会的吸引力。轮会的基本特点，是会友自认位次。所以，该会中的三会很可能是会首的至亲好友承当。据分则载，三会由"刘鹿泉、吴兴芝"两人分担，而刘鹿泉又独揽了四会，确有用四会补三会的意思。

无论如何，B 型是在 A 型基础上的变化。它最大的特点是会金递减和会额递增都不规律，造成这一结果的关键是设定了不规律的会金递减模式。B 型也以实例说明，钱会的会利率是不固定的，可以有规律地增减，也可以自行约定。

虽然我们把堆金式轮会分出了两种亚型，但实例也只找到三个。是否还有其他堆金式轮会亚型，尚待将来的发现。堆金式轮会可能不是清代徽州的流行会式。总结堆积式轮会的两种亚型，共同点是会金预定。其中，会首和一会的会金相同。一会以后，会金随位次往后递减，以便从二会起，收领的会额总是比会首和一会多。不同的是，会金递减和会额递增是否有规律。

平金式轮会和堆积式轮会中，中间会脚往后转为正收益，会脚越多，靠后会脚的收益越多。无论是十一人会还是七人会，末会的年均收益率都已接近 10%。一旦这两个会式的人数超过十一人，且以一年为会期，第十二位次的年利率将超过 10%，总的资本收益率将超过 100%。相应地，会首、一会等处于还本付息的位次，付息率也将冲高。在十一人会中，年均付息率基本控制在 7% 左右，最高的是平金式轮会的二会，达到 7.18%，其次是平金式轮会的一会，达到 7%。堆金式轮会 A 型中没有超过 7% 的年均付息率，最高的年均付息率是二会，仅 6.17%。说明堆金式轮会 A 型有效地把付息率降了下来，这一会式隐含着降低平金式高付息率的意味。但在七人会中，却有两个位次的年均付息率超过了 8%，且三会高达 9%。这也说明了，人数少的会式，不但还本付息的周期短，付息的压力也更大。

现在看到的 8 个平金式轮会，全都是 11 人。堆金式轮会共 3 个实例，两个是 11 人。可以说，十一人会在这两种会式中占据绝对优势。传统会式的人数限制，背后隐含着经验和估算相结合的因素，且必定与外部投资收益率关联，不是随意得出的结果。我们认为，十一人会流行的主要原因，一是降低七人会和平金式十一人会中的高付息率，二是把年均付息率控制在 8% 以内。

由此推知，8% 以上的年均付息率，在农业社会已经进入高风险值域，至少对于常见的投资项目而言，如房租或田租，已经难以长期支撑。

## 第三节　缩金式轮会 A 型

### 一、基本原理

实例，五人会，会首一人，会脚四人。会期一年。会期与会脚姓名已经预定于会规，轮会。会额 8 千文。三分利息。第一年每个会脚交 2 千文，共 8 千文，交首会收领。以后首会每年缴纳 2.4 千文的固定额，四年还本付息。由于缩金式轮会在民国时期出现了其他亚型，我们将该五人会称为缩金式轮会 A 型。按照该会规分则规定的转会办法，[①] 分解其转会和收益表（表12.4）如下。

表12.4　缩金式轮会A型转会与收益简表（会额8千文）

（表中数字前的"–"表示支出）　　　　　单位：千文

| 会次 | 齐会会金 | 一期会金 | 二期会金 | 三期会金 | 四期会金 | 补利会金 |
|---|---|---|---|---|---|---|
| 首会 | **8** | -2.4 | -2.4 | -2.4 | -2.4 | — |
| 一会 | -2 | **8** | -2.4 | -2.4 | -2.4 | 0.2 |
| 二会 | -2 | -1.867 | **8** | -2.4 | -2.4 | 0.5 |
| 三会 | -2 | -1.867 | -1.066 | **8** | -2.4 | 0.8 |
| 四会 | -2 | -1.867 | -1.066 | 0.8 | **8** | 0.1 |
| 余利 | — | — | — | — | 1.6 | -1.6 |

## 二、余利

这个会式与堆积会的相同处，是会首从第一会开始，仍然缴纳一个固定额。不同的是，堆金式的会首和会脚应缴会金是固定额，会额是递增的，而该会式却把会额设定为固定值，让得会人都按会首的固定额缴纳。于是未得会人的会金，自然逐期递减，故称缩金式。

缩金式在摇会中非常普遍，摇会中称未得会人应缴纳的会金为"小填"，因为它的金额必定小于会首的固定额。相对于"小填"的，就是会首和得会人需要缴纳的固定额，也称"大填"。所谓"缩金"，主要是指小填逐期递减，会额和大填则是相对固定的。

---

[①]《同治七年（1868年）十一月存潘会书》："己巳年，首会浇出足钱二千四百文；一会浇出足钱一千四百文；不浇。二会浇出足钱一千八百六十七；三会浇出足钱一千八百六十七；四会浇出足钱一千八百六十七；共成八仟文，付一会得去。庚午年，首会浇出足钱二千四百文；一会浇出足钱二千四百文；二会浇出足钱一千〇六十六文；不浇。三会浇出足钱一千〇六十六文；四会浇出足钱一千〇六十六文；共成八千文，付二会得去。辛未年，首会浇出足钱二千四百文；一会浇出足钱二千四百文；二会浇出足钱二千四百文；三会浇出足钱二千四百文；不浇。四会浇出足钱八百文；共成八千文，付三会得去。壬申年，首会浇出足钱二千四百文；一会浇出足钱二千四百文；二会浇出足钱二千四百文；三会浇出足钱二千四百文；四会，不浇，得。共成九千六百文正，付末会八千文正。仍余利一千六百文正。补一会，足钱二百文；补二会，足钱五百文；补三会，足钱八百文；补四会，一百。"自藏。

缩金式有一个特点，是到末会往往有"余利"或"余钱"。平金式和堆金式可以做到"会终填清。盖无余分，不伸不缩"。缩金会是做不到的，因为会首和得会人逐期增多，缴纳大填的会脚也就增多，会额本应随之加增，到末会时，如果缴纳大填的会脚众多，连会首和一会的大填都可以减免。即使如此，其他得会人缴纳大填的总额，仍会超过末会应得会额，多出会额的部分就称"余利"或"余钱"。

除了多出会额的部分外，余利还包括多出的利息。有的会规显示，得会者必须向下一会脚支付利息，但末会不收利息，这就多出一些息金。如会规约定加二行息，会额为 28 千文，则末会收到 28 千文后，还有上一会拿出的息金 0.56 千文，也称为"余利"。

无论哪种余利，都可用于补贴较吃亏的会脚。如上面这个五人会，一半的余利用于补贴三会，可知三会是公认的吃亏。

要知道各位次在缩金式中的收益，至少需要逐一计算其账面收益。

会首在齐会时拿到会额 8 千文。以后分 4 年还本付息，大填 2.4 千文，共计 9.6 千文。多出的 1.6 千文视为利息总额，资本付息率为 20%。年付息率 5%。

一会，齐会时支付 2 千文，得会时收到会额 8 千文，实得 6 千文。以后分三年每年大填 2.4 千文，共支出 7.2 千文。会内补贴余利 0.2 千文。总付息率约 16.67%。年均付息率约 5.56%。

二会前两年付本金 3.867 千文，第三年拿到 8 千文，实得 4.133 千文。以后分两年付大填共计 4.8 千文。余利补贴 0.5 千文。二会实际付息 0.167 千文，资本付息率约 4%。年均付息率 2%。

三会前三年付本金 4.933 千文，第四年拿到 8 千文，实得 3.067 千文。大填一次 2.4 千文。共支出 7.333 千文，低于会额 0.667 千文。余利又补贴 0.8 千文，三会从会内净赚 1.467 千文。三会的资本收益率约 20%，年利率约 4%。已转为零存整取模式。

四会即末会，前四年付本金 5.733 千文，第五年收到 8 千文，净赚 2.267 千文，再收余利 0.1 千文，资本收益率约 41.3%，年均收益率约 8.26%。收益水平低于十一人会中的末会。

缩金会的余利补贴对象，对于认识会脚的"苦乐"最有帮助。按照"五苦六极"的说法，应该是处于还本付息边缘的会脚最苦。但是，缩金会补贴最多的，是刚刚转为收息模式的位次。如前文所述，堆金式轮会 B 型会金减免最多的也是刚刚转为收息的位次。可以说，真正最苦的是刚刚转为收息的位次。原因在于，轮会是各会脚自愿承认位次，这个位次拿到的会额不多，对外投资无利可图，而从会内能拿到的利息又少得可怜。如果不予补贴，还不如拿上一个位次，好歹用于投资的本金多一些，还本付息的时间也多一年。

还有一件缩金式轮会自名"五子会"。有地名"华镇"，疑出自婺源清华。[①] 该会的特点是"朋会"。所谓朋会，即两人以上占据一个位次。二人共有一股本是常见现象，但所有会股均事先安排为两人共有，尚属少见。会规说"爰及邀集亲朋十位，玉成一会，名曰五子"。即此会共十一人，会首一人，会脚十人。因两个会脚占一股，故首会之后只有五期。会额为光洋120元。会期一年。会首办会酌，每期三元。每期大填36元。不足120元的，由未得会人交小填补足。各期小填：第一期21元，未得会的四股八个会脚缴；第二期16元，未得会的三股六个会脚缴；第三期6元，未得会的两股四个会脚缴。第四期、五期无小填，已得会的四股交大填，已多于120元。四、五两期余利24元，每股均分。可见，五子会虽是朋会，但只是股分关系复杂了些，其他与轮会缩金式完全相同，其收益也应大致相同，无需单独制作收益简表。

## 第四节　抵押式轮会

会首把不动产抵押入会，以保证邀会的信用，即所谓的押会。有抵押的钱会较多，前面介绍堆金式轮会B型时已提到一件，是会首抵押田产的价值与会额相当。下面再讨论一些例子。

### 一、每会抵押

会首和会脚都必须抵押田产的仅有一件实例。出自歙县深渡镇，会规中有"银洋照深市价照算"，"深市"即指深渡。[②] 会期一年，每年九月初五日午时集会。预先写定从光绪丁丑年（三年，1877年）至丙戌年（十二年，1886年）共十年的得会会脚姓名，加会首共十一人。十一人会。从各押契可知，会额固定为50千文。会规分则预定各期会脚的应填会金数额。平金式，第一会应填7.25千文，以下各会脚按0.5千文递减，

---

[①] 《同治十年（1871年）十月汪先趣立会书》。自藏。
[②] 《光绪二年（1876年）十二月胡观顺押会书》。自藏。

末会填 2.75 千文。会额为 50 千文的轮会在深渡一带非常流行，相同会额的有四件。

押会的特点体现在两方面：一是订立会书的办法和转会办法。押会的会规仅订立一件，批语写道："会书上会交与下会收执，收会者有立押契于上。"又说："收会者随立押契上簿。"这两条批语显示了一个有趣的转会办法，得会者在收领会额时，将押契写在会书上，会书交由下一会收执。下期得会人代替钱会处于债权人的地位。若得会者违反会规，由下一会会脚执出会书和押契，请求将抵押的不动产转移到自己名下。二是押契由会首与得会人分别出具，直接写立在会规上。如首会胡观顺于光绪二年（1876 年）第一次得会时的押契原文：

> 立押契人胡观顺，今因收到足大钱五十千文正。自愿将土名村头大小买水田二秤，又斋台庙后大小买水田三坵计一亩二秤，内还大买租四秤。以上四处，四至照依原形，流水立契，尽行出押与十会友名下。付会不得过期，如有误期，听凭管业变易。十会圆满，此契不作行用。今欲有凭，立此押契为用。

首会（1876 年）之后，预定的会脚是：一会胡瑞珍（1877 年）、二会胡灶顺（1878 年）、三会胡心锦与胡观舒（1879 年）、四会朱五顺（1880 年）、五会吴有贵与吴来富（1881 年）、六会钱顺松（1882 年）、七会程昌泰与汪登钱（1883 年）、八会吕正贵与吕三林（1884 年）、九会胡灶顺（1885 年）、十会胡观耀（1883 年）。现存会书中抄录押契八件，但是，立押契人分别是：胡瑞珍、胡灶顺、胡观顺、朱五顺、吴来富与吴有桂、钱顺松、程昌泰。由此可知，第三会不知何故退会，由会首顶替，并由会首再写立一份押契。这件押契与他作为会首抵押的田产土名和秤数均不同。

会首的两件押契说明，第一，会首负有维持邀会的责任。会脚中途逃会时，若找不到顶替者，会首须保证钱会的信用。会首的家资必须丰厚，值得信任。第二，正如会首押契中所说"十会园（圆）满，此契不作行用"，在押会运行期间，会首押入会内的田产始终不得退出，必须等满会之后，抵押关系才失效。所以，会首顶替第三会时，必须拿出不同田产。此前抵押的田产不能重复抵押。而会脚抵押的田产，不用保持到满会。第一、二、五、六、七会等五件押契上都批有："此会付出，此契不作行用。"说明会脚抵押的田产，自下期得会者收足会额后，抵押关系即告解除。会首则不同，满会之前，会额还需用于还本，若中间任何一个会脚出问题，都需会首为会额担保，故会首的抵押关系到满会后才解除。

## 二、会首与一会抵押

还有会首与一会抵押田产的例子。[①] 会规中有"众议浇会洋钱，每元照婺源城建布价低十□"一语，可知此会出自婺源。十一人会。位次预定。堆金式，会首共收 75 千文。会首、一会的会金为 10.875 千文，以下各会按照 0.75 文递减，如二会为 10.125 千文，三会为 9.375 千文，递减到末会为 4.125 千文。会规中，会首拿出两段田皮骨押给众会友，担保自己每期应缴纳的会金 10.875 千文，也即价值 108.75 千文的首会会金总额。一会也拿出一处田皮押当，担保自己每期会金 10.875 千文。不同的是，会首的抵押写在会规总则中，一会则在咸丰三年（1853 年）得会时在会书中写立"当书"，担保的是价值 97.805 千文的一会会金总额。而上面谈到的每个会友都抵押田产的，担保是固定会额 50 千文。造成这一区别的原因，后者是平金式，各会缴纳的会金总数等于会额，而本会为堆金式，会首和一会缴纳的会金总数远高于会额。

---

① 《咸丰二年（1852 年）六月王君来立会书》。自藏。

# 第十三章

# 摇　会

我们暂未发现清代堆金式摇会，民国堆金式摇会倒是有所发现，但实例很少。说明堆金式摇会在徽州不甚流行。相反，缩金式摇会的实例甚多，且变化多样。故本章虽讨论摇会，却主要是缩金式。至于堆金式摇会，在下章结合民国的摇会实例讨论。

摇会的特点鲜明有两个。第一，总则中明定拈阄、摇点。如："拈阄摇骰子，胜者得会。如同点，尽先不尽后。"[①] 第二，得会人姓名与位次不固定，分则只记载各期应缴纳的会金数额。即使在分则中有会脚姓名，也是后来加写的，一般来说，加写的会脚姓名，在排序上没有规律。一旦发现会规中出现以上两种特点，它必定为摇会。

轮会无论采取何种会式，总有收益不均衡的情况。所以，轮会会规总要声明本会的收益是均衡的，会规是公平的。摇会则不必。摇会带有博彩色彩，位次不佳只能怪自己的运气背。这是把摇会作为大类的主要缘故。

## 第一节　典型的缩金式摇会

### 一、缩金式摇会 A 型

典型的缩金式摇会，主要特征是会额和大填为固定额。大填，即首会和得会人所

---

① 《道光十七年（1837年）三月詹观顺立会书》。自藏。

交的会金额。未得会人所交会金额为小填。由于会额不变，随着得会人增多，缴纳大填的人也增加，小填逐期递减，直至不交。符合这个规律的即典型的缩金式摇会。这一特点与缩金式轮会是一致的，所以，缩金式摇会与轮会的各位次收益也大致相同。二者转会原理也基本相同，但缩金式摇会的小填金额更复杂。

实例，《道光十七年（1837年）三月詹观顺立会书》。七贤会。会首一人，会脚六人。会书一样六张，由六位会脚收执。转会规则：临会期摇骰，点大者得会。同点者，先摇者得会。首会，由各会脚交会金银2.666两，会首收领会额银16两。此后，会首与得会者交纳大填4.8两，不足16两之数，由未得会者用小填分摊。事先约定的小填分别是：一期为1.8666两；二期1.28两；三期0.4两。从四期起没有小填，已得会的首、一、二、三会各交大填4.8两，总数为19.2两，余利3.2两由六位会脚均分。五期，首会不交，一至四会交大填。六期，首会和一会不交大填，二至五会交大填。五、六期的余利都是由六位会脚均分。

以16两之七贤会为例，制作缩金式摇会转会与收益简表（表13.1）。

**表13.1 缩金式摇会转会与收益简表（会额16两）**

（表中数字前的"-"表示支出） 单位：两

| 会次 | 齐会会金 | 一期会金 | 二期会金 | 三期会金 | 四期会金 | 五期会金 | 六期会金 | 余利补贴 |
|---|---|---|---|---|---|---|---|---|
| 会首 | **16** | -4.8 | -4.8 | -4.8 | -4.8 | — | — | — |
| 一会 | -2.666 | **16** | -4.8 | -4.8 | -4.8 | -4.8 | — | 1.6 |
| 二会 | -2.666 | -1.8666 | **16** | -4.8 | -4.8 | -4.8 | -4.8 | 1.6 |
| 三会 | -2.666 | -1.8666 | -1.28 | **16** | -4.8 | -4.8 | -4.8 | 1.6 |
| 四会 | -2.666 | -1.8666 | -1.28 | -0.4 | **16** | -4.8 | -4.8 | 1.6 |
| 五会 | -2.666 | -1.8666 | -1.28 | -0.4 | — | **16** | -4.8 | 1.6 |
| 六会 | -2.666 | -1.8666 | -1.28 | -0.4 | — | — | **16** | 1.6 |
| 余利 | — | — | — | — | 3.2 | 3.2 | 3.2 | -9.6 |

七人会的收益情形在缩金式轮会中已有解释。该会会额、大填和小填虽有不同，仍可参考。

缩金式摇会A型是清代徽州最流行的会式，此次共发现22件。其中，十一人会

11件，九人会1件，七人会7件，六人会3件。十一人会最多，其次是七人会。

## 二、余利补贴办法

缩金式摇会与缩金式轮会最大的不同，是它多有余利。其余利补贴的办法又各不相同。从余利补贴可以看出当时如何看待各会脚的收益。我们将22件缩金式摇会A型的会额、大填、小填和余利补贴的主要情况列表如下（表13.2），①以便观察同一会式之下的细微变化。

表13.2 缩金式摇会A型实例简表

| 序号 | 会友数与会期 | 会额与首会会金 | 大填 | 小填 | 余利 | 补充说明 |
|---|---|---|---|---|---|---|
| 1 | 七人会 会期一年 | 16两。各会脚交2.666两。 | 4.8两 | 一期1.8666两；二期1.28两；三期0.4两；四期起无。 | 由六位会脚均分。 | 无 |
| 2 | 六人会 会期一年 | 11.5两。各会脚交2.3两。 | 3.45两 | 一期1.61两；二期1.15两；三期0.38两；四、五期无。 | 五期余利2.3两，会脚均分。末期息0.46两，补一会0.3两，二会0.16两。 | 会首抵当田产。 |

---

① 表内略去会书名。会书序号及会书名如下：（1）《道光十七年（1837年）三月詹观顺立会书》；（2）《咸丰四年（1854年）五月心稿立会书》；（3）《咸丰七年（1857年）七月张殿英会书》；（4）《咸丰七年（1857年）十二月叶存本会书》；（5）《咸丰八年（1858年）十二月叶心和会书》；（6）《同治五年（1866年）五月何昌炽会书》；（7）《同治八年（1869年）八月吴社高立会书》；（8）《同治十三年（1874年）六月王松发立会书》；（9）《光绪元年（1875年）九月吴继发立会书》；（10）《光绪二年（1876年）四月汪大椿立会书》；（11）《光绪三年（1877年）六月王元隆立会书》；（12）《光绪九年（1883年）四月曹文宝立会书》；（13）《光绪九年（1883年）八月连新会书》；（14）《光绪十年（1884年）六月詹金保立会书》；（15）《光绪十六年（1890年）四月李仁昌会书》；（16）《光绪二十七年（1901年）十月意似等会书》；（17）《光绪三十年（1904年）五月李情田立会书》；（18）《光绪三十二年（1906年）五月康俊贤立会书》；（19）《光绪三十四年（1908年）郑春全会书》；（20）《光绪三十二年（1906年）七月汪初长立会书》；（21）《宣统三年（1911年）吴仲容会书》；（22）《宣统三年（1911年）七月吴得禄立会书》。自藏。

续表

| 序号 | 会友数与会期 | 会额与首会会金 | 大填 | 小填 | 余利 | 补充说明 |
|---|---|---|---|---|---|---|
| 3 | 七人会 会期不详 | 30千文。各会脚交5千文。 | 6千文 | 一期4.8千文；二期4.5千文；三期4千文；四期3千文；五、六期无。 | 末会余利6千文，贴三会0.4千文；四会0.8千文；五会1.2千文；六会1.6千文；末会2千文。 | 无 |
| 4 | 六人会 会期一年 | 15两。各会脚交3两。 | 4.5两 | 一期2.1两；二期1.5两；三期0.5两；四、五期无小填。 | 五期余利3两，各会脚均分；六期余利3两，贴一、二会0.9两，三会0.7两，四会0.5两。 | 加三息。首会交利息。会酌0.4两，得会人办。得会人抵当实租。 |
| 5 | 同上 | 同上 | 同上 | 同上 | 五期余利3两，贴一、二会0.85两，三会0.7两，四会0.6两。 | 同上 |
| 6 | 十一人会 会期一年 | 28千文。各会脚交2.8千文。 | 3.36千文 | 一期2.465千文；二期2.365千文；三期2.238千文；四期2.08千文；五期1.867千文；六期1.597千文；七期1.12千文；八期0.374千文；九、末无。 | 九期2.24千文，十人均分；末期余利息0.56两。 | 加二息。会酌2两，得会人办。各会脚有"保会人"。 |
| 7 | 七人会 会期一年 | 12元。各会脚交2元。 | 3.6元 | 一期1.8元；二期1.2元；三期0.4元；四、五、六期无。 | 2.4元。四期贴二会1.2元，三、四会各0.6元。五期贴二会0.6元，三、四会各1.3元，五会0.5元。六期会脚均分。 | 无 |
| 8 | 七人会 会期一年 | 60元。各会脚交10元。 | 12元 | 一期9.6元；二期9元；三期8元；四期6元；五、末期无。 | 无余利。 | 末会由首、一会大填，二至五会9元。 |

续表

| 序号 | 会友数与会期 | 会额与首会会金 | 大填 | 小填 | 余利 | 补充说明 |
|---|---|---|---|---|---|---|
| 9 | 七人会 会期一年 | 120元。各会脚交12元。 | 36元 | 一期16.8元；二期12元；三期4元；四期二会24元，三会28元；五期二会24元，三会28元，四会32元；六期二、三、四会各28元。 | 无余利。 | 会首抵押两处山地，约定"倘若周年满期不起或交洋拖及不清，任凭众位会友管业出卖无阻"。 |
| 10 | 十一人会 会期一年 | 30千文。各会脚交3千文 | 6千文 | 一期2.667文；二期2.25千文；三期1.74千文；四期1千文；五至末期无。 | 六至末期各余利6千文，十位均分。 | 无 |
| 11 | 七人会 会期一年 | 60元。各会脚交10元。 | 18元 | 一期8.4元；二期6元；三期2元；四至末期无。 | 12元。四期贴一会3元，二9元；五期贴三、四各6元；末期贴二4.8元，三4.2元，五3元。 | 无 |
| 12 | 十一人会 会期半年 | 30千文。各会脚交3千文。 | 3.6千文 | 一期2.64千文；二期2.533千文；三期2.4千文；四期2.229千文；五期2千文；六期1.68千文；七期1.2千文；八期0.4千文；九、末期无。 | 九期余4.242千文，九、十会均分。十期余0.6千文，十名均分。 | 加二行息。酒0.7千文。二期起，大填加利。九、末期首会大填，会脚3.36千文，末期9会脚3千文。 |
| 13 | 六人会 会期一年 | 40元。各会脚交8元。 | 9.6元 | 一期7.6元；二期7.266元；三期5.6元；四期1.6元；五期无。 | 8元。五期贴一会1元，二1.5元，三2.1元，四3.2元。 | 会首办会酌2元。得会者"以多押少"。 |
| 14 | 七人会 会期一年 | 20元。各会脚交3.333元。 | 6元 | 一期2.8元；二期2元；三期0.666元；四期首、一、三大填，二2元；五期一、二、四大填，三2元；六期二、三、五5.333元，四会4元。 | 无余利。 | 无 |

续表

| 序号 | 会友数与会期 | 会额与首会会金 | 大填 | 小填 | 余利 | 补充说明 |
|---|---|---|---|---|---|---|
| 15 | 七人会 会期一年 | 40千文。各会脚交6.666千文。 | 8千文 | 一期6.4千文；二期6千文；三期5.333千文；四期4千文；五、六期无。 | 末期余利8千文。二至六会均分。 | 酒钱0.6千文。 |
| 16 | 七人会 会期一年 | 50元。各会脚交8.333元。 | 15元 | 一期7元；二期5元；三期1.6666元；四至末期无。 | 10元。四期贴四6元，一至三均分4元。五期贴五4元，二、三均分6元。六期贴二6元，三4元。 | 无 |
| 17 | 七人会 会期一年 | 40千文。各会脚交6.666千文。 | 8千文 | 一期6.4千文；二期6千文；三期5.333千文；四期4千文；五、六期无。 | 8千文。六期二至六会均分（原文残）。 | 酒钱2元。 |
| 18 | 十一人会 会期一年 | 60元。各会脚交6元。 | 12元 | 一期5.333元；二期4.5元；三期3.9286元；四期2元；五至末期无；六期首、五大填，一10.8元，二8.622元，三8.43元，四8.148元；七期五、六大填，一10.8元，二8.622元，三8.43元，四8.148元；八期五、七大填，二8.622元，三7.82元，四8.148元，六11.11元；九期六至八大填，三7.708元，四、五各8.146元；末期七至九会大填，四8.148元，五5.852元，六10元。 | 无余利。 | 无 |
| 19 | 十一人会 会期一年 | 50元。各会脚交5元。 | 10元 | 一期4.444元；二期3.75元；三期2.857元；四期1.667元；五至末期无。 | 10元。六期二、三分。七期贴三3.5元，四6.5元。八期贴四5.5元，五4.5元。九期贴五3.5元，六6.5元。末期贴六0.5元，七5元，八3元，九1.5元。 | 无 |

续表

| 序号 | 会友数与会期 | 会额与首会会金 | 大填 | 小填 | 余利 | 补充说明 |
|---|---|---|---|---|---|---|
| 20 | 七人会 会期一年 | 30元。各会脚交5元。 | 9元 | 一期4.2元；二期3元；三期1元；四至末期无。 | 6元。四期一、二均分。五期三、四均分。六期贴二2.4元，三2.1元，五1.5元。 | 无 |
| 21 | 十一人会 会期半年 | 200元。各会脚交20元。 | 24元 | 一期17.6元；二期16.89元；三期16元。四期14.858元；五期13.334元；六期11.2元；七期8元；八期2.667元；九至末期无。 | 九期余利16元，十名会脚均分。末期余利40元，会脚均分。 | 各会脚先交小填(含得会者)。交现洋，摇点大得会。 |
| 22 | 九人会 会期一年 | 80元。各会脚交10元。 | 24元 | 一期8元；二期5.333元；三期1.6元；四至末期无。 | 16元。四期贴二8元，三4.8元，四3.2元。五期贴二1.6元，三5.4元，四5.6元，五3.4元。六期贴二、四各2元，三4元，五3元，六2.2元。七期贴三、四、五各3.333元，六3.8元，七2.2元。末期三至八均分。 | 无 |

由上可知，大填均为固定额，但小填的数额并无规律，主要是根据会首和会友的意愿，在会规中随时调整，相当灵活。比如，可以让小填与大填的总额多于会额，多出的数额则作为余利补贴一些会脚。也可以直接减免小填，让大填与小填的总和等于会额，这样就没有余利，但减免已经直接让会脚受益。上表显示，没有余利的实例有4个（例8、9、14、18），均属此种情形。不同的余利补贴办法，不改缩金式摇会A型的基本性质。

还有一种特殊的变化，是在不同会期中，约定只让部分得会者缴纳大填，其余得会者缴纳小填。如例18，十一人会，到第六期时，已经有五位会脚得会，加上首会，一共六名应缴大填。它的大填是12元，会额是60元，若六人全部缴纳大填，则有12元余利。但该会事先设定不产生余利，所以，第六期只让首会和五会缴纳大填，其余已得会人只交约定的小填。到了第七期，又让五会和六会缴纳大填。第八期让五会和七会缴纳大填。第九期让六会至八会缴纳大填，末期则让七、八、九会缴纳大填。这种变化改变了得会者均交大填的规律，但不改会额和大填额，仍可视为缩金式。

## 第二节 缩金式摇会的亚型

如果连会额也发生变化，我们就把它视为一种独立的缩金式摇会亚型。

### 一、缩金式摇会 B 型：一会不满

第一种亚型，虽有固定的会额，但约定一会所收会额不满。此种会式，我们将其命名为缩金式摇会 B 型。

实例一，七人会（含会首）。转会办法如下：齐会时，各会脚交 8 元，共 48 元付会首。大填 14.4 元。一期，会首大填，五名会脚小填 6.42 元，共 46.5 元付一会。二期，首、一会大填，其余四名会脚小填 4.8 元，共 48 元付二会，二会另得余利 1.5 股。三期，首、一、二会交大填，其余三名会脚各交 1.6 元，共 48 元付三会，三会另得余利 2 股。四期，首、一会大填，二会 12 元，三会 11.2 元，共 52 元，付 50.4 元付五会，余利 1.5 股，另剩 1.6 元付六会。五期，一会大填，二、四会 12 元，三会 11.2 元，共 49.6 元付五会，五会另得余利 1 股。末期，二、四会各 12 元，三会 11.2 元，五会 12.8 元，共 48 元付七会，无余利。

此会的特别之处，在会规总则中已经约定："众友议定，二会不得开满，坐洋一元五角，共四十六元五角，付二会收领。末会议定外贴会酹钱三百五十文。"[①] 该会所谓"二会"是相对于会首而言，也就是位次排第一的会脚，也称一会。

此会规定会利率为"加三"，所称"余利"即会额的年利息，1 股余利为 1.44 元，六期付息共 8.64 元。此会以少交大填的办法补贴各会，故除了息金外，大多会期没有多余会额。既然通过复杂的计算方式算出各会少交了金额，那么也从侧面说明，会额不满是当时都认为一会收益太高，连一会自己也认账。仅从会账上看，一会实得 36.5 元，共付出 65.5 元，差额为 29 元，资本付息率高达 79.5%，在会内账面是吃亏的。不过，杨西孟早就说过，仅按单利法或复利法计算收益，所得利率没有多大意义。这一

---

① 《道光十四年（1834 年）三月詹耀川立会书》。自藏。

点需要牢记。居中段的会脚常常被认为吃亏，但用单利或复利法计算其账面收益，并不低于首会和一会，也是这个原因。[①]

一会的收益较高，应是他较早收到完整会额，可灵活地分配到急务或投资上，而不能仅看会账上的收益。用会额投资，要知道他的真正收益，必须知道他的投资收益，这又是很难办到的。总之，会式惯例只具有参考意义，会式不是僵化不变的，只要会友们达成一致意见，就可在齐会时约定修改会式的办法。

还有一件一会不满的会规，可以作为一会在缩金式摇会中收益最高的旁证。

实例二，六人会（含会首）。会期一年。会首将一段田皮当入会内，用于担保各期会额。各会脚得会时，也以田皮或田骨作当。

转会办法如下：齐会时，各会脚交七四大典钱5两，共25两，交会首收领。此后，会首与得会者均交大填7.5两。会首四年交清。一期，会首交大填，五名会脚（含一会）交小填2.1两，共18两付一会。二期，首、一会交大填，其余会脚小填2.5两，共25两付二会。三期，首、一、二会大填，三、四、五会交小填0.833两，共25两付三会。四期，首、一、二、三会大填，共计30两，25两付四会。余利5两，五名会脚平分，每人1两。五期，首会不再交大填，一至四会大填，共计30两，25两付末会。余利5两，五名会脚平分。另有利息1两，补贴一会0.66两，补贴二会0.34两。[②]

由上可见，此会总则虽未规定会额不满，但在分则中直接约定一会只拿15两会额，首会和其余各会脚均可收领会额25两。此会也属于一会不满会额的会式。

## 二、缩金式摇会 C 型：会脚承让会额

实例，光绪三十年（1904年）到宣统二年（1910年）的六年间，相同会式7件。均为会首在第一期收领会额30元（6件）或40元（1件），以后各期会脚仅收领10

---

[①] 杨西孟："第一，居中段的会脚的方程式往往只有虚根，没有实根，因之找不出实数的利率。第二，各会脚垫出的会金有一部分是用在消费上，即酒席费和扶助会首或酬劳会总等之用，这部分消耗的金钱连本都没有了，哪里还有利息？现在方程式的算法把全部会金连本带利都算入，是不十分合理的，不说找不着实数的利率，就令全体的利率都找着，这些利率的意义和用处，就大有疑问。"参见杨西孟《中国合会之研究》，商务印书馆1935年，第58页。

[②] 《咸丰四年（1854年）七月寓来会书》。自藏。

元，① 也即会脚收领的会额少于会首。我们将其命名为缩金式摇会 C 型。

以会首收领会额 30 两为例。齐会时，十名会脚各缴 3 两，交会首收领。以后各期大填 2 两。但从第一期开始，每位会脚收领会额只有 10 两。小填缴纳办法如下：一期 0.889 两；二期 0.75 两；三期 0.5714 两；四期 0.333 两。五期已有四名会脚得会缴纳大填，加会首大填，共 10 两，无小填。六期，会首再交一次大填，三、五会大填，一会 1.6 两，二会 1.11 两，四会 1.29 两。七期，会首不再交大填，以前共交六期共 12 两。一、四、五会交大填，二会 1.2 两，三会 0.9 两，六会 1.9 两。八期，二、五、六、七会大填，三会 0.5 两，四会 1.5 两。九期，三、六、七、八会大填，四会 0.67 两，五会 1.33 两。末期，六至九会大填，四会 1.33 两，五会 0.67 两。见表 13.3：

**表13.3　缩金式摇会C型转会与收益简表（会额30两、10两）**

（表中数字前的"-"表示支出）　　　　单位：两

| 会次 | 齐会会金 | 一期会金 | 二期会金 | 三期会金 | 四期会金 | 五期会金 | 六期会金 | 七期会金 | 八期会金 | 九期会金 | 十期会金 |
|---|---|---|---|---|---|---|---|---|---|---|---|
| 会首 | 30 | -2 | -2 | -2 | -2 | -2 | -2 | — | — | — | — |
| 一会 | -3 | **10** | -2 | -2 | -2 | -2 | -1.6 | -2 | — | — | — |
| 二会 | -3 | -0.889 | **10** | -2 | -2 | -2 | -1.11 | -1.2 | -2 | — | — |
| 三会 | -3 | -0.889 | -0.75 | **10** | -2 | -2 | -2 | -0.9 | -0.5 | -2 | — |
| 四会 | -3 | -0.889 | -0.75 | -0.5714 | **10** | -2 | -1.29 | -2 | -1.5 | -0.67 | -1.33 |
| 五会 | -3 | -0.889 | -0.75 | -0.5714 | -0.333 | **10** | -2 | -2 | -2 | -1.33 | -0.67 |
| 六会 | -3 | -0.889 | -0.75 | -0.5714 | -0.333 | — | **10** | -1.9 | -2 | -2 | -2 |
| 七会 | -3 | -0.889 | -0.75 | -0.5714 | -0.333 | — | — | **10** | -2 | -2 | -2 |
| 八会 | -3 | -0.889 | -0.75 | -0.5714 | -0.333 | — | — | — | **10** | -2 | -2 |
| 九会 | -3 | -0.889 | -0.75 | -0.5714 | -0.333 | — | — | — | — | **10** | -2 |
| 十会 | -3 | -0.889 | -0.75 | -0.5714 | -0.333 | — | — | — | — | — | **10** |

---

① （1）《光绪三十年（1904年）八月胡集贤、胡国贤等会书》；（2）《光绪三十一年（1905年）十一月胡松泉会书》；（3）《光绪三十二年（1906年）二月查桂桃会书》；（4）《光绪三十三年（1907年）七月胡尔宝会书》；（5）《宣统元年（1909年）四月初一胡祖乐会书》（会首会额40两）；（6）《宣统元年（1909年）六月胡禹言会书》；（7）《宣统二年（1910年）八月胡其玉会书》。自藏。

观察上表，若与缩金会摇会 A 型对照，转会办法相同之处有：第一，仍分大填和小填。第二，得会会脚越多，小填越少；得会会脚的大填与会额持平后，小填停交。第三，得会会脚所交大填超过会额时，为避免余利，会减免一些会脚的大填金额。

缩金式摇会 C 型明显是亲友资助会首的会式，资助力度非常大。会首先得 30 元，分六期还本共计 12 元，不但不用付息，还能从会内赚取 18 元。目前为止，会首不付息，反而在会内赚钱的会式，仅见此一例。

细查会友名录，可知会首与会脚均为近亲或姻亲。七件会书有六件以胡姓为会首，一件为查姓。会脚多为胡姓，异姓有三：查、卢、叶，均为胡姓姻亲。如"叶生光"与"胡顺昌妹"共占一股，二人当是夫妻。[①]1905 年的会首胡松泉，称查益省、查连省为舅。[②]1906 年会首查桂桃，又称查益省为兄，称查美凤为姑母，称胡禹言为姑丈，称胡祖乐为母舅。[③]1909 年的会首胡祖乐，则称查福增、查桂桃为甥。[④] 至于胡姓为会首的，多称胡姓会脚"家×叔"或"家×弟"，如"家茂清叔""家锡年弟"。七件会书中，相同名字交叉出现。这些都说明，该会式是在胡姓宗亲为主、姻亲为辅的亲戚集团中流行。齐会时，会脚都已知道会首家里急需用钱，利用这种会式是不让会首有借钱的尴尬。

总之，缩金式摇会 C 型是一种在村族群体中稳定且连续适用的会式，也是宗族亲戚利用钱会资助会首的实例。

### 三、缩金式摇会 D 型：会脚承让会额 + "中填"

下面这一亚型，亲族赞助意味稍淡一些，会首还本付息，但会首的会额仍是会脚的一倍。

实例，七人会，会期一年。会规总则约定"会则九五五色实平元银壹百两正"，也即会首于齐会时收领会额银 100 两。齐会时，六名会脚各交银 16.666 两。但是，从第一期起，会脚的会额均设定为 50 两。末会得会仅 45 两，相当于会额不满。大填 30 两，首会交一至四期，后两期无大填。小填缴纳办法：一期，会脚各交小填 4 两。二期，一会交 12 两，未得会的四个会脚各交 2 两。三期，一会仍交 12 两，其余各交 2 两。

---

① 《光绪三十年（1904 年）八月胡集贤、胡国贤等会书》。自藏。
② 《光绪三十一年（1905 年）十一月胡松泉会书》。自藏。
③ 《光绪三十二年（1906 年）二月查桂桃会书》。自藏。
④ 《宣统元年（1909 年）四月初一胡祖乐会书》。自藏。

四期，一会 11 两，二会 6 两，三会 3 两。五期，一会 14 两，二会和三会 12.5 两，四会 11 两。末期，二会 13.1 两，三会 13 两，四会 8 两，五会 10.9 两，共计 45 两会额交末会。① 转会办法与收益简况见下表（表 13.4）。

表 13.4 缩金式摇会 D 型转会与收益简表（会额 100 两、50 两）

（表中数字前的"-"表示支出）　　　　　　　　单位：两

| 会次 | 齐会会金 | 一期会金 | 二期会金 | 三期会金 | 四期会金 | 五期会金 | 六期会金 |
|---|---|---|---|---|---|---|---|
| 会首 | 100 | -30 | -30 | -30 | -30 | — | — |
| 一会 | -16.666 | 50 | -12 | -12 | -11 | -14 | — |
| 二会 | -16.666 | -4 | 50 | -2 | -6 | -12.5 | -13.1 |
| 三会 | -16.666 | -4 | -2 | 50 | -3 | -12.5 | -13 |
| 四会 | -16.666 | -4 | -2 | -2 | 50 | -11 | -8 |
| 五会 | -16.666 | -4 | -2 | -2 | — | 50 | -10.9 |
| 六会 | -16.666 | -4 | -2 | -2 | — | — | 45 |

由于会脚的会额减半，只有会首交大填 30 两。得会会脚的大填减免至 11—14 两的水平，并以 12 两为中间值。在这种会式中，大填和小填之间有一个相对固定额，姑且称为"中填"。此会的中填本应为 12 两，为免余利，事先把各会脚的盈亏算好了，通过中填浮动的方式补贴。

从收支关系看，会首收领本金 100 两，分四期还本付息共 120 两。资本付息率仅 20%，年均付息率 5%。

一会收会额 50 两，实得 33.334 两，分四期还本付息 49 两。资本付息率约 47%，年均付息率 11.75%。

二会实得 29.334 两，分四期还本付息 33.6 两。资本付息率约 14.5%，年均付息率 3.64%。

三会实得 27.334 两，分三期偿付 28.5 两。资本付息率约 4.27%，年均付息率约 1.4%。

四会转入零存整取的模式，总支出 43.666 两，获利 6.334 两，资本收益率约

---

① 《道光三十年（1850 年）四月戴艳文立会书》。自藏

14.5%。

五会总支出 35.566 两，获利为 14.434 两，资本收益率约 40.6%。

六会总支出 24.666 两，获利 20.334 两，资本收益率约 82.4%。

如果把轮会中 6%—7% 的首会付息率视为正常水平，此会式的首会付息率低于正常水平。而轮会中最高付息率只有 8%—9%，此会式的一会付息率大大超过正常水平。

末会的会额若按收满会额 50 两推算，资本收益率为 102%。我们知道，十一人会的末会，通常的资本收益率只有 98% 左右，这代表末会的正常收益水平。末会会额不满，显然是为了将其资本收益率控制在 90% 以内。这也印证了一会会额不满的会式，应是预估一会收益太高而特别约定了会额不足。

## 四、缩金式摇会 E 型：复式

复式会是设有会总的会式。会总向本总下的会脚负责，收集资金，分享会额。若会总之下的会脚逃会或欠会，由会总找人顶替或由会总补足。会总在复式会中享有超过普通会脚的权益。

此次整理的会书中，复式会书仅一见。该会书总则说，此会为"四总之会"，即会中有四个会总。这四总有单独排序，在总则后的"台甫"中载有首总、二总、三总和四总的姓名。所谓首、二、三、四总，是作为会总的排序，与得会位次不同。会规说："首、三、五、七，总上坐收，余俱公摇。"这里的一、三、五、七才是四个会总的得会位次，他们的得会位次是固定的，不参加抬阄摇骰。既然会总在摇会中占据固定位置，当然有特别的义务："如有钱到人不到者，总上代摇；人钱均不到者，总上应垫；半途中止者，该总觅友垫补，所掇会钱俟得会日归还，原本不起利息。"① 也即会总下的会脚若不到会，由会总代为摇骰。若会总下的会脚不交会金，由会总摇骰后代缴会金。中途逃会的，由会总另觅愿意入会者。由此可见，会总都是家资雄厚之人。

---

① 《光绪二年（1876 年）十一月孙耀文等立会书》总则："是会始于光绪二年仲冬。谨集亲友联成，通足制钱二百千文。四总之会，首、三、五、七，总上坐收，余俱公摇。每岁五月、十一月两举，闰月不计。先十日送柬，届期风雨无阻，不更现银。摇色不准抵押，抬阄挨次，三摇为定，点胜者得，同色者准前。五字全色，均照点算，遇跷击平，逢跎取下，例不再摇，并不同坐。别项交口，不得在会内除划。如有钱到人不到者，总上代摇；人钱均不到者，总上应垫；半途中止者，该总觅友垫补，所掇会钱俟得会日归还，原本不起利息。既蒙金诺，务祈始终如一。此订。计开：钱串通足，卡无底洋，照典价每元加申二十文。每会除席费，会使通足钱九千文止。每会除本席费，会使外净收通足大钱贰佰千文止。"自藏。

此会中称"填"为"拱"。会友共计 18 位（含四总）。会期半年，共十八会。会额固定为 200 千文。酒席费 9 千文，在当时应是相当奢华的酒席。酒席费由未得会者分担，每次交齐给得会者，故实际会额是按 209 千文计算，得会者实得 200 千文大钱。分则规定的转会办法与缩金式摇会相当。若不熟悉缩金会的会式，此会规许多省略之处就看不明白。① 现就此会的关节处，先予解释，再制作转会与收益简表，俾使读者便于查对。

第一，会额规则：会额 200 千文为固定额，又加 9 千文作附加额，故每次收领的会额总数为 209 千文，得会者实得 200 千文。齐会时，十四名会脚各交 14.059 千文，共计 196.826 千文；三个会总各交 4.059 千文，共计 12.177 千文。两项加总为 209.003 千文。多出 3 文零头不算，首总收领 209 千文。除去 9 千文酒席费，首总实得 200 千文。

第二，大填 15.159 千文。首总自一期至十三期交大填，共缴纳 13 期大填。已得会者交大填。与单式缩金会相同。

第三，会总缴纳会金的规则：未得会前，每期缴纳 4.059 千文；得会后交大填。

第四，会脚缴纳小填的规则：按照 209 千文的总额，扣除各期大填与未得会会总应交会金，由未得会者分摊。与单式缩金会相同。各期小填为：一期 13.967 千文；二期 13.12 千文；三期 12.95 千文；四期 12.025 千文；五期 11.745 千文；六期 10.781 千文；七期 10.287 千文；八期 9.747 千文；九期 9.071 千文；十期 8.101 千文；十一期 7.043 千文；十二期 5.418 千文；十三期 2.733 千文（实际应付 2.983 千文，少算了 0.25 千文）。十四期以后无小填。

以上为该会式的基本规则。会规分则到第 14 期以后未写小填，也未规定余利补

---

① 《光绪二年（1876 年）十一月孙耀文等立会书》分则："逐会拱钱细数：壹会，首总坐收，十四友各付钱十四千〇五十九文（14.059），二、三、四各付钱四千〇五十九文（4.059）。贰会，首总付钱十五千一百五十九文，至十四会。已得者同。十三友各付钱十三千九百六十七文（13.967），[二]、三、四总同上。叁会，二总坐收。已得付钱同首、三、四总同上。未得十三友各付钱十三千一百二十文（13.12）。肆会，未得十二友各付钱十二千九百五十文（12.95）。三、四总同上。伍会，未得十二友各付钱十二千〇二十五文（12.025）。四总同上。陆会，未得十一友各付钱十一千七百四十五文（11.745）。四总同上。柒会，未得十一友各付钱十千〇七百八十一文（10.781）。捌会，未得十友各付钱十千〇二百八十七文（10.287）。玖会，未得九友各付钱九千七百四十七文（9.747）。拾会，未得八友各付钱九千〇七十一文（9.071）。十一会，未得七友各付钱八千一百〇一文（8.101）。十二会，未得六友各付钱七千〇四十三文（7.043）。十三会，未得五友各付钱五千四百十八文（5.418）。十四会，未得四友各付钱二千七百卅三文（2.733）。十五会。十六会。十七会。满会。会满不凭，以作废纸。"自藏。

贴办法。结合会规总则的规定，得会者只拿到 200 千文净额，没有余利。再参照其他的缩金会原理，应是从第 14 期以后无小填。故第 14 期以后的缴纳办法只能是：由得会靠后的 13 名缴纳大填，由得会靠前的补足 209 千文。则第 14 期时，首总不交大填，其余 13 名已得会者交大填总额 197.067 千文，仍差 11.933 千文，由首总填付。第 15 期，11.933 千文由首总与二会各分摊 5.967 千文。第 16 期，由首、二总与一会分摊 3.978 千文。末期，首、二总与一、三会分摊 2.983 千文。[①]

据以上分析，制作此会的转会与收益简表（表 13.5），以供核对。

这个复式缩金会，也是此次整理的清代徽州会规中人数最多的钱会，与 11 人以下的钱会相比，此会的大填占会额的比例较小，约 7.5%。回头看 22 例缩金式摇会 A 型，十一人会的大填占会额的比例有两种，即 12% 和 20%，且分布正常。其余九人会、七人会、六人会等，大填占会额的比例多在 20%—30%，且以 30% 为正常，20% 的较少。从大填占会额的比例，可知还本付息的速率。大填占会额的比例越高，还本付息的速率越快；比例越低，还本付息的速率越慢，对缴纳大填的会首与会脚则压力较小。靠后位次的会脚，因赢利模式已转为零存整取，故占款时间越长，收益越小。简单测算这个十八人会，因大填占会额的比例较小，第 13 会的账面总支出为 198.95 千文，略低于 200 千文的会额，故会期已过 70% 才出现零存整取的趋势。而在十一人会和七人会中，这种趋势大致在会期过半后出现。也就是说，大填占会额的比例越小，直接从会账中赢利的人数越少。简单测算末会账面收支比例，分 14 期共 7 年支出 141.047 千文，在第 9 年收回 200 千文，账面收入 58.953 千文，资金收益率为 41.8%，年利率（以 9 年计）低于 5%，远远低于十一人或七人会的末会收益水平。

可想而知，在这种大填占会额比例较小的缩金会中，得会靠前者较为合算。以会首为例，他到第 14 期才将本还清，从第 15 期开始付息共 24.861 千文，利息仅占总资本的 12%。

---

① 另一种可能的缴纳办法是，仍由得会靠后的 13 名缴纳大填，由倒数第 14 名补足 209 千文，则有一名得会靠前的递期补 11.933 千文。分别是，第 14 期为首总补 11.933 千文；第 15 期由一会补；第 16 期由二总补；末期由二会补。从收益均衡度看，若采用这个办法，首总到第 15 期正好全部支出 209 千文，二总比首总多付出 8.118 千文，三总又比首总多付出 16.236 千文。在复式会中，各会总之间的收益与支出应不至于差距如此之大。故不应采用此办法。

## 表13.5 复式摇金式摇会转会与收益简表（四会总，会额209千文）

（表中数字前的"−"表示支出）

单位：千文

| 会次 | 齐会会金 | 一期会金 | 二期会金 | 三期会金 | 四期会金 | 五期会金 | 六期会金 | 七期会金 | 八期会金 | 九期会金 | 十期会金 | 十一期会金 | 十二期会金 | 十三期会金 | 十四期会金 | 十五期会金 | 十六期会金 | 末期会金 |
|---|---|---|---|---|---|---|---|---|---|---|---|---|---|---|---|---|---|---|
| 首总 | 209 | −15.159 | −15.159 | −15.159 | −15.159 | −15.159 | −15.159 | −15.159 | −15.159 | −15.159 | −15.159 | −15.159 | −15.159 | −15.159 | −11.933 | −5.967 | −3.978 | −2.983 |
| 一会 | −14.059 | 209 | −15.159 | −15.159 | −15.159 | −15.159 | −15.159 | −15.159 | −15.159 | −15.159 | −15.159 | −15.159 | −15.159 | −15.159 | −15.159 | −5.967 | −3.978 | −2.983 |
| 二总 | −4.059 | −4.059 | 209 | −15.159 | −15.159 | −15.159 | −15.159 | −15.159 | −15.159 | −15.159 | −15.159 | −15.159 | −15.159 | −15.159 | −15.159 | −15.159 | −3.978 | −2.983 |
| 三会 | −14.059 | −13.967 | −13.12 | 209 | −15.159 | −15.159 | −15.159 | −15.159 | −15.159 | −15.159 | −15.159 | −15.159 | −15.159 | −15.159 | −15.159 | −15.159 | −15.159 | −2.983 |
| 三总 | −4.059 | −4.059 | −4.059 | −4.059 | 209 | −15.159 | −15.159 | −15.159 | −15.159 | −15.159 | −15.159 | −15.159 | −15.159 | −15.159 | −15.159 | −15.159 | −15.159 | −15.159 |
| 五会 | −14.059 | −13.967 | −13.12 | −12.95 | −12.025 | 209 | −15.159 | −15.159 | −15.159 | −15.159 | −15.159 | −15.159 | −15.159 | −15.159 | −15.159 | −15.159 | −15.159 | −15.159 |
| 四总 | −4.059 | −4.059 | −4.059 | −4.059 | −4.059 | −4.059 | 209 | −15.159 | −15.159 | −15.159 | −15.159 | −15.159 | −15.159 | −15.159 | −15.159 | −15.159 | −15.159 | −15.159 |
| 七会 | −14.059 | −13.967 | −13.12 | −12.95 | −12.025 | −11.745 | −10.781 | 209 | −15.159 | −15.159 | −15.159 | −15.159 | −15.159 | −15.159 | −15.159 | −15.159 | −15.159 | −15.159 |
| 八会 | −14.059 | −13.967 | −13.12 | −12.95 | −12.025 | −11.745 | −10.781 | −10.287 | 209 | −15.159 | −15.159 | −15.159 | −15.159 | −15.159 | −15.159 | −15.159 | −15.159 | −15.159 |
| 九会 | −14.059 | −13.967 | −13.12 | −12.95 | −12.025 | −11.745 | −10.781 | −10.287 | −9.747 | 209 | −15.159 | −15.159 | −15.159 | −15.159 | −15.159 | −15.159 | −15.159 | −15.159 |
| 十会 | −14.059 | −13.967 | −13.12 | −12.95 | −12.025 | −11.745 | −10.781 | −10.287 | −9.747 | −9.071 | 209 | −15.159 | −15.159 | −15.159 | −15.159 | −15.159 | −15.159 | −15.159 |
| 十一会 | −14.059 | −13.967 | −13.12 | −12.95 | −12.025 | −11.745 | −10.781 | −10.287 | −9.747 | −9.071 | −8.101 | 209 | −15.159 | −15.159 | −15.159 | −15.159 | −15.159 | −15.159 |
| 十二会 | −14.059 | −13.967 | −13.12 | −12.95 | −12.025 | −11.745 | −10.781 | −10.287 | −9.747 | −9.071 | −8.101 | −7.043 | 209 | −15.159 | −15.159 | −15.159 | −15.159 | −15.159 |
| 十三会 | −14.059 | −13.967 | −13.12 | −12.95 | −12.025 | −11.745 | −10.781 | −10.287 | −9.747 | −9.071 | −8.101 | −7.043 | −5.418 | 209 | −15.159 | −15.159 | −15.159 | −15.159 |
| 十四会 | −14.059 | −13.967 | −13.12 | −12.95 | −12.025 | −11.745 | −10.781 | −10.287 | −9.747 | −9.071 | −8.101 | −7.043 | −5.418 | −2.733 | 209 | −15.159 | −15.159 | −15.159 |
| 十五会 | −14.059 | −13.967 | −13.12 | −12.95 | −12.025 | −11.745 | −10.781 | −10.287 | −9.747 | −9.071 | −8.101 | −7.043 | −5.418 | −2.733 | — | 209 | −15.159 | −15.159 |
| 十六会 | −14.059 | −13.967 | −13.12 | −12.95 | −12.025 | −11.745 | −10.781 | −10.287 | −9.747 | −9.071 | −8.101 | −7.043 | −5.418 | −2.733 | — | — | 209 | −15.159 |
| 末会 | −14.059 | −13.967 | −13.12 | −12.95 | −12.025 | −11.745 | −10.781 | −10.287 | −9.747 | −9.071 | −8.101 | −7.043 | −5.418 | −2.733 | — | — | — | 209 |

由于人数多，而大填少，得会越靠前，占用资金的收益越大。而中间靠后的位次，也即相当于十一人轮会中的第5、6位的会脚，账面收益少，实际投入资金比十一人会中的第5、6位更多。如果说十一人会的5、6会脚是"五苦六极"，排在这个十八人会的第12、13位次的会脚更是极苦。摇到最末位的会脚，反倒是无所谓了，就当资金放在钱会里收点利息。

最后来看这个会式的会友是何身份。歙县流行的会式，会额多是50千文，少的才16千—24千文，该会会额四倍于普通钱会。又，聚餐费高达9千文。有的七人会只有200文酒酌，还要言明买到大家够吃的猪肉斤两。对普通人家来说，能从钱会中赚到9千文就兴高采烈了。究竟是什么人有兴趣、有能力组织一个每半年耗资9千文的奢华聚餐？会书中的"台甫"记载，会友姓名或记号如下：（1）孙质记；（2）程启东；（3）碧梧居；（4）俞振宣；（5）周芹生；（6）王景星；（7）溢素室、枕书庐；（8）张廷禧；（9）程晋三；（10）归鹤泉；（11）张允记；（12）尤德隆；（13）章荣光；（14）王协记；（15）储馥棠，首总，孙耀文；（16）张陆合，二总，章子成；（17）单念记，三总，陆敬庭；（18）裕昌记，四总，单念邦。

这18名会友中，称"某记"的明显是商号，如孙质记、张允记、王协记、单念记、裕昌记。会总四人都是商人，且都是商号与个人共同出名，相互担保。如首总的姓名为孙耀文，商号名为储馥棠。原文中，"储馥棠"和"孙耀文"下各有印章，其他二、三、四总的具名体例仿此。将四总算上，共7个商号加入此会。其余则是个人加入，但又不完全是个人。最有意思的是雅号或斋名的出现，共有四例，分别是碧梧居、溢素室、枕书庐、归鹤泉。"碧梧居"取凤栖梧之意，此文人自矜无疑。"归鹤泉"为雅号，取驾鹤放归山林泉下之意，此人当是致仕的官宦。"溢素室"和"枕书庐"当是读书人的斋名，敢以"溢素""枕书"为号，家中藏书必丰。这两个斋名之下又共用一个印章，二斋恐为某家族中的二人，共占此会一股。印章颇雅致，白文闲章，篆文可识为"不薄今人厚古人"。清代是篆印艺术的高峰期，尤以浙、皖二省人才济济，浙派以黄易、奚岗为代表，皖派以邓石如达到巅峰，又称"邓派"。在浙、皖之间，"歙派"又独树一帜。浙派风格以苍劲质朴著称，皖派与歙派以婀娜刚健见长。歙派代表人物为渔梁人巴慰祖，晚清视其与丁敬、黄易、邓石如等并肩。巴慰祖之后，又有胡唐、程邃、汪肇龙等，后人称其为"歙四子"，晚清印坛名家赵之谦在为好友刻"巨鹿魏氏"一印的款识中题句云："老辈风流忽衰歇，雕虫不为小技绝。浙皖两宗可数人，丁黄邓蒋巴胡陈"。巴、胡即指巴慰祖和胡唐，歙派人物在全国七席中占二，可见篆印艺术在徽州之盛。此会书中的闲章即非名家所刻，但风格颇仿邓石如，出自书香世家无疑。

综合看来，此会由商人、官宦与文人组成，半年一聚，且需找能开9千文豪宴的处所，应在徽州某县城内。他们在9年里设一个200千文的会，大多数会友的赚头不大，但聚餐总费用高达162千文，与其说是要赚钱，不如说为了聚会宴饮、联络感情更恰当。

## 第三节 本章小结

  缩金式摇会应是清代徽州最流行的会式。此次整理中没有发现堆金式摇会实例，并不代表清代徽州绝无此种会式，但当地不流行堆金式摇会，则是可以断定的。

  摇会与轮会，除了认定位次的规则不同，主要区别还是在会友心态上。缩金式的摇会与轮会都讲究会脚收益的均衡，余利补贴就是实现均衡的主要办法。少数缩金会采取余利均分的办法，使原本受益较高的位次收益更高，但收益较低的也获弥补。大多数余利补贴根据位次进行差异补贴。另外，一会会额不满的会式，也是损多益少的思路。不过，收益均衡是相对的，轮会会友可以埋怨位次收益不均衡，摇会会友只能怪自己运气不佳。这并不是说摇会的各位次收益可以无需均衡，而是说，只要让摇会的位次收益相对均衡，接下来就是愿者上钩。

  摇会丰富的亚型，可以帮助我们深入了解邀会目的和会友身份。会脚承让会额的，会脚主要以宗族亲戚的身份参与，以资助会首为目的。七件清末胡姓家族及其亲戚的会书，说明该会式反复在某个地区适用，几乎每年都有人用该会式邀会，会友属于相同的亲属圈。估计会首家庭在邀会期间有置办财礼、嫁妆或丧葬费用等急务。亲支近房和姻亲本不应坐视，出礼金或出人力都是应尽责任，用钱会的方式则利人利己。实际上，该会式在亲属圈内反复适用，无所谓谁赢谁亏。当会首的，以后几年当会脚，就算还了人情。当会脚的，隔两年就能当会首。故该会式也体现了互利的目的。

  复式缩金会则提供了徽州城市中富裕家庭的生活场景，他们或是坐拥商铺，或是书香世家，或是辞官归隐。这些人中间有的可能世代交好，也可能是生意伙伴，还有的是性情投缘。但他们并非共享同一种身份，如，不见得是同乡、同年、同学、亲戚等，也就不以同学会、同乡会、同年会、亲友会等名义聚会。这样的钱会，更像是同阶层的俱乐部。

  综合地看，典型的缩金式摇会，也即缩金式摇会A型，目的较为单纯，主要是融资和储蓄，适用面较广。缩金式摇会的B至E型，用于满足人们多样化的目的。若非以资助会首为目的，且为宗族亲戚，会脚不会无端承让会额；若非以联谊为目的，会脚不会让大填在会额占比 10% 以下。所以，邀会目的对缩金式摇会的亚型具有决定性影响。事实上，缩金式摇会 A 型也不是以赚钱为唯一目的，集会、娱乐、餐饮等丰富了单调的乡村生活。一两百年后，这些钱会文书仍有大量传世，说明它们曾经普遍存在于基层生活中。走进这些会书，我们才知道，一两百年前的国人在听到"开会"两字时，心里原来是充满期待、乐趣和欣喜的。

# 第十四章

# 钱会在民国的变化

## 第一节 概述

本书以清代为断,但研究民国以后的变化或发展,有利于说明钱会习惯的整体面貌。

我们整理了徽州会书 240 件(含空白格式),其中民国会书占到 181 件。钱会为全国性的习惯,但各地流行何种会式,因习惯和偏好不同而有区别。如此次整理未见标会,虽不敢遽定徽州绝无标会,然标会不甚流行于徽州,是可以断定的。又未在清代会规中发现堆金式摇会,虽不敢遽定徽州绝无堆金式摇会,然堆金式摇会在清代徽州流行不广,是可以断定的。由经验可知,一地之人群若习惯了一种会式,若无重大原因,此种会式便具有长期适用的趋势,不以朝代更替为转移。此种规律,对钱会习惯如此,对其他民事习惯也有适用之处。清代与民国为两个不同国体的时代,但民事习惯自有运行惯性,普通人采用一种会式,不因国体更改而放弃。观察民国徽州的钱会习惯,对认识清代钱会习惯大有裨益。

大部分的民国会规,与清代同类会规相同。但少数会规显示了更趋完善的特点,如《民国十九年(1930 年)五月吴关欧立会书》中,收录有一件收会票格式,这在清代和民初不常见,兹摘录如下:

> 立收票人吴△△,今收到第△会某△△名下应付大洋△△元△△分,其洋当席收清,言明壹年交付一次,挨后得会之日,照例出还。欲后有凭,立此付会收票。存照。

（批）起会不须收会票，以会书作为第一次证，按，又及。（批完）

立收票人吴△△押

按批语中说"起会不须收会票"，则会首无须写立收会票，故知此票专用于各会脚收领会额时写立。"付会收票"当是付首会收执。可见，制定收会票是专为约束各会脚。收票格式的出现，说明民国中期的钱会更重视建立规范的会内手续。

民国会规的另一变化是，会规总则中的"立会书人"多会阐述邀会原因。如邵氏宗祠在会规总则中，毫不掩饰地说本祠堂需要巨款应诉。又如某会规开首说："支用浩大，入不敷出，意欲经商以占小利，反见亏折而伤大本。若不设法以图应付，难答债户之屡追求。故念朋友有通财之义，君子有周急之心，兹特出首，邀到亲邻戚族聚集会一席，取名曰七贤，凑成实银为贰佰一拾圆。俾身收来，以开销各债户。"[①] 这是明说自己经商失败，债主追讨甚急，凑钱会会额用于还债。

详述邀会的原因在清代会规中是少见的。清代会规总则中的套话较多，除了感谢会友成全等，看不出邀会的具体目的。而民国会规中自由发挥的现象较多，能帮助我们更加清楚地掌握邀会原因。不过，总的来说，民国会规的写法仍以仿照旧式为主。某份1940年以后的会规距前清已远，还特别强调"其会遵古旧制"。[②] 这本身就说明，当时的人们已经意识到会式习惯已有所变化。

## 第二节 堆金式摇会A型

民国会书中找到了堆金式摇会，不过实例仍较少。

### 一、实例

实例一：会书格式，非实用会书，供邀会时填写。无年代可凭，以"英洋"为货币，当在晚清民国时期，稳妥起见定在民国。此会又名"堆金义会"。会首一人，会

---

① 《民国二十年（1931年）六月方正寿立会书》。自藏。
② 《民国三十五年（1946年）十月朱先润会书》。自藏。

脚十人。会期一月。摇骰规则与其他摇会相同，不赘。缴纳会金的规则：齐会时，十名会脚各交 2 元，凑成会额 20 元付会首。以后每期会首与得会者大填 2.3 元，未得会者仍付 2 元。依此规则，随得会者递增，会额逐期以 0.3 元递增，末期会额为 23 元。① 这正是我们要找的堆金式摇会。

实际行用的堆积式摇会发现两例，均在民国十九年（1930 年）。

实例二：封面有"三会""姚万金先生"等字样。查"各友芳名"，第三会确为姚万金，故知此会规由三会保存。② 此会又名百子会，会首一人，会脚十人，十一人会。会期一年。齐会时，十位会脚各交大洋 10 元，共 100 元付会首。一期，一会收 100 元，以后每期会额以 1 元递增，末期会额 109 元。会金缴纳的办法，首会每期缴纳 14.5 元，一会得会后也一直交 14.5 元。得会者不交。其余会脚按预定金额缴纳固定会金，每期以 1 元标准递减，如二会每期缴纳 13.5 元，三会每期交 12.5 元，末会仅交 5.5 元。会额自第二期以后逐期递增，这是典型的堆积式。

实例三：此会书封面有"第五号"，是五会收执的会规。又名"蟠桃会"。③ 会规总则规定："先拈阄而后摇定，不得争先竞后。"确为摇会。会首一人，会脚八人，九人会。会期一年。会式如下：会首与一会收会额 100 元，以后每期交 16 元。其余会脚的会金以 1 元递减，二会为 15 元，至末会为 9 元。第二期开始，会额以 1 元递增，末会得 107 元。这也是典型的堆积式。

推敲堆金式摇会会规，发现该会式原本应为轮会的主要类型，为人熟知后，偶尔用于摇会，但这一堆金式与摇会存在冲突，故应用不广。试以实例二证之。它的总则说："议定规章，首会之年，普通一概摇定。先拈阄，然后摇点，点多者得会；同点者尽先不尽后。"

---

① 《民国初年会书格式》："盖闻分金与粟，垂爱裼袍。君子素有应急之风，朋友向有通财之义。议今有正用，敬邀亲友十位，蒙允无辞，名曰堆金义会。每位叨付英洋二元，共计集齐洋二拾元正，首会领取。嗣后每月一行，以初拾日为期，风雨不改。须宜现洋上桌，不得拖欠缠延，摇得者下会主行，照加大洋三角应付，未得者仍付二元。至期预备骰子六粒，抽阄挨摇，点胜者得会，点同者准先不准后，三人同点打散重摇，毋须争论。所有会外账目，不能在会内扣算。会满之日，会书作为无用。谨具。"自藏。
② 《民国十九年（1930 年）五月宋淦卿立会书》。自藏。
③ 《民国十九年（1930 年）八月吴树滋立会书》。自藏。

## 二、"假"摇会

随机找一些缩金式摇会，其摇点规则为："至会期现洋上槕开摇，点大者得会，同点者尽先不准后，三人同点跷色，打散重摇。"或："拈阄挨次，三摇为定，点胜者得，同色者准前。五字全色，均照点算，遇跷击平，逢跎取下，例不再摇，并不同坐。"

二者差别何在？摇会的乐趣在于摇点决定得会。在典型摇会中，每期皆摇点，上一期不知下一期是谁得会。每期集会时，现银上桌，再摇点决定谁拿走桌上现银，这才是真正的摇会。但堆金式会规，居然是"首会之年，普通一概摇定"，也就是齐会时摇定位次。

摇会会规中，只有会友芳名，而无会友得会的期数。若有，也是事后加批填写。加批写在会友姓名之下，不可能按顺序填写，因为写会友姓名时不知他的位次，加批是每期摇骰之后添加的。而在实例二的会规中，会友名录从一会写到末会，之下才是会规分则。也就是说，会规是在齐会时摇点，确定得会位次后写立的。每期集会时，会脚已经预知位次。不过是取摇会的名义，实际只是摇点预定位次。

何以堆积式摇会不能于各期集会时摇点，而多在首会时摇定位次？这与该会式的会金缴纳办法有直接关系。该会式按得会位次锁定会金，如实例二中，二会每期均缴纳13.5元，如果每期集会时才摇骰，在第一期集会时，不知道该谁缴纳13.5元。以此类推，各期位次不定，也没人知道应该递减缴纳会金的次序。而缩金会只需预定大填和各期小填，会金与期数锁定，与得会位次无关，无论会脚能否摇到此期，只要带固定额即可。如，一期集会时，大家都带本期小填到会，各自将小填上桌，凑足之后摇骰。点大者收取会额即可。

得会位次与会金锁定，恰与摇会的特点相冲突。所以说，这种堆金会在早期必定与轮会相结合，后来才在首会时用摇点的办法确定位次，实际是披着摇会外衣的轮会。

因下节尚有另一种真正的堆金式摇会，故暂将本节介绍的会式命名为堆金式摇会A型。

## 第三节 "夺五子会"

### 一、实例

在民国会书中发现一种清代未曾见到的重要会式。该会通称"夺五子会",最早出现在民国十二年(1923年),共五件,四件出自邵姓家族。从会规用语和规则成熟度看,可能在清代已经流行于徽州某地,故特别介绍于下。

实例一,此会的会首均自称居住地在"纹川"。①查绩溪县东部,距城23公里有伏岭下村,人口3000多,是绩溪县最大的自然村。有河名纹水,绕村而过,古称纹川。该村世居邵姓,道光间有邵绮园著有《徽志补正》《大鄣山辨》;光绪间有邵班卿(字

---

① 《民国十二年(1923年)二月邵光春立会书》:"立会书邵光春,兹蒙亲友玉成一会,名曰夺五子。其式集成二十五股,以六个月举行一次。得会后,先开会摇定首会。每股付出大洋十元,合成二百五十元,得会者收大洋五十元,仍大洋二百元归首会收。自二会至五会,得会者与首会收数同前。填付者挨次照后列。五会后各股不付,每次统由首会加利付还。会书各存一本,会终不缴。递年会期逐次洋数列左(会期年月以旧历计算):癸亥二月初十日,第一会,各付大洋十元,得会者收五十元,首会收二百元,以下四会同;癸亥八月初十日,第二会,未得者各付大洋九元九角六分,已得者付大洋十一元;甲子三月初十日,第三会,未得者各付大洋九元九角一分,已得者付大洋十一元;甲子八月初十日,第四会,未得者各付大洋九元八角六分,已得者付大洋十一元;乙丑二月初十日,第五会,未得者各付大洋九元八角,已得者付大洋十一元;乙丑八月初十日,第六会,由首会付出大洋五十元另六角,得会者收;丙寅二月初十日,第七会,由首会付出大洋五十一元二角,得会者收;丙寅八月初十日,第八会,由首会付出大洋五十一元八角,得会者收;丁卯二月初十日,第九会,由首会付出大洋五十二元四角,得会者收;丁卯八月初十日,第十会,由首会付出大洋五十三元,得会者收;戊辰二月初十日,第十一会,由首会付出大洋五十三元六角,得会者收;戊辰八月初十日,第十二会,由首会付出大洋五十四元二角,得会者收;己巳二月初十日,第十三会,由首会付出大洋五十四元八角,得会者收;己巳八月初十日,第十四会,由首会付出大洋五十五元四角,得会者收;庚午二月初十日,第十五会,由首会付出大洋五十六元,得会者收;庚午八月初十日,第十六会,由首会付出大洋五十六元六角,得会者收;辛未二月初十日,第十七会,由首会付出大洋五十七元二角,得会者收;辛未八月初十日,第十八会,由首会付出大洋五十七元八角,得会者收;壬申二月初十日,第十九会,由首会付出大洋五十八元四角,得会者收;壬申八月初十日,第二十会,由首会付出大洋五十九元,得会者收;癸酉二月初十日,第二十一会,由首会付出大洋五十九元六角,得会者收;癸酉八月初十日,第二十二会,由首会付出大洋六十元另二角,得会者收;甲戌二月初十日,第二十三会,由首会付出大洋六十元另八角,得会者收;甲戌八月初十日,第二十四会,由首会付出大洋六十一元四角,得会者收;乙亥二月初十日,第二十五会,由首会付出大洋六十二元,得会者收。会友台甫(略)。民国十二年二月日纹川邵光春谨订。"自藏。

作舟）号"绩溪三奇士"之一。若邵姓会规出自此处，则该会式主要流行于绩溪县。此会特色鲜明，归纳如下：

（1）会脚众多，人数固定。会首与会脚共25人，又称"二十五股"，是固定人数，以便计算利息。会期六个月，首会至满会长达12.5年。

（2）一期，会脚各交10元，共计250元。摇点大的二人再摇点，点大者为会首，收领200元。另一得会人收50元。

（3）二至五期，均以摇点大者得会，收50元。会首不再摇点，径收200元。从二期开始，得会人大填11元。未得会者小填。二至五期小填依次是：9.96元、9.91元、9.86元、9.8元。

（4）六至末期，得会人不再缴大填，未得会人也不缴小填。得会人仍以摇点确定。得会后，由会首逐期"加利付还"。按50元付息，利率为一分二厘（1.2%）。以后每期利率递增1.2分。如五期1.2分，六期2.4分，七期3.6分，依次递增至末期，为二钱四分（24%）。

简单测算一下会首与会脚的收益。会首于前五期共收1000元巨款，以后分20期还本付息，共计付出1126元。资本付息率12.6%，年付息率仅1.26%。会额大而付息少，此会式极有利于会首。

一期得会者，先付10元，实得会额40元，分四期付44元。二期得会者，先付19.96元，实得30.04元，分三期付33元。三期得会者，先付29.87元，实得20.13元，分两期付22元。四期得会者，先付39.73元，实得10.27元，再付11元。五期得会者，先付49.53元，收50元，赚得0.47元。由此可知，前五期得会者，账面差额不大，付息率不高，压力也不大，只是得会早晚，有占款多少和先后之别。相较而言，自然是早得会有利。五期以后的得会者，先付出的本金与第五期得会者相同，均为49.53元。以后只等首会还本付息，得会越靠后，得到的息金越高。

邵氏家族的夺五子会的会额还可以变化，不一定都是200元和50元。有一例会额是60元与15元。具体办法是，齐会时，25名各交3元，凑成75元。会首于前五期各收60元，总收入300元。摇得前五期者，各收15元。五期以后，首会加利付出。五会以后的位次事先摇定，按位次领取本息。前五期大填3.3元，小填分别为2.9875元、2.974元、2.939元、2.943元。第六期，会首付本金15元和息金0.4元，以后各期息金按0.2元递增。七期15.6元，八期15.8元，至第二十五期付19元为止。① 此例除会额

---

① 《民国十八年（1929年）六月邵在根立会书》。自藏。

和会金外，会式与夺五子会完全相同。

另有一例会首预定为邵梅公祠，无需摇点。会书开头说"兹因讼事，需用巨款，由本派裔孙成立一会"，可知是邵氏宗祠急需1000元巨款用以讼事。会友名录中，多是邵氏支祠或先祖祀号，如文绣公、怡敬堂、诠公、飞熊公、飞凰公、邦安公、谟公、联奇公、邦巩公等，看来这是邵氏总祠借用夺五子会会式，邀集各支房参与的祠会。①

实例二，自称"状元会"。会式与夺五子会相同。共32股。会期六个月，长达16年。首会，每名会脚交银洋6元，共192元。摇点得会，会首收162元，得会者收30元。前五期均如此。五期之后，各期位次预先摇定，由会首逐期还本付息。此会规无分则，不能确知前五期的大填和小填额数，也不知会首付息比例。但有"均是首会加利付出"一句，可知会首付息仍是逐期加利。值得一提的是，此会按"会股"而不按会脚计算。会脚名字共17位，每位占股不同，有四人各认一股，有十一人认两股，最多的认三股，有两人。以认两股的居多。按会规摇点的办法，认三股者可摇三次，占三个位次。当然，会金也要按三股缴纳。②

综上，夺五子会或状元会是流行于绩溪一带的会式，清代会式中没有发现夺五子会，恐与来源中没有绩溪一带的会规有关。夺五子会的名称特异，会式独特，转会办法复杂而成熟，参会人众多，如此复杂的会式不可能在民初才刚刚产生，故其形成必定在民国以前。

## 二、夺五子会的作用

经分析，夺五子会的会式具有独会、缩金会与摇会的特点，是三种会式的复合形态。以实例一为例，从独会的角度说，会额250元的大头由首会收领，首会在前五期有独占鳌头的味道，五期以后，由首会独自负担还本付息，很像独会中会首一次收领会额，然后逐期还本付息。从缩金会的角度说，前五期，会脚区分已得会和未得会，已得会缴纳固定会金11元，因会额固定，故未得会者的会金逐期递减，此是缩金会的原理。从摇会的角度说，不但摇点确定逐期得会者，会首也可以摇点确定，贯彻了摇会的宗旨。

由邵梅公祠的夺五子会可知，夺五子会的最大功用，是在五年里筹集千元巨款，

---

① 《民国二十一年（1932年）十月邵梅公祠立会书》。自藏。
② 《民国十四年（1925年）十一月舒万君立会书》。自藏。

用于大型投资或大规模开支。对急需大额融资的人来说，这是一种不可多得的会式。

## 第四节　民国晚期的谷会

从抗战后期开始，徽州钱会一变以谷会或粮食会居多，可算清中期一百多年来最大的变化。谷会，即以谷、豆等实物为会金的邀会。此次整理的谷会会规，较早见于抗战中的1941年，仅两件。抗战结束后，谷会会规不减反增。从1945年底至1948年，共11件会规，其中10件为谷会或粮食会。钱会仅一件，以国币为单位，会额高达100万元，小填以14.5万元每期往下递减1万元。缩金会。会期设为一月，十一期下来近一年。① 若通胀趋势不变，则一年以后收到的会额也已大为贬值，此时以粮食为会金，不失为保值良法。

谷会虽以粮食为计算单位，但会式原理与钱会相同，下面利用民国晚期的谷会会规，简单介绍谷会的会式。

### 一、缩金式摇会 A 型

实例，摇会，会首一人，会脚五人，六人会。会期一年。首会，五位会脚各交干谷一担，共计50斗付会首。以后各期摇点得会。须现谷上桌开摇。得会者由未得会者作"保会"，写立"书押"。大填干谷15斗。一期小填7斗，二期5斗，三期1斗5升。四、五两期无小填。四期余利一担，补贴三、四会各5斗。五期由会首与已得会的四人各付10斗，共50斗付六会收领，无余利。② 另两件同样会式的谷会，均为缩金式摇会 A 型，仅会额改为100斗。③ 会式不赘。

---

① 《民国三十六年（1947年）九月庄进发立会书》。自藏。
② 《民国三十年（1941年）八月叶兆松会书》。自藏。
③ （1）《民国三十年（1941年）十月张金鸿会书》。摇会，六人会。会期一年。首会，五位会脚各付干谷20斗，共计100斗付会首收领。以后各期大填干谷30斗，得会者同。一期小填14斗，二期10斗，三期3.34斗。四期无小填，余利两担，补贴三、四会各一担。五期，会首与得会者各付20斗，无余利。（2）《民国三十五年（1946年）八月程志仁会书》。摇会。六人会。会期一年。各期缴纳办法与前会同。自藏。

## 二、堆金式摇会 B 型

实例，自名"粮食会"。摇会。会首一人，会脚九人，十人会。会期半年。未得会者每期固定缴纳粮食 2 斗。首会和已得会者在此基础上"加一交付"，即利率 10%，每期缴纳 2.2 斗。齐会时，每位会脚出 2 斗，首会得 18 斗。到了第一期，首会付 2.2 斗，一会得 18.2 斗。二期，二会得 18.4 斗，以后的会额以 0.2 斗逐期递增，直至末会得 19.8 斗。① 这是典型的堆金式。每位未得会的会脚都是定额 2 斗，临会期时，未得会人只需带上 2 斗粮食上桌，再摇骰，点大者得会，收回会额即可。堆金式摇会 A 型的会金是与位次绑定，每个位次的会金又不相同，会脚不知道自己的位次，就不知道临会期时究竟应带多少会金。二者显然不同，故将本会式命名为堆金式摇会 B 型。

此会的另一个特点，是以集会时间决定缴纳粮食的种类。分为三种：(1) 五月初十集会的，交"净麦二斗"。(2) 七月初十集会，交"交净豆二斗"。(3) 十一月初十集会，交"净粟米二斗"。因会金可由多种粮食替代，故称"粮食会"。

这种堆积式摇会在抗战之前不常见，故制作该会式的转会与收益简表（表 14.1）。

表14.1 堆积式摇会B型转会与收益简表（粮食会）
（表中数字前的"-"表示支出）　　　　　　　单位：斗

| 会次 | 齐会会金 | 一期会金 | 二期会金 | 三期会金 | 四期会金 | 五期会金 | 六期会金 | 七期会金 | 八期会金 | 末期会金 |
|---|---|---|---|---|---|---|---|---|---|---|
| 首会 | 18 | -2.2 | -2.2 | -2.2 | -2.2 | -2.2 | -2.2 | -2.2 | -2.2 | -2.2 |
| 一会 | -2 | 18.2 | -2.2 | -2.2 | -2.2 | -2.2 | -2.2 | -2.2 | -2.2 | -2.2 |
| 二会 | -2 | -2 | 18.4 | -2.2 | -2.2 | -2.2 | -2.2 | -2.2 | -2.2 | -2.2 |
| 三会 | -2 | -2 | -2 | 18.6 | -2.2 | -2.2 | -2.2 | -2.2 | -2.2 | -2.2 |
| 四会 | -2 | -2 | -2 | -2 | 18.8 | -2.2 | -2.2 | -2.2 | -2.2 | -2.2 |
| 五会 | -2 | -2 | -2 | -2 | -2 | 19 | -2.2 | -2.2 | -2.2 | -2.2 |
| 六会 | -2 | -2 | -2 | -2 | -2 | -2 | 19.2 | -2.2 | -2.2 | -2.2 |
| 七会 | -2 | -2 | -2 | -2 | -2 | -2 | -2 | 19.4 | -2.2 | -2.2 |
| 八会 | -2 | -2 | -2 | -2 | -2 | -2 | -2 | -2 | 19.6 | -2.2 |
| 末会 | -2 | -2 | -2 | -2 | -2 | -2 | -2 | -2 | -2 | 19.8 |

---

① 《民国三十四年（1945 年）十一月汪兆福会书》。自藏。

堆金式摇会 B 型的关键，是以固定会利率为会金计算标准。在缩金式中，虽有约定的会利率，但依据会利率而支付的逐期息金往往是隐藏的。因为缩金式会规要显示小填的支付规律，如果把息金掺入小填额数中，会导致小填数额的混乱。只有个别缩金式会规，会按会利率把逐期多出的息金计算出来，并在末期将多出的会利率作为余利，预定补贴办法。

我们说过，在堆金式摇会 A 型中，由于不同位次的会金不同，它不敢真正实施临期摇骰的规则，只能在齐会时用摇骰预定位次，是一种假摇会。堆金式摇会 B 型的优势在于，它只有两种会金额，会首和得会者始终按会利率缴纳会金，未得会者始终缴纳固定额。会额递增是因为已得会者逐期增多，应交息额也逐期有规律递增。这就克服了 A 型不利于逐期摇骰的障碍，是真正的堆金式摇会。

### 三、堆金式轮会

实例，十一人会。位次预定。齐会时，各会脚交扇净干谷 1.05 担，共计 10.5 担付首会。以后每期，各会脚按预定位次缴纳固定会谷。一会缴纳 1.5 担，以此为基准，每位会脚按序递减 0.1 担，末会只交 0.6 担即 6 斗。会首始终交 1.5 担。依此规律，从第二期开始，每期会额递增 0.1 担，二会收到 10.6 担，至末会收 11.4 担。[①]

其余实例与上例的会额和会金不同，[②] 但会式均与堆金式轮会 B 型相同，不赘。

### 四、缩金式轮会 B 型

实例，轮会，七人会。会额 20 担谷，得会者不交，首会与已得会者交 4 担。其余各会脚，于齐会和第一期时缴纳会谷为固定额，固定额以二会的 3.6 担为基准，按 0.2 担递减。于是，二会 3.6 担，三会 3.4 担，四会 3.2 担，五会 3 担，末会 2.8 担。第二

---

[①]《民国三十六年（1947 年）十二月方寿根会书》。自藏。
[②] （1）《民国三十七年（1948 年）九月江培宜立会书》，六人会。首会收干谷 1000 斤，100 斤＝1 担，故 1000 斤即 10 担。首会与一会始终交 280 斤。二会至末会按 40 斤递减，分别为 240 斤、200 斤、160 斤、120 斤。故每期会额以 40 斤递增，末会收 1160 斤。（2）《民国三十七年（1948 年）十一月仇志安立会书》，十一会。齐会时，十位会脚各交白米 6 斗，共 6 石，付首会。首会和一会始终交 8.7 斗，二会以下按 0.6 斗递减，末会仅交 3.3 斗。第一期仍收 6 斗，二期以后，逐期递增 0.6 斗，末会共收领 65.4 斗（6.54 石）。自藏。

期,首、一会仍交 4 担,再以三会 3.3 担为基准,各会会金按 0.2 担递减,四会 3.1 担,五会 2.9 担,末会交 2.7 担。第三期,首、一、二会各交 4 担,四会 2.86 担,五会 2.66 担,末会 2.48 担。第四期,首至三会交 4 担,五会 2.1 担,末会 1.9 担。第五期,首至四会各交 4 担,末会不交。满会,首、一、二会各交 4 担,三会 2.86 担,四会 2.66 担,五会 2.48 担。[①]

此会为缩金式轮会,从清中期至民初均不多见。制作转会与收益简表(表 14.2)如下:

表14.2　缩金式轮会B型转会与收益简表(会额20担)

(表中数字前的"-"表示支出)　　　　　　　　单位:担

| 会次 | 齐会会金 | 一期会金 | 二期会金 | 三期会金 | 四期会金 | 五期会金 | 末期会金 |
|---|---|---|---|---|---|---|---|
| 会首 | **20** | -4 | -4 | -4 | -4 | -4 | -4 |
| 一会 | -4 | **20** | -4 | -4 | -4 | -4 | -4 |
| 二会 | -3.6 | -3.6 | **20** | -4 | -4 | -4 | -4 |
| 三会 | -3.4 | -3.4 | -3.3 | **20** | -4 | -4 | -2.86 |
| 四会 | -3.2 | -3.2 | -3.1 | -2.86 | **20** | -4 | -2.66 |
| 五会 | -3 | -3 | -2.9 | -2.66 | -2.1 | **20** | -2.48 |
| 末会 | -2.8 | -2.8 | -2.7 | -2.48 | -1.9 | — | **20** |

对比轮会缩金式 A 型的转会与收益表,二者的异同一目了然。缩金式 A 型和 B 型中,会首和已得会者都缴纳固定额,可以说都有大填。不同在于小填的缴纳办法,缩金式 A 型的所有会脚每期缴纳的小填固定,缩金式 B 型的各会脚预定了会额,会金是按得会先后位次递减。在会首和得会者缴纳大填后,各期小填数额减少,这符合缩金式的基本原理,只是不像缩金式 A 型那样,按照某种固定比例递减。但 B 型在同一期里,各位次之间小填仍以 0.2 元递减,它仍是有小填的,只是小填额数随会期和位次不断变动。

与此会式完全相同的,在民国晚期还有两例。其中一例是十一人会,会额为干谷

---

① 《民国三十五年(1946 年)十月朱先润会书》。自藏。

10 担，故各期应交会金一律减半。① 另一例为七人会，会额为谷 15 担，固定不变。"加二盖出"。首会与得会者均交 300 斤。从第二期开始，未得会者应交会金逐期减少。具体会式：齐会，一会交 300 斤，二会 270 斤，三会 255 斤，四会 240 斤，五会 225 斤，末会 210 斤。一期，首会 300 斤，一会不交，其他如齐会。二期，首、一会各交 300 斤，三会 247.8 斤，四会 232.5 斤，五会 217.5 斤，末会 202.5 斤。三期，首至二会 300 斤，四会 215 斤，五会 200 斤，末会 185 斤。四期，首至三会 300 斤，五会 157.8 斤，末会 142.5 斤。五期，首至四会 300 斤，末会不交。满会，首至二会 300 斤，三会 225 斤，四会 195 斤，五会 180 斤。②

以上三例虽数额不同，但会式相同，都是会额固定不变，由首会和得会者按固定数额交谷，其余各会所交会谷逐期缩减。

值得注意的，堆金式摇会 B 型与缩金式轮会 B 型都未见于抗战以前，暗示着徽州钱会习惯正在默默变化。新的会式习惯是外地人带来的，还是本地人到外地学习的，尚不清楚。

## 五、倒会或未完会的例子

民国晚期的谷会中，有两件会式不清，但有时代特点，值得略加注目。

实例一：《民国三十六年（1947 年）十二月汪泽民立会书》，会规总则写明为"至会期现谷上桌，开摇"，明确是摇会，会额干谷 21 石。十一人会，会期半年，每年届二、八两月的廿日集会。分则中，此会戊子年（1948 年）八月排到癸巳年（1953 年）二月，每期皆有会脚姓名。应交会谷从首会 3 担以下，每期以 2 斗递减，明显是堆积式摇会 A 型。

前面讲过，堆积式摇会 A 型是假摇会。要预定会脚的不同会金，必须在齐会时确定位次。若临到各期才摇点，就无法预定各会脚的会金。所以，这个会规约定"至期"摇点，实际是做不到的。该会封面批语说："首会收了，元会停顿，此谷倒了。"按会规分则的约定，"元会"即一会收领会额的第一期。也就是说，此会自 1947 年 8 月首会收领了 21 石会额后，1948 年 2 月的第一期就没能往下开。"此谷倒了"，就是已经倒会了。推原其故，倒会不是会首要欺骗大家，而是会首和各会脚不熟悉堆金式摇会 A

---

① 《民国三十七年（1948 年）八月朱德海立会书》。自藏。
② 《民国三十七年（1948 年）十一月朱法增立会书》。自藏。

型。该会式可能在民国时期才传入徽州，没有地方传统，应用面不广。人们熟悉堆金式轮会 A 型，又熟悉摇会，误以为二者可以结合，于是既约定了位次，又约定每届会期由会脚摇骰决定得会。到了一期集会时，各会脚按预定位次各自带来会金，而摇点大的却不是预定的一会，点大者要拿走第一期的 21 石干谷，一会当然不同意。会脚位次一乱，后面各会脚应交多少会谷也乱了，此会只好倒了。这从侧面反映了，徽州人确实不熟悉堆金式摇会 A 型。

实例二：《民国三十七年（1948 年）二月叶宏铨立会书》（自藏），轮会，会期六个月。十一人会。但分则仅写到第八会即 1952 年 2 月，第九、十、十一期各会应如何交谷已不详，说明此会早已停顿。如果说此会停顿是因改朝换代，倒好理解。实际上，民国晚期的会规分则，会期都延伸到 1949 年之后，只要会规清楚，不管 1949 年以后是否停顿，总可以说清楚会式。而此会的规定极为含混，无论如何计算，都无法看出究竟是何会式。比如，会规总则说，齐会时，会首收领干谷 52.5 石，则十位会脚各交 5.25 石。按轮会的规则，一期得会者也应收 52.5 石，分则却说一期集会时，"每头付谷七石五斗"，即每位会脚缴纳 7.5 石，以 10 名会脚计，一期会额为 75 石，远远超出会首的会额。只有当七位会脚各交 7.5 石时，才会得到 52.5 石。但会首不可能与未得会人缴纳相同的会谷。既然会脚有十位，何以仅七位缴纳会谷，也不可解。可见，该会规要么是总则所载会脚数与分则不符，要么是会金计算办法有误。在此次整理的 240 件会规中，这种情况是极罕见的。排除会首故意欺诈的可能性，则只能是会首采用了不熟悉的会式，事先又没有计算清楚，只按听说的会式套用，结果出现误差。如果采用本地的流行会式，即使会首失误，会脚也会提醒纠正，不至于看不出总则和分则的矛盾。

此例也反映了一个事实，即在民国晚期，徽州钱会正受到外来会式的影响，逐渐开始接受外来会式，但因为外来会式与地方传统冲突，人们一时不能圆熟，每每发生计算错误。

## 第五节　小结

民国徽州的实例，帮助我们全面认识钱会习惯。结合清至民国时期的徽州钱会实例，可以判断：钱会虽是全国性的习惯，但有地方传统。钱会的会式并非千变万化，主要是缩金式和堆金式的变化，再与轮会和摇会相结合，而成多种亚型。按逻辑推演，亚型也是有限的。某个地区流行的会式不可能是全部亚型，而是当地人们熟知且常用的几种。清代徽州流行的会式，一是轮会与平金式、堆金式、缩金式各自结合的亚型，二是摇会与缩金式相结合的亚型。

堆金式摇会在清代徽州不是流行会式。到了民国中晚期，受周边地区的影响，开始出现堆金式摇会，又分两种亚型：堆积式 A 型是假摇会，是摇骰决定会脚位次，实质仍是轮会；堆积式 B 型是以固定会利率计算出得会者会金，未得会的会金固定不变，随着得会者人数增多，会额也逐期递增，常见于民国晚期的谷会中，计算原理简单，应用方便，是一种操作性较强的堆金式摇会。想来这种会式在其他地方早已成熟，只是随着谷会传入徽州。

缩金式轮会 B 型，在民国晚期的谷会中出现。该会式原理简单，想必在周边地区曾经历过高度提炼，也是随谷会传入徽州。

一个地区一旦流行几种会式，就事实上排斥其他会式。钱会毕竟是为了解决日常生活需求，应用时需顾及人们的经验和偏好。对不熟悉的会式，一旦会首计算错误，会脚又难以发现，势必引发倒会。简单、易操作和熟悉，构成一股强大的惯性，不易以个人之力扭转。

一个地区的文化，不但由语言、饮食、器具等物质因素构成，也由一个地区的习惯构成。习惯是适用于一个区域内的成文或不成文规则，本地人群熟悉、认同和反复实践这些规则，因此具有相同的行为方式。这些相同的行为方式又强化他们之间的认同，使他们自我团结并区别于其他人群。因此，地方习惯可以视为打在区域人群上的标记或烙印。

钱会非常适宜作为观察地方习惯的标本。钱会本身是一种民间融资工具，适用于三人以上的人群，需要会首和会脚都有相当的经验与审慎态度。它一旦适用某个地区，就构成一种小气候，轻易不会变化。同时，它有成文的会书和不成文的会式作为载体，既可以考证，又可以用逻辑演算，研究时比较容易固定。

钱会习惯有三个特征：统一性、稳定性和流动性。统一性是指，地方钱会习惯是全国的一部分，各种亚型从逻辑上可以验算，经验上可以归纳，某地区在一个时期流行某些亚型，但不排除在其他时期传入其他亚型。稳定性是指，在某个地区流行的类型或亚型，构成一种惯性，排斥其他亚型传入。显然，一次钱会不能适用两种会式，人们当然选择自己熟悉的，排斥需要重新学习和计算的会式。流动性是指，一个地区当然还有数种会式存在，地区内部可以相互交流，也不排除从外地学到新会式。

现在搜集的会书实例还很不够。我们尚不能确定一府之内不同的县在同一时期内流行何种会式，更不用说了解相邻府县在同一时期流行的会式。但是，假定能搜集到不同地区和不同时期的大量会规，我们就能以会规为中心，再结合租佃、典卖等领域内的规则，建立起一门"制度考古学"的学问。现在的考古学主要研究人类历史上的物质文明，而制度考古学要研究人类历史上的制度文明。所谓制度文明，不仅是法律和政府规章，还包括各种行为规则。通过研究不同区域同一领域内的规则及其影响，以及同一地区内的规则演变等，最终或许可以把某个文化大区划分为不同的小区域。

制度或规则既有成文的，也有不成文的。即使是不成文的，也可在文字记载中找到蛛丝马迹。它和语言、饮食等一样，完全可作为实证研究的对象。规则具有行为约束力，与行为直接相关，它们共同构成人类文化的两个方面。其中，规则与行为方式构成静态的部分，而突破规则的自由创新行为，则构成文化的动态部分。

# 第十五章

# 钱会的管理与收益

## 第一节 钱会的运营与管理

钱会的运营，是指邀集会友、订立会规、归拢会金、换算汇兑比率、支付利息、结算与终止等。本章就这些情况，再作说明。前已论述的从略。

### 一、邀集

邀会，徽州又称"打会"，多凭会首倡议，会首享有主导地位。乡里钱会的会脚，多是族人、亲戚和邻居，有的全是会首的近亲属，如某会首称六位会脚为"妹""姑""姐丈""兄""伯""侄"等。[①] 称谓如此细致，显是近亲，而非泛称。会脚与会首熟识，相互之间对彼此的家资也颇了解，偿债能力如何，心中有数。会首若因家中急需用款，需用多少，会脚心里也有估算。所以，会额一般是会首根据各自的家产情况、偿债能力和面临的问题等综合得来的，不是随意定个会额，会脚就来应会。常见的钱会会额，大多在银100两或钱100千文以内（不计银钱汇兑率），100千文以上已属大会。纹川邵姓的夺五子会，会首在五会内收取1000千文，算是超大型的会。可以说，钱会主要适用于普通小农家庭或中产之家的融资。

前已提到，清代会规中较少明说邀会目的，多是"承友雅爱"等套话。有说"偶

---

① 《道光十四年（1834年）三月詹耀川会书》。自藏。

乏阿堵"的，也就是说自己缺钱。但若多件会规皆如此，终究还是套话。这提示我们，钱会乃民间的平常事，会脚们也知道会首的家境，无需深说，反正它于大家有利，又有乐趣，是你情我愿的事情。这与其他文献也可相互印证，如詹元相《畏斋日记》康熙四十二年（1703年）十一月初六日记载："法叔打百斗米会，本日交伊粟米十斗，时价九钱。"①这个百斗米会应是刚开第一期，詹元相所交"粟米十斗"即齐会时会脚应缴纳的会金。会首"法叔"是詹元相交往甚密的近房，他要开会，詹元相自当奉陪。从日记中淡淡的叙述，可知詹元相对此类钱会习以为常。这种临时发起的钱会在民间不在少数，祠堂为了修补泥墙，就可以邀一个会额15元的小型会。②

## 二、"至公"的会

打会虽是平常事，但会金的计算、会务的管理等，皆须以"至公"为原则。徽州钱会名称，除了以人数为名，如七贤会、十一人会，常见的叫做"至公会"。别致一点，又称"至公雅集"或"至公雅会"。这类会名有时写在会规封面，有时写于会规总则中。

"至公"二字有两层意思。第一层相当于"公益"的公，而非"公道"的公。邀会有救济窘困的作用，会脚应会表示乐善好施，有解危救难之心。民国时期的至公会总则中有一句套话："蒙诸君之雅集，次第全收。诚济急之良图，实至公之善法。"即钱会是解困办法，会首感谢会友救济。

第二层意思，才是指会规是公道的，位次收益是公平的，会务组织是公正的，规则的执行是严格的，等等。前面提到会脚承让会额的会式（缩金式摇会C型），七件会规的封面均有"至公。六会扣本，便应算清"。何谓"六会扣本，便应算清"？这个会式是大填2两，会脚承让后的会额10两。到第五期时，首会至四会各交2两共10两，未得会者不用再交本金。以后转入得会人逐期缴纳大填。所以，会首应该在第五期把应还本金全部算清不欠。唯如此，才能切断前后阶段的联系，让前面的得会人收足会额，心甘情愿地在后面阶段足额缴纳大填。该会对于欠会的罚则："会银或领过，或未领，俱要现银称清，如当时将当头抵押者，每两罚银五分公用。一或并无押者，每两罚银一钱公用。仍候银齐再摇。"这里强调的是，若无特殊情况，不应随便用抵押物折

---

① ［清］詹元相：《畏斋日记》，中国社会科学院历史研究所清史研究室编《清史资料》第四辑，中华书局1983年，第250页。
② 王振忠：《排日账所见清末徽州农村的日常生活——以婺源〈龙源欧阳起瑛家用账簿〉抄本为中心》，《中国社会历史评论》第十三卷（2012年），第117页。

算现银，若要折算，必须按现银加 5% 的利息。若抵押物都没有，随随便便地欠会银，每两按 10% 加罚。这些内容事先规定清楚，恰恰因为会脚都是亲朋好友，一旦有人欠会，得会人拂不过情面，不好找欠会人索要罚息或罚金，此时就只能由会首出面执行会规。"至公"就是不讲私人情面，严格执行会内规则。

会规虽是如此说，但实际情形如何呢？詹元相的日记也提供了实例。他记载自己和别人的欠会的情形如下：

> ［康熙三十九年（1700 年）十月十六日］晚饮含章兄十五两会四会正领酒。其会系含章兄娶媳打九子十五两银会，二会怀仁，三会载上，四会含章。身欠载上小股该银一钱八分七厘五（有总账在后），今四会身该交小股一钱八分七厘五（有清账在后）。会酒费肴三钱，酒听用。

下一日，又记载别人的欠会情况：

> 十七，天晴。楒叔原九子会今年该交出银三两众分，立欠约一纸，付润可叔收（楒叔旧年立三两欠约一纸，付怀仁叔处）。①

以上两条欠会记录，性质是不同的。我们推测，含章兄的"九子十五两银会"和"楒叔原九子会"是同一种会式。已知前者是会额 15 两九人轮会，后者是大填 3 元。两相结合，当地流行的是一种会额 15 两的九人轮会。会式不详，多半是堆金式。若如此，齐会时，八位会脚各缴会金 1.875 两。以后会首和得会人均缴 3 两，未得会者均缴 1.875 两。詹元相作为会脚，欠第二期 0.1875 两，正好是会脚会金的 1/10，又称"小股"，可能是息金。而楒叔是会首，居然连续两期各欠 3 两大填。詹元相的欠会还情有可原，楒叔则是会首欠会，无论如何都太随意了。虽说立有"欠约"，但这种行为正是属于前述会规中"如当时将当头抵押者，每两罚银五分公用"。但从詹元相日记看，他们的会规没有这项规定，甚至可能没有会规，仅凭会账交付。于是，会众碍于亲属情面，对会首欠账不予追究，只要写立欠条即可。

欠会或逃会严重阻碍钱会的顺畅运行，对此，很多会规都想到了，也事先拿出了

---

① ［清］詹元相：《畏斋日记》，中国社会科学院历史研究所清史研究室编《清史资料》第四辑，中华书局 1983 年，第 206 页。

约束或惩罚办法。有的会规建立了保人制度，[①] 有的则让会首和保人负担相互担保的责任，[②] 最严格的是要求每期得会者必须拿出田产抵押。不过，这些办法一般在会额较大的邀会中实施。平常会额较少的钱会，履行担保或抵押手续不免繁琐，还会影响钱会的顺畅运行。所以，詹元相提到的会额15两的小型钱会，既没有抵押，会首欠会也不立抵当契，仅立"欠约"。若是倒会，只能凭个人信用偿还。

了解钱会中的这些现实情况，再回头看"至公"二字，也很有意思。汉语的"公"，有两层意思，一是背私为公，这是道德层面的。一个人为他人着想，就算是"公"了。会众没有只顾自己，出手帮助会首，这就是"至公"。二是公正、公平、公道。算清会账，严格按会规执行，当然也是公。这是制度层面的。这两层意义的"公"，在现实中往往是冲突的。在熟人社会中，哪家有麻烦，需要邀会筹资，大家一起出钱，自然是公。接下来，不按会规缴纳会金，或者拿了会额不填会，该如何处理呢？如果严格按会规办理，便有人说是不顾他人急难，不近人情，这就是私，而非公。但是，会首带头欠会，违反会规，让出于公心而入会的会友吃亏，同样是不公平、不公正、不公道。这种矛盾，似乎当时没人认真想过，后来者也不深究其中之理。大家只说"公"是无比的好，私是绝对的坏，至于其中暗含的矛盾，是顾不上的。究竟讲人情扶危难是公，还是按规矩办事是公，到现在仍是一个大问题，看不到解决的日子。

## 三、会账

从原理上讲，钱会之内没有任何财产。若一定要说钱会名下的财产，那就是会酌费或酒席费，是首会拿出的一笔钱，或者会众共同凑出的一笔钱。但是，这笔钱用于饮宴，当期就开支完毕。钱会没有自己的财产，这是与祀会、神会的不同之处。祀会和神会名下往往有固定财产，可以用于放贷或收租。而钱会是众会友凑足会额，由会首或得会者拿走。

钱会又确实有独立的账目。此次整理的会书中，有四件属于会账的文书。一个"五打饼会"的嘉庆十九年（1814年）账目中，记账人多次提到某"孙"的借账或欠账，

---

[①] 《光绪九年（1883年）四月曹文宝立会书》："一议，收过者，临期不到，保人代付无辞。"自藏。
[②] 《宣统三年（1911年）吴仲容立会书》："一，会摇得者，须托会内未收之人作保会，当即登名书押。一，会已得者，逢期不到，保人与首会代付无辞。"自藏。

如"会孙""秉孙""可孙""性孙"等。① 看似记账人的辈分很高，但很可能这是一个祀会，称"孙"是从祭祀对象的辈分算起。所以，这份会账很可能属于某祀会。排除该会账，明确为钱会的会账有三件，对认识会账管理有直接的帮助。

### （一）会内账目

实例一：据会规记录，该会会额50两。摇会。大填15两。会账只是第六期的收支账目。记录者以第三者的身份，应当是会首，而非六期得会人"开官"。会账主要记录第六期开官收领会金和放贷等情况，另有一条是以前欠会者在本年里结清会金的记录。三会下面的记载显示，三会在第六期时欠交半股会金，又向得会人开官借银3.75两，共欠开官10两银。到第二年六月，开官可以连本带利收回11.89两。② 借贷时间为10个月，借贷年利率相当于20%。

此会账显示了以下特点：首先，会账的内容均为会脚（尤其是得会人）的收支信息，未显示钱会名下有财产需要放贷或收租。其次，会规中常说"不得会外账目牵入纠缠"，然而，上述会账却将三会向开官借银10两记录其中，这就是会外账目牵入会内。会规常说"毋许上会抵下会，必须会管会清，始终如一"，会账中却记载"收先生、算弟会银拾两"，再转还算弟，显然是"上会抵下会"的结算。最后，就此会第六期的账目看，已得会而应交大填者为首会至五会，只有三会要赖，其余会友还是诚信的。另外，会账逐笔登载了当年会友的往来账目，说明会首在尽心履行维持钱会的责任。

实例二：实际记录了两个钱会的账目。内容分两项，第一项是道光二十一年（1841年）十月初二日，吴金桂收十三会会额时的收支情况，此会的首会名叫吴福连。第二项是道光二十四年（1844年）五月初一，吴春得收十三会会额时的收支情况，此会的首会名叫吴福芝。记录人是"正宝吴记"，他既不是会首，也不是得会人，而是独立于两会之外的一个账目的管理人。③

先来看吴福连为会首的第十三会的得会账目。该会账的记账规律，是区分欠项和

---

① 《嘉庆十九年（1814年）十二月会书》："会孙旧老银十两，该本年利银二两正"；"秉孙今八月十四日借去银十一两五钱，该本年利银七钱八分"；"会门可孙旧该老银六两五钱，该本年利银一两三钱正"；"性孙本年收得湿谷九秤〇七斤，作九折干谷八秤〇八斤，每秤作借银四钱，共该谷借银三两三钱六分"。自藏。
② 《嘉庆二十三年（1818年）八月兴福会书》："共该交出银十二两五钱。（旁批）半股六两二钱五厘，未交又借去银三两七钱五厘，共承银两十两正。（嘉庆）廿四年六月□日开官亲手收去本利银十一两八钱九分（批完）。"自藏。
③ 《道光二十四年（1844年）五月正宝吴记会簿》。自藏。

除项。

（1）欠项。未交金额称"欠"，欠项下又分本钱和利钱。本钱是指会规预定的应交会金额，如首会下写"欠本钱五百四"，是首会交了大部分本钱和全部利息，尚欠部分会金未交。利息，在大多数会规中是不登载的。而会账中则详载利息支付情况，可以弥补会书的不足。未缴纳会金和利息的总数为"该欠"，因此，清偿本利的，写作"该欠本利收讫"或"该欠本利算讫"。

（2）除项。已交或已清偿的，也称"除"。部分清偿写作"除欠"，全部清偿写作"除该欠"。如第九会下记载："除欠钱二千八百八十四。（道光）二十三年（1843年）十月收洋一元十三。"这是说在十三会得会时收到第九会的2.884千文。这笔钱不是会金和利息的总和，两年后，九会补交了洋1.13元。又如八会下"除该欠钱二千九百〇一文"，是指八会已经全部偿还所欠的本利。

总计下来，十三会在当年将"该欠本利"全部收讫的，只有四、五、六、八会。二会已"除该欠本"。七会欠利钱，注明"面让，两讫"。三会当年分两次交了6千多，第二年和第三年分别交钱120文和洋1.13元，当是利钱到一年半后结清。九会与三会当年"除欠钱"2.884千文，两年后又交洋1.13元。十、十一、十二会都是"除欠本"，也就是只交了本钱，还欠利钱未交。

再来看吴福芝为会首的第十三会得会账目。该账目记录的"除该欠"情况稍好，仅有"七会小填未付"的记录，以及首会"该欠钱三千五百文"，其余会脚全部于当年付清了本利。

综上，通常在会书中看到的各期会金，几乎只是一个理论数字。会账反映的现实情形是，欠账不清才是常见现象。除去会友向得会人借账的记录外，会账全是关于各种欠缴会金和利息，以及偿还会金或利息的记载。由此可知，会账对于钱会的实际运行是非常重要的，它反映了会首或第三方监督钱会运行的情况，同时为各种钱会留下了书面凭据。它从侧面反映了一个事实：会规中的规则很难实际执行，在缴纳会金和收领会额时，存在着各种临时协商的情况。比如，会额借给某位会友时，协商借贷的利息和还贷时间。又如，会脚欠付利息时，协商减免缴纳等。只要会友之间相互协商一致，借贷、减免等似乎可以视为个人之间的债务，二人协商一致即可。记载这些会友间的欠账和清偿内容，表明它们不对钱会的运行产生大碍，在实际容忍范围之内。

（二）家庭会账

实例三：方禹功为自己参加的钱会设立的账本。共记录这个家庭参加的三个钱会。①

第一个邀会是八人会，会期一年。账本从同治九年（1870年）记录到光绪三年（1877年），正好八期。会额50千文。摇会还是轮会不详。缩金式。大填10千文。齐会，七人各交7.143千文，共50千文。小填规则：一期6.666千文，二期6千文；三期5千文；四期3.333千文。五至末期无小填。六期，首至五会大填共60千文，余利10千文，补贴二会2千文、三会5千文、四会3千文。末期，一至六会大填共60千文，余利10千文，补贴四、五会各4千文、六会2千文。该账目中看不出欠会或逃会迹象。

第二、三两个邀会，一个集会地址在"水竹弯，松林"。会额50千文。同治十一年（1872年）开第一期，共十期，会期半年。缩金式。账目记录到光绪二年（1876年）。记录了这个家庭付会金的情况，如"付首会钱三千五百七十二文"。另一个集会地址在"庄坑"。会式与上会同。记账方式同。每期皆有支付会金的记录。只有光绪元年（1875年）六会没有支付会金的记录，并注有"方禹功十月初一收第六会"，说明他在此会中的位次是六会。

以上三件钱会会账分为两种，一种是会内账目，记账人以中立的身份，为每期集会记录会额和会金的借贷或清偿，这种账簿比较规范，细致反映了会脚们在每期集会时的银钱往来。从会账记录看，每期集会都有专门记账，存留下来为我们收集到的仅是某期账目，其余各期账目已经遗失。另一种属于私家账簿，是会友为自己参与的钱会设立的，看不出会友的银钱往来细节，很难作为研究会内账目的依据。从私家账簿看，有的钱会有一个固定的聚会场所，多年来反复利用同一会式邀会。参与者是同一批人，早已熟知规则。按期开会，会后即散，是有规律的私人集会团体。

会内账目帮助我们认识到账目对钱会的重要性。以会账的实例看，支付会金的情况总体良好。但欠会、抵账、还账等现象屡见不鲜，也有会首拖欠的情形。欠会人向得会人借支，以后加利归还的情形，也时有发生。本钱和利息的交付办法也有出入，有"面让"利息的；有利息迟延交付的；也有先交利息和大部分本金，小部分免息而本金迟延交付的。一个钱会至少持续数年之久，每期相隔多是半年或一年。发生在会首和会友间的交叉欠账和还账，若无独立的账目，将不可避免地引发纷争。会内账目本来应该记载会首和会脚各自得会和付会的情况，实际上，由于需要应付各种违反会规的情况，会内账目的主要内容就变成会首和会脚们欠会或借贷的记录。

---

① 《同治九年（1870年）五月方禹功会书》。自藏。

钱会账目也说明，与祀会或神会是财产的聚合不同，钱会没有独立的名下财产，也不以独立的名义对外投资或经营，所以，并没有以钱会名义对外收支的独立账目。在分家文书或其他家庭账簿中，若见到某个家庭在钱会中占有股分，这只是指在钱会中某期应纳会额，以及取得息金或余利的权益。但是，如果是神会或祀会的股分，则是指他可以享受神会或祀会的投资收益——具体体现为祭祀后宴饮和领取胙分。由此，更加明确了这一事实，即钱会与神会、祀会虽然都称会，且均为财产性的，但在财产属性和法律关系上区别较大。

## 四、倒会与清算

钱会的终止是干净利落的，一旦终止，会友之间再无债务瓜葛。一般来说，只要在末会时结清欠账，就可以说该会的运行情况良好。也有"旧会"或"老会"一说，它指同样一批人，用同一会式，在相同地点重打一会。所以，"旧会"并不是指新会与旧会还有银钱债务关联。

倒会也是一种终止方式，涉及会内账目清算和债务清偿，事情稍麻烦些。《畏斋日记》里详细地记录了詹含章九子十五两会的倒会。日记中没有讲述倒会原因，只说"众议不成会"。此时已运行至第五期，康熙四十年（1701年）十月十八日这天的日记，记载了倒会处理办法。[①] 此会是九子会，含会首共九人，齐会当在康熙三十六年（1697年），末会康熙四十四年（1705年），但只开了五期就倒会了。清算办法是，以后不再得会和交会金，会期照样聚会，会内各脚尚有欠负的，算清本利。会首和已得会的会脚，把原得的会额逐期退出。到康熙四十一年（1702年）十月十五日，又有此会的记载，确实按倒会时的约定退还金额。[②] 可见，倒会清算是在不紧不慢的步调下进行，没有一哄而散，更没有携款亡命的新闻。

观察清代至民国的钱会运行，从邀会、记账、欠会、终止、倒会清算，都能看到

---

[①] [清]詹元相："只将前领过者照例交出，付未领者均分，三面以前会账俱扣算清。本年身与润可叔、文赞叔、庭树兄、含章兄俱各该领去银三两。身扣欠载尚二次小股本利，又含章兄四会小股本利，并坐今年小股，净找来银一两八钱四分，系怀仁叔交出者。以后俱系领过者交出，作五股均分，至乙酉年满。其会酒肴三钱（五股敷银各六分），酒每人一轮。"《畏斋日记》，《清史资料》第四辑，中国社会科学院历史研究所清史研究室编，中华书局1983年，第226页。

[②] [清]詹元相："本日算含章兄九子会账，本年身应得二两二钱四分二厘，言定含章兄交粜米二十七斗（身找伊铜钱二十七文，俱清讫）。"《畏斋日记》，《清史资料》第四辑，中国社会科学院历史研究所清史研究室编，中华书局1983年，第237页。

有条不紊、不慌不忙的节奏。这种节奏得益于人们熟悉钱会习惯。钱会该怎么运行，收益多少，出了问题该怎么办，都有规矩可循。不是临时起意，不用仓促应对。会规只是钱会的载体，显示的是正常情况。例外情况如何处理，都有惯例可循。詹元相在叙述倒会清算时说："只将前领过者，照例交出。""照例"二字，尤为关键。先例不但存在于清代的法律中，也在生活中。经验丰富了，特殊情况也有先例。先例不靠权威者来记录和颁布，而是牢记在人们的记忆中，发生类似事件时，只需再次援用。反复援用和遵循之后，就成了"俗例""惯例"，它们实质是同类事件中的权威处理办法。在传统中国，有经验的人或长者受人尊重，就是因为他们是先例的传承者和复述者，离开他们，人们无例可循，需要重新商议，而重新商议的权威性易受质疑。如果事事皆要重新商议，事事皆无权威的解决方案，运行成本将显著提升。可见，俗例或惯例是降低社会运行成本，保证社会运行平稳顺畅的重要制度。

## 第二节　会利率与钱会收益

清代的钱会究竟给会友们带来多大的收益，我们试图结合徽州的情况，再谈一点粗浅的看法。

### 一、钱会账面上的静态收益率

前面就各会脚的账面收益已有粗略比较。这些比较不太精准，原因有二，杨西孟已谈到过。一是不知道会友拿到会额后，投资项目是什么。比如，投资钱庄或典铺，与投资普通商业、田产、高利贷等，收益肯定是不同的。因此，对于会外投资渠道和收益率，不得不做一简单的考察。二是收领会额的时间不一，这就没有一个实在的本金数额，也就难以比较收益率。以任何一种会式中的二会为例，他虽得会靠前，但无论在哪种会式中，都已经付出了两期的本金，会额不能算满额。一般来说，会金与会额的比例关系是，人数越少，会金占会额的比例越大；人数越多，占比越小。若以十一人会为例，二会收到会额时，先期付出占会额 20% 以上的本金。再往后的得会人，还要以 10% 的比率递增。计算会脚收领的会额时，只能先扣除其先期缴纳的会金总额，在不计逐年占款的利息和复利的条件下，以实得本金为基数计算静态账面收益，但前提是假定前期占款对于会脚来说是无所谓的。实际上，如果会脚承担风险的能力有限，稍有风吹草动，前期缴纳的本金就成了一笔急需的巨款。一般认为得会靠前的收益大，这种心态就是与会脚的财力相关。普通的心理都是希望早得会，也就早日落袋为安，拔除风险。如果不是这种心态，仅从账面收益看，普通钱会的各期收益即使不均衡，也不至于到了"苦"和"极苦"的地步。

下面再以十一人会为例，不计复利，制作一个平金式、缩金式和堆积式的各会静态收益率表（表15.1）。在会式相同的情况下，摇会和轮会的同位次收益一样，所以此表忽略摇会和轮会的区别。另外，人数不同，各位次的收益当然有增减，但规律是一样的，十一人会的人数居中，可以作为典型。静态收益率是完全不考虑得会前后，也就忽略了占款时间的长短，也不考虑任何利息。只是从账面上观察一个会脚在全会过程中，究竟拿出多少本金，又支付或收入了多少利息。这个表的缺陷非常大，但好处在于直观。考虑到清代乡里有很多人并无太多的投资渠道，那么，纯粹静态的收益表可以说明不计会外因素的会内收益情况。

这个表的取样，是前面三个十一人的平金会、缩金会和堆积会实例，均有收益简表可资参考。静态收益率公式，是用各会收领的会额减去此会在各期所有的支出总额，再用减得的差数除以他所有支出的总额。也即静态收益率 =（会额 − 支出）/ 支出。

表15.1 三种基本会式中各位次静态收益率简表
（尾数一律四舍五入）

| 会次 | 平金式 | 堆积式 | 缩金式 |
| --- | --- | --- | --- |
| 首会 | 0% | −31% | −17% |
| 一会 | −31% | −31% | −15% |
| 二会 | −26% | −26% | −13% |
| 三会 | −20% | −18% | −10% |
| 四会 | −13% | −10% | −7% |
| 五会 | −5% | −1% | −2% |
| 六会 | 5% | 11% | 3% |
| 七会 | 18% | 25% | 10% |
| 八会 | 33% | 43% | 20% |
| 九会 | 54% | 66% | 38% |
| 末会 | 81% | 98% | 66% |

在完全不计会外因素和复利的情况下，得会靠前的会友中，平金式的首会收益最高。堆积式的首会收益率，与堆积式和平金式的一会相当。堆积式和平金式自一会以后，凡是需要支付利息的会脚，收益率相差不大。三种会式，都在第六期（含首会则是第七期）时静态收益率转正。转为正值后，堆积式的各期收益率最高，其次是平金式，最低的是缩金式。但是，无论静态收益为负值或正值，缩金式的均衡性最好，也就是说，在支付利息的情况下，首会利息最低，而以下各期收益率的缩减速率也比较稳定。但是，这也使缩金式的靠后位次，收益率明显低于平金式和堆金式。尤其是末会，堆金式末会的资本收益高达98%，平金式也在80%以上，而缩金式仅为66%。

我们知道，高利贷是指高于国家法定利率水平的借贷。自明代开始，最高法定月利率为3%，且年月虽多，也不得超过一本一利。① 也就是说，利息总额只能是本金一倍，且不得利滚利。清制仍旧。所以，明清高利贷有两条重要的数字红线，一条是不超过"一本一利"。我们前面提到，不少会式刻意把末会的收益率压低到100%以内，似乎隐含着规避这条法律的意图。另一条红线是，不按利滚利的算法，月利率必须控制在3%以内，或年利率控制在36%以内，超过的视为违法的高利贷，在此之内的属于法律允许的正常利率。仅从钱会的账面收益率看，资本收益率是相当低的。最高的是堆积式的末会，10年后的利息总额接近"一本一利"，但他的年均收益率才9.8%，远在法定最高值之下。换言之，以今天的投行收益看，说钱会是投机博彩，不过噱头而已，要靠钱会发大财是绝无可能的。

至于资本付息率，按会首或靠前会脚投入的全部资金算，堆积式的首会和一会也不过31%，年均付息率3%左右。即使按照实得会额算，我们前面分别计算过，个别的冲高至11%左右，一般控制在7%—9%之间，虽不能说完全没有付息压力，但只要投资项目的收益较好，不应有太大风险。尤其是我们知道乡里的短期借贷年利率是20%，与此相比，7%—9%的付息率不算离谱。

## 二、普通商业和借贷收益

下面再简单考察钱会以外的投资收益。清代的投资渠道较为单一，主要投资渠道无非是投资田产、投资商业或放贷等。合法投资中，典当业的收益当然高于普通行业，

---

① 《大明律》卷九《户律》："凡私放钱债及典当财物，每月取利并不得过三分。年月虽多，不过一本一利。"

其月利率在 1.5% 至 2% 之间（1.5—2 分），[①] 年利率高达 18%—24%。不过，典当业资金和人力成本也高，普通人和小额资金无法进入，反而可以忽略。倒是可以把 18%—24% 作为清代合法投资收益率的参考上限。

普通商业投资收益，可以参考汪崇筼的研究。乾隆年间投资布业的资金年收益率为 12%，道光年间汪氏家族从事盐典业的资金年收益率为 9%。汪崇筼的研究显示，收益最高的是交租式的土地典当，年收益率可达 25% 以上，月利率相当于 2.14%。[②] 这些数据反映了商业投资的收益水平。典当业之外，其他商业投资的资本年均收益率都在 10% 左右。同一行业，不同时期、地区或经营水平，能否达到 10% 还不一定。他研究的徽州布商，光绪年间的兆成布业在 6 个年份为 10%，6 个年份为 20%，一年偏高至 60%，两年偏低至 5%。但因战乱影响，一些年份基本没有收益。[③] 因此，只能说正常情况下，将资金投入到普通商业中，获得的年收益率在 10%—20%。

普通的乡里借贷，如果资金不大，年利率可达到 20%。这在清代已经是很好的投资了，难怪钱会中的得会人极愿意把会额转手借给其他会脚。上节提到的一件会账，记录了 15 项借贷信息，除一项不详外，其余 14 项的年利率均为 20%。[④] 如果是用"湿谷"抵挡借贷，收益会更高。[⑤] "湿谷"指扬净但未晒干的谷，不是水谷。水谷与干谷的比例为 5 成，而当地湿谷和干谷的比例为 9 成。[⑥] 当地一秤为 20 斤，以谷抵借银两，按谷每斤 2 分银计算，每借出 100 斤干谷算为 2 两银。而 19 世纪初期徽州米价每石 2 两左右，以"一米二谷"换算，谷价在每石银 1 两上下。也就是说，抵挡借贷时用高于米价的水平计算谷价，从而获得高于 20% 的利息。

但是，小额借贷并非专门的行业，只是应急周转。大额银钱借贷达不到 20% 的利息。比如，徽州布商志成号在江西乐平经营布业外，兼营银钱汇兑。存入商号的 4000

---

① 彭超：《明清时期徽州地区的土地价格与地租》，《中国社会经济史研究》1988 年第 2 期。
② 汪崇筼：《清代徽州土地与商业投资回报率的比较》，《清史研究》2006 年第 1 期。
③ 汪崇筼：《清代徽商合墨及盘、帐单——以〈徽州文书〉第一辑为中心》，《中国社会经济史研究》2006 年第 4 期。
④ 《嘉庆十九年（1814 年）十二月立会账》。不详的一项，借银 1.985 两，利银 0.8 两，高达 40.4%，但可能是指两年息银的总和，则年利率仍为 20%。不到一年的借债，一项为本年二月借银 5.39 两，到十二月十五日还利银 0.86 两，10 个月本金收益率 16%；一项为本年八月借 11.5 两，年底还利银 0.78 两，4 个月本金收益率 6.78%，换算为年利率仍为 20%，只是年底结算本年息银。
⑤ 《嘉庆十九年（1814 年）十二月立会账》。一项记录是："性孙本年收得湿谷九秤〇七斤，作九折干谷八秤〇八斤，每秤作借钱四钱，共该谷借银三两三钱六分。"另一项记录是："有寿欠湿谷一秤，九折干谷十八斤，该谷银三钱六分。"
⑥ 江太新：《谈粮食亩产研究中的几个问题——以清代为例》，《中国经济史研究》2009 年第 2 期。

两银,"终年一分半行息",[①] 也即 15% 的年利息率。这大致能反映清代大额借贷利息的平均水平。

钱会中最高静态年收益率接近 10%,它虽然达不到普通商业投资的收益率,但它是保本投资,与商业经营需承担风险不同,而小额借贷又不具有稳定性。所以,对缺乏稳定的商业投资渠道的人来说,钱会当然是有吸引力的。

### 三、田地投资收益率

再来看看投资田产的收益率。农耕社会中,田租经营模式比较普遍,田产收益率是市场利率的重要参考系。若商业利率远高于地租,资金会蜂拥而入,导致无人经营田地。只要商业利率与田租持平或略高,而田产有保值功能,则资金更愿意购置田产。

一般认为,清代全国田产投资收益率大致为 10%—15%。也就是田租相当于田价的十分之一,收 10—15 年的地租,相当于购置田产价额。这是根据清人关于地租与田价的议论估算的。这一估算来自当时的直观经验,需要用地方数据再验算。汪崇筼按照田租原额估算顺治到乾隆末年购置土地的年收益率为 11.11%。不过,他特别提到,考虑到实收租数远不及原额,应该打一个六折,即"平均硬租购田年利率"仅为 6.67%,相当于月利率 0.56%。这已经低于钱会中靠后会脚的平均水平。而且,汪崇筼的取值范围在清前中期,这一时期,田价较低而米价较贱,与乾隆中期以后田价和米价有所上涨的情况不一样。清代全国田产投资收益率仍有重新验算的必要。

验算这个数据,要考虑的主要因素有:(1)亩产量;(2)实收田租;(3)田价;(4)米价。此外还需考虑一些影响因素,比如银、钱、洋的汇兑价格,米、麦、豆的换算价格,等等。我们暂时忽略这些因素。

### (一)亩产量

清代徽州的亩产一般以税亩计算,推原其故,税亩已经定则。比如,标准一亩是 240 步,在清丈定则时,根据田亩好坏定为下下则的田,已经将实际亩数折成标准亩,故下下则田的亩步可以大大超过标准亩。以税亩为准,江太新等人测算出七组数据。

---

[①] 马勇虎:《晚清徽州钱号与地方社会的互动——以咸同年间万隆、志成账簿为中心》,《安徽师范大学学报(人文社会科学版)》2011 年第 1 期。"志成号"账簿的介绍,又见马勇虎《珍贵的徽商经营账簿——咸丰年间徽商"志成号"账簿文书介绍》,《黄山学院学报》2010 年第 1 期;马勇虎《乱世中的商业经营——咸丰年间徽商志成号商业账簿研究》,《近代史研究》2010 年第 5 期。

第一组 10 块田，约 80% 的亩产量在 190—390 斤。第二组 4 块田，亩产量在 290—390 斤，平均亩产量 366 斤。第三组 12 块田，亩产量在 195—515 斤，在 291—490 斤的田亩占到 75%。第四组 22 块田，平均亩产量 311 斤，在 191—490 斤的田亩占到 72%。第五组 6 块田，平均亩产量 287 斤，有一块高达 645 斤。第六组 81 块田，平均亩产量为 390 斤，其中 93% 的亩产量在 190—490 斤。第七组共 43 块田亩，平均亩产量 233 斤，其中 72% 在 191—390 斤。最后得到徽州地区田亩的年均亩产量为 328 斤。①

以上数据从清初延续至清末。最差的田亩产量在 190 斤以下，最好的在 490 斤以上，是极少数。正常区间是 190—490 斤。

### （二）实收田租

租额分两种，一是原额或定额，即原定的收租额或收成比例；二是实收租额或众议租额。大多数实收租额比原额低。租额是参照实际亩产量计算的固定值，一旦确定下来，在一段时间内对田主收租和佃主交租均有约束力，所以，租额对了解实收田租仍有帮助。

先来看全国的实收租额。高王凌的研究认为，16 世纪下叶到明末的 17 世纪上叶，全国的实收租额与原额之间的比例在 80%—90% 之间。17 世纪下叶到 18 世纪上叶即清前期，约在 70%—80% 之间。18 世纪下叶，降到 60%—70% 之间。18 世纪末至 19 世纪上叶，恢复到 70%—80% 之间。19 世纪下叶又降到 60%—70%。19 世纪末再降至 50%—60%。因为地租率的计算基准没有完全计算所有土地产出，如没有计算小春作物和田边作物等，实际地租率还要在 70%—80% 的实收额上再打个四折，即"实际地租率则只有单位面积产量 30% 的样子，或是略多一点（如按陈正谟所说租率为 43% 计，实际地租率约为 32%），而远不是一向所说的 50%"。②

再来看徽州的实收租额。章有义考察的康熙三十六年（1697 年）至乾隆十一年（1746 年）一户休宁租簿，实收租额与原额相比，最高不到 95%，最低不及 80%。以不到九成居多，平均只有八成左右。乾隆四十八年（1783 年）至嘉庆五年（1800 年）一户祁门租簿，最多的年份不到定额的九成，最少的年份仅五成多或六成多，平均 78%，不到八成。嘉庆三年（1798 年）至道光八年（1828 年）一户祁门租簿，实收额在 50%—92.3% 之间，平均是原额的 65.5%。道光二十七年（1847 年）至光绪十一年

---

① 江太新、苏金玉：《论清代徽州地区的亩产》，《中国经济史研究》1993 年第 3 期。
② 高王凌：《地租征收率的再探讨》，《清史研究》2002 年第 2 期。

（1885年）黟县一户租簿显示，太平天国战争之后，由额租改分租的6宗，下降幅度最大，1880—1882年曾低至56.2%，1883—1885年仅62.3%。又统计祁门、休宁、黟县等14户241宗地亩在1821—1893年的原额改定情况，除9次提高租额外，其余均为降低租额，新额与原额相比，最低的仅20%，最高97.6%，平均71.6%。结论是徽州的实收额大约为原额的80%。①

江太新考察的租簿中，仅一例是在原额基础上上调的。有近三分之一的原额存在逐渐下降趋势，实收租额只有原额的70%—90%。甚至部分连实收租额也实现不了，只能收到60%，还有部分在60%以下。②总的估算也是实收额为原额的八成。

实收额与实收数还有区别，实收数不一定能达到改定后的新额，只能说实收数更接近实收额。以19世纪后半叶的16宗改额前后实收为例，实收数与实收额相比，仅有2宗为100%，7宗在80%以上，6宗在70%—80%，70%以下还有2宗。③也就是只有一半的田亩，实收数能达到实收额的80%以上，另有38%左右的实收数在实收额的70%—80%。

因此，估算田主从田地投资中的收益，若以原额为基准，大约八折后得到实收额。实收额的八折为平均实收数。但若以实收额或改定后的新额为准，因新额重新核定过实际亩产量（不是单位实际总产量），则估算实收数大致应在70%—90%之间。比如，以亩产量达到徽州平均亩产量328斤为例，若五五分成，则实收数大约在114.8—147.6斤。

这只是说估算，不同阶段还不同。汪崇筼通过考察一户租簿得到几组数据。一组田产在同治十一年（1872年）至光绪十四年（1888年），实收达到原额的80%以上和硬租额的88.9%—92.6%。光绪二十七年（1901年）到宣统元年（1909年），交租率明显下降，实收只有原额的66.7%和硬租额的74.1%。宣统二、三年，竟然低至40%以下。另一组田产，同治十一年至光绪十三年（1887年），实收为原额的65%和硬租额的100%。光绪十四年至光绪二十四年（1898年），实收为原额的62.5%和硬租额的96.2%。光绪二十五年（1899年）至光绪三十四年（1908年），实收降为原额的50%和硬租额的76.9%。宣统元年，更低至37.5%和57.7%。宣统二、三年竟然只

---

① 章有义：《明清徽州土地关系研究》，中国社会科学出版社1984年，第157—158、184—186、200—202、262—264、435—439页。
② 江太新、苏金玉：《论清代徽州地区的亩产》，《中国经济史研究》1993年第3期。数据详见该文表9—16。
③ 章有义：《明清徽州土地关系研究》，中国社会科学出版社1984年，第304页。

剩 25% 和 38.5%。四组田产最终测得硬租率为 50%—90%，平均值为 63.75%。[①] 他曾计算《徽州千年契约文书》中清代散件部分，测得的硬租率在 40%—80%，平均值大致为 60%。[②] 从年份分布情况看，实收数在前期达到或接近硬租额，随后减少，到清末陡然降低，若将清末数据计入，会大幅拉低实收比例。但若逐年计算实收数，再平均，则可以提高一些。比如，以他的第四组数据为例，在同治十一年至光绪三十年（1904年）共 37 年，其中有 16 年达到 100%，11 年里达到 96.2%，10 年里达到 76.9%。用各年硬租率加总，算出 37 年的年均硬租率约为 83%。因此，说实收数基本上达到硬租额的 80% 以上，大致是成立的。

再以章有义考察的 1783—1800 年祁门一户的租簿为例，其中有 22 宗是有税亩和租额数字的，这对验算田主的收益率极有帮助。表内一宗土名"上坑"的田亩，税亩额为 0.4333，硬租额也即实收额为 150 斤，假定田主和租佃人是六四分成，若要做到实交原租额的话，此宗田亩的单位亩产量要达到 577 斤左右。假定这确实是一块亩产量接近 600 斤的好地，佃人能够实交八折即 120 斤也就不错了。再以原额来验算，在表中有一处土名为"后塘坑"的田亩，税亩为 0.91，硬租为 200 斤。在租额变动表中，找到此宗的原额为 260 斤，新额是原额的 76.9%，如果以硬租的八折计算，即年均实收数在 160 斤左右。而以原额的 64% 计算，则为 166 斤，两个数值相差不远。但是，另一宗土名"梭肚丘"的田亩，税亩为 0.9766，硬租 150 斤，在租额变动表中，查出此宗田亩原额为 160 斤，新额是原额的 93.8%，用新额的八折估算，田主实收数大约是 120 斤，若以原额的 64% 计算，则为 102.4 斤，数值相差较大。这是因为此宗田亩的新额只在原额基准上调低了不到 10%，故估算数值出现 10% 以上的差距。可见，我们所说的原额和新额的估算标准，只能是一个相对的估算办法，在实际情况中是不能套用的。

综上，忽略估算办法与实际情况的差距，在清代购买一宗 1 税亩的田亩，以通常的六四分成为基准，假设年平均单位亩产量为 1，估算田主的实际收益大约为：$1 \times 0.6 \times 0.8 = 0.48$。如果以五五分成为准，则为：$1 \times 0.5 \times 0.8 = 0.4$。也就是说，实收收益比例在 0.4—0.48，与陈正谟说的 43% 相当。若以某个田主所买田地单位亩产量为徽州平均亩产量即 328 斤，他的年均收益约为 131 斤—157 斤。这个数值区间未考虑产量

---

[①] 汪崇篔：《硬租与实租：晚清民国徽州地租研究——以〈金长千公会租簿〉数据为中心》，《安徽大学学报（哲学社会科学版）》2011 年第 4 期。

[②] 汪崇篔：《清代徽州土地与商业投资回报率的比较》，《清史研究》2006 年第 1 期。

波动、谷价波动、银钱汇兑比值等因素。

### （三）田价

田价对于衡量田主投资具有决定性的作用。一块田亩的租额、产量是相对固定的，而田价随市场价格波动。在田价较高时买入土地，收回成本的时间越长；反之，田价较低时买入土地，收回成本的时间越短。不过，田价波动是相对投资田产而言，在土地私有制下，土田买到后可以永久占有和出租，若以自有资金购置，无所谓价格波动，从长远利益看，只要家庭资金充裕，投资田产终究是有利的，此时，计算成本和收益的意义不大，只要有机会购入均可考虑。只有借入资金购置田产时，才需要考虑成本回收时间。

在了解徽州田价之前，应注意计量单位问题。明代前中期徽州田地买卖以实亩为单位，嘉靖、隆庆后，以税亩为单位的田地买卖增多。万历后，以税亩为单位的田地买卖渐成主流。[①] 清代则多以税亩为单位，但清初也不一定。交易货币多以银价计算，用钱的较少，但米谷交易较多用钱。又有用英洋作为实际兑付货币的习惯。这就涉及银、钱、洋汇兑关系。用银习惯方面，清前期多用记色银，或称折色银，以九五色银为主。道光时期是用银习惯的分水岭，道光十七年（1837年）开始常用漕平银，折色银计价也多用九七色。道光以后，习惯支付宝银，宝银多在二四宝至二八宝之间，以二四宝最为普遍，申水最少的低至一四宝。徽州常用二七宝和二八宝，之前也曾流通过二四宝。一六宝约可换算成折色银的九六色，二四宝相当于九七色。清代徽州不动产交易的所用银色有由低走高的趋势。[②] 只有完全搞清各时期当地的汇兑比值，才能精确计算出土地投资收益。而我们在讨论田主收益时，只能以当时的计价单位为依据，无法考虑银钱汇兑比值。

下面看一些实例。彭超利用安徽省博物馆藏350件歙县西乡卖地契，按年号计算了各期平均地价。税亩或实亩不详。未区分田、房、山、坟等土地性质。对于了解土地的市场价格趋势仍有参考意义。结果如下：顺治年间亩均价银12.17两；康熙年间亩均价银7.96两；雍正年间亩均价银13.18两；乾隆年间亩均价银23.15两；嘉庆年间亩均价银20.92两；道光年间在1840年前亩均价银20.17两，1840年后亩均价银9.07两；咸丰年间亩均价银10.75两；同治年间亩均价银5.21两；光绪年间亩均价银

---

① 周生春、明旭：《明代徽州田价发覆》，《浙江大学学报（人文社会科学版）》2011年第3期。
② 戴学文：《清代徽州房地契的对价记录及其探讨》，《中国钱币论文集》第四辑（2002年），第430页。

6.24两。① 其中，乾隆年间的土地价格最高，最低为同治年间，二者相差达到4.44倍。

章有义测算了6宗全业的稻田，单位是税亩，亩均价银7.66两。但是1696—1705年每亩价银为5.13两；1725—1753年每亩价银7.23两；1807年每亩价银13.07两。② 这证明在清前期曾有过田价上涨的趋势，与彭超的数据组显示的趋势相同。但章有义是以田地为抽样标准，彭超计算的是土地价格，故各期田亩均价比彭超的低。一般来说，房产、坟山的价格高于普通田地，若抽样中房产、坟山的数量较多，会拉高均价。另外，彭超抽样的歙县西乡，是徽州田亩最好的地区，地价高于普通地区，这也拉高了均价。

总的来看，徽州的田土价格在乾嘉时期达到一个高峰，维持至道光年间。1840年以后下探，以后维持在相对低位。即使考虑道光以后交易银两折色高于清前期，这种下滑趋势仍是存在的。

此次整理的会书年代，主要集中在道光至光绪时期。所以，最好找到一些清中晚期徽州田亩时价作为参考。我们选取章有义介绍的江姓置产簿中13宗田产为例。这批田产的地点疑为黟县，时间跨度为道光十年至道光三十年（1830—1850年），③ 正好处于1840年前后。章有义也曾用这组数据计算分期的平均税亩价格，得到1830—1839年每税亩价41.31两，1840—1849年每税亩均价31.91两，1850—1851平均每税亩价19.55两。他认为这些数据的代表性和准确性还很难断定。④ 不过，这套置产簿的优点在于：首先它们以田产为主，而且多是大小买一起购进，便于计算。其次，有推附即推割票。卖契上登载税亩不详的，可从推割票中得到实数，对于精确计算田价有帮助。推割票当然还可能作伪，但如果推割票不可信，别的办法更不能得到税亩实数。最后，卖契中多载有田产的原定租额或硬租额，租额与实收数虽有区别，但据此计算出每税亩的平均租额，直接反映了此田的好坏。下面按照原文排序，以表格形式显示该置产簿中的税亩、价金、每亩均价和亩均租额（见表15.2）。谷产量常称"件"，据章有义推算，"件"是当地近似斗的计量单位，每件合20斤，表中直接换算成斤。

---

① 彭超：《明清时期徽州地区的土地价格与地租》，《中国社会经济史研究》1988年第2期。
② 章有义：《明清徽州土地关系研究》，中国社会科学出版社1984年，第103页。
③ 章有义：《徽州江姓〈新置田产各据正簿〉辑要》，《中国经济史研究》1986年第4期。
④ 章有义：《明清徽州土地关系研究》，中国社会科学出版社1984年，第214页。

表15.2　道光年间江姓置产簿中每亩均价简表

| 序号 | 时间 | 土名 | 租额（斤） | 税亩（亩） | 总价（两） | 每亩均价（两） | 亩均租额（斤） |
|---|---|---|---|---|---|---|---|
| 1 | 道光十年 | 塘冲坞水田 | 770 | 4.70525 | 126 | 26.78 | 164 |
| 2 | 道光十一年 | 石塘岭桥塘田 | 520* | 2.03 | 70 | 34.48 | 276 |
| 3 | 道光十三年 | 牛栏干水田 | 240 | 0.75 | 40 | 53.33 | 320 |
| 4 | 道光十六年 | 双庙坠乌肉丘水田 | 640 | 1.2969 | 74(九八色) | 57.06 | 493 |
| 5 | 道光十七年 | 石门头田 | 米3石5斗 | 4.15 | 205 | 49.39 | 米0.84石 |
| 6 | 道光十七年 | 杨木干屋前田 | — | 6.049 | 260 | 42.98 | — |
| 7 | 道光十七年 | 沟冲 | 600 | 3.6987 | 130.5 | 35.28 | 162 |
| 8 | 道光十九年 | 庙坦里 | 540 | 1.85 | 100 | 54.05 | 292 |
| 9 | 道光二十二年 | 际村干洪村坦 | 440 | 2.46 | 60 | 24.39 | 179 |
| 10 | 道光二十七年 | 业村干四十里 | 760 | 2.72662 | 108 | 39.61 | 279 |
| 11 | 道光二十九年 | 长坦住屋边 | — | 1.97 | 77 | 39.09 | — |
| 12 | 道光三十年 | 乌角冲 | — | 0.98 | 24 | 25.26 | — |
| 13 | 道光三十年 | 张家井 | — | 3.092 | 54 | 17.46 | — |

注：该田道光十一年（1831年）的承当字上计租为24件，道光十一年十月代种字据上写"原包干谷二十六件"。以代种字据为准。

以上13宗田亩的亩产量在150—500斤之间，税亩与产量的比值尚属可信范围。亩产量越高的好田，均价也相应推高。道光二十二年（1842年）及其以前的9宗田块，有6宗可以算出亩产量，此期田价虽有波动，总体来说与亩产量正相关。比如，第1宗每税亩交租164斤，亩均价26.78两。第2宗每税亩交租276斤，亩均价34.48两。第3、4两宗每税亩均价在50两以上，但每税亩的交租额超过了300斤。尤其是第4宗，每税亩租额高达493斤，约合3.5石。原契载明买家用银为九八色，显示卖家惜售。该宗田亩后面"代种字"说田主三分收二，每税亩产量在700斤也即5石以上，这在清中期的徽州基本上是不可能的。所以，此宗田亩的佃方长期欠租，后来只好退佃，换佃种人后监收，按照实际产量分成。无论如何，这是块难得的好田。道光十七年（1837年）以后田价确有冲高之势，但按照税亩均价看，还在可接受范围内，第7

宗田的每税亩租额为 162 斤，与第 1 宗相当，每税亩均价达到 35.28 两，比第 1 宗田高出 32%。第 8 宗田的每税亩租额为 292 斤，与第 2 宗田相当，每税亩均价高出 57%，此时已到 1839 年。以后田价逐渐回落，因此，可以说田价比 20 年前冲高了约 60%，但不至于翻倍。

我们知道，道光初期的田价已经是从乾嘉时期一直涨上来，然后保持相对稳定的高位徘徊态势，此时买入田亩，相当于在整个清代买到了次高位。以此期投资田租的收益为准，则前后时期在低位购置田产的收益也有了参考系。而此期的租额和实收租数相对固定，只要了解此期的谷价和米价，则可估测出此期的田产收益水平。

### （四）米价

清代的米价与谷价的关系为"一米二谷"，谷价的二倍即米价，这既是实际市场中米价和谷价的反映，也在各省府分别奏报的谷价和米价中得到体现。[①] 从扬谷出米的角度也可以理解这种价格关系，清代的出米率在六成左右，扣去人工、运费成本，谷价也就是米价的一半。

常见的量器单位是升、斗、石，十进位制，1 石 =10 斗，1 斗 =10 升。徽州民间还常用斛，民间量器也称斛。石与斛本是相同单位，南宋末孝宗时贾似道改一斛为五斗，两斛为石，石仍为 120 斤。升以下，还有合、勺、撮、抄、圭、粟，都是十进位制，一般只用于计算租额，米谷价格到升斗即止。量器是容积的计算工具，不能与重量直接对等，但粮食种类较多，以同一量器为单位计算较为方便，遂沿为制。量器毕竟与衡器不同，清代的法定量器是以尺寸为单位制作的，可以换算成容量有多少升，用同一量器容纳不同事物，比重不一，无法给出一个标准的重量，一旦换算成重量，就要看盛装的是何种事物了。

清代的一石究竟等于多少斤？学者多采用约 134 或 140 等标准，偶尔也见用 120 斤的。户部仓升约为 1035 毫升。按说，一斗（十升）即为 10350 毫升，但是，各地区的斗大小不一，不是以仓升计算。[②] 清中期各地县城施行的斗量，是以 10 清斤为标准。清斤（库平）合今斤 596.8 克，[③] 比今斤多出 96.8 克，即清斤与今斤比值为 1.194。如果

---

① 龚胜生：《18 世纪两湖粮价时空特征研究》，《中国农史》1995 年第 1 期。
② 河南内乡道光十六年（1836 年）的校准石斗，容积为 38640 升，比官制多出 3.73 倍，之所以有此差别，是因为北方以小麦为主，此斗盛麦约清 50 库平斤。邓学忠、朱阿醒、邓红潮：《清道光内乡校准石斗量值科学性的探讨》，《南阳师范学院学报》2012 年第 11 期。
③ 丘光明、邱隆、杨平：《中国科学技术史·度量衡卷》，科学出版社 2001 年，第 430 页。

严格按照清库平斤换算成今斤，则一清仓斗 =10 清斤 =11.94 今斤，约合 12 今斤，则一仓石为 120 今斤。不过，各地市场的斗又有大小，有的石是按照 120 斤的旧制计算，则 120 清斤 =143.28 今斤。民国时期对休宁粮食市场上沿用的前清量器做过调查，用于量米的有万安斗、龙湾斗、城内斗和屯溪斗。万安斗和龙湾斗是乡镇一级市场用斗，每斗米重 13—14 斤；休宁县城的城内斗较小，约合米重 12 斤；屯溪斗更小。更高一级的集散中心也如此，按南陵斛运到芜湖的 100 石，从芜湖起斛时，必多于三五石。也即市场层级越低，斗越大；市场层级越高，斗越小。其间有梯度关系。① 民国斤相当于今斤，12 斤也即 10 清斤。我认为，乡镇斗比县城斗大可能另有原因。按康熙四十三年（1704 年）谕旨："直省、府、州、县、市廛、镇店、码头、乡村民人所用之斛，均令照户部原颁铁斛之式，其升斗亦照户部仓斗、仓升式样，底面一律平准。"② 此谕下后，各省、府、州、县和官仓所用升斗，均应改制。但官府改制完毕，民间各处原用升斗未必改制。像内乡县衙博物馆所藏清斛，是该县粮食行会的"行头"校准监制的行业用斗，到道光年间才按仓斗校准。徽州乡镇到民国仍用 14 斤的大斗，换算成清斤等于 120 清斤，说明乡镇斗是未按康熙谕旨改制的旧制斗，即按照 1 石 =120 斤的标准。此说是否成立，尚需更多的乡镇量器实物为证，存此以待度量衡史家的指正。

无论如何，乡镇斗既然按照 120 清斤计算，计算乡里田主的产量时，也以乡镇一级的斗即 12 清斤斗为标准。若以仓石或仓斗为单位，本应单独说明。但是，在实际计算清代乡里田主的收益时，应该知道仓斗与乡镇斗的比例对田主的收益影响有限。若非将米谷运到县城或屯溪，则只能按乡镇斗出卖。而将米谷运到县城或屯溪出卖，又会增加运费、人工、牙钱等成本，数量不多的情况下，算来收益也就差不多。

来看全国米价的情况，清代 200 多年间的粮价普遍上涨一倍至二倍不等。从顺治入关到康熙中期，南方的大米每石值银 3—8 钱，约合钱 300—800 文。康熙后期至乾隆末，每石价银在 1—2 两之间，此时银贱钱贵，合制钱 1000—1600 文。嘉道及其后，每石价银在 2 两以上，此时银价上涨，约合制钱 3000—5000 文。若以钱价计算，比清初涨了 3 倍多。若以银价计算，上涨仅一倍至二倍半以上。这只是一般而言，同光时期的地方市场粮价尚有在银 1 两上下波动的情况。③ 从米价的较长周期上看，比如，放

---

① 王春芳：《稻米流通与近代安徽地方社会（1877—1937）》，上海师范大学 2010 年博士学位论文，第 188—195 页。
② 丘光明、邱隆、杨平：《中国科学技术史·度量衡卷》，科学出版社 2001 年，第 426 页。所引谕旨出自《大清会典事例》卷一八〇《户部·权量》。
③ 黄冕堂：《中国历代粮食价格问题通考》，《文史哲》2002 年第 2 期。

在17—21世纪初的400年时间中，则清代名义米价虽有不小波动，但上升趋势不太明显，实际米价的长期攀升主要发生在19世纪末期至20世纪上半叶。① 根据陈春声整理，18世纪前期（1707—1735年）除个别年份外，米价大多在1两以下，最低至0.56两/石，平均为0.8两/石。② 中后期逐步上扬，1736—1755年间为1.276两/每石；1756—1775年为1.516两/石；1776—1795年为1.568两/石。③ 龚胜生整理的两湖米价，以乾隆七年（1742年）为一个分界点，之前徘徊在1两以下，最低至0.56两/石，平均每石在0.7—0.9两。此后越过1两/石，逐渐上扬，到18世纪末期越过1.5两/石，1805年（嘉庆十年）越过1.9两/石，1839年到1.95两/石的相对高点。19世纪后半叶，两湖平均米价基本在1.8两/石以上。从20世纪初期越过2两/石，清末至民初攀升至3.4两/石。④ 相比之下，1700—1800年之间，广东米价略高于粮食输出地的两湖，例如，18世纪后半叶，广东米价的中轴线为每石1.5两，两湖米价的中轴线在每石1.1两附近。

徽州当地米谷价格在江南地区属于偏高的地区。乾隆三年（1738年）五月二十四日两江总督在捐纳额数的奏折中提到："又上江之歙县、休宁、绩溪、宁国、旌德、太平等六县地处山僻，米谷价值较通省独昂，每米一石常价一两三四钱，贵即一两六七钱不等，应将此六县生俊照捐例减二收捐，庶为平允。"⑤ 捐纳的定价虽非标准价，但可以体现普通人对米价的观感，徽州米价昂贵在当时已有共识。从奏报米价看，两江总督说的是上米的最高价，1738年12月，徽州上米最高价为1.30两，1739年的最高价为1.52两，最低价为1.05两。

从王业键的"清代粮价资料库"中，徽州米价自1739年（乾隆四年）以后均可查到分年价格，单位为银两和仓石。我们以10年为一阶段，制作了1736年以后徽州每年1月的米价平均表（表15.3）：

---

① 卢锋、彭凯翔：《我国长期米价研究（1644—2000）》，《经济学》2005年第1期。
② 陈春声：《18世纪广东米价上升趋势及其原因》，《中山大学学报（社会科学版）》1990年第4期。
③ 陈春声：《论清代中叶广东米粮的季节差价》，《中山大学学报（社会科学版）》1989年第1期。
④ 龚胜生：《从米价长期变化看清代两湖农业经济的发展》，《中国经济史研究》1996年第2期。
⑤ 中国第一历史档案馆：《乾隆三年至三十一年纳谷捐监史料（上）》，《历史档案》1991年第4期。

### 表15.3　1736—1911年徽州1月份上米均价表①
（以十年均价为一期）

| 期数 | 年代 | 米价（两/仓石） | 期数 | 年代 | 米价（两/仓石） |
|---|---|---|---|---|---|
| 1 | 1736—1745 | 1.10 | 10 | 1826—1835 | 2.31 |
| 2 | 1746—1755 | 1.25 | 11 | 1836—1845 | 1.99 |
| 3 | 1756—1765 | 1.38 | 12 | 1846—1855 | 1.77 |
| 4 | 1766—1775 | 1.44 | 13 | 1856—1865 | — |
| 5 | 1776—1785 | 1.44 | 14 | 1866—1875 | 1.83 |
| 6 | 1786—1795 | 1.49 | 15 | 1876—1885 | 1.92 |
| 7 | 1796—1805 | 1.33 | 16 | 1886—1895 | 1.996 |
| 8 | 1806—1815 | 2.38 | 17 | 1896—1906 | 2.56 |
| 9 | 1816—1825 | 2.33 | 18 | 1907—1911 | 2.93 |

由上表可知，乾隆元年（1736年）至乾隆六十年（1795年），徽州米价一直呈逐期小幅上扬的趋势。嘉庆前十年（1796—1805年）米价有所回落。1806（嘉庆十一年）至1835年（道光十五年）的30年间，米价腾贵。1836年以后开始下跌，1840年前后并无大的波动，仍是回落趋势。1876年（光绪二年）以后，米价开始再次上扬，但其后20年里只是接近2两/石，尚在合理范围内。真正的大幅拉高突破2.5两的平均米价，是在1896年以后的清末15年里。②

徽州乡里的米价则与市场米价衔接。以章有义整理的休宁汪公会账簿为例，该公堂根据市场价议定的谷价，其中1895—1911年每百斤谷价在1.4至2.27元之间波动，

---

① 缺1月份米价的年份为1740年、1742年、1751年、1791—1793年、1798年、1806—1807年、1818—1819年、1826年、1849年、1869年、1876年、1884年、1888年等。缺1月米价的年份，采用当年相邻月份的米价。如1869年采用2月米价，1876年采用4月米价，以此类推。1888年只有12月份的米价，则用12月份的米价补足。缺全年米价的年份的有1736—1738年、1804—1805年、1815年、1822—1825年、1854—1868年。当期有全年无米价的，只计算有记录年份的米价平均值；1856—1865年均无米价奏报记录，则当期均价付阙。

② 据《安徽省各属粮价表》（光绪二十五至光绪三十年），以洋价计算的徽州米价在1899—1904年间上升到每石2.8元至4元，均价大致在2.4—3.2元。该表藏于安庆市图书馆。转引自《1899—1904年安徽各府州中米价最高表》，王春芳《稻米流通与近代安徽地方社会（1877—1937）》，上海师范大学2010年博士学位论文，第181—183页。

2.27 元为宣统三年（1911 年）的最高价。① 章先生不确定这些数据究竟偏高还是偏低了。我们换算一下，1899 至 1904 年，徽州当地的洋钱平均比例为 1 : 930，② 若将洋元换算成钱则在 1302—2111 文之间。③ 1900 年前后银一两与钱的比值大约为 1 : 1300，故换算成银两，此期徽州乡里谷价每石为 1—1.62 两，按"一米二谷"计算，米价每石为 2—3.24 两，查宣统三年一月份的奏报米价的最低价为 3.2 两，最高价为 3.7 两。又 1904—1910 年的一月份最低米价均为每仓石 2 两。汪公会议定的谷价几乎与奏报市价相同。因此，上表中的奏报米价可以作为测算乾隆朝以后徽州投资土地收益水平的依据。

### （五）估算土地投资收益

现在，以江姓置产簿中的九处田产收益为基础，估算其年均收益率。这九处田块明确记载有租额、税亩数和总价，我们已求得每亩均价和亩均租额（表 15.2）。以此为基准，计算三种年均收益率：一是原额的年均收益率；二是硬租额的年均收益率，硬租额设定为原额的 80%；三是实收数的年均收益率，实收租谷数设定为原额的 64%。计算办法如下：

（1）租谷收入以买得田产后 30 年徽州米价的均价为准，即徽州米价表（表 15.3）中的三期平均米价加总后再平均，其中第一期以买得田亩时所在期数为准。如，第一块田产买得时间为道光十年（1830 年），即以表中第 10 期（1826—1835 年）的米价与第 11、12 期米价加总，得到买得田亩前后 30 年的均价。第 13 期无确切米价数据，但 1856 至 1875 年的米价大致相当，可以第 14 期作第 13 期米价。则第 10—12 期 30 年平均米价为每石 2.02 两，第 11—14 期平均米价为每石 1.86 两，第 13—16 期每石 1.92 两。

（2）平均谷价以米价的 1/2 计算。

（3）谷量以一石 =120 清斤为准。

（4）设每亩均价为 X 两，亩均租谷额为 Y 斤，前后 30 年平均谷价为 β，则硬租额和实收租谷数的年均收益率计算公式分别为：

原额的年均收益率 =（Y ÷ 120）× β /2X

---

① 章有义：《近代徽州租佃关系案例研究》，中国社会科学出版社 1988 年，第 258 页。
② 1899 年约为 1 : 950；1900—1902 年均为 1 : 930；1903—1904 年为 1 : 900。吴秉坤：《清代徽州银洋价格问题》，《黄山学院学报》2010 年第 1 期。
③ 民国《歙县志》卷三《食货志·赋役》记载税额银两折算时提到："光、宣间，银币一元约值市大钱一千三百文。……更以宣统末，每银一两值银币一元四角为标准。"两者可相互印证。

硬租额的年均收益率 = $(Y \times 0.8 \div 120) \times \beta / 2X$

实收数的年均收益率 = $(Y \times 0.64 \div 120) \times \beta / 2X$

参见表 15.4：

表15.4　道光年间江姓置产簿中九块田亩收益率简表

| 序号 | 时间 | 每亩均价（两） | 亩均租额（斤） | 原额的年均收益率 | 硬租额的年均收益率 | 实收数的年均收益率 |
|---|---|---|---|---|---|---|
| 1 | 1830 年 | 26.78 | 164 | 5.15% | 4.12% | 3.3% |
| 2 | 1831 年 | 34.48 | 276 | 6.74% | 5.39% | 4.31% |
| 3 | 1833 年 | 53.33 | 320 | 5.05% | 4.04% | 3.23% |
| 4 | 1836 年 | 57.06 | 493 | 7.27% | 5.36% | 4.29% |
| 5 | 1837 年 | 49.39 | 米 0.84 石 | 3.16% | 2.53% | 2.02% |
| 6 | 1837 年 | 35.28 | 162 | 3.56% | 2.84% | 2.28% |
| 7 | 1839 年 | 54.05 | 292 | 4.19% | 3.35% | 2.68% |
| 8 | 1842 年 | 24.39 | 179 | 5.68% | 4.55% | 3.64% |
| 9 | 1847 年 | 39.61 | 279 | 5.63% | 4.51% | 3.61% |
| 均收益 | — | — | — | 5.16% | 4.08% | 3.26% |

最终求得硬租额的年收益率在 2.53%—5.39%，平均 4.08%，意味着田主每年收到原额 80% 的租谷，也需要 24.5 年才能收回本金。实收租谷数的年收益率在 2.02%—4.31%，平均 3.26%，意味着需要 30.7 年才能收回投资。只有在田主能够按照原额收足租谷的条件下，平均收益才能达到 5.16%，也即在 19.4 年后收回本金。最好的一宗田即第 4 宗，在原额接近 500 斤时，才估算出 7% 以上的收益率，相当于收回本金时间为 13.8 年。不过，这可是上等好田。

再以徽州平均亩产量 328 斤来验算，若按六四分成，则租额为 215 斤。此种田在嘉道年间亩价 26 两（参照表 15.4，第 1 和第 8 两例），假设在 1806 年购入，此后 30 年正逢清中后期米价腾贵的时期，平均每年米价为 2.34 两 / 仓石。计算年均收益如下：（1）原额收益率为 8.06%；（2）硬租额的收益率为 6.45%；（3）实收数的年收益率为 5.15%。这个数据可以代表乾隆中期田价上涨以来，普通田亩在米价最高时期的平均收益，只要田价在上涨，或米价不到 2 两的时期，硬租额收益率都会下调到 5%，实收数的收益率则会下调到 5% 以下。看来，从 18 世纪中期开始，投资田产的平均年收益率无论如何达不到 10%，上等田亩在米价最昂贵的 1806—1835 年间年均收益率能接近 10%，已算不错的收益。

以上估算的年均收益率中尚未考虑的下调因素如下：

1. 灾年欠收，导致实收数大幅下降。不赘。

2. 正税和营米，大约每年占到收益的 10% 以上。以刘淼提供的棠樾三个祠堂户的收入和税则为例。①（1）节俭户的硬租额为谷 1144.42 斗，约合 114.442 仓石，按米价 2.38 两/仓石计算，年收入 114.442×2.38÷2=136.2 两。其正则银 12.516 两，营米 4.17 石约合 9.92 两，共计 22.436 两，约占年收入的 16.5%。（2）体源户的硬租额 7251.25 斗，约合 725.125 仓石，则年收入 725.125×2.38÷2=863 两。正则银 90.305 两，营米 3.1 两（原文如此，估计是 3.1 石，暂从原文），共计 93.405 两，约占年收入的 10.8%。（3）敦本户的硬租额 6053.81 斗，计算方法同上，约合 720.4 两。其正则银 102.821 两，营米 7.27 石即 17.3 两，约占年收入的 16.7%。以上是按最高时期的米价计算。正税是固定的，则米价越高，正税所占比例越低，若在乾嘉时期米价为 1 两上下，则税粮占收入的比重将大幅提高到 20% 以上。

3. 欠租后的诉讼成本。通常积欠租谷太多，田主会通过诉讼讨回租谷。章有义整理的祁门李姓亨嘉会租簿，年代为乾隆四十八年（1783 年）至嘉庆五年（1800 年），其下限与我们讨论的时期邻近。此处抽取三例：（1）乾隆五十三年（1788 年），欠租谷 1 砠 21 斤，当地一砠为 30 斤。经差保挽说，折钱 600 文。（2）乾隆五十五年（1790 年），欠租谷 10 砠 5 斤，以 1300 文抵销。（3）嘉庆二年（1797 年），欠租谷 21 砠 26 斤，欠租者认谷 4 砠，收元银二两一钱抵销。②以上第一例 51 斤，按每石 140 斤换算为 0.36 石，得谷每石 1666 文，谷每石约合银 1.66 两，看来田主较为合算，但没说给差保的谢礼。第二例 305 斤，换算为 2.18 石，得到谷每石 596 文，约合银 0.59 两。第三例 536 斤按每石 140 斤折算为约 3.83 石，得到谷每石 0.55 两。第一例是诉讼讨回租谷较为成功的例子。但在二、三例中，按照"一米二谷"计算，每石米约为 1.1 两，此时湖南米价已在 1.5 两以上，可见后两例田主对佃客已有 1/3 以上的让利。这还没算上第二例中田主向保中送钱 200 文，第三例中田主支银 1 两付"差、保"。也就是说，在欠租之后，田主若想通过诉讼取回租谷，算上食宿和时间成本，能拿到积欠的 50% 已

---

① 刘淼：《清代徽州祠产土地关系——以徽州歙县棠樾鲍氏、唐模许氏为中心》，《中国经济史研究》1991 年第 1 期。

② 章有义：《明清徽州土地关系研究》，中国社会科学出版社 1984 年，第 172 页。

算不错了。

另外，还需要考虑但可以忽略的次要因素是：（1）田主家庭的管理和人力投入。此期因租谷收不足，不少田亩改为田主带饭食去田间监收，若有十数块田亩，管理成本较高，但按当时的观念，管理和人力不算成本。（2）银钱汇兑波动。清代银钱比值大约是前期钱贵银贱，后期银贱钱贵。货币租额往往按钱计算，则银钱比值对收益有影响，暂忽略不计。（3）不同层级的市场量器差异。在前面已有论述，乡里的卖出到县城时的斗量，大于县城卖出时的斗量。米谷价格是按县城的斗量计算，卖出时有暗亏，但若运到中心市场，成本又高，这种暗亏也忽略不计。

以上估算的是清中晚期的田产投资收益水平，是否清前期的收益水平会高一些？我认为不会。比如，汪崇筼估算的徽州田产投资收益率，主要反映的是清前期的水平。他把实收租数修正为原额的60%后，得到6.67%的年收益率。而我们认为，这个数据还有修正的必要。因为他将谷价按米价的70%计算，而清代国家制度和市场价都是"一米二谷"，这个比值没必要变动。按他提供的数据，原额平均值为0.61/两银，硬租额按八折计算为0.488/两银。租谷一砠以25斤计算，但将他每石134.5斤修正为每石120斤，得到0.208石（相应增高了换算得到的石数）。他又设定米价为1.4两/石（相当于乾隆时期的最高米价，暂从），按"一米二谷"的标准，谷价当为0.7两，租谷1砠的收益为0.208×0.7=0.1456两。按照他的算法，用0.1456×0.488=0.071，即约7.1%的收益率。再按照实收租计算，租谷一砠为0.488/两银×0.8=0.39/两银，投资田产的年收益率为0.1456×0.39=0.0567，也即约5.67%的收益率。这是按照顺治至乾隆末年的田价，略高于清中后期按实收数估算的收益水平，但也仅仅是略高而已。考虑到康乾时期米价平均每石只有1两，而米价与收益水平相关度极高，则按硬租额估算，年收益率立刻减至5.08%。如果按实收数再打八折，年收益率尚在5%以下。实际上，康熙中期以前的米价都不到1两，但佃主多能按照硬租额交足租谷，而田产的相对价格较低，所以，清前期的亩均年收益率按硬租额估算比较合适，也即在5%—6%。这一水平正与清中后期按实收数估算出的5.15%相当。

### （六）小结

综上所述，除清末十年，清代田主投资单位一税亩的普通田亩，在收足硬租的条件下，年收益率只能在5%左右，相当于20年左右收回田产本金。若实收数只有80%，则收益率在4%左右，相当于25年收回购置田产的本金。若逢灾荒年份，收益更不可论。

这就可以理解民间盛行钱会的原因。钱会中末会的静态年收益率最高可达到近 10%，十年可使本金翻倍。仅此一点，已足以吸引资金的关注了。在十一人的平金式和堆积式中，尚有一个位次（九会）的资本收益率在 50% 以上，接近或超过土地投资收益率。而商业投资的风险较大，田产的人力和管理成本较高，钱会收益介于土地收益和商业收益之间，对于缺乏金融投资工具的乡土社会而言，钱会自然是一种不错的理财手段。这也可以理解为何清人认为钱会有博彩投机性质，因为个别位次的收益远超田产收益预期，摇到这些位次不啻中奖。换言之，不是钱会的收益率太高，而是个别位次与田产收益率比较时显得较高。

顺便说一下，地权分配结构决定了家庭占有田亩数不可能太高。叶显恩曾指出，明万历年间，徽州人均耕地面积尚在 2.2 亩，清康熙年间降至 1.9 亩，道光年间已低至 1.5 亩。而以明清时期的农业技术水平，维持一人一岁之食，需 4 亩之多。[①] 这虽是平均而言，也大致反映了徽州地权分配的实际条件。清代地权分配一直是学界关注的重心所在，各种实证数据很多，徽州地区田主占有田亩数以 50 亩以下为主。选取章有义提供的数据组，康熙初年休宁十四都九图共 452 户，有 10 亩以上的家庭为 18 户，20 亩以上的仅 5 户，最多的 37.95 亩。康熙五十年（1711 年）休宁县三都十二图 197 户的统计表中，有 10—30 亩的共 38 户，其中仅 5 户有 20—30 亩，没有一户在 30 亩以上。乾隆二十六年（1761 年）休宁十三都三图共 116 户，10 亩以上只有 23 户，其中 11 户在 20 亩以上，20—40 亩的有 10 户，另有一户为 102.9 亩。[②] 以上统计康熙至乾隆时期户数共 765 户，在 20—40 亩的户数为 21 户，占全部户数的 2.75%；只有 1 户为 100 亩以上。

值得注意的是，在 765 户中居然没有见到 50—100 亩的田主。乾隆以前田价较低，米价较低，硬租额年收益率可到 5%。但若家庭农场的规模不大，田产数仅在 20—40 亩之间，按亩产量 328 斤计算，六四分成，谷价按 0.5 两计算。假定完全收足硬租额，全年毛收入才在 10.2—28 两银之间。这些收入首先要维持一家五口的食量。清代江南人均年消费米为 2.5 石，五口之家为 12.5 石，以米价每石 1 两计算，仅米一项全年消费 12.5 两，纯收入在 -2.3—15.5 两之间。换一种算法，即 20—40 亩收入谷 32.8—65.6 石谷，约合米 16.4—32.8 石，扣除家庭必须消费的 12.5 石米，全年净收入米 3.9—20.3 石。可见，20 亩田产的家庭，若家庭成员不亲自耕种，全靠租谷为生，毛收入刚过食

---

① 叶显恩：《明清徽州农村社会与佃仆制》，安徽人民出版社 1983 年，第 40 页。
② 章有义：《明清徽州土地关系研究》，中国社会科学出版社 1984 年，第 10—15 页。

米这一项消费。到30—40亩田产的家庭，才在主食消费之外，稍有8.6—15.5两的盈余，这些盈余按购买力计算，可购买净米8.6—15.5石（即1032—1860斤）。按康熙时期的田价来评估购买力，8.6两银可以购入一税亩的普通田产。

我们看到，20亩田产的清代地主家庭，只有在收足租谷或部分自己耕种，再省吃俭用，且子女不多时，才能少有盈余用于继续投资。拥有30—40亩田产的家庭，除负担基本生活以外，尚有余力支持子女教育等费用。而康熙年间的田主只有长期不分家，将田产数量维持到乾隆中期以后，随着米谷价格上扬，才能达到以上所说的生活水平。可见，20—40亩田产的地主，只是刚过温饱线。

总之，只有把钱会收益与会外投资收益相比较，才能大致了解钱会收益水平。通常认为钱会有投机性质，原因在于其中个别位次的收益率远高于田产投资收益率。普通民人不理解投资杠杆的放大效应，只知道管理田产又累又麻烦，钱会却是开会喝酒就能拿钱。两相比较，钱会当然具有吸引力。不过，以会内最高年收益率近10%来看，这也比清代正常年份的商业投资收益略低，离典当业更是相差甚远。而典当业的年收益率25%，离法定最高年均收益率36%还有明显的距离，更不用说与超过法定最高利率的高利贷相比了。所以，认为钱会与高利贷相近，无疑是极大的误解。我的看法是，钱会能数百年长期流行，正因为它设置了审慎而合理的利率水平。它的最大功用，是满足普通人快速而低风险的融资需求，避免在有急务时受到高利贷的盘剥。

# 本编结论

## 一、钱会是一种合同关系

钱会的会首与会友之间是一种合同关系。

### （一）钱会不是以下合同类型

**1. 不是储蓄合同**

储蓄合同由银行根据国家金融法律制定。银行与无数的储蓄人之间订立合同，可以简化为银行一方、储蓄人另一方的双方合同关系。钱会是由会首邀集，同时与多名会脚签订的合同关系，每位会脚向会首和不同位次的会脚承担义务和享有权益，是交叉的关系，而非双方关系。另外，储蓄合同的纳储方必须符合国家和法律规定的条件，经过申请和批准，才能成立。一旦成立，可向不特定的公众开放。钱会是普通人凭相互信任，在特定当事人之间形成的合同关系。一旦成立，即按会规规定的期限，在转会完毕后终止。运行过程是封闭的，不向公众开放。

**2. 不是博彩或赌博合同**

会首在齐会时收领会额，会脚向其缴纳会金，有些像博彩合同中的庄家。但钱会明显不同于博彩或赌博合同。若说坐庄，也是轮流坐庄，只是会首坐庄在先，其余会脚坐庄在后而已。博彩或赌博合同的闲家要么博得数倍至数十倍的收益，要么本金皆亏。钱会的会内付息率和收益率皆在10%以内，利率水平是审慎而合理的。

**3. 钱会不是合伙合同**

合伙合同由两人或两人以上合伙人参与，是多方合同关系。合伙合同是按照入伙的份额确定参伙人的权利义务，合伙人在合伙中的份额一次性确定。一旦确定则按份承担义务和享受权利。钱会的每期坐会人收取会额,在当期与其他会脚存在不对等的关系。已得会人还本付息,未得会人缴纳会金或坐等收回本利,也是不对等关系。另外,位次靠前的会脚总体上是还本付息,位次靠后的会脚总体上是零存整取,也是不对等关系。这些都是钱会较合伙合同复杂之处。尤值注意的,合伙合同是一种共同出资并且共同经营获益的合同关系,经营风险由合伙人相互承担连带责任。钱会本身没有任何财产,每期得会人取得会额,是个人财产,可以自由处置。得会人无力偿还利息,或者投资失败带来的损失,与其他会友无关。这是不同于合伙合同的根本所在。

还有人认为钱会是无名合同。这在我国台湾地区所谓"民法债编"修改之前为通说。该说认为,会首与会脚的关系,依当事人的意思为准,除受该意思表示拘束外,不发生法定的权利义务关系。无名合同说还认为,得会人取得会额时,可先扣除应支付的利息,与分期付款买卖合同相似。但又承认买卖合同与钱会不同,故应按照我国《合同法》第 174 条,或我国台湾地区所谓"民法"第 347 条,有偿的无名合同(非典型合同)参照买卖合同的有关规定。无名合同说只看到了钱会中的部分现象,是不了解钱会而产生的误解,将钱会参照买卖合同也是无法接受的。在台湾地区的所谓"债法"修改后,[①] 钱会已成为有名合同(典型合同),无名合同说也从此式微。

## (二)钱会是民间借贷合同

陈荣文认为,钱会是民间借贷合同。钱会本身并无独立或相对独立的名称、财产、意志、行为,不是法律意义上的主体。合会的基本属性是合同关系。参会者限于有限的会友,具有特定性。可将其类型化,进而法典化,使钱会关系有法可依,并通过法律规制消解其隐藏的风险。

该观点符合钱会的基本原理,钱会确是民间借贷合同。再析如下:

第一,民间借贷合同是指由贷款人向借款人提供借款,借款人定期或不定期返还借款,并约定利息的合同。我国《合同法》第 197 条、第 210 条、第 211 条对民间借贷合同有相应规定。钱会关系区分为两类:一是会首和得会位次靠前的会脚向其他会友借款,并在得会期满后逐期偿还本利;二是得会位次靠后的会脚向会首和得会靠前的会脚分期贷款,在得会时逐期收回本利。第一类属于还本付息,第二类属于零存整

---

[①] 我国台湾地区修正所谓"民法债编"时新增订第十九节之一"合会",使钱会合同成为一种新的有名合同。依其 709-1 条:"称合会者,谓由会首邀集二人以上为会员,互约交付会款及标取合会金之契约。其仅由会首与会员为约定者,亦成立合会。"

取。支付利息的比例，按会规事先约定，先得者多付，后得者递减支付。收取利息的比例，同样按会规事先约定，先得会者少得，后得会者递增。故未得会者向得会者支付会金乃一种借出，末会收领会额后无需再支付利息，是因他在最后收回本利。与普通的民间借贷不同的是，钱会是多人约定相互借贷的组合，可视为复式的民间借贷关系。但借贷人均为特定的合同当事人，并非向不特定的公众集资。

第二，钱会合同为要物合同，而非诺成合同。民间借贷合同是要物合同，我国《合同法》第210条规定，民间借贷合同，自贷款人提供借款时生效。钱会合同也是要物合同：1. 钱会的成立，并非自会规订立时起算，而是自会首收足会额时起算。会规是对会额收足的事实予以事后承认。若会脚仅承诺参会，但不缴纳会金或齐会时不到会，钱会自无成立与生效之说。2. 清至民国的多数会规显示，会首收领会额不算钱会的一期，第一期集会从第一名会脚得会起算，这是钱会以会首收足会额而成立的旁证。3. 钱会成立后的运行期间，任何一期集会时，如未得会的会脚不再缴纳会金，处理办法有二：（1）由会首或担保人负责垫付，钱会继续运行，但该会脚以前缴纳的会金待钱会终止后方能收回；（2）若并未设定担保或抵押，会首又不愿垫付，则钱会倒会清算。由此可知，会脚在钱会中的债务关系以实际出资为限，口头承诺而实际并不缴纳会金的，借贷关系并未生效。故无论从钱会的成立，抑或运行中的分期给付关系，均以实际支付为生效条件。

第三，钱会为不要式合同。按照我国《合同法》第197条的规定，民间借贷合同可以采用口头形式，故民间借贷合同为不要式合同。钱会合同也是不要式合同。会规仅是钱会的外在形式，并非实质要件。钱会运行是按会式惯例，没有会规的钱会，实际运行依赖会账即可。我们对钱会进行历史研究时，自然需要以传世会书作为依据，但实际按惯例运行的钱会，只要会首和会脚熟知会式，并按期缴纳会金，收足会额，即可运行。这在实例上也有旁证，此次整理的《光绪十二年（1886年）八月马溪会书》，只说会首曾收到洋六十元，以后每期均以摇点大者得会，其后附有会脚姓名。据此，仅可推测该会式为缩金式摇会。大填和小填金额及其缴纳办法，有无余利及余利补贴办法，从会规中一概不知。此种会规虽具会规形式，实际上聊胜于无。但此种聊胜于无的会规，正说明部分钱会依照惯例运行，会首与会脚只要在缴纳会金和收领会额，此会即生效。若钱会必须为要式合同，则要求会首先写立会规，再一一找人，若一两人最终并未缴纳会金，导致此会不成立，会规就成白纸。反之，会首与会脚有条不紊地缴纳会金和收领会额，却因并无严格书写的会规而否认其效力，反倒令人不安。钱会运行的奥妙，在于运行期间建立了会账，会账以记录实际收付情况为主。会额与会金的交接，全凭会账记录。故虽无会规，只要建立了会账，自无不清之虞。鉴于此，若要使钱会典型化，无需要求合同文本。只要遵从习惯，要求会首在收足会额后建立会账，会额与会金的交接由会友签名画押，即可承认钱会合同的效力。

第四，钱会合同的利息。钱会合同与民间借贷都具有互助性质，支付会金和收取会额时已经包含了利息。会首或得会者收领会额后，是否应在会金之外支付利息，端视会首与会脚们的约定。没有约定或不明确的，视为不再另付利息。按照我国《合同法》第211条第2款规定，借贷合同的约定利率不得违反法定限制。但是，按传统会式设定的会利率，不可能违反法定利率限制。①

综上，钱会合同是复式的民间借贷合同，主要性质是要物合同和不要式合同。

值得注意的是，近些年里，一些个人或企业以邀会的名义，向公众集资，涉及金额巨大，且不提供同等价值的抵押，有的同时开两会以上，用多个会的会额循环支付利息，最终资金链断裂。这些均是滥用钱会的名义，利用现代公众对钱会的无知进行诈骗。对这些假钱会自当严厉禁绝，但因此而禁绝钱会，反而不利于人们识别此类诈骗。

## 二、会规的内容与性质

### （一）会规的内容

会规是钱会运行的规则体系。钱会的成立、管理、付息、结算、终止等，皆须遵照会规。会规的内容特点如下。

**1. 确立合同关系**

（1）会首的权益与责任。会首的权益主要表现在优先收领会额。会首义务：(a)从第一期开始，逐期按约偿还本息。(b)维持钱会正常运转。如邀集、记账、承担会酬，抵押田产或垫交会金等。

（2）会脚的权益与责任。主要权益是：得会时取得当期会额，及约定利息和余利补贴等。主要义务是：未得会时按约缴纳小填，得会后按约缴纳大填。其他义务，如按时参会；不得"混争"得会位次；按约缴纳会酬费；按约于收领会额时抵押田产；

---

① 据最高人民法院的司法解释，民间借贷利率不得超过银行同类贷款利率的四倍。超过的，超出部分的利息不予保护。另外，贷款人也不得将利息计入本金计算复利，不得预先在本金中扣除利息、保证金等。预先扣除的，应按实际借款数额返还借款，并计算利息。参见《最高人民法院关于人民法院审理借贷案件的若干意见》。

等等。

**2. 运行规则**

钱会的运行依会式惯例，各不相同。现将相同处归纳如下：

（1）会额。事先预定的会额，有固定和非固定两种。固定会额如缩金式。非固定会额分两种，一是随着得会人增多，会额递增，如堆金式；二是分别约定会首与得会人的会额，如"夺五子会"。

（2）会金。分固定与非固定两种。固定会金按约定规律递减或递增，如平金式、堆金式和缩金式的大填。非固定会金的代表是缩金式的小填，未得会会脚分摊大填总额不足会额的差额。

（3）会利率。分为两种，一是约定会利率，以加二息为主。二是默认会利率，暗含在会首和会脚应交会金中。

（4）得会规则。分为事先预定和临期得会。事先预定的如独会、轮会等，临期得会的如摇会、标会等。

以上是钱会运行的核心规则。还有一些辅助性的，均以约定为主，如附加额由谁负担，缴纳会金是银洋或大钱，银两折色，银钱汇兑比率，等等。

**3. 钱会的信用**

钱会是特定多人的复式借贷合同，特别注意保护钱会的信用。常见规则有：

（1）预防欠会或中止。事先约定到期不参加或欠交会金的罚则。参会中止的，不允许抽回会金。

（2）不动产抵押。需要田产抵押保证会内信用的，以会首抵押田产为主。也可要求一会得会后抵押田产，还可约定所有会脚在得会后均须抵押田地。清中后期以来较为流行抵押不动产。

## （二）会规的性质

钱会具有持续性和周期性两大特征。所谓周期性，是指会期以一年或半年为主，实例中也有一月一次的。所谓持续性，会期一年的钱会，常见七人和十一人会，最少也是五人。一旦成立，至少持续运行5—11年之久。在此期间，约束会友行为的主要是合同与惯例。惯例以会式为主。可以在会规中明说本会采纳的会式；也可以不明说，会式只是暗含在缴纳会金和收领会额的规定中。会式惯例只有得到会友的共同承认，才能成为当前钱会的有效规则。会友们不同意的，则自行约定。一般来说，在会规中明说的部分就是自行约定或特别强调的，未明确的则属于会友认为自动生效的惯例。

但是，罚则都必须特别约定，没有特别约定视为没有罚则。通俗地说，合同和惯例在钱会中的关系是，合同具有决定意义，但不了解会式惯例的人也看不懂会规。

通过逻辑推演，我们有把握穷尽全国的会式。但是，无论全国有多少种会式，在一个地区只流行一部分会式，不可能所有会式都在一个地区流行。会式具有地方性，这是它的适用惯性导致的。在流行某些会式的时代，人们排斥其他会式。而新会式一旦流行起来，旧的会式又被排斥。新旧会式对不同位次的利益的确有影响，但会式本身不一定有优劣之分。所谓新会式，不过是其他区域流行过的旧会式。新，指它最近在某个地区流行，是相对于空间，而非相对于时间。人们喜新厌旧，是会式流行的主要原因。所以，会式的地方性或流行性，是群体自由选择的结果。

流行的会式也非必须在当前邀会中采用。采用何种会式，会首可以倡议，但需要得到会脚们的同意。会友们可以选择流行的会式，也可以选择不熟悉的会式。选择不熟悉的会式，出了问题大不了倒会。所以，采用何种会式，最终是会友们自由选择的结果。

即使选择流行的会式，会友们可以全部默认惯例，也可以约定修改部分规则。比如，同样是缩金式摇会 A 型，可以约定不同的小填缴纳办法，也可以约定不同的余利补贴办法（表 13.2）。另外，采用同一会式，还可以根据不同情况决定不同的参会人数，也可以根据贫富程度采用不同的会额，等等。这些现象充分说明，会友们有权决定钱会中的规则。当然，遵从惯例可以减少协商成本，提高运行效率。

在古代中国，存在着各种合同式团体。人们因共同利益、兴趣或身份，自愿加入某些团体，其约定共同遵守的条款统称为"规"。会规是其中最典型的一种，其他还有家规或族规、帮规、行规等等。实际上，一旦迈出家庭，古代的民间团体或联合形式，无一例外是合同式的。

古汉语中，"规"和"惯"各自代表不同的规则体系。规，存在于特定人群构成的团体中，具有特定性和稳定性，以成文为主，不成文为辅。惯或俗，是在不特定人群中，以不成文为主，成文为辅，具有流动性、约定俗成等特征。

自古以来，中国民间并不缺少契约实践的经验和传统。钱会只是财产性的合同式团体之一。各种财产性的、身份性的、公共利益性的地方自治团体，遍布城乡各个领域。中国人善于在相同意愿而不同利益的人群中，利用合同确立规则，以完成具体目的，实现某种特定秩序。合同必须以充分尊重他人的意愿和利益为前提。各种合同式团体的充分发展，发挥了联合不同利益群体，维护基层社会秩序的功用。合同商议的习惯也渗透到官民关系中，地方官员在兴办当地公共事务时，往往利用与地方绅士合同商议的办法，广泛调动民间的人力和财力。官民或官绅协商议定的条款，也称"规约""规章"或"规条"等。合同商议也适用于官府与官府之间、朝廷与官府之间，比如，协商议定人役或租税在不同州县之间的转移支付办法，或协商解决相邻州县因地界、差役征发而产生的纠纷，这些议定条款又称为"例规""议规"等。所有上述合同条款，又因新定或年代久远而称"新规"或"旧规"。官民或官府之间的合同规约离本书主旨较远，限于篇幅，不再一一赘述。应注意的是，古代中国的国体设计和政府组织等政治领域，以威权和诈术为主导，无视合同精神，缺乏契约传统，需另行检讨。

## 第四编 田土管业合同

第十六章

# 导论：田土管业契据

## 第一节　官府簿册与契

### 一、概述

本编讨论两类合同：一是确认田房管业资格的合同，主要是邻界合同、共同管业合同等。二是田土交易合同，交易完成后成为管业凭证的，主要是换产合同、召租合同等。

明清时期，任何私人权利都可以用"管业"来表达。比如，在县城内从事某种行业的资格，就是一种管业。但本编只讨论田土管业。田土管业又分完全管业和不完全管业。完全的管业称"全业"，又分两种：一是不区分田皮和田骨的；二是虽然区分田皮和田骨，但二者合一，由同一家庭持有的，通常称为"大小买业"等。不完全管业，是指从全业中分割出来的管业形态，如田骨、田皮、永租或有年限的租佃权等。

田土，相当于现代法中的"不动产"。但"不动产"是清末从日本翻译和传入的现代法律概念，明清时期用"田土""田房"等简称来概括，包含田、房、地、山、塘等细则。①不动产诉讼也称为田土细故，以田土归属、界址等争议为主。

民人持有的田土管业凭据分为两种：一是"据"，主要是官方或准官方制颁的凭据，包括各种"照""票""单"等。二是各种"契"，也即各种契约关系的纸质载体，

---

① 田、地、山、塘等细则的形成，参考何炳棣《中国历代土地数字考实》，中华书局2017年，第121—129页。

如卖契、佃契、合同等，统称"契据"。要确认某项田土的管业人，无论是在官府审理还是民间调解中，依赖的主要是契据。民间调解的例子另有介绍，先来看官府审理的例子："所称诣勘一节，此必须两造各有契据，各有丈尺。争界不明，然后官为验勘，方可量准确数。"①这是争议田土界址的案件，判语的意思是，原被告不出示契据，官府就无法查对以前清丈得到的丈尺，也就无法勘验界线。实际上，田房管业争讼而原被告无契据，官府根本不会受理。②

本编与田土契据有着密切关系。其中，换产、召租等交易关系，与田房典卖、租佃等相当，只是典卖等适用单契，而非合同。但是，无论单契还是合同，它们都是契约关系的载体，又属于契据体系的一部分。而且，在换产、召租等交易关系中，往往没有官方或准官方颁发的契据，合同就成了唯一的契据。若非先明契据之义，就不能明白何以要将田土典买、置换等交易契书并列于契据中。所以，专辟本章讨论明清的田土契据，以作本编的导论。

## 二、官府簿册

先要明确的是，田土管业的证据体系是由两方面构成的：一是官府编造的簿册；二是民户持有的契据。簿册与契据有着对应关系，理论上，契据中的记录在官府簿册中也能查到。在官府簿册体系中，核心是三大簿册系统，一是黄册，二是赋役册，三是鱼鳞册。这三大簿册都是明洪武年间建立起来的。

### （一）三大簿册

#### 1. 黄册

黄册是以户系田产和赋役的体系，又称"纬册"，主要登记丁口增减以及户内田地的归属与过割。初建于洪武十四年（1381年），共四本，"一以进户部，其三则布政司、府、县各留其一焉"。③完善于洪武二十三年（1390年）。④黄册中有天下户籍、田产和

---

① ［清］董沛：《汝东判语》卷二"杨周怀等呈词判"，清光绪正谊堂全集本。
② "有两姓争坟互控者，稽核旧牍，已历三十余年矣。公诧问吏：'何久不能结？'吏曰：'此案每新太守莅任，例来互控。因两姓俱无契据，无从剖决，只置之不理。'"［清］胡文炳撰《折狱龟鉴补》卷一《犯义》"争坟别墓"，清光绪兰石斋刻本。
③ 《明太祖实录》卷一三五"洪武十四年春正月"。
④ 《明太祖实录》卷二〇三"洪武二十三年八月"。

赋役的对应关系，要证明某项田产的管业人，理论上可以在黄册中查到。不过，黄册制度在明中期已废弛，此后的登记多有不实不尽之处。清初沿袭黄册制度，但运行时期非常短，康熙七年（1668年）即废止。此后，黄册不再是赋役征发的根据，不能用黄册来证明民户的田土管业资格。

**2. 赋役册或实征册体系**

赋役册最早建立于洪武十八年（1385年），略晚于黄册。册式按民户上、中、下三等定则，特点是以赋役系人丁和田产。建立目的是均平赋役和查对实征额。赋役册本该由府州县攒造。① 实际由粮长负责造册，官府发钞补贴粮长，补贴标准是每籍五千户发钞五锭。② 洪武赋役册是国家定制，册内每页均加盖官府印信，是为"红册"。州县征税和编徭，另造有"白册"可凭。③ 白册仍是以税系产，属于赋役册系统。洪武年间赋役册渐渐废坏，正统间，改建风旗册，与鱼鳞册并行。嘉靖时，顾鼎臣建议合并风旗册和鱼鳞册，得旨议行，然因户部迁延不行。④ 风旗册虽未废止，但随着实征册的兴起而式微，万历条鞭法后，许多地方不再以风旗册作为催征依据。

风旗册之外，正德八年（1513年），朝廷又推行实征册。实征册的由来详见本章第五节的论述。明代的风旗册和实征册暂未发现原件，或者有原件传世而无法确定其名称。大别而言，正统风旗册是以鱼鳞册为底本的册式，体例是以税粮系田产。正德实征册以黄册为依归，是从黄册中摘出徭役和赋税，汇编成册。正德以后，全国实际行用的赋役册有两套，各以黄册和鱼鳞册为底本，共同构成一个赋役册系统。

嘉靖至万历前期，地方上又有简化册式，如苏州知府王仪主持的"经赋册"、福建建昌知府许孚远主持的"归户册"等。这些地方簿册仍属赋役册系统，以归户册为例，《明史》称其特点是"以田从人"，大别于黄册和鱼鳞册的"以地为主"。目的是使田多者不得上下其手。⑤ 所谓"以田从人"，是指以人户系田产，本是黄册的特征，但此册式明确不同于黄册，其实是在人户名下首载赋役，再书田产，是赋役系田产的册式。

万历初推行条鞭法，实征册也向记录赋税实征额的方向发展。入清，里长仍攒造

---

① 《明太祖实录》卷一七〇"洪武十八年春正月己卯"。
② 《明太祖实录》卷一七八"洪武十九年五月癸丑"。
③ 《明史》卷七十七《食货一》，中华书局1974年，第1878页。
④ 《明史》卷七十八《食货二》。谕德顾鼎臣条上钱粮积弊四事之一："令里甲等仿洪武、正统间鱼鳞、风旗之式，编造图册，细列元额田粮、字圩、则号、条段、坍荒、成熟丁口数目，官为覆勘，分别界址，履亩检踏丈量，具开垦、改正、豁除之数。刊刻成书，收贮官库，给散里中，永为稽考。"疏下户部："所陈俱切时弊，令所司举行。"
⑤ 《明史》卷七十七《食货一》，中华书局1974年，第1883页。

黄册和汇编实征册。后停止攒造黄册，因实征册简便易行，遂成了州县和里长催征的主要簿册。传世的清代州县实征册，大多只记录税额和人户名，即使记录田产，也极简略。州县实征册只是实征册体系中的核心簿册。实征册之外，由里甲编造，并由州县汇编的，还有细户册、欠则册、登甲册等，作为实征册的辅助簿册。

另外，里长手中也有本里实征册底册。目前暂未发现里长实征册原件，但里长为本里民户编制的业户实征册，也称户管，多保存于门户文书中，格式以四柱式为主，详载本户名下田产及税粮的原额、新收、割除、实在等项，有完整的都图甲户名、鱼鳞字号、亩步丈尺、税则、税额和过割信息等。由此可知，里长手中掌握的实征册底册，记录了本里业户的完整田土信息，最大特点是随时登载过割信息，细致完整程度在州县实征正册之上，既是州县实征册的汇编依据，又是证明业户田土管业现状的重要簿册。

总之，赋役册或实征册以赋役或税额为本，在明清时期是独立的簿册体系。其源头是洪武赋役册，初建时就独立于黄册与鱼鳞册之外。曾发展出风旗册和实征册两个分支，前者以鱼鳞册为本，后者以黄册为本。清代实征册是明代风旗册和实征册的共同"后代"。但是，清代废止黄册，又摊丁入亩，大趋势是以田定税，北方省份是否编制过鱼鳞册也有疑问。因此，对于清代的实征册，不能简单地认为它归属于鱼鳞册或黄册。

### 3. 鱼鳞册

鱼鳞册又称"经册"，建立于洪武二十年（1387年），晚于赋役册。初建时，仅限于两浙、南直隶等属下府州县。①目的是遏制这一带的田产诡寄之风。册式是以田系税，画有田形，即"图其田之方圆"。再对田段独立编号，在田形下附写田主之名，以及田地丈尺、四至等细则。最后编类为册。"以图所绘状若鱼鳞然，故号鱼鳞图册。"②清初，令地方清丈定则，有鱼鳞册传统的江、浙、安徽等府州县，金发人役重造鱼鳞册。有的地方确由图正率图役实地履勘，重绘图形，有的只是照明代万历年间的鱼鳞册重造。至于清代北方省份的鱼鳞，笔者尚未得见，却见过北方省份自名"鱼鳞册"的簿册，其上并无田亩图形，体例为实征册。鱼鳞册是官府核查田亩虚实的重要依据，只要业户手中的契据载有鱼鳞字号，官府可按号调取鱼鳞册，以证田亩四至、丈尺和税额等

---

① 何炳棣指出，两浙和苏州的丈量时间在洪武十九年，且并非全国都绘制了鱼鳞册。《中国历代土地数字考实》第三章《明初鱼鳞图册编制考实》，中华书局2017年。
② 《明太祖实录》卷一八〇"洪武二十年二月"。

信息是否真实。但鱼鳞册有一大缺陷，它只能证明清丈时期的管业状况，如果田产几经易手，而册内并未详细添注过割信息，则不能作为管业现状的证据。

以上三种簿册皆藏于官库，均有底本保存在乡里。如，洪武赋役册由粮长攒造，粮长必有本区的赋役册底本。图正则以鱼鳞册底册为据，为民户办理佥业票。黄册和实征册由里甲攒造，里长有本里底本，是本管册里办理推收税票的依据。清代的佥业票和推收税票的办理情形，参考本章以后各节。

### （二）契尾存根

官府三大簿册主要是为了征发赋役时查核全县田亩及赋役原额。在民户讼争时，可作为查核管业资格的依据。比如，两家人都能拿出某项田产的卖契，但真伪不辨，州县可调取鱼鳞册核对此项田产登记在哪家名下，则它可能是这家的。又如，卖契所载的鱼鳞册号与业税、四至等信息不符，也可证明卖契作伪。麻烦的是，如果甲家的卖契是清初的，乙家卖契是近年的，而鱼鳞册只记录了清初的业主，并无以后的交易记录，就需要官府调取另一种簿册：契尾存根。

人户买得田产之后，须凭卖契赴县税契，领到税契凭证。明初，税契凭证又称契本，由户部印颁，粘贴于卖契的正上方。后因户部契本不敷应用，将印颁权限下放到布政司衙门、兵备道或府。契本形制长大，粘贴于卖契左侧，遂称契尾。清代通常由布政司衙门印颁契尾，勘合形制，尾内和中缝俱填写号数，从中裁开，正文的一半付税契人，存根的一半存库。同时在契尾和卖契上用印，加盖于姓名、契价等处，并于粘连处骑缝用印。于是，书于白纸上的卖契有了红色官印，俗称官契、印契或红契。未加盖官印的卖契和其他契书则通称白契。讼争田土时，管业人只需出示红契和契尾，官府凭契尾号数查出库内存根，两相印证，即可证明管业资格。

不过，以上仍是理论上而言。实际情况可能是，买家在买得田产后，还没来得及赴县税契，手中的卖契还是白契。而原田主却拿出藏匿或刚发现的上手红契去告状，则官府调取契尾存根，只能证明原田主的管业资格。无论如何，契尾存根是官府查验田土过割信息的主要依据，它仅存于州县，可以算作查验民户管业资格的第四种官府簿册。

要查验民户管业资格，官府还有一些可资利用的簿册，如登记当年纳税情况的流水循环簿，保甲系列的户口循环册，等等。这些簿册各有所重，比如户口循环册，是由各州县自行印颁，格式不一，以查验丁口为主。有的不填写户下田亩，有的虽刻有田亩项，实际并不填写，无法作为查验田亩的依据。这些簿册与本章主旨较远，故从略。

## 三、契

本节的最后，略加解释"契据"中的契。要了解明清时期的"契"的概念，必须以它在使用中的固定用法为基础。撇开在"契约""契据"等词语中作为泛指的用法，"契"的固定用法有两种。

第一种，"契"连在交易关系后面，表示各种约定俗成的契书和契约关系，如卖契、借契、典契、租契、便契等。这种时候，它所代表的契约关系是以前缀词限定的，如卖契代表买卖契约关系。同时，它所代表的契书形式是单契，与合同的界限是清晰的。正是在这一意义上，古代契约关系被割裂为单契与合同两种类型。

"契"的第二种用法比较特殊，是在"契据"一词中，与"据"并列。"契据"一词又非泛指，而是田土细故审理和调解中的专门概念，意思是田土管业的证据，地位相当于现代司法中的专门概念，如权证、登记、痕迹等。随着这些概念为人所熟知，专门概念也可以在日常生活中广泛使用，但在司法活动中，这些专门概念是有固定指向和核心内涵的，非泛指可比。大致说来，"契据"一词中的"契"，指向的是一切契约关系的书面载体，而非指一切契约关系。简单地说，它是指证明田土管业资格的契书体系。

首先，它包括红契，也即全业和田骨的卖契，税契后，卖契与契尾粘连，形成一套加盖印信的契书。典当契，如果赴县缴纳当税，也可以是红契。其次，买卖关系中的白契也是重要的管业凭据，主要包括未税契的田土卖契和田皮卖契。假设卖主将田骨和田皮分别卖给两家，由骨主税契，皮主只需向骨主缴纳骨租（或称"大买租"）。田产业税由骨主缴纳，皮主手中连纳税凭证都没有。所以，田皮卖契就是皮主的主要管业凭证。田皮管业在官府簿册中也没有登记，又缺乏其他管业凭据相互证明，一旦转卖，若原皮主藏匿上手皮契，官府也无法核查。这更说明了，田皮卖契虽为白契，却是田皮管业的重要凭证。再次，买卖关系以外，各种与田土有关的交易契书，如租佃契、田房押契，以及不纳当税的典当契或加当契等，都是相关管业的主要凭据。

往外扩展，本编各章介绍的合同，无不是相关管业的重要凭据。比如，在召租关系中，有一种订立有"酒席钱"的召租合同，它确立了近似小买的权益，就像田皮卖契或租佃契等管业凭据一样，是山皮管业的凭据。又如换产合同，与前面讨论过的便契相似，便契或换产合同都是全业的卖出或置换，只是价值微小，没有对应的鱼鳞册号，或实际不宜分割，故不起割业税，只能订立合同作为管业凭据。交换后的田房需缴纳业税，但交换双方的业税相当，约定放在原户头下，各自缴纳即可。在卖契之外，还需要用合同来确认管业资格和完成交易。主要是因为，存在着某些不便起割业税的田土全业，以及不必起割业税的分层次或部分管业。这类管业既未在官方簿册上登记，又没有纳税凭证，只好用合同形式昭示慎重。

再往外扩展，所有的合同，如分家合同、家族合同、钱会合同等，都具有管业凭据的作用。比如会书就是会股管业的凭据，不过会股管业与田土管业不同。又如，分书就是家产管业的凭据，不过家产中既有田产又有债权等。而这些合同都在俗称的"白契"范畴内。

所以，"契据"中的契，对应的不是红契，也不是单契，而是白契和红契的加总。红契的证明力仅限于税契的田土管业，在此外的契约关系中，白契就是权威的或唯一的管业凭据。换言之，单契与合同，作为两种不同形制和内涵的古代契书，统一在"契据"的契之下。契据的契，是最接近统一契约关系的概念。

## 第二节　据之一：印照

### 一、契据 = 契 + 据

契是契，据是据。明清时期的契据，可上溯到宋代的"干照"。[①] 契据一词及其证据效力，又一直影响到民国时期的不动产案件审理。北京政府时期，从大理院到各级审判厅的判决，以及县知事判谕中，都广泛援引契据以证明不动产管业资格。南京政府时期，虽然颁布了民法典，不动产所有权和用益物权原则上以登记为有效条件，但全国未完成不动产勘查与登记，清代至民初各地颁发的契据仍是司法实践中承认的管业凭据。换言之，不理解契据的内涵，就无法理解宋代至民国不动产诉讼的审理依据。下面以清代为例，阐释田土之据的含义。

清代官府审理田房案件中所称之契据，包含契与据两种文书。例如"或买或押，原立契据，概未呈验，显系捏词搪抵。着即检契送案，并历年丁漕印串，一律黏呈，

---

① 陈景良：《释干照：从"唐宋变革"视野下的宋代田宅诉讼说起》，《河南财经政法大学学报》2012年第6期。

听候验夺，毋再抗延，致干重究"，①该判语所称"契据"，分为"契"和"丁漕印串"。"契"对应卖契，"据"对应"丁漕印串"。又如"顺治九年（1652年）之老契，系康熙五十年（1711年）之印信。而康熙七年（1668年）请照，则称印契、执据，岂不倒乱？准照印信，又系朱上之墨，来历不明，尤可概见"，②此处"印契"与"执据"并列，显系二物。所谓"执据"，是康熙七年所请之"照"，在同一审语中又称"印照"。该印照经官府审查为赝伪。所谓"朱上之墨"，是说墨笔填写在朱色印信之上，有先盖印信后填文字之嫌。可见，印照也是"据"。

又不止是印照、印串。来看《海阳纪略》中一件看语："鳞册金业系乙字三千七百三十号，其地坐向、界至甚明。"又说："查鳞册（乙字三千七百）三十号之地，姚姓并无分毫金业，又无凭据出验，姚尔成岂得以三十二号之田而冒三十号之卖主也耶？"③该案不提卖契，将"金业"作为判定山业坐向和四至的权威证据。

可见，若非了解以上田土审理中所称之契据，就读不懂相关审语或看语，无法深入研究清代田土管业和流转的法律体系。下面解释四种管业凭据：（1）印照；（2）金业票；（3）串票；（4）推收税票。这四种田土管业凭据，在清代是全国通用的，由民人持有。还有一些据，如易知由单、滚单等，同样具管业凭证功能，但效力或基础性不能与这四种票据并肩，暂不涉及。

## 二、由帖到印照

先来看印照。印照是田土管业执照的别称，明代称由帖执照，简称由帖。④但泛称由帖时，其意不限于田土管业。正税如夏秋钱粮，杂税如茶、盐、商税，俱发由帖，故明代由帖相当于清代管业执照和纳税执照的总称。

入清，发给民人的管业权证和纳税凭证多称执照，管业权证又特称印照。印照是印信执照的简称，于顺治年间已经流行。如："（顺治）六年（1649年），令地方官招徕

---

① ［清］董沛：《汝东判语》卷三"乐世显呈词判"，清光绪正谊堂全集本。
② ［清］徐士林：《徐公谳词——清代名吏徐士林判案手记》"张彤文捏约盗葬案"，陈全伦等主编，齐鲁书社2001年，第223页。
③ ［清］廖腾煃：《海阳纪略》下卷"孙君宜汪新控争坟山看语"，清康熙浴云楼刻本。
④ 如："嘉靖六年，令各处板荒、积荒、抛荒田地，遗下税粮，派民陪纳者，所在官司，出榜召募，不拘本府、别府军民匠灶，尽力垦种，给予由帖，永远管业。量免税粮，三年以后照例每亩征官租，瘠田二斗，肥田三斗，永远免起科加耗，及一应田土差役。其概县原陪税粮，即以所征官租，岁报巡抚衙门，照数扣减。"万历《明会典》卷一七《户部四》，中华书局1989年，第112页。

逃民，不论原籍、别籍，编入保甲，开垦荒田，给以印信执照，永准为业。"①

管业权证也不必称"印照"，印照只是较权威的称谓。仅查《清通志·食货略一》，就可见到不同的称谓，如，顺治十八年（1661年），巡按河南御史刘源浚言："嗣后请令该地方官先给帖文，开列姓名、年月，并荒田四至、坐落，每岁申详上司，以息争讼。"此处所称"帖文"与印照同义，尚保留明代由帖称谓的痕迹。又如，"（康熙）四十一年（1702年），以山东明藩地募民垦种，给印帖为恒业"，"印帖"即印信由帖，仍是指管业凭证。雍正初，官方称谓相对统一为"印照"。如，雍正元年（1723年），"户部因议山西、河南、山东等处闲旷之地，令督抚转饬各州县、卫所，确查有无从前种地之人，劝谕开垦。无力者，官仍给牛种，起科之后给印照，永为世业"。又如，安置入川民户，使其"执印照为业"。《清通志》所载"帖文""印帖""印信执照"，皆名异实同。令文中往往有"为恒业""永准为业""永为世业"等语，说明印照的性质就是现在所谓的不动产权证。明清两朝推行管业权证的制作、办理和颁发制度，是没有疑义的。

不过，在证明管业资格方面，印照也有缺陷。主要表现在，它只在清前期清丈定则时普遍颁发，以后，只有应民人申请才颁发。除非在清前期领到印照后，业主始终不卖出田土，这份印照才是业主的管业权证。一旦典卖田产，而买主并未呈请印照，载明原业户名的印照也就失去了权证效力，不能作为现业主的管业权证。如今，传世的清前期印照已经罕见。现利用国家博物馆所藏一件印照，观察清初印照的特点。正文曰："今丁云士具呈请赏印照杜患。据此，合就给发。为此印照给丁云士永远收执。嗣后倘有无籍棍徒，借名上首业主，或指称前任孙令家属等辈，需索扰累，巧为生波，许尔即时扭禀，以凭大法究处，定以光棍诓骗例，详请治罪，决不轻恕。须至印照者。"②该印照的榜头刻有"执照"二字，正文却统一称为"印照"，与《清通志》所载令文一致。清代的纳税凭证也多称"执照"，所以，传世文书中若有"执照"二字，必须视内容再加辨别。二者的实质区别是，印照是官府发给业主的管业权证；纳税执照不是权证，而是业户缴纳赋税的收据，内容主要是税额、税则和纳税限期等。

---

① 《清通志》卷八十一《食货略一》。
② 《雍正十年九月初四日巢县正堂赏给丁云士承买入官房屋印照》，《中国国家博物馆馆藏文物研究丛书·明清档案卷（清代）》，上海古籍出版社2007年，第269页。

### 三、清晚期印照

清代有两个颁发印照的高峰期：一是清前期，下限在雍正年间，在全国范围内发放印照，以确认前朝管业和新垦荒地的管业资格。二是清晚期，主要是太平天国运动之后，民户因兵燹而丧失田土契据，江苏、浙江等省陆续成立善后局补发印照。现摘引一件清晚期的江苏元和县印照。该印照的榜头刻印"房产执业印照"，正文曰：

> 江苏善后总局为查明房产给发印照事。据业主（元和县人倪徐氏），（元和）县（九）都（五）图（猪房河头、营房场）巷、街、衖，（己）产房屋一所，计（楼平房五、批厢上下二）间。呈验印契，及契已遗失，取具里邻图董各保结存案外，并经各分局复查无异。请给印照前来，合行给发印照，交该业主收执，永远管业。须至印照者。
>
> 同治（三）年（五）月（二十六日）给

上引印照为雕版填写本，括号内为填写文字。由刻印文字可知，此印照由江苏善后总局根据业主的呈请，经邻里保结，再经元和县善后分局复查后发给，目的是使业主"永远管业"。元和旧属苏州，同治二年（1863年）十二月由清军夺回。此印照即次年发给，是地方官府组织善后工作，统一发给管业权证的实例。

咸、同、光时期的江苏、浙江二省印照原件，存世较多，二省补发的权证多称单，而不称照。如咸丰年间松江府上海县印照，榜额称"执业田单"。同治年间江苏震泽县印照，称"清田方单"。光绪年间湖州府归安县印照，榜额称"执业方单"。正文与元和县印照大同小异，不再赘引。

除江浙等省外，陕西、甘肃、云南等省的回乱平息后，也曾组织善后局，并由各属军民府、州县等颁发权证。原件有称"粮单"，有称"照"的，多见于坊间，不再赘引。

## 第三节　据之二：佥业票

佥业票，又称归户票，或合称"佥业归户票"，或简称"佥归票"，是以鱼鳞册为底本颁发的票据。因鱼鳞册为经册，黄册为纬册。佥业票是丈量田土后，由图正率图役签发，付册里攒造黄册所用，又称佥业纬税票，或简称"纬税票"，或称"佥业纬票"等。

## 一、清前期的佥业票

明代佥业票的式样，栾成显论之甚详。① 清初的佥业票，仍是图公正率图役清丈全图田亩，汇编本图鱼鳞册，并按鱼鳞册号为据，以一号一票的原则，由图正等率图役签发。册里收到佥业票后，将田土和税额等载入黄册中的业户名下。这样，鱼鳞册按号登载的田亩图形、丈尺、四至、税则、税额等，与黄册登载的业户名、男丁和妇口数以及名下所有产业细则和总额等，二者可以相互查对，防止催税和纳税时的弊端。

最规范的佥业票程序是，原票印制为三联，一联由图正存底，一联付民人收执，一联付册里。这一程序有的刻印在票内正文内，如顺治九年（1652年）祁门县西都图公副签发"业户执票"中说："拟合出给串票，一存底，一归业主，一付册书。"② 也有的佥业票保存下来两联，可从票文中获知。如顺治七年（1650年）歙县十五都二图佥票，左右两联中缝有刻印文字"颁发佥业合符号票"。左联正文末尾印有："给发佥票，业主执付册里，收税输粮。"右联正文末尾印有："给发佥票，业主收执。存据。"两联的其余文字相同。③ 说明右联为业主保存联。左联由业主付册里，作为攒造黄册的依据。

---

① 栾成显："在清丈田土的同时，对鱼鳞图册所编每一号田土，都分别印制一种小票，其上载有字号、土名、清丈亩步、田则、税额、所属业主都图姓名等，颁发给该号田土的业主收执，然后业主执此小票，在其所在都图亲供归户，这种小票在明代称为'归户票'。"栾成显：《明代黄册研究》，中国社会科学出版社2007年，第174页。
② 《顺治九年（1652年）祁门县业户执票》："祁门县为归户供税事。照得丈量既竣，例应□户造册，递年输纳供税。今（西）都（ ）图（三）甲（谢永茂）户户丁（六秋仁四毛）实承丈得西都（九）保（冬）字（二百十）号，土名（屋后坞口），计（平地五十一步七分七厘六丝三忽）。折税（ ）。该管公副李朝卿等，拟合出给串票，一存底，一归业主，一付册书。照数查明，对同造册，毋得违错取究。须票。顺治（九）年（二）月日给。县。"注：该票共存三枚，俱出自祁门县西都十保谢永茂户，残毁严重。以上刻印文字为会读三票释出。括号内为填写文字或应填写处。
③ 《顺治七年（1650年）歙县十五都二图佥票》左联。榜额为"新编长字（三千一百十四）号"。正文："歙县十五都二图公正陈德绶、副程聘。弓手潘菊德、程连宾。画（手）程宇、程元。书手程洪儒、张□柱。算（手）陈季典、宋用修。遵奉县主明示清丈。将丈过田地山塘，给发佥票，业主执付册里，收税输粮。照。今据（二十五）都（二）图（十）甲业户（汪可言）。承见业土名（王家山）。新丈（山分庄）。计税（七厘八毫正）。"左区上："南、北、西、东。"（中留白，未画田形）左区下："东至（ ），西至（ ），南至（ ），北至（ ）。"票尾："顺治（七）年（七）月（初六）日，佥票。"该佥业票为两联，中缝刻印文字为"颁发佥业合符号票"。

但此票在册里誊抄完后，未将左联裁下，于是两联共同保存在业户门户文书中得以流传。

由顺治年间的佥业票可知，清初的图役和里役的职能划然有别。图役是临时佥发的职役，主要职能是清丈田亩和攒造鱼鳞册，后来为了便于发给佥业票，渐成介于临时和常设之间的职役。清中期以后，图正一职已渐渐消失，只留图册书掌管鱼鳞册底册并签发佥业票。图册书也称图书、图册、册书或司册等。里长则是里甲系统中的常设职役，职能是催征赋役和十年大造黄册。康熙七年（1668年）停止攒造黄册，里长催征赋役的主要依据是实征册。原先负责攒造黄册的本管里长仍掌管本里实征册，仍称册里。康熙中期，负责攒造黄册的册里已无必要存在，许多地方只留掌管实征册的册书，又称里册书、里书或司册等。仍称册里的地方，册里的职能和里书一样，主要职能是攒造实征册和办理业税推收等。但图册书与里册书均简称册书，容易混淆。清中期以后，甲户共同承担里长催征之役在许多地方已成惯例，所以，这些地方看不到里长，只有里役之名。其实，里役就是从里长之役中剥离出去的催征职能。另外，在清初丈量时，有一人身兼里长和图正的情况，但是，一里毕竟有十个里长，其中一人为现年里长，九人为排年里长，而图正始终只有一个，不可能所有里长皆身兼图正。

明清时期的图役，属于鱼鳞册系统，以田土为中心。而里长属黄册系统，以业户为中心。黄册停造后，里长转属于实征册系统，以税粮为中心。这是里长职役在明清时期最大的变化，也是明代和清代里长容易混淆之处。终清一代，里长职役始终存在，无论从法定意义上，还是实际意义上，都从未取消过。但清代里长的催征之役多由本甲各户共同承担或合同分担，这也不是清代的创新，而是继承明中期以来的传统。

清前期颁发的佥业票，主要集中在两个时期：一是顺治时期，主要在顺治六年（1649年）以后。二是康熙初年，主要在康熙二年（1663年）以后。对于康熙时期的佥业票，下文结合其他问题再讨论。此处重点讨论顺治年间的佥业票特征。顺治六年是清初第一次丈量和制颁佥业票，朝廷较为重视。徽州各州县均制颁过佥业票，发各图图正领取。因此，此期的佥业票最大特点就是县颁票据盖有州县印信，且因颁发给图正前已加盖印信，存在着图正填写文字骑写在印信上的现象。这是不符合定制的，故此种票据的适用时期较短。其后，县颁佥业票消失，由各图仿县颁格式自行刷印，票上不再出现州县印信。

此期的第二大特点，是票上还留有田亩图形的方框。如顺治八年（1651年）婺源县颁丞业票。① 其榜额只刻"字　　号"二字，由图正填写鱼鳞号数于其间。榜额以下分为两区，右区摘录婺源县颁发丞业票的示文，左区分为上下两个线框，上框内分别在上下左右刻有"南至""北至""东至""西至"，中间留白。由图正在四至之后填写地名，并照鱼鳞册本号图形在留白处画出田山形状。又如，前引顺治七年（1650年）歙县十五都二图图正、副率图役签发的丞票，虽非县颁丞业票，规制与上述婺源县颁丞业票相同，只是左区未用横线分隔出方框，且签发时没有在留白区域画出田形。总之，顺治丞业票中留出画田形的位置，正是丞业票以鱼鳞册为本的基本特征。以后的丞业票继续简化，票内失去了画田形的位置。

此期丞业票的另一大特点，是榜额上不一定写票名。如婺源县颁丞业票，榜额上只有鱼鳞号数。顺治七年歙县十五都二图丞业票，榜额刻印"新编长字　　号"，签发时再填写号数入内，但票内正文和年月日下均刻有"丞票"字样，且该票为合同两联票，中缝刻印"颁发丞业合符号票"八字，可作为丞业票的判断标准。还有的榜额和正文所称票名不一，只能凭实际内容判断其为丞业票。如前引顺治九年（1652年）祁门县的"业户执票"，票末印有"县"，"县"字下印有押文，无祁门县印信。因票内印有图公副姓名，知其为仿县颁原式翻刻，翻刻时忘了挖掉"县"字及县押。票额称"业户执票"，乍一看似为田土印照。正文中又有"串票"二字，容易误导为钱粮执照。细读文字，才知是丞业票。总之，只要以鱼鳞册号为首，系以田亩积步和税额，票文声明由图役照丈量结果或鱼鳞册记载而颁发，供业户亲供纳粮，并付册里攒造黄册的票据，就是丞业票。票内是否自称丞业票，并非判断票名的唯一依据。

值得一提的是，此期丞业票的签发人详略不一。以笔者所见为限，顺治七年歙县十五都二图的丞业票，列举的图役最为完整。该图图正、副各一人，四役各二人，共十人。十位图役的姓名完整刻印于票内正文。这是真正成立了丈量班子，且进行了实际丈量的证据。顺治十年（1653年）徽州某县（疑歙县）三十二都二图"丞业归户票"，

---

① 《顺治八年（1651年）婺源县丞业票》，榜额："（下男）字（四百三十五）号。"正文："婺源县为清丈事。照奉部、院、司、道、府明文前示，奉此。遵行。督令各号公正丈量，取册申报在案。各号丈过田地山塘，合给跴业印票，付业主照证归户，供纳税粮。永为遵守。须至业户者。（城）都（一）图（四）甲业人（俞睦，与俞，同号）。"左上框："南至（滕地），北至（路），西至（滕地），东至（程地）。"（四至中间画田形，略。）左下框："今丈积步（　）。计税（该银四分二厘）。坐落（十八）都。土名（绿禾园）。"票尾："顺治八年（五）月（初九）日。公正（汪先贲），书算（王祖其）。"

票尾印有完整的图正与四役的姓名。① 可证明该图组成了实际丈量班子。而婺源县颁并加盖县印的佥业票，票尾仅刻印"公正"和"书算"，其下皆填写姓名。可证明此时婺源县并未要求各图组成实际丈量班子，各图只由公正率"书算"一人，据鱼鳞老册抄录田亩四至、坐落都图土名及税额而已。至于顺治十年祁门县西都九保的"业户执票"，正文中有"该管公副李朝卿等拟合出给串票"等语，无图役名目，显是该保公正和公副各管数甲，各照鱼鳞老册抄录亩步而已。

## 二、佥业票称谓之辨

### （一）佥业票与"归户票"

清初各地的佥业票，一般都继承本地的明代格式，用途和性质与明代佥业票相同。佥业票称归户票是明代以来的传统。如，万历年间休宁县称"分亩归户票"。又如万历年间福建汀州府清流县、连城县的佥业票，均称"清丈归户单"。

南京大学历史系资料室所藏《康熙孙氏文契簿》中载有两件顺治年间的休宁县"佥业归户票"。其中，顺治九年（1652年）二十二都四图佥业归户票，署名是图正、量手、册里、画手、书手、算手等职役的姓名。而二十一都一图佥业归户票，署名却是册里、书手、算手。② 这类佥业票中的署名差别，主要是由实际丈量与否造成的。

佥业票都是为了"归户"。所谓归户，在明代和清初都是指归入黄册登载的户名之下。册里是负责攒造黄册的职役，不负责清丈。所以，由册里签发的佥业归户票中，没有负责丈量的量手和画手二役。册里佥业票有两个依据，一是照录图正签发的佥业票；二是照录老鱼鳞册。前者是清中期以后，有的地方已经没有图役或图册书，鱼鳞册由册里掌管，才会出现这种情况。顺治年间的册里佥业票应属于后者。顺治初年，鱼鳞册仍用万历老册。③ 顺治十一年（1654年）颁部铸步弓尺，定广一步、纵二百四十

---

① 《顺治十年某县三十二都二图佥业归户票》："三十二都二图奉本县明示，丈过田地山塘，每号照丈积步，依则清查，分亩给发小票。业人亲领，前付该图亲供归户。票照。计开：丈过（三十二）都（四）图（三）甲（吴亨）户丁（吴思玮）业。土名（竹坞口）。字（六百八十三）号。则（　）。计积（下下田一百零七步）。计税（九分）。顺治十年十一月初九日。公正叶义，量手汪仲阳，画手盛经，书手叶长春，算手吴泰□。"该票左册留有刻印文字所剩半书"字""合同票"等四字。
② 夏维中、王裕明：《也论明末清初徽州地区土地丈量与里甲制的关系》，《南京大学学报（哲学·人文科学·社会科学）》2002年第4期。
③ 《清朝文献通考》卷一《田赋考》：顺治十年，"又以直省州县鱼鳞老册，原载地亩、坵段、坐落、田形、四至等项，间有不清者，印官亲自丈量"。

步为亩。命有司于农隙，亲率里甲履亩丈勘，以定疆界，杜占争，均亩赋。然各地迟速不一。顺治十五年（1658年），派御史二员赴河南、山东督率州县清丈。此时，万历清丈的各省《赋役全书》尚在，各直省以为蓝本，符合者不必清丈。清丈仍不彻底。所以，在顺治十年以前，徽州不少地方没有组成实际丈量班子，至少不是全县丈量，田亩税额要么照录万历鱼鳞册，要么凭民户自实。①

休宁也不例外。康熙《休宁县志》没有顺治年间全县丈量的记载。但县志"沿革"表载，康熙二年（1663年）"诏天下丈量田土"。说明康熙二年的丈量是切实举行过的。全县丈量是康熙二年以后的事。《康熙会典》的记载也可作为旁证。②另外，休宁县九都一图三村十甲的丈量合同，③也间接说明了顺治年间休宁县未全部丈量土地。该合同中说，准备于顺治六年（1649年）二月初开始丈量"芥字号"内的一万号田亩。据康熙县志载，休宁县九都下辖两个图，共四个自然村，分别为蓝渡、西馆、山头、典口。鱼鳞册字号共四个，除芥、姜两个旧号，还有"新丈称、夜"两号，④两个新号显然是康熙初的清丈编号。故即使顺治六年休宁九都有丈量活动，也只是将芥、姜两个旧号田亩清查复丈，至于隐漏或新垦田亩，要待康熙初年才实际丈量和编号。

总之，金业票仅属于鱼鳞册系统，它与归户票实为同一票据的不同名称。即使是清初册里颁发的金业票，也是以明代鱼鳞册为依据。这就像明初的徽州鱼鳞册是从宋元留下的土地档册中抄录而来一样。⑤若是清中期以后册里颁发的金业票，则以康熙初年丈量结果为据，仍属鱼鳞册系统，无需因金业票和归户票的称谓差异，或因签发人有的是册里，而将该票分属于鱼鳞册和黄册两个系统。

---

① 嘉庆《黟县志》卷九《政事·田地》摘录顺治二年谕旨："本朝平定江南，其土田规则，悉用前明之旧，以万历中赋额起征。"又载"（顺治）六年，奉文清丈，旋复停止。其田段、步数、亩角，俱依万历时清丈者摊则"。又载"嗣于康熙元年复行清丈，二年告竣。田亩如额造简明册报部，鱼鳞册存县"。又，民国《绩溪县志》卷三《食货志·土田》：据乾隆县志沿革表载，"顺治二年，自实官民田土数如旧。六年丈量田土。十二年，始刊《赋役全书》。康熙二年，复诏天下丈量。四年，改刊简明全书"。
② 康熙《大清会典》卷二〇《户部四·丈量》："顺治十年覆准，直省州县鱼鳞老册，原载有地亩、圩段、坐落、田形、四至等项，间有不清者，印官亲自丈之。"所谓"鱼鳞老册"，即万历年间的老册。
③ 夏维中、王裕明：《也论明末清初徽州地区土地丈量与里甲制的关系》，《南京大学学报（哲学·人文科学·社会科学版）》2002年第4期。
④ 康熙《休宁县志》卷一《方舆·隅都》。
⑤ 何炳棣：《中国历代土地数字考实》，中华书局2017年，第72页。

## （二）佥业票与"纬税票"

"鱼鳞册为经，土田之讼质焉。黄册为纬，赋役之法定焉。"① 此乃明清时期的定论，毋庸置疑。又据万历十年（1582年）的纬税票称："辨验赤契，攒造纬册，发票归户，以便亲供。"② 意思仍然是凭票将业税归入纬册（黄册），所以称"归户纬税票"。③ 这些票文都说明，直到明晚期，民间对纬册的理解才与官史一致。

导致学界对"纬册"之义产生疑问，是海瑞在谈到江南各州县簿册时说："江以南丈田事，付之田地坐落之里排，其册谓之经，即部科题请大小流水鱼鳞册之谓。归粮于丁粮坐落之里排，其册谓之纬，即部科题请归号册，一贮布政司，一贮府，一贮州县之谓。一经一纬，组织成衣。"④ 这段话里，鱼鳞册是经册，没有疑义。纬册是"部科题请归号册"，没提到黄册。"归号册"的汇编原则是"归粮于丁粮坐落之里排"，"丁粮"即丁役和税粮，此种簿册明显是以赋役系人丁和田产，属于赋役册系统。此时，洪武赋役册早已废弃，"归号册"既经"部科题请"，乃是推行于全国的簿册。又分存于布政司、府和州县各一本，则每页必加盖印信，乃是赋役红册，绝非州县白册可比。嘉靖时期正是实征册和风旗册两种赋役红册同时行用的时代。既名"归号册"，顾名思义，乃归拢鱼鳞字号的簿册，而当时的实征册尚以黄册为本。此册与鱼鳞册相提并论，正合嘉靖时风旗册与鱼鳞册并行的现象，则归号册不过是风旗册在江以南的别称。海瑞的说法可以理解为：嘉靖中后期，人们习惯于把赋役红册视为纬册，赋役红册已呈现取代黄册的趋势，只是要到清初才完成。顺便说一下，风旗册虽在万历后式微，但并未立即退出历史舞台，现在还能看到清代北方州县的推税票有称"推旗单"的，这就是风旗册的流风余音。

总之，佥业票、纬税票、归户票三种名称，不过是一票多名。名称不同的主要原因，是一县之下各图负责本图的清丈，各自刻印本图的佥业票，名称不能划一。"佥

---

① 《明史》卷七十七《食货一》，中华书局1974年，第1882页。
② 《明万历十年八月七日平字号造纬册》，周向华编《安徽师范大学馆藏徽州文书》，安徽人民出版社2009年，第91页。
③ 《明万历十年七月归户纬税票》，周向华编《安徽师范大学馆藏徽州文书》，安徽人民出版社2009年，第88页。
④ 陈义钟编校《海瑞集》下编《书牍类·奉唐敬亭》，中华书局1962年，第462页。

业",① 是指图役按鱼鳞册号一一编排田段，再按号签发票据，又与"分亩"之义最近。"纬税"，是指里长收到佥业票后，将票内所载业税田产，逐一攒入黄册。"归户"，是指里长把同属一个业主的数个田段，集中归并登载于黄册中的该业户名下。"佥业"侧重于图役分别田段和编排字号，"纬税"侧重于里长将业税归于黄册，"归户"侧重于里长把税与产同归业户名下。三者分别代表从图役开具佥业票到里长按佥业票收入黄册这一过程中的不同重点。其中，佥业最能体现该票出自图役，故佥业票为该票本名。

## 三、清前期佥业票的性质

康熙七年（1668年）废止黄册之前，纬税票仍指将田土丈量结果付本管里长，作为归户和攒造黄册的凭据。康熙七年以后，停止攒造黄册，尚未停止五年一届的人丁编审，且民户仍向州县呈请立户，州县要办理立户手续，也要依靠旧黄册。所以，州县黄册在康熙七年以后还有应用。黄册彻底退出的时间，当在乾隆三十七年（1772年）废除编审制之后。此后，一些地方的册里仍然签发纬税票，但已失其本意。兹录康熙六年（1667年）休宁县纬税票，来说明此期佥业票的特点。该票榜额刻印"佥业纬票"四字，正文曰：

> 休宁县二十二都二图图正　奉旨清丈田土事。今据丈过鸣字（三千七百五十九）号，土名（石塘）。
>
> 积步（　），拟（　）则（分山）税（叁厘正）。
>
> 见业（员房程先之）等，系（二十二）都（二）图（十）甲（　）户。事干宪件，该图册里速同业主即领纬票归户，不致遗漏，以杜争端。纬票存照。
>
> 康熙（六）年（四）月（十五）日。图正程序忠、量吴一元、画佥法、书姚毓桂、算程元茂　票。

---

① 《说文》中，"佥"在"合"字之后，二字结体近似，又说："佥，皆也。"意思也接近。《释诂》："佥、咸、胥、皆也"。也即"都""全部"。古人说"佥曰"，意思是"大家都这么说"。因此，"佥业""佥归""佥入"等"佥"字，主要是指将产业全部归于某人名下。但为何不说"合业""合归""合入"，非要说"佥入"呢？佥与合相比，还有一层意思，即先把一件事物从别的事物中区别出来，又再合并归拢。形象地说，就像捡出一件事物，再把它放入同类事物中去。佥业，正符合从鱼鳞册中将号亩提出，又将它们分别归集到所属的业户中的意思。

该票在康熙二年（1663年）休宁县清丈之后，又在康熙七年停造黄册之前。它已无图画田山形状的空白处，图正和四役的姓名直接刻印在票上。这是实际丈量后图役签发佥业票的特征。票文要求册里和业主一同领票，图役和里役的界限非常清晰。同一时期其他图正签发的纬税票，也有由"业主领赴该图册里归户"的票文。① 不要求册里一同领取。

综上，清前期佥业票的性质，既不是纳税凭证，也不是税票（清代"税票"特指推收税票，见下节），更不是管业权证。它是图役把清丈结果从鱼鳞底册中誊抄于票内，交付业户和本管里长，或由业户转交本管里长，作为本管里长攒造黄册的凭据。在黄册停造之前，佥业票是连接鱼鳞册和黄册的中枢，也是官府查验田土管业的重要线索。凭票内所载都图甲户名调取黄册，即可核对业户名下是否仍有该号田亩。凭所载字号调取鱼鳞册，则可查核该田产的田形、坐落、土名、四至、亩步、税则、税额等。佥业票的这种便利性，正是作为黄册和鱼鳞册的枢纽才具有的，其他契据多不具有此种功能。

## 四、清中后期的佥业票

康熙七年（1668年）停止黄册至乾隆三十七年（1772年）停止人丁编审，此间有百余年。里长收到佥业票后，应该是与实征册衔接，但实际情况有待系统的门户文书来说明，此处暂略。可以肯定的是，此后的佥业票性质逐渐变化。

### （一）佥业票的变化

下面结合笔者搜集的《休宁县二十一都二图六甲程氏文书》，来说明乾隆朝以后的佥业票性质。该门户文书中有休宁县佥业票15件。其中，嘉庆十二年（1807年）5件，咸丰六年（1856年）1件，同治九年（1870年）1件，光绪朝8件。嘉庆十二年十一月的5件佥业票，俱由二十一都一图图正率图役签发。雕版填写本，编号从"业八十八号"至"业九十二号"，是连号，归属同一业户。榜额印"佥业票"。原文如下（括号内为填写内容）：

---

① 《清康熙九年（1670年）十一月休宁县奉旨纬税票》，周向华编《安徽师范大学馆藏徽州文书》，安徽人民出版社2009年，第170页。也可参考另一张康熙三十三年（1694年）的休宁县同都图纬税票，票文基本相同，见王钰欣、周绍泉主编《徽州千年契约文书》（清·民国编）卷一，花山文艺出版社1991年，第131页。

休宁县二十一都一图图正程执中，遵奉县主明示，清丈田地、山塘，每号照丈积步，依则科算，发票业主为凭。至该图册里照验纬税归户。

新丈壹字（二千五十九，一）号，土名（北七坞）

计积（合得一百二十步六分伍厘正）

应拟（下）则（田）税（四分六厘四毛正）

见业（汪怡筠）系（廿一）都（三）图（九）甲入（怡筠）户

嘉庆（十二）年十一月　　日图正、量、画、书、算发票（印章：程执中记）

业八十八号

该金业票记载的细则与清前期同。票文尚有"照验纬税归户"字样，此时早已停造黄册，但仍然沿袭本图原来的金业票旧文。

到咸丰六年十二月，该门户文书中收有二十五都三图签发的一件金业票，票文没有"纬税归户"等字样。又收有同治九年二月十九都一图签发的一件金业票，正文曰："休宁县十九都一图遵奉旨，县主明示，清丈田地，依则亩步，给发小票，付与业主领去该图，入册亲供输课，毋得隐漏。凭照。"只说"入册亲供输课"，此册已指实征册，而非黄册。

从三个时代金业票签署人，可看出图役的变迁。嘉庆十二年票上刻印图正与图役，但只有"量、画、书、算"四种称谓，并无姓名。署名（加盖名章）的只有图正，说明四役已撤销，但保留其名义。咸丰六年刻印签署人只剩公正（图正），署名也是图正一人，四役的名义已无需保留。同治九年的"给票"人，已经变成图书（图册书）。显然，自嘉庆年间起，亩步与税额均是从鱼鳞册中抄出，与实际丈量和编制鱼鳞册没有关系。此时的金业票已经直接与实征册相联系，重点在税额和田产。

## （二）补办金业票

此时既然无需编制黄册和鱼鳞册，连图正和图役俱已撤销，为什么还要保留图册书为业主办理金业票，业主又为什么需要申请金业票？这要结合该门户中的其他文书来说明。

该门户中收有光绪二十四年（1898年）十二月一份卖契，内容是程履和把鱼鳞字号体字2390号的1/3卖给程殿扬。这份田产是程履和在分家时得到的。买卖双方都是老户程咸宁户的子孙，各自的户丁户仍在老户内，田产买卖只需在本管册里办理手续。办理完后，变化的只是田产及业税从一个户丁户过割到另一个户丁户，老户内的田产总数和业税总额没有丝毫增减。但是，程履和碰到两个难题。第一，他没有该田产的上手卖契。这份田产是一个鱼鳞号的 1/3，整段田产由其先祖购入，当时的上手卖契不由程履和执管（通常保留在长房门户中）。也就是说，此时程履和的田产管业凭据只有分书，这也是大多数刚刚分家后的小家庭面临的问题。第二，他无法办理户丁户之间的过割手续。此次交易虽在户丁户之间进行，但还是要办理起割和收入手续。册里手中的实征册，可以按照老户和户丁户分别编制。买入田产的，需在本户实征册内"新收"项下登记，卖出的则要在本户实征册的"割除"项下登记。而程履和刚刚分家，连户丁户都没来得及设立，遑论田产登记入户，自然也就无从割除。

册里固守明中期以来的田土登记惯例，在实征册上登记某项新收田产，要么根据卖主所在册里签发的推税票（见下节），要么根据本管图正据鱼鳞册签发的佥业票。程履和的田产不属于开具推税票的情况，所以，他必须去找到本管图正，申请补办佥业票。兹录"光绪二十四年程履和补佥据"如下：

> 立补佥据人程履和，缘因先祖手买受程和祐户地业，系体字二千三百八十九号，土名百家楼，计地税八厘正；又体字二千三百九十号，土名同，计地税二分六厘六丝二忽正。以上两号，身家历来管业完粮无讹。今将现完粮串呈验，敬烦司册先生对同册注，补立身家二十一都二图六甲程咸宁户新佥，给身执凭，照籍管业完粮无异。其中并无冒补等情，如有内外人生端，尽是补佥人一力承值，不涉司册之事。恐口无凭，立此补佥据存照。
> 　　　　光绪二十四年十二月　日立补佥：程履和（花押）　亲笔（花押）
> 　　　　　　　　　　　　　　　　　凭中：汪晓岚（花押）　张玉华（花押）

前面提到，同治年间的休宁县十九都一图签发佥业票的是图册书。根据这件补佥据，可知二十一都二图也没有图正，只有图司册在掌管鱼鳞册。

补办"新佥"一举解决了程履和登记田产的需求。接下来，他只需将佥业票付本管册里，册里按佥业票把田产登记到程履和的户丁户名下。这个户丁户称作"程咸宁宁户"。田产登记手续完成，就可从该户名下割除田产，同时由册里为程殿扬办理田产新收登记。

### (三)佥业票与田土纠纷

不卖田土,是否无需办理佥业票?不卖田土,还会有人上门争议管业资格。光绪三十二年(1906年),真的有人来争执体字2390号的管业资格。争执方程起贵等也是宗亲,他们在自家门户文书中发现先祖买过此项地业的老契,凭此前来索要。在中人调解下,此次纠纷得以顺利解决。兹录"光绪三十二年清晰字据"如下:

> 立清晰字据人程起贵、程琢卿等,缘因先年承祖买受体字二千三百九十号地业,土名方富山,旧经清丈,查得该业历来系程咸宁户现管。身等向伊理论,凭公两造检验契据。于身家契据内四至不符,显系错讹。程咸宁户于先年买受程姓全号,契、税、佥等据俱全,均已验明确实,字号、税亩相符,程咸宁户理应照旧管业完粮,原无异论。今蒙亲友照理议处,加立清晰字据一纸,付与程咸宁户收执为凭,以免日后复萌滋事。如有本族人等异论,是身承值,不涉程咸宁户之事。欲后有凭,立此清晰字据存照。
>
> 光绪三十二年杏月　日立清晰字据人:程起贵(花押)　琢卿(花押)
> 凭中人:戴禹言(花押)　象明(花押)
> 执笔:琢卿(花押)

田产管业发生争执时,查验"契据"是解决争端的最佳手段。契据最好是完整的三样:契、税、佥。契指卖契,税指推收税票,佥就是佥业票。可见,直到清晚期,佥业票和推收税票仍是各自独立的管业凭据,二者的区别在休宁县还比较清楚。

值得一提的是,程起贵家输在"于身家契据内四至不符",程咸宁户赢在"字号、税亩相符"。所谓"四至不符"和"字号、税亩相符",是指三种契据相互印证的关系。"于身家契据内"六字,是指程起贵家拿出的三样契据,各自记载的四至不同。从上引程履和的补佥据可知,体字2390号坐落土名为"百家楼",而程起贵的清晰字据说自家老契登载的田产坐落土名为"方富山",土名不同,四至与佥业票的记载不符,于是契据之间相互矛盾。相反,程咸宁户保存的"契、税、佥",各自登载的字号、坐落土名、四至、税亩均相一致,疑惑随之冰释。由此可见,契、税、佥等记载的内容各有侧重,发生争议时,只有各种契据相互一致,才能形成完整的证据链。或者说,当各种契据登载内容一致,则证据力最强。契据之间相互矛盾,则证据力不足以与前者抗衡。

### （四）清中后期佥业票的性质

休宁县佥业票的名称自明代以来一再更改。明万历年间称分亩归户票，清初称佥业归户票，嘉庆年间至光绪初称佥业票。光绪八年（1882年）前后，县衙又统一制颁过佥业票，刻印文字称"佥归税票"，形制为双联票证，中缝刻印合同文字。这种票式由各图从县衙领回填发。以后，县衙停止刻颁，仍由各图按县颁格式自行印制。终清一朝，休宁县各图佥业票从未中断，且格式基本上沿袭明中期以来的要素。

但是，同属一府的歙县，至少在乾隆三十七年（1772年）以后，一些图的佥业票虽然名字不变，票内仍然刻印图公正名和四役称谓，却刻印了"推入"和"收税"等字样，实际内容也变成办理过割手续的推收税票。① 说明佥业票制度在清中期已呈废坏之势，在一些地方，图役和里役已经不加区别，或者里长与图正皆由一人兼任。

排除佥业票制度已经废坏的情况，州县或图正仍不断签发佥业票的主要原因，是业户于分家后需要办理新的佥业票，以证明田土管业资格，并作为田产过割手续的依据。换言之，只要分家不绝，民间就一直存在补办佥业票的需求。

对于这些维持佥业票制度的地区，可以分为两个阶段：第一阶段，是顺治六年（1649年）至乾隆三十七年。又分两期，一期是顺治六年至康熙七年（1668年），该期沿袭明制，各县攒造黄册，佥业票是攒造黄册的凭据；二期是康熙七年至乾隆三十七年间，此时虽停止攒造黄册，县衙仍办理立户手续，且有五年一届的人丁编审，佥业票与黄册、实征册均有衔接关系，为过渡期。第二阶段，自乾隆三十七年停止编审，佥业票与黄册已彻底失去联系，转为册里在实征册上登记田产的依据。换个角度说，清前中期，佥业票是鱼鳞册与黄册的枢纽；清中后期，佥业票转为鱼鳞册与实征册的中介。

需要注意的是，佥业票的性质与它作为管业凭据的作用是不同的。本章介绍四种管业凭据，只有印照是权证，印照的直接目的就是证明管业资格，也是最权威的管业凭据。其他票据都不是权证，而是各有独立的用途。但业主没有印照时，可以把佥业票作为凭据，与其他契据相互印证，共同构成证据链，证明管业资格。

---

① 《乾隆四十五年二月歙县三十六都四图奉旨清丈佥业票》："歙县三十六都四图公正陆协义，据见业（王永玉、琳、均）土名（上坞、分庄）。今丈严字（一千二百七十三）号，计（山二分五厘九毫九丝四忽）。东至（山），西至（山），南至（湾），北至（岑尖）。推入（三十六）都（三）图（六）甲（王汉记德华户），收税。存照。乾隆（四十五）年（二）月日。弓手、书手、算手、书手。"

## 第四节 据之三：推收税票

推收税票，是田土立契交易后，买卖双方办理田亩起割手续，由州县或本管册里出具的推割和收入业税的凭据。推出卖方业税的称为推税票，收入买方业税的称为收税票，统称推收税票，简称税票。

推收税票大别为州县税票和里长税票。州县税票的票名多种多样，徽州多称"票"。江浙、山东等省又称"单"，如山东东明县称"推旗单"。不同府县的称谓五花八门，以浙江各县的税票榜额称谓为例，湖州府德清县称"清粮推收业户单"，绍兴府会稽县称"归户单"，而同府的山阴县又称"收户承粮印单"，等等。

明清徽州以外的里长税票，少见传世。徽州的里长收税票称谓较统一，均称"收税票"。推税票的常见称谓有"割税票""吊税票""吊票"等。

### 一、推收税票的兴起

明初，深知"产去税存"的危害性，明确规定税粮应"随即推收"。按洪武元年（1368 年）令："凡典卖田土，过割税粮，各州县置簿附写，正官提调收掌，随即推收，年终通行造册解府。毋令产去税存，与民为害。"[①] 该条纂入《大明令》。《大明令》乃祖宗旧制，轻易不得更动。但是，明代的黄册是十年一造，不能及时反映土地过割情况。[②] 主张推收与黄册相结合的学者认为："明代在全国正式推行黄册制度以后，多数地区即把田土买卖的税契制度与黄册的攒造结合起来，由明初的'随即推收'改为在册年即大造之年进行税契推收，直至明末在大多数地区都是实行这种做法的。"[③] 这一观点又因发现明末天启年间的收税票，发展为："到明末天启年间，已经打破了十年大造之期推税的惯例，遵行的是新的事例，随时可以推税。"[④] 但是，我们认为，土地过割登记以黄册为本，业税推收则以实征册为本。

---

① 《皇明制书》卷一《大明令·户令》。
② 韦庆远：《明代黄册制度》，中华书局 1961 年，第 221 页。
③ 栾成显：《明代黄册研究》（增订本），中国社会科学出版社 2007 年，第 91 页。
④ 万明：《明代税票探微——以所见徽州文书为中心》，《明史研究论丛》第十辑，第 13 页。

首先，在实征册尚未正式推行之前，"随即过割"制度一直另有簿册配合。据万历《明会典》卷一七《户部四·田土》："（洪武）二十六年（1393年）定，凡各州县田土，必须开豁各户若干，及条段四至。系官田者，照依官田则例起科；系民田者，照依民田则例征敛。务要编入黄册，以凭征收税粮。如有出卖，其买者，听令增收；卖者，即当过割。不许洒派诡寄。犯者，律有常宪。"令文重申了《大明令》的"随即推收"制度，此时距洪武十四年（1381年）推行黄册才12年。则无论黄册推行前后，明初都在推行"随即过割"的制度。

其次，正德八年（1513年）为了强化"随即过割"，推行实征册制度。万历《明会典》卷二十九《户部十六·征收》："（正德八年）又议准，各处抚按督粮等官，革去一年一造之册。令各州县，照依黄册，造定实征粮册，十年一换。将大小人户，每户以若干亩为转运，以若干亩为存留，以若干亩为轻赉，随其多寡以为定数。田卖亩则随田，户易粮则随亩。若遇蠲免，随数减除。临征之时，对册给由，量地里远近，立限交完，以年终为止。"正德八年重申了"随即过割"原则（"田卖亩则随田，户易粮则随亩"），但废除了"一年一造之册"。这个"一年一造之册"，应当就是《大明令》中规定的"年终通行造册解府"的簿册。它只是记录每年过割实况，是独立的簿册，与黄册没有衔接。革去它，说明在正德八年以前，"随即过割"一直在运行，依凭的不是黄册。为了强化"随即过割"，正德八年以后改为实征册。实征册以黄册为本，是每年科征业税的直接依据，又为十年攒造黄册提供业户实征税额。随着风旗册的没落，赋役册系统转为以实征册为中心，业税催科以由帖为据。发展到清初，随着黄册废止，只剩鱼鳞册与实征册并行。

再次，推行由帖和完限制度以配合实征册。即"临征之时，对册给由，量地里远近，立限交完，以年终为止"。由帖上承南宋的凭由制，下启后来的易知由单。州县每年颁发由帖前，先查验实征册中的业税变动记录，再将业户当年应缴税额填入由帖。实征册、由帖与完限（"立限交完，以年终为止"）相结合，又强化了随即过割的紧迫性。"立限交完"之"限"，据正德元年（1506年）议准："今后征收夏税不过七月终。秋粮不过十二月终。俱要齐足。"① 七月和十二月各为夏秋之粮的最后完纳限期，而非起征时间。但夏麦起征不过五月，秋粮起征不过十月，与后来的上下忙相当。这样，在实征册上的业税推收时间决定了买卖双方由谁缴纳当年业税。笔者藏有福建汀州府长汀县万历八年（1580年）归户由帖，签发日期是十月初一日。"十月"二字刻印于"万

---

① ［明］申时行等修：万历《明会典》卷二九《户部十六·征收》，中华书局1989年，第217页。

历八年"之下,"初一"则是朱色押文。可见,实征由帖的签发时间定于十月,事先可把月份印在帖上。但签发日期可以延迟到初一以后,所以日期留空,等实际签发日再押印。十月签发由帖带来的问题是,如果过割登记在五至十月之间,由帖上的纳税人在十月前已改为买主,全年业税由买主缴纳,但买主未收获夏粮而承担夏税,心有不甘。为此,买卖双方就需另行协商缴税办法。为了避免买卖之后仍有瓜藤,最好避开这个时间段,买卖交割时间在当年十月到次年五月之间较合适,最佳的是十月至年末。到清代,五月以前就要准备好易知由单、忙票和实征册的核对工作,所以,在五月以前过割田产的,推收票上注明"本年推收",五月以后过割田产的,推收票上注明"来年推收"。但因为年底的田产交易较多,注明"来年推收"的推收票存世较多。

最后,推收税票至少在嘉靖初年已经产生,或者更早。推行实征册以后,每年催征业税以实征册为本,而实征册必须随时反映业税推收情况。推收税票就是与实征册衔接,在实征册上登记完业税推收之后,发给民户收执的凭据。它既是业税推收完成的标志,也是田产过割完成的标志。学界之所以认为"随即过割"产生于天启年间,根据是安徽师范大学馆藏的天启三年(1623年)休宁县颁发的"正堂税票",[1] 以及天启四年(1624年)休宁县各图的"收税票"。[2] 然而,推与收为一体,有推即有收,先推才有收,故推税票的产生时间就可作为推收税票的兴起时间。"税票"为后起之名,早期的推收税票并无固定称谓。现在能看到的最早的推税票,是安徽师大馆藏的嘉靖二十一年(1542年)歙县签发的"除票",该票距正德八年推行实征册仅36年。其票为官府榜文样式,榜额文字为"除票",填写文字有残损,但能辨认出内容是将一处田产从十六都一图开除,推入二图吴宗祠内户丁。该票刻印文字有"歙县为赋役黄册事,除外,今给印信小票,发仰里长转散人户,照契填写除税,以凭查对造册施行。须至票者"等文字。[3] 因此,该票应是歙县统一制颁的税票。因黑白图版,无法确认票上是否留有朱色印信的漫漶痕迹。若没有朱色印信,此票当属里长仿县颁格式制颁,这更能说明官颁推税票的产生远在嘉靖二十一年以前。

又,安徽师大馆藏的嘉靖四十年(1561年)歙县十六都一图里长吴庆善签发的票

---

[1] 《明天启三年五月初三日休宁县正堂税票》,周向华编《安徽师范大学馆藏徽州文书》,安徽人民出版社2009年,第116页。
[2] 《明天启四年三月二十六日休宁县收税票》,周向华编《安徽师范大学馆藏徽州文书》,安徽人民出版社2009年,第119页。
[3] 《明嘉靖二十一年二月歙县除票》,周向华编《安徽师范大学馆藏徽州文书》,安徽人民出版社2009年,第70页。

据，将吴汝明的一处田亩开除，推入本都二图吴宗祠户。该票为长方形边框，故原书以为此票是明代官契式。① 后来的里长税票仿官府榜文样式，榜头均刻印成梯形。该票正是早期里长税票样式不固定的表现。该票与嘉靖二十一年除票，应是同出于歙县十六都二图吴宗祠门户文书。由此确认歙县在嘉靖朝已进入里长税票时代。与此相同，嘉靖四十一年的里长推收税票，是歙县十六都五图里长吴永睦签发，将吴正户内某赖字号田亩开除，推入本都一图吴鲁户。② 综上，歙县在嘉靖二十一年以前已经制颁推税票，正与实征册和由帖创设时间衔接。嘉靖中后期，歙县县衙已停止颁发推税票，进入里长税票时期。万历初年，里长签发的推收税票开始仿官府榜文样式，刻印榜头与榜额。如万历元年（1573年）休宁县收税票榜额刻印"推收照会票"字样。③ 万历三十年（1602年）歙县推收税票刻印"税票"字样，样式、行文已接近清代推收税票。④ 又，社科院历史所藏《万历四十年（1612年）祁门谢惟忠户买田割税收税票》，保存了同一田产的推税票和收税票，证实万历时期的税票区分推割和收入。⑤ 其内容特征有二：第一，推税票先叙述卖主推出，收税票先叙述买主收入。第二，在本里交易田产，也要一前一后签发推税票和收税票。

值得注意的是，推收税票的兴起时间不是"随即过割"制度的产生时间。"随即过割"制度自明初以来从无间断，只是正德八年以前登载于"一年一造之册"，之后则须登载于实征册。从嘉靖二十一年歙县除票中，可看出明代歙县推税票的办理流程。县衙让里长将除票转发业主，再由里长照契填写推税票，作为县衙"查对造册"的根据。该票年月日下留有一"合同"合文的半书右半部，而嘉靖四十年十六都一图里长推税票上也留有"合同"合文半书的右半部。可知无论是县颁税票还是里长税票，都是一式两件，骑缝押书合文。由此，复原当时的过割手续如下：买卖双方共赴卖主的本管里长处领取推税票，完成推出手续。卖主收执一件税票作为推除凭证，其余手续与他无关。买主执另一件推税票赴县印契和税契，县衙在实征册中添注过割记录。实征册

---

① 《明嘉靖四十年四月十八日吴汝明田契》，周向华编《安徽师范大学馆藏徽州文书》，安徽人民出版社2009年，第73页。
② 《明嘉靖四十一年十二月二十八日歙县地税单》，周向华编《安徽师范大学馆藏徽州文书》，安徽人民出版社2009年，第74页。
③ 《明万历元年十二月休宁县推收照会票（山地税）》，周向华编《安徽师范大学馆藏徽州文书》，安徽人民出版社2009年，第81页。
④ 万历三十年歙县十六都一图税票，周向华编《安徽师范大学馆藏徽州文书》，安徽人民出版社2009年，第98页。
⑤ 王钰欣、周绍泉主编《徽州千年契约文书》（宋·元·明编）卷三，花山文艺出版社1991年，第430页。

的过割记录和契尾存根就是由帖的填发依据。买主再持印契、推税票等回到本里，由本管里长在里甲实征册上办理收入手续。整个过割流程即告结束。如此办理，州县实征册、契税存根和里长实征册中都有业税过割记载，州县与里长均无由推诿，保证当年由帖签发时及时更换业户姓名。推税票对卖主尤为方便，既免去了奔波县城之劳，又可作为次年起不用再纳税的凭证。它对买主更重要，既是办理税契和过割的凭证，又是田产收入户内的凭证。所以说，推税票的兴起，实是为了应对实征册、由帖和完限相结合而产生的过割的紧迫性，使买卖双方能够迅速而便利地完成过割手续。

综上所述，推收税票是正德八年创设实征册之后兴起的一种配套制度，最迟在嘉靖年间已经产生，其兴起有深刻的制度背景。推收税票在嘉靖年间曾由县衙或卖主所在之图签发，填写一式两件，一件作为卖主推割凭证，一件作为买主收税凭证。发展至万历年间，名称渐渐固定为"税票"，并继续分离成两种税票：推税票和收税票。

清承明制，区分推税票和收税票的制度在清代已经稳定下来。以下分别述之。

## 二、清代推收税票

### （一）推税票

清代的推税票也分县衙签发和里长签发两种，这里重点介绍里长签发的推税票。

里长推税票的称谓各不相同。笔者搜集的《歙县十七都三图三甲胡氏文书》，保存有康熙、雍正时期十张推税票，榜额称谓有"吊税票""吊票""割税票""推税票""税票"等五种。"吊"字寓意将业税从卖主户内"吊"出来，放入买主户内。旧时民间俗称起重机为"吊车"，与此意同。"推"，指业税从卖主户内推出，推入现买主户内。"割""除"则寓意业税与卖主断绝联系。它们均从不同角度表达起割业税的意思。

这批推税票残断较多，但文字尚可辨识，现将榜额、起割都图、收入都图、签发人等要素摘录成表（表 16.1）。

表16.1　歙县十七都三图三甲胡氏门户中的推税票简明表

| 序号 | 榜额 | 时间 | 推税方 | 签发人 | 收税方 |
|---|---|---|---|---|---|
| 1 | 税票 | 康熙四十八年（1709年）二月 | 十七都三图二甲程社魁户 | 册里/吴如义 | 同图三甲唐时户 |
| 2 | 吊税票 | 康熙五十年（1711年）七月 | 十七都四图二甲谢敦睦户 | 里长/胡希光 | 同都三图三甲唐时户 |
| 3 | 割税票 | 康熙五十三年（1714年）□月 | 十五都九图九甲汪以明、上进、诚户 | 册里/金尚义 | □□都三图（ ）甲胡子臣户 |
| 4 | 割税票 | 康熙五十四年（1715年）五月 | 十五都九图八甲吴克生户 | 册里/金尚义 | 拾□都□图□甲胡子承户 |
| 5 | 吊票 | 康熙五十六年（1717年）正月 | 十七都三图三甲唐时户 | 册里/唐幼清 | 本都本图十甲胡户 |
| 6 | 推税票 | 康熙五十六年三月 | 十七都四图七甲 | 里长（册里）胡松桂 | 十七都三图三甲胡承户 |
| 7 | 税票 | 康熙五十八年（1719年）五月 | 十七都三图九甲吴和户 | 册里/吴仕祯 | 同都同图三甲胡子成户 |
| 8 | 吊票 | 雍正元年（1723年）十二月 | □□都五图□甲户丁胡璞 | 册里/胡璞 | 十七都三图三甲胡户 |
| 9 | 吊票 | 雍正九年（1731年）□月 | 十七都三图三甲 | 册里/唐幼清 | 本图本甲胡子臣户 |
| 10 | 着票 | 雍正十三年（1735年）三月 | 十七都三图□□□胡子臣户 | 册里/唐幼清 | 本都三图九甲（ ）户 |

以上除第10号为出当田业，称"着票"外，其余均为买卖田地的推税票。康熙四十八年到雍正十三年之间，歙县十七都三图留下了四张推税票，署名册里有吴如义、唐幼清、吴仕祯三人。其中，第1号的署名册里为吴如义，推税方在二甲，收税方在三甲。第7号署名册里为吴仕祯，推税方在九甲，收税方在三甲。第5、9号署名册里为唐幼清。第5号推税方在三甲，收税方在十甲；第9号推收双方均在三甲。也就是说，至少在康熙五十六年至雍正十三年之间，唐幼清是十七都三图三甲的分管册里，而康熙五十八年十七都三图九甲的推税票由吴仕祯签发，署名也称册里。再结合三图二甲的推税票由册里吴如义签发，可以认为，歙县十七都三图至少有三个分管册里，各个分管册里负责办理一甲或数甲的税票。

里长和册里这两种身份，在清初已有混淆的趋势。按明制，一里共十个里长户，十年一次轮该攒造黄册的里长户称册里。清初沿明制，但册里是否仍然固定，不无疑问。歙县十七都三图的推税票，说明同里不同甲的分管里长均可称册里。另外，第2、6号推税票也能辅助说明这一情况。第2号推税票是由十七都四图二甲的分管里长胡希光签发，票中刻印文字不称册里，而称"里长"；第6号推税票是由十七都四图七甲的分管里长胡松桂签发，票内正文印有"里长"文字，但年月日后面的刻印文字为"经管册里胡"。这说明，胡希光、胡松桂分别为十七都四图二甲和七甲的分管里长，均有办理本甲钱粮起割的权限。且胡松桂既称里长，又称册里，两种身份在同一推税票中并存。

推税票由卖主（推税方）的分管册里签发，买主（收税方）持票赴本管册里办理收税。如上引第6号推税票，卖主在十七都四图，买主在同都三图，推税票是卖主所在四图册里胡松桂签发的。这是跨图交易的情况。通常以为，同图之内的田房交易，推税票是由同一册里签发的，实则不然。如上引第7号税票，卖主在十七都三图九甲，买主在同都同图三甲，此时三图三甲册里必定是唐幼清，而签发人是九甲的分管册里吴仕祯。也就是说，同图的田房交易，是由同图不同甲的分管册里开具，买方须持推税票赴本甲分管册里办理收税。只有买卖双方均在同图同甲，才会是同一册里办理推收手续，如上表中第9号吊票，买卖双方都在十七都三图三甲，办理推收税票的册里就是唐幼清了。

随即产生一个问题，买主领取推税票后，是否必须领取收税票呢？笔者搜集的《歙县三十三都二图八甲吴氏门户文书》，共保存卖契、当契、合同、税票等49件，文书数量不多，类型简单，年代较晚，多在道光朝之后。中有吊税票五件，均有对应的卖契，可以辅助说明清中后期歙县推税票的情况。这些税票之间的关系详见下表（表16.2）。

### 表16.2　歙县三十三都二图八甲吴氏门户中的推税票简明表

| 序号 | 榜额 | 时间 | 推税方 | 签发人 | 收税方 |
| --- | --- | --- | --- | --- | --- |
| 1 | 吊税票 | 道光十九年（1839年）十二月 | 三十三都二图八甲吴益贵户 | 册里/吴廷光 | 本都本图吴积林户 |
| 2 | 吊税票 | 道光二十年（1840年）十二月 | 三十三都一图八甲鲍子维户 | 册里/鲍松裕 | 本都二图八甲吴积林户 |
| 3 | 吊税票 | 道光二十二年（1842年）十一月 | 三十三都一图八甲鲍永恒户 | 册里 | 本都二图八甲吴积林户 |
| 4 | 吊票 | 咸丰六年（1856年）十二月 | 三十三都一图十甲鲍德章户 | 册里/鲍 | 本都二图八甲吴吉林户 |
| 5 | 吊税票 | 同治十年（1871年）十一月 | 三十三都二图八甲汪社贵户 | 册里 | 本都本图吴尚田户 |

以上五件吊税票，第2、3、4号为雕版填写本。第1、5号为手写本。第1号是正式票据，加盖册里吴廷光的朱色图章。第5号没有册里图章。五件吊税票的共同处是，收税方均为歙县三十三都二图八甲吴积林户（吴尚田户由吴积林户分出）。但第1、5号为同图甲内的田房交易，第2、3、4号为跨图的田房交易。所以，第1、5两号为手写本当非偶然。五件吊税票的文字大略相同，这里只介绍第4号即咸丰六年吊票。该票榜额印"吊票"二字，加盖册里图章五个。一枚骑押票左侧，仅余右半，说明当时开具了一式两件推税票，分别由卖主和买主收执。票文如下（括号内为填写文字）：

歙县三十三都一图册里，今将（十）甲（鲍德章）户，起割税产开列于后：
（习字二千一百十三号，计田税五厘正，土名下南村南村坞）
（以上壹号）
推入（本）都（二）图（八）甲（吴吉林）户内输粮存照。

　　　　　　　　　　　　　　　（咸丰六）年（十二）月　　日册里鲍（名章）

该票可与鲍有贵卖大买水田契相互印证，契内土名、字号、田税等与吊票记载相同。票内批注文字："其税在于卅三都一图十甲鲍德章户内起割，推入本都二图八甲吴吉林户内输纳。再，不另立推单、税领。""税领"，即收税票。这个批语，只能是二图八甲的分管册里添注的。由此可见，买主的分管册里本当签发收税票，但他直接在推税票上添注，径由买主收执推税票，作为已经收税的凭证。

综合以上两套歙县门户中的里长推税票，可以认为，清中期以后，跨图交易的手续仍然完整，而同图交易的手续出现简化倾向，册里只在手写的推税票上加盖图章。咸丰兵燹之后，甚至图章也不加盖。但无论兵燹前后，册里手中仍有分管里甲的实征册底册，能照常办理过割登记。

由歙县里长推税票可知，出卖产业后，需立即由卖主的本管册里办理起割手续。推税票先写卖主、卖出田地的字号和业税，再写买主信息。又，咸丰五年（1855年），歙县县衙曾有一段短暂的时间恢复制颁推税票，榜额为"县户房推税票"，但并无县衙印信，显然仍是发给里长转散。

推税票只是卖主的分管册里签发的起割田产和注销业税的票据，又是县衙办理印契和税契凭据，以及买主的分管册里办理田产登记和收入业税的凭据。理论上，它只能证明田产已从卖主户下推出，不能证明已收入买主户内。它只能是卖主不再纳税的凭据，而非买主的管业凭据。但一些买主的本管册里在推税票上批注收税，不另开收税票，推税票就成了买主的管业凭证。

### （二）收税票

清初州县均制颁过推收税票，制颁时间长短不一。比如，歙县在康熙年间已由分管册里印颁。而休宁县直到乾隆中晚期仍在印颁，到嘉庆元年（1796年），休宁县的推收税票才由各图印颁。

休宁县的县颁税票制度与歙县不同。自明代以来，歙县的惯例是由里长在县衙领回税票，在买卖过割时填写签发。但休宁县仍将"推税票"和"收税票"分别印制为合同两联，中缝填写字号，买卖双方必须赴县各自领取。买主立即缴纳契税，持收税票和印契付图正核对，由图正开出金业票。再将收税票和金业票付册里，由册里办理收税手续，同时在里长实征册中登记田产。到乾隆年间，休宁县制颁的推收税票改名为"业户推收税票"，仍是合同两联，票内文字与康熙年间相同。故理论上说，乾隆朝时的休宁县业户仍须按照以上流程办理推割手续。

随着县颁税票时期的结束，登记和推收之权下放到分管册里，休宁县的推割手续也发生变化。最大的变化是，业户无需先赴图正申请金业票，但自清初以来先税契后收税的惯例依旧保留。里长收税票上仍然申明，办理收税只凭卖契。笔者搜集的一件嘉庆元年（1796年）三月休宁县三十二都一图七甲的收税票，附有乾隆六十年（1795年）十二月王阿黄氏卖断山骨红契。说明买主先到县衙税契，三个月后才凭红契到分管册里办理收税票。又，该票右侧留有"丙字肆号"的左半部分，说明休宁县里长收税票仍采用一式两联，除了买主收执一联外，另一联由册书存底，作为汇编实征册的凭据。

各县册里办理税票虽有早晚之别，但到清中期，尤其是乾隆、嘉庆之间，办理田产登记和业税推收已经成为里长的主要职能。另外，里长还要编制实征册。歙县的实征册分为三种，一是分管册里办理的实征册，可称为里甲实征册。二是全县实征册。里甲实征册呈报县衙，户房在此基础上汇编全县实征册。以此为准，签发第二年全县民户的易知由单。民户缴纳业税的情况，也可用纳税执照与实征册磨对。三是里长为本管里甲内的民户制作的单独的业户实征册（或称"归户册""户管""户则清册"等）。业户实征册按老户或户丁丁为单位，由业主自行保存。凡有买卖，业户携本户实征册和其他契据，赴分管里长办理推收手续。里长在签发完推收税票后，会在业户实征册上填写开除、新收和实在等项，与推收税票核对无误，再发还业主。业户实征册属于里长文书的一种，其形制与内容，限于篇幅，不再展开。但需知道，里甲实征册是一种准官方簿册，业户实征册和全县实征册都以里甲实征册为基础。里长推收税票也可以与里甲实征册核对。因此，推收税票不是孤立的票证，它可以与官方或准官方的实征册相互核查。总的来说，清代里长的职能可以归纳为三项，一是催科赋税，二是办理田产起割，三是为县衙和业户编制实征册。可见，清代里长的职能并未虚化，只是与明代不同而已。

清代的土地买卖过割手续，也可分为两个时段：第一段是县颁税票时期；第二段是里长税票时期。这两个阶段在不同州县维持的时间不同，县颁税票时期相当于顺、康两朝，下限在乾隆朝。两个阶段意味着两种不同的推割手续。

在县颁税票时期，买卖双方必须赴县领取推收税票。不但卖家需要跑一趟县城，且买家还需跑图正和册里两个地方办理手续，实是繁碎不堪。而且，若田土交易频繁，必须增加户房册书，但清前期以裁撤书吏为主。经费和员额尚在其次，由于县颁税票和税契存根皆止一套，户房册书与库书容易通同作弊。歙县早在康熙年间即回归里长办理推收，并非偶然。

改由里长办理推收税票后，买卖双方只需在卖主的分管册里领取推税票，将田产从里甲实征册中割除。推税票一式两联，买卖双方各执一联。卖主无需赴县，只由买主持卖契和推税票赴县税契，再凭印契、契尾与推税票到本管册里办理田产登记，并领取收税票。收税票一式两联，册里保存一联，买主收执一联。应该看到，里长办理过割不但方便卖主，而且限制了县衙户房的权力，对清中后期的田房交易习惯、管业观念、催科业税等带来了深远影响，主要表现在：

第一，买主忽略契税。推收之权下放到册里后，手续进一步变通。买主领到推税票后，先赴本管册里办理收税，次年起即可缴纳业税，得闲后再赴县税契。也即先收税再税契。又因迁延时日，一些买主开始脱漏税契。买主先赴本管册里办理收税票的实例，可用笔者收藏的康熙五十五年（1716年）十二月歙县二十九都四图四甲的一件收税票来说明。该票由册里江福寿签发，是张祺户收到同图同甲张魁户的一处田税。该票的年月处加盖了歙县正堂印信，且空白处加盖长方形的"户房上号讫"章。通常，里长收税票上只有里长名章，没有县印。票上批注"审图役起出票一号"，说明此票是在歙县清查赋税时被户房查出。换言之，歙县业户在康熙朝晚期已不遵循先税契再收税的流程。清中晚期的门户文书中，田房买卖白契多，红契少，原因之一就是里长办理推收手续。

第二，随着业户脱漏税契蔓延开来，税契存根已不能反映过割信息，里甲实征册成为实在税额的权威册籍。乾隆三十四年（1769年）正月，歙县知县张佩方谈到全县实征册失真时说："通邑有二百七十四图，每图向设册书一役，专司各该图民买卖产业，推收立户。每年于封篆期内，据册书查造实征银米册投县，饬令粮户经承磨对清楚，以副启征。"① 由此可知，乾隆朝的歙县实征册每年只能凭册书造报的里甲实征册为据。当实征税额与州县原额不符，除非全面清查里甲实征册，否则即使怀疑里册书作弊，也空说无凭。但是，歙县较早推行里长推收制，要全面清查里甲实征册，就要调取康熙中期以来274图至少70余年的簿册，对有限的户房书吏来说，可谓浩如烟海。要全面整顿，谈何容易？！

一般认为，清代州县实征税额失真是在咸丰兵燹以后，言下之意，是外部原因导致县册籍荡失。此种议论自清晚期形成以来，至今仍有较大影响。殊不知，实征税额失真有着内在的制度原因，实征税额依附于推收制，二者是皮与毛的关系。州县放弃推收，实征之"实"就无从谈起。里册书能在实征税额上作弊，正因其办理推收而及时登记了田产业税变动信息。只要州县不办理推割，根绝里册书作弊也无从谈起。

## 第五节 据之四：串票

明清两代的缴税凭证，一是正税钱粮的凭证，载正税、漕粮、营兵米等科则税额，也称钱粮执照，俗称串票，清代又称"忙票"。这是本节的重点。二是杂税凭证，如田房契税、班匠税、矿税、茶课、盐课、门捐等。非本书所及。

---

① 民国《歙县志》卷三《食货志·赋役》。

## 一、截票与三联串票

两联的纳税执照产生于明代,《宜焚全稿》所载崇祯六年(1633年)十一月二十六日题本中提到:"官、民户之米,尽令进仓,每区董以核实之。粮长同本区之公正,区刻一单,单载人户与粮额之数。已完者逐日填明,印官便于稽查,顽户亦不敢于拖赖。复令之坐仓监收,升合必取乾圆斗斛,无使狼戾。仍设流水印簿、合同串票,一如收银之法。"① 其主旨在于完善粮长在本区收粮的簿册单据。文中提到"流水印簿"与"合同串票",用"仍设"二字,说明州县在崇祯六年以前已广泛采用。"流水印簿"是指登记缴纳赋税情况的簿册,其上登载的号数与串票号数相同,可相互查对。合同串票就是指两联的纳税执照。中缝印有流水字号,正票一联付纳税人,存根一联留库。纳税人出具正联,官府凭号数调出存根,中缝的字号合符,即可证明纳税是实。可见,串票存根和"流水印簿"也是官府赋税簿册。以后,串票发展为三联或四联,但基本原理与两联一样,分为留库的存根簿册和发到业户手中的收据联。

三联串票,在明末已适用于地方。崇祯年间的歙县知县傅岩说:"纳粮收附,旧止两连,一给花户收执,散漫无稽,一存户房算登比簿,临期迫促,不能逐里查对,弊蠹自生。今立三连票,凡纳户投银,粮里将连票一样填注,裂第三幅付纳户,第二幅存户房查算,第一幅每日晚堂缴进,候临比日查对。"② 可知此前的歙县纳粮执照也是两联。两联的弊端是,户房书吏一旦在存根联中作弊,知县无法查对。县颁推收税票容易作弊的道理与此相同,只是推收税票没有存根,要靠税契存根而已。设立了三联票,知县亲自保管多出的一联。这多出的一联又是一本存根簿册。按傅岩的要求,此联存根必须当日晚堂时上缴库存。照明代县衙的建筑规制,正厅旁有一个耳房库,亦设有门子,罚没银两等重要的散碎物品存放此库。此联存根簿也当存此,以便知县随时调取。

清初,纳税凭证沿袭明代的两联形制,但有了一个正式的名称:截票。截票的推行在顺治十年(1653年),③ 从截票的设立时间看,有配合由单制度的意图。此后,由

---

① [明]祁彪佳:《宜焚全稿》卷三,明末钞本。
② [明]傅岩:《歙纪》卷八《纪条示》"立法征收",黄山书社2007年,第85页。
③ 康熙《大清会典》卷二四《户部八·征收》:"(顺治)十年题准:截票之法,开列地丁漕粮数目,分为限期,用印钤盖。就印中截票为两,一给纳户为凭,一留库柜存验。按图各置一册,每逢比较,查验有票者免催,未截者追比。"

单逐渐失去了纳税凭据的意义，蜕化为纯粹的纳税通知书，原因就是截票的推行。截票登载的主要内容是业户当年应征地丁、漕粮总额，并区别不同限期的应征额数，又与清初推行的立限催征用的滚单相互配合。但截票仅骑缝钤印，再从中裁截为二，一张付业户执管，存根留库。两联合拢，内容一致，仅半印的方向不同。

截票称为串票，是因为它是两联的合同号票。其实，串票是官府勘合文书在明代的俗称，两联的推收税票也称串票。但清中期以后，官府不再签发推收税票，串票遂特指纳税执照。截票的下限在雍正年间。雍正八年（1730年）上谕："州县征收粮米，预将各里、各甲花名、额数、的名，填定联三板串，一给纳户执照，一发经承销册，一存州县查对。按户征收，对册完纳，即行截给归农。其未截给者，即系欠户，摘查追比。"① 这是"联三板串"的由来，与明末歙县的"三连票"在形制上相通。谕旨中所称"经承"，就是户房书吏。多出一联存由州县正印官单独保存。联三版串后来纂入《钦定户部则例》，成为清中期以后的定式。② 联三版串可称为新式截票。如今坊间常见的清晚期紫阳县的纳税存根，仅见两联，右联榜额为"根票"，左联榜额为"比销"，中缝印文为"紫字×千×百×拾×号"，票文记载业户当年"额征正银""摊盐课银"等数。左联裁余文字与中缝文字相同，且左联边缝残余县印的右半部，可知原为三联，左边一联裁去付业主。现存"根票"为原三联中的右联，"比销"为原中联，均为存根性质。此种纳税凭证必是从紫阳县衙档案中流出，非民户所能藏，其正式称谓就是"联三板串"。

## 二、新式版串

清代纳税凭证并未停步于联三版串。中期以后，江南兴起新式串票。据《安徽通志》载，安徽、江苏等省于乾隆五十五年（1790年）推行串票，是地方推行的新式版

---

① ［清］佚名：《钱谷指南·贞》"征收解支"，郭成伟、田涛点校整理《明清公牍秘本五种》，中国政法大学出版社1999年，第527页。
② 《钦定户部则例》（乾隆四十六年）卷十一四《田赋·填给串票》。

串，与联三版串名同实异。新式版串主要体现在区别上忙和下忙的应征额数。① 原来发给民户的一联，也就发展为两联，分别填写上忙和下忙的应征额数。流水编号与登记流水号的循环簿相配合。流水循环簿则分两循两环，共四本。新式串票流行江南各省，如浙江省档案馆藏同治十一年（1872 年）至光绪三十四年（1908 年）的 102 件串票，图片显示其左联榜额为"上限纳照"，右联榜额为"下限纳照"，② 就是区分上下忙。下面按歙县上下忙执照原件，③ 绘制仿线图（图 16.1，文字保留繁体），以示新式串票的形制。

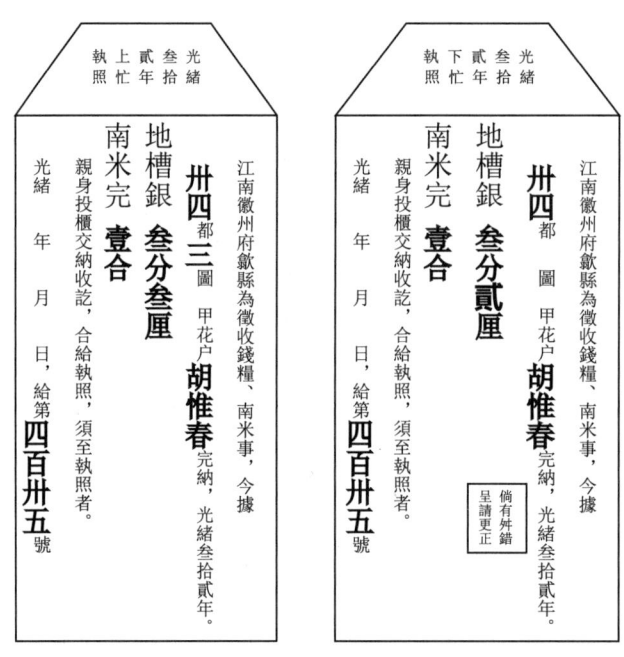

图 16.1　光绪三十二年歙县三十四都三图胡惟春户上下忙执照（两联）

---

① ［清］沈葆桢等修《光绪重修安徽通志》卷六九《食货志·田赋》："其法，州县官于未经开征之前，预先造定实征册籍及易知由单，将粮户一岁应完漕粮银两，按照征册，每户分填版串。如该户应完银一两者，则于四月完银五钱，十月完银五钱。其有尾数者，亦照此均分明晰，令民上下两忙完纳。其征册、由单、版串内俱填大写楷书，逐一核对准确，用印存署。先将由单交里保等转给业户，候开征时，花户持单赴柜完纳。柜书验封登记，即填流水，赴署请发版串。其流水簿每柜分设两循两环四本。粮户赴柜投完，即随时填簿请串给执。循去环来，不许压前等后。完银既有准数，截串又不稽迟，粮户亦无守候之累。甚便于民，奸吏亦无从作弊。且遇州县交卸，即将藏存版串固封钤印，移交新任接受，则交代之际，清查民欠一目了然，易于核实查办。"
② 何秋琴：《承载漕粮税制的历史凭证——省档案馆馆藏晚清串票概览》，《浙江档案杂志》2010 年第 1 期。
③ 选自《歙县三十四都三图七甲方村胡氏（应招公会、敬德堂）文书》（歙县上乡伏溪里方村），该门户文书共 301 件，其中忙票 45 件，光绪、宣统两朝的两联忙票 15 件。陈颖等同学将这套文书全部抄录点校，并按原件绘制了仿线图，在此一并感谢。

该票榜额上的年份是刻印，可知每年需更换雕版。又，榜额印文为上、下忙执照，上忙在左，下忙在右。理论上，交上忙钱粮后先付左边的上忙联给业户，等下忙交后再付下忙联。实际上，很多业户由里甲经歇家代缴税粮，一并交齐后，同时领到未撕开的两联，故两联存世者较多。区别上下忙是此类纳税凭证的特征，故而俗称忙票。

清中晚期，忙票和串票两种称谓并存。真正不同的是江南的忙票和北方的串票。如陕西省的串票，是按《钦定户部则例》制作的，沿袭雍正八年谕旨中的定式。至于江南各府州县，无论印文是串票还是忙票，实质都是忙票。如歙县称上下忙执照，即忙票；婺源则称串票，但婺源县的串票也分上下忙，实质仍是忙票。同治年间，婺源县的串票又加了"营兵米"一联，民户领到三联，加上州县的存根联，原票多至五联。据黟县、休宁、祁门等县的易知由单，这一时期也有"营米"，也即串票与由单的内容是一致的。

忙票一直延续到民国中期。上引门户文书中保留了民国元年（1912年）的三联串票，格式与同治四年（1865年）同。此式一直沿用至民国二十二年（1933年）。民国二十三年（1934年）不再称"上限"和"下限"，右联榜额称"民国二十三年第二期田赋串票"，左联称"民国二十三年第一期田赋串票"。税额不称"银"，改为"银币"，单位仍为"×钱×分×厘×毫×丝×忽"，折成银币"×角×分×厘"。纳米不称"升、合"等，均折成银币。此式保持了两年。民国二十五年（1936年）不再称串票，变为单页凭证。榜额称"婺源县民国二十五年分上下忙田赋执照"。额征单位改国币。缴税限期由上下忙改为年底一并征收。若不缴完，次年初再限两期，随征滞纳金。[①]至此，婺源县停止"串票"称谓，仅维持"上下忙"的称呼。

综上，清代纳税凭证的形制共分三期。第一期，顺治十年至雍正八年，推行两联截票，一联付业户，一联存根留库。第二期，雍正八年推行联三版串，两联为州县存根，北方府州县沿用此种此式直至清末。第三期，乾隆五十五年后，江南推行忙票。忙票至少四联，多至五联以上。

无论截票、串票或忙票，业户收执联都统称为纳税执照，也即完纳当年税粮的凭证。纳税执照是与官府保存的赋税实征册、流水循环簿、串票存根等簿册相互印证的，

---

① "婺源县民国二十五年分上下忙田赋执照"，开征项目共分五类：（1）"地丁正、附税"；（2）"土地登记证图费"；（3）"兵米正、附税"；（4）"土地登记证图费"；（5）"经征费"等。加印限期和罚金："本年七月一日开征，至十二月底止，为初限。次年一月为二限。二月为三限。凡花户逾初限不完者，按正税征收百分之十滞纳罚金。逾二限不完者，按正税征收百分之十五滞纳罚金。逾三限不完者，按正税征收百分之二十滞纳罚金。"

具有极高的证据力。只要业户妥善保管，一旦有纠纷，就可以用串票来证明自己历年不间断的纳税情况，是业户持续管业的最佳凭据。而印照、佥业票、推收税票等票据，都不具有这一功能，串票也就成为证明管业现状的基础凭据。

## 第六节　契据与契书

### 一、契据与门户文书

通过编造黄册、鱼鳞册、实征册等簿册，办理税契和田产推割手续，明清官府建立了较为完备的不动产登记和管理制度。依据这些簿册签发的各种票据，成为明清时期民户重要的管业凭证。管业凭证不同于权证。权证是确认田土管业资格的权利证书，凭证只是田土丈量、推割和纳税等过程中，官府及其授权机构签发的票单。以上讨论的四种管业凭证，只有印照是权证。印照并非随时发放，民户在分家或卖出田土后，新业主无法凭借原印照管业，只能利用其他凭证作为管业凭据。

明清民人重视契据的保存，通常把本户契据归拢一处，或用纸包裹，或木匣装盛，整体保留下来，成为以户为单位的档案文书，现在也是研究明清基层社会的珍贵史料。学界通常称这类文书为归户文书。依我之见，归户又是明清特有的法律名词，是指凭佥业票将产业归入黄册，易于混淆，不如径称门户文书。

我们在介绍分书时曾指出，明清时期的"门户"一词，概指家庭及家产的管业凭据。这里需要进一步指出，门户文书也可视为契据的总和。保存门户文书，目的都是证明门户及名下田产的合法性。契据又分两类，一是官府或图里颁发的管业文书，如印照、佥业票、串票、推收税票等，以及本章未及详述的滚单、由单、业户归户册、立户票、门牌、告示、牌匾、喜报、诉状及审语等。第二类是非官方的民间文书，诸如族谱或世系表、风水坟图等皆属之。各种白契又是其中之大类，分书、会书和其他合同皆属之。所有门户文书都要从契据的角度理解，才符合业户保存它们的本意。

### 二、契据与证据

业户把官方或非官方的契据保存在一起，有着深刻的历史背景。今天保存下来的徽州门户文书多属于明清两代，但制度背景均可以溯至宋元。如鱼鳞册可以上溯至南宋砧基簿，推收税票则源自宋代推割制，契尾继承契本制度，等等。从管业凭证的角度，明清契据有以下值得注意的地方。

首先，官府或图里制颁的管业凭证是一系列国家制度中的一环，均以相关的官府或图里簿册为基础，与各种官府或乡里簿册印证。主要的管业契据以簿册为本，分为三个系列。一是黄册系列，如明代的由帖，清代的由单、滚单、立户票等。二是鱼鳞册系列，如明嘉靖至清康熙时期的金业票。三是赋役册或实征册系列，如串票、推收税票等。清中期以后，黄册系列的票据已然不行。鱼鳞册系列的金业票也是为了衔接实征册。管业凭据实际以实征册系列为主。此外，另有杂税系列，如契税、当税、铺捐等，可以辅助说明门户和管业关系。又有门牌等，与官府的保甲簿册可印证，辅助说明门户现状。这些管业凭据是契据中的核心部分，普遍存在于存世的明清门户文书中。

其次，民间生活中形成的契据主要是红契和白契。白契又以田皮卖契、典当契、分书、租佃契等为大宗。它们的共同特点，是证明管业的来源。管业来源不等于管业资格，比如，持有上手卖契，不等于卖契所载田产由其管业。但是，管业来源可以说明管业的正当性，是证明管业资格的重要环节。

最后，也是最重要的，由于官府并不主动持续办理印照，且官府办理过割制度逐渐废坏，这导致任何一种契据或簿册都不具有唯一性和权威性。各类契据只有在共同构成完整的证据链时，才能比他人的契据享有更高的证据力，这也是民人重视保管一切契据的根本原因。比如，田土纠纷中仅凭印契和契尾不足以证明产业归属，因为契尾存根只是契税凭据，并非过割信息。只有过割信息与契尾存根相互印证，契尾存根才能证明管业现状。过割信息一旦失真，官府库存的契尾存根也只能说明税契时的买人是田产管业人，不一定是纠纷发生时的管业人。因此，当事人最好能出示其他两种以上的管业凭证说明管业现状，又最好是串票和推收税票。尤其在清中后期，前者可以证明当事人直至当年仍在纳税管业，后者可以说明过割信息。严格说来，它们还须与里甲实征册保持一致。

实际上，至少在乾隆朝后期，红契和白契的证据力已经相同，都只能证明管业来源，不能充分证明管业资格。原因不是红契或白契容易作伪，而是它们与官府的过割登记失去了直接联系。业户不是不重视田产过割登记。若不办理过割登记，直接导致卖方第二年需缴业税。至于买家，更希望尽快将田产登记到本户名下，也急着办理过割。但是，地方官府已将推收手续推诿给本管册里，买卖双方一旦办理完毕过割登记，田产归属已经明确。契税固然可以增强证明力，不契税也无损管业效力。因此，乾隆年间的一张粘贴契尾的红契，只能证明契载田产曾办理税契，但它是否再次卖出，官府已懵然无知。要查清红契所载田产的现业主，唯有调取买主所在本管册里的实征底册，核查契载田产的起割信息。若已起割，再顺着收税户名，调取收税人所在本管册里的实征底册，一路顺藤摸瓜，才能找出田产的现业主。同理，根据一张田房买卖白契，查出买家所在本管册里的实征底册中并无起割信息，这张白契就是具有法律效力的管业凭据。

较为复杂的山地、水利灌溉比例、坟山股分等管业纠纷，还需依赖碑刻、族谱、历任官员的告示、诉状及其批词或审语等作为证据。仍不足定谳时，就要实地踏勘。这些就是门户文书中要保存诉状、投状、告示、族谱、碑刻抄件、批词、审语等文书的原因，它们一般是某项产业发生了纠纷，随纠纷发展而形成的文书，业户保存它们是为了证明某项田产的来龙去脉，以防将来再次发生争议。要一一说明这些门户文书，需要结合实例，本书暂从略。

### 三、契书与管业凭据

本章讨论田房管业契据，目的是简要地解释明清时期证明田房管业资格的核心逻辑。当我们了解明清契据的意义，回过头来检讨以前讨论的各种合同，会发现一个全新的视角。我们考察的徽州合同文书，都是从门户文书中流失出来的散件，而非徽州府县的官方档案。合同文书在门户中的地位，与田皮卖契、典当契、便契、佃契等白契相当，属于民间形成的管业契据，又属契这一分支。但明清时期的"管业"概念，内涵相当广泛，若与西方法律概念类比，相当于英美的私人产权（private right）概念。在管业关系中，田房管业固然重要，也是当时的人最重视的，但管业不限于田房，还包括了债权或期待权等。如，钱会会书是会股的管业凭证，放在现代法律体系中，类似债权契约关系。又如，预定缴纳丁钱和灶头钱的社会合同，是神会股分的管业凭证，类似今天的期待权。再如，分书是家产的管业凭证，但家产不限于田房，还有会股、欠账、抵押等债权关系。

中国古代契约研究，是中国古代社会史和制度史的重要分支，研究者自来重视买卖、典当和租佃等契约关系，相应地重视红契、典当契、田皮契和租佃契等契书，但相对忽视其他契书的研究。其中一个重要的原因，是研究者习惯于把某种古代契约文书作为研究某种社会关系的辅助文献，而非把契约文书本身作为一个完整的领域。

我们希望尽可能地展现不同的合同关系，以此提示另外一些重要的视角。

第一，民间社会是合同商议的社会。通过商议制定规则，也通过商议形成惯例或承认惯例。研究红契、租佃契和典当契，足以帮助我们认识在买卖、租佃和典当关系中的规则。同理，把契约关系的研究扩大到所有白契，包括种类繁多的合同文书，也就扩大了规则的研究范围。理论上，理解一切交易和管业规则，是全面理解明清社会的基础。

第二，商议不等于愿意。中国古人订立契约，是确立交易双方应当遵守或执行的规则，使契约当事人置于规则的约束下。中国纸质契书自诞生以来，在形制上就分裂成两大类，一是单契，二是合同。形制的分裂又代表着不同的涵义。单契的存在，使得我们不能说以下这句话：中国古代契约关系是平等当事人之间的合意。

比如，卖身为奴，是让自己沦为贱民。卖子女为奴婢，是把子女当交易物品看。卖奴券是卖身为奴者写立，付买主作为奴婢管业凭据。无论何时，这种交易中都没有"愿意"的成分，哪怕契书中写着"自情愿"三字。同理，卖奴券上有"先和后券"四字，其中，"和"在当时仅表示交易的意思。① 古人打破脑袋也想不到，一千多年后的研究者会把这个字理解为和谐或合意。现代契约法上的合意，是指自由人的独立意志的相合。在卖身为奴之契中，自由不存，何来合意？

合意不只是自由人之间的，还需要在平等关系中。今天，不能想象在房屋买卖中，必须由卖方写立契书，而买方不用出具契书。但在古代的一些交易关系里，普遍存在着歧视一方当事人的惯例，如，歧视田房买卖中的卖家，借贷中的借钱人、租佃中的佃人等。为防止他们反悔或违约，必须由他们写立契书，付相对人收执，并由中人同署，以补足信用。他们写立的契书，就成为交易相对方的管业凭据。这些契约当事人的身份早就类型化，到明清时期，单方立契的惯例已存在数百年或上千年。同时，双方共同署名的合同文书与单契也并存了上千年。只要理解古代合同文书的意义，就不能说古人不懂得契约需要相互尊重的道理，也就能够理解单契中的歧视涵义。然而，一些研究者居然长期无视合同文书的存在，把单契视为古代中国唯一的契约文书，并且一直把单契文书比附为现代契约。这既违反史学的研究规范，也违反现代法学的基本原理。

需要指出的是，作为古代契约关系的载体，单契与合同都是管业凭证，是契据之契。这是按照明清业户保存门户文书时的意图而判定的。唯有在管业凭据的意义上，

---

① 《北凉承平八年（四五〇？）高昌石阿奴卖婢券》注三，"先和后券，先成交，后立契约。和，交易。《管子·问》：'市者……万人之所和而利也。'尹知章注：'和，谓交易也。'"张传玺：《中国历代契约粹编》，北京大学出版社 2014 年，第 90 页。

单契与合同具有相同的价值。不过，此时已非交易过程中，而是在交易完成之后的管业阶段。

在本章结束前，为明确明清时期红契和白契在契据中的地位，特制作"明清田土管业的证据体系简图"（图 16.2），供读者参考。

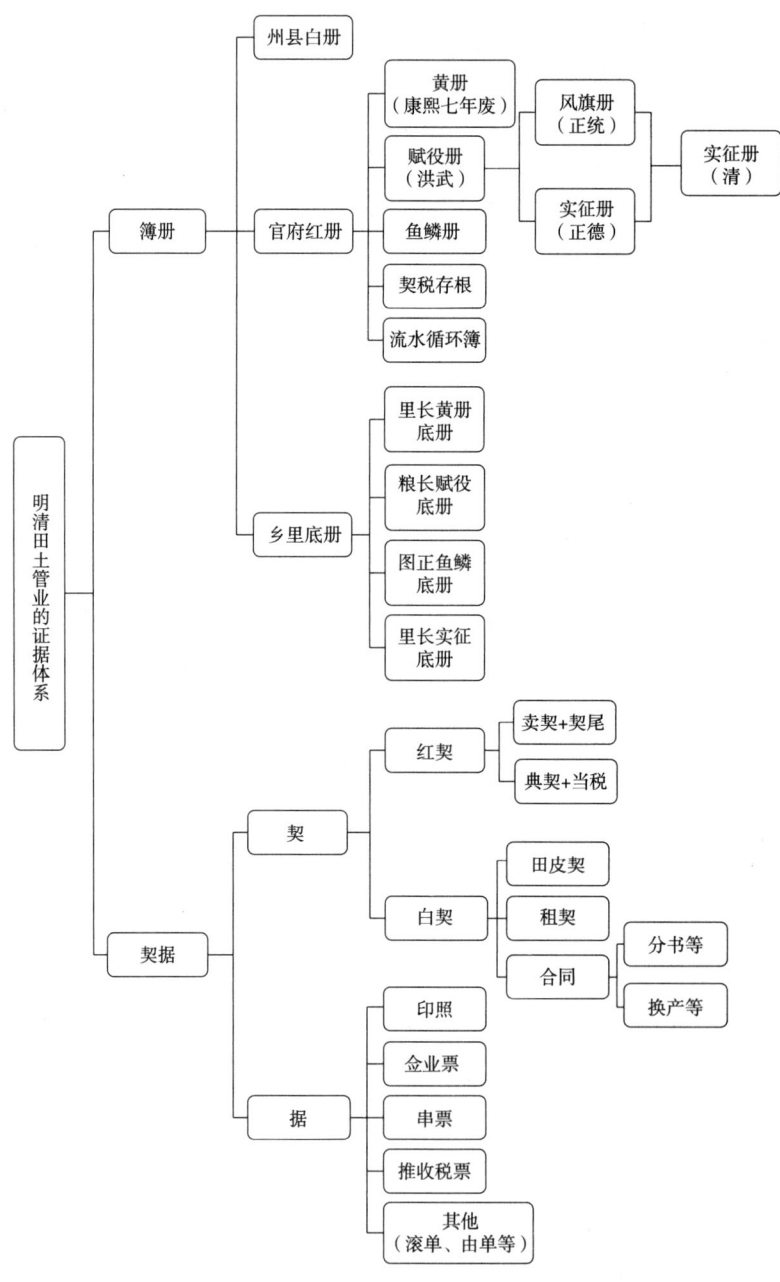

图 16.2 明清田土管业的证据体系简图

# 第十七章

# 共业合同

## 第一节 概述

### 一、共业

两个以上家庭共同或按股分管业，是普遍存在于民间的田土管业形态。在存众楼屋、坟山等章节中均有涉及。本章再集中讨论此类合同。

现代法上的共有，主要是指多个自然人或法人共享所有权。限制物权上的共有关系，称为准共有。共业则是多个家庭或拟制为家庭的业户共同管业。管业不是所有权，管业中分割出去的权益，也非法定物权。主体不同，权利性质也不同。无法将共业等同于共有与准共有。利用现代法学方法分析历史中的制度是允许的，但不宜直接冠以现代概念，故应谨慎使用共有一词。

按通说，传统的共有关系有三种，"即合伙财产、未分割之遗产，以及祭田、祀产祭祀公业等，其公同共有关系的强度不同"。[①] 这里所谓合伙财产，是指钱会或神会等，但钱会或神会不能一概视为合伙关系，已有专章论述。祭祀产业分为存众祀产、祀会和祠产，存众祀产是各家庭或各房共同管业。而归属于祠户、义庄的祭祀田产，接近今天的法人所有权，不属于共业。所以，也不能把祭祀产业等同于共业。

我认为，清代社会中存在的共业关系有三种，一是存众，二是合买而不分割的田

---

① 王泽鉴：《民法物权（1）通则·所有权》，中国政法大学出版社2001年，第322页。

房，三是在大型工具或水利工程上设定的共业关系。另外，有固定田产的祀会，且未呈立单独户头的，也算一种共业。若祀会已呈立祀会户，则名下财产与祠产相当。

## 二、共业合同

共业合同，是两个以上家庭，各以其管业的田产合成一项产业，并确认共同或按股分管业的合同。现在看到的清代共业合同，大多是确认已有的共业关系。这次整理的共业（含分割管业）合同共64件，因承继祖业而形成的共业关系共39件，约占全部共业合同的60%。因两个以上家庭合买一处或一处以上产业而形成的共业关系，共24件，约占37%。也就是说，承继和合买而形成的共业，占到此次整理的共业合同的97%。其他则是在水碓或堨坝上的共业关系。

因合买形成的共业，是在当事人共同购买田房时，根据出资比例而形成的。按照清代田房买卖的惯例，买方多由一个家庭出名。多个家庭出资购买的，需要用合同确认分别出资和缴税比例的情况。所以，订立此类合同时，共业关系已经成立，合同是确认共业的书面凭据，而非共业的成立依据。

因分家而形成的共业，在分家之初，比例关系较为简单，随着世代递衍，各房子孙数量不一，原有比例经过多次分析，有了书面确认的必要，其共业关系也非订立合同时才成立，合同只是确认股分比例或其他相关事宜。

通过合同确认的共业关系大别为二：一是各共业人按股分管业，即股分管业。二是各共业人不按股分管业，即共同管业。二者的权益和责任各有不同。

# 第二节　股分管业

## 一、"股分"

股分管业，是指两个以上的家庭，对同一项产业按照确定的股分，享有使用、管理、收益，并承担相应义务的共业关系。形成原因主要是合买和承继，但合买时的出资和承继祖业的股分，当时未加明确，故单独订立合同加以确认，由此形成了股分管业合同。"股分"不是"股份"，股份仅表示份额。"股分"的"股"是表示份额，"分"

表示管业资格，相当于今天的权利。"股分"又衍生出"股法"或"分法"等，"法"是指规则，股法或分法就是按照"股分"进行分配收益和分别管业的规则。

明确股分管业的共业合同，如江班东等四个家庭合买到一处山场，山场价金和出资比例不详，合同将山场分为12股，"班东兄弟四股，启高兄弟四股，班贡兄弟三股，班昌一股，其税照股分入户"。[①] 由此可知，合买山场时，四个家庭的出资比例为4∶4∶3∶1。这是按出资比例确定按份管业的例子。这个合同文字简单，关心的仅是山场股分比例和山税按份承担，是典型的确认产权的共业合同，也可代表大多数共业合同的内容。

一般来说，股分一旦确定，各管业人按股分的比例分享田产收益，同时按比例承担义务山场上的股分管业最能体现比例关系。如，五个家庭合买歙县佘源的一处山场，出资额相同，约定"合众管业"，"分税不分产"，也即山税分割后扒入各户名下，由各业户每年缴纳。但林木出拼、山场召租等均按五股均分，管理费用也照五股分摊。[②] 虽未明确股分或比例，但约定各管业人按照"税粮"分配收益的，[③] 也是股分管业合同。

复杂一点的，是共业的田产上存在着分层权益，收益比例以特别约定为准。如某项田产的收益为"租"七秤、"佃皮"二秤。[④]"租"即大买租，"佃皮"即小买租，秤数是指固定年租额。该田产由三家人共业。因老契被焚，其中两家重订合同，明确租四秤由洪高茂兄弟管业，佃皮二秤由洪嘉长管业。该合同没有提到股分，但可以按约定收益推知是4∶3∶2的股分管业。

## 二、股分管业的功用

股分管业通常设定在不宜分割的产业上，但设定股分就意味着股分可以单独出卖。比如，楼屋中的堂前后余地是不宜分割的，若设定为共同管业，则禁止单独出卖。反之，设定为股分管业，管业人就可以出卖自己的股分。也就是说，股分是一种可以兑现的财产。这是股分管业的一大优势。

---

① 《清乾隆五十一年（1786年）三月吴启高等共业合同》（点校本1268页）。
② 《清康熙五十五年（1716年）九月王时良、邵可琅等山地共业合同》（点校本1208页）："使费支用，照股均派……其有野火，治绝火路，照股出土，不得避躲。"
③ 《清光绪二十六年（1900年）十一月吴姓人等山场共业合同》（点校本1521页）："其山价，照股照税分价无异。……倘后出拼之山价，照股照税分价无异。"
④ 《清道光十七年（1837年）十月洪高茂等租佃共业合同》（点校本1372页）。

股分管业的另一大功用，是在分派管理费用时相对公平。通常来说，股分管业有利于较为精确地计算收益和成本。比如某个水碓划分为四股，每两股轮流负责一年的管理和收益，由管年者补贴其余两股麦两担、油廿斤。修理费用分为大修和小修，大修费以列举的几种为准，由四股分担；未列举的均为小修费用，由管年的两股承担。①从约定的分担办法来看，其中必定计算过每股的收益和成本的对应关系。更为复杂的，还需要按照水碓结构、水量大小等实际情况，约定管理规则和维修费用。如霞坑镇的某处水碓分为里外两个磨盘，在两磨上各有不同的股分，一般的维修需用由各股分人按股分比例摊销。但"碓屋、竭坝、穿车、换轴"等大修费用，则另行约定，由外磨的管业人吴鉴堂承担四分，里磨的各管业人共摊六分。②特别约定的原因在于，当河水水量稀少时，不得不停止运转外磨，外磨的收益减少，故里磨承担的大修费用多出两分。

　　值得注意的是，股分管业只是有利于计算管理费用，并不意味着管理责任也要按股分区别。以山场的股分管业为例，如果外人侵害山产，需要各管业人出钱诉讼时，自然是按股出钱。③但是，每个股分人都有义务单独出面，排除外人侵害或侵占，这是不分比例的。有的山场合同约定，应由山场股分人共同出面制止。④放在当时的观念中理解，管理山场最怕人心不齐，导致某个管业人与外人争执时陷入孤立，所以，这些合同只是强调在某些股分人推诿管理责任时，则应全体股分人共同出面。"举轻以明重"，若股分人愿意独立承担，当然是允许的。

---

① 《清道光六年（1826年）一月张灶云、张社顺等水碓共业合同》（点校本1345页）："其大修石竭、车杆、牛头、傍龙、打磨十三副、海磨心、将军柱、磨套、穿车，大修工手、粗工、拼料，四股派。小修管年承治。"
② 《清光绪八年（1882年）五月霞坑车头岭吴鉴堂等共业合墨》（点校本1471页）："修理碓屋、竭坝、穿车、换轴所用之钱，照依里外磨分派，该外磨鉴堂独派四分，里磨派六分。"又，"其碓内所用等物，均照里外磨分法取用"。"倘其河水泛多，即将两磨齐放。若水渴不能齐放，只得将里磨独放。而外磨因水干停止无耷，实有亏虚。故此用费，外磨派定四分，以其里磨多磨也。"
③ 《清道光十二年（1832年）十二月柯明淮等荒地共业合同》（点校本1360页）："倘有外人占业，五股理论，倘有不服，五股均出钱文。"
④ 《清光绪六年（1880年）十月吴海友等共业合同》（点校本1464页）："日后树木桠枝，不得私自损伐，亦不许外人损伤，公同照管。"

## 三、出卖与实际分割

### （一）卖出股分

卖出股分是常见的股分处分方式。股分出卖后，并不意味着股分共业关系终止，而是股分买受人与原股分人形成新的股分管业关系。通常，股分人可以自由出卖名下股分，事先无须通知其他股分人。如，程光开兄弟和程国珂系叔侄，两家共享祖遗堂前余地的1/4股。程光开兄弟与叔叔的服制显然更亲，但他将名下股分卖给了同族的程光盛，叔叔未能阻止这一买卖。① 又如，西川、勾岭等村先人曾就村里的水碓立有合同，约定此水碓不得变卖与外人。但是，汪日昌将自己的"分法"卖与碓外之人。众人只能再次约定，禁止把水碓股分出卖外人，否则"没众公管"。② 不过，已卖出的股分已无法赎回。为了限制股分人单独出卖，最有效的办法是将各股业税重新推入一个户头，③ 这样，股分关系虽然不变，但股分人只能收租管业。

因此，很难说在清代还有限制股分人出卖名下股分的习惯，也看不到其他股分人可以依据习惯享有优先购买股分的权利。若要限制股分人的出卖，只能通过合同约定，但合同缺乏足够的约束力。可以说，自由出卖股分是清代田房买卖惯例。现代民法中关于按份共有人优先购买权的规定，④ 不能说是受到清代田土股分买卖习惯的影响。

### （二）实际分割

只有按股分把产业实际分割为特定部分，股分管业关系才终止。如，洪姓祖先尚乾公留有"众屋一堂"，一直作为祭祀祖宗的"寝室"。后遭毁烬，仅存地基。这块地基仍是两房子孙的存众，其上存在着明确的股分管业关系。后因两房无心重建，将此地基按东西方向实际分割为两幅，各得一幅，原来的共业关系方才终止。基地分割后，

---

① 《清嘉庆十八年（1813年）九月程光开、程国珂共业合墨》（点校本1310页）。
② 《清光绪十五年（1889年）九月西川、勾岭等水碓共业合同》（点校本1490页）。
③ 《清道光二十八年（1848年）二月汪士祐、士才公等山场共业合同》（点校本1391页）："今有支下永进户山税，永远无得推出。"
④ 《民法通则》第78条规定："按份共有财产的每个共有人有权要求将自己的份额分出或者转让。但在出售时，其他共有人在同等条件下，有优先购买的权利。"该条通过但书形式规定了其他共有人对按份共有的应有部分享有优先购买权。台湾地区所谓的"土地法"第34条之一第4项："共有人出卖其应有部分时，他共有人得以同一价格共同或单独优先承购。"

长房随即在分得的东边基地上修造灶屋，此屋与二房子孙已经无关。① 又如，方明烈等兄弟合买一块田地，商议"三面分作六股均匀，中间放路"。所谓"分作六股"不是股分管业，因为后文说："路里后股烈管，中股佩管，前股彩管。再又路外，后股纲管，中股俭管，前股隆管。"又说"听凭各管作种，或各迁造，几股合拢迁造亦可"。② 显示这块田地已经实际分割为特定的六幅地面，六兄弟独立管业，已非股分管业。

## 第三节 共同管业

### 一、共同管业的目的

某项田产由两个以上家庭管业，且田产上不设定股分，就是共同管业。

形成共同管业的主要原因，一是分家时未分割的家产，约定共同管业；或祖上传来的祀产，禁止子孙分割，约定共同管业。其中，未分割的家产，一般是财产价值较小的产业，如家具、厕所、余地等。祀产多为田房、地山等，经济价值较大。二是两家合买产业后不分割，也不划分股分，暂时共同管理和收益。

从现存的共业合同看，股分管业较多，共同管业较少。但就社会事实而言，共同管业关系较为普遍。按照清代徽州的田房习惯，若在存众族产上划分股分，并将对应的业税分到家庭，可自由转让，就属于股分管业。但凡未分割为股分，各家庭只能共同利用、出租、收益等，或达成一致意见后才能出卖的，均为共同管业。这类共同管业无需特别订立合同，因事实而形成。比如，一个厕所，在分书中注明存众，那就是各家共同使用。到了各家都修建了厕所，原先的厕所不再保留，共同管业关系也就自动消失。又如，存众祀产是共同管业，如果捐入祠堂，就转为祠堂独立管业的祠产，共业关系也自动消失。

存众多是约定在分书中，只需一个加批即可设定。所以，没有单独的共同管业合同，并不影响其普遍存在于社会中。总的来看，共同管业的主要成因还是承继与合

---

① 《清光绪三十二年（1906年）五月洪社生、洪社如等房屋共业合同》（点校本1540页）："历年以来，无力迁造。其基地，大庆公名下社生、社如，合得东边一半。大贤公名下蓉兴，合得西边一半。"
② 《清嘉庆十九年（1814年）三月方明烈兄弟地基共业合同》（点校本1312页）。

买。清代没有专门规定共业关系的法律，若共业事实已经形成，究竟按股分管业还是共同管业，以约定为准。比如，分书中的某个条款或加批，若是股分管业，会出现"股分""股法""分法"等概念。若只是声明存众，没有其他特别约定，应推定为共同管业。此时，并不否认潜在股分的存在。各房共同管业的财产，仍然按照兄弟数量而存在潜在的股分。一旦需要分割或转为股分管业，潜在的股分就会成为依据。

共同管业的目的，主要在于保全产业的完整性，且以之作为未分割田产的主要契据。比如，吴、叶两家合资买到一处山场，购买时以吴姓出名，上手卖契保留在吴家。两家决定暂时不分割该山场，但叶家没有上手卖契，这就需要明确两家"相共管业"的关系。于是再订立一份确认共同管业的合同，内容很简单，只是按山林掌养习惯，概括地约定共同蓄养山林和分担费用，成材之日需共同砍伐，齐心对外等。① 其实，该合同主要是针对上手卖契在吴家的情形。尤其强调"亦不得瞒心私卖、典当、失漏契据"，也即吴家要保管好契据，不能利用手中的契据，私自将山场出卖或典当。显然，叶家没有上手卖契，这张合同对叶家来说就是山场管业的主要契据。对于吴家来说，子孙未必知道山场还有部分属于他人，这张合同足以说明上手卖契的来历。

有时候，家族内部没想好如何处置存众，也可以先订立共同管业的合同。比如，汪氏三房早已分家，"三家老业"共十三处，既不准备实际分割，也不划分股分，由"三房共管"。合同约定，"老契、归户、老顶约、租召，存于长房收贮。毋得私卖众产，亦无户税失移。倘有公众要事看用，公同开匣公看"。② 其中的关键，是"毋得私卖众产"六字。由于证明老业管业的契据只有一套，三家将其全部置入公匣，交长房保管。这就需要提醒长房不得利用契据在手而私卖老业。按说，这些老业应该在分书中还有记载，但契据细目中未提及分书，可能当年分家时，没有详细批注这些未分割产业的归属。合同中提到一种重要的契据——"归户"。其实，归户册就是里长为业户编制的实征册。这件归户册属于未分家前的原家庭，也即老户的实征册，这批老业即登记于该归户册。

以上两例，都是田产的上手老契或主要契据保管在某个管业人手中。这些田产不

---

① 《清嘉庆九年（1804年）十二月吴、叶两姓山场共业合同》（点校本1292页）："其山契，系吴姓一人名目，未出叶姓。其价银，吴、叶二人均出均派。今立有合同，二家照先年契据为准，相共管业，蓄养成林。并松杉、苗木、柴薪，毋许一人私自入山砍斫，亦不得瞒心私卖、典当、失漏契据。其山在兴养之后，二家商议，桃林开砍。再者，倘有内外人等侵害、盗砍，务要同心协力，不得缩脚、推挨、执拗。照派公理示费，身无异言。"

② 《清道光二年（1822年）五月汪时海兄弟共业合同》（点校本1333页）。

宜分割或出卖，需要始终维持共同管业关系，订立合同是为了明确田产的共同管业性质，保证产业不至分割或盗卖。共业合同由各管业人分别持有，成了凌驾于其他契据之上的管业凭据。这从反面说明了共同管业具有保护产业完整性的功效。在股分管业中，股分往往被管业人"私自"卖给外人，买卖已成既成事实，其他管业人尚蒙在鼓里。签订共同管业合同，显然有排斥股分管业的意图。

## 二、共同管业的功用

共同管业关系，尤其适宜于那些不适合股分管业，也不适合实际分割的建筑物或田产。比如，姜显得和姜樟发分别买到同一砖墙的一部分，姜显得买到的是砖墙北面，姜樟发买到的是砖墙南面。二人为了有效利用此墙，订立合同将其设定为"两家合业"，也即重新把墙壁视为一个整体。这样，原先区分南北段的实际分割已经消弭，整段墙壁由两家人共同保护，分摊修理费用。① 又如，两家各买得一幅相邻地面，需要在中间修建围墙。围墙不适宜区分股分，也不适宜分为两段各自管业。所以，最好是两家"共做界墙"，并约定"日后此墙，两家共业"。② 类似围墙的建筑物或田产，还有楼屋内的公共空间、建筑物地基、祖坟所在的山场、共同通行的通道等，这些财产重在利用价值，只要出资比例相同，使用的权益也就相同，无需划分股分。

尤其要提到水利工程和地基的共同管业。先来看一个实例。合同一方当事人是张姓叙伦堂的首事，也称"合村首事"，说明该村以张姓族人为主。另一方当事人是张桂水。双方将村外水口上的竭坝设定为共同管业。原来，张桂水的父亲曾在水口上兴造一处竭坝和水碓，但在洪杨之乱中被毁。1905年，张桂水重修竭坝，孰料工程质量欠佳，随即冲毁。1910年，为了保护水口，该村劝捐银洋56元，到浙江淳安请来工匠修筑竭坝成功。不过，竭坝的地基仍归张桂水管业，将来张桂水还可能在竭坝上重修水碓。竭坝和地基本身是不可分割的，且二者的价值也不易按股分计算，这就有了确认共同管业的必要。祠堂代表全村与张桂水约定，若张桂水不造水碓，竭坝是全村的产业；若张桂水将来修造水碓，需先向全村补偿修造竭坝的费用，再拥有竭坝和水碓的

---

① 《清光绪二年（1876年）九月姜显得、姜樟发共业合同》（点校本1451页）："日后倘墙有破坏，两家修整。如有各家所做猪栏，两家必装板壁，以保墙固……"
② 《清乾隆五十三年（1788年）十二月宗维等屋墙共业合墨》（点校本1272页）。

全部管业。① 这样，只要未修水碓，堨坝与基址为一整体，无法区分股分，没有分割出卖的风险。

按照清代的管业习惯，在堨坝上存在三种管业关系：一是地基由张桂水独立管业。在张桂水家中，必定保管有地基的卖契、纳税执照等契据，且每年由张桂水家缴纳地基业税。二是堨坝由全村捐资建造，为全村居民共同管业。但是，堨坝是建筑物，不在田地山塘等细则内，管业没有官颁凭据。三是堨坝与基址作为整体，由合村与张桂水共同管业。由此可见，堨坝上有两层共同管业，而这两层共同管业都是没有契据的。但通过与张桂水签订合同，张桂水家保管的地基契据就变成堨坝管业凭据的一部分，同时，合同也成为全村对堨坝管业的主要凭据。

张叙伦堂与张桂水签订的合同末尾，写着"千年万载，永固平安"的半书，寄托了合村保护水口的美好愿望。但"永固平安"四字，不仅依赖于堨坝的坚固，更有赖于合理的产权设计。若将堨坝设定为股分管业，在股分允许自由买卖的习惯下，堨坝就有不永之虞。由此可见，共同管业这一产权形态在清代有着不可替代的作用。

与此相似的情况还有灌溉权益。比如，竹山圩六广人众，共同捐资买到圳基，修筑大堨，开通水路，引水浇灌田亩。从合同附录的捐资人姓名和款项看，捐资银两多少不等，较多的两人为10两和5两。浇灌田亩的权益实际是可以按股分划分的，但当地居民认为不宜按照捐资银两设定比例，约定"逐日将六广之水，公同商议，准作水浇灌，不论何日"。② 可见，如果按日期划分浇灌权益，就会形成股分管业，只是合同特别约定为共同管业而已。由此形成的共业关系也分两种，一是在圳基上的共同管业关系；二是水圳建成后，浇灌不按日期分割，按田产受水的先后次序形成的权益共享关系。

---

① 《清宣统二年（1910年）二月张叙伦堂首事人等共业合墨》（点校本1553页）："切思此堨，嗣后桂水如果要造水碓，则有碓必有堨。而此堨所砌，开工辛（薪）资等使（费），计洋　元正，均着桂水担出，不得算利。其堨原归伊经管，若桂水不造水碓，则此堨以作一村之保护，以后毋得争论。此系众相情愿，并无迫胁等弊。"
② 《清咸丰十年（1860年）六月六广众姓人等共业合同》（点校本1419页）。

## 第四节　分业合同

分业合同，就是协商分割办法或确认分割事实的合同。确认分割事实的合同，其实也是分割后的各管业人的契据。下面利用一些分业合同，讨论共业关系的终止。

协商分割办法的合同，并不意味着实际分割，只是专门约定分割的办法，实际分割要待各管业人决定终止共业关系才进行。如，某村的水口山林是由小买和大买租合并而成的全业。小买分为六股，是股分管业。而大买由一人管业。大买管业人和小买管业人形成共同管业，约定各管业人不得单独出卖其中的份额。同时约定："日后六股，人心不合者，倘有要分业之日，听凭大买拣择一股。"① 也即全体共业人同意分业时，可以终止现有的共业关系。

下面主要考察确认实际分割的合同。

### 一、踏勘和定界

实际分割包括两大内容，一是原有契据的处理或分派，二是田产的分割。

田产分割时，若四至、丈尺、税额、估值等不清楚，就需要实际踏勘和埋石定界。尤其是山场，若不实际踏勘，通常无法凭契载的四至确定边界。所以，分业合同往往也是一份记载分割后田产实际状况的合同。如，两家合买到三个山场，分别对应三个鱼鳞字号，之前没有实际分割过，必须"眼同分开"。此件合同为吴荣贵收执，仅记载了吴荣贵分得的产业界址，其中，除了"银定凹"是全业全号，不必勘界外，其余两处山业只得到部分，即"大北山外边两块，椑木塔外边壹块"，即使如此，吴荣贵实际分得的山场面积仍小于吴荣彩，后者还要补贴他三千六百文钱。② 合同的记载如此细致，这是山场已经实际踏勘的明证。

---

① 《清道光二十八年（1848年）二月汪士祐、士才公等山场共业合同》（点校本1391页）："……亦毋许得财卖放。倘有查出得财卖放者，甘罚叁两。"
② 《清嘉庆十八年（1813年）七月吴荣贵、吴荣彩山场共业合同》（点校本1309页）："各事分开锄种，兴养茶柯树木。""土名银定凹并大北山外边两块，椑木塔外边一块，荣贵得授，该收贴钱叁仟陆百文。眼同分开，各管各业，不得异言。"

需知，合买田产经过分割之后，原契据所载的内容与实际管业情况已经不符。在该三项鱼鳞字号的卖契上，肯定记载有四至、丈尺、税额等内容。一旦把完整的鱼鳞字号分开，两家实际管业的连片山场，各种信息与卖契所载内容、鱼鳞册原载山形等，都已大相径庭。两家今后实缴税额，也与原契所载的税额不同。所以，分业合同、上手卖契、纳税执照等都是契据，但分业合同才能证明管业来源，是分业后的主要契据。

## 二、原契据的分派

无论是否实际踏勘和定界，分业时都存在着原契据的处置问题。最简单的情况，只需各自保管原先的契据即可。如吴启坐与两个侄儿共同购买一处菜园地，原先约定"三人均分"，这就涉及实际分割。但是，园地买入之后，吴启坐又不愿将其分开，三人于是重新协商，决定由吴启坐拿出名下一份祖业补贴给两个侄儿，以换得完整的园地。① 这样，合买的园地转为吴启坐独立管业，园地的上手卖契和其他契据只需全部交吴启坐保存即可。而吴启坐必须把祖业的契据全部交给两个侄儿，再由两个侄儿实际分割，并协商契据的保存问题。

大多数时候，契据分派都比较麻烦。首先，卖契、推收税票等只有一件，无论分家还是合买，一旦分割，卖契和税票是无法撕开的，这就必须订立分业合同，明确交待各项契据存放何处。如："正契三道，不便分执，存于鉴处，要证将出，无辞。抄白三张，付起淋。"② 该合同记载的契据保存手续较为有趣，老契存放在某个管业人家里，这是常见情况。订立的分业合同，由管业人各执一件，合同已可作为山场分割后的契据。但当事人仍不放心，又将三件上手契再誊抄了三件，付另一位管业人保存。我们看到一些门户文书中保留的抄白，通常以为是原契丢失或损烂以后，为了保存原契内容而誊抄的。而此例显示，抄白还具有另一项功用，是为了防止保存卖契的管业人丢失或私自典买，将其用作管业凭据。

有业即有税。分割共业时还有一项重要的手续是分割业税。若分割的产业是由多个产业集合而成，分割时，每个产业无需实际踏勘，只需交待某份业税已割入某管业人户内，即可完成分割。如上述分业合同是三家分割三份田产，三件上手卖契虽然保

---

① 《清乾隆五十五年（1790 年）九月吴启坐同侄等菜园基地共业合同》（点校本 1275 页）："其启坐外边承祖分管地一片，面贴与长佐、长佑二人经管。"
② 《清乾隆六十年（1795 年）十二月詹震鉴等山场共业合墨》（点校本 1279 页）。

存于一家，但田产对应的"税粮各自入户完纳"。这样，分业合同实际是与推收税票相互印证的。又如，"胡位仙公"之下的多个家庭买到"胡瑾南公"之下的各号产业。合同申明，原是"各买各号，各租其税"。但之前合买时，卖契记载所买产业之税尽"推在胡栢户上纳"。"胡栢户"就是胡位仙公的老户名。这些家庭再订立合同，将寄在胡栢户内的产业及其业税分扒到各个子户内，即"载明各号，分扒推收，各管各户上纳"。①合同又详细记载了税额及归属。由于并未拆分鱼鳞字号，田产的四至、丈尺和税额均有原丈的鱼鳞册为据，也就无需实际踏勘定界。各户只需赴里册书办理分扒手续，其后，各管业人手中掌管着推收税票，业户实征册上登记有田产的各项信息，再与分业合同一起构成完整的契据链，足以证明各自的管业资格。

## 第五节　小结

无论是股分管业还是共同管业，它们之间都存在一些相通之处。我们将其归纳如下。

### 一、共业合同是多方合同

共业合同的当事人是两个或两个以上的家庭。一般来说，合同当事人之间的利益是对立的，属于"对手方"合同。共业合同的多方当事人之间，既有利益的对手性，又有利益的一致性，而利益一致性是共业合同的主要特征，这也是由共业的性质所决定。共业关系一旦成立，又分内部和外部两种关系。在利益一致性方面，无论对内还是对外，保护产业的完整性、合理而长久地使用产业，是共业人的共同利益。因此，对内方面，共业合同往往明确各共业人均负有维护和改良产业等义务；对外方面，共业合同往往约定各共业人负有排除他人侵害的义务。这些内容是不分股分管业还是共同管业都相同的。

利益的对手性，主要体现在两方面。一是产业的管理费用。若是股分管业，按比例各自负担；共同管业则均摊。比较复杂的，如水碓的维修费用，则需特别约定。二

---

① 《清道光二十五年（1845 年）十一月胡位仙公等分税合墨》（点校本 1388 页）。

是收益和处分。若是股分管业，管业人的收益限于自己股分之内；若是共同管业，则共享利益。但出卖、赠与、调换时，若是股分管业，管业人可以自由处分自己的份额，其他管业人难以干预；若是共同管业，处分需征求全体共业人的意见。

## 二、共业合同是有偿合同

有偿合同是指以互为对价给付而成立的合同。共业合同以各管业人名下的部分产业或产业股分为给付，虽没有价金支付，仍为有偿合同。共业合同为有偿合同，但不以交易为目的，而是以明确管业份额和分配收益等为目的。

## 三、共业合同是要物合同

所谓要物合同，是指除了当事人意思表示一致之外，须物的交付或移转完毕而成立的合同。一般来说，清代共业关系存在于田地、建筑物、大型工具及附属地面，以及田产的分层权益等之上。若非实际占有、取得或移转，共业关系不能仅依口头承诺而成立。实例中，大多数共业合同的订立，要么是合买到田、地、山、房后，要么是共同承继到产业后，故不存在争议。灌溉权利则较为特殊，需要特别约定。

以上性质仅就合同订立时设定的关系而言。从契据的角度看，无论设定股分管业还是共同管业，共业和分业合同都是重要的管业凭据。尤其是管业内容与鱼鳞册、推收税票、上手卖契等保持一致时，唯有通过共业合同或分业合同才能证明实际管业状况，此时，合同凌驾于其他契据之上。

# 第十八章

# 邻界合同

邻界合同，是田房相邻的一方确认自己的田房边界及标识，另一方承诺不侵越边界的合同。在田房私有的时代，边界不明极易引发纷争。划清相邻土地和建筑物的界限，对于相邻人之间的长期和平相处，具有极为重要的意义。

## 第一节 邻界合同的功用

### 一、实际边界与登记边界

清代推行土地清丈和鱼鳞册制度。清初，州县佥发图役，勘丈本图以内的田地山塘等细则，并挨号登记，注明四至，缮画田地形状，颁发佥业票，将田土字号等内容付里长登记。理论上，新垦田亩、淤涨滩涂等可陆续清丈，按鱼鳞册的登记格式编写新册。所以，除脱漏或隐匿的田土外，凡经清丈的整段田亩，通常无需确认边界。

重新勘界的常见情况如下：一是将整段鱼鳞字号拆分的；二是将整段或部分鱼鳞字号合并的；三是山场原地形地貌年久变化，原界不清；四是新造坟墓，与旧坟的禁步不明；五是侵越他人边界，引发纷争或诉讼，又在讼争中提供真假难辨的契据，使讼争田土的鱼鳞字号无法确定；等等。除了讼争田亩的勘界由官府主持，官员亲勘，其余只需邀中履勘。勘界结果在坟产、山林掌养、共业等合同中叙述明白即可，无需单独订立确认边界的合同。这些在相关章节已有讨论，此章不赘。

需要注意的是，鱼鳞册上的登记边界与实际边界不同。登记边界的四至，是一种相对界限。凭登记的四至无法确认实际边界。比如，鱼鳞册上说某田"西至路"，这只能说明此田与某路相邻，但田和路的实际界线在哪里，若无实际标识，田主是无法管业的。按照民间的管业习惯，清丈前的田房四周早已有明确的边界标识。有的标识是根据自然地形地貌，如水沟、山顶、大树等。有的是人工修建的标识物，如界墙或竹木编造的"围栏"。若无明显的地形地貌可作标识，又不便修建界墙和围栏，则采用埋石和封树的办法，也就是在边界处半埋大石或种植树木。实际标识边界的习惯，也非专属于古代中国，在世界各地都是相通的。在发达国家，即使已用现代测绘技术对全国土地进行勘查登记，私人田房之外仍然无一不用栅栏围隔。可见，私有不动产的保护始终有赖于测绘登记与实际边界。尤其是，当发生侵入私人领地的事件时，即时的判断标准就是越过边界标识。所以，无论测绘登记技术如何发达，都不能替代边界标识的作用。中国经过大规模的公有化运动之后，许多城乡的私有田房已经没有或丧失了边界标识。物权法虽已实施多年，但私人土地测绘和登记制度依然不健全，私人土地档案管理和查阅手续不统一。办理农村土地和房屋产权证时，地方政府委托不同的测绘公司，公民查阅土地测绘数据居然要到不同公司咨询，再加上权威机构解释不明确，一旦发生邻界纠纷，反而比古代更难解决。由此可知，实际标识边界的惯例，在古代的田房管业秩序中占据着核心地位。

边界标识可能因人工标识受损而模糊，也可能因地形地貌改变而无法辨别，还可能在田房买卖后，新业主不明标识的意义而产生争议。一旦发生此类情形，需要邀请有经验的中人，对实际边界进行权威的解释，再单独订立明确边界的合同。① 确认边界的合同，大多文字简单，提及的边界标识与鱼鳞册登记并无二致。其中的关键，在于有疑义的一方完全理解了实际边界的意义，邻居们已经消除了误会。

不过，大多数争议边界不是关于鱼鳞册登记的边界，也就无法用登记边界确认实际边界，这就更需要有经验的中人在双方陪同下进行实际勘查。比如，汪姓介眉堂的鱼鳞字号是"竞字六百卅七号"，鱼鳞册登记的土名为"官路外仓屋"。房屋及基址的位置明确，与周边鱼鳞字号不存在边界争议。此前，介眉堂及地基属于一家人，主人在堂屋东边扩建一所新屋，新屋之墙直接在介眉堂的东墙上架高。孰料此后兄弟分家，分得东屋者将其卖给族人。这样，介眉堂与东屋已分属两家，但东墙却是共用的，不

---

① 《清道光元年（1821年）八月程光旺基地邻界合同》（点校本1328页）。《清道光二十五年（1845年）三月汪家德、汪家胜、王玉宝等住屋共业合同》（点校本1386页）。

得不明确界限。经族中查看，确认墙下半部为介眉堂之墙，后修的架高部分属于东屋。双方约定，介眉堂的主人不得请求东屋主人拆毁架高的屋墙。东屋主人则承诺，若介眉堂的主人将来需要升高东墙，允许先将己墙拆下，由介眉堂在原墙之上升高。并承诺，东屋将来修造门楼雀角时，应当向后缩进，不得插越介眉堂之墙。① 可见，通常意义上的契据或簿册，均不可能解决这一边界问题。必须实际勘查，并解释界墙来历，才能明确管业界限。

## 二、实际边界与纠纷和解

邻界合同往往以纠纷为背景，确认实际边界也是明确相邻规则。我们曾解释过，证明田土管业资格的重要规则是，业主出示的各种契据，所载内容相互一致，相互可以印证。而多数田房边界纠纷无法通过契据来证明争议的实际边界。因此，实际边界的勘查就成了确立边界规则的主要依据。以介眉堂为例，东屋主人事先不知道墙体结构，可能准备在界墙上搭建门楼雀角。通过邀中进行实际勘查，证明界墙确实是介眉堂的墙体，再配合界墙的来历，解释了架高部分的墙体归属于东屋。勘查结果是客观的，来历则需要证人，勘查结果与可信证词相互印证，帮助双方达成谅解，纠纷也消弭于无形。

有时候，勘查结果就是解决边界纠纷的唯一依据。如，姜太衫在自己的地基内修造厨屋，"其毗连处滴水一尺，误滴在太万地内"。所谓"误滴"，其实就是勘查结果的委婉表达，说明姜太衫的房檐滴水侵越了姜太万的一尺地基。此时，泥墙已近完工，不宜拆毁，两家协商的办法是，"其太衫泥墙成功之日，墙与滴水，二家公共存留"。② 这句话的意思是，两家以泥墙为界线，而非以房檐滴水为界。或者说，从房檐滴水回退至泥墙之间的空地，姜太万仍可利用。但姜太万容忍了房檐滴水在自己的一尺地内。在这个边界合同中，姜太衫究竟是误会还是故意，其实并不重要。关键是通过勘查能

---

① 《清嘉庆二十四年（1819年）四月汪瑞如、汪奎基墙界合同》（点校本1319页）："今因介眉堂东边新屋，从前业属一家，是故新屋架造时，其墙已经加在介眉堂前进屋套上用事。此刻两屋业售两主，各有议论。今凭族中眼同踏看情形，原是介眉堂之墙无异。但东屋新墙早经加高于上，因楼房势难枝卸。但此时两屋虽售两主，仍系谊属同堂，两愿通融，更无异说。兹从中议定，日后介眉堂屋套，倘有升高之日，任凭将新屋所加之墙暂卸一傍。俟完工之后，仍听东屋照旧加墙于上，无异。如有东屋日后改造，亦照旧规靠墙用事，两无异说。恐口无凭，立此合同两纸，各执一纸，永远存照。再批，东屋傍轩门楼雀角修理之日，应当缩进，不得插越介眉堂墙。又照。……竟字六百卅七号，土名官路外仓屋，介眉堂。"（签名略）
② 《清咸丰三年（1853年）八月姜泰衫、姜泰万邻界合同》（点校本1409页）。

否得出明确的结果。勘查结果是明确的,姜太衫才会承认自己的屋檐"误滴"入他人土地。也只有姜太衫承认自己侵入了邻居边界,双方才会达成谅解。否则,一尺地可以模糊,就可能得尺进丈。

综上,确认边界的合同,其功用主要体现在两方面:一是利用契据或勘查等,明确实际边界。二是通过明确实际边界,解决相邻业主的边界纠纷。

# 第二节 "定分"与"情理"

## 一、民间调解结案文书

表面上看,邻界合同和共业合同都是确认管业资格的合同,二者都是明清时期契据体系中的一部分,我们也把它们放在前后章节介绍。但是,邻界合同还有明显的纠纷背景,它既是田房管业的契据,也是田房边界纠纷的和解文书或结案文书。

明清时期的民间纠纷调解,最后多有写立文书而结束的情况。这些文书的种类多样,本书不能一一详述。通常来说,可以把以下文书视为民间调解的结案文书。

第一种是甘结。这是民人投鸣乡里组织或自治组织之后,双方达成和解,仿照官府诉讼结束的具结文书,各自写立的情愿结案的文书。受理投鸣的乡里组织在明代主要是里老人,清代则保甲、乡约等均可。自治组织则主要是家族长、文会等。[①]乡里调解后的甘结文书与官府诉讼后的甘结文书相似。限于篇幅,此处不赘。

第二种是服输约。此种文书属于契书的范畴,是由输理的一方向另一方出具,只有一方当事人出名,其余出名人为中人和代书。服输约的内容是承认各种过错行为,但主要是侵害财产。以笔者搜集到的一件服输约为例。曹宝妹承认自己的行为不端,包括"三五成群,昼夜不归,损伤众业,游嬉赌博"。其中,损害存众族产("损伤众业")恐怕是他被惩戒的主要原因。他保证今后再不赌博和损坏坟山荫木,看来他损害的存众产业是坟山荫木。该戒约的结尾签名,除曹宝妹外,有叔祖、族兄二人作为"凭

---

① 俞江:《论清代"细事"类案件的投鸣与乡里调处——以新出徽州投状文书为线索》,《法学》2013年第6期。

中",代书也是一名叔祖。① 故该契书为单契,与卖契、借据等相近。

第三种是调处合同与劝息约。调处合同可能发生在两种条件下,一是在递交诉状到官府之前,由乡里调解成功后写立。二是在一方已将诉状递交州县之后,州县官把案件批回乡里调处。此时,乡里调处的目的是劝当事人息讼,也称劝息。劝息成功,调处人向官府递交呈请息诉的状纸(又称息状),请求官府销案。官府同意双方和解,批准销案,此案即告了结。

第四种就是合同。当纠纷双方尚未闹到诉讼的地步,合同只需若隐若显地叙述纠纷始末。虽有理亏的一方,但判定输赢的用语较为含蓄。它们广泛地存在于族产、山场、坟山、共业等合同中。这里仅以田房邻界合同为线索,讨论民间调解中的逻辑。

## 二、边界中的规则与情理

保存下来的清代田房邻界合同,呈现了18世纪以来民间最基础的财产关系。在姜太衫和介眉堂两件合同中都可以看到:必须尊重他人管业的田房边界,越过一尺之地也是不允许的。这是规则。但是,承认邻居的界线,请求谅解,双方仍有协商的可能。这是情理。规则与情理互不冲突。

再来看一些实例。程光旺所修砖墙占去程光广家地基五寸。双方达成谅解,程光广允许光旺占用他的地面,但若程光广将来修造房屋,也可以紧靠程光旺的屋墙修建。② 又如,方志富等人的厨房,所在地基的鱼鳞字号是宝字2027号。堂兄弟方秉华在相邻地基上起造楼屋,地基字号是宝字2028号。按照建筑物修造的惯例,屋墙总要在自己的边界上后退一些尺寸,为两家留出滴水或通行空间,同时方便在中间划定界线。不知何故,方秉华的屋墙要求"接砌"方志富的厨房。也就是说,他要侵入到宝字2027号地基内,占用边界到厨墙之间的空隙地面。合同商议的结果是,方志富容忍对方的屋墙与己墙相接,但是,如果他将来要在宝字2027号地基上修造楼屋,方秉华必须拆

---

① 《同治五年曹宝妹戒约》:"立戒约人曹宝妹,今因三五成群,昼夜不归,损伤众业,游嬉赌博,自知理亏。浼托尊长劝解,情愿认罪伏礼,改过自新。如后有窜塌前辙,该身之业罚与尚恭公祭扫坟茔。自戒之后,不得损坏坟山荫木,不得私自赌博。日后百年处世,将戒约缴出。此系愿赏愿罚,并无威逼等情。恐口无凭,立戒约为据。同治五年菊月上浣日,立戒约人曹宝妹(押),凭中叔祖楚珍(花押),族兄在之(花押),代书叔祖迁洲(花押)。"

② 《清道光元年(1821年)八月程光旺基地邻界合同》(点校本1328页)。

掉自己的屋墙。① 以上都是近支亲房之间的边界冲突。显然，边界是不能随便侵越的。但承认自己侵占了他人地界，事情还有得商量。

当管业人将来要使用被侵占地面时，侵占者必须拆掉自己的屋墙。这样的约定内容不像是说着玩的。在另外一些越过边界的谅解合同中，都有类似的要求。比如，洪伯烈听信堪舆先生之言，要在房屋东墙开门，但东墙外的地面属于堂兄洪求梓等人。洪伯烈央请中人，让洪求梓允许他们在东墙外的地面通行。并承诺，若洪求梓将来要修造墙壁，仍封闭东门，不得以已经开门为由，阻止洪求梓修墙。② 又如，允裕与允仁为本家兄弟，允裕修造的房屋占用了允仁屋外的斜沟。"面议言定，兄日后有竖造之举，照依老样，弟毋得异说拦阻。"③ 换言之，一旦管业人将来要利用土地，侵占边界的建筑物必须随时拆除或封闭，这是获得谅解的前提。其实，管业人并不真的计较五寸或一尺之地，而是担心边界模糊会导致管业归属不明。

这些邻界合同，既是管业人将来抵制侵占者的依据，又是一份不动产权利的宣言书。它要宣示：田土和边界由我做主。给你占用也是由我，不由你。不让你占用，可以随时拆掉你的越界物业。

一个清代的普通农民，也是有权利意识的。"权利"一词是在1865年丁韪良等人翻译《万国公法》以后，才成为固定的法律概念。④ 法律权利固然是法律规定才有，没有规定就没有。但权利意识不分古今中外，只要不是被"洗脑"的奴隶，人人皆有。古汉语中，最接近的"权利"概念，莫过于"分"。在战国时期的法家著述中，已经出现了"律者，所以定分止争"的提法。⑤ 当时的法家著述若要强调"定分"的重要性，就会讲兔子的寓言。寓言说，街上跑着一只兔子，会有百人起而竞逐。市场中聚集了百只兔子，人们却不顾而走。原因是市场中的兔子，分定；街上跑的兔子，分不定。⑥

---

① 《清乾隆五十八年（1793年）三月方志富、方志理屋墙共业合同》（点校本1277页）："倘日后七号起造楼屋，其墙八号不得异言。今恐无凭，立议合同永远存照。"
② 《清光绪十三年（1887年）四月洪伯烈、洪伯仁等邻界合同》（点校本1481页）："凭中言定，若不起造，此时暂放东门，以后竖造墙壁，照依旧迹，墙角齐平。此东门身等自愿闭塞，不得异言，未能反悔。不闭大门之外出入古道，听凭通行。"
③ 《清光绪十六年（1890年）十二月允裕兄弟邻界合同》（点校本1496页）。
④ 李贵连：《话说"权利"》，《北大法律评论》1998年第1期。
⑤ 《管子·七臣七主》。
⑥ 《慎子》："一兔走街，百人追之，分未定也；积兔满市，过而不顾，非不欲兔，分定不可争也。"《商君书·定分》："一兔走，百人逐之，非以兔可分以为百也，由名分之未定也。夫卖兔者满市，而盗不敢取，由名分已定也。"

在战国法家的理论构造中，定分止争有着极高的地位。

民人虽有权利意识，但是否享有法律权利，由立法者说了算。而没有政治权力，就左右不了立法者。法家强调为民人定分止争，与秦以后的皇权政体和官僚体制存在着深刻矛盾。这是因为，国家要把"定分止争"四字作为头等大事，立法者必须认真对待民人的法律权利。如果民人有政治权力，立法者当然会认真对待民人的权利。但民人有政治权力，又置皇室、贵戚与官僚于何处？这个道理也是中外古今都一样。所以，有秦以下，我们找不到现代意义的民法体系。司法也不以保护民事权利为主，而以"无讼"或"不争"为旨归。在这一意义上，认为清代田房等细故案件是以"情理"为主的审理模式，缺乏坚实的法律规定作为依据，或者认为社会规则缺乏法律的承认，权利的诉求在立法理念中不占据正统地位，①都是有道理的。

然而，就像官府与民间不同，江湖独立于庙堂之外，朝廷颁布的法律与民间适用的规则也是不同的。显然，明清时期的民间社会里，财产和身份领域无不存在着明确而有力的规则。比如，在边界纠纷中，规则的内涵和外延非常清晰，无需现代测绘技术，凭中人的经验，足以把"你的"和"我的"划出清晰的界限。表面上，田土边界和管业是依靠鱼鳞册登记，真相是，鱼鳞册登记依赖实际边界和标识惯例。在邻居之间，不存在"拥挤列车"或"推来挤去"（寺田浩明语）。边界是清楚的，也必须清楚。一个清代的农户，绝不会允许有人模糊自己的边界，也不会允许邻居"搓揉"他的边界。如果深入到古典民间社会及其规则中，就会发现后现代的华丽喻词与它们不相干。不但边界规则如此，在股分管业、共同管业、山场或坟产管业、钱会合同中，莫不如此。换言之，凡是需要签订合同的事情，权利义务关系都是清晰的，否则，人们为何签订合同？民间规则只是不被朝廷关注，缺乏法律明文规定。但越是缺乏法律规定，就越是需要明确而清晰。且不说各种田土管业规则，只要边界规则不明，社会秩序立即会陷入瓦解的边缘。

也有些规则体现在法律条文中，只不过法律仅仅在它需要的部分体现，并且以它希望的方式加以体现。比如，法律是如此表达分家规则：不允许子孙擅自分家，否则要受刑罚处罚。但祖父母、父母允许或提议的分家，受法律保护。这是法律的表达方式，它强调的是不允许分家，这才符合主流意识形态。但它表示，自己仁慈地为无知

---

① 〔日〕寺田浩明："没有出现'规则'与权力交叉影响并得以客观化的构造。换言之，就是没有像西方那样，出现以权力来强化社会关系中的规则性，或者把公共权力作为社会内某些规则的特殊拥护者那样的正统性定位方式。"《"非规则型法"之概念——以清代中国法为素材》，《权利与冤抑：寺田浩明中国法史论集》，王亚新等译，清华大学出版社 2012 年，第 387 页。

愚民们留了一个口子，让合乎情理的分家行为可以实施。仅看法律表述，整个明清时期，普遍情况是父母在世时不分家，父母在世时分家是例外的、偶然的、个别的。而民间的规则是，只要儿子结婚或生子后，就有分家的权利。此时提出分家是正当的，祖父母或父母不但不阻碍，反而会祝福儿子们成家立业了。法律与规则的表达方式不同，但结果是相同的，只是法律表达虚伪一些。又岂止是分家，在婚姻、立嗣等所谓"户婚"领域，相关规则都是明确的，也都或多或少地反映在法律表述中，官员也分明是知道的。

但是，研究者在明清细故案件的审语中似乎看到另一种景象，也即同类案件虽然可以找到符合规则的判决，但官员的某种看法可以破坏规则的确定性。是的。规则一进官府就坏了，官民本来就不是一个立场。要研究规则，官府审语只能作为参考，而且不少是作为破坏规则的参考资料。研究州县细故审理是一回事，利用清代细故审语研究财产和身份规则，是另一回事。审断结论与规则相反的原因，无非有三：第一，部分没有法律明文规定的领域，为官员作出不同的审断结论提供了极大空间。第二，即使法律有规定，官员认为自己可以作出与法律不符但却符合道德的审断结论。比如，两兄弟明明是讼争分家不均，官员却把案件搁置起来，要他们反省"兄友弟恭"的道理。官员在细故审理中确实有权这样做，但重要的是，这样做才能展现官员的智慧和道德自觉性。第三，官员或接受贿赂，或受人请托，或慑于权势，作出符合自己利益的审断结论。这三种原因，前两种是正常情况，后一种是非正常情况。由于缺乏统计数据，不敢贸然说非正常的数量必然少于前两种，也不便说非正常情况在王朝前期必然少于中晚期。总之，细故案件审断结论的不确定性，与规则的确定性，是两回事。前者所要考虑的因素，必须包括司法腐败和缺乏法律明文。后者需抛开这些因素，在社会构成的意义上理解。

需要注意的是，"法律"与"规则"各有不同的内涵和外延，二者只在结构上具有相似性。然而，不少理论家一直有意无意地试图混淆二者。一般来说，都是希望"法律"能包含规则，至少把"法律"等同于"规则"。而我们的研究显示，规则是独立于法律之外的实在。它无需依赖法律，独立地赋予人们享有自然意义的权利，并以自然权利是否实现作为判断公正性的标准。规则可以借助法律重述，也可以借助契约和惯例。在没有法律明文规定的领域，规则重述又只能借助惯例和契约。比如，我们可以利用官府审语和民间调解协议，重述契据之间必须相互一致的证据惯例，也可以利用契约文书，去重述坟山、山场上的管业惯例。

最后要强调的是，研究古代民间规则，不是想证明细故审理中是否存在着依法审理的成分，也不是想证明古代中国有民法。我们希望证明的是，第一，规则是社会的构成要素之一，不理解规则，观察社会只能是雾里看花。第二，利用服输约或合同，民间调解就足以定分止争。只要当事人均非恶意，或他们希望避免"讼累"，那就只能遵守规则，而遵守规则就足以实现公平。至于在情理上需要融通之处，双方可协商并订立合同。然而，一旦纠纷进入官府，案件的结果反而变得暧昧难言。官员不受民间规则的约束，如果是循吏，可能会按照法律或规则去审断。碰上颟顸或好"表演"的官吏，审断结论就不可知了，更别说碰上喜欢"潜规则"的官员。清代州县细故审理中流行"官批民调"，潜台词就是，我（官府）这里只有讼累，要公平，不如仍回乡里调解。第三，了解规则的确定性，才能理解民人对官府的观感，或者说，理解民人对官府的期待。民人看官府和官府看民人，是两种不同的视角。官府的正统理论，无非是愚民不懂圣人道理，亟需教化。然而，从民人的角度看，代表"公"的官府理应定分止争，而不是混淆是非，模糊界线。通过科举获得功名的官员，大多"朝为田舍郎"，本应了解规则，加上知书明理，民人对他们的预期是，他们会给出智慧的结论。或者，至少给出符合规则的审断结论。没想到，法律没有规定时，一些"天子门生"把不按规则审断视为智慧。法律有明文规定时，一些"圣人门生"把不按法律审断视为道德教化。换言之，你跟他谈规则，他跟你谈智慧；你跟他谈法律，他跟你谈道德。总是谈不拢。于是，在"天子门生"或"圣人门生"的审语里，不但没有规则，也没有法律，重要的是他们的智慧和道德高度在官府这个大舞台上如何得以充分展现。

但是，如果去看民人的想法，连不识字的农民也知道规则，他们诉求自己的权利，前仆后继地寄望在诉讼中能够实现正义。只是官府觉得这些想法不值得认真对待。"愚民们需要教化，他们不知道自己需要什么。"官府这样想着，历史也就一直这样写下来。

# 第十九章

# 换产合同

## 第一节 概述

### 一、换产合同的功用

互换零星田土在清代民间是常见现象。换产合同以当事人约定互为转让田土管业为主。也称互易合同，但互易还包括动产的交换。换产与买卖都是管业处分，只不过买卖是卖方出售产业以换取买方的价金，换产是双方用价值相当的产业交换。

以物易物是人类社会早期交易的主要形式。在货币出现之后，以物易物大多已被钱货两清的交易方式替代。但是，互换田土仍有货币交易不可替代的功效，比如，同一幅地面分割为不同部分，分属不同的家庭，经过调换，重新凑成整幅地基，可以在上面修筑房屋。又如，不同家庭的分散田亩，与相邻田亩调换成整幅田面，便于耕种，凑整的田地价值也大于零星出售得来的现金。

有的换产合同称为"便约"。"便"，是"凑便"、方便的意思。如，凌大英和凌阿方分别管业两个楼屋的半堂，相互对换后，各自管业全堂，均感方便。① 又如，章武兴、家兴两兄弟分家后，章武兴从其他家庭换来的地基，正好与弟弟家兴的地基相邻，

---

① 《清光绪二十三年（1897年）二月凌大英等换产合同》（点校本1509页）："立合墨便约人凌大英同佺正寿、阿方同继子田妹，今因土名株木下大路外楼屋一堂，系大英、阿方二家合造，各家半堂。又株木大路里楼屋一堂，亦系大英、阿方二家合造，各家半堂。今身愿将大路外楼屋半堂，自便与大英同佺正寿名下经管。又大路里楼屋半堂，自便与阿方氏同继子田妹名下经管。以好各关紧锁，永远经管，各守一堂。"

于是将地基换给家兴,"前去以便造屋管业"。① 这次换产既体现了"亲兄弟,明算账",也体现了兄弟情义。所以,合同的开首和结尾,均有"立体义合同"的说法。

由此可见,换产合同带有利他或互利的特征,其功用有二:一是通过置换凑成整幅田地。二是将各自管业不便的产业,调换成管业方便的产业。只要实现其一,就方便了当事人的生活或管业,使物的功效得到更大发挥。

## 二、换产合同的三种格式

换产合同的第一种格式,是两件内容不同的单契。如,程开柒将两处山业换与"亲侄程玉林名下为业"。合同中仅叙述了程开柒的山业坐落,没有记载程玉林用于交换的产业。契书开首和末尾只有程开柒出名。契文末尾用"立此换纸",提示人们这件换纸是唯一的。幸而这件"换纸"中有半书"道光十六年换纸□□",② 足以辨为合同文书。由此推断,还有一件与此对应的换契,具名与署名应为程玉林,内容仅载程玉林的产业。两件单契有相对性,故用半书将二者联系起来。这类格式也一直维持下来。

第二种格式是换契的正文中出现双方当事人的产业,但仍只有一方当事人具名。如邵柯氏将楼屋中的六个房步,用于调换"亲叔"邵观武的"小买熟地三业"。半书为"对同一样两纸,各执一纸。永远为据"。但开首和尾部只有邵柯氏出名,邵观武的名字只出现在契文中。③ 推测与之相对的那件合同是邵观武单独出名和画押。

第三种格式就是完整的合同形态。如汪德梃、汪顺林叔侄的换产合同,叙事的口吻站在中立角度,详载双方的鱼鳞字号和地税。开首和末尾的出名,汪德梃与汪顺林都是并列关系,并共同花押。另有半书"立合同一样两纸,各执一纸。永远存照"。④ 这件换产合同具有合同文书的完整要素。

以上三种格式,可能代表了换产契书从单契演变为合同的三个阶段。由于缺乏其

---

① 《清乾隆三十六年(1771年)四月章武兴、章家兴兄弟基地兑换合同》(点校本1251页):"缘有武兴兑得世兴基地一片,上有横屋一重。上至青天,下至地骨,四围墙壁、门窗、户扇及厕屋、果树并余地,共计五十五步。尽数在内,出兑与弟家兴名下,前去以便造屋管业。"
② 《清道光十六年(1836年)五月程开七等山业换产合同》(点校本1369页)。
③ 《清嘉庆十六年(1811年)十月邵柯氏与叔邵观武换产合同》(点校本1306页)。
④ 《清光绪三年(1877年)十月汪德梃、汪顺林换产合同》(点校本1453页):"顺林侄自愿托中,将冬字一千五百八十四号,计地税一厘正,土名村心粪窖地基一业。与德梃叔兑换冬字一千五百八十号,计地税一厘正,土名村心南边墙下粪窖地基一业,以作门前出入。今顺林侄门移向南开,系德梃叔之白虎门。言定顺林侄门前己业上,自愿造照墙一副,高七尺,阔至大路。"

他文献佐证，这三个演变阶段暂为假设。事实上，清初的换产契书已为较完善的合同格式，如一件顺治年间的换产合同，双方当事人均署名画押，契文同时叙述两家用以对换的产业内容。但合同开首只有一方当事人的名字。① 所以，换产合同格式不同，也可能是因为不同地区的习惯不同。

## 第二节　便契、换契与合同

此次整理以合同文书为主，从形制上不能判断为合同的契书只能排除在外，这就不可避免地造成了一些整体现象被割裂。换产合同与换契正是属于这种情况。民间使用合同或单契，是为了便于生活和财产交往，没有哪条法律规定某种契约关系必须采用哪种格式的契书。不同的契约关系采用不同的契书形制，本身就是一种惯例。换产合同的实质，是双方当事人处分各自管业的产业，其性质与买卖相近。今天，各国合同法仍然将互易与买卖视为相同性质的合同类型，适用的规则也基本相同，就是因为二者均为处分财产的合同。古人对换产中的处分性质已有理解，具体表现就是换产还可以适用单契文书。结合这两种文书，我们可以深入理解换产合同。

### 一、便契与便约

以下以笔者搜集的《歙县三十三都三图一甲方姓门户文书》中的换产契书，来说明相关情况。该门户包括卖契、典当契、换契、合同、会书、诉讼文书、婚书礼单、祈神文书、归户册、吊税票、忙票、账簿等共200余件，起止年份从康熙三十八年（1699年）至民国三十七年（1948年），跨度为两个半世纪。线索清晰，可以相互印证。该门户中既有换契，又有换产合同，便于说明相关问题。

该门户中有一件便契，由原文可知，国槐公下支孙要在祠堂前"开大门得水"，经费不足，故将"五间厅前堂楼上二间新房半步，并堂前半步，立契尽行便与曾孙美朋名下"。② 这里虽称"便"，但后文说明价银为七折钱五两，并说"听凭买人经管"，显

---

① 《清顺治九年（1652年）九月方维谷等换产议约》（点校本1193页）。
② 《嘉庆十八年（1813年）方国槐公便契》。

然，这件便契就是卖契。还有一件便契，交易对象是厨灶基地的左边三分之一股。契文中有"尽行出卖"一语，又说"时值价七串钱陆两足，其钱随即收足"。末尾称"立此卖契"等。① 说明这件便契也是卖契。两件便契的相同处有二，一是都在本族内交易，二是所卖产业为某项完整田亩的一部分或股分。可见，称"便契"的缘故，主要是所卖田房的部分或股分与买受人的管业相邻，买受人可以凑整后在地基上"竖造"建筑物，或者可以方便"路道通行出入"。同族产业的部分或股分，卖与族外之人不大合适，也没有多大用处，本族邻人买到则大称方便。

我们说过，换契偶尔也称便约，显示清人认为买卖和互换具有相同性质。

## 二、换契与换契合同

再来看一件换契。此件换契有立契人和中见人的画押，是正式的契书。内容是方大祥、方大浩与吴灶全互换产业，契文结尾写有"立此换契为据"，署名仅有方大祥、方大浩，没有吴灶全。契文中未载吴灶全用以调换的产业内容，也没有半书，只能视为单契，即方大祥家向吴灶全写立的契书。显然，吴灶全也需写立一件换契，同样是单契形制，只有吴灶全署名画押，契文仅载吴灶全用以对换的产业坐落、税额等。②

在同一门户中，又有采用合同形制的换契。该契书空白处有大字半书，可识别为"换契对同，永远存照"。足以说明此件换契曾写立相同文字的两份。该换契的内容，是方镇盘和弟弟方镇柒将一个厕所并附近路道，换与方镇洪；方镇洪用另外两个厕所，再加贴 500 文钱，与之对换。双方的产业四至都已记载清楚。署名处只有方镇盘兄弟。据此推测，另一件对同写立的换契，署名处应为方镇洪。属于前面介绍的第二种格式的换产合同。③

---

① 《咸丰七年（1857 年）方镇润便契》："立便契人方镇润，今因承祖分受，自愿将土名木瓜湾楼后现成厨灶基地一块，合身三股之一，左边一条，四至照依原形，四至之内，立契尽行出卖与堂弟上清名下为业，三面言定，时值价七串钱陆两足，其钱随即收足，其税本户扒纳，其基地即时交业，听凭竖造。无得阻挡。先前并无重复交易，倘有亲房内外人等异言，俱系出卖人承当，不干受人之事。恐口无凭，立此卖契，永远存照。"
② 《同治二年（1863 年）方大祥、浩换契》："立换契人方大祥、浩，今因正用，自愿将堂字　号，计山税一厘正，土名桃树翅现成熟地一横，并豆坦一过，上至灶全地，下至横路，左至竖沟，右至茂椿地，四至之内，尽行立契出换与吴灶全名下为业。先前并无重复交易，倘有亲房内外人等异言，俱系出换人承当，不干受人之事。"
③ 《咸丰四年（1854 年）方镇盘等与方镇洪换契合同》。

综上，在歙县的同一门户中，同一时期的同类交易，既可以用单契形制，也可以用合同形制，这种情况在其他交易关系是少见的。它既说明田土互换与买卖的相通性，也说明换契和换产合同在清代中晚期的歙县尚处于并存状态。

### 三、换产的草契习惯

该门户保存了三件换契草契。草契，是田房交易在正式过割前写好的契书草稿。传世白契中往往杂有草契和抄白，二者需仔细辨别。大致说来，当事人和中人的署名不完整，或留出空白待正式签订时画押的，多是草契。而在抄白中，当事人和中人的署名必定是完整的，但署名的笔迹相同，姓名之下多已勾画"号"字等，防止伪造画押。有的还在空白处注明"抄白"字样。抄白是后人对原契的抄录，前面说过，如果是上手老契只有一件，而共业人誊抄一套另存，这种抄白具有管业凭据的作用。

草契则不然。来看一份方姓怀德堂与方添水之间的"换契"草契。内容是方添水将一处地基的三分之一股分，换给方怀德堂；怀德堂则将另一处地基与之对换。判断其为草契而非抄白的重要指标，是契书的署名处仅有方添水的名字。① 中人、代书人的姓名均未填写，这就必定不是抄白。另外，该草契上没有半书，似为单契。其实，半书只在正式画押之后才骑写，故仅凭草契的现存样貌，既不能定为单契，也不能定为合同，形制应存疑。

但可以肯定的是，田房互换与田房买卖一样，只有在过割或实际移交时，才会正式签名画押。在书写换契草契和签订正契之间，有一段过渡期。清代田房买卖也是如此，买卖的成立、交付和签署在同一时间。也即田土互换和买卖都是采用"一手交钱，一手交货"的即时交付模式。签署正契意味着已办理推割手续，不宜推割的田房部分或股分，则已实际交付买人管业。

该门户中还有两件同年同月的方国槐公支孙订立的草契。内容是怀德堂担心方镇洪的后人在祠堂的相邻地基上修造建筑物，堵塞怀德堂大门，约定将方镇洪名下基地与怀德堂产业互换。契内注明双方产业位置，约定"其税二各割扒，入户输纳"。② 这两件草契显然就是准备好的一套换产合同，它们的契文完全相同。在署名处，当事人、中人、代书人的名字都已准备好，只等画押，再将两件合拢骑写对同文字，就是一套

---

① 《光绪二年（1876年）方添水换契草契》。
② 《光绪二年（1876年）四月方国槐公换字据草契（一套两件）》。

两件的正式合同。不知何故，此次交易最终未能正式成交。其中一件草契用于画押的空白处已被裁剪，说明草契已作废纸。总之，只要田土和业税没有实际过割推收，管业未实际转移，交易双方就可以反悔。签订的草契对交易双方没有约束力。

草契习惯是认识清代田房交易的重要线索。在现代合同法里，买卖合同和互易合同均是具有法律效力的债权合同，一旦签订，其效力受合同法保护，不履行合同可产生违约赔偿责任。而依照明清契约惯例，没有当事人和中人画押的草契，并非正式契书。草契只能说明当事人有交易意向，但尚处于犹豫期，双方随时可以反悔。

歙县三十三都三图方姓门户中的便契、换契、换契合同、换契草契等，共同说明：

（1）换产与买卖的性质相同。契书可以用单契，也可以用合同，二者可以替代。

（2）换产用单契形式订立时，换契就像卖契一样，是一方当事人向另一方写立，契文中仅载一方用于对换的田产信息。另一方当事人也同样写立一份相对的换契。两张换契就像当事人向对方出具的收据。二者各自收执，作为管业凭据。

（3）互换田房采用合同契书的，仍可称"换契"，保留着单契的痕迹。但完整的换产合同记载双方产业的信息，并由双方共同出名，与合同的"一式"要求完全吻合。在换契和换产合同的并存关系中，完美地展示了单契与合同的不同意义。

（4）换产与买卖一样，采用即时交易模式。签署正契之前，先订立草契。但草契不能强迫当事人成交。产业过割或实际交付时，双方当事人与中人画押后，换契或换产合同才是管业凭据。未实际过割或实际交付，草契自然失效，没有违约赔偿一说。

## 第三节 换产与管业凭据

### 一、换产合同与交易手续

用以对换的产业都是管业人有完全处分权限的，但产业内容不同，将导致对换办法不同。实例中，对换的产业分为两类，第一类是与鱼鳞册字号相对应的整段田亩。这类产业互换的较少，暂未见称为"便约"的。第二类是仅为鱼鳞字号的一部分或股分。称"便约"的多出于此类交易。不同类型的田产互换，有着不同的交付模式。而实际交付又是换产合同成立的关键。下面以实例分别讨论两种类型的交付。

## （一）整段田亩

明清所称的整段田亩，通常对应一个独立的鱼鳞册字号。如，章武兴、家兴兄弟对换的产业，不但在鱼鳞册中是完整号段，且属于全业，也即不分田骨和田皮的管业。合同记载了两份田产的鱼鳞号数为"五百二十二号"和"五百二十三号地屋"，但字名不详，想必两业的鱼鳞册字相同。交换的是全业，所以特别说明田土的效力"上至青天，下至地骨"。又明确叙述推收手续："以上四至，悉照老契为凭。其税粮亦照鳞册扒入各人名下供解。所有老契，两相缴付。"① 由此可见，对换整段田亩的手续与买卖过割手续并无二致。

即使对换的不是全业，而是"骨租"，如果骨租对应鱼鳞册中的整段字号，同样要在合同中叙明对应的鱼鳞字号和税额，并办理业税推收手续，这一点与买卖骨租是一样的。如前面在祠产章节里提到，燕山承德祠与郭村统昌祠对换田地，合同均完整记录田地的鱼鳞字号、土名与税额。② 特别说明业税过割情况如下："两家原来祖契，当即两相交付。所有税粮，承德祠者，听至一图六甲恒茂户下扒纳。统昌祠者，听至一图七甲统昌户下扒纳。"这些都是此次对换交易需办理推收手续的证明。

整段田亩的交换合同中叙述鱼鳞字号与过割情形，正是为了与其他契据相配合。与买卖一样，对换的田产在业户实征册上已经变更登记，又有推单或推税票为证。第二年纳税后，收到纳税执照，均可作为管业凭据。与买卖不同的是，换产多不赴县税契，换产合同可以作为说明管业来历的契据。

## （二）部分田段或股分

大多数用于对换的田产均为零星田地。田产对换本是为了凑整管业，正因为田地在早前曾分割为多个零碎的部分或股分，才有重新凑整的必要。此时，既无必要叙述鱼鳞册号和业税，也没办法叙述。如，凌大英和凌阿方各自管业两栋楼屋中的一半厅堂，各自对换之后，就成了完整的厅堂。但即使整个厅堂，也不是整栋楼屋及其地基的管业，故没有叙述鱼鳞册号和业税的必要。厅堂的实际交付，按合同说法是"以好

---

① 《清乾隆三十六年（1771年）四月章武兴、章家兴兄弟基地兑换合同》（点校本1251页）。
② 《清咸丰元年（1851年）十一月承德祠与统昌祠换产合同》（点校本1405页）："原承德祠承父置有骨租三秤十五斤，坐落汪平坦漆木坞，赖字五百七十九号，计税一分九厘五毛正，其田四至悉照鳞册为凭。"郭村统昌祠的田产是："分张骨租二秤，大皮在内，坐落本村仍邱段，木字九百十八号，计税二分零一毛二系五忽正。"

各关紧锁,永远经管,各守一堂"。① 换言之,两家各自交换厅堂的钥匙,就算是实际交付。另外,田房的股分交换也没有推收手续。如,双方交换的产业分别是"原玉书承祖阄分店屋四股之一,楚云置有花园三股之一",而股分的交付只能是以实际占有为标志。合同中没有叙述交付办法,只说"日后各管各业,毋得争竞"。② 总之,当整段字号的部分或股分进行对换时,管业体现为实际交付或实际占有。此时,管业没有官方或准官方契据,对换合同就是主要的管业凭据。

## 二、换产合同的性质

### (一)换产合同是有偿的双务合同

换产合同的双方当事人互负向对方移转产业的给付义务,两项给付互为对价。故换产合同为有偿合同。普通的换产合同,均以实物移转为给付,没有现金支付的内容。一般情况下,若双方对交换产业的价值没有异议,则推定所交换的产业价值相当。若交换产业的价值差异有共识时,可以采取用价金补足的方式。③ 补足价金的换产合同,实际是换产与买卖的混合。

换产合同是典型的双务合同。换产合同的签订,一般已在交付的同时或之后,故交付并非合同的主要目的所在。需要订立换产合同,一方面是要通过合同来确认所换产业的地址、鱼鳞册号数、业税多少等具体内容;另一方面,看重的是换产之后双方尊重已经换产的事实,保证不再反悔,以及产业上并无重复典当、抵押或买卖的事实。若有此种情况,由原管业人出面抵挡。④ 这一点也与卖契一样。

### (二)换产合同是要物合同

清代换产合同是要物合同,而非诺成合同。诺成合同的成立,是双方意思表示一致即告成立的合同。要物合同是指,除意思表示一致外,须有物的交付,合同方告成立。现代民法中的要物合同,多由法律明文规定,无法律规定的,则依双方约定。保

---

① 《清光绪二十三年(1897年)二月凌大英等换产合同》(点校本1509页)。
② 《清咸丰二年(1852年)二月玉书、邦有换产合同》(点校本1407页)。
③ 《清光绪三十四年(1908年)十月方春贵、方炳金换产合同》(点校本1546页):"炳金贴出洋三十四元。"
④ 《清道光十二年(1832年)三月周启二等换产议墨》(点校本1358页):"先前并无重复交易。"《清咸丰三年(1853年)三月凌集辉、吴广昌换产合同》(点校本1408页):"此系两相情愿,各无异言。先前亦无重复交易,倘有亲房内外异言,俱系掉换人承值,不干愿换人之事。"

管合同是典型的要物合同，当事人虽然约定保管事项，若不实际交付保管的物品，则保管合同无由成立，亦不产生违约赔偿等责任。而不动产买卖、互易、赠与等合同，在今天均属于诺成合同，仅需意思表示一致，即告成立。一方当事人不实际交付，他方可依合同请求交付或赔偿。合同依意思表示一致即告成立是现代合同法的基本原则，又称意思自治原则，若无法律规定或当事人约定，合同的成立均以此为原则。

清代的情况不同。法律没有规定意思自治原则，当事人不具有请求权基础，谈不上违反意思自治后的违约赔偿责任。有田房合同而没有过割业税或为实际移转占有，当事人一方反悔的，他方当事人不但无法凭合同请求官府强制履行交割，也难以请求违约赔偿，合同也就成了一纸空文。田房管业的成立，最终依靠的是田房过割登记、业税推收或实际占有。凡以处分田房为内容的合同，在交付之前达成意向的，双方不过负担非法定的道德义务。不过，清代的田房管业又以登记为效力，这与今天的物权法上规定不动产必须登记才具有物权效力是一致的。正因为意思自治原则未经法律确认，而田房管业又需以登记和过割为有效，清代的田房交易才形成了钱货两清的即时交付模式。

## 第四节　小结

不动产处分在任何时代都是物品交易的大宗。处分不动产的契约，也成为评价一个时代合同制度的重要依据。动产交易可以即时交付和即时占有，而在有不动产登记制度的社会里，不动产交易必定存在两个时间点，一是达成交易意向，二是实际交付或变更登记。在这两个时间点之间，存在各种导致交易失败的变数。如田房受毁损或灭失；又如市场价格波动致使不动产大幅减值或增值。这些是不由当事人控制的，但会影响当事人的交易意愿。当事人因自身原因反悔或希望修改合同重要条款，也可能致使交易失败。

现代合同法的基础是合同自由原则，它至少有两层含义，一是合同当事人对于合同内容、形式等的选择自由；二是合同一经缔结，就具有法律效力或相当于法律的效力，其内容和效果均受法律保护。按照合同自由原则，当事人的自由受自己的承诺所约束。合同成立之后，不得以意志自由为由，任意变更、解除合同。也就是说，合同自由是与合同责任相对的。

由于合同自由的以上含义，我们不能以某个时代中的人享有签订合同的自由，就贸然地认为这个社会已经有了合同自由原则。因为若无法律强制力和司法判决的一致性，处分不动产的合同一旦违约，是无法追究违约责任的。或者说，当合同自由和合同责任缺乏法律保障时，这样的合同对于当事人和整个社会来说，没有任何实际效果，人们也不会轻率地签订这样的合同。清代的卖契和换产合同都是要物合同，以及田房交易的草契习惯，都是田土交易合同缺乏法律保障的产物。这些习惯的潜台词是，若不能实际交割或实际占有，田土交易合同就不用画押，让它保持着不生效的草契状态。

同理，不能因为契约文书中有"不准反悔"等字眼，或者契文中写着"有私约者当律令"等字句，[①] 就贸然认为这个社会中有合同自由原则。没有法律明确规定违约责任，并由司法强制保护合同效力，则田土交易合同"当律令"的效力，只存在于过割以后的管业状态。此时，契书的确是有法律效力的，不过是作为契据之一，具有证明管业有效的证明力，而非像在现代合同法和民事司法之下，具有违约请求权的效力。鉴于此，很难认同合同自由原则在清代社会已然成立。最多只能说，清代家庭对自己管业的田土，有自由处分的权利。

处分田房合同的效力、违约责任等，若非法律上予以明确，在司法或调解中没有操作的可能性。很明显，清代民间的田土交易惯例和契约惯例，无法代替合同法的地位。这既是民事习惯的局限性，也是清代田房交易采用即时交付模式的主要原因。因此，清代或之前的中国已经有合同法的观点，也是得不到支持的。

---

① 例见《东汉建宁元年（一六八）五凤里番延寿买地砖》，张传玺主编《中国历代契约萃编》，北京大学出版社2014年，第59页。

第二十章

# 召租合同

徽州山林经济和棚民研究中，不少都提到"召租"。如，杨国桢引用道光时人的议论："知山经开垦，必成石骨，税契后之不能转卖也，巧立名目，谓之召租。视山土之厚薄，写立十年、二十年或三十年为满，产仍归于卖户。"① 又如，中岛乐章引用的《道宪杨懋恬查禁棚民案稿》："所有召租之山大半祖遗公业，股分本多，族内贫乏不能自存之人，因此盗召租佃。"② 然而，召租约究为何种形制，却不能详。徽属各县召租约的称谓也不一致，中岛乐章提到祁门县三四都凌氏誊契簿中的租约，分为"出租约"和"承租约"。出租约是出租山场的山主写立，承租约是承租棚民们写立，与府志不一。

## 第一节 典型"对书"：召租批的形制与意义

### 一、召租批与对书形制

传世文献中也曾抄录过徽州召租约，如，《沙溪集略》中录有乾隆三十二年（1767

---

① 转引自杨国桢《明清土地契约文书研究》（修订版），中国人民大学出版社2009年，第118页。原文出自[清]汪元方：《请禁棚民开山阻水以杜后患疏》（道光三十年），[清]盛康辑《皇朝经世文续编》卷三九。

② [日]中岛乐章：《清代徽州的山林经营、纷争及宗族形成：祁门三四都凌氏文书研究》，《江海学刊（南京）》2003年第5期。原文出自道光《徽州府志》卷四《营建志·水利》。

年)四月凌氏家族的坟山召批和许金龙租批,由召批人和租批人分别署名画押。是同一山业的看山、租佃关系。山业字号、坐落、租金、看山义务等,完全相同。① 显然是各自写立,付对方收执管业。只是抄录文字中未见半书。

此次整理清代召租批22件,数量有限,但从康熙四十三年(1704年)至光绪二十四年(1898年)的召租批,可以断定召租批一直流行于清代徽州。召租批是成熟定型的合同类型,出召人写立的称"召批",承租人写立的称"租批"。所谓召租,实指两种相向订立的租约,一是出租人的召批,二是承租人的租批。只有一件例外,该合同开首只称"立议约",约定的交易行为称"出佴山皮"。②

批契,本属于单契。但召租批是当事人各自向对方写立契书。主要特征是:(1)有半书。(2)区别立契人身份,召人称"立召批人",租人称"立租批人"。(3)召批文末称"立此召批",租批文末称"立此租批",看似只有一份,但有的也写明有两件。③ 由此可知,召租批是两件一套,但两件的内容并非"一式",与换产合同的第一种格式相似。我们将这类契书统称为对书合同。召租批和立嗣约是清代对书合同的典型。

下面分别观察召批和租批的原文。召批实例:④

> 立召批人吴圣兴,今将形字　号,土名大坑石外坞并住后,共山二亩一分。又将同处平坦地八分三厘,今来出召与张　名下前去开拨锄种长短五苗。三面议定,□还山租一石二斗正。其租内一半,以作栽木工食。仍一半麦、麻、粟,每期交还租二斗。其栽木三尺成行,五尺成林,遍山一青。三年之后,同山主眼同点青。如少一根,征租米一升,无异。今恐无凭,立此存照。
>
> 　　　　　　康熙四十三年十月日立召批人　吴圣兴(花押)
> (半书)租召大熟

该召批是吴圣兴把一处山地和毗邻的"平坦地",一并召与张姓锄种。签名画押只有吴圣兴,由租人张姓执管。召批上有"租召大熟"四字半书,可知召批与租批曾合拢骑写对同文字。

---

① [清]凌应秋:《沙溪集略》卷二《里甲》。
② 《清嘉庆十年(1805年)闰六月姜永盛出佴山皮议约》(点校本1293页)。
③ 《清嘉庆五年(1800年)三月凌文台荒山召批》(点校本1285页):"恐后无凭,故立租召两纸,各执一纸,永远为据。"
④ 《清康熙四十三年(1704年)十月吴圣兴山地召批》(点校本1206页)。

再看租批实例：①

> 立租批人吴如渭，今租到宗兄名下，土名大坑石外坞，现成熟地。左右二片，并茶果、窠木一并在内。上至尖，下至舍前小垄，左至明弯直上，右至明垄，下至松杉嫩苗。四至之内，并荒在内，今身租来前去作种长短五禾。三面议定，递年出山之日，依时交还包黄豆租一担七五升正，不致欠少。如有欠少，听凭本家另召追租。其租不欠，永远作种，无得加租起业。恐口无凭，立此租批存照。
>
> （半书）合同租召　五禾大熟
>
> 　　　　　　　　乾隆九年十月日立租批人　吴如渭（花押）
> 　　　　　　　　　　　　　　　　中见人　吴玉玟（花押）
> 　　　　　　　　　　　　　　　　书见人　吴玉瑚（花押）

该租批是吴如渭向"宗兄"承租一片山地，签名只有租人吴如渭，余二人是中见和代书。租批末尾写"立此租批存照"，可知租批仅此一件，由"宗兄"执管。有半书"合同租召　五禾大熟"，可知租批与召批曾合拢骑写对同文字。

召租批确立的是租佃或租赁关系，不涉及业税起割。召人的主要义务是向租人提供田房，租人则是足额缴纳年租。只要租人按时交租，召人不得"加租起业"。这一契约关系中，土地由租佃人实际占有，租人是否按时或足额交租，召人难以预见。所以，租人必须写立租批。而召人是否必须写立召批则不一定。因此，见到单契形制的租批，不一定有对立的召批。但是，见到单契形制的召批，无论有无半书，均可判定同时存在一件对立的租批，只是原件未传世而已。

召人需向租人立契的缘故，一方面，召人虽已交付土地，但如果随意解除租约，租人在前期投入的人力物力则化为乌有。租人押有银两的，还涉及退还押银。另一方面，召人将田土出卖他人，新管业人若不遵守租约，起业另召，租人同样蒙受巨大损失。为保证召人的信用，于是产生了召批。

综上，在清前中期，召租双方已经需要各自写立的召租批，说明此时的租召双方立于信用对等的地位。召批是租人的管业凭证，租人凭此占有或佃耕田土。租批是召人的管业凭证，召人凭此收租。召租批是证明田土租赁管业的唯一凭证。

---

① 《清乾隆九年（1744年）十月吴如渭熟地租批》（点校本1227页）。

## 二、召租批的意义

召租批处于单契向合同演进的过程中。古人理解的合同关系，尚停留在形式的、具象的层面。原则上，合同文书必须是"一式"的两件或多件。所谓一式，即文书中的内容、立契人等都是相同的。非如此，不能合拢骑写对同文书。在这一格式观念的控制下，只有同向利益的契约关系才能利用合同文书。如分家关系中，兄弟们都以分得原家庭的家产为同一利益方向，分书的内容可以完全一致，兄弟们分得的不同家产只需在细则或批语中体现。买卖则是对手型利益关系的典型例子，对古人来说，卖出田房意味着抛散祖业，买进则代表家业兴旺。所以，买卖关系无法适用合同文书，卖契也成为单契形制的代表。召租与买卖关系相似，也是对手型的利益关系。不同的是，古代的买卖关系是即时交易模式，田房虽收入买主户下，尚需卖主保证此前没有重复典当，且过割田房和推收业税均需卖契为凭，将来卖主可能反悔，要求回赎或加价。所以，必须由卖主写立契书，作为买主的管业凭据。相反，卖主起割田房之后，收到价金，今后对田房已无管业资格，无需管业凭据，也就无需买主向其写立契书。召租人和承租人虽然是对手型利益关系，但召租不是即时交付模式，而是持续时间较长或假设为永久维持的契约关系。并且，按照古代的管业习惯，债权也属于管业，而债权没有田土契据为凭。因此，不但租人需写立租批，保证召人的收租管业，召人也需立契，保证租人的租佃管业。这就形成了两种对立的单契。

两种单契发展到一定程度，人们合拢二者，骑缝书写对同文书，分开后其上各自有半书。有半书的召租批，契文不同，只有一方当事人出名画押，都是单契形制的遗迹。只有依靠半书，才能把两件单契联系起来，视为一套的两件。在战国时称为"傅别"，汉代俗称为"莂"的契书，可能就是竹木契书时代的对书合同。进一步，当人们将二者的内容统一到一种格式里，形成"一式"的两件，双方共同署名，就成为完整的合同格式。清代的田土互换关系中，对书与完整的合同格式并存，说明换产合同已基本完成从单契到合同的演进过程。而直到清晚期，召租批仍处于对书状态，说明它尚处于向合同演进的阶段。

可以认为，古代合同文书是典型合同行为的载体。合同行为（德文 Gesamtact）是德国学者孔兹（Kuntze）提倡的，后得到基尔克的赞同，成为法律行为中一种重要类型。在现代民法学中，它是指依据同方向平行的两个以上意思表示一致而成立的法律行为，于各当事人有同一价值。而契约（contract），则是双方行为（bilateral act），是相对立的当事人就交换关系达成意思表示一致而成立的法律行为。孔兹发明"合同行为"的初衷，是想解释某些团体行为，如社团法人的设立、合并的公司成立、合伙人的开除等。所以，通常认为"契约为个人法上法律行为之典型，而合同行为为团体法上法律行为之典型"。① 实际上，经过现代合同法的理论改造之后，两种契约关系已经走向统一。比如，中国在近代移植西方民法时，对于合同法的命名存在两个阶段，第一阶段是清末修订《大清民律草案》到南京国民政府颁布《中华民国民法》，无论合同行为还是契约行为，均统称为"契约"。第二阶段是1950年以来，又统一称为"合同"。在这两个阶段里，都只需一个称谓，合同行为与契约行为的区别，只是作为辅助解释的理论。所以，《中华民国民法》的起草人之一史尚宽先生指出，现代民法中的合同行为与契约之间所谓"团体法"与"个人法"之间的界限已经消弭。②

中国古代契约史上合同与单契文书的长期独立发展，提供了同向型和对手型契约关系在观念上长期分裂的例证。这种分裂现象说明，区分合同行为与契约行为是有价值的，在契约史上能够得到证明。同时说明，按"团体法"和"个人法"来解释两种契约关系是有局限的。

田土的互换和召租，都是对手型契约关系。直到清代，它们还必须适用单契文书，只是因为交易双方必须向对方写立，并在经验上认识到它们属于特定的一套，需要用半书联系起来，才慢慢地出现了向合同文书趋近的态势。无法把对手型和同向型契约关系统一起来，正是清代合同观念中原始的特征。不过，也需要承认，换契合同、召租批等已经在用合同文书容忍对手型契约关系，这里蕴含着新的观念萌芽，也即将一切财产或身份关系视为统一的契约关系。实际上，这一发展方向的完成还差最后一步，那就是把典卖、借贷等契约关系都纳入到合同文书的适用范围。当然，由于民法学在清末移植成功，已经无法假设中国民间能否自发地完成这"最后一步"。但是，出现于明清时期的这一合同经验，是移植现代民法和合同法理论的必要条件。因为如果连出租和承租的统一对立关系都不能理解，要理解德国法学中的"法律关系""法律行为"等高度抽象的概念，是无法想象的。

---

① 史尚宽：《民法总论》，中国政法大学出版社2000年，第311页。
② 史尚宽："契约当事人相对立，在于彼此利害相反之地位而为意思表示，此点与次述之合同行为不同。就中在合同行为，多数当事人向一定之方向，平行的为意思表示之点，虽与契约不同，然须有多数当事人意思表示的一致之点，与契约无殊。法国民法惟以发生债权债务关系之双方行为为契约。我民法（指《中华民国民法典》）及德民法，则以单独行为为对立之一切双方行为，皆为契约。"《民法总论》，中国政法大学出版社2000年，第310页。

结合对书合同的出现，可以从两方面评价清代契约观念。一方面，对书合同是前民法时代的合同观念与现代合同法衔接的重要纽带。在这一意义上，传统合同的实践经验，为移植现代合同法奠定了基础。另一方面，直到20世纪初期，传统合同还停留在原始的、经验的时代，财产和身份关系开始出现统一契约的萌芽，但要谈到统一性的完成，还为时过早。至于把政府与人民的关系提炼为契约关系，哪怕仅仅是想象一下，也毫无可能性。简单地说，试图通过古代中国存在契约文书来证明"身份到契约"的命题，必定是幼稚而徒劳的。

## 第二节 是租不是租？

嘉庆十二年（1807年）安徽巡抚初彭龄查办奏准《徽属棚民责令逐渐迁移章程》之后，把棚民的召租合同说成是巧立名目，将棚民租赁山场视为违禁典卖。所谓巧立名目，是指假借合法的召租达到非法目的。这已经暗中承认，召租本是合法的、正常的。

下面就来看正常的田土召租。召租不仅仅适用于山林兴养或棚民种植山地。从召租批可知，田土类型既有山地也有田地，辨别办法很简单。一是看四至。四至中载明东西南北至的，为田地或基地；四至中载明上至、下至、里至、外至等的，为山地。二是看内容。内容有"出山之日""荒山"等的，为山地；无者是平地。三是看种植物类型。种植物为稻谷者，为平地；种植物为包芦、茶窠等，多为山地。四是看租额。租额为谷租的，多是平地；租额为豆租或包芦租时，多是山地。结合以上四点，发现此次整理的召租批中多是田地。召租设定的也非十数年或几十年的租佃管业。

### 一、设定小买管业

召租批可以设定小买。如，吴迪公祀会写立一份山地的召批给族人吴文淳。判断山地的依据是："上至大路，下至大横塝，里至观千地，外至有怡地。"合同内载明"面议定收小买七折钱四两五钱正"，明言该银是购买小买的价钱。约定小买管业人的义务如下："如若欠少，听凭将小买银叩算，管业另召。"也即欠租将丧失小买管业，欠租额可从小买价银中扣抵。若租金不少，"永远不得起业"。这片山地种植豆类，租额是这样表述的:"包还大买净豆实租六斗正。"① 换言之,租金就是通常所谓的"大买租",也即大买管业人向小买管业人收取的年租金。所以,山业原先本是全业,其上没有分层权利。这件召批就是初始设定小买的合同。召批写于乾隆晚期,早于查禁棚民的时间,又是徽州当地人按小买习惯订立的,当然是合法的。

召批还可以设定有回赎期限的小买。如,方明辉公祀会写立召批给本族族人,以四两价银出召"现成大买熟田二大秤",另有"酒食中用银三钱正"。又说"每长年包还谷租六十斤"。以一秤算 30 斤,正好与 60 斤相符,这是小买人每年应缴的大买租。末尾批语:"十年之内,听凭取赎。如过十年,不得取赎。"② 赎回的说法,证明四两价银并非押金。实际上,该召租关系相当于典当小买,典当期是十年,田主在十年之内允许原价回赎。过十年不能回赎,但仍有加价绝卖的权利。

显然,以上召租批均是设定田土分层权利的合同,它的名字像是有期限的租佃约。来看一件合同形制的租佃约。首先看称谓,契文开首称"出放田土文约",末尾称"出佃约",签名处又称"出佃田土文约"。表明这是田土管业人出佃时向承佃人写立的合同。三处的自名称谓皆不同,但绝不称召批。其次看契约关系,此项合同确认的是租佃关系,由承佃人交"押佃"银 30 两,收获时"租谷见打均分",即田主监收,主佃之间五五分成。再看这种押佃关系的实质内容,出佃约中约定:"其有年限不拘远近,下佃之时,银到田回。银无利,土无租。无得下种小春。"也就是说,只要田主交还押银,随时允许起佃,没有限期。押佃银只是佃主实际耕种前缴纳的保证金。最后看田土管业性质。此田称为"全业",③ 也即该田是不分割大小买的,田主享有完整管业。

总之,押佃无法与小买混淆。"押佃银"只是租佃关系中的押金。小买召批则不同,绝不称"押",而称"价银"或"小买钱",表明与买卖相当。召租中设定回赎期限的,相当于活卖或典当。且过期不赎转为永久权利,与随时起佃的租佃也没有可比之处。允许买卖或典当的权利,当然与物权接近。再加上有的召批原文直接承认是小买。所以,凡见到称"召租"者,首先应注意设定的是不是小买。

---

① 《清乾隆四十八年(1783年)二月吴迪公会内人等熟地召批》(点校本 1265 页)。
② 《清乾隆十九年(1754年)十一月方明辉公会召批》(点校本 1238 页)。
③ 《清光绪二十五年(1899年)八月王元贡、明万川出佃约》(点校本 1516 页)。

## 二、设定永租管业

还有一种召租合同,召人没有收领"价银"或"小买钱"。如,立召批人为吴德长、张长富两名异姓,将一处共业的田地召与吴启美"前去竖造水碓,并做生理"。"生理"就是俗称的做生意,吴启美的生意就是为乡民碾谷并收费。田地的租金是"每长年包还黄豆八斗正"。约定"其租不欠,日后无得加租"。① 所谓"长年",也就是不设年限,且租金固定不变,只要不欠租,租金永远不得上涨。此种召批设定的是永租管业。

设定永租管业的召批,在查禁棚民之后毫不受影响。如,嘉庆十八年(1813年),方小五公祀会"任事人方镇棕"将熟地召与方镇朋,属于本族内的祀会田地召租。合同内没提"价银"二字,只说"每长年包还硬租净豆二斗"。② 是设定永久佃垦的管业。又如,光绪年间的垦山召批,将山地召去"蓄养五果杂木"。租额为"每一周年供还额净租豆店斗四斗,粟米租店斗四斗五升"。合同尾批有"代托祖墓照应",是利用租山照管祖坟的情况。召人为"程伟公支下孙等",租人为"古稔新义社众姓"。③ "古稔",疑即歙县街口镇古稔村。此召批设定的是永久租山的管业,但在本地人之间。

最后看一件乾隆晚期的租批,它清楚地反映了此种召租的永租性质。该租批由租人方时逾向"本族尚才公会"写立,也属族内的召租关系。租地为"现成熟地一业并大小买",租金为"每长年供还黄豆硬租三斗"。方时逾在租批中承认,自己于乾隆四十八年(1783年)将租地"顶种方社贞名下,去过顶头钱六两足"。"顶头钱"也即"顶首钱",是指小买的卖价。但方尚才公祀会不承认这项熟地上设定过小买。方时逾在租批中写明该地是"大小买",也必定是应祀会的要求。租批末尾又有批注:"此地日后不得另放他人,如有此情,仍以大小买理论,下地管业无异。"④ 意思是,此地为大小买全业,其上未设定小买。租人无权将其作为小买转顶。若发现转顶,田主随时起业另召。由此可见,当时已有人故意混淆召租中的小买和永租。其实,究竟是小买还是永租,从召租批的行文可以清楚地分辨。设定小买的召租批,定会叙述小买的"价银",且会声明大买租。没有这样的文字,有的还声明是"全业"或"大小买",那必定只是永租管业。

---

① 《清乾隆三十六年(1771年)十一月吴德长、张长富田业召批》(点校本1252页)。
② 《清嘉庆十八年(1813年)九月方小五公会召批》(点校本1309页)。
③ 《清光绪二十四年(1898年)九月程伟公支下孙等出召新义社众姓山业召批》(点校本1513页)。
④ 《清乾隆五十二年(1787年)二月方时逾租批》(点校本1269页)。

召租设定的小买可以转顶，转顶时可收取顶首银。大买主不限制小买的转顶，但无论谁顶有小买，均不得欠大买租。否则，大买主可以撤销小买。召租设定永租的，管业人是特定的，不得转租。否则，田主可以撤佃。换言之，只要不违反特别约定的起业条件，管业都是永久的。从召租批看，出召的田地包括山地和田地。吴迪公祀会是将山地租给本族人，收取杂粮租。方明辉公祀会出召的是田地，收取的是谷租。吴德长等出召修建水碓的是基地，设定为豆租。至于在田地内种植何种植物，召批本无限制。嘉庆年间杨懋恬奏疏的结尾处也特意谈到："土民在山自行开垦，种植茶荄、杂粮，就近搭棚楼，止应听其便，不在禁例。至收回棚民各山，亦只准土民种植茶荄、杂粮等物，不准再种苞芦。"①

综上，清代徽州的召租是设定小买或永租的田土习惯。在召租关系中，并无其他官颁契据可凭，召租批就是唯一的管业凭据。现在传世的召租批多是徽州本地人的，这一方面是由于它们本出自徽州本地人的门户文书，另一方面也与官府曾收缴过外地棚民手中的召批有关。由于召租批是召租关系中唯一的凭据，所以，一旦收缴了召租批，也就等于丧失了继续管业的权利。无论如何，召租不限于山地，也不限于棚民。外地棚民到徽州承租山地，不过是入乡随俗，遵循本地习惯签订召租批而已。

## 第三节　召租与山林经营

下面重点讨论兴养林木的山地召租。明代以来，因掌养林木获利较大，又因山业关涉坟山风水和来龙水口的保护，山林经营历来受到山主重视。明代徽州家庭尚拥有大量的山业，这还与当时的制度有关。"明代徽州六县中的祁门、婺源，无论官山、民山，一律不课赋税。其他四县虽有，但仍较田为轻。"②这不但在弘治《徽州府志》卷三中有记载，《祁门县志》中也有记载："山为云雾山场，金业定于明洪武前龙凤经理，向无山税，与婺源同。间有古墓茂林，听从民便，报垦起科。"③明代家庭的山业经多次分家，到清代，多以"分籍"形式登记于支族老户或子孙家庭户内，股分已呈细碎化。

---

① 道光《徽州府志》卷四之二《营建志·水利》。
② 陈柯云：《从〈李氏山林置产簿〉看明清徽州山林经营》，《江淮论坛》1992年第1期。
③ 道光《祁门县志》卷十三《食货志》。

家族为避免外姓侵扰坟山荫木或损害村局，多不允许族人出卖分籍。于是，碰到出卖山业股分时，家族会出面买下。或者，干脆将未分割到小家庭的山业股分一概收回，转为存众或祠产。加上一些族人捐入宗祠的坟山等，到清末时，徽州的山业大多成了祠产或存众族产。①

此次整理的山地召租合同中，既有宗祠、祀会写立的召批，也有私家山林的召批。养山是极其辛苦的工作，在明代至清初盛行庄仆时期，设立庄屋的主要目的，就是让庄仆承担养山和看坟等劳役。明代佃山约的内容，通常是庄仆负责栽种苗木、防火巡山等，林木出拼后，看山人的比例通常是三分占一，或十分占四，或对半均分。看山人的分成又称"力坌"。叶显恩认为，力坌相当于田皮。但有的力坌设定了田主优先购买权。②杨国桢则认为，力坌只是林木的分成权，是激励庄仆、保障山场收益的经济手段，不属于田土分层权利。③无论如何，在清代的山林召租批中，能隐约看到力坌的影响。召租合同中的分成比例，很可能沿袭本地山场自明代以来的力坌惯例。山林召租批中的看山人，部分可能是明代庄仆的后人。

庄仆养山是利用人身奴役制经营山林，但既然是分成制，就包含了市场经济的成分。庄仆制难以维持后，山林经营模式不得不向完全的市场经济转型。我们整理的山林召租批开始于康熙年间，这体现了从清前期起，徽州已开始利用合同制经营山林。因此，不管召租人是宗祠还是小家庭，召租批共同反映的是徽州山林经营模式在市场化背景下的运作形态，故以下讨论不分召租批的写立人，重点考察山林召租批的内容。

## 一、区分栽苗期和掌养期的山林召租

陈柯云的研究显示，徽州山林的兴养需要经过两个时期，一是栽苗期，二是掌养期。栽苗期较短，一般为三年，但费工费力，先要斩除杂草，挖掉树桩和树根，徽州又称"掘茅脑"。掘茅脑后，才能培植苗木。即使在佃仆或庄仆养山时，栽苗也常需雇人。雇人的报酬，在明代徽州又称"栽苗分法"，包括成材林木的分成，及山间隙地上种植农作物的收成，以补贴栽苗人的口食。在第一节引用的康熙四十三年（1704年）

---

① 陈柯云认为在清末徽州 60% 的山林都是族产，他引用土改时的材料显示，到了土改前，休宁县的山林可能 90% 都是族产。这些数据可能还需要进一步核实，但山林向家族集中的趋势在清代确实存在。陈柯云：《从〈李氏山林置产簿〉看明清徽州山林经营》，《江淮论坛》1992 年第 1 期。
② 叶显恩：《明清徽州农村社会与佃仆制》，安徽人民出版社 1983 年，第 256—257 页。
③ 杨国桢：《明清土地契约文书研究》（修订版），中国人民大学出版社 2009 年，第 118 页。

吴圣兴召批，较好地反映了以上兴养山林的情况，召批中说，将两亩一分山地和相邻的平坦地八分三厘一并出召给张姓"开拨锄种"，张姓其实就是栽苗人。召批约定了他栽种苗木的规格，要求"其栽木三尺成行，五尺成林，遍山一青。三年之后，同山主眼同点青。如少一根，征租米一升"。所谓"三尺成行，五尺成林"，是按横距三尺、纵距五尺的规格来栽种树木。三年栽苗期过后，山主会上山点数，必须保证遍山青翠，且苗木全活，少一根则由栽苗人赔偿米一升。栽苗人的收益，是山边的八分三厘隙地归其耕种"长短五苗"（在吴渭如的租批中又称"长短五禾"），也就是栽苗人可以垦种不拘哪种粮食作物。这份隙地的租谷是一石二斗，承租人只需交一半即六斗，余六斗就是山主补贴栽苗人的"工食"；六斗租谷分三期缴纳，需是麦、麻、粟三种杂粮各两斗。栽苗的召批期限是三年，三年之后如何，吴圣兴召批中没有说，要等山主查看后另订。可见，这是一件仅约定栽苗任务的召租合同。类似的栽苗期租批则写有"三年之内，不得荒费（废）。三年外，不得锄种"。① 说明三年以后栽苗人不能再锄种此山，同时印证了三年栽苗期的召租习惯。

也有把栽苗到出拼一并付与种山人的。有一份合同将兴养分为两期，第一期五年，要求"办苗扦插，其苗三尺，两头扦，尽沿尽尾，不得抛荒"，栽种规格与吴圣兴召批相同。第二期，五年后至成材出拼，要求"务必看管，剺剔火路，长养成材"。约定种山人的收益是，"出拼之日，议定木价银两，四六均分，山主见六股，种山之人见四股"。② 林木成材至少要二三十年，种山人也就将自己大半生光阴花在山林里了。该合同自名"出俵山皮议约"，其实也是召批的一种，而且是山地召租中非常重要的一种。我们说过，召租合同是徽州定型合同，确立的是小买或永租权。"出俵山皮议约"确立的产权关系是"山皮"。"皮—骨"称谓在婺源、休宁较为流行，用于普通田地时称"田皮"与"田骨"，相当于歙县、绩溪等地的大小买。"出俵山皮议约"只是徽州不同属县的不同称谓之一，其实质就是设定山皮的召租合同。不同的是，一般的召租合同是以"价银"购买田皮。这种田皮是承租人以工本、劳力为代价，换取林木成材后的拼价分成比例。嘉庆杨懋恬的奏疏中，将山地召租分为两种，一种是"出银租山"，另一种是"与山主分租"，后者即这种设定山皮的召租。他认为，采用"分租"制的多属贫民佃种，退山年限与用价银承租不同：

---

① 《清乾隆八年（1743年）二月江永增等荒山租批》（点校本1227页）。
② 《清嘉庆十年（1805年）闰六月姜永盛出俵山皮议约》（点校本1293页）。

又并无银本,挈家承佃,与山主分租,立有年限者,究与出银租山立限者不同,未便一律俱令依限回籍。但其开荒成熟,费工劳力,骤皆禁逐,未免向隅。应查明佃约,酌立限期。如原限十年者,概令五年退佃回籍;原限二十年至三十年者,概令十年退佃回籍。除去历过年月,届满分收后,即行饬追。其承佃并未立有限者,勒限二年内追佃回籍。如内有不法滋事之人,无论有无年限,立提究逐。①

按杨懋恬的办法,对于分租佃约,定有年限的是按原限一半扣算,未定年限在两年后"追佃回籍"。而对于"出银租山"者,一律按原限一半扣算;未定年限的,一律按二年扣限,满二年即递解回籍。他在提到"出银租山"时,一律用"召约"一词;对未出价银,仅约定拼价分成比例的租约,一律用"佃约"一词。可见,官府把"分租"合同视同普通租佃关系,而非召租关系。

但是,事情远没有官府想象的这么简单。佃山分成的关系,可以视为明代"力坌"习惯的延续。"出俵山皮议约"的名称显示得很清楚,这种承租关系中包含有设定山皮的合同。山皮的对价是银两还是人工与物力,在习惯上并不重要。投入人工与物力而获得田皮,是贫困家庭获得土地分层权利的重要途径。如果兴养山林的山皮合同,约定年限只是指一个完整兴养期(包括第一期3—5年培育苗木阶段,第二期10—20年养护到出拼阶段),其中的年限并不是指到期要收回山皮。徽州"山皮"的设定习惯是非常灵活的,用"价银"购买的山皮多是无限期的。没有"价银"而投入人力物力的,主要看山皮的价值,既可能是有期限的,也可能是无期限的。无期限的山皮,相当于设定于田地上的小买或田皮,如绩溪一带,因投入人力物力而获得的田皮又称"草粪"。据民初民事习惯调查,绩溪的"草粪"始于雍、乾以后,也是四六分成,相当于小买。②普通的分成租佃,田主收取的租谷不可能低于五成。粪草田皮的大买租能低至四成,且决不能因为膏腴之田而加租,就是因为是田皮主投入了人工与物力,将荒地垦为膏腴。降低田皮的分成比例尚且不行,何况还要收回!而杨懋恬对这类佃耕合同显然有误解,这是因为,在种植包芦的山地召租中,有不少承租人没有缴纳"价银"或"酒席钱",只以投入的人工和物力换取有期限的田皮或小买(下面将提到的《清乾隆

---

① [清]杨懋恬:《道宪杨懋恬查禁棚民案稿》,道光《徽州府志》卷四之二《营建志·水利》。
② "(绩溪)西乡八都一带尚有草粪权一项,其名目始于前清雍、乾以后。有草粪权者始有耕种权,每年只收四分租数,交纳大小买之租谷,其四分之中,大小买仍按成约多寡分配,虽该田最为膏腴,亦不能于四分租之外增加分毫,其性质与小买相似,而其收益权利则超大小买。"前南京国民政府司法行政部编《民事习惯调查报告录》,中国政法大学出版社2005年,第237页。

五十八年（1793年）四月钱继尚召批》，就是设定了12年期限的小买）。在当时，杨懋恬必定看到了不少限定期限的召批，也就以为限定年限的召租为典型的包芦召租，而未定年限的召租只是普通租佃关系，所以说"其承佃并未立有年限者，勒限二年内追佃回籍"。殊不知，未定年限的召租要看设定的权利性质，如果是明确提到"山皮"等字眼，那么，未定年限意味着它是永久性的小买管业；如果说"其租不欠，听凭永远锄种，无得阻执"，则它是永久性的租佃管业。

## 二、看山与永租

召租山地上设定永租管业的，通常适用于召人看山的情况，即把山林整个包给养山人，山主只管收取租金，山林出拼的收益由养山人自得。这种召租合同在清前期已经形成，如康熙六十年（1721年）的一件租批中说："正养松杉杂木，砍斫利年，供还豆租一斗三升正。"① 所谓"砍斫利年"，就是允许不等全山成材，承租人每年可以根据成材的情况，不时砍斫，陆续出拼，但每年都需缴纳固定年租。

晚清的一件租批也反映了这种情况。该租批中的租人身份比较有趣，值得特别介绍。租批是由吴广春两兄弟与侄子们向吕纹镇公祀会出具的，租来耕种的是一处山业和毗邻熟地。约定山上的松杉杂木，"听凭租人禁养，不时砍斫"。也就是养山人平时守护山林，随时补栽树苗，成材树木可随时砍伐出拼。山租和大买熟地租共计豆六斗五升八合。另加"每年计生鸡一只祭祀"。尾批记载，养山人在每年十一月初六日交租时，山主负责他们的饭食，并负责第二日启程前的饭食："九位人羹饭一餐，租酒一席，定小米粿九斤，白腐五斤，亥肉三斤，水酒念七呼。初七日，小米饭一餐，白腐四斤。"② 从这段批语可知，山场离主家约有大半日路程。③ 养山人交租当晚无法回山，由主家提供一顿有酒有肉的晚饭，犒劳养山人一年的劳作。第二日，一家人再吃一顿小米饭后，出发回山。租批的具名人是吴家四个男丁，而主家需负责九位人的饭食和酒肉，也就是说，吴姓两兄弟家包括妻子儿女共九位一直住在山上，交租时才有机会一

---

① 《清康熙六十年（1721年）三月吴如华、吴如贵田业租批》（点校本1210页）。
② 《清同治十年（1871年）二月吴广春等租吕姓熟地租批》（点校本1438页）。
③ 雍正七年（1729年）曾定山路运送军粮民夫脚价，提到"山路崎岖，所用军粮，皆须民人背负，方能运送，非若坦途之可以车马驮载也。旧例每粮一石，运送百里，给与脚价一钱，而民夫一名，止能背负米粮三斗，百里之程，须行二日。是百姓一日之所得无几，未足供其日用之资"。《清朝文献通考》卷二十三《职役考三》。以此参照，若种山人一半山路一半平路，以大半日路程计，则山场离主家在五十里以上不到百里的距离。

同下山，可见常年的清苦。这家养山人可以自行砍伐林木出拼，应当不是佃仆或庄仆。但租批提到每年交一只鸡专用于祭祀，一只鸡的价值不大，专门订立在合同中，其实是一种象征性的祭祀义务，也是吕姓祀会视吴姓为家人的表现。因此，这家吴姓养山人就是吕姓早年放良的世仆。在这一山地召批关系中，吴姓对熟地的管业是小买，向田主缴纳的是"大买租"。而吴姓对山业的管业则属于永租，养山关系带有明显的身份痕迹，只由吴姓管业，不能转顶或转租。

除了掌养山林的召租批外，还有只召人来看山的。如某召批列举了六个承租人的名字，他们共同租来鲍廷智公祀会的两处荒山，言明责任是"看养松杉、杂木、柴薪等项无异"。六人的收益是，可以在荒山上"开劚锄种"，两处荒山的年租金仅"包还净黄豆五升"。① 这么低的租金显然是有特别缘故，推测这两处荒山是鲍氏族人的坟山，山上不能栽苗和兴养林木，更不能出拼林木获利。即使种植农作物，面积也不能太大，必须保护坟山荫木的原形，免受族内外人侵害。故租金中有让利以示酬劳之意。这一召批设定的仍是永租管业，但目的仅为看护山林。

总之，山业召租与田地召租在设定管业上并无二致。山业召租主要是山皮（与田皮相当）和永租为主。设定永租的召租，以看山为主，负责防止侵害。山皮召租，以培栽树苗、掌养山林、拼价分成等为主。山皮可用价买，也可投入人力物力换取。有期限的山林召租，多只负责栽苗，或只负责养山，相当于工程承揽合同，承揽人的收益是佃耕山边余地。

## 第四节　山地召租与包芦经营

### 一、概述

徽郡在万山间，山地用于兴养山林外，多无法垦殖。大约在清乾隆中期，外地人开始入徽种植包谷等山地作物。这是召租习惯受到冲击的主要原因。据嘉庆《绩溪县志》记载："近于乾隆三十年间，安庆人携包芦入境，租山垦植，而土著愚民，间亦有效尤而自垦者。其种法，必焚山掘根，务尽地力，使寸草不生而后已。山既尽童，田

---

① 《清道光八年（1828年）三月鲍廷智公会荒山召批》（点校本1350页）。

尤受害。雨急则砂石并陨，雨止则水源立竭，不可复耕者，所在皆有。渐至壅塞大溪，旱弗能蓄，潦不得泄。原田多被涨没，绩农之患，莫甚于此。目前贸薪如桂，犹其余患也。绩地多山少田，本苦蛟水为害，此其为害，乃百倍于蛟矣。"①文中提到种植包芦的最早时间是"乾隆三十年间"，也即1765—1774年（乾隆三十年至三十九年）左右。《绩溪县志》成于嘉庆十五年（1810年）。这是较早把种植包芦与生态破坏联系起来的说法。但通过杨懋恬的调查，我们知道恰恰在较早种植包芦的绩溪县，棚民与土著并无冲突。说明县志的这段描述不乏夸张笔法。何以县志要将种植包芦与生态破坏联系起来，后文再解释。

杨国桢曾讨论棚民在徽州租山种植包芦等粮食作物的历史，他利用乾嘉以来的承租约和案卷公文，证明外地租山客向山主缴纳高额租金，诱使山主出租山场。②徽州棚民开发山场盛行于乾隆至道光时期，叶显恩曾据《徽州府志》统计嘉庆年间徽属各县棚数达1563座，男丁数达到8681人，包括家属在内当有数万以上。这差不多是棚民涌入徽州山场极盛时期的数据。又归纳棚民佃山有三类：（1）山主出租山场，逐年收租；（2）富民包租再转佃棚民，坐取租利；（3）富民包租山场，采取雇工的经营方式。并认为后两种经营方式是佃富农经济的萌芽。③棚民种植包芦（即玉米、包谷），据说伤及坟山荫木，破坏水口，又据说引发土著与棚民四处争斗，遭到地方乡绅的广泛抵制。朝廷意识到棚民的严重危害后，命令地方官府整顿，道光年以后，棚民与土著的冲突渐不复闻。

徽州人利用山边余地种植的农作物，主要是杂粮和经济作物，召租批中称为"五禾"。"五禾"即"五谷"。"五谷"的说法不一，一说是黍、稷、麦、菽、稻，一说是黍、稷、麦、菽、麻。但召批说的"五禾"，其实是想表示稻以外的杂粮，故不必强求与通常意义的"五谷"对应。从徽属各县的县志看，通常所谓的杂粮以包芦、麦、粟、菽为主，经济作物则包括靛蓝、生姜、茶树、桐子树、麻树等。④除了包芦，其他在乾隆朝之前已种植，只是规模有限，未引起水土流失现象，争议不大。

下面来看两件可能属于棚民经营的召租批，它们正处于驱逐棚民的前后时期，特点是租种的山地面积较大，收益较多，租金以钱计算。其中，1800年的一件召批，是

---

① 嘉庆《绩溪县志》卷三《食货志·土田》。
② 杨国桢：《明清土地契约文书研究》（修订版），中国人民大学出版社2009年，第118—123页。
③ 叶显恩：《明清徽州农村社会与佃仆制》，安徽人民出版社1983年，第84—85页。
④ 民国《重修婺源县志》卷四《疆域七·风俗》："乃并力作于山，收麻、蓝、粟、麦，佐所不及，而以杉、桐之入，易鱼、稻于饶，易诸货于休。"

将一处荒山并山内茶荗、杂木，一并召与汪名下，"前去开挖，长生熟地，锄种五禾"。租金是"每一周年交还凌宅茶租钱一千二百文正，又交黄豆租五斗正"。并有"其租不欠，永远不得起业加租"的限制条款。① 可知设定的管业是永租。1825 年的一件召批，是张庆田等"五姓六股"，将一处共业的山地召与冯光圣，租金是"递年包还大买豆租七大斗二升正，又茶租钱二千文正"。并有"如有欠少，听凭大买追租起业，另召他人。其租不欠，永远不得加租起业"。② 可知设定的管业是小买。1800 年的银钱比例约在 1∶1450，钱 1200 文约值银 8 钱 3 分。1825 年的银钱比例约在 1∶1300，钱 2000 文约值 1.54 两银。这两件召批的租金都是"茶租钱"和"豆租"，明确以种植茶叶为主，兼种黄豆。这说明以茶叶为代表的山地规模经营在驱逐棚民前后未受冲击，相关的召租批仍在持续签订和有效中。

## 二、包芦承种人的管业

下面重点考察召租经营包芦的情况。

### （一）有期限的小买

1793 年的一件召批说："凭中出召与汪名下前去锄种包芦。言定十二年，并茶窠在内。大买收租三分，小买收租七分，无得异说。"③ 另一件 1824 年的召批，期限仅五年，也是"三七匀分。种人得七分，收租人得三分"。约定每年包芦收获时，山主会登山眼同查看。④ 是典型的短期租赁合约。两件召批正好在徽州驱逐棚民政策的前后，前者印证了府志中提到的设定年限的包芦召租，让我们理解了包芦小买何以会有年限。

原来，承种人并未出钱价买，是无偿地获得有期限的小买。通常，小买是永久的，四六分成，田主得六，田皮得四。绩溪的"草粪"田皮，皮主得六，田主得四，已是特例。包芦租居然三七分成，小买得七，田主得三。推原其故，召租经营包芦的山地多为荒山，垦熟成本较大，而包芦价低，收益有限。再加设定有 12 年的期限，承种人的预期收益少，才把分成比例提高至七成，让他在收回种籽和人力成本之外，还能有些赚头。这样的设计，已经最有利于无力价买的承种人。他只要舍得投入力气，三至

---

① 《清嘉庆五年（1800 年）三月凌文台荒山召批》（点校本 1285 页）。
② 《清道光五年（1825 年）四月张庆田等召批》（点校本 1344 页）。
③ 《清乾隆五十八年（1793 年）四月钱继尚召批》（点校本 1279 页）。
④ 《清道光四年（1824 年）二月吴积正召批》（点校本 1341 页）。

五年即将荒山垦熟，还可把小买转顶，顶首银就是劳动力成本的提前兑现。这是无本生利的买卖，算是当时为勤劳的极贫困者留出的一条生路。至于山主，他拥有荒山的永久管业，重视的是租金，小买人如何转顶，他都无所谓。荒山本无产出，现在能收取年租金，12 年后还可以作为熟地召租，当然划算。换言之，有期限的包芦小买是专为极贫人户设计的产权架构。但是，驱逐棚民以后，召租双方只能用短期租赁合约回避政策风险。租金比例虽是三七开，但承种人收回成本的时间短，预期盈利少。它不见得对田主有利，却明显削减了承种人的利益。

包芦召租中形成的有期限的小买，突破了永久小买的习惯。对无钱购买小买的人，这种有期限的小买是最优选择。经过人为扰动之后，召租转为短期租赁，剥夺了承种人的转顶权益，又未增进山主的收益，相对于有期限的小买而言，短期租赁是缺乏效率的合约。但既然双方愿意，签订了合同，尚可视为可操作的选择项。回头来看之前引用的清中期的议论，他们把棚民说成处心积虑，事先知道开垦过的山只剩石骨，然后按山土厚薄，"巧立名目"，写立 10—30 年的召租批。① 完全没理解包芦小买有年限的原因。

### （二）永租与永久小买

召租种植包芦而设定永租管业的，一直存续于驱逐棚民政策前后。1799 年的一件召批，约定的租金是"每一周年供还干燥净苞芦店斗七斗正"。又约定只要不欠少租金，山主就不能起业。② 1831 年的一件租批，已在驱逐棚民之后，约定"每长年包还净干苞芦子租八斗正"，同时，只要不欠租金，可以永远租种。③ 两件用语如出一辙。

包芦召租中设定永久性的小买，可以参考嘉庆五年（1800 年）租批，承租人须先交"酒水钱"一千文，租得七亩山场种植包芦。每年的租钱一百文。④ 杨国桢和中岛乐章都曾引用过这件租批。它与前面那些包芦召租批相比，基本区别在于有无"酒席钱"。酒席钱就是小买的价银，山主收到酒席钱后，没想过再吐出。租人则获得永久的小买，每年只需缴足大买租。

总之，没有酒席钱的包芦租批，可以是永租，也可以是有期限的小买。其中，有

---

① ［清］汪元方：《请禁棚民开山阻水以杜后患疏》（道光三十年），《皇朝经世文续编》卷三九。
② 《清嘉庆四年（1799 年）三月凌文报熟地召批》（点校本 1283 页）："其租出山之日，送门交还，不致欠少。如有欠少，听凭本家起业，租人不得阻执。"
③ 《清道光十一年（1831 年）三月赵瑞招、赵瑞进荒山租批》（点校本 1352 页）："其租下山之日，依时送门交还，不致欠少。如有短少，听凭起业另召。其租不欠，听凭永远锄种，无得阻执。"
④ 王钰欣、周绍泉主编《徽州千年契约文书》（清·民国编）卷十一，花山文艺出版社 1992 年。

年限的小买，租金采用分成实物租，这是专门照顾贫困农户尽快收回成本而出现的合约习惯。包芦召租中的永租和永久小买，均为定额实物租，也即让承种人慢慢收回开荒成本，显然，设定永久产权的合约更加稳定。而且，这两种合约与徽州一直存在的召租批完全一样。承种人既然拥有永久产权，他当然不会希望破坏自己的永久产业。因此，即使种植包芦真的会影响山林生态环境，也非出自这些棚民的故意。

## 三、清理棚民与管业权限

早有学者指出，徽州的小买价格在19世纪初期以后，经历了大幅上涨过程。① 而驱逐棚民章程的出台时间是1807年（嘉庆十二年），预定驱逐完毕的时间是1819年（嘉庆二十四年），正处于小买价格大幅急升期。按照设定的退山回籍期限，无期限的租约（"不载年限者"），限两年原价退山。② 意味着到1809年，手握永久小买或永租合约的承种人要起业。如果是杨正明那样在1800年买下的山皮，正好失去了十年间山皮急剧上涨的差价。而山主不但收回垦熟的山地，还赚了山皮上涨的差价。这样看来，驱逐棚民章程不像要保护环境，倒像是"巧立名目"，为当地山主夺回低价出售的小买。

杨懋恬奏疏充分估计到了棚民"退山回籍"的困难，拟定了极为严苛的刑罚制裁方案。③ 他把将来仍召租种植包芦的业主，视同子孙盗卖祖遗祀产，亩数在五十亩以上的，罪至充军。承租人不论承租亩数多少，一律按强占官民山场律，罪至杖一百、流三千里。把租佃关系拟作"盗卖"或"强占"等犯罪行为，且不论亩数，一律满流（流三千里）加满杖（杖一百），离绞刑只一步之遥，在清代刑律体系中，是重得没边的。这也不禁让人生疑，究竟是为了保护生态环境，还是要让棚民不敢再回原业主处找价。

《徽州府志》中留有一道《汪梅鼎驱逐棚民奏疏》，④ 记载了朝廷下决心驱逐棚民的起因。原来，休宁县民人程元通因受棚民扰累，嘉庆七年（1802年）开始遣程怡仁为

---

① 章有义："十九世纪初年（小买）价格比十八世纪前期上涨30%，到十九世纪一十年代，则急增4倍多。"章有义：《明清徽州土地关系研究》，中国社会科学出版社1984年，第104页。
② "除在徽属已久，业经置买田产，与土著民人缔姻，编入保甲者，另册送部备查，毋庸勒令回籍外。其余棚民，以租典地契内年限为断。其载有年限者，概俟限满后退山回籍。现在年限已满，及不载年限而承种已久者，令再种二年，于嘉庆十四年退山回籍。其近年承租不载年限者，应令该抚转饬地方官，谕令严立年限，至迟不得有逾十年。"［清］汪梅鼎：《汪梅鼎驱逐棚民奏疏》，道光《徽州府志》卷四之二《营建志·水利》。
③ ［清］杨懋恬《道宪杨懋恬查禁棚民案稿》，道光《徽州府志》卷四之二《营建志·水利》。
④ 道光《徽州府志》卷四之二《营建志·水利》。

抱告，赴京城都察院衙门控告，案延四年未决。其间矛盾激化，发生了斗殴人命事件，引起朝廷重视，朝廷饬令安徽巡抚初彭龄查办。初彭龄查办该案完结，随奏徽属棚民责令逐渐迁移，酌拟章程一折，并经奏准。此项章程后纂入嘉庆时期的户部则例，主要内容就是区分棚民的租约性质，确定驱逐棚民的年限。它看似有条不紊，操作性很强，却久久未曾实施。据汪梅鼎透露，嘉庆十五年（1810年）以后，本应按章程将棚民和租约年限等情况向户部报告，但徽州府仅上报了一次。报告称，应在嘉庆十四年（1809年）退山回籍的棚民，声称要等苗木成材出拼后，按租约比例分得拼价后才回籍；应在嘉庆十五年退山回籍的，则要等到秋收后再回籍。所以虽有报告，但没有一人于嘉庆十五年退山回籍。此后，则连报告也没有了。

不能立时驱逐的原因，一方面，棚民动辄上千人，驱逐过急，朝廷和地方官都怕"失业者众，或至别生枝节，激起事端"。另一方面，租约里设定的价银，是影响退山的重要原因。杨懋恬亲自去了休宁县调取程元通等案卷和召批，发现前任知县早已讯结，断令山主缴价。棚民方会中等均已答应领价回乡，结果山主多称赤贫无力，未能退钱。这说明，不但棚民不愿领价，土著山主也不愿退价毁约。

据杨懋恬的调查，当时棚民与山主的召约若在乾隆四十余年以前的，早已年满退还。现在有效的召约，租山时间大约远则乾隆五十年（1785年），近则嘉庆十二年（1807年）二月。"约有载明价银、年限，年满退山者。亦有不载年限者。复有并无银本，带有家室，立有年限承佃，及承佃并无年限，均与山主分收花利者。租佃情形，各有不同。其违禁承租则一。此外，或有出立典拼各契，立与召约相等。"① 他把召约按照有无价银进行分类，有价银的称"召约"，无银本的称"佃约"。这个分类有合理之处，但忽略了永租的佃约。他又认为，一种召约是载明"价银、年限，年满退山者"，另一种是"不载年限者"。通过召租批的实例可知，购买山皮的价银，可称"价银"，也可称"酒席钱"等。酒席钱多则数十两，少则三五钱。三五钱是真的宴请费，而非山皮的对价，但数十两是购置山皮的价金。获得永久小买或永租，召约中当然不定期限。杨懋恬说他到徽州后调阅了大量召约，究竟是不能辨别租约的性质，还是故意误解，也让人生疑。

杨懋恬还说，由于租约复杂，不能一概驱逐，各任地方官"历久均未能遵办"。原章程说要将棚民编查保甲，也无必要，因为棚民的原籍主要是安徽怀宁、潜山、太湖、宿松、桐城等，小部分是江西、浙江籍，距徽州甚近，可携眷返乡，无需就近安插。

---

① ［清］杨懋恬《道杨懋恬查禁棚民案稿》，道光《徽州府志》卷四之二《营建志·水利》。

关键问题还是棚民不能空手而回。接着,他提到两个重要情况。一是山主收领租山价银,再遣人诉讼,并有族长参与其间。杨懋恬指出,这种做法"情同局骗"。这些诉讼经官断明,要求退还银价时,山主又推脱已经花销,贫苦不能退价。二是他调查了徽属各县,黟县和婺源两个山区,长期以来土著与棚民相安无事,"从无控案"。其余"每县不过数件、十数件而止"。由此,他的明确结论是:"各棚民俱系种地良民,并非凶恶匪棍,亦无不法扰害实迹,皆系土民张大其词。"①

明知如此,驱逐仍是不可避免的,只看遣返方案是否合理。杨懋恬的驱逐方案,最大特点是按照他提出的召租批分类,对驱逐棚民的年限进行区别。凡定有年限的,限满驱逐。关键是没有订立年限的,他给出了一个时间段,在乾隆六十年(1795年)以前承租的,一概于当年收租后退山回籍;嘉庆元年(1796年)以后承租的,给予12年的期限。比如,嘉庆元年的租约,在嘉庆十三年(1808年)退山。据他调查,最晚的租约在嘉庆十二年,所以预计最迟在嘉庆二十四年(1819年),未立年限的承租人都应退山回籍。② 杨懋恬的方案,比安徽巡抚拟定的章程看似细致了些,因为原章程对不载年限的租约,规定一概以再种两年为限,届限即退山回籍。不过,两套方案的核心内容没有多大区别。租约的核心问题仍是银价和小买,杨懋恬提到,有数百上千两银买下山场小买的情形。他特意提到这个情况,表现了他心里不踏实。且不说小买价格已经飞涨,就算以原价计算,这么多的钱只换来2—12年的继续承租时间,然后"均

---

① [清]杨懋恬《道宪杨懋恬查禁棚民案稿》:"在棚民携本图利,究与霸垦强占不同。若土民不将山场租给,则异民又何由托身!所有召租之山,大半祖遗公业,股分本多。族内贫乏不能自存之人,因此盗召租佃,该族长人等每有明知故纵于先,直待已租之后,始纷纷控理。并有串通族支公同得银,而事后以一二人出名,呈请驱逐,希图白得价银,情同局骗。及至经官断价,得价之人均已分散花销,穷苦无可着追。棚民又不甘舍本而去籍,以迁延。其内有一二强悍者,因之斗殴争闹。兼有凶横本地民人,从而焚棚抢苗。是违禁滋事,其咎不尽在棚民。即如现在棚民人数不为不多,然近年未结控案,除休宁县程金官,及祁门县洪迎瑞等两案,此外各县寻常控案,每县不过数件、十数件而止。至黟县、婺源,历久土、棚相安,从无控案,可见各棚民俱系种地良民,并非凶恶匪棍,亦无不法扰害实迹,皆系土民张大其词。"
② [清]杨懋恬《道宪杨懋恬查禁棚民案稿》:"应请嗣后凡召约立有年限者,限满勒令退山回籍,毋庸追还租价;若年限未满,业主内有愿还价赎山,及evet讼到官饬退者,所有租价银两按年分摊。如原限二十年,租价一千两,已种十年,即扣除五百两,仍还银五百两,饬令拆棚退山。倘两造遇凶酿命,讯明曲在棚民,立时押退,亦毋庸按年追给租价。其召约不载年限者,如在乾隆六十年以前承租,本年概行勒令俟收割后退山回籍。若承租在嘉庆元年以后,本年三月以前,酌中定限以十二年为断,如嘉庆元年承租,限至嘉庆十三年退山,其余以次递年饬退约,至嘉庆二十四年,未立年限各棚民所租山场,即可全行退还,均毋庸给还原价。如定限未满,内有业主回赎及evet讼酿命等事,亦照前例,分别办理。其公共山场卖给棚民,现无其事。所有典拼各契约,均分别有无年限,一律照办。其限满之时,如遇已经播种在地,准其收割后,勒限十日内拆棚退山。"

毋庸给还原价",不出大乱子几乎是不可能的。

官府驱逐棚民的唯一理由,就是把召租合同说成是违禁典卖。但这条理由显然不可靠。驱逐令是嘉庆十二年颁布的。雍正四年(1726年),已经下令江西、浙江、福建等棚民照保甲之法,一体编查,并保护棚民的"已置产业"。① 也就是说,早在雍正年间,朝廷已将棚民视为普通民人,允许起棚生理。该令纂入乾隆年间的《户部则例》,例文已不限省份,而称"各省山居棚民",② 成为通行全国的定例。但它里面有一项规定,提到招佃需要获得官府批准,各省山主必须赴官"报明察验"。否则,"招佃之山主照违令律治罪"。要把召租定为"违禁典卖",这应该是在法律上能找到的唯一依据。尴尬的是,这条法律规定违法招佃的惩罚对象是山主,而非棚民。又特别区分广东寮丁若不赴官呈报,"垦种寮丁照盗耕田亩律治罪"。若要适用该例来认定各省棚民的召租批违法,就得把棚民定性为广东寮民,并定以"盗耕"之罪。但是,毕竟不能定当地山主以"盗召"之罪,否则就要没收山主所得价银,且需将所有"盗召"棚民的山主按违令律杖责。所以,各种奏疏居然不敢明确引用律例条文,只能囫囵地说是"违禁典卖"。直到最后杨懋恬的复查才婉转地说出"究与霸垦强占不同"一语。在此之前,成制荡然,信用不存。不过是曲意奉承查禁旨意,实无可观之处。

## 第五节 小结

### 一、召租的类型

清代徽州的召租批,通常用于设定两类权益。(1)永久的小买。可转顶或转租,

---

① "寻议江西、浙江、福建三省各山县内,向有民人搭棚居住,以种麻种箐,开炉煽铁,造纸做菇等项为业。其间土著甚多,亦有邻省失业之人流寓。令各该督抚将现在各县棚民照保甲之例,每年照户编查,责成地主并保甲长出具保结,州县官据册稽查,倘住居星散,不论棚数多寡,自为一甲,互相稽查。内有棚民已置产业,并认粮承纳入籍者,俱编入土著,一体当差。"《清朝文献通考》卷二十三《职役考三》。又见《清朝文献通考》卷十九《户口考一》。
② "各省山居棚民,按户编册,责成地主并保长结保。广东寮民,每寮给牌,互相保结,责令寮长钤束,倘窝藏奸究,容隐不报,查出治罪。其业主招佃及寮丁垦种官山,俱赴官报明察验,准其搭寮耕种。违者,招佃之山主照违令律治罪,垦种寮丁照盗耕田亩律治罪。文武员弁不经心约束,以致窝匪者,均查参处究。"《钦定户部则例》(乾隆四十六年版,1781年),卷三《户口·保甲》。

有独立的市场价格。小买主每年缴纳大买租。大买租为定额租，不欠租则不起业。（2）永租。租人每年缴纳定额实物租，与特定的租户锁定，不得转顶或转租。也是不欠租就不得起业。

山地种植包芦的召租，在以上永久小买和永租之外，出现了设有年限的小买。租客不出价银，用劳力和籽种换来有年限的小买。山皮在期限内仍可转租或转顶。实物租，三七分成（官方称"分租"）。驱逐棚民之后，出现了五年租期的山地租赁召租批。另外，还有一种只有三至五年的山场栽苗召租批。

召租批中有个"租"字，在当时的观念里，确实就是设定各种租赁权益的。今天所谓的租赁合同，是指特定当事人之间相互享有履行请求权的债权合同。但当时的业主重视的是收取年租金，能产生租金的关系就是召租。基于此，召租能容纳永久和有期限的一切租赁关系。在今天看来矛盾的现象，在当时毫无违和感。其实，觉得矛盾的原因，是把永久的小买或永租理解成物权。然而，清代没有物权法，也没有物权法定原则。所谓永久性的权益，依据的是私家合同，而非法定物权。

从管业的角度，也可理解这些召租关系。小买、永租和普通租赁一样，管业人手中只有一纸合同，没有官颁凭据。在任何官府簿册上，小买和永租都不构成法定登记项，无需办理田土过割和业税推收手续，也不负责缴纳业税。它们与全业不同，与大买也没有可比之处。大买人手持红契和契尾，办理佥业票和推收税票，负责缴纳业税，手中有历年纳税执照。

## 二、查禁棚民：何种理由？何种冲突？

### （一）包芦与生态

今天的徽州棚民研究，把驱逐棚民的主要理由，说成是他们种植包芦，破坏当地环境和风水。实际上，这些说法是在官府查禁章程出台之后，才上升成正式话语。最早这样说的是嘉庆年间《绩溪县志》的编纂人。接着，在汪梅鼎、杨懋恬的两篇奏疏后面，《徽州府志》编纂人也写了一篇长论，归纳了驱逐棚民的五项理由：一是水土流失；二是壅塞河道，不利行船；三是破坏风水；四是柴薪涨价；五是治安隐患。这五项理由中，前四点都与生态环境有关，恰恰淡化了治安问题。这样言之凿凿，仿佛都是亲眼所见，亲身经历，终于把棚民破坏环境和风水做成了铁案。

驱逐棚民真的因为种植包芦破坏生态环境和风水吗？显然不是。汪梅鼎的奏折中说得很清楚，促使朝廷突下决心，命令安徽巡抚查禁棚民的，是一起由普通诉讼激化而来的人命案件。它给朝廷造成一种观感，似乎徽州土著与棚民的关系已成火药桶。也就是说，真正导致棚民被逐是维稳的需要。

到了杨懋恬复查棚民退山，发现黟县和婺源两县并无棚民和土著之争，其余四县的棚民和土著的诉讼也很少，最多的不过十数件。这就很奇怪了。尤其是婺源，棚民进入较早，又是典型的山区县，应该最早出现环境和风水问题。若像府志和《绩溪县志》描写的那样，土棚之间何以相安无事？这至少说明，婺源和黟县的土民对召租中的获益是满意的。这样，土棚激烈冲突的说法已经不攻自破。但是，等杨懋恬等人缓缓向朝廷说出土棚冲突并没有想象的那么严重，查禁章程已下，驱赶棚民在各县早已大张旗鼓地闹腾了一通。此事只能淡化处理，不了了之。这样就好理解，何以后来的主流话语要把环境和风水作为驱逐棚民的主要理由，让人感觉驱逐棚民就是为了全府人民的生存环境着想。

### （二）召租与刑律

后人的研究可以回避召租约的合法问题，但清代官员杨懋恬等清楚地知道这是绕不过去的。他们调阅了各种召租约，试图解决这个棘手的法律问题。可以说，要驱逐棚民，必须否定合同与私人管业的合法性、正当性等。从官员议论中可以看出，为了驱逐棚民，如何在现有法律框架内否认召租批的效力，是最头疼的问题。事实上，没有类似物权法与合同法等民事法律规范体系，也就从法律上找不到否定论证的依据。当然，想对召租批进行肯定论证，在当时的法律中同样找不到依据。所以，民人要证明一种管业的正当性，除了出示契据，只能在诉状中说"民命攸关"。

嘉庆十二年（1807年）章程颁布后，迟迟不能执行。无论官方如何论证，要剥夺棚民依召租约取得的小买、永租或其他合同权利，总觉不能理直气壮。从奏折中看，不但民间抵触，官府内部也不能实力施行。用刑法管理市场经济的无效性，在清代已经显现出来。该怎么办呢？没有更好的办法。杨懋恬提出了第二套方案，仍是巡抚方案的修正版。这已是19世纪初期，民法和各种市场管理制度还是没影的事。

但是，毕竟要按照朝廷的旨意办差。于是，终于不得不借用刑律中的"盗卖""强占""盗耕"等罪名来制裁合同当事人。到刑律中找来否定民事行为的依据，并把一些试图予以否定的民事行为比拟成犯罪行为，再将其正式规定为例文，几乎成了清代处理此类地方事件的最终归宿。这些恰恰显示出没有民事法律体系的弱点。

如果不是走入到驱逐棚民的事件中，或许会认为，朝廷或官府对于民人的合同和财产权利只是不够尊重而已，但大致采取放任的态度。然而，一旦走入这些事件，就会发现，看似普遍而牢固的财产权，挡不住朝廷突发奇想的一个旨意。无论是长期还是短期租约，在简单粗暴的驱逐令面前，立即化为泡影。召租批只规定了不欠缴租金，业主不能起业。它没料到，能够起业的不止是业主，还有官府。

# 第五编
# 调处合同——以坟墓纠纷调处为例

# 第二十一章

# 侵害坟墓的纠纷

## 第一节 概述

田房边界合同已经涉及纠纷解决。下面讨论乡里的纠纷调处合同。调处合同是调处结果的固化形态。调处合同的整理不足，一直制约着明清纠纷调处的深入研究。此次整理了一批调处合同，但是，每一种纠纷类型的调处，必须参照相关的法律和惯例，本书无意对民间纠纷展开全面研究，只选择坟墓纠纷展示调处合同的作用。

《松窗梦语》说："于是贪求吉地，不独愚昧细民，即搢绅士大夫亦惑于此。未葬，谋求不遗余力，甚至构讼结仇。"① 坟穴附着了经济和精神的双重价值，因坟而"构讼结仇"，是中世纪的常见现象，缙绅大夫亦不免俗。坟山纠纷又是明清田土纠纷的一大类。名幕汪辉祖说，田土纠纷有四大类："曰风水，曰水利，曰山场，曰田界。"风水纠纷在田土纠纷中列第一。

田土诉讼又自来是所有诉讼中最多的一类。据明嘉靖中期任歙县知县陈善说：

> 予风闻歙人尚气喜争，至事尺寸之壤，虽其兄弟至亲，有终身不相能者。及承乏是邑，旬日之间，投牒者不下千百。其以争地相讦，盖十之四五。虽以礼义化导之，其民狃于故习，

---

① [明]张瀚：《松窗梦语》卷之五《堪舆纪》，盛冬铃点校，中华书局1997年，第92页。

纷纷未已也。①

据陈善所说，16世纪中期，歙县的土地诉讼到了什么地步呢？他上任知县的十天内，民人呈讼有千百件之多，其中四五成是田地诉讼。古人不喜精确数字，但所谓"千百"，必定在数百近千件。其实，就算十天100件也非常吓人。县衙是二、八放告制，十天之内只有两天放告，十天里涌进100个案件，一月就是300件。这是最低程度的估算。也就是一月至少有120—150件田土争讼。极端的，按他的说法是"尺寸之壤"也要打官司。这既印证了边界合同显示的情况，也印证了我们的看法，中国的平民自古就有强烈的权利意识。他们所争的尺寸之壤，既是财产，也是权利。财产的价值不大，但权利的边界必须明确。而陈善所代表的官府，对平民的权利漠然视之，大多数时候只会指责愚民不知礼让。说空话套话的能力强，定纷止争的能力弱。

我们曾论述过徽州坟产上的三种财产关系。（1）当坟产归一家管业时，本家坟产与其他相邻田产的关系；（2）数家同墓分棺，各棺位管业人的关系；（3）合族共同管业同一坟墓的关系。现在看来，第二种情形反而纠纷较少，可能是同墓分棺反而有利于多个家族共同保护。但那些确认同墓分棺的合同中，或许有一部分是有纠纷背景的，只是通过合同和解了。

第一和第三种关系，最易发生侵害坟产或坟山纷争。引发纷争的主要原因是界限不清、管业关系不明。侵害坟墓的案件类型，主要包括盗卖坟产、盗伐荫木、盗掘坟墓（发冢）等，在明清律例中皆有禁条，属于犯罪行为，若控争到官，坐实之后，侵害者将面临刑罚处罚。实际上，要在此类诉讼中坐实侵害，是极不容易的。且不说没有现代测绘和技术侦察手段，就算按照中世纪的调查手段，也需要足够的人手才行。但是，不计"白役"的话（"白役"最多也只能算打手），州县衙门的人手极度不够。涌入县衙的"千百"件诉讼，多半也只能劝其息事宁人，或批回乡里调处。

侵害坟墓的关系，又包含两种：一是侵害坟墓上的财产关系，如子孙盗卖坟产，是将坟墓及其附属地作为具有经济价值的财产而出卖，是否属于犯罪，或即使定为犯罪，科刑轻重如何，在清代不无争议。另一种侵害坟墓的行为，属于窃盗、侮辱等刑事犯罪行为，如盗砍荫木和发冢。在后一类犯罪问题中，又有许多复杂的因素或例外情形，不能一概而论。如盗伐荫木，单棵荫木的经济价值不高，若视为普通的窃盗，

---

① ［明］陈善：《邦直佘翁五音冢记》（嘉靖二十八年，1549年），［清］佘华瑞纂《岩镇志草·利集·艺文上》。

量刑在笞杖以内，属于州县自理词讼。但这种行为若广泛地发生，对社会秩序的危害又是显而易见的，所以，该如何界定这种犯罪的性质，以及如何量刑，对立法者和社会大众来说，都有一个逐步形成共识的过程。又如，发冢自来被视为严重的犯罪行为，尤其是发掘皇家坟冢，可罪至死刑。然而，民间也有子孙因迁葬而发掘祖坟的情况，以情理观之，不必按律惩治。又，发冢而不见棺，或见棺不见尸，侵害后果自不能视同毁尸灭坟。这些后果不严重的行为，是应一律按发冢律严惩，还是区别对待，在立法技术和社会感情方面都有值得讨论之处。总之，由于各种侵害坟墓的情形、后果、主观恶性等不同，刑律对侵害坟墓行为的惩罚力度也不同。甚至律例本身也在不断变化。律例的变化，必然影响民间的态度。对于祖坟受侵害的家庭，固然希望严惩侵害人，然而，真正将侵害人控告到官府，又因刑律中缺乏规定、规定不明或规定有冲突等，以及证据不充分，官员颟顸等原因，侵害人不受惩罚，或所受惩罚与受害人预期的刑罚有较大距离。这种结果，也会影响民间的态度。一方面，侵害坟墓会严重伤害子孙感情和财产利益，还严重伤害家族在当地社会中的声誉。若不予追究，该家族可谓丧尽脸面。另一方面，呈控到官以后，诉讼成本高，后果难以预料。这些因素综合起来，最终影响了当事人的诉讼行为和解纷策略。因此，许多看上去应当呈控官府的坟山纠纷，最后不一定引发诉讼，而是通过调处方式在民间化解，其中饱含了无奈的成分。另外，坟产管业方面的纠纷，本属于"细故"范畴，不是刑罚处罚的对象，当事人即使呈控，官府审断之后，最多也是出告示申禁。要使问题得到彻底解决，多数情况下，还是需要当事人坐到谈判桌前，商议出解决办法。当然，因坟墓纠纷闹出人命，必须诉诸官府的，又当别论。①

本章的重点是考察坟墓纠纷的法律与民间救济，基本不涉及严重的发冢案件。发冢是有关坟墓的最严重也是最典型的犯罪。理论上，发冢属于"重情"案件，只要呈控到官，即刻进入审转程序，没有调处的必要。然而实际情况却多种多样。本章所说的犯罪行为，其实是指那些虽在刑律中规定为犯罪，但刑罚较轻，又属"细故"范畴的坟墓类案件。清代的细故案件以杖一百（满杖）以内为界。这类案件中的当事人，情节不严重的，可以用银赎罪。即使受笞杖，其后也立即回到当地社会中。在相对封闭的社会环境中，犯罪人仍将与受害人朝夕相处，却结为仇家，为将来的生活带来诸多不便甚至冲突隐患。因此，如何既能"定分"，又能"止争"，是官府和民间共同关心的问题。而调处协议是以相对温和的方式，消弭了潜在的激烈冲突。

---

① 张小也：《官、民与法：明清国家与基层社会》，中华书局2007年，第230—240页。

坟墓纠纷的特殊之处，是牵涉亲属情感和家族尊严。保护先祖坟墓，是子孙的尽孝责任。先祖坟墓受害，表明子孙保护不力，还表明家族在当地没有"面子"。在不少坟墓纠纷中，财产问题往往退居其次，重要的是面子。面子就是尊严。受害家族宁愿采取激烈的方式来解决，比如发生械斗或缠讼多年，目的早就不是争财，而是争尊严。如果是纯粹的财产纠纷，通过交流协商而达成调解协议的可能性较大，兄弟或妯娌之间偶尔发生抓扯也是可能的，很难想象冲突会发展到械斗的地步。而有一部分坟墓纠纷，必须通过械斗，来证明本族人的实力和决心，方能对随意侵害行为起到永久制止的效果。换言之，械斗，直至打死一两条人命，就是彻底解决此类纠纷的唯一办法。在为坟墓而械斗的现象中，可以看到中世纪普通民人的内心是极度自卑的。他们无处不在的面子观念，恰恰是强烈的自卑感的体现。现实也的确让他们没有退路。官府动辄让他们"礼让"那些讼争财产，孰料他们真的没有多少东西可以礼让。凡是等级社会中，能够礼让的，必须地位高贵。"礼让"会让这些人提高美誉度，显示出"宰相肚里能撑船"的雅量。"细民""草民""蚁民"等等，已经趴在尘土里，让无可让。再让也就只有降到贱民的一条路。

比起械斗来说，缠讼则是较为理性的做法，缠讼者只是踏上一条没有希望的悲怆旅程。他放弃正常的生活，忍辱负重，把有生之年全部用在一件不平之事上，以证明自己的生命还有残存的意义，证明自己并未真的堕落到如尘土一样的卑贱。由于这个缘故，当他死了，反而受到族人的怀念，被当作神灵一样祭祀膜拜。① 至于械斗，则被视为血性的张扬。械斗的家族和个人，不屑于匍匐于官府，不惯于像缠讼者那样数年数十年地为公正而乞讨，于是只剩下用最原始的私力救济来解决问题。私力救济一途，自远古以来一直为人类保留着，只要官府不能提供足够的公正预期，普通人可以自己还自己一个公道。私力救济不是一种法律权利，而是自然权利。实施私力救济者必须承受法律制裁，但它不失为体现公道的一种办法。古俗谚有"杀父之仇不共戴天"，就是私力救济最通俗的表达。实际上，侵害祖坟与"杀父之仇"有相通之处，掘墓人是可以视为仇人的。不过，任何含冤之人在以命相搏之前，都有回旋余地，那就是仇人受到法律制裁。频繁械斗和酿成人命的记载，恰是官府无良和无能的表现，它把平民

---

① ［清］凌应秋《沙溪集略》卷四："凌起宾，字从政。为人豪迈有胆识，不畏强御。崇祯十四年隆偈之讼，有司及巡按御史咸不能决。公慨然怀楮墨直赴京师，控于都宪。（都察院）为三法司之一，尊严之若神，不轻受讼牒。赴诉者膝行而前，唱名及之，则摘词以讯。稍有不合吻，则鞭棰交下，呼叱之声动地，虽负盛气以往，莫不震慑嗫嚅。公独反复申理，卒得直而还。……迄今每岁中元之夕，特设主于文会所前享合族之专祀，其一腔义烈，殆凛凛不可磨灭哉矣。"

逼到普遍的只能靠以命相搏的地步。这些构成我们认识调处坟墓纠纷的大背景。

我们希望通过坟产调处合同，了解坟产纠纷的常见类型和主要原因，以及民间社会协商解决纠纷的原始样貌。研究民间调处，必须放在官府理讼的背景之下。这并不是说，民间调处无效之后，呈控到官府就能解决。大多数时候是这样的，民间调处无效，到官府的结果会更糟糕！官府有能力对原被告不加区别地给予伤害，这种更糟糕的局面对双方当事人是有震慑力的。官府津津乐道的息讼或无讼，往往是这种伤害所带来的后果。无论如何，民间调处成功的案例，都需要放在法律和官府的背景下考虑，这是事先需要说明的。

## 第二节  盗葬

### 一、盗葬与罪名

#### （一）盗葬与发冢律

盗葬是律例明文禁止的犯罪行为，也是坟墓纠纷中常见的类型。盗葬也称"偷葬"，是在没有管业资格的坟地内葬入本家亡人。下面先来看一件偷葬案例的调处。宋、吴两姓的祖茔本来禁止添葬，吴汪氏和吴金福却将亡人偷葬入内，明显犯了盗葬之罪。宋、吴两姓却容忍了这种行为。合同中说，吴金福盗葬之坟"理宜起扦"，考虑到他家孤儿寡妇，再加起坟会伤及祖墓，两族人"令其安山接龙，猪羊醮坟，业内严立禁碑"。[①] 这样做，是不是便宜了吴金福呢？仔细琢磨清代关于盗葬的律条后，疑惑方才解开。

《大清律例》中坟墓犯罪的专条，一在《刑律·贼盗上》"盗园陵树木"，从律目即知与盗葬无关。二在《刑律·贼盗下》"发冢"（发冢又称盗墓，俗称"偷坟掘墓"），是与盗葬直接相关的条文。历朝重视发冢的惩处，《大清律例》"发冢"条又分六项，分别惩处六种发冢行为：一是发掘他人坟冢的行为，又分见棺椁、已开棺椁见尸、发而未至棺椁三种后果，区分盗尸柩和盗取财物等情形，分别科刑。二是亲属之间的发冢行为，包含亲属毁坟弃尸、盗卖坟地的行为。三是发冢且残毁尸体的加重惩罚情节。

---

① 《清同治七年（1868年）十二月吴、宋两姓坟产合同》（点校本1430页）。

四是穿地或焚烧而伤害尸棺的行为。五是不以发冢为目的，但将他人坟墓平整为田园，或在有主坟墓中盗葬的。六是在自己的田产内有他人坟墓，不报告官府而起移坟墓的，又分转移他处掩埋、失尸、惨毁、弃而不失、盗取财物等情节，分别科刑。①

发冢是公认的严重罪行，国家定律极详，科刑极重。普通的"发掘他人坟冢见棺椁者，杖一百、流三千里"；未见棺椁，也罪至满杖满徒。民间既知掘墓为严重犯罪，一旦发现，自然会控告官府。官府接到发冢开棺见尸案件后，必须"照命案缉凶例，扣限六个月"，即行追查。"若隐匿不报，及见尸捏作见棺，即照杀死人命知情隐匿不报例，革职。"即使是发冢只见棺未见尸的案件，若官府不实力查访，也有"罚俸一年"的处分。② 所以，发冢案件一旦发生，被害人不会再寻求与侵害人和解的途径，我们也暂未发现用调处合同来处理发冢案件的情况。

不过，细绎"发冢"律条，除惩罚发掘他人坟墓的行为，还有其他一些侵害坟墓的行为，特别是第五、六两项律文，包含了针对过失侵害坟墓、盗葬、盗卖坟墓等的律文。过失侵害坟墓的行为，后文讨论"禁步"时再叙，这里先讨论盗葬、盗卖的情况。

### （二）平坟、盗卖与占葬

《大清律例》规定的盗葬行为有三。

（1）平坟、盗葬和盗卖坟墓。律文规定："平治他人坟墓为田园者，虽未见棺椁，杖一百。仍令改正。于有主坟地内盗葬者，杖八十，勒限移葬。"小注："若将尊长坟冢平治作地，得财卖人，止问诓骗人财，不可作弃尸卖坟地断，计赃轻者，仍杖一百。买主知情，则坐不应重律，追价入官，不知情，追价还主。"这条律文规定了三种罪，分别是"平治他人坟墓"、盗葬和盗卖坟产三种罪。律文中只有前两种犯罪行为。盗卖不在律文中，而在律注内。子孙盗卖坟产，杖一百；知情买受盗卖坟产的买主，按"不应重律"治罪。现实中的盗卖，他人无坟产管业凭据，伪造契据而盗卖坟产的不多，故盗卖多指子孙盗卖。但是，盗葬的犯罪人，则既可是子孙，又可是"他人"。

（2）坟旁余地盗葬。律附例文规定："若盗葬者，并无发掘等情，止在切近坟旁盗葬，而本家辄行发掘者，应照地界内有死人不告官司而辄移他处律科断。如有毁弃尸

---

① "发冢"条，见《大清律例》卷二十五《刑律·贼盗下》，田涛、郑秦点校，法律出版社1999年，第408—413页。
② 《招解说》"发冢开棺见尸"，郭成伟、田涛点校整理《明清公牍秘本五种》，中国政法大学出版社1999年，第595页。

骸，照地界内有死人而移尸毁弃律科断，盗葬之人仍照本律杖八十，责令迁移。若非系坟地，止在田地场园内盗葬，而地主发掘之者，除开棺见尸仍照律拟绞外，其不开棺见尸者，各照本律减一等科断。其盗葬之人，应照本律减二等，杖六十，亦责令迁移。如两造本系亲属，其所损之坟冢、棺椁、尸骸与本人皆有服制者，各照律内服制科断。"由此可知，在他人坟旁田地内盗葬，坟产管业人不得率引平坟和毁弃尸骸律条，盗葬之人按本律杖八十治罪。若不是在坟边余地，只是在他人田地内盗葬，盗葬人再减二等，杖六十治罪。

（3）"恃强占葬"。律附条例还规定了一种"恃强占葬"的情形，及因此而"侵犯他人坟冢"的加重情节："若以他骨暗埋，豫立封堆，伪说荫基，审系恃强占葬者，照强占官民山场律治罪。审系私自偷埋者，照于有主坟地内偷葬律治罪。其侵犯他人坟冢者，照发掘他人坟冢律治罪。"这里说，在他人田产内假称有旧坟的盗葬，其实是一种伪造坟墓"禁步"（后详）方式侵犯他人田产的行为，所以"照强占官民山场律治罪"。该罪即《户律·田宅》"盗卖田宅"律第二项："若强占官民山场、湖泊、茶园、芦荡，及金、银、铜、锡、铁冶者，杖一百，流三千里。"①

以上三条律例，第一条为律文，后两条为条例。据薛允升考订，例文一于雍正十三年（1735年）纂定，乾隆五十三年（1788年）拆分为两条。第二条为雍正十二年（1734年）定例。薛允升指出："此数条均系远年旧例，与新例科罪迥殊。"② 说明乾隆以后另有新定例文。

## 二、盗葬与刑罚

据此，盗葬量刑在杖八十以内，但借"他骨"葬入别人管业的坟产或田产，则加重至满杖满流，科罪较重。盗卖，主要是子孙盗卖本家祖墓的行为。盗卖的子孙科刑满杖，买者知情者按"不应重律"，杖八十。

值得注意的是，按照例文规定，盗葬虽为犯罪行为，但"止在切近坟旁盗葬"，若地主直接发掘盗葬坟墓，"应照地界内有死人不告官司而辄移他处律科断"，则地主采取发掘盗葬坟墓的方式排除盗葬，科刑为杖八十；如果地主发掘盗葬之墓的过程中，残弃尸骸，"照地界内有死人而移尸毁弃律科断"，为首者科刑"杖六十、徒一年"；亲

---

① 《大清律例》卷九《户律·田宅》，田涛、郑秦点校，法律出版社1999年，第196页。
② ［清］薛允升：《读例存疑重刊本》卷三十一，黄静嘉编校，（台北）成文出版社1970年，第742页。

手实施残弃之人，比照发冢，罪至流刑。又，例文还规定："若非系坟地，止在田地场园内盗葬，而地主发掘之者，除开棺见尸仍照律拟绞外，其不开棺见尸者，各照本律减一等科断。"这样，盗葬之罪，重亦不过杖八十。田产业主若想以发掘盗葬坟墓的方式排除盗葬，则科刑最重可至"拟绞"。其中之悬殊，不言而明。

盗葬科刑最高仅杖八十。而凡是未经官府检验起移盗葬之坟的，一律视同发冢。田产或坟产管业人虽然发现有人盗葬，但受发冢律的震慑，只能采取赴官呈控或与盗葬人协商解决两种办法，不敢轻率地自行起移盗葬之坟。吴金福盗葬案发生后，当事人虽然呈控到官，最终却以申禁与合同形式解决，其缘故也就不辩自明。

另外一个原因，也阻碍了当事人继续诉讼，那就是盗葬之讼的成本极高。程姓宗祠内族长、房长、家长等因族人盗葬，"族内呈官具控，经县主杜、郑、张、严，府主李、戴二公，结讼数十余载不休。后蒙中人至婺邑城隍庙内处妥，令其起主安奠，造词（祠）安主，方允息讼"。①族人盗葬，而祠堂居然无可奈何，与之缠讼数十年，中经四位婺源知县和两位徽州知府审理，尚不能结案。最后还是中人在县城隍庙内祈神调处，方得和解。可见控诉族人盗葬之难。形成这样的局面，与刑法对盗葬处罚过轻，而对掘墓处罚甚严，二者不相匹配，不能说没有关系。前文说过，若是众存坟地，本支族人有入葬族坟产的资格。即使不是本支族人，虽然构成盗葬，但官府要查清这种关系，除了依靠私家族谱外，亦乏良法。发冢的律禁甚严，如果不能确定盗葬族人与族坟产的关系，官府又怎能轻易命令盗葬之人起移坟墓？！可见，造成族人盗葬之案久悬莫解的主要原因，与族坟产的管业关系不清晰也有关系。

## 第三节 盗卖

### 一、盗卖与变卖

盗卖坟产案件时有发生，但不像盗葬那样普遍。一件嘉庆年间的合同在追述坟产来历时，提到过早年的盗卖事件，可兹参考："兹因我连壁公于昔年合葬白毛干鱼形。嗣因连壁公支丁华瑞公连祖盗卖，寸土无存。赖佘坑支懋仁公，与子汝辅公、汝达公，

---

① 《清乾隆五十三年（1788年）八月程玄干公祠内支孙人等息讼合同》（点校本1270页）。

这个方氏家族的坟山也是分扒到各房。为了防止各房族人零星出卖，该族约齐各房首事，将所有分扒出去的坟山股分，估值 32 两银，向各族人赎买其手中的分籍。由于各房"分籍"的价值不是均等的，分摊和赎买的具体办法是"税多者收钱，税少者出价"。也就是按照业税的多少确定分籍的价值，再由各方平均分摊赎金。分籍多于分摊的赎金时，收领多出的价金；少于分摊的赎金，则补足不足的价金。所有"分籍"赎回后凑成全业，推入"祖户倘公户"统一管理。此后，这些坟山不再属于各家私产，而是方氏倘公祀会的产业。合同用语中特别注意到"变卖"和"盗卖"的区别。当坟山未赎买之前，族人的出卖行为叫做"变卖"；赎回推入老户后，若再卖出，性质就变成了"盗卖"。

综上，清人所谓的盗卖坟产可以分为两种情节：一是出卖没有管业权的坟产，相当于民法上的无权处分。二是出卖本家管业的田产，但出卖时没有保留田产中的祖坟。

又，本小节引用了三件涉及盗卖的合同，一件嘉庆初年的后人追忆连壁公祖坟被盗卖的情形，盗卖人为"支丁华瑞公"，说明盗卖人已经亡故，盗卖祖坟的时间发生在乾隆时期或更早。汪姓家族记录的变卖事件发生在康熙十年前及其后至雍正、乾隆朝期间。为了预防盗卖，汪氏于嘉庆五年（1800 年）将所有分籍赎回，推入祠户。方氏于嘉庆十二年（1807 年）将分散各房各家的分籍买入祀会户。这些记载不具有统计学上的价值，但清代律例也是在康熙至乾隆朝开始对子孙盗卖祖坟加重科刑。两相印证，可以说，自康、雍年间以来，盗卖祖坟案件频频，引起了朝廷的重视。又因刑罚加重，民间也开始重视，主动预防和阻止盗卖事件的发生。

## 第四节　盗砍荫木

### 一、律例加重过程

荫木，是种植在坟地上屏障祖坟的树木。盗窃荫木不是普通的财产纠纷。按照《大清律例》，盗砍荫木被视为窃盗，属犯罪行为。《大清律例》"盗园陵树木"条："凡盗园陵内树木者，皆不分首从杖一百、徒三年。若盗他人坟茔内树木者，首杖八十。从，减一等。若计入己赃重于徒杖本罪者,各加盗罪一等。"①该条前段,是从唐、明律盗皇家园陵内树木而来,是针对偷盗皇家园林树木的行为。②后段"若盗他人坟茔内树木",是指盗窃民户坟茔内的树木。

明代,该律并无太多变化。但康熙年以降,该律之下的例文却发生重大变化,由此可以窥知康熙以后盗砍荫木渐成社会中频发的案件类型。《畏斋日记》中正好记载了康熙年间婺源县乡村中盗伐荫木的案件,也可参考。如,康熙四十年(1701年)二月初三日,"下午段莘人盗砍壶村西山月坟木,本家众人赶上捉获汪弗在山欲掘树木,当捉来镰刀一把、斧头二把、锄头一把,招出斫树者乃汪三女,与他无干"。③又,在康熙四十年八月初四条下,有"晚项山何大起置酒接众,词投詹乌女等斫伊荫木事"。④说明一年之内,一村之内既有人外出盗砍别村荫木,又有被别村人盗砍荫木的案件发生。日记显示,本村荫木被盗砍后,交涉颇费周章,村人向段莘乡约投词,对方"推诿不收",最后只好将盗砍的刀斧没收了事。但盗砍之事并未结束,到康熙四十二年(1703年),两村头面人物相会,"照前康熙二年申禁五陇合同,凡贴近本族祖墓山场,俱不刈作"。⑤

康熙四十三年(1704年)四月初八日,"本族堨里湾祖坟被段莘人〔于〕二月十四日盗去荫木一株,不知姓名"。这次终于引发族人到徽州府告状,日记载:"府批:'仰县查报';县出牌拘犯,被久不诉。因复进手本催。蒙批:'原差速带犯以审。'戴冬九诉词日即当堂押保,见事不美,托伊约汪文象、文成、绥永诸生求情,愿安奠,偿树命,并补前欠租饭银。身等于十三日回家。"⑥从这些记载可看出,在康熙中晚期,徽州乡里虽然忿恨盗砍荫木之事,也仅视其为民间细事,不会轻易为此兴讼。兴讼之后,被告虽然吓得不轻,但原告的心态,还是以息事宁人为上。案件从赴府催审,到十三日回家,中间共五天时间,已基本结束。被告托乡约作担保,承认做醮事,赔偿

---

① 《大清律例》卷二十三《刑律·贼盗上》,田涛、郑秦点校,法律出版社1999年,第372页。
② [清]薛允升:《唐明律合编》卷十九,怀效锋、李鸣点校,法律出版社1999年,第518—520页。
③ [清]詹元相:《畏斋日记》,中国社会科学院历史研究所清史研究室编《清史资料》第四辑,中华书局1983年,第215页。
④ [清]詹元相:《畏斋日记》,中国社会科学院历史研究所清史研究室编《清史资料》第四辑,中华书局1983年,第223页。
⑤ [清]詹元相:《畏斋日记》,中国社会科学院历史研究所清史研究室编《清史资料》第四辑,中华书局1983年,第248页。
⑥ [清]詹元相:《畏斋日记》,中国社会科学院历史研究所清史研究室编《清史资料》第四辑,中华书局1983年,第255页。

树价和原告诉讼费银,全然是和息结案的模式。知县对被告似乎连笞责都没用,否则原告的日记中不会不记录。

实际上,"盗园陵树木"条规定盗砍坟树杖至八十,若证实被告有犯该条,最多也就是杖责。换言之,盗砍荫木在康熙年间为州县自理词讼,属于"细事"的范畴。被告能找约保调处,原告愿意和息销案,州县是乐见其成。

但是,到了乾隆年间,盗砍荫木的科刑明显加重,不再属于"细事"或州县自理词讼的范畴。先来看"盗园陵树木"律条下例文:

> 凡子孙将祖父坟园树木砍伐私卖者,照违令律治罪。私买者罪同。奴仆盗卖者,计赃,加窃盗一等治罪。盗他人坟园树木者,计赃,准窃盗论。其盗卖坟茔之房屋、碑石、砖瓦、木植等项,均照此例治罪。私砍树木等物,分别入官、给主。①

该例文据薛允升的考订,第一段规定子孙、奴仆盗砍父祖坟园树木,是康熙五十七年(1718年)上谕,乾隆五年(1740年)纂例,后又经乾隆三十二年(1767年)、四十二年(1777年)两次修改,嘉庆六年(1801年)、十四年(1809年)两次改定,其间例文删减颇多。第二段专门规定外人盗砍荫木,为乾隆四十五年(1780年)刑部奏准订立,嘉庆六年、十四年两次修改,十九年(1814年)改定。原先例文与后来纂定的不同,现按《读例存疑》的记载抄出:

> 盗砍他人坟树,初犯,杖一百,枷号一个月;再犯,杖一百,枷号三个月。计赃重于满杖者,照本律加窃盗罪一等。犯案至三次者,即照窃盗三犯本例,计赃,分别拟以军流、绞候。其纠党成群,旬日之间,叠次窃砍至六次以上,而统计树数又在三十株以上,情同积匪者,无论从前曾否犯案,即照积匪猾贼例,拟军。如连日窃砍在六次以下,三次以上,树数在三十株以下,十株以上者,照积匪例,量减拟徒。仍各案窃盗本例刺字。其窃砍止一、二次者,从一科断,照前例问拟。盗卖他人坟茔之房屋、碑石、砖瓦、木植者,计赃准窃盗论,免刺字。②

详绎此条例文,比律文中"盗他人坟茔内树木者,杖八十"的规定加重岂止一二

---

① 《大清律例》卷二十三《刑律·贼盗上》,田涛、郑秦点校,法律出版社1999年,第372页。
② [清]薛允升:《读例存疑重刊本》卷二十五,黄静嘉编校,(台北)成文出版社1970年,第575页。

等！首先，初犯已经杖至满杖，还加上枷号。犯案至三次，按照窃盗"三犯本例"，①分别拟军流、绞监候。最高刑已入死罪。又计算窃盗次数和所盗荫木的株数综合量刑，按照"积匪猾贼例"，分别拟徒、军。据薛允升考订，"积匪猾贼例"原共两条，初定时间分别在雍正七年（1729年）和乾隆四十五年（1780年），后于嘉庆年间拆为三条。②由此可知，该例在乾隆年间经过了反复增改删定。薛允升在评价该条例文时说：

> 盗他人坟树，律杖八十。例系准窃盗计赃论罪，本极平允。后添入枷号一层，已嫌过重。嘉庆十四年又添入绞候一层，则更重矣。原例有犯至三次者，照窃盗三犯，计赃拟以流遣之语，以准窃盗论，原无死法也。增入绞候二字，是以窃盗论矣。亦与盗房屋等项准窃盗之语，互相参差。③

薛氏评论的下文很长，不再赘引。大意是该例存在多处与律例体系不能协调的地方，结论是"例则日益加重，愈改而愈觉纠纷"。由该例的变迁，可知乾隆、嘉庆两朝屡次在修例时加重对盗砍荫木案件的量刑，完善对荫木案件的规范，以致例文日繁。则康、雍朝时，盗砍荫木案件已成多发事件，严重干扰社会秩序，终于引起了刑律对其加重科刑。盗砍荫木案件自乾隆以后，已不再视为"细事"。

## 二、民间的处理办法

不过，需要区别的是，例文中加重处罚的盗砍荫木，是特指盗砍他人祖坟荫木。例文的第一段规定"凡子孙将祖父坟园树木砍伐私卖者，照违令律治罪"。"违令律"在《大清律例》卷三十四《刑律·杂犯》，文曰："凡违令者，笞五十。"为什么子孙砍伐祖坟荫木按违令律治罪？违令律的律注说，该律适用的范围是"令有禁制，而律无罪名者"。④"盗园陵树木"本律只规定了盗砍他人荫木的行为是犯罪行为，并未规定

---

① 所谓"窃盗三犯本例"当指："窃盗三犯，除赃至五十两以上照律拟绞外，其五十两以下至三十两，应发遣黑龙江当差者，照名例分别改遣之例问发；三十两以下至十两以上者，发边卫充军。如银不及十两，钱不及十千者，俱杖一百、流三千里。"《大清律例》卷二十四《刑律·贼盗中》，田涛、郑秦点校，法律出版社1999年，第392—393页。据薛允升考订，此例由明万历十六年（1588年）例与康熙十九年（1680年）例合成，雍正十一年（1733年）以后仍有删定。
② ［清］薛允升：《读例存疑重刊本》卷二十八，黄静嘉编校，（台北）成文出版社1970年，第659—662页。
③ ［清］薛允升：《读例存疑重刊本》卷二十五，黄静嘉编校，（台北）成文出版社1970年，第575页。
④ 《大清律例》卷三十四《刑律·杂犯》，田涛、郑秦点校，法律出版社1999年，第540页。

盗砍自家祖坟上荫木。故子孙盗砍祖坟荫木，正是属于"违令"这种情况。既然子孙砍伐祖坟荫木的处罚为笞五十，仍属于自理词讼或细事的范畴，则发生此类事件，民间仍采取私下协商、立碑申禁等办法，不一定非要鸣官问罪。我们看看朱氏子孙盗砍祖坟荫木的事件。处理该事件的合同订立于乾隆二十九年（1764年），正是"盗园陵树木"律条下例文第一段的生成时期。朱洽公支下有四个支房，分别为"碧、珒、玹、瑶"。珒公支下的"不肖支丁"将祖坟上荫木百余株"恣行尽砍"，若是按盗砍他人坟树例，应拟军流。但因作案人为本支子孙，只是责成砍伐荫木的"珒公支"修理兴养。并由四房共同订立议墨合同，约束各支子孙再不得干犯，另"请示立碑严禁"而已。① 由此可知，康、雍朝以后，虽盗砍荫木案件增多，例禁甚严，但对于本族子孙妄砍荫木的行为，因刑罚处罚较轻，仍以合同协商处理为主。

另外，虽属外人盗砍，但砍伐荫木的数量较少，也多是通过协商解决，如康熙前期的一次砍伐荫木纠纷，涉及方、林两家田界不清。方姓砍伐了与林家祖坟邻近的三根树木。经过中人调处，两边定界，判定其中一根树木属于方姓，其余两根应归林家。② 这个案件虽有界址误会，但未引起诉讼，还是因为树木数量较少。若所砍树木多至数十上百，恐非合同能解决。

除了盗砍荫木外，还有其他两种常见的涉及荫木的纠纷，均不属于律例禁止的犯罪。

第一类是坟产相邻，坟边种植的荫木越界、遮挡、妨碍他人坟墓。如丰家坟穴上的荫木有碍朱家之坟，二姓商议伐去丰家坟上的荫木，再在朱姓坟山另养树木，以共同庇护二家之坟。③

第二类是因坟产相近，日久年深，坟产上的荫木归属不明，需要确认产权归属。如："近因汪宅置有山业，与樊坟山业毗连，两相互争古木。因远年子孙不知前情，邻村不识来历。今捡出日前笔墨凭据，央烦三约看明。复立合议，照依堂册业票管业，掌养荫木护祖。恳烦三约，出一禁帖，通知邻村。奈因所葬之冢，俱是乏嗣之坟。念其人人有祖之德，日后掌养树木成栽（材），曹、俞两姓均不得私砍、私拼，永远护祖。

---

① 《清乾隆二十九年（1764年）八月洽公支下学季等禁约合同》（点校本1248页）。
② 《清康熙二十三年（1684年）二月方永良等山业邻界议约》（点校本1196页）："立议约人方永良、林良斗、林应富、林大富、方永光等，今有土名新田旭，林光富葬祖在山。因山界毗连，方姓砍木三根，二家口角。今凭说明，其山二家遵依石嘴新立埋石为界。其木系瑞字铁号，听光富发卖。日后二家毋得混争。恐后无凭，立此存照。"
③ 《清康熙五十八年（1719年）十二月丰永昭、朱楚珍坟产合同》（点校本1209页）。

倘有恃横私砍私拼者，公罚白银拾两。"① 这是因坟山转手到邻村，买主不明原有界限，邀集三方乡约，对照契据，勘明界线。合同特别说明要体谅其中所葬之人多无子孙，约定将来不许私自砍伐或出拼荫木，并约定罚则是白银十两。

以上两类荫木纠纷，也可算是广义的坟界纠纷。

---

① 《清道光元年（1821年）十一月曹、俞二姓养山护祖合墨》（点校本1328页）。

# 第二十二章

# 坟界纠纷的调处

狭义的坟界纠纷，主要是指因坟墓相邻或"禁步"不清等引起的纠纷。坟界纠纷属于财产类纷争，不属于犯罪行为。在明清细故案件中，坟界纠纷是较为常见而复杂的种类。汪辉祖于《学治臆说》中指出：

> 勘丈之事，大端有四：曰风水，曰水利，曰山场，曰田界。其他房屋基址，易见者也；田界、水利，亦一览可知。惟风水、山场，有影射，有牵扯，诈伪百出，稍不的实，张断李翻。甚至两造毁家，案犹未定。①

风水即藏风纳水，只有住屋和坟墓才讲求风水，此处特指坟山。无论审理哪一类田土案件，勘丈结果都是最重要的依据，按汪辉祖的看法，最好由州县官亲自细心勘丈。勘丈又以风水、山场最难。其实，坟山兼具其他三类的特点，山场纠纷，多因山界和砍伐林木而起纠纷，而坟墓多在山上，须有荫木护遮，故而有照管与盗砍等争执。水利纠纷，多因取水灌溉不均而引发，相邻田地之间最易因此而起纷争，坟墓无论在山上还是平地，都有排水设施，又最怕水淹，上佳的风水必重坟前水向，故坟墓多有因水而起争执者。田界纠纷，多因田土界限混淆，引发相邻管业人争执。坟山乃田产的一种，若坟山界限紊乱，则侵占风水、伤断龙脉、妨碍祖庇，故坟山争界尤甚于其他田产。坟山兼具"水利""山场""田界"三类案件的特点，而又多出"风水"之争，

---

① ［清］汪辉祖：《学治臆说》"勘丈宜确"，［清］张廷骧编《入幕须知五种》［光绪十八年（1892年）浙江书局刻本］，沈云龙主编《近代中国史料丛刊》第一辑0269，（台北）文海出版社1966年，第286页。

可以说，坟山之争是明清田土诉讼中最具代表性的类型，处理坟山纠纷的各种办法，不少都可用于处理其他类型的田土纠纷。通过考察坟山纠纷的民间解决办法，即可大致了解田土纠纷的解决办法。

## 第一节　坟界纠纷与调处

### 一、异姓相邻坟墓与调处

异姓相邻坟产在形成之初，两家多属亲谊故旧，相处和睦。到子孙繁衍众多，才因管业不明引发冲突，进而兴讼的，亦不乏其例。如吴、胡两家原有"戚谊"，祖坟相邻。康熙二十五年（1686年），"因有扦损"（也即兴造坟墓时伤损他人之坟），引发讼案。后经亲友调处，以合同议约化解。但110年后，原来的合同再次为人遗忘，两姓子孙争相在坟境内扦造新穴，仍是亲友出面调处，两族再次订立合同，平息争端。[①]该合同一式两纸，估计各自保留在族长或祠堂内。这样，隔一两代人两家又会不明就里，难免再次引发争端。

坟界纠纷必定涉及一些较为复杂的相邻关系的处理，如黟县余怀清从休宁何姓手中买得坟地，不明原来的坟界，与相邻宋启泰家发生纠纷。原来，余怀清所买之山，在"仁得岭路下"。而宋启泰在这条路上的祖坟，与路下的山业相连。余怀清买此山业也要扦造坟墓，结果双方争执。经亲友出面调处，议定余怀清出银三两补偿宋启泰。这说明此次纠纷的输理一方是余怀清。此后，两家又重新约定坟地界限，明确今后应该注意：（1）宋家坟墓的拜台与余家相邻，此处不得再添加棺位，也不能在拜台外再扩建明堂。（2）宋家祖坟边还有"护堆"，想必不与余家相邻，若将来宋家在护堆上扦坟，余怀清家不得阻挡。（3）余姓在路下山业中扦坟，宋家不得干涉，但约定余姓的坟堆不能"过于高耸"，以致反而自下向上侵压宋坟。

---

[①] 《清嘉庆元年（1796年）十一月吴公、胡明富公等坟产息争合同》（点校本1281页）："身等各有祖坟，向在戚谊，各无异说。后于康熙廿五年前，因有扦损，呈控在案。蒙府宪谢老太爷仁化，仰亲友调处，两家不得侵害，立有合同议约。但世远人繁，支下人等不知前议。今于本年十月，两家互相扦造。承亲友又行劝谕，各复搬移，仍遵先人议墨。嗣后，二各毋得觊行扦损，再伤和气。诚恐年深月久，或有滋事者违议，听凭执此经公，以玩法律论，无辞。"

合同中说的"侵压",接前面"过于高耸"而言,可见不是怕余怀清家越过坟界。余姓之坟在宋姓之下,如果有意将坟堆或墓碑修造过高,就遮挡了宋姓之坟的风水。故此份合同既是解决界址矛盾,又要解决风水问题。①

需注意的是,这件调处合同中未写明争执双方的胜负,但实际上已经表明了。合同中"劝余姓出银三两与宋姓启泰收执,永为和睦",已经说明宋启泰占理,而余姓输理。可见,民间调处不是"和稀泥"。为此,可以再看一个案例。

黄、李二姓世代姻亲。李姓地产内有祖坟,而黄姓欲在坟边修造房屋。李姓担心会妨碍自己的祖坟,因此阻挡黄姓。后"凭公踏勘",明确了李姓坟墓的"禁步"。原来,李姓坟墓的禁步是"四围各二丈",在此禁步内"遮荫风水"。于是,由黄姓"相送花红酒醴银八两正",了结此次纠纷。八两银在乾隆朝中期不是小数。"花红酒醴银",其实就是花红银和酒礼银,前者为道歉,后者为请酒,均是赔礼的意思。从合同原文看,措辞非常婉转,一再强调两家原是亲眷,有深厚的友谊,尤其还提到两家先祖"朋当里长"的历史,最后还专门祝福两家兴旺,"坟屋相安,永以为好"等。②但是,既然写有花红酒礼银,我们很清楚黄家是输理一方,此前其房屋基址曾侵入到坟墓禁步之内。

《畏斋日记》也记载过坟产纠纷的输理方赔礼赔银,可作为民间调处后输理方缴纳赔偿银的佐证。日记载,康熙四十一年(1702年)十二月十一日,"方细乌兄弟盗葬方秋、方育祖地,众勘系屠冢,令伊起舆安奠。方细乌、方合各责,仍罚银十两修路。外方秋通众酒费四两"。③所谓"众勘系屠冢",就是经调处众人踏勘后,认定性质为

---

① 《清同治十三年(1874年)三月休邑宋启泰与黟邑余怀清坟产调处合同》(点校本1448页):"立合同黟邑余怀清、休邑宋启泰,缘土名仁得岭山业一处,系新丈叶字号。今族长何大源等,将仁得岭路下山业出卖与余怀清名下为业,原无异说。今宋启泰路上葬有祖茔两棺,与路下之业相连,互相争论。今蒙亲友出为理处,劝余姓出银三两与宋启泰收执,永为和睦。所有宋启泰祖坟面前拜台余地,至路为界。嗣后永作拜台,不得加棺厝葬,亦不可明堂开深,侵害余姓之坟。至宋姓祖坟边上护堆,愿听扦葬,余姓不得阻当。路下之业,系余姓之业,任凭开穴扦葬坟堆,亦不得过于高耸,侵压宋坟。倘有违者,听从执合同鸣公理遂,两无异说。"
② 《清乾隆三十七年(1772年)十一月黄有著与李朝豪等坟产纠纷调处合同》(点校本1254页):"立合约李朝豪、黄有著等,前李祖与黄祖朋当里长,经分税山,付黄掌管,土名黄坑等处,登载李祖房字内。缘黄在黄坑,土名墓林左边,重兴旧址起盖。李有祖坟一穴,在处毗连。诚恐有碍,进前谕阻,凭公踏勘,并无关害。李祖坟照依旧坟,禁四围各二丈,付李遮荫风水。余外系黄旧址起盖,不得藉屋侵占。黄与李系属亲眷,起盖美事,劝黄相送花红酒醴银八两正,付李收讫。日后两姓兴旺,坟屋相安,永以为好。"
③ [清]詹元相:《畏斋日记》,中国社会科学院历史研究所清史研究室编《清史资料》第四辑,中华书局1983年,第240页。

"屠冢"。此案所赔"酒费四两",也就是"酒醴银"。

除坟产纠纷外,《畏斋日记》还记有其他纠纷中赔银的情况:①

(1)康熙四十一年五月初六,"祠中处文赞叔与叶连生兄弟事。连生兄弟得银二十八两,又付叶八拜忏银八两、宗宁户酒仪六两。文赞立约修祠墙四十两,约蔚林兄执"。这是在家族祠堂中调处纠纷的例子。"修祠墙四十两"为罚银,"酒仪"即酒礼银。

(2)康熙四十一年十一月十一日,"段莘送醮仪一封、罪钱一封至祠言和,众人允诺"。"醮"者,以酒安奠也。"醮仪"就是酒礼银,"罪钱"即赔罪钱。

(3)康熙四十二年(1703年)六月初八,"因桃源人盗砍本族桃源深坞山木,众议至伊投词"。十二日,"桃源人求情,偿树命一两六钱,外安奠封山,俱依议"。"安奠封山"和"偿树命一两六钱",均为赔礼花费。

(4)康熙四十三年(1704年)十月二十一日,"鸿安兄强砍低山塘杉木。身同仪一叔及三房山主央曰旦叔面验理论。鸿安兄央瑶叔、寄兄求情,纳不应纹银二两四钱,外寄兄拼树价三两二钱,讫"。"不应"即"不应得为"之"不应"。"不应纹银二两四钱"即赔礼银。

调处合同和日记相互印证。可以肯定地说,民间调处不是糊涂裁决。调处过程中,通常会查清事实。接下来尽量明辨是非,判定胜负。由输理一方承担赔礼或赔酒银。民间调处是有规可循的,中国人常说的"赔礼"二字,就是民间调处的结案惯例。赔礼是要落在实处的,不是一句道歉的空话。赔礼方要拿出真金白银,以此表明自己是口服心也服,花红银、酒礼银就是服输的证据。有理的一方收到赔礼钱,案件胜负明明白白,才能心平气和,放弃争论或诉讼。但是,调处合同的叙事口吻可以委婉一点,不必严厉指责服输的一方,甚至可以不提输赢之事,只需说一方"送"另一方花红酒礼银即可。这就是既给了赢家说法,又给输家留了"面子"。

需知,民间调处不能直接依靠刑罚,要让输理一方心甘情愿拿出大额罚款,最重要的还是在道理上站得住脚。在此基础上,调处人还要能够明辨是非,判定输赢,让受害者承认调处结果是公平的,放弃赴县呈控。今天,一提调解,就以为不过是和稀泥,不用分清是非,只要双方让步,甚至让有理的一方隐忍吞声,只求个"案结事了"。持这些看法的,要么是调解人没有权威、没有能力,要么是现在的调解已经没有规矩。无论如何,不能说古代的调处就是如此。

---

① [清]詹元相:《畏斋日记》,中国社会科学院历史研究所清史研究室编《清史资料》第四辑,中华书局1983年,第233、239、245、259页。

## 二、同族相邻坟墓与调处

调处同族内的坟产纠纷相对容易。族坟产若为整座坟山的，坟山之内大多为本族族人的坟墓，族人之间有"亲亲之谊"，界限不清的，可以请祠堂或族长等调处，再写立合同来明定界限。如，一件乾隆中期的同族人确认坟产边界的合同记载，两支族人的祖坟边界，原来是以一棵枫树作为边界标志。这棵老枫树已经"朽烂无根"。合同中说，两家人"恐后无凭，致滋多事"，暗示已有纠葛。他们约齐"约保、族长"，共同上山踏勘，辨明树根所在位置，并在树根的位置上重新立石为界。合同末尾说："嗣后各笃亲亲之谊，均毋异说。"[①] 它为我们传达的信息是，只有在界限清晰、各管各业时，大家才能"各笃亲亲之谊"。它说明，一族之内发生坟界纠纷，同样需要邀集约保并写立合同，不能有半点马虎。同族尚且如此慎重，遑论异姓。

族坟产保护的另一特点，是坟墓往往与族人产业、坟墓相邻，而坟墓中要么葬有共同先祖，要么相邻产业为亲支近房。由于这些关系，坟墓反而对周边产业的限制极严。以同治年间洪姓惟永公坟墓为例。该墓的相邻田业属于同族支下忠长公，该田业中又有忠俊公之坟。该田原为水田，惟永公的后人担心水田之水可能"捐伤"坟茔，[②] 于是凭族中人亲自勘界，约定在横一丈八尺、直四尺的界限内，"不能作种水田"。又约定忠俊公之坟，坟顶不许加高，还不能安坟碑，避免妨碍惟永公坟。这两项限制是极苛刻的。"不能作种水田"，在异姓相邻坟产合同中较难看到，很难想象在清代管业观念中，邻居可以干涉管业人种旱田还是水田。而墓碑是坟墓的必要构造，为了不妨碍惟永公坟墓，限制另一位族祖不安墓碑，凭空实难想象。但该合同表述文字清晰。合同结尾提说："尔祖、吾祖皆是一体，自此各宜爱好，不宜捐伤。此事俱各情愿，并无威逼"。[③] 表明惟永公也是忠长公子孙的先祖，在保护祖墓问题上，两家子孙不用客套。

---

① 《清乾隆二十九年（1764年）十一月廷柏等坟山立界合同》（点校本1248页）。
② 《释名》曰："葬不如礼曰埋；埋，痗也。……不得埋之曰弃……不得停尸曰捐。"中华书局2016年，第124页。
③ 《清同治十一年（1872年）十一月洪惟永等洪氏四公支下人等坟产合同》（点校本1443页）："缘因土名后坳，一龙连结二穴。今逢大利之年，同请堪舆先生扦造。合惟永扦造上穴，忠俊公等扦造下穴。各扦各家业内，并无异言有一说者。今凭族登穴观看，视其惟永公坟前之田，是支下忠长公之田业，又是忠俊之坟，后种作水田。恐其浸水□忠俊公穴内，尤恐其捐。今凭族商量，忠长公之田，横量一丈八尺，直量并田塍四尺，商种干粮，不能作种水田。其田仍是忠长公作种，田塍不能再出。再忠俊公之坟顶，亦是族商，坟顶堆至田塍齐平。坟碑亦不能安，嗣后不能再加，恐其惟永公坟前有碍。尔祖吾祖皆是一体，自此各宜爱好，不宜捐伤。此事俱各情愿，并无威逼。立此合同二纸，各执一纸，永远存照。"

另一件坟产合同也佐证了祖坟与族人地产相邻时，纠纷解决相对容易。该合同约定的主要内容有二：一是方德兴家的坟墓旁边，有各亲支近房的干田，合同要求各房谨守目前的界限，不得侵占坟墓边界，原文中有"仍归旧制"，说明有人侵越坟界，或换作水田。其二，各房干田内的出水沟，是坟墓的出水要道，要求水沟始终保持一尺宽，不得堵塞或缩小宽度。可能先前有人在耕种时不小心阻塞或填淤了出水道。

该合同的语气也是毫无客套。究其缘故，是坟墓的中左棺位葬有"祖妣承性孺人"，而合同订立者乃是胞兄弟、堂兄弟和堂叔侄等。既然直称"祖妣"，必定是他们的祖母。所以，合同语气颇强硬，说"违者以不孝论"。又说"倘或外人侵损，须各齐出理治，不得借私推诿，各无异言"。① 这些都表明，坟地虽由方德兴管业，但坟墓管理却是家族共同事务。

## 第二节　禁步

### 一、禁步惯例

综合看来，同族内的坟产保护稍占便利，其一是坟墓中往往葬有共同先祖，其二是可以在合族范围内，通过邀请族约保、族长等到场化解矛盾。一旦坟产与异姓相邻，就得凭一些明确的惯例，前面李、黄二姓调处合同中的"禁步"，就是这样一种惯例。禁步对于坟产来说，具有特定的含义。按清代的田土习惯，当典卖、赠与田产时，如果田产内有坟墓，可以为坟墓设定禁步。有学者在清代坟山争执案例的研究中，指出安徽省的官府是知道这一习惯的，这一习惯还可以在官府判断坟山案件时作为参考。② 在徽州的田产买卖中，也确实发现了明确设定禁步的情况。

---

① 《清光绪十三年（1887年）四月方德兴等坟产合同》（点校本1482页）："缘身承祖分授土名来龙山脚大小买干田一业。兹与堂弟德慎、胞弟德广、堂侄诒怀酌议，于业内扦造风水四大明棺。议定中左居祖妣承性孺人，中右居宗根府君，边左居宗炳孺人，边右居宗根孺人。随即公同涓吉，开工合做。地师、粗工、料、使费等项，均照棺数多寡派出。其风水西边之干田，系承祖分授予德广、（德）慎、诒怀名下，日后仍归旧制，各家经管。惟风水之前、内、西，由各家干田业内出水之沟，乃保坟卸水要道，沟面开阔一尺有零，日后毋得私自变异及闭塞等情，违者以不孝论。倘或外人侵损，须各齐出理治，不得藉私推诿，各无异言。"
② 张小也：《官、民与法：明清国家与基层社会》，中华书局2007年，第232页。

> 自愿立契,将四至内除坟茔禁步,上存一丈,下存一丈,左存一丈,右存一丈,共存四丈,不在卖内。其余金丈山地,并出卖与大俊公裔孙廷依名下为业。当日面议价大钱一千文正,在手足讫,其山地未卖之先,与家外人并无重互交易等情。今欲有凭,立此卖契存照。①

这份田产卖给族人,而田产内有"禁步四丈","不在卖内"。卖契后批语还显示,因田内有禁步,买主后来反悔。说明一旦成交,"禁步"对田产的拘束力是不容小视的。再看成交的例子:

> 光绪九年三月,身等合买汪灶庆大小买山成地一片,计山税一分。……四至之内,除汪灶庆存有古坟一小冢之外,尽行凭中立契杜卖与身等三人,永远耕种护坟。身等自后不得打泥、取石、添葬,亦不得变卖。②

这份卖出的田产中,申明"存有古坟一小冢",买家愿意护坟,且特别约定在坟边"不得打泥、取石、添葬"。在清末安徽省民事习惯调查中,也有类似解释。③也不止于安徽,民国民事习惯调查录显示,其他地方也有类似情况。如山东省寿光县"甲茔地与乙地毗连,在离茔百步之内,乙不得在自己地内穿井或建筑房屋。据称,该县民系惑于风水之说,故有此严重之制限"④。这些都说明,民间确有用禁步严格限制田产管业的习惯,按照今天物权法原理,"禁步"习惯的准确表达方式应为"处分不破禁步"。即买卖、典当、赠与等处分不动产行为时,可以约定不动产上保留禁步的约束力,禁步之内不受新的所有权人支配,是具有限制管业效力的物权。

一般来说,现代民法典物权的所有权界限或相邻关系中,往往会规定建筑物之间

---

① 《清道光十五年(1835年)十一月王应槐坟产卖契》(点校本1367页)。
② 《清光绪七年(1881年)十月程润之、汪绍光、汪学华等坟产合同》(点校本1466页)。
③ "他如卖山场者,不卖坟地;卖田亩者不卖公共之塘坝、沟渠皆准此理。"《安徽宪政调查局编呈民事习惯答案》第一编第二章"与物有关的习惯",宣统年稿本,国家图书馆藏本。
④ 前南京国民政府司法行政部编《民事习惯调查报告录》,胡旭晟、夏新华、李交发点校,中国政法大学出版社2000年,第144页。

的最短距离。① 为了保障相邻建筑物的采光权，还会规定相邻建筑的高低或界限。② 但是，除了因相邻关系而限制所有权的使用外，只要并未特别设定限制物权，一般不再允许限制所有权。且一般来说，限制所有权的用益物权是有时间期限的，而禁步则为永久的。

## 二、法令中的禁步

限制管业的禁步习惯有国家法的依据。明清时期的礼制或礼令，根据等级来限制坟墓的高低和宽窄界限。庶民坟墓的禁步，就是《大明令》中规定的坟茔营造规制。清承明制，会典的规定与《大明令》相同。现将《大明令·礼令》中坟茔营造规制抄录如下：

> 坟茔石兽。职官一品，茔地九十步，坟高一丈八尺；二品茔地八十步，坟高一丈四尺；三品茔地七十步，坟高一丈二尺。以上石兽并六。四品，茔地六十步；五品，茔地五十步，坟高八尺。以上石兽并四。六品，茔地四十步；七品以下，二十步，坟高六尺。以上去步，皆从茔心各数至边。五品以上许用碑，龟趺螭首。六品以下许用碣，方趺圆首。庶人茔地九步，穿心一十八步，止用圹志。③

礼令的禁步是按照官品定限。各品坟茔禁步，在明清时期是有效的。如明万历二十四年（1596年）的温州府《禁约盗葬碑》记载："温州府为禁约盗葬，以正国典。钦赐坟茔计阶奉禁：王文定礼部尚书，例应禁围八十弓步，不许诸人盗葬及践踏、污

---

① 如《日本民法典》第234条第1项："建造建筑物时，应自疆界线起保留五十厘米以上的距离。"第2项："有人违反前项规定进行建筑时，邻地所有人可让其废止或变更建筑。但是，自建筑着手起经过一年，或其建筑竣工后，只能请求损害赔偿。"又如《意大利民法典》第873条："如果位于互相毗邻土地上的建筑物不是一体的或者相互连接的，则建筑物之间应当保持不少于3米的距离。地方法规可以规定更远的距离。"
② 如《意大利民法典》第901条第2项："如果是底层，则窗户或其他窗洞、通孔的下沿与欲取得光线和空气来源处的地板或地面之间的距离，应当不少于2.5米；如果是底层以上的楼层，则这一距离不得少于2米。"第3项："窗户或其他窗洞、通孔的下沿与相邻土地的地面之间的距离不得少于2.5米；欲取得光线和空气的建筑物在地面全部或部分低于相邻土地的地面，或者建筑物所在地区的条件不允许遵守这一距离的情况除外。"费安玲、丁玫译，中国政法大学出版社1997年，第252页。
③ 《中国珍稀法律典籍集成》乙编第一册《大明令》，宋国范校注，科学出版社1994年，第28页。

秽、樵采。山邻张赐、张伦等藐禁故犯，曾于嘉靖年间盗葬，已经究罪起棺。"① 这是严格按照二品官设立八十步的禁围。

庶人的禁步是"茔地九步"。"九步"的计算办法，"从茔心各数至边"的距离，即从坟墓中心向东西南北四边各九步，通计四边的长度为"穿心一十八步"。唐以后，"步"的规制是"五尺为步"，明清仍之。② 但唐尺约 30.6 厘米，③ 明清营造尺或民间量地尺大约 32 厘米。④ 不计 1 厘米多的差距，以明清尺为据，一步大约 1.6 米，九步为 14.4 米，"穿心十八步"就是 28.8 米。按丈尺制换算，九步即 4.5 丈，十八步为 9 丈。又以一亩为二百四十步计算，若纵横各为十八步，共计三百二十四步即一亩三分五厘。应该说，这个规制对于明清庶人坟墓来说相当宽松，普通家庭的财力修造坟墓达不到这个最高限。

徽州常见的禁步只有"禁四围各二丈"。前引道光十五年（1835 年）卖坟产契即属此类。所谓"上存一丈，下存一丈，左存一丈，右存一丈，共存四丈，不在卖内"。⑤ 这里的"四丈"，是从坟茔中心至四边各一丈，也即上下"穿心"两丈，左右"穿心"两丈，"四丈"是这样加出来的。一丈为两步，"禁步"四丈的实际面积为十六步，约等于 0.0667 亩，按当时的计量单位可写作六厘六毫七丝，相当于 41 平方米。它代表明清时期庶民坟墓的常见规格，远没达到法定禁步的最高限。

"穿心"两丈为庶民坟墓的禁步习惯，是否有地方规定为依据，尚待查出。有学者注意到广东省存在四丈禁步的章程。⑥ 在骆秉章祖坟盗葬案的文献中，清同治四年（1865 年）六月初四日上谕中提到广东省的"通行章程"："无税官山茔葬，以穿心四丈为限，计由坟心量数至边，每面实止一丈。"又说：

> 坟茔禁步，自应恪遵定例办理。若概用本省章程，以前后左右各得一丈为准，恐倚势侵占者得所借口，盗葬之风益炽，流弊伊于胡底。着瑞麟、郭嵩焘申明旧例，通饬各属，嗣后审断坟山案件，无论官民，均照例定禁步为限，毋得率以本省定章定谳，以致争端难息，

---

① 金柏东主编《温州历代碑刻集》，上海社会科学院出版社 2002 年，第 221 页。
② "今尺大，五尺为步。"俞正燮：《癸巳存稿》卷十《亩制》，《俞正燮全集》第二册，黄山书社 2005 年，第 406 页。
③ 丘光明、邱隆、杨平：《中国科学技术史·度量衡卷》，科学出版社 2001 年，第 331 页。
④ 丘光明、邱隆、杨平：《中国科学技术史·度量衡卷》，科学出版社 2001 年，第 406—408 页。
⑤ 《清道光十五年（1835 年）十一月王应槐坟产卖契》（点校本 1367 页）。
⑥ 何小平：《清代习惯法：墓地所有权研究》，人民出版社 2012 年，第 30 页。

流弊滋多。①

由此可知，广东省"通行章程"内规定的庶人坟墓禁步，是从坟茔中心往四界各一丈，即"每面实止一丈"。当时的用语习惯称"穿心四丈"。

骆秉章祖坟盗葬案的案情很简单，就是有人在靠近骆秉章祖坟旁盗葬，关键是盗葬是否在禁步之内。广东省官员和朝廷的分歧是，广东省官员认为，若按照地方章程，这次盗葬的地点在四丈禁步之外，"无可科罪"。朝廷的意见是必须按定例计算禁步，也就是要按纵横九丈的标准计算。朝廷若非偏袒骆秉章，就是不了解民间的四丈禁步习惯。无论如何，即使按"九丈"的标准计算禁步，也不代表朝廷允许庶民坟墓规格超过"穿心十八步"的禁限。现在的研究支持骆秉章的观点，认为："国家只为葬在国有土地上的坟墓的禁步进行了规定，对于在民地上的坟墓禁步，则没有任何规定，墓主完全可以自行决定自家坟墓禁步的大小。……坟墓实际禁步的大小，最终还得由地方风俗决定。"② 这个观点令人不安。

明清的禁步例制至少在唐代已成定制。《唐律疏议》"舍宅车服器物违令"条："诸营造舍宅、车服、器物及坟茔、石兽之属于令有违者杖一百，虽会赦皆令改去之。坟则不改。其物可卖者听卖。若经赦后百日不改去及不卖者，论如律。"疏议曰："坟茔者，'一品方九十步，坟高一丈八尺'。石兽者，'三品以上六，五品以上四'。此等之类具在令文，若有违者各杖一百。虽会赦，皆令除去，唯坟不改。称'之属'者，碑、碣等是。若有犯者，并同此坐。"③ 疏议截引之文为唐《丧葬令》，原文已佚。流传的唐开元二十五年（737年）的丧葬令相差不远。④ 对照唐《丧葬令》与明清例文，唐代称"墓田"，明清称"茔地"；唐代二品官坟高限"一丈六尺"，明清二品官限"一丈四尺"，其余大致相同。唐令中"六品"以下文有"坟不得过八尺"，显然是限制最高规格。唐以后，宋沿此令文，越元代而为明令继承。这些在《唐律疏议笺解》和《唐令拾遗》二书中俱有考释，不赘引。

---

① 中国第一历史档案馆：《咸丰同治两朝上谕档》第十五册，广西师范大学出版社1998年，第282—283页。
② 何小平：《清代习惯法：墓地所有权研究》，人民出版社2012年，第31页。
③ 刘俊文：《唐律疏议笺解》卷二十六《杂律》，中华书局1996年，第1818页。
④ 〔日〕仁井田陞：《唐令拾遗·丧葬令第三十二》："诸百官葬，墓田一品方九十步，坟高一丈八尺；二品方八十步，坟高一丈六尺；三品方七十步，坟高一丈四尺；四品方六十步，坟高一丈二尺；五品方五十步，坟高一丈；六品以下方二十步，坟不得过八尺。其域及四隅，四品以上筑阙，五品以上立土堠，余皆封茔而已。"栗劲等编译，长春出版社1989年，第764页。

由此可知，唐以来，坟墓禁步原指限制各等级坟墓宽窄的最高规格，超过这一规格者入违制律。明清仍之，即"违令"律，科刑亦减轻，曰："凡违令者，笞五十。"小注："谓令有禁制，而律无罪名者，如故违诏旨，坐违制；故违奏准事理，坐违令。"①其意与唐律"舍宅车服器物违令"同，不过律文有所减省。如刘俊文所说："唐后期政制弛紊，营造违令之事日渐增多，此律不足以禁之，于是屡有制敕改而从严。"②这些都说明，坟墓营造令在唐代已经执行不畅。宋元以后，此令废弛。元代，"禁约厚葬"曰："切见江南流俗，以侈靡为孝，凡有丧葬，大其棺椁，厚其衣衿，广其宅兆，备存珍宝、偶人、马车之器物，亦有将宝钞藉尸殓葬，习以成风。非惟甚失古制，于法似有未应。"③该禁约提到江南厚葬"习以成风"，又提到"于法似有未应"。"法"即包括唐宋以来营造规格的限制之法。禁约只禁奢侈之风，并未强调坟墓禁步的限制，可知此时对禁步已不特别在意。即使如此，也不等于"国家不限制民地上坟墓的具体坟墓禁步"。只是禁步规格源自唐初，当时人少地多，限制较为宽松。清代人丁滋生，康熙中期以后已形成人多地少的局面，徽州为丘陵地带的狭乡，庶民家庭的坟墓不可能达到九丈以上，禁步限制之令，已失去了意义。

## 三、禁步惯例与法令的关系

在前面介绍"发冢"律时，曾经引用条例说明，在清代，对于他人在自己的坟产或田产中盗葬的情况，田产或坟产的管业人如果擅自起移坟墓，他所受科刑将重于盗葬。按照《大清律例·刑律》"发冢"律：

> 若地界内有死人，里长、地邻不申报官司检验，而辄移他处及埋藏者，杖八十；以致失尸者，首杖一百；残毁及弃尸水中者，首杖六十、徒一年。残弃之人仍坐流罪。弃而不失，及髡发若伤者，各减一等，杖一百。若邻里自行残毁，仍坐流罪。因而盗取衣服者，计赃，准窃盗论，免刺。

此条沿袭明律而来。明清对发掘坟墓的行为，一概视为与发冢相同，只是在管业

---

① 《大清律例》卷三十四《刑律·杂犯》，田涛、郑秦点校，法律出版社1999年，第540页。
② 刘俊文：《唐律疏议笺解》卷二十六《杂律》，中华书局1996年，第1821页。
③ 《大元圣政国朝典章》礼部卷之三·礼制三（影印元刊本），中国广播电视出版社1998年，第1161页。

人发掘自己田产内盗葬的坟墓，量刑稍减。条例与律文在立法宗旨上保持一致，因此，对盗葬和管业人挖掘盗葬坟墓是同等科罪。而盗葬本律止杖八十，故挖掘在本家田产内盗葬的坟墓，科刑反而重于盗葬。对此，薛允升曾有微词："此条兼论地主发掘盗葬尸棺之罪，原奏既归罪于盗葬之人，地主似可量减定拟，仍照开棺见尸律拟绞，亦嫌过重。于有主坟地内盗葬者，律有杖八十之文，而无地主发掘之罪。《唐律》：'盗葬他人田者，笞五十，墓田加一等，仍令移葬。若不识盗葬者，告里正移埋，不告而移，笞三十。'《明律》不载，是以例文诸多歧异也。"①

薛允升所引唐律条文，乃《唐律疏议·户婚》"盗耕人墓田"，原文为："诸盗耕人墓田，杖一百；伤坟者，徒一年。即盗葬他人田者，笞五十；墓田，加一等。仍令移葬。若不识盗葬者，告里正移埋，不告而移，笞三十。即无处移埋者，听于地主口分内埋之。"②唐律这个条文，到《宋刑统》还保留在《户婚》中，但已取消单独的律目，归并入"占盗侵夺公私田"。宋以后风水之说日盛，坟墓禁忌在宋元间得以强化，然其中变迁阙考。查《元典章》已无"盗耕人墓田"的规定，明律不依唐宋律，仅设"盗耕种官民田"律，不设"盗耕人墓田"专条，与唐宋律的立法宗旨，差别非常明显。唐律对盗葬，地主可告知里正，由里正移葬，地主不告而移的，仅笞三十。而明清律中里长已无移葬之权，里长擅自移葬的，杖八十。且移葬尸骸难免有所残损，明清律又规定一旦有残毁则入流刑。结合明清律将移葬规定在"发冢"律中，显然是将移葬行为视同发冢，并按发冢的科刑量减。

我认为，明清民间的"禁步"惯例，正是依赖明代"发冢"律中不得起移本家地界内的坟墓的规定发展而来。民间视坟墓为禁忌，以致刑律遵从民间观念，将一切扰动坟墓的行为视为发冢，于刑律加重科刑。则私人田产上有坟墓者，田产管业人也一概不得扰动。坟墓禁忌有了刑律的支持，民间为坟墓设定禁步也有了底气。不过，禁步的长短，主要靠民间习惯和私人合同约定。坟墓的保护范围，无论是"四丈之禁"还是"禁四围二丈"，都是为了表示坟墓的最低界限，提示外人不得侵入。若他人因耕种等原因侵入禁步，墓主即可依毁伤坟墓而呈控。无论"四丈""二丈"，都是根据实际情况而定，只要在国家规定的九丈禁限之内，约定的禁步并无严格限制。如一件徽州合同约定："上下左右，横直八尺，脚下勿同字向。禁步之内，任身保墓，毋得侵身

---

① ［清］薛允升：《读例存疑重刊本》卷三十一，黄静嘉编校，（台北）成文出版社1970年，第742页。
② 刘俊文：《唐律疏议笺解》卷二十六《杂律》，中华书局1996年，第981页。

母坟。"① 这是约定以八尺为禁步,故此坟的界限为长宽各一丈六尺。可见,民间的禁步惯例,与唐代《丧葬令》、《大明令》、清代定例等法令中的含义相去甚远。至于清代广东等省章程中的禁步四丈,本是出于民间实际情况做出的变通规定,不料碰到骆秉章这类权贵家族要求适用国家定例,以扩大坟墓禁步至九丈的最高限,这就使进入九丈而在两丈之外的他人坟葬都成了"盗葬"。

禁步惯例中的"禁",与其理解成法令所设禁限,不如理解为禁忌之禁。清代合同文书中所见庶民家族的坟茔禁步,主要代表着坟墓中死者不可侵犯的尊严,它辅以风水之说,限制田产管业人。法令规定的禁步,是各等级人等的坟墓尺寸不得超过的最高规格之限制。法定的禁步是公法上的禁止性规定,目的是区分社会等级。私人坟产的禁步习惯,是在不违反禁止性规定的范围内,因交易习惯或合同约定而形成的限制管业的效力。禁步对管业的限制,与限制相邻坟墓的高度、限制相邻人开挖深度、限制相邻土地不得开种水田等相同,均为私人财产上的契约限制,又与现代民法规定限制物权或相邻建筑物之间的限制,有异曲同工之妙。不同的是,清代没有民法典,物权关系缺乏法律明确规定,坟产保护只能凭官颁契据。若卖出的田产中有坟墓,管业人手中并无契据,只能凭私人合同约定禁步。

要让执有契据的管业人承认自己田产上的限制,还需要更加充足的理由。这就是附在古代坟产上的"风水"、祖先崇拜等禁忌的财产意义。这些禁忌,现在一概视为迷信,实则在当时,由于祖先信仰对大众产生普遍而深刻的约束性,从而延伸到与这些信仰有关的财产关系上。坟墓禁步和其他对相邻产业的限制,更多依赖禁忌在其中发挥作用。在相邻产业的管业人为族人时,因死者同为族人的直系祖先,故管业的族人心甘情愿地承受限制。在相邻产业的管业人为异姓时,则凭着坟墓代表的风水禁忌,获得异姓的让步。

法令虽有关于田产管业或交易的规定,但这些规定要么属于礼制,要么属于刑法,与民间管业或交易对制度产生的需求,相距甚远。庶民财产和交易关系中的重要惯例,是因长期的利益冲突和实践经验而形成,这些惯例往往缺乏国家强制力作支撑,而是依赖禁忌、信仰为效力渊源。对这一重要的制度现象,在研究中国制度史时还需予以重视。

---

① 《清光绪二十一年(1895年)三月姜根发等坟产合同》(点校本1506页)。

## 第三节　其他解纷合同

以上介绍了两种坟山纠纷，一种虽属刑律禁止的行为，但刑罚较轻，视为细故，多由民间协商解决；另一种是因坟界不清而引起的纯粹的财产纠纷。在这两种纠纷中，合同都发挥了主要的解纷作用。这些合同已经涉及多种性质，如调处盗葬事件的合同、为防止类似事件再次发生而订立的禁约合同，以及针对卖出坟山而订立的赎回分籍的合同。它们的另一作用则是明确产权归属。另外，重新勘界、申明禁限或确立禁步的约定等，也是一种确认产权归属的合同。

下面再简要介绍一些与平息坟山纷争相关的合同，主要包括民间坟山禁约、齐心诉讼合同、劝息合同等。

### 一、坟山禁约

禁约，又分官禁约和家族、乡村禁约。家族、乡村的禁约，也属民间合同的一种，本书下一编专门讨论各种禁约。这里仅就坟山禁约作一简介。

官府禁约，由官府出具告示，申明禁约内容，张贴在申禁地方。河北大学博物馆藏有歙县正堂康熙四十七年（1708年）、乾隆三十六年（1771年）两张告示，为国家二级文物，内容均为歙县禁止邻人在叶姓祖坟边放牧践踏，显然是从某叶姓门户文书中流出。蓝田叶姓为歙县大族，部分祖坟在歙县六都五图，康熙四十七年的告示末尾写有"仰六都五图地保张挂"，[①]说明禁约告示张贴地方是在坟墓附近。除将坟山禁约告示张贴外，为悬久远，也有将官府禁约刻石立碑的。清代的坟山示禁碑在各地均有保存，[②]不止徽州一地，是各地官府保护坟产而采用的主要办法。

民间也利用禁约之名保护坟山，此种禁约的效力，主要来自合同当事人的同意或承诺。有的禁约合同，主要目的是禁止添葬，如范姓家族的立禁合同说，"祖坟已今叠

---

[①] 邵凤芝：《从两件清代告示看中原农村祖先崇拜》，《农业考古》2008年第3期。
[②] 如福建各地官府为保护坟墓示禁的碑文，参看王日根、周惊涛《从示禁碑看清至民国闽南地方政府对社会的治理》，《中国社会经济史研究》2007年第4期。

叠重重",为此只好申禁:"此二处倘有空处,不准扦葬,恐伤老祖。"并制定有三款议规。① 这类家族申禁合同,对族人有一定的约束力。

还有的家族坟山禁约,规定"如有偷葬侵损,砍伐来龙,听凭宗族理论。将偷葬之坟,五大股相邀,即时将骸骨抛毁,无得异言执阻"。② 掘墓惩罚的条款,与律例相悖。但由此可知家族为阻止族人盗葬的无奈。

## 二、齐心诉讼合同

如果民间调处和申禁均归无效,势必引发赴官呈控。一件清末的合同说:"切因坟前护坟荫木被人劈桠焚树侵害。向理恃强,詈骂不休,情理难容。"通常来说,双方吵架之后,还有调处的余地。但家族内部已经开始着手准备诉讼了。合同约定全族"挨丁各派"。"小则乡中理论,大则呈官重惩"。③ 坟山纠纷一旦发展成诉讼,诉讼费用和事务理应族人分摊。为了组织人力和筹措经费,由此产生一种特殊的合同种类,徽州俗称"齐心文约"或"齐心诉讼文约",其实就是筹措诉讼经费和人手的合同。

齐心诉讼合同并不限于坟山诉讼,一切需纠合全族之力的诉讼,都可以订立齐心兴讼合同。先来看一件清前期的齐心兴讼合同。这件叶姓"闭冤齐心文约",争议事情不详,只知道某叶姓家族由三个家庭组成,共五个男丁。诉讼对象是另一个叶姓家族即"叶荣之父子五虎一彪"。从姓名上看,估计双方属于同一个大家族。兴讼的叶良之等三个家庭无需全部到官,只派出一个男丁为"出身之人",其余家庭共同承担"官中等事盘费"。合同约定的主要事项是照股出钱,并约定如有不出盘费者,罚白银十两,津贴代表家族出头诉讼之人。④ 清前期的齐心诉讼合同,说明这种全族凑钱应付诉讼的传统,是从明代传下来的。它也是家族凝聚力的表现。

齐心诉讼合同不限于兴讼一方,应诉方也有纠合全族的必要。如胡氏家族的山业

---

① 《清同治六年(1867年)十一月范有应等坟产合同》(点校本1428页):"一议,后首如有行凶恶葬者;一议,后首树木倘有偷者;一议,后首倘有偷葬者。倘有犯此者,会同公众,传送官衙,追究行案。"
② 《清咸丰六年(1856年)十二月余光绅、维等保护坟合同》(点校本1415页)。
③ 《清宣统三年(1911年)三月郑国相公支下首事人等坟产合同》(点校本1557页):"是以邀集合族商议,人人俱要踊耀,以光宗祖。一体相关,同心相应,同气相求。不得和外以乱内,不可因私而废公。倘有侵害者,小则乡中理论,大则呈官重惩。坟上费用,挨丁各派,不得违拗。"
④ 《清康熙十六年(1677年)十二月叶良之等齐心诉讼文约》(点校本1196页):"生死相顾,患难相扶。官中等事盘费,照股出备,无得独累出身之人。出身之人,亦无得□□利己,临期不德(得)退缩。如有退缩不出盘费者,甘罚白银十两,津贴出身之人。"

上有他姓盗葬坟墓，两家发生冲突。胡育等得知对方已经告在官府，立即纠合全族商议，凡有田产的家庭都要按期出钱，交出面诉讼的"经首"使用。推脱不出的，罚银五两。①

涉坟诉讼的常见原因，是荫木受损和发冢。有一件合同提到，先是祖坟荫木被砍，已经控告到县衙。又发现"掘挖祖坟二次"。所谓"掘挖"，不见得见棺或见尸骨，否则是一定要写明的。这种情况，一般视为仇家要让全族人倒霉运，必须抗争到底。合同约定，按照全族成年男丁和妇女的人头凑钱。不出的罚钱700文，有事不帮忙的罚银200文。②还有的诉讼，从合同中看不出真正原因。比如，一件合同说，本族祖坟的四个界碑，被仇家十余人尽毁。③对方毁碑而不掘墓，明显是忌惮发冢律，行动有所节制。

齐心诉讼合同的内容，或繁或简。虽不能说记载简单的必定是输理的一方，但必有隐晦之处。比如上述毁碑的诉讼。捣毁坟墓的界碑，听上去骇人听闻，足以构成兴讼的理由。但显然是隐去了引发仇怨的真实原因。也有的兴讼合同注意详细记载纷争过程，帮助我们了解坟产诉讼中的不少细节。如嘉庆十六年（1811年）的一件兴讼合同，较为详细地记录了清前期以来家族为祖坟兴讼的过程。"千四公"支下族人与胡士满家族因坟产结讼，已历三代。第一次诉讼时间大约在康、雍朝，起因是胡士满在造屋时，损害了相邻的千四公等四座祖坟。该家族联络了本族之下其他三个支族，共同发动了诉讼。然而官府也没有明确的审断，此次诉讼以调处合同结案。第二次在乾隆二十四年（1759年），原因是祖坟的坝首被掘毁，仍是四个支族订立了兴讼合同，此次诉讼的结果比较圆满，知县批示让图正和弓手勘查，并让差役押对方修砌。算是赢了。第三次发生在嘉庆十六年，族人下葬时，遭到胡士满曾孙胡细林的阻拦，"将棺木抛毁别处，情惨浑天"，是不得不兴讼的。此时，千四公的子孙已经发展出11个支族，人

---

① 《清乾隆三十八年（1773年）三月胡育等人诉讼合墨》（点校本1255页）："今被控告，亦何所为？此立墨有业之家，同心协力，以致保业免辱。合议之后，毋得恃强欺弱，亦无得银钱推委。依期应用，所累经首，事无始终。或有推累者，甘罚白银五两正，人众公用。"
② 《清嘉庆二十三年（1818年）三月何三公支下人等齐心保护坟产合同》（点校本1318页）："祖坟荫木、柴薪，先遭吴昌钱盗窃一次，县主有案。于本年三月廿一日，复遭故害，掘挖祖坟二次……是以会集立议合同，所用使费顶项，照男妇丁科派其钱，不得推诿。如有违拗，甘罚钱七百文正。倘有支丁怀私，不公不齐，甘罚钱二百文。"
③ 《清康熙四十二年（1703年）十月之秀、之荣共同诉讼合墨》（点校本1205页）："今因青垓山脚厝余地，立碑四只护祖。被强势胡细侰等统领子姓十数人毁碑屠占。乡保验证，前去闻公构讼，工费两半均出，无辞。"

多心不齐，故订立合同，约定"讼费照灶均出"。①该合同详细叙述100余年间千四公族人与胡士满家族的诉讼经过，想暗示两家是世仇。不过，我们注意到，在第三次兴讼的前一年，千四公族人已发现"祖坟坝首、明堂，屡被损坏堆塞"，当时已有维修坟茔之说。也就是说，家族墓园与异姓田产相邻，本族不易照管。又没有禁步界线。随着人口滋生，田地耕种人难免侵犯坟墓。在这种格局下，异姓之间难免为坟墓结怨兴讼。从第二次两族构讼，到第三次订立兴讼合同，两族和平相处半个世纪，已属难得。说明胡氏家族并非蛮横无理之人。总之，兴讼合同难免从本族角度叙述事情，不能看作事件的定论。

但是，兴讼合同告诉我们一些从来忽略的事实。第一，在清代诉状上写着的原被告人名，背后往往站着一个家族。第二，自清初以来，民间对诉讼的一致看法就是要花大价钱。打一次官司，成本非常高，还不一定有胜算，孤零零的个人难以完成这种艰巨任务。

千四公族人的兴讼合同中，提到胡士满曾孙胡细林时，说他是"一乡豪强讼棍，奸恶势力，保持衙门"。"保持衙门"当是"把持衙门"之误。能当"讼棍"的，至少是识文断字，或衣冠功名。又说自己"寡不能敌众，欺身贫寒，由实懦弱"。要知道兴讼合同是家族内部集会商议后签订的，它不写给官府和外人看，只写给同族人看。我们并不相信胡细林是"奸恶势力"，也不信他真有把持衙门的实力。但是，200年后看到这些话，仍能深切感受到中世纪的一个普通家族，在权势者面前的自卑和恐惧，以及踏入衙门就如迈进黑暗深渊的那种复杂心情。

## 三、劝息约

呈控之后，若非"重情"案件，或者忤逆灭伦等事，官府并不直接审理，而是批示中人、乡约、保甲、家族等调处，即"官批民调"。一旦调处成功，调处人可以向官府递交息状，请求官府销案。官府同意和息，批准销案，此案即告了结。向官府递交息状的同时，在调处人或中人的主持下，纠纷双方会订立和息合同，也称劝息约。

再回头来看在兴讼合同中提到的毁掉四个坟墓界碑的案子。胡姓族人签订兴讼合同在康熙四十二年（1703年）十月初一。十月十二日，双方已经签订了劝息约。② 原

---

① 《清嘉庆十六年（1811年）五月千四公支下人等共同诉讼合同》（点校本1304页）。
② 《清康熙四十二年（1703年）十月汪任、汪修等劝息约》（点校本1205页）。

来，此前双方互控到县，县衙批示由约保和族长调处。于是控诉双方又回到乡里，遵约保调处而签订了和息合同。该案的兴讼合同和劝息约是单独流出的，但笔者另藏有一套胡氏门户文书可与此案联缀。此案发生地在婺源县十一都五图五甲。十一都位于婺源县东北与休宁县交界的山区，又称北乡十一都，当时辖于浙源乡，今属段莘乡。距城95里。从十一都五图五甲到婺源县城，往返需两天。双方却在12天内完成了入城互控、回乡邀集约保，到谈判完毕、签订劝息约的全过程。只能说明双方都有和息的意愿，不是真的要死缠烂打。也说明告状中所称"毁碑屠占"的罪名，不过是张大声势。

劝息约中的调处人共10人。10人里有两种身份，一是约保，二是族长。族长仅一人，在所有约保人员之后。胡氏是当地小族，康熙年间仅四五十户人家，族长的地位在约保中不算高。婺源县从明代以来就有乡约与保甲合一的传统，后文还要专门介绍。这里只需知道，十一都五图是康熙二十九年（1690年）新升之图。在此之前，十一都只有二图和三图，是自万历二十年（1592年）传下来的编制。全县本来是138里，康熙二十九年增图15个，全县共153里。<sup>①</sup>十一都在康熙二十九年增加了第四、五图，此后下辖四个里。在康熙四十五年（1706年），十一都五图的三、四、五、六甲又因分担约保的税收不均，与其他六甲发生矛盾。四个甲联合呈请县衙，获准单独成立一个约保，名为东源约保。但毁墓碑案发生在康熙四十二年，五图五甲仍属于西源约保。

按说，西源约保属于保甲系统，十一都五图属于里甲系统，各无隶属关系。但五图和西源约保的成立时间较晚，图内各甲分散在山区，村庄之间相距甚远，各村庄基本上是村族合一的聚落。所以，此时的西源约保实际与五图相重合。而在五图中，汪姓是最大的姓。从五图的升图合同可知，<sup>②</sup>汪姓在五图中占了四甲，分别是一、二、七、

---

① 道光《徽州府志》卷二之四《舆地志·乡都》。光绪《婺源县志》卷二《疆域四·坊都》记载同。"国朝康熙二十九年新增一十五里，凡一百五十三里。乾隆八、九年增二里。共一百五十五里，内计坊厢十四里，乡都一百四十一里。"这是婺源到光绪年间增图的记录，可知大规模增图主要在康熙二十九年。
② 《清康熙二十九年（1690年）八月汪佑等生图合墨》："立合同人汪佑、汪进、余盛、程记、胡记荣、叶金贵、叶进、叶当、汪起荣、汪岩等，今奉上宪文，准升图。身等编立十甲，报升十一都五图，呈报造册。已前立墨，每甲照出费银伍两之外，嗣后公议，所有成图上司、飞差并册书工费等项，言定图内照丁粮均派。每私丁十六岁起至六十岁止，俱照丁粮公派出费。如有藏匿丁粮者，查出倍罚。自今立墨之后，务远遵行，不得执拗。恐后无凭，立此合墨十张，各执一张为照。其田二亩作一丁，再批。康熙二十九年十二月十九日立合墨人：一甲汪佑，二甲汪进，三甲余盛，四甲程记，五甲胡记荣，六甲叶金贵，七甲汪起荣，八甲叶进，九甲叶当，十甲汪岩。"摘自《婺源县十一都五图五甲胡坤户门户档案》，自藏。

十甲。而在劝息约中，约保签名是汪、詹、宋、吴等四姓，以汪姓最多，共五人。且以汪任和汪修二人为首，二人当是西源约保的约正、副。另有签名"汪天木"，可以确定是康熙中期五图的里册书，住在五图一甲。至于十一都五图的其他六甲，多是村族合一的甲。其中，三、四、五甲分属余、程、胡等三姓，六、八、九甲均为叶姓。叶姓是五图中第二大姓，余、程、胡等姓人数也较多。但约保签名中没有这四姓，而是詹、宋、吴等图内小姓。说明西源约保几乎在汪姓的控制之下。这也是数年之后，三、四、五、六等四甲从西源约保中分裂出去的重要原因。

从劝息约我们知道，这起坟墓纠纷的真正原因是，胡荣、胡士贤为一方，胡寿为一方，双方同属一族。二者的坟地紧邻，有可能早年同属一家，以后分家造成。坟地本在山坡上，胡荣在本家祖坟的四个角各立了一个界碑。右上方界碑紧邻胡寿的山业，胡寿不承认这块界碑，认为它已侵入自己的地界，于是在修造新穴时推倒了界碑。胡荣到县衙告状，写的是"毁碑跨屠事"，胡寿写的是"恃祖霸灭事"，都看似发生了惨绝人寰的大案，其实只是要尽量引起官府的重视，以抵制对方。县衙一看状词内容，就知道只是"细事"。于是以"欲民无讼"为由，即刻批了"仰约、族理明"。只要出点钱，双方很快就从县衙书吏那里买到批词抄件。县衙也会派出差役按批词的内容，通知约保和家族负责调处该案，并要求调处结果上报县衙存案。约保和族长接到批词，自然不敢怠慢，立即同原被告赴告争山地，实地踏勘了界石。随同上山的既然有里册书，也就可能还有丈量图内田地的图正等人，他们对本图内的地界丈量还是比较权威。经过他们的勘踏，发现胡荣等人的祖坟应占山地的一半。胡寿新开坟穴压在原界碑的位置，的确侵入了胡荣等人的祖坟余地。

界线是眼同原被告勘察明白的，双方在界线上没有争议。约保再讨论调处办法。他们认为，胡寿的坟穴已开，不必再毁坟穴。占据胡荣界碑的位置，就当成租地，由胡寿每年向胡荣等缴纳地租银二分，并由胡寿"输服安醮"。约、族等人又重新在胡荣祖坟的右上顶，把推到的界碑扶起来，重新钉立了两家坟地之界。约定将来再有恃强侵越者，呈报约、族理论。这件合同一式三份，双方当事人各执一份，约保留一份，供后监督。

以坟墓纠纷为代表的田土纠纷发生后，调处合同成为化解纠纷过程中的重要手段。申明管业归属、确认边界、调处、禁约、齐心诉讼、劝息约等，又分别对应着民间调处的各个环节。将它们串连起来，就是一个完整的民间调处系统。如果没有这一系统，歙县知县说的每月上百件田土案件，是难以有效化解的。民间调处与官府细故审理相互参看，可了解中世纪解纷办法的全貌。

## 第四节 再议古代中国的"民法"

### 一、习惯与合同的关系

在身份和财产这两大领域内，中世纪的制度表现出不同特征。在身份领域，等级性的体现极为强烈，比如，婚姻是一种典型的身份关系，不同等级的通婚始终存在障碍。不要说平民和贱民不通婚，名门世族与小户也是有隔阂的。① 在财产交易方面，如典卖、租赁、抵押等，等级性体现较弱。但是，问题不在于法律是否在财产交易和管业方面设置等级藩篱，而在于它并未把财产权利作为制度上需要重视的对象。细民凭契据管业，是因为国家从保证税赋的角度，不得不颁给凭证，以追比那些没有纳税的细民。或者说，要平民纳粮当差，才让他们管业。至于管业和交易关系中亟须规范的事项，则统统视为"细事"，不值得纳入到法律中。

回顾一下公元前 536 年子产铸刑鼎后，叔向写的那封著名的信，就知道从那时一直到清代，立法观并未发生多大变化：

> 昔先王议事以制，不为刑辟，惧民之有争心也。犹不可禁御，是故闲之以义，纠之以政，行之以礼，守之以信，奉之以仁，制为禄位以劝其从，严断刑罚以威其淫。惧其未也，故诲之以忠，耸之以行，教之以务，使之以和，临之以敬，莅之以强，断之以刚。犹求圣哲之上，明察之官、忠信之长、慈惠之师，民于是乎可任使也，而不生祸乱。民知有辟，则不忌于上。并有争心，以征于书，而徼幸以成之，弗可为矣。……民知争端矣，将弃礼而征于书。锥刀之末，将尽争之。乱狱滋丰，贿赂并行。终子之世，郑其败乎？肸闻之，国将亡，必多制。其此之谓乎？（《左传》昭公六年）

信中所称"刑辟""辟"，均当解为"法"，而不当解为"刑法"。信的开首说"昔先王议事以制，不为刑辟，惧民有争心也"，中间说"民于是乎可任使也，而不生祸乱。民知有辟，则不忌于上"，结尾又说"民知争端矣，将弃礼而征于书。锥刀之末，将尽

---

① 万历《新昌县志》卷四《风俗志·婚礼》："故家巨族为婚，必择门地相埒者为之。小家虽富，不与焉。"

争之",全信就是一个中心:以礼让治国,民"可任使";"民知争端",则国家不靖。此后两千余年之政,一直是围绕着这封信中的主题——"惧民有争心也"。

以礼治国的方略对民间的财产管业和交易,产生了何种影响?禁步和其他相邻关系的习惯可以很好地说明这个问题。礼制中的禁步是九丈,庶民的习惯是达到两丈就知足,中间差着七丈的距离。七丈,对小民来说遥不可及。从国家的角度看,七丈之内,可以放任庶民的任何行为。这就像站在高高的山巅往下看,平地上的人会显得渺不可见。"九丈",象征着庶民的行为界限,没有冒犯界限前,国家就放任不管。这种居高临下的态度,是造成长期缺乏民事法律规范的原因。

古代社会当然不缺乏民事行为和民事关系。平民不是没有权利意识,也不是没有民事法的需求,只是朝廷无视这些诉求,使民间社会长期依靠非国家性的制度作为保护民事权利的途径。非国家性的制度资源,包括信仰(祖先崇拜)、意识形态(丧葬之礼)、民间禁忌(风水)等等,它们有的来自上古,有的来自近数百年的民间,弥补了国家制度不予理会的空白地带。依赖这些非国家性的制度资源仍不够,小民还要尽量借助现行的国家制度。国家颁给的契尾、执照、税票等等,都被充分利用为管业凭证。如此,私人的管业才有点底气。然而,信仰、禁忌、意识形态等等,毕竟比不上法律条文,不能满足管业所需的稳定性,以及交易所需的可预期性。比如,要使坟墓不受侵犯,需要明确相邻人不种水田,或者不能修造过高的建筑物,或者不能越过某种限度,等等。为了解决这些问题,民间就产生了"禁步两丈"的惯例。这一惯例包含了复杂的内涵,它意味着民间在保护坟墓的最低面积限度上达成共识。这种共识来之不易,它代表了在相关领域中较为合理的中间值,在没有法律的权威认可之前,"两丈"规则仍是灵活的。

其他民间规则大多也有灵活的特征。古人将各种不成文的习惯或惯例,称为"风习""风俗"等。"风",代表了习惯的流动性和不稳定性,习惯或惯例本身是不可靠的,仅仅依靠它们不足以保护庶民们看重的那些权利。于是,还要再加上一份契约。"惯例＋契约"才能将一项权利固定。没有惯例,契约没有相互认同的参照系;没有契约,权利不能仅凭惯例就得到固定。在完全依赖习惯或惯例的时代,相对合理的参考值是存在的,但分歧并未得到普遍解决。不过,当庶民们也掌握了契约这一手段,他们不但协商和妥协,还可以白纸黑字地把自己的权利固定下来,并在冲突来临的时候,凭着契约逼迫官府承认那上面记载的权利。

"习惯＋合同"的模式,可以作为古代民间自治模式的代表。这一模式暴露了缺乏民事成文法的社会具有何种弱点,并为认识民法的功能提供了极佳的比较样本。很大程度上，民法是一种为产权和交易提供稳定性的法律体系，直接减少了产权管理和交易协商的成本。因此，民法又可视为现代国家为私人产权和交易提供的一项必要的公共服务或公共产品，即一种保障顺利而低成本地开展民事生活的制度平台。在民法体系内，人们可以确信"我的财产真的是我的"，以及"合同真的会得到严格的执行"。但还不止如此，它还意味着，国家把私人不再视作草民、细民或蚁民。在此意义上，不是有私人产权、商业贸易或私有制就一定有民法，民法意味着国家得到了彻底的改造，把私人看成国民或公民，看成国家的主人加以爱护和尊重。当然，这样说还有一个前提，那就是必须有成熟的私有制作为民法的基础，在公有制基础上的民法，必定是一种伪民法。明白了这一点，就可以说，没有民法的国家，不可能是具有现代性的国家。我们无法认同这样或那样的混淆视听的说辞，比如，只要某个国家中存在商业贸易、私人企业或者私有财产，甚至只要它的国民生产总值达到某种高度，就可以把它视为具有现代性的国家，或者称其为近代国家。私有财产、企业或贸易只是一种社会事实，民法才是对这一社会事实的抽象承认。没有这一抽象承认为前提，国家与社会事实是分裂的。

## 二、等级体系与"庶民之法"

清代的情况就是如此，没有国家法的介入，惯例真的就像"风"一样，这是没有强制力为后盾的风，只要私人之间稍微出现强硬一点的抵抗，"风"就会转向。比如，当坟产旁边的田产管业人是异姓时，很难保证他会答应不耕种水田。没有哪条法律禁止说，一个执有契据的管业人，必须接受这种严格的产权限制。即使现代民法抽象地规定物权的相邻关系，这种矛盾都需要提交法院裁决后，才能分出胜负。所以，大多数民事领域中，当习惯或惯例也没有的时候，只能靠双方当事人通过协商或冲突加以解决。协商能够解决的，就用合同加以确认。协商仍不能解决的，在明清的法律体系中，也没有解决的可能性。兴讼，要么是逼迫对方妥协，要么就是为了把对方拉入到一个漫长的消耗战中。消耗战不会带来什么积极的后果。一般来说，随着冲突不断升级，如果双方始终不妥协，结果要么是械斗，要么是自杀，总之是升级到人命案件。也就是张小也考察《刑案汇览》后提出的现象，一个坟产纠纷到了呈控之后，还要因当事人自杀而从"词讼"（细故）转化为"案件"（重情）。原因就在于，国家法对于这类案件中的财产关系没有解决能力，在没有明确的民法原则和法定条文下，仅凭官员的个人经验或智慧，无论如何无法妥善解决。当事人不能获得他们预期的公正结果，只能以必死的决心来激化事态，以获得同归于尽的结果。但是，案件没有通过法律来解决，那些领域始终没有法律。案件只是通过当事人以自我消灭的方式消灭了。

自杀只是一个卑微的草民的自我毁灭，对整个制度毫无冲击。张小也认识到，即使从"词讼"上升到"案件"，性质已经完全转变，但是限于"律典的立法原则"，制度体系并未因某个案件就可以转变。她举的案例，其实与清代其他领域的案例一样，最终以一种近似"偷换概念"的方式结束了："由于此案发生而被重新修订的条例并不是户律中的'田宅'，而是刑律中的'越诉'。也就是说，修订条例的重点不在于为同类纠纷提供更加详细明确的判断依据，而在于加大惩罚力度，减少京控自杀现象。"① 这种"偷换概念"的现象，几乎发生在任何没有法律规定的财产纠纷领域中，而不仅仅是坟产纠纷中，只是坟产纠纷中体现得较为激烈而已。立法如此，司法也如此，当一个细故案件转换为京控或人命案件之后，看语必须援引律例条文以示结案，此时可以援引的条文，也只能是"越诉律"而已。既然只有越诉律可以援引，在立法上也就自然变成了通过例文修订再强化"越诉律"。这几乎就是一个恶性循环。

所以，我对于张小也接下来的判断，基本是不同意的。她认为："总体上来看，中国古代的'民法'经历了一个逐步发展的过程。至于清代，各种民事规范已经相当丰富，民事制定法散见于《大清律例》《大清会典》《户部则例》《六部则例》及其他法规。在地方法规《省例》《告示》《章程》中，也含有民事法律规范的内容。此外，民法资料还见于判牍、笔记、档案、碑帖之中，更不用说大量的区域性的民间习惯。"②

这基本上也是通说，但恰恰与张小也自己的论述存在深刻矛盾。如果中国古代真的有过出现民法的趋势，那么，到了明清时期，它不但没有"经历了一个逐步发展的过程"，反而是倒退、僵化或早已止步。以"禁步"为例，在地广人稀的唐代，这已是成熟的法律规定，一千多年过去了，在人稠地狭的江南早已不敷应用，居然能够基本保持不动。这种礼制，即使算是"民法"，也只可视为具文。它远离庶民的生活，只有提示最高限的作用。它的最大特征就是提示等级的存在，最大用处则是约束权贵的那部分内容。朝廷的确还在按照这一制度为死去的高官修造合乎制度的坟墓。对于不够级别的官员，这一制度也提醒他们不得逾制或僭越。它的确是制度，却不是什么"民法"。或者可以称为"官法"？！

至于地方章程中关于禁步两丈的规定，能否算是民法，或者算是突破了国家法的

---

① 张小也：《官、民与法：明清国家与基层社会》，中华书局 2007 年，第 245 页。
② 张小也：《官、民与法：明清国家与基层社会》，中华书局 2007 年，第 244 页。

限制呢？不敢一概而论。现在只能说，地方规章可能受到一些习惯的影响，较能反映社会实际状况。但它缺乏体系性和稳定性，尤其是当它与更高层级的法律相抵触时，就更是模糊不清了。

其实，张小也研究的因坟产京控自杀的案件，本身就能说明这个问题。明清两代的坟产案件是田土纠纷中的大宗，激烈程度、复杂程度已经引起朝廷的充分重视。但是，我们看到，康熙朝的坟产纠纷虽然激增，但刑律真正出现回应的，仍然在于盗卖坟产、盗砍荫木、发冢这几个较少的罪名中。朝廷不是不关心坟产纠纷，也不是没有注意到坟产纠纷对社会秩序的冲击，更不是不想从法律上予以规制和完善。但是，真正把坟产作为财产关系来看待的法律条文，却一条也没有出现！以至于到了嘉道年间（也就是清中期了），碰到纯粹的坟产纠纷，仍然处于"无法可依"的局面。最后，除了多一个自杀者，处分一批官员外，就是越诉律多一个成案。这难道还不能说明，清代没有真正意义上调整平民的财产和身份关系的民法吗？！

中世纪中国有没有民法典？是有民法而无民法典？或者明清礼制中有无关于民事关系的规范？这类概念之争，早已不值得关心。有没有民法，不但由政体所决定，也是由成熟的规范分析方法所决定。前者是政治的条件，后者是知识的条件。在两种条件都不具备时，即使众口一词，也不过是贴金而已。在此基础上，再补充以下两点：

（1）不仅仅是清代，上古以来一直到清，朝廷看重的是等级秩序的建构，处于等级制底层的草民的那点财产的事情，在朝廷看来实在不起眼，至少没有到了要制定法律去规范这些事情的地步。而理解中国古代的法律体系、司法体系，均应以此为大背景。在这个背景下，如果某些法令部分地涉及了庶民，我们可以称其为"庶民之法"，也就是关于庶民等级的法。既然有庶民等级的法，当然也能找到其他等级的法，也就是贱民之法、士绅之法和官贵之法。无论如何，要让"庶民之法"真正变成平等交往和交易的民法，那要等到对庶民权利有所重视之后的近代中国。而且，仅从近代一百年的民法文本看，也是呈现倒退的趋势。更不用说很多内容是虚假地停留在纸面上。

（2）在没有民法，只有礼制和一些"庶民之法"的时代，庶民的财产和身份方面的关系，实在与礼制的距离太大，以至于很多领域都不能找到确定的法律依据。为了解决生活实际问题，平民们不得不在这种法律真空状态中，自己寻找解决办法。这些办法，有的成为习俗或惯例，在日常生活中成为解纷的参考标准，有时也被熟悉民情的官员用于解决讼争。但是，这些习俗或惯例只能发挥参考的作用。从坟产方面的纠纷和解决来看，非国家性的制度资源成为主要的解纷办法。不过，这种资源极不可靠。

清代民人是希望财产得到确定保护的，但从朝廷和官府那里得到的回馈是绝望的。

从坟墓禁步可以看出，从公元七世纪的唐朝，一直延续到清朝，法律关心的始终是社会等级的严格性。礼制，不但规范坟墓营造的等级，还有房屋、服饰、穿戴、佩饰、器具等，以及各种行为或人际关系，如婚姻、丧葬、祭祀、宾客、宴饮等，不可谓不驳杂琐细。随之，各色人等有序地嵌入在国家编织起来的等级体系中。平民，也称庶民、细民、小民、草民、蚁民等，处于等级体系的下层，只比贱民的等级略高。法律关心的是既定的等级秩序，各等级不得有僭越的行为，蚁民们自不得例外。等级体系是中世纪国家和社会秩序的一贯特征。秦至隋唐时期，这种等级体系主要表现为爵位制与门第制，隋唐以后体现在官僚等级制。官僚等级制比门第制稍有软化，因为庶民可以通过科举越出自己原来的等级。但是，科举制不过是等级跃升的独木桥。平等的交往关系，只存在于同一等级的人之间。等级相差越大，社会交往的平等性越不可能。

如果能够客观地承认身份等级体系的一贯性，我们就无法轻信所谓的"唐宋变革论"。任何历史学者，都不能无视从公元五世纪到十九世纪的延续的不平等体系和人身依附关系。在如此强大的延续性面前，只因有些商人赚了大钱，或者雇工人比较多，就自诩近代社会已经开启，这是不诚实的。现代与中世纪，归根结底是制度的差别。制度还是纳粮当差，还在把人户分成三六九等，还在官大一级压死人，这比任何事实都能证明，这个社会还普遍地、体制性地沉沦于中世纪。唯有制度是判断中世纪与现代的标杆，在不能证明制度现代性之前，不必奢谈器物或文化的先进性。秦至十九世纪两千余年的制度，清楚地说明，中国曾长期深陷于中世纪无法自拔。

第六编

# 禁约合同

# 第二十三章

# 乡规与民约

## 第一节 概述

### 一、禁令与禁约榜文

禁约，本是朝廷发布的禁令。① 明代区别榜文和告示，榜文由皇帝或中央各部院奉旨颁发，出自地方各级官府和官员的则称告示。榜文和告示，有的以教化劝诫为主，有的则是公布法律或政令。② 后一类榜文或告示是具有法律效力的文书。其中，皇帝颁布的榜文又称"榜例"。榜文涉及的事例非常广泛，用语开首往往称"为……事"，如"为给还人口事""为收买马匹事"等等，最笼统的是"为禁约事"，也即禁约类榜例。

杨一凡据《南京刑部志》，列举了永乐年间的24榜榜文，其中有10榜称"为禁约事"。③ 这些禁约类榜例，属于礼部的1榜，刑部的5榜，工部的1榜，都察院的3榜。另外，工部有一榜虽称"为私宰耕牛事"，但后文为申明圣旨："恁本部便出榜禁约，着锦衣卫与兵马司差人捉拿。"可知仍是申明禁约的榜文。永乐年间的刑部榜文

---

① 《魏书·韩麒麟传》："顷来北都富室，竞以第宅相尚，今因迁徙，宜申禁约，令贵贱有检，无得逾制。"《魏书·食货志》："惟太和、五铢二钱得用公造新者，其余杂种，一用古钱，生新之类，普同禁约。"中华书局1974年，第1339页，第2864页。
② 杨一凡：《明代榜例考》，《上海师范大学学报》2008年第5期。或杨一凡、刘笃才：《历代例考》，社会科学文献出版社2012年，第229页。
③ 杨一凡、刘笃才：《历代例考》，社会科学文献出版社2012年，第237—239页。

共录得6榜,有5榜是禁约榜文,说明刑部榜文以禁约榜文为主。区别禁约类榜文与普通榜文的关键,不仅在于开首有"禁约"二字,还在于其内容包含申明违禁行为与刑罚等要件。普通榜文一般不会涉及刑罚。如兵部奉永乐九年(1411年)闰十二月二十五日奉旨榜文是"为恩宥事",内容是凡惧罪潜逃在一月内首告的,予免本罪。现存永乐年间刑部榜文中唯一一件不称"为禁约事"的,开首称"为故违禁令事",内容为都匀卫指挥佥事辞京后不即离去,在京延住20余日,按故违律,明正典刑,同时要求"刑部将情犯出榜,各处张挂,着多人知道"。实乃重申禁例和劝诫官员不得滞留京城的榜文。

明代的榜例,"以明弘治十三年(1500年)颁布《问刑条例》为分界线,前期各朝发布的榜例甚多,而弘治以后各朝发布的榜例数量较少"。①原因在于,经洪武至弘治130余年间,国家和社会生活管理中需要发布的行为规范,大多已经颁布过,随着《问刑条例》等的颁布,明代法制已届完善和稳定,需要增加的立法需要有所减少。随着明前中期大量禁约类榜文的发布,"禁约"的用语格式也为各级官吏和百姓所熟知。

## 二、禁约告示与官禁碑

地方官府发布的禁约告示,也简称禁约。如乾隆二十八年(1763年),议修亳州、怀宁二城,谕曰:"设于现修城垣时,附近居民私窃砖料,自宜严为禁约,犯者治以应得之罪可耳。"②这是禁止二城附近居民私窃城墙砖料的禁约。

官府禁约告示大量保存于各地碑刻中,也称官禁碑。在碑刻研究中,禁约碑分两种,一种为奉旨禁约,称敕禁碑,另一种就是官禁碑。有学者指出,唐宋以来,官府以刻石立碑公布诏书、法规、公文等较为普及,宋代出现具备禁止规定和违禁罚则两项要件的禁碑。传世的元代禁令圣旨碑和公文碑有上百件之多,但官禁碑和民禁碑还较为少见。明初官禁碑也不多见。明中期以后,官禁碑逐渐增多。清代,"勒石永禁"成为官禁的惯例。在明末清初,以民间公议的禁止事项与罚则为内容的民禁碑,也以"拟官"的形式发展起来。③

官禁碑和民禁碑的发展,大致印证了民间禁约合同的成长脉络。民禁碑的兴起,

---

① 杨一凡、刘笃才:《历代例考》,社会科学文献出版社2012年,第264页。
② 《清朝文献通考》卷二十四《职役考四》。
③ 李雪梅:《明清禁碑体系及其特征》,《南京大学法律评论》2012年秋季卷。

暗合了明代榜例的发展阶段。部分民禁碑记载的就是民间禁约合同，只是以禁碑的形式承载。如，乾隆初年，山西某四社曾有拜水合同，后构讼，经知县审断，重立合同，于是立碑记载合同来历和禁约合同原文。① 有的禁碑虽非合同原文，但以禁约合同为基础。如某民禁碑记载众村立碑缘由："当日仅有合同，外无凭记，后之人恐合同纸物不能久远，倘有废失，则事迹遂［泯］。又况事出合钱，众口焉能同音？不如勒诸碑石，照例遵行。"② 可知立碑原因在于人们担心纸质合同文书灭失，因此碑文内容自然以合同的约定内容为主。

民禁碑的出现，标志着民间禁约合同趋于成熟。禁约合同深受明代禁约榜文和官禁约的影响。现在能看到的民间禁约合同原件，最早为明天启三年（1623 年）六月王峰等五大房人为严禁盗砍山林而议定的禁约合同。③ 这件合同的格式和文字，与清代禁约合同已无区别。

## 三、"禁约"辨义

### （一）"约定"与"约束"

诏令或榜文中的"禁约"二字，"禁"固然解为禁止、禁令。"约"字作何解释，不无疑问。

通常，"约"有两种涵义。第一种是约定、订约等，作动词解，转作名词的合约、协约、契约等。又大别为私约和盟约。汉代已有"民从私约"的说法。明清常见的私约类型，有借约、租约、佃约等。盟约则是政治组织之间，就同盟、边界等问题订立的协约，较早见于《周礼》，如"凡邦之大盟约，莅其盟书而登之于天府……"。④

"约"的第二种涵义，是指约束、拘束。《说文》：约，"缠束也"。取的就是约束之义。最常见的用法是"约法"，如，《史记·高祖本纪》："与父老约，法三章耳：杀人者死，伤人及盗抵罪。"《后汉书·乌桓传》："其约法：违大人言者，罪至死。"约法也是统治者颁布的禁令，用以规范民人的行为。所谓"与父老约"，是借用私约的名义，

---

① 《邑侯青天杨老爷断明四社各遵照合同旧规德政碑》［乾隆二十年（1755 年），山西阳城县刘家腰村北崦山白龙庙］，冯俊杰等编著《山西戏曲碑刻辑考》，中华书局 2002 年，第 399—400 页。
② 《重修天子庙碑记》［嘉庆二年（1797 年），山西盂县牛村镇南下庄村］，李晶明主编《三晋石刻大全·阳泉市盂县卷》，三晋出版社 2010 年，第 331 页。
③ 刘伯山：《徽州文书》第二辑第 1 册，广西师范大学出版社 2006 年，第 12 页。
④ 《周礼·秋官·大司寇》。

使民人对法的内容更易知晓，不见得真的与民人签订过契约文书。"约法"在近代借用为宪法的一种代名词，如《中华民国临时约法》、《中华民国约法》（"袁记约法"）等。近代约法试图表明宪法来源于民选代表的协商，同时表明宪法的正当性，涵义与古代已有区别。

以此观之，禁约之"约"，既可能是"约束"或"约法"之约，也可能是"约定"之约。结合唐宋诏令中关于"禁约"一词的用法，我们认为，"禁约"之"约"特指约束之义。

### （二）"禁约"用法示例

明代禁约榜文源自隋唐以来的禁约诏令，故考察禁约诏令中的含义，是理解"禁约"一词的关键。《隋书》有："私铸之钱，不可禁约。"[①]"禁约"作动词解，可知为禁止和约束之义。又《旧唐书》："时上禁约王公，不令与外人交结。"[②]"禁约"亦作动词解，"约"作约束之义。

再选取《宋大诏令集》政事门禁约类，略示北宋禁约诏令的特征。《宋大诏令集》成于南宋绍兴年间（1131—1162年），嘉定三年（1210年）已有刻本。此书辑录太祖建隆至徽宗宣和之间的诏令，现存十七门，以典礼、政事两门类目较多。[③]禁约诏令作为一类，分上、下集，在政事门，共载54条禁约诏令，上编30条，下编24条。特点是因事设禁，所禁又分官事与民事。

所禁官事，诸如禁止令簿尉无事下乡；禁州县有缺员差前资官承摄；禁文武官辄入三司公署；禁收羡余；禁内臣将命出外干预州郡事；禁嘱求公事保庇豪右；禁进奉物销金线纹绣；等等。

所禁民事，又分普遍设禁与因地设禁。普遍设禁针对全国民人，有：禁于春天采捕弹射；禁斫伐桑枣；禁越诉；禁私铸铅铜新钱、恶绵入药；禁伪黄金；禁增价欺罔官钱；禁民间私习天文；禁相术、六壬、遁甲、三命及阴阳书；禁习天文、兵书；禁献诗赋杂文；禁赋算商旅细碎交易；禁诱子弟求析家产及坏坟域；禁销金；禁屠牛；禁结集社会；禁杂服；等等。因地设禁的有：禁西川、山南诸道祖父母、父母在别籍异财；禁广南奴婢；禁罢广南大斗；禁戎人私市女口；禁并州故城内居止耕种；禁约

---

① 《隋书·食货志》，中华书局1973年，第692页。
② 《旧唐书·睿宗诸子列传》，中华书局1975年，第3016页。
③ 《宋大诏令集》"校点说明"，中华书局1962年，第2页。

河北民弃农业学禁术；禁开封妖妄人；禁金、商等州祭祀邪神；等等。

以上诏令禁约之事，有的已为刑律所禁。如大中祥符五年（1012年）三月"禁妖妄人诏"，①所禁之事，在刑律中的罪名为"造袄书袄言"，北宋承袭唐、北周以来敕文，规范详备。②既然已有律文，有司自应按律办理，禁约内无需载明刑罚，只是重申禁令而已。

有的为刑律所不及，如大中祥符二年（1009年）正月"禁诱人子弟求析家产及坏坟域诏"。③唐律以来，对"父母在及居丧别籍异财"，律禁甚严。但罪止及违父母令而别籍异财者。父母令别籍者，及子孙请求异财分居，并不别籍，只要得到父母允许，并不入罪。④此唐宋别籍异财条之大要。刑律中并无引诱子孙请求父母分析家产的罪刑，禁约将此定为犯罪，需同时明确"决配"的刑罚。此类禁约已越出律文。

北宋的禁约诏令自非仅止于54条。各种专事禁约，已入典礼门、政事门等。如典礼门下，录有端拱元年（988年）"罢畋游放五坊鹰犬禁诸州不得献鹰犬诏"。⑤性质与禁止进奉物奢侈等诏令相同。政事门下，禁约诏令尤多。如礼乐类下有"申禁奢僭诏"；褒崇先圣类中有"申禁历代陵寝樵采诏"；科举类中有"禁及第举人不得拜知举官等诏"；马政类有"禁富人市内属戎人马诏"；田农类有"禁约掷弃米谷食物诏"；财利类有"禁江南私铸铅锡恶钱诏""禁细小杂钱诏"；刑法类有"禁约讯囚非法之具诏"；道释类有"禁以铁铸佛像诏""禁尼与僧司统摄诏""禁止道士亲属住宫观诏"；等等。

将北宋禁约诏令与其他相关诏令对比，可知它是与诫约诏令或约束诏令相对而言。所谓诫约诏令，又称诫饬诏或约束诏。诫饬诏与禁约诏同在政事门，收在禁约之前。《宋大诏令集》卷第一百九十至卷第一百九十七，共八卷，收录诫饬类诏令共125条。

---

① 《宋大诏令集》卷一百九十九《政事五十二·禁约下》："访闻闾阎门内，有人众目为先生，每夕身有光明，能于隙窍出入无碍，是必妖妄惑众。其令开封府速擒捕禁止之。"中华书局1962年，第735页。

② 《刑统》录唐开元二十八年（740年）三月二十一日敕。《宋刑统》卷十八《贼盗律》，薛梅卿点校，法律出版社1999年，第329—330页。

③ 《宋大诏令集》卷一百九十九《政事五十二·禁约下》："自今诱人子弟，求析家产，恣为不逞，及辄坏坟域者，仰逐处即时捕捉，并许本家亲族邻人陈告，鞫按以闻，当议决配。其知情放债人所假钱物，不在还理之限。如因事彰露，应干系官吏邻保，并等第勘断。"中华书局1962年，第735页。

④ 唐律"子孙别籍异财"条："若祖父母、父母令别籍及以子孙妄继人后者，徒二年，子孙不坐。"疏议："但云'别籍'，不云'令其异财'，令异财者，明其无罪。"《唐律疏议笺解》卷第十二《户婚》，刘俊文撰，中华书局1996年，第936页。律文及议文，《宋刑统》略同。《宋刑统》卷十八《贼盗律》，薛梅卿点校，法律出版社1999年，第216页。

⑤ "除有司顺时行礼外，朕非时更不于近郊畋游。其五坊鹰犬并放之。仍令诸州更不得以鹰犬来献。"《宋大诏令集》卷一百四十五《典礼三十》，中华书局1962年，第532页。

诫饬类是政事门中的一大类，其诏令题目主要有"诫饬某事""诫约某事""约束某事"三种，主要是诫约官司之事，但也涉及民事。"诫约"或"约束"，是指示官署必须做某事，或约束官署不得轻易做某事。诫饬或诫约，还有训诫、教训、诫勉、儆诫等义，要求被诫约或被约束人小心谨慎从事。如雍熙二年（985年）二月"诫约同僚连署奏牍诏"云："朝廷选用贤能，分膺事任，必资公共，以副忧勤。向者联事同僚，多不连署奏牍。自今并须同署，永为定式。"淳化三年（992年）正月"约束诸司行事不得辄称圣旨诏"云："自今诸司凡有举行，不得辄称圣旨。违者致其罪焉。"① 又，大中祥符元年（1008年）四月"王瑛等坐赇抵死诫约天下诏"称："特从申儆，勉思廉恪。无冒条章，宜令刑部告谕天下。"② 这些均是通过具体案例警示枉法受赇。联系前引明代都匀卫指挥佥事辞陛不即离京，按故违律明正典刑，并令刑部昭告天下的榜例，约略可见诫饬诏对明代榜文的影响。

北宋的诫饬诏也不止125条，各种专事类下仍有诫饬诏或约束诏。如政事门财利类下，录有政和元年（1111年）五月十七日"约束小平钱与当三钱重轻均一诏"。③ 颁布这一约束诏，是为了贯彻五月七日的"公私当十钱改当三诏"。该诏书以已有规范为基础，告诫人们在前定规范之内行事，体现了约束诏的基本内涵。

比较约束诏与禁约诏，约束诏以申明条规或重申法令为主，偏重教育、警示、劝诫的意义，也有公布刑事案例加以儆诫的约束诏。而禁约诏偏重于重申刑律所禁的行为，或以禁约诏宣布某项行为入罪，并明定相应刑罚。从明代榜例看，与刑案有关的诫饬榜和禁约榜仍然有所区别。

唐宋时期的禁约诏，是明清时期官禁约的主要渊源。通过分析宋代禁约诏和约束诏的分类和相关性，可知"禁约"之"约"，是特指"约束"之义。"禁约"一词，就是禁止与约束二义的连称，是动名词结构。

本编名为"禁约合同"，既有"约"又有"合同"，乍看叠床架屋。实则，"禁约"指禁止与约束，禁约之"约"非契约之约。"禁约合同"是指以约束和禁止为主要内容的合同。纸质的禁约合同，开首有"立禁约"一句，末尾签名有社首、家族等民间团体或个人的签名，申明"一式数份"，且有半书，一见即知并非官禁约，而是拟官禁约的民间合同文书。

---

① 《宋大诏令集》卷一百九十《政事四十三·诫饬一》，中华书局1962年，第697页。
② 《宋大诏令集》卷一百九十《政事四十三·诫饬一》，中华书局1962年，第700页。
③ 《宋大诏令集》卷第一百八十四《政事三十七·财利下》："可内自京尹，外逮监司郡县，悉心协力，开谕抚恤，勿事刑威，务要小平钱与当三钱重轻均一，无自区别，使人致疑。"中华书局1962年，第669页。

## 四、禁约合同与民禁碑的关系

保留下来的徽州纸质禁约合同,为我们认识清代民禁约和基层自治秩序提供了极为宝贵的原始材料。但是,纸质的明清禁约合同原件较为少见,不足以展现民禁约的全貌。禁约合同或民禁约是清代民间普遍存在的制度现象,并非徽州独有。大部分民禁碑的内容就是基于禁约合同,因此,在研究民禁约时,可以充分结合各地的民禁碑。同时,有一部分民禁碑不是基于禁约合同,这就需要我们辨别民禁碑的类型。

### (一)石刻的禁约合同

民禁碑分两种,一是民间公议类;二是奉宪示禁类,或称官民合禁碑。二者在额题上有明显区别。民间公议禁碑的额题往往是"大公无私""永远禁止"之类,或直接标明"禁赌碑""永禁匪类"等主题。合禁碑多标示"奉宪示禁""奉示永禁""政教常存"等。惩罚方面,公议禁碑除列明罚款、罚物等外,还有"神罚",常见的有神前罚香、罚跪、罚戏和罚银修庙。而合禁碑有将不服议罚等人者"禀官究治""公同送官"。[1]

公议禁碑均以纸质禁约合同为依据。先来看一件禁窃盗的纸质禁约。该禁约以两社全体社众的名义签订,署名处是"桐山祖、新兴社二社人等首士",共17人,包含许、周、刘、胡、孙、汪等六姓,代表全社人众。[2] 在禁约正文之下,按偷窃不同种植物列举了六项罚则,分别是,"五谷、六谷,公罚钱二两四钱";"藤菜、杂项,公罚钱二钱四分";"杉树、竹笋,公罚钱二两四钱";"松树、杂木,公罚钱一两";"柴草、苞萝、(苞)秆,公罚钱两钱";"萝卜,公罚钱一两二钱"。该禁约明显模拟官文书,开首居然有"为严禁不法无耻之徒事,照得……"的句式。"为……事,照得"是官府告示的引起语。但合同中有"众议"或"公议",说明这是社众协商的罚则。我们看看一件民禁碑,以作对照。该碑用"合村公议禁止诸条开列于后"一句,引出九条罚则,

---

[1] 李雪梅:《法制"镂之金石"传统与明清碑禁体系》,中华书局2015年,第243—249页。
[2] 《清光绪三十二年(1906年)七月桐山祖、新兴二社禁约》(点校本1541页)。

与禁约合同的罚则如出一辙。①

对比上引禁约合同与民禁碑，二者均为禁窃盗，只是所禁范围不同，后者多了禁止盗伐树木、纵羊等。民禁碑为节约篇幅，直接罗列罚则，省去了禁约合同的正文，也看不到半书等格式。但是，禁碑与禁约合同都是"公议"的结果，说明它们都是村社人众共同商议的结果。禁碑的相关研究还指出：在公议禁碑的显要位置，特别标明"各村绅老仝立""集众商议勒碑严禁""合族绅耆仝立""众商铺仝立"等类的字句。②"仝"者，同也，即合同之同。有的碑刻把村社首领或全部当事人的姓名刻于石上。也有的因镂刻成本高，姓名一概省略，仅以"同立"示之。公议禁碑的原型为禁约合同，共同签署乃是明证。它说明，禁碑的拘束力源于合同的拘束力，以当事人的承诺和信用为保证。二者只是文字载体的不同，公议类民禁碑就是石刻的禁约合同。

值得一提的是，上引禁约合同中的签署人称为"首士"，但他们的姓氏既然不同，我们无法知道他们是怎么成为全村首领的。恰好，上引民禁碑的署名人共五姓七人，称谓是"合村公举首人"，原来这些村社首领，是全村共同推举出来的。遗憾的是，我们对于两百多年前的村社"公举"程序，还知之甚少。

### （二）"禁约合同 + 官府批示"类奉宪示禁碑以禁约合同为基础

通常，奉宪示禁碑反映的法律关系较公议禁约碑复杂。禁约合同的局限在于，当某些地方公共领域需要设立禁止行为时，若当地居民不能达成一致意见，或因人数较广，无法一一征求意见，这就产生了"奉宪示禁"的需求。奉宪示禁碑与官禁碑的原型相同，都是官府告示或呈文上的批示。不同的是，官禁碑仅记载官府告示；奉宪示禁碑兼有绅民呈禀和官府批示，是以民间自发提议为基础，经官府批准，形成单项或综合性的禁令，形式虽为官禁，内容则为民议。提议者可以是村社、家族、数姓联合，也可以是乡约、士绅、乡民等。

根据不同的绅民禀呈内容，奉宪示禁碑又分两类。一类是"禁约合同 + 官府批示"。这种形式以禁约合同为基础，合同签署者可能是多个村社、多个家族、某行业内全部店铺等。他们就某些公共事务达成一致意见，订立禁约合同，呈请官府批准。获批后，

---

① "一条扰苜蓿者，罚银一钱；一条盗割苜蓿者，罚银三钱；一条盗伐树株者，罚银三钱；一条纵放六畜者，罚银五钱；一条纵放羊者，罚银一钱；一条盗割田禾者，罚银五钱；一条上树折干柴者，罚银三钱；一条盗柿枣瓜果者，罚银三钱；一条见盗诸物不言者，一理同罚。"《合村公议禁止诸条碑》（1766年，芮城县），张正明、科大卫主编《明清山西碑刻资料选》，山西人民出版社2005年，第683页。
② 李雪梅：《法制"镂之金石"传统与明清碑禁体系》，中华书局2015年，第244页。

将禁约事项和批准缘由勒石记载。这种官民合禁碑的性质,是合同加官府命令,内有双重的法律关系。违禁者服从禁约合同时,按合同约定的方式惩罚;如果不服,官府授权民人可以将违禁者扭送官府惩治。因此,它的拘束力来源有二,一是合同,二是官府命令。

另一类是"呈禀+官府批示"。某些家族、自治组织、绅民等单独或联合向官府呈禀,希望禁约某些地方事务。这些呈禀获得官府批准,且官府发布告示后,呈禀人将禀文和官府告示一并勒石示禁。这种官民合禁碑的拘束力,直接来源于官府命令,收录禀文只是为了说明事情的来历。

综上,民禁碑大别为公议禁碑和官民合禁碑。官民合禁碑又分为"禁约合同+官府批示"类和"呈禀+官府批示"类,后者与禁约合同无关。而公议禁碑以禁约合同为原型,在研究禁约合同时可以直接利用。"禁约合同+官府批示"的官民合禁碑中包含有禁约合同,在研究禁约合同时可重点参考。

## 第二节 "乡规":禁约合同的公共性

### 一、官禁约与公共性

"呈禀+官府批示"类的官民合禁碑,实质就是官禁约。下面来看两件实例。阳城县轿夫行各据一坊,任意抬价。地方绅民无力制止轿夫行抬价,呈请官府严禁独霸一坊勒索。知县据此出告示严禁,碑文即告示文。[①] 又,中河上游石屯村靠造草纸谋生,污染了下游水流。下游村庄无力阻止石屯村民造纸,只好请求官府出面制止。碑文内载八村呈文和介休知县禁约告示。[②] 由此可见,当利益受损的群体无法约束既得利益群体时,事件就演变为跨区域或跨群体之间的冲突,需要凌驾于私人团体之上的公权力机构出面禁约。而公共权力的判断或裁决,必然意味着冲突中的一方丧失所争利益。我们看到,此类事件中难得有折中方案可供选择,"和稀泥"的办法通常是行不通的,

---

① 《邑侯杨老爷剔弊安民示》(1755年,阳城县),张正明、〔英〕科大卫、王勇红编著《明清山西碑刻资料选》(续二),山西经济出版社2009年,第132页。
② 《中河碑记》(1804年,介休县),张正明、〔英〕科大卫、王勇红编著《明清山西碑刻资料选》(续二),山西经济出版社2009年,第82页。

官府也就不惮于在裁决中做出全有全无的判断。

此类事件在今天称为公共事件，是因为其中既存在私人利益的矛盾关系，也存在超越于私人利益之外的矛盾，也即"私"（私人利益）与"公"（公共价值）的矛盾。在清代社会，当此类冲突提交官府裁决时，这就意味着民间协商调解之路已经穷尽，或者说，经济利益的让步已无法化解此类矛盾。这样，一旦提交官府裁决，结果也只能是全输或全赢，双方风险都比较大。并且，输掉的一方还会丧失超经济的利益。比如，行动受限，或"没面子"等等。

但我们关心的是，官府裁决是怎样在相似情景中确立某种判断标准。该标准包含着某种公共秩序或公共价值，这是难以量化的。当然，用量化的方法去解释公共秩序和公共价值，本身就是愚蠢的。用经济效益最大化，或成本和效益的计算，不可能周延地解释此类公共事件及其裁决现象。只要不受贿赂或其他私人因素（愚蠢、误导等）的影响，18—19世纪的中国官员自然地会倾向于维护公共价值或确立一种公共秩序。以中河的上下游村庄冲突为例。当下游村庄因水源污染而不能饮用清洁水时，禁碑给出了两个理由：第一，"源水流膏，所以养民，原非害民也"。水是用来养育生命的，而非毒害人。这是相当朴素的道理，同时，它是一个超越私人利益的价值观。第二，"石灰水随流下注，有害田亩"。这句话既包含了经济利益，也包含了超经济的利益。"田亩"是粮食所出，粮食又是民命所系，它本来就应该保护，从这一角度说，保护田亩具有超经济的利益。同时，在当时的语境下，正税钱粮出自"田亩"，田亩无产出，百姓和国税两损，这是算经济账。

同类案件，今天的纯粹的经济效益分析可能会说，只要给下游村庄足够的赔偿，使其放弃饮用清洁水的利益，就说明造纸的效益大于成本。还有人可能会说，如果上游村庄能给下游村庄搬迁费，造纸就是有效率的。把公共问题简化为私人利益关系，再用成本和效益计算来解释这类事件，如果这些人不是被利益集团收买，那就只能说明他们不能理解公共性。而且，即使仅仅计算成本和效益，他们也故意隐去了必须予以计算的要素。比如，清代的州县衙门碰到此类公共事件，他们必须向知府和道台衙门汇报，并等候两个上级衙门的批示。而知府和道台衙门会视事件的性质，决定是否再向更高的巡抚衙门汇报，并等候批示。因此，该事件的裁决结果，一定会考虑能否同样适用于本府各县的类似情况，甚至会考虑本省的类似情况。如果上游村庄真的能出大价钱，让下游的八个村庄同意搬迁，县、府和省的官员会立即想到：往哪里搬？在本县还是本府其他属县内安置？更重要的是，如果本省或本府出现类似情况，所有的下游村庄都要搬迁的话，把他们往哪里安置？这是官府碰到此类事件时非常正常的反应。

很多人在成本分析的时候,津津乐道于那个不断加价买下一亲芳泽的例子,以说明在此类公共事件中,只是钱的问题,无需道德伦理上的评判。公共事件中当然需要道德判断,但先必须明确,若没有强权为后盾,不采用欺诈和暴力手段,那么,数个村庄或数千人的搬迁成本,足以让任何巨型的现代国际企业认真掂量一下,更别说数万或数十万人的搬迁和安置成本。所以,有的看上去很成功的搬迁安置案例,或许只能证明无耻而已。在公共事件中,真的不用装出一副自己能出大价钱的模样。

无论如何,任何理性的公权力者,必定会权衡自己的裁决能否适用于整个辖区,甚至能否适用于同一政权控制下的所有地方。在这一权衡中,既会考虑现实的可操作性,又会受到良心或情理的约束。它们综合起来就变成一个理由:该裁决是否具有普遍的适用性。普遍适用性对于任何时代的理性裁决者来说都是客观存在的。要让清代的知县或知府接受使上游村庄赔偿村庄下游,或使下游村庄搬到本县或本府其他地方的建议,则必须让他们相信在本县或本府其他村庄出现同样事件时也能同样办理。事实上,在清代绝不可能出现那两种判决结果。如果让下游村庄接受赔偿而继续饮用污水,上级官府会认为没有"天理"。如果让下游村庄搬迁,那么,它必定造成大的扰动和安置成本,上级官员会认为知县愚蠢到家了,并且自然会联想到知县是否接受了贿赂。

也就是说,古代官府裁决时,已经不可避免地意识到,这之中存在着超越于私人利益的综合的价值判断,并且这种判断是必要的。比如,在禁止轿夫垄断价格的禁碑中,禀呈提到轿夫工价应该"不出情理",而轿夫行的内部"规矩"导致价格偏离了情理。"情理"二字中包含了综合的价值判断,这个判断显然得到了知县的认同。当然,不能奢求古代官员去分析"情理"中的内涵。

无论是笼统的"情理",还是具体指出水源为公共资源,都是超越于私人利益的价值判断,这就是我们说的公共价值。公共价值中包含有道德判断,但我们只需知道,它成立的基本条件是逻辑性,也就是前面提到的"普遍适用性"。公共价值的逻辑性是指:在同一时期的同一政体内,如果在某地采用某种判断,就必须在其他任何地方采用同一判断。反过来说,不同的地方适用不同的公共价值,首先是不符合同一律,其次才是不合理的。仍以中河水源的纷争为例来说明。如果介休知县裁决下游村庄为上游造纸而搬迁,那么,这一裁决就适用于该县境内所有河流的下游村庄。介休知县当然不会这样裁决,潜在理由就是为了保证判断的逻辑性。这种逻辑性是内在的,不同于介休知县拿出来的具体理由。古代官府裁决的具体理由,可以与现代法院判决的不同,但二者均服从裁决的普遍适用性。

在同一时期，那种在不同地域能够普遍适用的判断，或者说，在不同地区都能接受或达成共识的判断，就是当时的公共价值。在特定历史阶段适用于不同地区的公共价值，也就是普适价值。公共价值的逻辑性就是必须符合同一律，这是公共价值的核心要义。公共价值的逻辑原理，决定了公共价值不需要也没有必要超越时代。就像介休县知县在裁决时不会以环保为由，他只要知道河水不是用来"害民"的，这就够了。这个理由可以适用于他所在的那个时代的任何地方。所以，公共价值的具体内容是次要的，在某个时代的认知局限性之内的恰当理由，只要能够在不同地方适用，就是当时的公共价值。

公共价值是有历史性和地域性的。人们通常说，公共价值就是普适价值，这是合理的，它只是忽略了时间或空间维度的不严格说法。但我们不能说公共价值是普世价值，后者是指超越世代和地域的价值观。要判断某种价值观可以在任何地方任何世代都是有效的（换言之，人类社会的制度和行为在长周期里受到这种价值的约束，偏离这一价值后，必定向这一价值回归），这已经超越了公共价值的意义。现在，哲学家、政治学家、法学家热衷讨论的，包括平等、公正、自由等等，主要是指普世价值。普世价值的研究无疑有巨大意义，只是没必要与普适价值相混淆。

需要说明的是，公共价值在任何时代都是客观的、内在的。但我们不能保证任何公权力机构都能恰当、严谨和没有偏私地在裁决中适用它，也不敢保证背离公共价值的裁决一定会回归。因为公权力机构总是由人组成的，无法假定人不受诱惑。

## 二、民禁约与公共性

通过官禁约可以发现，清代官府的公共性与现代政府并无实质差别，他们同样关心公共秩序和公共价值，在处理公共事务中，需要注意合逻辑与合道德。与现代裁决的区别，主要是具体理由有异，这是裁决的历史背景决定的。

民禁约同样具有公共性。《明清山西碑刻资料选》中的"乡规民约"类碑刻共收录15通，其中12通为民禁碑。① 根据这12通禁碑所禁的事项，可再别为综合禁约和单

---

① 《长治县正堂罗示谕冯村绅士乡约》《重修翠屏山灵观宫碑阴刻文》属于官禁碑。《口整乡绅社记》不属禁约范畴。张正明、〔英〕科大卫主编《明清山西碑刻资料选》，山西人民出版社2005年，第681—692页。

项禁约。综合禁约共 6 通,[①] 常见的署名人有社首、乡约保甲、族房长等,代表全村村民或地方全体民人,禁止的是多项危害当地社会秩序的行为,如侵害村庄水源、山林环境等侵害行为,以及偷窃、赌博、窝藏盗匪等违法行为。单项禁约也有 6 通,[②] 禁止的是某种特定的危害社会秩序的行为,如:纵畜践踏谷禾;窃盗或盗砍林木;开矿窑或开山卖石;赌博;违例取水;等等。

以上 12 通民禁碑中,《马峪村公议禁止开山卖石记》《禁止拦路索钱记》两通属禁约记事碑。禁约记事碑以记载禁约订立过程为主,有的附载禁约主要内容或禁约条款,[③] 有的没有附载禁约条款,但说"所禁之事另有规条",则指另有纸质文本。[④] 另有两通属于官民合禁碑,即《阎庄公立禁赌碑》和《三社振风励俗恪守碑》,其余均未呈请官府准行。但是,这两通官民合禁碑与其他单纯的民禁碑在所禁事项上并无特别差异。《阎庄公立禁赌碑》以禁赌为主。《三社振风励俗恪守碑》内容为整顿村庄秩序,禁"不孝不悌"、赌博、"开场卖饭"、"盗人田禾、砍伐树木"等。其余综合事务的禁碑也有相同内容。这表明民禁碑的所禁事项也是官府关注的公共事务,或者说,民禁约的所禁事项就是当时公认的公共事务。

实际上,凡需勒石铭碑的公议禁约,所禁事项多是地方重要的公共事务。乡里秩序并非皆依靠官禁约维持,乡民协商,能达成共识,就无需赴官呈禀或控案。公议结果记录下来,就成了民禁约。民禁约与官禁约共同发挥维护地方秩序的功能。民禁约

---

① (1)《寺北村整饬村风碑》(年代不详)。(2)《三社振风励俗恪守碑》(1762 年)。该碑为"公直、总长并合村同立",经垣曲知县"准行",属于官民合禁碑。(3)《合村公议禁止诸条碑》(1776 年)。(4)《千秋鉴乡约碑》(1780 年)。"乡总甲保、地方牌头,共同会议,演戏立约。"(5)《公议村规碑》(1848 年)。(6)《娘娘庙村规碑》(1859 年)。
② (1)《阎庄公立禁赌碑》(1724 年)。"阎族公议",另载知县批语,为官民合禁碑。(2)《清嘉庆八年禁赌碑》(1803 年)。"因以阎村公议,奉例禁止。"全村首人签名。(3)《孙远村箴铭》(1814 年)。禁偷窃。"但历年演戏立规,过后空疏无据。""今合村公议,例载严密,八庄乡约轮流经管。"可见此前没有书面合同,此次公议立有书面合同,由各庄乡约轮流保管。(4)《马峪村公议禁止开山卖石记》(1835 年)。记文碑。(5)《禁赌碑》(1838 年)。(6)《禁止拦路索钱记》(1871 年)。记文碑。"其所约情节,另存执照为证。"有纸质合同。
③ 《义庄村永禁桑羊记》(1834 年)。记文为主,禁约议规十六条附载于后。碑文序言叙述了规条由来:"兹幸有维首同七班社首等纷然振奋,复举此复,故公议条规。"属于单项事务的禁约。张正明、〔英〕科大卫、王勇红编著《明清山西碑刻资料选》(续二)"农林、经济"类,山西经济出版社 2009 年,第 19 页。
④ 《禁止开窑盗树碑记》(1843 年)。该碑以禁开煤窑为主。张正明、〔英〕科大卫、王勇红编著《明清山西碑刻资料选》(续二),山西经济出版社 2009 年,第 25 页。

又称"规",如"规条"或"条规",或统称"社规"。①在已商定有"社规"时,事发到官,官府只需承认社规,按照社规执行惩罚即可。

"规",实质上就是禁约合同商定的核心内容。社规就是通常所说的"乡规民约"中的乡规。由于乡规或社规的本质是合同,它的适用范围是有局限性的。如,河南行商开设烧炭"犁炉",致使当地"不但无梁檩之材,更且悉烧烟之忧"。经值年社首会同耆老鸣官,蒙知县颁谕禁止"打窑烧木"。各村另订合同:"所有一应条规现存于合同,不遵社规,按以合同办理。"②此例充分说明,"社规"就是村民之间的合同。但是,河南行商显然不是禁约合同的当事人。其实,河南商人不会贸然到山西烧炭,他们能够在当地立足,必定与当地业户签订了租赁地基和山林的契约,他们与当地人签订的契约是外人无法干涉的。因此,仅凭"社规"并不当然地能制止河南商人的烧炭行为。这正是当地社首和耆老只能求助官府的原因。

综上,一部分民间禁约合同以地方公共事务为规范对象。这部分禁约所禁的事项,要么是违法行为如赌博、偷窃、窝藏盗匪等,要么是当地特定的公共事务如水源清洁、山林风水等。这类禁约合同统称社规。社规的本质是合同,合同具有属人性,仅对合同中的当事人具有拘束效力。对合同之外的人,禁约并不当然有效。认识到这一点,则我们在评价清代乡里自治时,应特别注意乡规与官府之间的联系。实际上,社规在宣示惩罚偷窃或赌博等行为时,是有法律支持的,违禁者若不服社规的惩罚,将面临被扭送官府的后果。至于当地特定的公共事务,若无官府授权,社规或禁约合同的拘束力仅限于村社人众。但当地人将社规或禁约合同呈请官府批准,这些社规就上升为地方法令,即使未参与签订合同的外乡人,也需遵从。

## 三、再议公共事务类的民禁约:以禁约窃盗为例

为了进一步说明民禁约的公共性,我们再选取一类禁约合同做具体分析。

民禁约所禁的对象,有的是刑律禁止的行为,窃盗就是此类。这就产生了一个问

---

① 如《游大琛严禁纵羊残桑事告示碑》(1847年):"故明立禁约,各村皆然。兹据北诗午村社首车根生等,以纵牧入禁,将郭满清羊只拉获到庙,被郭满清以遵法赎羊等情具控在案。业经讯断,令照社规认罚,合再出示严禁。"张正明、〔英〕科大卫、王勇红编著《明清山西碑刻资料选》(续二),山西经济出版社2009年,第27页。

② 《邑侯征大老爷禁止烧木打窑碑记》(1866年),张正明、〔英〕科大卫、王勇红编著《明清山西碑刻资料选》(续二),山西经济出版社2009年,第30页。

题，一旦拿获盗贼，只需揪送官府，按律惩处即可，何必再申禁约？下面就来看看申禁窃盗行为的必要性。

第一，赦既往而严将来。邻里、族人间摘取果蔬本是平常事。然而，长此以往，随意摘取与窃盗的界限就混淆了，若不禁止，摘取果蔬屡屡发生，同样困扰着村民。所以，此类禁约的作用，一方面是既往不咎，如桐山祖社和新兴社禁约中说："严禁无知之辈，勿恕不明之人"，就是这个意思。另一方面，提醒此类行为是窃盗，会让人们将来注意行为检点。至于窃盗是犯罪行为，这是人所共知的，反倒不是申禁的主要目的。

第二，禁约保护的重点是农作物及其孳息，经济价值微小。村社禁约合同提到的"五谷六谷"、"藤菜杂项"、松杉杂木、柴草、毛笋、竹窠等，还有"苞萝"（即包谷、萝卜）等，这些农作物的经济价值极小。光绪末年，上佳白米一仓石也不过二三两银子，但禁约却规定，凡盗窃五谷，无论多少，一旦发现即罚银二两四钱，其实就是一律按一石米的价格罚钱。若某人只偷一斤谷子或几支麦穗，罚款已千百倍于原物价值。偷挖一两个萝卜，价值不会超过一分，要罚银一两二钱，罚款也在原物价值的百倍以上。

按"窃盗"律：窃盗价值一两以下，杖六十；一两至十两，杖七十。又按"盗田野谷麦"："凡盗田野谷麦、菜果及无人看守器物者，并计赃，准窃盗论。免刺。"[①] 刑律对盗窃五谷蔬果，本有律禁。但一两个萝卜，不值一分银子，若按照"窃盗价值一两以下"扭送到官，受杖六十之刑，有小题大做之嫌。且诉讼费用不止一分银子，劳师动众，得不偿失。禁约合同以加重罚款的办法，弥补了刑律所不及。

第三，熟人社会的压力。订立禁约合同以警示为主。以"首士"代表村社全体人众签名，一定是做到了家喻户晓。此后，一旦再发生失窃之事，"如有恃强不服者，众出费用，经公理论"。"公"即"官"。"经公理论"是要费用的，桐山祖社和新兴社的禁约甚至说："再言偷盗不服者，失主开设筵席，挨众科抖，经公议论。"这是赋予了失主出面"科抖"损失的权力，既然事先在合同中写明，将来有事，社众就得认账。这样做，等于是偷窃者给全村人户带来麻烦和耗费，他势必遭到全村的怨怼，今后很难在村里立足了。

由此可见，窃盗虽有律禁，但窃盗禁约能补律例之不足。简单地说，律例将窃盗一概定为犯罪，没有适当的轻重区别。邻里之间价值微小、情节轻微的偷摸，一概送

---

① 《大清律例》卷二十四《刑律·贼盗中》，田涛、郑秦点校，法律出版社1999年，第391—396页。

官杖责，于情理有碍。禁约以罚款来惩罚，又免去了当事人赴官呈控的麻烦。

## 第三节 "民约"：禁约合同的私人性
### ——以禁山约为例

### 一、禁山约的订约人与禁止对象

此次整理的《道光二十八年（1848年）公约、禁约样本》，包含禁约窃盗、匪类和砍伐山林等三种样本。表明相关禁约正在提炼出完备的格式文本，供人传抄，是禁约合同在民间广泛应用的旁证。同时说明砍伐山林禁约与窃盗禁约的重要性，下面就重点分析砍伐山林禁约。

砍伐山林的禁约合同，也称禁山约。前述之禁山约样本，是以村族合一的聚落为背景，立约人为"通族人等"。所要保护的对象是各处家族山场中的坟穴荫木、"来龙命脉"、"竹木柴薪"等，防范对象是"家外之人"，惩罚的行为是入山盗砍。禁山约的目的，是要整合全族力量，随时捉拿上山盗砍的族外之人，约定合族通力凑费，将盗砍之人送官究治。[①]

我们知道，家族山场的管业结构极为复杂，这件禁山约样本，显然是以股分管业为背景。家族山场分割到各支族或小家庭后，带来的严重问题：各股分管业人无法对山场进行全面管理，也就无法制止入山盗砍行为。这就需要联合所有的股分人。传世的禁山约数量较多，在我们讨论族产的章节中，曾多处引用，用以说明族产的管业状况和保护措施。下面再归纳禁山约的议约人和禁止对象。

禁山约的议约人无非两种，一是同族人，二是众姓人等。同族人的山场保护，我们在族产和山场管业等章节中讨论过。家族山场分割到各房、支族或小家庭手中，为了防止外人盗砍，有两种保护模式：一是把所有股分收归家族，作为存众、祠产或祀

---

① 《清道光二十八年（1848年）公约、禁约样本》（点校本1396页）："立禁约人　，各处历养山场，一切竹木柴薪，近有无耻之徒，横行不法之辈，不念来龙命脉，罔思下首庇荫，斧斤累伐，侵害无休。是以通族人等触目心伤，相商所有一切苞芦杂植等物，一概重加严禁，以惩家外之人，毋许入山盗窃。若不遵规，登时被获者，即照前规处治，断不轻恕容情。如恃强不服者，合众执彼送官究惩。其经官之费，议定公办众出，不得生端异说，为此预白。"

会产业，以便统一保护。二是由族内各管业人等共同商议，签订禁约合同，形成一致对外的保护模式，禁止外人进入山场盗砍。上引禁约样本中的第三件就是这种模式。

山场股分也会分散在众姓人手中。有的族人将股分出卖给了外姓，也有的本是两三个异姓家庭合买到一处山场。众姓管业人协商加禁，也会订立禁山约。如，歙县寒字号、土名显坑的一处山场，内有15股，分别由程、柯、曹、胡等四姓管业，"被人早晚盗害"，于是15股同心"严禁"。约定由每股出一人登山看管，发现盗砍，15股俱要出人登山捉拿。凡不到者罚银5分。违拗者，砍伐出拚之日，抽该股下大杉木一根。呈官诉讼费用，按"分法"分摊。不分摊的，开山之日，"没其本股杉木入众"。① 整个禁约是围绕着山业股分展开的，合同的议约人是股分管业人。股分人本为共业人，通过禁约合同将分散的股分联合起来，形成了统一的山林保护组织。这个组织不是公共的，而是通过禁约联系起来的私人联合体。它对内组织统一行动，明确责任；对外，管业是合法的私有财产，具有排斥侵害的能力。

禁山约的禁止对象就是山林砍伐人。砍伐人也有两种，一是无分之人，二是股分管业人，也即"有分"之人。前者砍伐山林就是盗砍，与盗窃同罪。后者是因管业权限不明，难以遽定为盗窃。所以，相当一部分禁山约，是要解决股分人砍伐山林的问题。在山林私有制的格局下，山林保护所面临的难题，一是外人盗砍，二是"有分"之人随时上山砍伐。山业经多次分割之后，族内小家庭享有股分管业，由于股分细碎，这些小家庭只看重林木出拚或垦荒种植所带来的直接收益，不重视山林的整体保护。但是，山林是一个整体，其中一些有分之人随意砍伐林木，势必在股分管业人之间形成竞相砍伐的局面，山林也将不复存在，山中的祖坟荫木、来龙风水也遭破坏，并殃及村庄水口。要避免出现竞相砍伐的局面，需用禁山约阻止有分人的砍伐。

## 二、禁止砍伐的办法

禁养山林的办法，在族产、坟山、召租等章节已有较系统的讨论，这里再加归纳。清代禁山约阻止有分人砍伐的办法，约有三种：

第一种办法，是单纯地申明禁约，议定罚则。若今后有分人随意砍伐，按议定的罚则罚钱；不服则呈官究治。这种办法的缺陷是日久废弛，隔一段时间又需重申。如，邵观武等人名叫白云庵的荒山，原先曾申禁，近年来，股分人屡带外人砍斫。只好重

---

① 《清雍正九年（1731年）二月程、柯、曹、胡四姓禁约》（点校本1214页）。

新邀齐四股商议，各股都承诺，愿意罚钱入众公用。于是，"再又立有合同，复申严禁"。

这件合同的可贵之处，是在末尾批注了此次被罚之人的姓名和罚钱数额。① 禁山约中提到山业分为四股，但署名人共有十二位管业人姓名，说明四大股之外还有小股分。经与罚钱人名单核对，发现正如禁约合同所说，六位被罚钱之人，均是山业的股分管业人，其中，邵大株为四大股之一。这进一步印证了，有分人入山砍伐正是禁山约要解决的主要矛盾。

第二种办法，若山林仍在同族之人名下，则将全部细碎股分"归公"，禁山养林，待山林成熟出拼时，按原股分的比例分派拼价。如，吴姓为保护村族水口，将水口上游山林"公禁"。为此，将族内各房名下的山业股分一并"归公"。归公之后，原股分人的比例不变。一份禁约说，这样做是为了防止"嗣后倘有不肖支丁，在于此山砍伐侵损"。山业归公禁养后，切断了有分人与山业的直接联系，明确了山林为族中公产，若有分人仍入山砍，就成了"不肖支丁"。② 采用这种办法的弱点是，不适合两姓以上管业的山林。

第三种办法，是共同将山业召租。将养山、出拼等事务一并召人承管，拼价由召租双方按约定比例分成。一旦订立召租合同，有分人也只能在出拼时按股分获利，平日入山砍伐，会遭到养山人的制止。召租禁养山林在清代徽州较为流行，好处是召租合同切断了有分人与山林间的直接占有关系。同时，有分人和养山人均有利可图，这激励二者保护山林的积极性。这种商业化和组织化的管理方式，有效解决了山林禁养问题。

召租禁养还有一个优点是，它对于同族或异姓股分人都适用。同族的情况，如朱姓禁养之山葬有"九世祖洽府君暨孺人朱吴氏"，该祖坟上植有合围的荫木百十余株，自葬之后，族中人丁茂盛。据说，"如有枯萎，即损人丁"。然而，在雍正年间，"遭不肖支丁行强，恣行尽砍。以至伤害人丁，诸事不顺。各支消乏，蹭蹬不堪"。于是公议修葺兴养，请示立碑严禁。同时，"另召就近的当之人看管，以便朝夕照应，庶有责承。所有在山现在松苗，公同点交看山人经管，载入租召。凡支下人丁，概行恪遵，毋得

---

① 《清嘉庆十一年（1806年）二月邵观武等禁约合同》（点校本1295页）："邵大旺父子以刀斧乱砍，愿罚钱三钱。胡上志兄弟跟邦（帮）乱砍，愿罚钱三钱五分；郑宏转亦跟邦乱砍，愿罚钱二钱；郑宏珍亦跟邦乱砍，愿罚钱二钱。邵大珠挑过乱砍现柴一担，愿罚钱一钱五分。邵永桂因弟跟邦乱砍，愿罚钱二钱。"
② 《清嘉庆十九年（1814年）一月吴上鼎、吴上良等禁约合同》（点校本1310页）。

干犯。如有违者，众议鸣公究治"。① 该禁山约提到"请示立碑严禁"，是将禁山约呈请县衙获批，刻碑立石，以昭郑重。由此，家族禁山约也成为民禁碑的渊源之一。

数姓管业的情况，如吴、程、詹等三姓就土名为社坛前的一处山业共议封禁。约定封禁之后，"本家内外人等，不得入山侵害"，同时约定"倘后出拼，力分三七均分"，说明山林封禁期间，召有"力分"看管。"力分"即力垄，在出拼时获得拼价的三成。吴、程、詹三姓的禁山约在此次整理时发现两件，一件为乾隆五十一年（1786年），另一件为嘉庆二十五年（1820年）。乾隆五十一年的禁山约中提到"今因社坛前出拼之后，今又立合同，封山加禁"，说明乾隆五十一年之前已经召租封禁。② 嘉庆二十五年的禁山约则说："今邀集山支，将苗竹砍斫取用。照依老合同股所均分，不得私取其苗。砍斫之后，本家协力同心，封山加禁。"③ 山林禁养到出拼，获利较大，时间也较长，徽州的山林禁养一般在二三十年左右。吴、程、詹三姓自1786年至1820年的这轮禁养期长达34年。再加上已知的前后两期封禁，也在30余年左右，这处名为社坛前的山林，在清代的召租封禁时间在百年以上。

其间，山场的各股分管业人家产状况不一，不能保证每个股分人均稳定地持有股分。这两件禁山约的优点，是将其间股分移转情况，通过批注加以记载，使我们了解到股分移转的详情。④ 由此可知，召租封禁并不阻碍有分人出售股分。山林禁养本身是有利可图的，资产雄厚的有分人，可以长期持股待出拼时获利。不愿持股之人，因山业股分附有出拼利润，可随时出售。避免有分人贪图小利入山砍伐，有利于山林保护。

---

① 《清乾隆二十九年（1764年）八月洽公支下学季等禁约合同》（点校本1248页）。《清嘉庆二十五年（1820年）十月吴程詹等禁约合同》（点校本1327页）。
② 《清乾隆五十一年（1786年）七月吴程詹等禁约合同》（点校本1268页）。
③ 《清嘉庆二十五年（1820年）十月吴程詹等禁约合同》（点校本1327页）。
④ 《清乾隆五十一年（1786年）七月吴程詹等禁约合同》（点校本1268页）尾批："邦达一大股，加晓、加挺半股，加好、加亮、加福共半股；出卖与茗茁詹再名下。邦进一大股，天珊半股，明尚半股，作三股分，出卖一股与加龙名下，出卖二股与茂钊名下。允贞一大股，作四股分，庆公一股，加震、加云、加成一股，茂钊、永遐共一股，允隆、礼、加月共一股，出卖与茗茁詹就名下。"《清嘉庆二十五年（1820年）十月吴程詹等禁约合同》（点校本1327页）尾批："吴邦达一大股；金凤、金武半股，半股作三股，金元、金林共一股。金达、金法、金通、金进共一股。天瑾一股卖与茗坦詹干租名下。吴邦进一大股；志裕半股，明尚、明榜、高共半股，明尚股卖与茂钊名下，（明）高股卖与茂钊名下，明榜股卖与天玥名下。吴允贞一大股，作四股分，庆公一股，允隆、礼、加月共一股。茂钊、金遐共一股，茗坦詹就股卖与茂镰名下。"在点校上，与点校本有所不同。

### 三、禁山约的性质

禁山约和其他公共事务类禁约一样，使用"禁约""申禁""严禁""加禁"等字眼。它的确受法律保护，但效力基于私人管业。

禁山约是股分管业人之间订立的加禁合同，这是它与其他禁约合同的主要区别。通常来说，合同的拘束力仅及于当事人之间，合同的一方当事人只能向另一方当事人请求给付，不能向无合同关系的第三人提出基于合同上的请求，此即合同的相对性或债的相对性，也称合同相对效力原则。在清代，虽然没有以上规范的表达，但合同只能约束合同当事人，这一点是相当的。现在发现的清代禁山约，乍一看是要对合同之外的第三人产生拘束力，这是否突破合同效力相对性的惯例呢？其实不然。禁山约是管业人基于管业股分，相互联合成一个新的财产组合。这个财产组合对内限制股分人的处分权，对外宣示山场管业的排他性。禁山约对外人的排他性是基于管业，就像所有权可以排斥他人侵害一样。事实上，禁山约并不规定对外人的罚款，而是约定股分人有责任共同扭送外人见官。这清楚地表明，禁山约的当事人非常清楚，他们不能以合同约定的罚则来惩罚盗砍者。总之，对抗盗砍者是基于管业，而非合同。

禁山约对山场股分人的约束力则是基于合同的效力。它约定股分人齐心登山，捉拿盗砍人，对不登山捉拿的罚钱，并可惩罚股分人随意砍伐林木。这些都是有分人承诺，作为合同条款写入禁山约的。实际违约者缴纳罚钱的实例，也证明合同罚则对当事人是有效的。

所以，以禁山约为代表的禁约合同，是典型的建立在私人产权基础上的。禁山约对内约束山场管业人随意砍伐林木的行为，对外阻止无分之人盗砍山林。它基于合法的管业，当然受到法律的保护，是合法的合同。但是，禁山约关注的是私人利益，而非公共利益。只不过山场和山林本是地方生态环境的一部分，禁山约强化了山场和山林的保护，发挥保护当地生态环境的作用。

放在明清时期山场私有制的背景下，禁山约显然不是处理公共事务的禁约，而是业主在私人地产上确立联合关系的契约。它也是通常所说的"乡规民约"中的"民约"。

事实上，本章所讨论的清代禁约合同，就是"乡规民约"的总和。民间订立的窃盗禁约及各种社规，就是乡规。乡规的判断标准是属地性。在获得官府批准后，社规可以约束所有进入该地方的人。禁山约，以及家族为保护坟墓而订立的禁约合同，都属于民约的范畴。它们代表了私人或私团体的利益，判断标准是属人性。它们对团体内部成员有约束力，不能约束团体以外的人。但它联合团体内部成员，加强了抵抗外人的力量。

公议禁约处理的是公共事务，需有普遍约束力，往往呈禀官府，获得批准后刻石立碑，这就超越了私人合同的性质，成为一种地方自治规范。也有的禁山约或坟墓禁约，同样呈请官府保护，出示严禁盗扰，这就超越了私人合同的性质，而成为地方禁令。但是，这些现象更提醒我们，不能混淆地方自治规范与私人合同的区别。或者说，不能贸然地将清代民禁约一概视为约束不特定人的行为规范。这是民禁约与官禁约的基本区别。

严格来说，约束不特定人的行为规范，只能由公权力机构制定。明清时期的情况是，除了官府外，任何民间团体都不能当然地代表公权力，因此，官禁约之外，公共事务类禁约也只能采取"公议"的形式。但是，要满足"公议"这一形式条件，意味着要获得本地所有居民的同意。公议禁约以权威人士代表署名，试图化解这个形式上的难题。如果要求获得所有地方居民的实质同意，那就接近公投或普选了，这是我们未曾听闻的。因此，所谓的"公举"，是否真的获得了所有本地居民的同意，仍需存疑。这也就决定了，一些跨区域或跨人群的公共事务，只能通过呈请官府批准的形式来获得约束不特定人的效力。

第二十四章

# 乡约与乡禁约

## 第一节 明清时期的乡约

只有乡约,既不需要当地居民的同意,也不需要官府批准,而有权就公共事务发布禁约。了解乡约发布的禁约,对认识明清乡里自治秩序的形成、官民关系、乡里自治办法等,都有极重要的意义。

### 一、乡约的渊源与发展

熙宁九年(1076年)十二月,吕大钧推出的《蓝田吕氏乡约》(又称《吕氏乡约》),后经朱熹增损,对后世乡村治理产生了深远影响。《吕氏乡约》又受唐代社条的影响。社条是民间结社的契约文书,社人结社时需在社条上署名。社条的合法性来源于社人的共同承认,署名之后的社条可约束社人行为。官府也以社条为依据,处罚触犯社条之人。① 社是一种自治组织,先秦以来一直保留于乡村基层社会,绵延至民国,未曾断息。自由结社的传统,启发了宋代士大夫创建乡约。自《吕氏乡约》后,经明代士大夫的接续,到明中后期,歙县各地已建乡约,于是乡约与乡社并行不悖。

《吕氏乡约》以"德业相劝、过失相规、患难相恤、礼俗相交"为宗旨。具体实施

---

① 金滢坤:《论唐五代宋元的社条与乡约(二)——以吕氏乡约、龙祠乡社义约为中心》,《敦煌研究》2008年第1期。

办法是惩恶扬善，寓道德教化于生活场景。在基层社会建立自治组织，展开日常评价，可追溯到魏晋时期的"月旦评"。① 或可说，《吕氏乡约》又是社条与"月旦评"的综合产物。

《吕氏乡约》的关键在于士绅主导，因争议颇多，在宋代基层社会推广不远。元朝推行村社制度，村社义约仍是延续汉唐以来村民结社互助的传统。明初期，已有一些地方官倡导绅民自办乡约，如永乐二年（1404年）进士王源，在知潮州府任上推行《吕氏乡约》，正统三年（1438年）退居乡里，又于邑中倡行乡约。在正统至弘治朝（1436—1505年）的七十年间，泗州、济宁、温州等州县也出现过官办乡约，只是未获朝廷支持，发展缓慢。② 正德以后，明朝统治已出现深刻的危机，王阳明作《南赣乡约》（正德十三年即1518年前后），乡约又在南赣及福建龙岩、江西吉安、广东揭阳等地推广起来。这些乡约多以士绅为主导，因得不到地方官支持而不能持久。能够实施的地方，主要得益于当地任官的王门弟子的倡导。最早实施阳明式乡约的江西吉安等地，多采用乡约与保甲合一的体制。③ 到嘉靖初礼部檄文，乡约才在全国推行。

乡约能在明中期以后兴起，实以社会动乱、匪患蜂起为背景。对外备战和安靖地方是其主要目的和功能。内地的乡约，有宗约、士约、会约、乡兵约之分。其中，乡兵约就是一种兵民结合的组织，其余各种乡约也有备战御患的功能。④ 以岩镇乡约为例，它成立于嘉靖二十三年（1544年），宗旨是维护地方治安。⑤ 嘉靖三十四年（1555年）的岩镇备倭乡约，则为防备倭寇进犯。当年，倭寇两次侵入歙县，《题岩镇备倭乡约》中说："固严闸栅，庶缓急守卫有基；推举骁勇，俾临事当关足恃用"，一派临战状态。陈柯云据《歙县志》的记载，推测此时抵御倭寇的就是乡约中的乡勇。⑥ 内地乡约既以备战防御为宗旨，边地更是如此。嘉靖二十九年（1550年），蔚州人尹耕著《乡约》一书，以抵御"北虏"为背景，分为堡置、堡势、堡卫、堡器、堡蠹、堡众、堡教、堡

---

① "（祖）纳尝问梅陶曰：'君乡里立月旦评，何如？'陶曰：'善褒恶贬，则佳法也。'……陶曰：'此官法也。月旦，私法也。'"［唐］房玄龄等撰：《晋书·祖逖传》，中华书局1974年，第1699页。
② 曹国庆：《明代乡约推行的特点》，《中国文化研究》1997年春之卷（总第15期），第17页。
③ 黄志繁：《乡约与保甲：以明代赣南为中心的分析》，《中国社会经济史研究》2002年第2期；衷海燕：《明代中叶乡约与社区治理——吉安府乡约的个案研究》，《华南农业大学学报》2004年第3期。
④ 曹国庆：《明代乡约推行的特点》，《中国文化研究》1997年春之卷（总第15期），第20—22页。
⑤ 岩镇乡约序文："今者天时亢旱，人心忧危。奸党乘机邪谋窃发，假称借贷，敢拥众于孤村。倚恃强梁，辄纷臂于单弱，白昼公行而无忌，昏夜不言而可知。"［清］佘华瑞：《岩镇志草》贞集《艺文下》，《中国地方志集成·乡镇志专辑》（第27册）。
⑥ 陈柯云：《略论明清徽州的乡约》，《中国史研究》1990年第4期。

习、堡符、堡费、堡候等篇。尹耕自道此书目的："乡成则畎亩皆险，约举则耒耜皆兵。塞以严外防，而堡以严中坚；兵以战境上，而民以战清野。不俟督责之繁，而人自为力；无待教阅之素，而俗自知方。"① 郝铭在该书的序中也提出，边地乡约应是全民皆兵。民与兵的区别，仅在于兵是出战于野外，民是守战于城内。② 以此可知，尹耕的乡约是兵民结合的战争体制。

综上，明中后期的乡约具备安靖地方和备战御患的作用，切中局势，才能逐渐兴起于全国。又因阳明心学自晚明以来被奉为儒学正宗，影响巨大，《南赣乡约》遂为后世奉为乡约正宗。其实，《南赣乡约》也是王阳明为配合保甲制而设，目标是御患治匪。只是后世突出道德宣讲，强调其承平时期辅弼政治的功能，以帮助乡约在国家基层体制中站稳脚跟。应该看到，《吕氏乡约》在宋代推广不远，正因其以宣讲教化为主，流于教条。换言之，乡约中暗含了两套话语系统：朝廷承认的正式话语中，它是教化宣讲的组织；民间的非正式话语中，它是以备不虞的自治组织。

## 二、清代的乡约

清顺治十六年（1659年），令全国举行乡约，宣讲圣谕六条。康熙九年（1670年）颁布《圣谕十六条》。康熙十八年（1679年），浙江巡抚奏进《乡约全书》，刊刻分发。雍正二年（1724年），颁《圣谕广训万言》，令各省通行讲读。③ 乡约在清代国家体制中有了依据，得以普遍设立。清廷对乡约的定位是宣导教化，事务较虚。康熙中期以后，朝廷重视推行保甲，试图以保甲制维持地方治安。乡约能否由虚入实，端视地方官府与士绅如何理解。若完全按照朝廷的定位，乡约就成了宣讲的仪式道具。若实力举行，则乡里事务无论巨细，均可归入"教化"二字。清初的一些士绅，倡导实力推行乡约，甚至把乡约长作为一级行政机构，乡里事务无不统于乡约之下。④

---

① ［明］尹耕：《乡约 塞语》（丛书集成初编），商务印书馆1936年，第2页。
② ［明］郝铭："乡约者，约乡人为守御事也。国家虏患始于宣德、正统之间，镇兵与虏战，失利于鹞岭虞台之役，近年遂剧，时势为之也。选徒治兵，凿凶分阃，公家戒严久矣。蔚有朔野子者，往谓余曰：战兵事，守民事，城堡备具，不宜烦督责。里闬当自为之。余善其说，因曰：盍为约以倡乡人？朔野子退而述约。"《乡约序》，《乡约 塞语》（丛书集成初编），商务印书馆1936年。
③ 《清朝文献通考》卷二十一《职役考一》。
④ 如，陆世仪："予尝作治乡三约，先按地势，分邑为数乡，然后什伍其民，条分缕析，令皆归于乡约长。凡讼狱、师徒、户口、田数、徭役，一皆缘此而起，颇得治邑贯通之道。"［清］陆世仪：《论治邑》，见徐栋《保甲书辑要》，同治戊辰（七年，1868年）江苏书局刻本。

自明嘉靖朝各地兴办乡约以来，乡约多由士绅充当，地位较高。嘉靖中，福建晋江青阳乡约庄用宾乃嘉靖八年（1529年）进士，曾任刑部员外郎，出为浙江按察佥事，后罢职在家，乡人举为乡约。① 以进士身份而充乡约，可见乡约兴起时的风气。清初，约保制下的乡约一般也由士绅出面，以士绅威望为后盾。保甲则多为乡民轮充或募雇，这就难免形成乡约重而保甲轻的格局。故清前期许多地方的乡约有控制乡里的实权。他们定期聚会，接受乡民投词，调处大小纠纷；督促保甲值更巡夜、预防水火；组织桥梁、祠庙等地方工程修缮；灾荒时期则组织赈灾捐助等活动。从乾隆十八年（1753年）闽西四保南柴坑八将约禁碑的残存文字可知，保护水口、蓄植林木、防流丐、防窃盗、禁下溪毒鱼等乡村事务，② 均在乡约管理范围内。另外，各地乡约因俗设禁，颁有禁赌博、禁火葬、禁窃盗等禁约，发挥移风易俗的作用。

清中期以后，乡约的优越性逐渐丧失，约保合一体制带来未曾预料到的弊端，乡约与保甲同被官府视为乡里职役。地方官让乡约承担拘集嫌犯和催征钱粮等事务。乡约的徭役化，使士绅避之唯恐不及。③ 婺源县的乡约实例研究表明，事务繁巨、负担过重、容易结怨、衙役滋扰等，是无人愿充乡约的主要原因。到光绪年间，婺源蚺城已有多名乡约远走他乡，以避连充乡约之厄。④

廖华生对婺源蚺城约保的研究，刘永华对闽西四保的研究，向我们显示了自明代一直延续至清末的乡约实例。尤其是闽西四保的乡约实施情况，有多种文书相互印证，背景较为清晰，揭示了明末清初四位乡约首领的身份：除两位有贡生或捐监的身份，属于下层士绅阶层外，另两位是普通乡民，其中三位约首的家境都很一般，并非殷实人家。这些现象说明，早在清初，一些地方的乡约首领已非士绅充任。该地推行乡约的缘由，一方面是"乡俗日薄，百孔千疮"，另一方面是一些丁少的小家族常受大族欺凌，且当地常有匪患，"组织上保约的缘由，就在于联合几个小族的力量，与大族和盗匪抗衡"。⑤ 这不禁使人联想到明中期乡约兴起的背景也是社会动乱。

咸丰以后，时局动荡，乡约也有新的变化。有学者认为，晚清乡约发生畸变，约保合一制使乡约丧失了乡村治理的特性，乡约逐渐向保甲靠拢，出现准军事化组织的

---

① 《晋江碑刻选》，粘良图选注，吴幼雄审校，厦门大学出版社2002年，第56页。
② 刘永华：《明清时期闽西四保的乡约》，《历史人类学学刊》第1卷第2期，第24—25页。
③ 胡庆钧：《从蓝田乡约到呈贡乡约》，《云南社会科学》2001年第3期；廖华生：《清代蚺城的约保》，《安徽史学》2006年第5期。
④ 廖华生：《清代蚺城的约保》，《安徽史学》2006年第5期。
⑤ 刘永华：《明清时期闽西四保的乡约》，《历史人类学学刊》第1卷第2期，第29—30页。

倾向。① 我们认为，这恰与明代乡约兴起时防御备患的宗旨相呼应，是乡约向实际功用回归的表现。从这一意义上说，晚清乡约无所谓衰败，而是在因应承平和动荡的切换中，体现出民间自治组织的生命力。《吕氏乡约》和《南赣乡约》把儒家治世的理想，投射在民间自治组织上，试图通过士绅领导，改造民间乡社组织。但乡约的基础在于备患，若剥离了基础，就只剩下宣讲教化的空壳。

通观明清时期的乡约，明前期的乡约因无朝廷支持，且无御患备战的必要，无法大力发展；明中期以后，因时局动荡，作为御匪备患的自治组织，乡约有了社会认同，再经朝廷承认，得以全国推广。至清前中期，朝廷将乡约定位为宣导教化，士绅出任乡约，较好地主导了乡村自治；从明中期至清前中期为乡约的兴盛期；至清晚期，约保合一制渐渐使乡约丧失了独立性，沦为与保甲相类的杂役贱务，地方精英因乡约贱役化，不愿充任乡董，于是乡约渐轻而保甲渐重。宋明士大夫提出以士绅主导的乡村自治理想，自此不振。

## 第二节  乡禁约

乡约内部常设有约正、约副等职务，利用乡约所或废弃寺观等作为固定场所，约正、约副定期聚会，讨论乡里事务，商定规条，以禁约形式发布。乡约发布的禁约，又称乡禁约。

### 一、乡禁约的渊源

乡禁约的由来，与《吕氏乡约》的构想有关。《吕氏乡约》认为，乡约具有"过失

---

① 杨念群：《基层教化的转型：乡约与晚清治道之变迁》，《学人》第 11 辑，江苏文艺出版社 1997 年，第 107—151 页。

相规"的功能。① 有过则有罚,《吕氏乡约》又定有"罚式"。② 明中后期各地兴办乡约,直接效法《吕氏乡约》,对有过之人施以规劝、惩罚。明嘉靖二十四年（1545年）福建晋江县《青阳乡约记》碑,记载了青阳乡约的情景:

> 悬条约于堂。至朔望,偕诸巨姓四十人抵其所而申明焉。分为十甲,每岁庄姓偕诸巨姓各二人,分董其事。务在相劝相规,相友相恤。有善者与众扬之,虽微不弃。有犯者与众罚之,虽亲不贷。抑强而扶弱,除奸而御盗,解纷而息争。由是凡子弟以礼相轨,僮仆以法相检,乡族以睦相守。鸡犬赖以宁,百谷果木赖以蕃,沟渠水利赖以疏。③

碑中记载庄用宾等人以石鼓庙为聚会场所,以乡内各"巨姓"代表作为乡约董事,将全乡分为十甲,庄姓派人与董事在各甲实施"相劝相规、相友相恤"的工作,即《吕氏乡约》中的"德业相劝""过失相规""礼俗相交""患难相恤"四则的简称。碑刻中说"悬条约于堂",此"条约"可能即指《吕氏乡约》。又称"有犯者与众罚之,虽亲不贷",当是执行《吕氏乡约》中的"罚式"。

明中后期的乡约,还多少有些仿照明初里老人制度的痕迹。明初《教民榜文》赋予里老人"断决"细故案件的权力。④ 里老人的办公地点是"申明亭"。诏建申明亭的时间是洪武五年（1372年）二月。⑤ 又于洪武十五年（1382年）八月定制,申明亭内只书"十恶、奸盗、诈伪、干名犯义、有伤风俗,及犯赃至徒者"。其余杂犯公私过

---

① "过失,谓犯义之过六,犯约之过四,不修之过五。犯义之过,一曰酗、博、斗、讼;二曰行止逾违;三曰行不恭孙;四曰言不忠信;五曰造言诬毁;六曰营私太甚。犯约之过,一曰德业不相劝;二曰过失不相规;三曰礼俗不相成;四曰患难不相恤。不修之过,一曰交非其人;二曰游戏怠惰;三曰动作无仪;四曰临事不恪;五曰用度不节。已上不修之过,每犯皆书于籍,三犯则行罚。"[宋]吕大钧:《吕氏乡约》,陕西通志馆1934年印。
② "犯义之过,其罚五百,轻者或损至四百、三百。不修之过及犯约之过,其罚一百,重者或增至二百、三百。凡轻过,规之而听及能自举者,止书于籍,皆免罚。若再犯者,不免。其规之不听,听而复为,及过之大者,皆即罚之。其不义已甚,非士论所容者,及累犯重罚而不悛者,特聚众议,若决不可容,则皆绝之。"[宋]吕大钧:《吕氏乡约》,陕西通志馆1934年印。
③ 《晋江碑刻选》,粘良图选注,吴幼雄审校,厦门大学出版社2002年,第53页。
④ "民间户婚、田土、斗殴相争一切小事,须要经由本里老人、里甲断决。若系奸盗、诈伪、人命重事,方许赴官陈告。是令出后,官吏敢有紊乱者,处以极刑;民人敢有紊乱者,家迁外化。"《教民榜文》[洪武三十一年（1398年）四月],万历七年（1579年）刻本。
⑤ 《明太祖实录》卷七十二"建申明亭":"乃命有司于内外府州县及乡之里社,皆立申明亭。凡境内人民有犯,书其过名,榜于亭上,使人有所惩戒。"

误，非干风化者，均不书写。① 里老人制度在明前期已渐废弛，顾炎武《日知录》"乡亭"条下原注："宣德七年（1432年）正月乙酉，山西按察佥事林时言：洪武中，天下邑里皆置申明、旌善二亭，民有善恶则书之，以示劝惩。凡户婚、田土、斗殴常事，里老于此剖决。今亭宇多废，善恶不书，小事不由里老，辄赴上司，狱讼之繁，皆由于此。"② 此时距建立申明亭才60年，明初里老人聚集申明亭平讼断案、惩恶扬善的遗制，还清晰地存留在乡民记忆中。

所以，《青阳乡约记》中说："至朔望，偕诸巨姓四十人抵其所而申明焉。"此处用"申明"一词不是偶然的。又说"有善者与众扬之，虽微不弃。有犯者与众罚之，虽亲不贷"。又，叶春及在惠安知县任上（1570—1574年）推行乡约："凡乡约内，有违六谕，悖四礼，纠而不悛，及社学、保甲诸人有犯者，约正等会众以其人拱立于社。"③ 这些均有模拟里老人于申明亭听讼的影子。至清代，闽台地方的乡约仍保留着平讼断案、惩恶扬善的机制，也可见里老人制度对乡约影响之深远。④

## 二、乡禁约的内容

各地乡约在明末时，已越出平讼断案、惩恶扬善的机制，独立地颁布禁约，但具体时间已不可详考。清初，以乡约颁布的禁约已见于多个地方。南方如闽西四保上保约颁布的乡禁约，开首文字有"立禁字人上保约某字班乡约等""长汀县四保里上保约正姓为严申大禁以一风俗事"等，⑤ 均是以乡约名义颁布的禁约。刘永华摘录了闽西约保的五件禁约，禁约A为《禁鸡鸭约》，内容为禁止"鸡鸭躁食田谷"，同时禁牵牛游田塍，禁偷盗秆草，禁偷割黄禾，禁偷割粟子，禁"拦途劫抢盗牵耕牛"，等等，属于综合禁约。禁约B的内容为严禁盗贼偷窃行为，为单项禁约。禁约C名为《禁田禾》，内容与禁约A相近，是申禁"牛羊鸡鸭鹅等畜践食禾苗"。禁约D是重申以往禁约，估计本有禁约条款，但抄本从略。若有犯禁约者，"公扯约所，小则议罚，大则重惩。再抗拒不服，定闻官究治。纠察之人，不得徇嫌徇私，受钱卖放。又不得欺善畏恶，挟

---

① 《明太祖实录》卷一百四十七。
② ［清］顾炎武：《日知录集释》卷八，黄汝成集释，上海古籍出版社2006年，第474页。
③ ［明］叶春及：《惠安政书》，福建人民出版社1987年，第349页。
④ 汪毅夫：《明清乡约制度与闽台乡土社会——〈闽台区域社会研究〉之一节》，《台湾研究集刊》2001年第3期。
⑤ 刘永华：《明清时期闽西四保的乡约》，《历史人类学学刊》第1卷2期，第38—40页。

仇排捉"等。禁约E的内容为严禁"鸡鸣狗盗"。乡约、保甲本有弭盗安民之责，该禁约体现了乡约维持乡村秩序的作用。刘永华还发现，禁约C与陆培汇编的明末刊本《云锦书笺》一书中的《田禾禁约》文字几乎相同，是明代禁约样本影响乡禁约的旁证。

学界一般将乡约发布的规约统称为乡规民约。实则，乡约虽有"约"字，但它已是一级地方自治组织，受到朝廷的承认和概括授权。乡约颁布的禁约，有明确的地域管辖范围，拘束力及于一乡之民，是属地性的规范，称其为乡规，名副其实，称其为民约则误。

乡禁约规范的事项，也能体现其公共性。它所涉及的内容多是乡里细事，如禁鸡鸭啄食田禾、禁偷禾苗、禁纵畜践踏等，又如禁偷盗、酗酒、赌博等。但这些细事具有普遍性，不限于特定之人。乡禁约着眼的是乡里秩序，也不局限于一事一案的处理。由此又表明，乡约与里老人还是有区别的，它已上升到统辖乡里秩序的高度，而非单一功能的职务。

乡禁约也有与官禁约结合的。乡约将本乡需禁止事项呈禀官府，由地方官批示后，出示晓谕。如嘉庆二十一年（1816年）潞安府长治县知县谕令冯村乡约，其后有十条禁令。[①] 碑刻序文摘录如下：

> 长治县正堂罗示谕冯村绅士乡约人等知悉，照得约正之设，上而伺办公务，下而稽察匪类，不容废弛，务要致公。今据□村绅士，遵照旧章选举妥人充膺十三班乡约轮流值月办公，整饬村规，缮册呈标，胪列规条，锄恶安良，法至善也。嗣后该村人等务须遵规奉行，毋罹法网，各直恪遵。特谕。[②]

由此可知，此项禁约先由新任冯村十三班乡约联合商议，"缮册呈标"。州县阅后照准，将乡约呈请的禁约条款附在州县谕令之下，以官府告示的形式颁布，属于"请示＋官府批示"类的禁约，实质是乡禁约得到官府承认，上升为行政命令或地方行政规章。同时，该村乡约经州县授权后，也成为全面管理本乡秩序的公共机构。

---

① 山西长治知县委托乡约查禁事项：（1）包娼、窝赌，滋生事端；（2）假庆贺为名，硬行索讨酒钱；（3）年终岁暮，借送礼为名扞抽分；（4）把持丧葬，肆横多索钱文；（5）结党行凶，吃酒骂街；（6）贩卖有夫之妇，不得入境；（7）孀妇改嫁听其自愿，翁姑亲族不得抑勒；（8）外来可疑无籍之人；（9）设立小社，祭祀淫神，假借神威，凌辱善良；（10）乞丐、游僧等借红白二事，多索钱文；等等。
② 张正明、〔英〕科大卫主编《明清山西碑刻资料选》，山西人民出版社2005年，第686—687页。

## 三、乡禁约的性质

总的来说,乡禁约不同于公议禁约。公议禁约是村社居民或其首领协商的行为准则和罚则,载体是合同,它们虽然也称为规,本质上却是契约关系,可以约束当地居民,不能约束外地人。但经官府批准授权后,上升为"乡规",具有属地性,可以约束进入本乡的外地人。乡禁约无需本乡之民参与议立,由乡约所制定和颁布,在乡境内具有拘束力,是当然的"乡规"。

乡禁约与公议禁约又有密不可分的关系。乡约在某种意义上延续着社的传统,社是众人立约的结果,是在社条约束下的自治组织。乡约之"约",隐含着乡民共同立约、相互约束的含义,明中期乡约的兴起有赖于士绅倡导,而离不开乡民共同立约和参与。明嘉靖朝和清康、雍二朝,朝廷自上而下地推行乡约,使乡约的合法性无需建立在众人立约的基础上。即使如此,宣讲教化仍需乡民参与,若仅凭国家强制,没有乡民自愿参与,讲约不过流于形式。更重要的是,清初乡约处理乡里公共事务的权力,在国家定制中找不到依据,约首不是朝廷命官,办理乡约需自筹经费,不依赖国家拨款。能以乡约名义办理乡里事务,除了州县官支持和约首威望,必须争取乡民的认同。因此,若抛开法定的讲约责任,某地乡约能否处理当地公共事务,实际借助"约"的内在合理性,也就是借助当地乡民发自内心的认同感。约首,有的是生监、致仕官员身份,有的只是普通乡民,并无官身支撑。约首的权威,关键在以公心为乡里服务,以实际行动获得绅民的信任。只是乡约一旦运作起来,又脱离了一般意义上的民间合同组织。通过合同建立的组织,具有临时性和人群特定性。乡约是常设机构,有乡约所作为固定办公场所,且有固定的辖境,是典型的公共机构,是民国以来乡镇政府的前身。它有权独立颁布行为规范,其中禁止性的规范即乡禁约。

乡约颁布乡禁约的权限,是自上而下还是自下而上,值得斟酌。按王阳明在南赣创办乡约时的设想,乡约首领应当由乡民推举。[①] 乡约的合法性和权威性来源于乡民的承认。但是,若后世乡约要符合王阳明的构想,内部必须建立一种自下而上的推举机制,由被推举之人组成乡约组织,实行贤人政治。如此,乡禁约的制定权限也就来源

---

① "同约中推年高有德、为众所敬服者一人为约长,二人为约副,又推公直果敢者四人为约正,通达明察者四人为约史,精健廉干者四人为知约,礼仪习熟者二人为约赞。"[明]陈龙正:《阳明先生乡约法》,王云五主编《健余先生抚豫条教及其他二种》,商务印书馆 1939 年。

于自下而上的授权。事实上，这种同约推举约首的做法，在实际运行时障碍颇多。至今，我们尚未看到过推举机制运行的史实，若真的采用推举制，可能也不见容于官府。

以福建晋江的青阳乡约运行情况为例。嘉靖初，泉州知府王士俊曾推行乡约，但随即"官去而遂废者"，《青阳乡约记》总结当时乡约废败的缘故是："其故在士夫以杜门谢事为高，而不屑于任怨；有司以权柄下移为讳，而不常以任人。法虽良而罔克有终者此耳。"① "有司以权柄下移为讳"一句，精炼地表达了乡约废败的隐情。前任地方官卸任，后任者视乡约为前任政绩，不会加以支持。若乡约采用绅民推举制，更有架空官府之嫌。所以，若乡约实行推举，则乡约往上也需推举，方可无虞"权柄下移"的忌讳。也就是说，乡里若要自治，则州县不得不自治。以此类推，各级才能皆无"权柄下移"的忌讳。否则，地方官既然由上面任命，则必定阻挠乡约的自治性。青阳的士大夫"不屑于任怨"也值得玩味，它是与"有司以权柄下移为讳"相对应的，士绅若出任乡约，所任之怨究竟出自乡民还是地方官，实有推求的必要。若是官府有怨望，实力举行乡约自然无从谈起。

再看庄用宾出任乡约的情形，《青阳乡约记》提到："向者举方塘庄子于官，庄子辞弗获，而任之有年矣，乡民倚重焉。"② 由此可知，庄用宾任约首得到了乡举，但是，是谁"举"出来的？碑记中语焉不详，显然不是真的有一套成熟的选举机制。碑记撰稿人洪富提到，前来约请他撰写碑记的人有"荣□林君昭德、赞政赵君銮、岁廪生庄君苗、耆长张君文玺、庄君子泽、庄君朝采、庄君文宗、郡庠生庄子天兴"等，由此推知，"赞政""岁廪生""郡庠生"等乡里士绅，就是推举庄用宾出任约首的庄主力。但是，这些士绅是如何享有代表乡民的权力，碑记中没有交代。就算士绅具有自行代表乡民的权力，他们推举出来的结果，并非最终结果，所谓"举"，是举于官府，这就不是选举之举，而是举荐之举。向官府举荐之后，获得了知县认可，庄用宾再向知县推辞，不获准，只好勉力为之。其后，因他实力举办乡约，才受到乡民的"倚重"。

由此可知，明中期各地的乡约首领不是乡民推举制下产生的，而是举荐制的结果。推举制与举荐制的不同，就在于推举制产生的乡约首领独立于官府，向推举人负责；举荐制是举荐人并无决定权，约首需得到官府批准或委任。举荐制是举荐在先，委任在后，约首自当向委任人负责，只是需要处理好与举荐人的关系。

清代与明代又不同，官府干脆把乡约作为下属，推举制早已名存实亡，举荐也已

---

① 《晋江碑刻选》，粘良图选注，吴幼雄审校，厦门大学出版社2002年，第52页。
② 《晋江碑刻选》，粘良图选注，吴幼雄审校，厦门大学出版社2002年，第53页。

流于形式。乡约不但由州县官委任，并由官府颁发戳记。王凯泰的《台湾杂咏》中有诗："宰官颁戳各乡承，约长居然总理称。执版道旁迎与送，头衔笑看两门灯。"其注曰："乡约名总理，地方官给戳记，门口悬大灯，亦总理衔。"①

这诗就是讽刺当时的乡约已经脱离了乡民推举的初衷，变成了职役身份。

如此一来，把乡约作为明中期至清代的乡里自治机构，也值得怀疑。乡约是基层自治组织的依据，主要在于乡约首领没有官身，未纳入国家品官体系。我们认为，乡约首领的确是判断明清乡一级政权性质的主要依据，但约首们没有官身，不能直接推导出乡约为自治机构。理由在于，没有官身，只能说乡不是法定的一级地方行政区，与乡是否为自治组织，没有直接的因果关系。

中国古代的政治自治思想出自黄老一脉，强调排除人的主观设计，循"道"而治。故《尹文子·大道上》曰："法用则反道，道用则无为而自治。"《淮南子·诠言训》："君子修行而使善无名，布施而使仁无章。故士行善而不知善之所由来，民淡利而不知利之所由出。故无为而自治。"到宋明理学，新儒家部分地接纳了这种自治思想，提出"但能内君子而外小人，天下自治，何必深治之哉！"②这又使自治思想由外到内，与儒家内修而外王的路径相通。总的来说，黄老的自治思想虽有启发，尚流于空疏。中国思想史上没有关于政治自治的系统学说。在古代中国政治话语中，"自治"意味着摆脱君主或中央权力的控制。如《汉书·南粤传》"服岭以南，王自治之"，《新唐书·北狄传·黑水靺鞨》"离为数十部，酋各自治"，都是形容地方政权或少数民族政权脱离中央控制，不服中央管辖，中央集权国家需要防范。因此，在古代主流政治话语中，"自治"是偏向于贬义的概念。

自治概念的重新诠释，是近代以来的事情。随着现代政治自治思想的传入，近代中国掀起地方自治的思潮和实践活动。这种现代政治意义上的自治，与古汉语中的"自治"涵义相去甚远，只因"自治"一词最贴近现代自治理论，在翻译西语时对应使用并流行开来。现代政治学意义上的自治，在英文中有两个对应概念，一是 autonomy，二是 self-government。前者的字面意思是"自我统治"，"在通用的政治语言中，亦指

---

① ［清］王凯泰：《台湾杂咏》，《台湾杂咏合刻》，台湾大通书局《台湾文献史料丛刊》本。转引自汪毅夫《明清乡约制度与闽台乡土社会——〈闽台区域社会研究〉之一节》，《台湾研究集刊》2001年第3期，第74页。
② 《朱子语类》卷七十二。

实行自我管理的国家,或国家内部享有很大程度的独立和主动性的机构"。① 通常来说,民族自治或地方自治更多地使用 self-government,由此发展出来的自治学说,是以自决权(self-determination)为先决条件,在自决的基础上,主张共同体由各自的代表实行统治,效果最好。具体到政治操作层面,它至少包含一定区域内的自主管辖权和内部政治自主两个层面,"即由共同体代表们来控制本共同体的经济、社会和政治事务;虽然这种自治不包括防务、法律和秩序以及外交事务,但是本土管辖使各种族成员能在很大程度上控制共同体的资源和社会政策"。② 可见,代表制、自决权、区域内重大事务管辖权(不含宣战权、立法权和外交权)等,是现代自治学说中的内核。

明嘉靖初,国家将乡约纳入正式体制,清初沿之,赋予乡约宣讲教化之责。明中后期兴起的乡约,有替代里老人的味道,它本身不是一级行政机构,也不具有行政管辖权,而是履行惩恶扬善和息讼止争等职责,这些职责勉强接近司法权。通过地方官和士绅的努力,至迟到明末,乡约渐渐具有了地方治理功能,不过,治理的事务局限在较小范围内,且处理事务的权限来源于州县官的委托授权。因此,无法认同此时的乡约具有了全面控制本乡经济、社会和政治事务的权力,更毋庸说享有内部自决权。比如,乡约可以发起小型的募捐活动、倡议修筑某处桥梁等,却不能广泛调动乡村的人力、财力,对乡内村庄、道路进行全面整修;又如,乡约可以发布规约或禁约,但限制在细事内,稍微重大的事务需呈请官府批准。最重要的是,乡约不可能对本乡的税赋有任何提议权或决定权,在税赋方面,约首只是一个执行人的身份。到清中后期,乡约进一步蜕化为职役身份,成了协助州县差役缉拿人犯、催科钱粮时的助手,士绅渐渐退出约首群体,与地方自治更没有关系了。

乡约不能视为一种地方自治机构,还因为乡约首领并非乡民推举而来,也即乡约内部从未采用代表制。实际上,王阳明等明代士绅设想的推举制,也未在明嘉靖朝后的乡约实践中真的实现过,更不用说上升为制度。真正产生乡约首领的办法是地方士绅举荐,再由官府委任,且官府委任是决定性因素。约首不因推举而产生,就谈不上代表共同体的意愿,最多只能说代表了部分士绅或巨族的利益。这也是乡约只能依附官府的原因。我们固然不能否认明代士大夫关于乡约的论述中,已经出现了基层社会自治的思想(这种自治思想脱胎于儒家的传统理论,形成于士大夫的独立思考,虽有

---

① 〔英〕戴维·米勒,韦农·波格丹诺编,中国问题研究所等组织翻译《布莱克维尔政治学百科全书》,中国政法大学出版社1992年,第48页。
② 〔英〕戴维·米勒,韦农·波格丹诺编,中国问题研究所等组织翻译《布莱克维尔政治学百科全书》,中国政法大学出版社1992年,第694页。

明显的时代烙印，但在中央集权制的大背景下，显得极为可贵。对于这样的思想，自然不能不抱持一种敬意），不过，也应看到，无法贸然将士大夫言论作为证据，以证明乡约是古代中国自治制度。

乡约的性质，又直接影响到对乡禁约性质的认识。如果以朝廷设置职官作为一级地方行政权的依据，乡约没有官品，不在职官系统之内，明清的乡不具有一级行政区的规格。但是，从乡约设置的初衷、朝廷对乡约的定位看，乡约也非职役。至少朝廷谕旨反复指出，乡约的主要职责是宣讲教化，清朝廷不承认将催科钱粮、缉拿匪徒等差役加于乡约的做法。同时，乡约首领需经地方官发给戳记，需在州县衙门的直接指导下履行职责，而在法定职责外，根据宋明以来士大夫对乡约的理解，扩张出惩恶扬善的功能，或者说，乡约将里老人的职责也吸收进来，并在教化宣讲和惩恶扬善的权限上，扩张出发布规约或禁约的权力。根据这些特征，我们将乡约定位为非正式职官系统内的、负有专项职责的州县派出机构。

乡约的专项职责为教化，教化之责又来自州县官。在今天看来，为教化设置专门的派出机构，似乎难以想象，但放在古代中国的思想背景下，却有极大的意义。州县官本为亲民官、牧民官，集司法、行政等权力为一身，而教化之责尤重，行政与司法事务无不服务于教民的宗旨。乡约作为法定的乡里教民之职，除教民之外，没有其他专责。乡约所负之教民职责，又系州县官授权。如此，方能理解何以州县官最终视乡约为下属，而乡约终需州县官颁给戳记等现象。清代乡约能够独立地发布禁约，也是因其在教化方面能够代表州县官，以准行政机构的权威，发布"拟官"禁约。

综上，理解乡约的性质，应将明代士大夫关于乡约的构想剥离出去，从乡约的实际运行机制入手，分析其背后的权力关系，才不会陷入将乡约视为自治机构的误区。当然，对乡约运行机制的分析，并不影响我们对士大夫自治理想的评价。或者说，只有在乡约的应然与实然的背离关系中，才能理解乡约衰敝的根本原因。

梁漱溟先生判断："乡约组织不可以借政治的力量来推行"，正是在晚清以来乡约衰敝的背景下提出的，但更大的背景，是梁先生心中有一个正宗的、应然的乡约，这就是宋明士大夫对乡约的定位，即自治的乡约。用这个自治的乡约，去看乡约的运行与发展，自然得出政治力量只能败坏乡约。反之，如果用朝廷对乡约的定位，则乡约本为一级派出机构，承平时代自可履行本职；若时局动荡，转化为准军事机构，辅助地方治安，也未尝不可。宋明士大夫提倡的乡约有两层意思，一是乡约自治，二是以乡约自治改良政治与社会。后一层意思，因乡约在动荡局势中凸显了实际功用，部分地受到了朝廷的重视及利用。而前一层意思，朝廷自始至终就没有认真对待过。故以朝廷对乡约的定位,则乡约只是一种治理工具,无所谓兴,也无所谓衰。

梁漱溟先生又说:"乡约的实行,借政治力量不行,私人提倡也不行。所以虽然在历史上屡有意思发动,而实际上都不算成功。"[①] 这话需要放在中央集权制、官僚体制与民间社会的关系中考察。中国自来有民间自愿结社的传统,村社组织因实际需要而成立,如野草般自生自灭,在承平与战乱时代均有用途,无所谓兴,也无所谓败。但村民结社,一般不具有政治功能,多以日常生活中的互助、民间信仰的分享等为目标。士大夫欲借鉴村民结社组织的原理,发展出政治上的自治组织,自会导致"有司以权柄下移为讳"。乡约不以推举制则罢,只要以推举制为组织原则,不但无法借"政治力量",且为"政治力量"所忌讳,故"乡约的实行,借政治力量不行"。村民结社自来遵循合同的传统,需人人同意才能订约,从没有哪个村民可以当然地代表某些村民之说,也未闻全面"推举"之说。当结社范围扩大到乡一级时,涉及的人口和地域较村社广大,突破了熟人圈,势必无法征求每个人的意见,如何产生代表,代表何以具有正当性,均无可资借鉴的理论,最后的办法,不得不以荐代推。有举荐,就须有接受举荐的人。"公举"或"公推",本来是假定能够"推"或"举"的人代表了"公"。而以荐代推,又把官府摆在了公共性的代表地位上,由官府去评判或接受推举出来的人。这就否定了隐在"公举"或"公推"前面的主语。因此,不是"私人提倡也不行",而是私人虽有提倡,却在制度上不能落实,以致私人提倡之后,又回到了"借政治力量"的老路上,所举之人为"政治力量"吸收和利用,最终仍是依附于"政治力量"。

---

① 梁漱溟:《新社会组织构造之建立——乡村组织》,《乡村建设理论》,乡村书店(山东邹平)1937年,第205页。

# 本编结论

禁约合同同时处理地方公共事务和私人事务，本身可以分为"民约"和"乡规"两类。属于民约性质的禁约合同，以禁山约为代表。属于乡规性质的禁约合同，以禁窃盗约、禁赌约等为代表。如果就某一特定的地方公共事务订立禁约，如禁止污染水源、禁止采矿等，往往要呈请官府批准，以约束外地人。而作为官府派出机构的乡约所颁布的乡禁约，具有类似官禁约的特征，属于乡规性质。

所谓清代民间自治秩序，大致由民约和乡规构成。下文再做归纳。

## 一、民间自治与私人管业

以禁山约为代表的民禁约，是以私人管业的土地为基础，为维护私人在土地上的秩序和利益而订立的合同。它对内约束各个业主的财产自由处分权，对外则是私人产权排他性和严肃性的法律文件。无论从订约目的，还是从合同效力方面，禁山约都没有超越私人利益的范畴。

禁山约本质上是一种民约。如果说民约也有公共性，那是从它普遍存在的事实和效果上来说的。当民禁约普遍地存在于一切乡村的地产上时，它们就共同建构了具有统一性的民间秩序，并使公共环境得到有效保护。在关注民约的公共性时，不应忘记，使它具有公共性的，恰恰在于背后的私人利益。当人们拥有永久的私人地产，有了稳定的长远预期，愿意和能够为子孙幸福进行规划时，他们就会把自己的地产联合起来，在上面建立起以百年为单位的合约。然后，当这样的合约遍及乡村和山林时，它们就共同构建起统一的安定秩序。孟子所谓的"有恒产者有恒心"，也就是这个道理。反之，当人们丧失了永久产业，他们当然会急着把山上的林木砍完，那样的乡村也只能破败。

当然，我们不会过高估计中世纪的产权保护体系。清代的私人管业无法倚靠成文法，由此带来私人管业在两方面的困境：一方面保护力度不足；另一方面，当分散地行使管业权限时，容易损害相邻人利益或长远利益。禁窃盗约和禁山约分别代表两种弥补办法：第一，小额财产利益遭到侵害，刑法不足以救济时，需要管业人以联合的方式，相互提供保证；第二，管业人随时砍伐自己名下的山林，是私人产权的处分和实现财产利益，但损害同一山场中相邻管业人的利益，最终还会损害山业的经济价值，为保护相邻人的财产和山业整体价值，需要共同限制管业人的处分权，以达到眼前与长远利益的平衡。

由于管业关系普遍存在于清代基层社会，或者说，当一切有形物上都存在私人的产权关系，则所有单个管业人都会面临相同的选择：是自我限制部分处分权，以禁约联合的保护模式实现财产利益的最大化，还是为实现眼前利益，放弃长远利益。对于拥有永久期限的管业者来说，答案是不言而喻的。但是，禁约联合的保护模式相当于一种解决问题的新方法，普及和接受需要较长时期，不同经济条件的管业人也存在理性比较和计算过程，所以，不同的管业人达成约定的一致意见的时间点是不一致的。传世的禁约合同说明，到清代的时候，许多村社或山场管业人已经完成了比较与计算过程。实际上，所谓清代山林环境的整体保护和山场秩序，普遍依赖于私有制上自生自发形成的秩序，只在个别情况下再呈请官禁约。

同样的理由，如果不是外地人的原因，禁窃盗约和其他公议禁约足以保证当地的社会秩序。在承认私有管业的大背景下，地方秩序或小环境的建构有赖于私有业主的联合。当所有村社或山业管业人都认识到联合形式更有利于产权的保护时，所有村社和山林管业人都订立了禁约合同，村社和山林也就解除了来自内部的威胁。禁约合同还相当于村民或山林管业人之间的攻守同盟，这种联合使得产权保护得以组织化，外来的窃盗和盗砍也得到遏制。清代村社秩序和山林保护，深深植根于普遍存在的私人产权。

禁约合同弥补了国家法和官府不及的空间，或多或少地具有公共性的特征，但它以私人产权和自愿为基础，形式上未突破合同，实质上需全部管业人或居民的承诺。也就是说，对于是否签订禁约合同，管业人有着最终决定权，其他管业人并无强制他人签订合同的权力。因此，不排除在某些地方，当山业的股分人拒绝签订禁山约时，尚需通过其他办法，如请求官府发布告示，来禁止一切人在封禁期砍伐山林。这也是我们强调禁约合同的正当性来自管业的原因。在清代民间社会，不可能强制管业人不得上山砍伐山林，恰恰相反，现存禁山约的内容都显示，股分管业人在未签订禁约合同之前，可以随意砍伐山林。

古代中国没有合同法和物权法，私有产权的处分和限制缺乏成文法的规范，为了平衡私人产权和群体利益之间的关系，民间利用禁约合同分散地对相关私人产权进行限制和联合。当禁约合同普遍存在于各个村社、河流、山林之上时，也就等于是通过禁约合同重构了民间秩序。说到底，禁约合同的基础是管业和合同，是私有制的逻辑产物。禁约合同说明，当国家承认私有制，但尚未提供民事成文法之前，人们同样能在私人利益和公共利益的冲突中达到秩序平衡。在这一意义上，自治的秩序，就是私人财产与公共利益在长周期的冲突后达到的平衡关系。在没有永久的私人财产权的地方，难以想象自治秩序。

## 二、合同联合体与自治组织

无论是维护私人管业，还是维护公共秩序，二者产生的禁约都已具备政治活动的明显特征。[①]

禁约合同一旦签订，在当事人之间就形成了一个利益共同体。但是，第一，它是单个而具体的产权联合，而非抽象的、公共性的联合；第二，它是全称式的联合，而非盖然式的联合体。所谓全称式的联合，即必须获得所有利益相关人的同意，才能形成的组织形式。而盖然式的联合，则不必获得所有利益相关人的同意，只需大多数甚至简单多数的同意，即可形成拘束力。显然，当利益关系复杂到不可能所有利益相关人达成一致意见时，盖然式的联合形式就是社会组织和管理模式的重要选择。所以，即使将合同式共同体赋予政治的或公共的意义，这种利益共同体也只能代表低水平的社会组织形式。合同式共同体已经具备了代表制的雏形，却没有产生"多数决"的规则。一个村社内部的窃盗禁约，[②] 参与者为村内的"四柱"，合同也只写立了四份。签名处却有十七个户主名字，以表示所有村社内的家庭都已同意该合同。也就是说，"四柱"是夹在村社与小家庭之间的单位，以"四柱"为名可以代表所有村社内的家庭，但仅

---

① "政治可以被简要地定义为一群在观点或利益方面本来很不一致的人们作出集体决策的过程，这些决策一般被认为对这个群体具有约束力，并作为公共政策加以实施"；或者，将政治定义为"在共同体中并为共同体的利益而做出决策和将其付诸实施的活动。"〔英〕戴维·米勒，韦农·波格丹诺编，中国问题研究所等组织翻译《布莱克维尔政治学百科全书》，中国政法大学出版社1992年，第583—584页。
② 《清光绪四年（1878年）三月贤源社内四柱人等公约》（点校本1455页）。

以"四柱"签名是不够的。禁山约中同样出现了代表制。[①]一件禁山约显示，订立合同的是四家，且合同仅书写四份，是以四大股代表全部山业股分人。但是，这四家又同时和其余八家出现在签名处，且自愿缴纳罚款的六个家庭中，既有四大股中的邵大珠家，又有其余八家中的五家，显示收执合同的四家与其余八家并非包含关系，而是各自独立的财产单位。这同样反映了，四大股虽然可以代表全部管业人，但仍然必须严格地以全部管业人同意的形式，才能成立禁约。这件禁山约中的代表人不是政治意义上的代表人，而是产权意义上的大股东。而且，这种大股东不能以多数股分产生拘束小股分管业人的决议。股分管业是独立的，并不承认多数决。

很明显，合同制不是民主制。合同制是一种较为刚性和脆弱的组织模式，刚性表现在：第一，合同制联合体必须以所有当事人的同意为前提，在这种组织体形成时，必须消除反对意见或不同利益主张，当反对意见或不同利益主张较为固执时，合同制联合体无法有效组成。第二，合同制联合体形成之后，不能有效容纳反对意见或不同利益主张，反对意见或不同利益主张在合同联合体中产生后，容易导致合同联合体的分裂或瓦解，这也是合同制联合体的脆弱性的表现。合同联合体的刚性和脆弱性，与合同的本质有着直接联系，合同是具体利益人的全称式的联合体，这种联合体能够成立，基于全部具体利益人的同意，一旦其中的某些利益人放弃以往的主张，或撤回以往的同意，联合体就失去了成立和维持的基础。相比之下，基于民主制的联合体更具有柔韧性和包容性。当利益涉及的人数或利益群体超过一定的限度，利益相关人不可能在利益方案上达成一致意见；或者，当某种社会矛盾的解决办法必然引起不同意见时，服从多数人的决议就成为不得不采用的一种决策模式和利益分配模式。民主制的柔韧性和包容性表现在，当不同意见或利益主张同时存在且不可调和时，通过事先议定的合法程序，将多数人的意见或利益主张转化为具有普遍拘束力的法律或公共政策。多数决是民主制的核心内容，这意味着一旦启动表决程序，无论最终结果如何，处于少数人地位的异见者必须服从决议，不能因其意见或利益主张未获采纳而退出共同体。实际上，在民主制联合体中存在着动态平衡。只有服从多数决的规则是固定的，而多数人和少数人的地位是不断变换的，此次表决中的少数人在下一次可能获得多数派的地位，反之亦然。理解了这一点，民主式联合体中也就无所谓多数派和少数派了。民主制联合体是一种抽象身份的盖然式联合体。民主制下的决议既是多数人做出的，也是在少数派的代表参与下由整个联合体共同做出，这就保证了民主制联合体中始终可

---

[①] 《清嘉庆十一年（1806年）二月邵观武等禁约合同》（点校本1295页）。

以容纳少数派和异见者。值得注意的是，民主制的实现有一些潜在的前提条件，这些前提条件比民主制本身更重要，它包括：第一，多数人有允许少数人独立表达不同意见或利益主张的雅量，或者说，少数人的意见或利益主张天然地在共同体内部得到尊重。因为多数派和少数派在民主制共同体内只是相对而言，某件事务中站在多数意见中的人，可能在下一次事务中成为少数派，因此，任何人的异议或利益主张都必须得到尊重。第二，当多数人的意见通过法定程序而产生后，其拘束力自然地得到尊重和服从。这也意味着，民主制联合体内的所有人都有着服从多数决规则的习惯。以上两项前提条件不完全是制度性的，更多的是文化性的。如果非要说它是制度性的，它也是以习惯法或不成文法的形式，作为民主制的基础而存在。当这两项前提条件尚未成为共同体成员的习惯之前，也就是说，当一个共同体中尚未形成尊重少数人异见，同时，少数人也没有服从多数决的传统时，那么，在表决之前，可能会出现多数人没有倾听异议的耐心，对表达异议者采取压制或打击的态度。而在表决之后，则可能出现少数派退出共同体、彻底不服从或持续暴力抵抗等现象。发生两种情况的任一种，民主制联合体即告崩溃或瓦解。可见，在一个共同体中实施民主制，并不仅仅是如何设计规则的问题，而是共同体内是否已经形成了尊重异议和多数决的文化传统。普遍而持续的拘束力不能仅依靠武力压制，更需要文化的或心理的认同。没有尊重异议和尊重多数决的传统，仅凭多数人的决议不能简单地形成一种具有拘束力的法律或公共政策。

在古代合同研究中，我们不止一次地看到过中国古人商议和处理利益冲突的过程，族内事务或族产管理的合同，禁约合同，成立钱会、神会、祀会的合同，等等，都需要三人以上共同商议。这些共同商议最后都以达成一致意见的结果，以合同的形式表现出来。族内事务或族产管理合同必须获得族内所有支族或小家庭的同意，窃盗禁约必须获得村社所有户主的同意，禁山约必须获得所有股分管业人的同意。一旦不能获得全部利益关系人的同意，就只能呈请官府出面，以官方权威压制不同意见。迄今为止，我们几乎考察了能够见到的所有类型的清代合同，而合同关系基本上涵盖了民间财产关系、身份关系和社会组织形式的主要方面，再结合学界关于其他民间组织形式（如帮会、商会、文会、义社等）的研究，均可判断其组织方式为合同制的联合。因此，下面的看法虽然需承担一点学术风险，但风险可能不算太大。这些看法分为两个方面：

（1）合同制的联合，是中国古代社会组织或自治团体的主要组织形式。合同制联合体，本质是具体利益人以全称式的名义构成，也即必须以全部成员完全同意该组织的宗旨为成立和维系条件。中国古代有着悠久的合同制联合体传统，这一传统的内涵是，习惯以反复磋商的办法消弭矛盾，以全体同意的名义完成组织构建工作，并以全体同意的名义赋予各种团体决议或公共决议的合法性。这一组织形态的幼稚性在于，试图以一次性同意或宣示忠诚，保证当下形成的利益平衡局面能够永久维持。故其弱点在于，随着时势变化，只要出现单个或少数当事人的反对意见，或出现独立的利益主张，全称式的联合就会遭到破坏。

（2）合同式联合体的普遍存在，意味着对于利益主张复杂、利益群体众多、利益冲突激烈的公共事务，尚缺乏有效的决策机制和组织传统。或者说，缺乏相应的组织实践经验。大型的、跨区域、跨族群的公共事务或外交事务，在古代自可寻求朝廷和地方官府出面解决。合同式组织只能适用于小范围或小规模的利益群体，尤其适用于特定的且利益关联人容易取得一致意见的事项中。在农耕时代，乡村公共事务大多可以化约为特定事项或特定人群中的事务，故采用合同制联合体，已足以有效解决此类利益矛盾。可以说，在中世纪民间社会中，暂时未看到容纳对立面、尊重异议者以及服从多数决的传统。

第七编

# 应役合同

第二十五章

# 里甲承充合同

## 第一节　概述

承充里役的合同，是乡村自治组织的联系纽带之一，体现了民间适应官府的努力。

### 一、里的缘起

里，自战国以来与乡制并存。《通典》载管子所创郊内之乡，编制是"五家为轨，轨十为里，里四为连，连十为乡"。① 这种乡制，一乡含括40里，一里50家。《周礼》则设想过以25家编制一里。② 还有一种以社为中心的里，是以百家或百家以上为一里。③ 综合来看，先秦时期的里以人户为基础。

秦制，十里一亭，亭有长，十亭一乡。此处的"里"，是指"三百步为里"的距离单位。④ 按授田制，一家授田百亩。一里之地，可授田三家。一亭三十家，一乡三百家。

---

① 《通典》卷三《食货三》。《文献通考》卷十二《职役考一》所载大略相同。
② 《周礼·地官·司徒》"叙官"："遂大夫，每遂中大夫一人。县正，每县下大夫一人。鄙师，每鄙上士一人。酂长，每酂中士一人。里宰，每里下士一人。邻长，五家则一人。"《说文》段注："传曰：里，居也。二十五家为里。"
③ 《礼记正义》卷四十六《祭法》："大夫以下成群立社，曰置社。"郑注："群，众也。大夫以下，谓下至庶人也。大夫不得特立社，与民族居，百家以上，则共立一社，今时里社是也。《郊特牲》曰：唯为社事，单出里。"
④ 丘光明、邱隆、杨平：《中国科学技术史·度量衡卷》，科学出版社2001年，第24页。

依晋制，县内有五百户以上置乡。晋距秦汉不远，秦汉时三百户一乡亦属正常。秦之所以不依人户多少设乡里，可能与亩制有关。自商鞅改大亩制，秦以 240 步为一亩，一里仅能授田一家有余。而秦国农户实际授田达不到百亩。① 以地理距离编制乡里，可不问人户数和授田数。近年出土的里耶秦简和岳麓秦简也显示，秦里的编制不以人户数，但却掌握了每里的户数。岳麓秦简中的《尉卒律》载："里自卅户以上置典、老各一人。不盈卅户以下，便利，令与其旁里共典、老，其不便者，予之典而勿予老。"② 又据里耶秦简 8-517，启陵乡啬夫请示迁陵县，请求为成里设置一里典。"迁陵丞昌却之启陵：廿七户已有一典，今有（又）除成为典，何律令应？"③ 二者相证，说明秦里人户各不统一，法定以 30 户为限。过之，设里老和里典各一人；不足，则与旁里共推里老与里典。

秦亦有社里。社里中，长者称"父老"。④ 陈平为里社宰，曾得父老嘉善。⑤ 秦之里与社里的关系如何，尚需斟酌。入汉，乡、亭、里承秦制，里社仍为基层自治组织。⑥ 县、乡三老从里社父老中择人。东汉，县以下仍置乡亭，乡亭以下设里。里制发生变化，以百家为一里，置里魁。⑦

北魏孝文帝太和十年（486 年），纳给事中李冲之说，立三长制。五家立一邻长，五邻立一里长，五里立一党长，取乡人强谨者充之。则北魏的标准是 25 家为一里。三长制是为了破除"荫附"，⑧ 重新将平民纳入到国家编户的秩序中，冲击的是魏晋以来形成的"九品差调"的格局，同时强化了里以人户编制。北齐河清三年（564 年），令人居十家为比邻，五十家为闾里，百家为族党。⑨ 一党之内，设闾正二人。城邑，则一坊

---

① 臧知非据里耶 8-1519 号简文的记载，计算得到"简文记载的是启陵、都、贰春三个乡一百五十二户农户，总计新开垦土地即'垦田舆'五十二顷九十五亩，平均每户三十四点八亩强"。臧知非：《说"税田"：秦汉田税征收方式的历史考察》，《历史研究》2015 年第 3 期。
② 周海锋：《〈岳麓书院藏秦简（肆）〉的内容与价值》，《文物》2015 年第 9 期。
③ 陈伟主编《里耶秦简牍校释》（第一卷），武汉大学出版社 2012 年，第 397 页。
④ 〔日〕守屋美都雄：《父老》，载《日本学者研究中国史论著选译》（第三册），刘俊文主编，中华书局 1993 年，第 568 页。
⑤ "里中社，平为宰，分肉食甚均。父老曰：'善，陈孺子之为宰！'"《史记》卷五十六《陈丞相世家》。
⑥ 邢义田：《汉代的父老、僤与聚族里居——〈汉侍廷里父老僤买田约束石券〉读记》，《汉学研究》（台北）第一卷第二期，1983 年 12 月。
⑦ 《后汉书》卷三八《百官志五》："里有里魁，民有什伍，善恶以告。本注曰：里魁掌一里百家。什主十家，伍主五家，以相检察。民有善事恶事，以告监官。"
⑧ 《魏书》卷一一〇《食货志》："魏初不立三长，故民多荫附。荫附者皆无官役，豪强征敛，倍于公赋。"
⑨ 《隋书》卷二四《食货志》。

侨旧或有千户以上，设里正二人、里吏二人。北齐的闾正相当于北魏的里长。城邑一坊里正辖千户，又与闾正不可同日而语。

自隋文帝厘定党与里的关系，里正"比闾正"，以百家为里（闾）。① 自此以后，各朝皆以百家为里（不计里长户），中无间断，故隋里为后代里制之祖。

## 二、里与催科

### （一）里甲催科之沿革

里制成熟，意味着催科单位更加精细，催科之役下沉，遂可以废乡。北宋至和二年（1055年）以后，"番休递役"制度遭到废弃，乡制虚化。里甲和都保陆续兴起，它们之间又有竞争关系，竞争的结果，端视这些乡以下层级是否有利于赋役催科。

秦朝的里典已负催科之责。② 唐初，令文明确以里正督催科。③ 后周显德五年（958年）推行耆长制，每百户选三大户为耆长。④ 但尚未明确耆长有催科之责。宋初，以里正衙前、乡书手负责催科，仍以耆长负责治安。⑤ 仁宗至和（1054—1055年）间，罢里正衙前，行五等户制（"乡户五则法"），以耆户长催税。此后，熙宁、元丰、元祐间，或以耆、户长，或以保正、长，屡有更替。⑥ 建中靖国元年（1101年），令以大保长催

---

① 《文献通考》卷十二《职役考一》："隋文帝受禅，颁新令：五家为保，保五为闾，闾四为族，皆有正。畿外置里正，比闾正。党长比族正，以相检察。"
② 云梦简第137号载秦《田律》残文："租者且出，以律告典、田典。典、田典令黔首皆知之。"刘信芳、梁柱编著《云梦龙岗秦简》，科学出版社1997年，第39页。
③ 武德七年（624年）令和开元二十五年（737年）令，〔日〕仁井田陞：《唐令拾遗》，长春出版社1989年，第123—126页。
④ 《文献通考》卷十二《职役考一》："大率以百户为一团，每团选三大户为耆长。凡民家之有奸盗者，三大户察之；民田之有耗登者，三大户均之。"
⑤ 《宋史》志第一百三十《食货上五》："役法：役出于民，州县皆有常数。宋因前代之制，以衙前主官物，以里正、户长、乡书手课督赋税，以耆长、弓手、壮丁逐捕盗贼。"《文献通考》卷十二《职役考一》略同。
⑥ 《宋史》志第一百三十《食货上五》。

税,至南宋,保正长催税制度稳定下来。①"里"改称"图"在元代。②至明代,相沿成俗,里与图混称,图甲即里甲。称里为图,缘起于地理上与鱼鳞图册对应。但还因为唐宋之里远大于明里,称图可与旧里相别。

明初定天下赋役黄册,确立里甲制。一里为一百一十户,十户为里长户。余百户为甲首,分为十甲,轮年值役。各里长户在何年应役,明确登载于黄册,又称"轮充"。③因黄册为十年一造,现年里长均已预定,故第十年的现年里长,必定轮该攒造黄册,又称黄册里长,简称"册里"。

## (二)清代里甲职役之变化

清顺治四年(1647年)编审人丁。五年(1648年),令三年编审一次,并按明朝旧制,据实在人户编列里甲。④此次确定的户名,很多成为清代家族的老户。康熙初年,据勘丈汇编鱼鳞册,故一里与一图在地理上无法一一对应。⑤顺治十三年(1656年),又定五年编审一次。康熙七年(1668年),停止直省造送黄册及会计册,理由是各省岁终有奏销册,开载地丁款项数目;有考成册,开列已完未完数目。又五年编审造送丁口增减册籍。立法已属详尽。十年一造黄册,及每年所造会计册,繁费无益。⑥废除黄册后,人丁编审延续至乾隆三十七年(1772年)才废除,在此百余年间,五年一届的人丁编审仍为里甲职役。

---

① 南宋高宗时期所定保正长催税之制,大略如《文献通考》卷十三《职役考二》:"保正、长之立也,五家相比,五五为保,十大保为都保,有保长,有都、副保正。余三保亦置长。五大保亦置都保正。其不及三保、五大保者,或为之附庸,或为之均并,不一也。户则以物力之高下为役次之久近。"又曰:"其合差保正、长,以家业钱数多寡为限,以限外之数与官、编户轮差。总首、部将免保正、长差役。"
② "夫乡以统里,唐宋相沿。元易乡为都,易里为图。或曰图即'鄙'字去'邑',俗读为图。或又曰,即'圖'字省笔,取版图之义。明制在城曰关隅,在乡曰都,其属曰图。国朝因之。此历代乡都之大略也。"道光《徽州府志》卷二之四《舆地志·乡都》。
③ 如,万历二十年(1592年)严州府遂安县十都上一图五甲黄册残件,民户余栓的记载下就有"民籍,轮充万历二十五年分里长"字样。原件藏国家图书馆,转引自栾成显《明代黄册研究》,中国社会科学出版社1998年,第56页。
④ 《清朝文献通考》卷十九《户口考一》。
⑤ 汪庆元:《明清里甲的土地分布形态:以徽州府为中心的考察》,《明清论丛》(第十三辑),故宫出版社2014年,第255页。
⑥ 《清朝文献通考》卷二《田赋考二》。

废除人丁编审的主要理由是"永不加赋"。①康熙五十二年（1713年）恩诏之前，直省丁役概况为："有分三等九则者，有一条鞭征者，有丁随田派者，有丁从丁派者。即一省之内，则例各殊，遵循既久，闾里称便焉。"②康熙五十二年恩诏，"嗣后编审增益人丁，止将滋生实数奏闻，其征收办粮，但据五十年丁册，定为常额。续生人丁，永不加赋"。③如此，丁银成为定额，编审已无益丁赋。但是，丁银在奏报册中仍然为单列的收支项，钱粮分丁、田二则征收。只要还在征收丁银，人丁编审就不能停止。雍正元年（1723年）的"摊丁入亩"，使丁银也不必单列，人丁编审再没有理由存续。以婺源县为例，婺源县属于会典所说的"丁从丁派"的情况。④"永不加赋"后，奏报册仍是"丁作丁科，田作田算"。只是丁银成为常额。摊丁入亩之后，"丁随田办"，奏报册中只有田亩科则，人户编审彻底失去意义。

随着罢征丁银与废除人丁编审，里甲职役只剩催征田粮。里长办理田粮推收和编造实征册，其实都是催征田粮的衍生事务。清代的里甲制，大致可以分为两个阶段：第一阶段是黄册里甲，也就是维持人丁编审和攒造黄册的时期。此时，里甲与图公正相对立，图公正系于鱼鳞册系统，而里甲系于黄册系统。二者泾渭分明。第二阶段，黄册废除后，里甲已无攒造黄册的职责；人丁编审制废除后，里甲再无编审人丁的职责。里甲与实征册相辅而行，主要职责是按实征册催征赋税，以及办理业税推收等。

## （三）里甲催科与纳粮办法

清初，虽有丁役之名，但多已折役为粮银，与田赋一同缴纳，故钱粮缴纳办法，尤受朝廷重视。顺治八年（1651年），苏松巡按秦世祯条奏易知由单、自封投柜、滚单、排门册等法。顺治十三年（1656年），于《赋役全书》之外，定会计册、赤历册、

---

① 《清朝文献通考》卷二十五《职役考五》载乾隆三十七年（1772年）谕旨："编审人丁旧例，原因生齿繁滋，恐有漏户避差之弊，是以每届五年，查编造册，以备考核。今丁银既皆摊入地粮，而滋生人户，又钦遵康熙五十二年皇祖恩旨，永不加赋，则五年编审不过沿袭虚文，无裨实政。况各省民谷细数，俱经督抚于年底专折查报，更无藉五年一次之另行查办。嗣后编审之例，着永行停止。"
② 《康熙会典》卷二三《户部七·户口》。
③ 《清朝文献通考》卷二十五《职役考五》。
④ "按婺邑丁银未奉摊入田亩之先，每图应征丁田钱粮分为二则起科，丁作丁科，田作田算。将通县各图实在当差人丁，并应扣优免六百七十三丁，俱入各图之内，照数科征。按各图现在绅衿名数，扣除优免，其余照数科征，以符县额。有绅衿图分，每名扣免一丁，不纳丁银；如无绅衿图分，仍照额定丁名数目输纳。自雍正六年冬奉文，丁随田办。明年奉文，停止优免。又奉藩司将通县实在当差人丁摊入田亩，验派每田一亩应摊征银六厘七毫一丝九忽零，造册达部，具题核定则额，颁县饬行遵照。嗣是通县丁银概不科征，各图额粮惟按田亩一则起科。"光绪《婺源县志》卷十五《食货一·户口》。

丈量册等。又定易知由单，辅以截票、串票印簿、循环簿及粮册、奏销册等。康熙年间以会计册、赤历册等靡费，逐渐停止。但易知由单和截票一直保留下来。截票又发展出三联串票，自康熙二十八年（1689年）推行之，其法：一存州县，一付差役应比，一付花户执照。用以防止征收中的弊端。后纂入《户部则例》。

顺治十八年（1661年），覆准州县征收钱粮采用自封投柜之法。① 但全国的推行，尚在康熙五年（1666年）松江府娄县的均田均役改革之后。自封投柜制度也是为了杜绝州县胥吏科索之弊。但从各种迹象看，由于各种原因，民户仍愿意由里长或里书代缴。②

全国推行滚单法始自康熙三十九年（1700年），"令甲首催征钱粮时，行滚单法，如一邑每里之中，或五户或十户，止用一滚单，逐户开明田粮及应完分数限期，发给甲首，挨次滚催，令甲内之民，照例自封投柜，以免里长、银匠、柜书称收作弊"。③ 但是，各省州县真正推行滚单法的时间不一。如婺源县，雍正年间的知县吴之琔，"知吏役征催多积弊，输纳正供外，耗费不赀，大为民累。力请当道，行滚催法，岁为婺民省浮费千余缗"。④ 吴之琔推行滚单法在雍正十年（1732年）十二月，尚且需要"力请当道"，可知在全国推行滚单法的不易。此法在嘉庆朝已不可见。

自康熙五十二年（1713年）确定丁粮总额，又经摊丁入亩，清代业户只知钱粮征收，有役也是募雇之役。再加上自封投柜制，相比于明代而言，里役已经减轻不少。

## 三、清代的里役

里役分两大类：一是里长、甲首等职役，又以里长为主。二是里民之役。

---

① 《钦定大清会典事例》卷一四三《户部·催科》："不许私室秤兑，各置木柜，排列公廨门首，令纳户眼同投柜。"《钦定户部则例》（乾隆四十七年）卷十一《田赋·征解上》"自封投柜"："州县经征正杂钱粮，听纳户自封投柜。设有短数须添补者，经征官务将原银发出，令本户当堂认补。倘滥捉短封，及有不发原有银等弊，该管督抚题参。"
② 《清朝文献通考》卷二十三《职役考三》。雍正三年（1725年），禁革江西里长催头："地丁钱粮，百姓自封投柜，此定例也。闻江西省用里民催收，每里十甲，轮递值年，名曰里长催头。小民充者有经催之责。既不免奸胥之需索，而经年奔走，旷农失业，扰民实甚。须即查明，通行裁革。"
③ 《清朝文献通考》卷二十二《职役考二》。
④ 光绪《婺源县志》卷十四《官师五·名宦》。

先说里长职役。里长的中心职责始终是催科钱粮。① 核算本里人丁田亩税则、造办税册等事项，都是催科钱粮的衍生职责。随着摊丁入亩，正税已经货币化，里长的催征事务已轻于明代。但嘉庆以后，朝廷又把里长作为维持基层秩序的职役，将催科钱粮之外的事务加于里长。② 并推行里甲长连坐制，欲使里甲配合保甲，实际将里长事务扩充到查缉匪类等。又若田宅争讼、盗贼命案等，地方官也责成里长配合。③ 里长之役渐渐漫无边界。而里长之役，民间多由里民共同承担，或由里民分摊费用，故而里长之役成了里役的重要部分。

再来看里民之役。明代的力役大别为正役和杂泛。正役即常设的力役，明代有"以籍定役"的原则，在清代已逐渐废弃。④ "摊丁入亩"又终结了力役制。以后，无复有明代意义上的正役。终清一代，唯一法定的常设役种是保甲之役。⑤ 不过，保甲之役在本地随事而兴，有融通之法，又不误农时，民间不视其为繁重之役。

清代的里民之役，主要是民户不时应付的差役，近似明代的杂泛。⑥ 不过，明代所谓的杂泛也早已成为法定差役。康熙二十六年（1687年）重修《赋役全书》书成，杂

---

① 《清朝文献通考》卷二十一《职役考一》："凡里甲之民轮充现年，止令催纳各户钱粮，其一应差徭，勿使现年受累。若有征收钱粮派人作催头者，或有借称征粮令里中金报大户，派纳银米至于破产者，皆严行禁革。其州县官或于额外私派，而上司徇隐者，许里长、甲长据实控告，依律治之。"

② 《清朝续文献通考》卷二十五《户口考一》："如有来历不明、踪迹可疑者，该里长等畏其株连，自不肯代为具结，立时首报。倘一经具结，其所保之人或曾经作奸犯科，或竟系逆案逸犯，查出后将出结之里长、甲长，按律连坐。本犯罪轻者，里长等之罚亦轻；本犯罪重者，里长等之罚亦重。庶群知警惕，不敢轻易容隐。在逃逆匪，无难悉数缉获。"

③ 《清朝文献通考》卷二十一《职役考一》。

④ 《清朝文献通考》卷二十一《职役考一》。顺治二年（1645年），"除豁直省匠籍，免征京班匠价。前明之例，民以籍分，故有官籍、民籍、军籍，医、匠、驿、灶籍，皆世其业，以应差役。至是除之。其后民籍之外，惟灶丁为世业。"此条与顺治四年编审有军、民、匠、灶四籍的记载矛盾，但废除力役确是大势所趋。各籍的废除，应具体分析。康熙三十六年（1697年），浙江匠班户籍仍在，人丁已绝，匠班银派入地丁。其后湖北、山东等照此办理。参考卷十九《户口考一》按语："按匠丁沿自故明，历年已久，止存户籍，或派民户代完，或有司自行赔补，至是始议派入地丁。嗣后丁随地派之例，实肇于此。"

⑤ 《清朝文献通考》卷二十五《职役考五》："（雍正）五年，令保甲内绅衿免充杂役及分别应免充役者。部臣议覆条奏，凡绅衿之家，一体编次，听保甲长稽查，如不入编次者，照脱户律治罪。惟是保甲之法，有充保长、甲长之役，又有十家轮值、支更看栅之役，绅衿既已身列仕籍，肄业胶庠，并齐民内衰老废疾及寡妇之家子孙、尚未成丁者，俱免充役。"

⑥ 《续文献通考》卷十六《职役考二》：明代，"（里甲）以上中下户为三等，五岁均役，十岁一更造。一岁中，诸色杂目，应役者编第均之，曰均徭。他杂役曰杂泛。其后累朝更制，有银差、力差、听差、十段锦、一条鞭等法"。以上就有明一代总说。《续通典》卷九《食货九·赋税下》："曰里甲，曰均徭，曰杂泛，凡三等。以户计，曰甲役；以丁计，曰徭役；上命非时，曰杂役。皆有力役，有雇役。"均徭也是杂泛差役。顾炎武《天下郡国利病书》录《永康县志》："均徭自粮里正役之外，凡诸执役于官者，通曰均徭。"

泛差役改为"丁随地派",仍视为民户该当之役,但以雇募为主,募雇之钱载在《赋役全书》。各府县均有定额,超出的为"白役"。①因地域差异,一些地方尚有河夫、驿丁等役,银米均有定额。大体清代差役之例,相当于宋代的长名衙前、投名衙前等衙前之职,并重新回到了北宋熙宁以后的募役制。

所以,我们指的清代里民的差役,还不是以上内容,而是指不在法定差役中,由官府按惯例随时向里甲催办物料和人力,即"所需器物责令催办,所用人夫责令摄管"。②这些看似是里长之役,实际上都要落实到里甲之内,里民均有与焉。

这些差役究竟有多少,下面略加分析。

## 四、非法定的银力差

法外的力役或银差,主要由三种构成:(1)私役与私派;(2)陋规;(3)锢习。

### (一)私役与私派

《大清律例》有"私役"之罪。③但正如律注所说,"私役罪小",私役罪的追究竟不可问。地方官私役里甲,仍是清代正役以外里甲承役的主要内容。

私役与私派不同,私役是私征力役,私派是私征财物。但有私派即有私役,有私役又牵涉私派,二者不可截然区分。清前期常见的,主要是私派里甲承奉上司,如日用薪米、修造衙署、供应家具礼物,及募夫马民壮;又有文武官员行票差役,令州县

---

① 《清朝文献通考》卷二十二《职役考二》:"取用民丁给以工食,即召募之义。"《清朝文献通考》卷二十一《职役考一》:"府州县额设祗候、禁子、弓兵,于该纳税粮三石以下、二石之上户内差点,免其杂泛差役,勿得将粮多上户差占。各处衙门又有快手、皂隶、门卒、库子诸役,皆按额数召募。额外滥充者,谓之白役。私用白役者有禁。白役犯赃与正役同罪。""初定禄秩之时,吏役银米皆有定额。在内各衙门厅事书役,及皂役、隶卒、匠夫人等,按季给以银米,多寡各殊。在外各衙门吏书、门子、舍人、皂隶、禁卒、铺兵、仓夫、斗级、工匠人役,亦按季给以工食银两。其后屡经裁减,皆于州县地亩编征,详载《赋役全书》。"

② 《清朝文献通考》卷二十一《职役考一》:"遇有差役,所需器物责令催办,所用人夫责令摄管。稍有违误,扑责立加,终岁奔走,少有暇时。"

③ 《大清律例》卷八《户律·户役》"私役部民夫匠"律:"凡有司官私役使部民,及监工官私役使夫匠,出百里之外,及久占在家使唤者,有司官使一名,笞四十,每五名加一等,罪止杖八十。监工官,照名各加二等,私役罪小,误工罪大。每名计一日,追给雇工银八分五厘五毫。如有吉凶在家借使杂役者,勿论。监工官仍论。其所使人数不得过五十名,每名不得使过三日,违者以私役论。"田涛、郑秦点校,法律出版社1999年,第188页。

买送地方土产,州县按里派取;又有陋规杂派,有遇大差大役,因公济私,以一派十者;有派之各属者;有府州县衙所官出门,派中火、路费以及跟役之食用者;有上司差使往来,派送规例、下程者;起运饷银,派解费者。以上这些私役与私派的惯例,在地方又称"当官",内容与明代的均徭、杂泛相近。雍正二年(1724年),曾禁革"当官"名目。乾隆元年(1736年)再次申禁,并说"久经严禁,而地方官并不遵照功令,更兼吏胥从中舞弊"。① 可见雍正二年禁令未能有效制止。

凡遇工程,以捐助的名义分摊到田亩中,或派帮民夫工食,也是一种典型的私派。乾隆元年的谕旨中举了一些实例,如河南武陟县木栾店沁河堤工,每年定为民夫修筑,里民按亩摊钱共计2400余两。"江南仪征县江口三汊河,向例三年大浚一次,捞浅一次,需银一万余两,俱系商民三七分派捐输,经管里甲不无苛索滋扰。"② 此皆朝廷发觉并明令禁止的私派。

### (二) 陋规

私派大多是地方官所为,或至少是借地方官之名而设。陋规则不然,地方官之间、地方官与民人之间有陋规。胥吏在官民之间办事,也创设不少陋规。创设的由头也不同。私派、私役有临时性,是因事派费、派役,而陋规则是常设性的派费。

州县陋规之小者,如派催里长有茶果之名;编审有酬劳之例;迎春乡饮均有谢礼。雍正九年(1731年),奉天府尹奏奉天陋规:"奉天各属从前一切公务皆取给里下,总计一岁之科派,多于正额之钱粮。如遇奏销、编审、大计,自府尹以至知县衙门,均有陋规,名为造册之费。科岁考试,自府丞以至知县衙门亦有陋规,名为考试之费。至大小官员到任,陋规多端,俱行摊派。更或衙蠹、里书从中指一派十,侵收包揽。"③ 此虽奉天一省查出,然可概见各地方衙门的风气。

再以徽州府编审陋规为例,康熙三十一年(1692年)徽州府出查禁编审人丁中

---

① 《清朝文献通考》卷二十三《职役考三》:"凡一应工料、食物、器皿等项,有一项设立一项。总甲支值官府,名为当官,所有需用之物,票着总甲从各铺刻期即缴,因而总甲串通奸胥差役,以当官为名,从中渔利,或借端多派,运回私室,或指官吓诈,婪财入己。即发官价,亦必低潮折扣,十不偿五。奉法小民,惟有隐忍。更有甚者,百工技艺、佣工人等,多系贫苦之家,缺一日之工,即少一日之食,而官府罔恤民艰,凡工作匠役,必设立总甲,派定当官。某月则某人当某衙门,以次轮转伺候。督工则呵斥鞭笞,工食则迟延短少。因而总甲、胥役设立贴差名色,其有不愿赴官者,勒令出银帮贴,官符一出,差役纷驰,鱼肉小民,莫此为甚。"
② 《清朝文献通考》卷二十四《职役考四》。
③ 《清朝文献通考》卷二十三《职役考三》。

的陋规，列举了八种"名色"，分别是："部费""硃价""验契""册费""丁钱""管局""减丁""纸张"等。① 其中前两项是久经查禁的，此次只是重申禁令。其余则是长期存在或新生陋规，可见陋规名目有着不断翻新、层出不穷的特点。而以上仅为人户编审制维持时期的陋规，随着停止编审，附着在编审制上的陋规会彻底消除。但田赋征收之弊，在婺源县仍不可除。

清代田赋征收陋规主要有两种，一曰浮收。二曰包征。

浮收是在原额税粮之上，巧立名目，格外加征。推行自封投柜，本来就是为了避免加征，然收效甚微。② 在徽州，仅光绪初年，就有三次府县出示禁革浮收陋规。③ "折收"也是一种浮收。折收又分两类：一为银钱折收，税则原额多以银两计算，小民不谙银色，纳银若成色不足，反受胥吏愚弄，故"向有折交钱文者"。按说每次征收，地方官府应提前告知固定的银钱比值。④ 但是，清中期以来，银贱钱贵，地方官以此为由，加增钱银汇兑比值。道光八、九年，每两银折换大钱 1400 文上下。山东黄县却规定每两折京钱 3400 文（京钱与大钱比值约为 1∶2），浮收大钱 300 文。道光八年（1828年）三月间，又欲每两加 200 文。赶集乡民哄至大堂，将屏门等物挤倒。后经弹压，抓捕数人，其中一人于府城拖毙。⑤ 这都是朝廷承认的银钱折收实例。二为粮钱折收。粮钱折收又称"勒折"。税则原额有以粮额计算的，交税粮时，柜书认钱不认粮，小民急于完税，只得将粮额折算成银钱，又受钱银汇兑的亏损。⑥ 时人认为，折收是民变的

---

① 光绪《婺源县志》卷十五《食货一·户口》"附旧志编审禁碑"。
② 道光十二年（1832年）谕："有人奏江苏、浙江近年浮收之弊，日甚一日等语。各州县官征收钱粮，自应恪遵功令，听民自封投柜。何得显违例禁，任意浮收。以小民有限之脂膏，供官吏无穷之朘削，日甚一日，伊于何底。着林则徐等严禁各州县违例浮收。"《清朝续文献通考》卷二《田赋考二》。
③ 光绪四年（1878年），徽州府查禁"收票钱"，据称书役贪索，串票每张"渐加增有二十文、十二文、七文不等"。光绪五年（1879年），婺源县查禁征收时差人"格外需索签钱、月钱、带比钱、过场礼、过图礼、过年料、闭粮费、一头粮、一担费等弊"。光绪五年，婺源县查禁征收兵南米时"柜人"格外浮收。光绪《婺源县志》卷十五《食货二·公赋》。
④ 《清朝续文献通考》卷一《田赋考一》："各督抚务于开征之先，按时价核定换银上库之数，每两按收大钱若干文，出示晓谕，听民自便，毋许丝毫浮收。"
⑤ 《清朝续文献通考》卷二《田赋考二》。据道光八年御史王兆林奏称："山东省近年征收钱粮，折钱日加日多，如宁海州每银一两折收京钱四千二百；诸城县每银一两折收京钱四千二百六十。"谕旨："据奏山东钱粮，嘉庆年间每两收至三千一二百文，今有加至四千文者。以市价二千六百计之，折收几于加倍。此外如逼富户之捐输，勒里长之摊派，种种朘削，鸡犬皆空。"
⑥ 《清朝续文献通考》卷二《田赋考二》：道光九年（1829年），"现在大河南北，粮价尚贱，麦、米、豆仓斗每石市价大钱不满两千，地方官任意折收，如临漳县，麦每石折大钱九千，米每石折大钱八千，豆每石折大钱七千。其余州县，亦大略相同。"

主要原因之一。①

包征即包揽钱粮。光绪六年（1880年），浙江钱塘县库书何秉仁包征钱漕，勒折浮收，计赃过万，即行正法。其包征之法如下："因清查荒熟，辄敢将缺额田赋，摊入熟地，改派科则。虽未征银入手，而分给户管，勒令庄首具给。"包揽之弊，大约如此。究其成因，乡民距城遥远，虽有自封投柜制度，但开征定有期限，赴城缴费不易，遂托人代缴。代缴之人，或册书，或里长。包揽之人赴县衙领到纳税串票，又按一里或一甲税赋总额，交库书包缴，故包揽至少有两层。里役与县衙书吏勾结起来，改写串票、飞洒税额，只要总额符合，州县官不易觉察。钱塘县库书何秉仁不但包征包解，还改动税则，民间缴纳之银多于税银总额，积少成多，竟多出银万余两。由此事发。库书包解按定额缴纳，多征税银则中饱私囊。此包征人从中渔利手段之大概。

## （三）锢习

锢习，也称痼习、旧习，或从明代传下来，起源已不可查。锢习在一县一地相沿成习，民人习以为常，不以为谬。清初整顿役制，诸多锢习已与新制不符，但仍保留在地方，只有一些深刻理解朝廷赋役宗旨的官吏到任后，锢习才得以揭发。以清初揭发出来的例子而言，湖广等处征收钱粮，有公然科派，由全县各里共同分摊者，名曰"软抬"；由各里各甲轮流独当者，名曰"硬驼"。又有豪劣奸棍包揽分肥等弊。江西则有"提甲"名目，即凡催征钱粮及衙门需用各项之费，令现年甲长承办。复捉次甲为现年甲长，责成备办礼物。广信等府往往连提数甲不止。②

以上旧习在当地已有固定的俗名，可知在省内沿袭已久。还有些旧习关系甚小，没有俗名，适用人群不广，也有揭发出来的实例。如乾隆二年（1737年），革除里甲、地保看守城门之役，永远著为例。③可知此前有派里甲、地保看守城门的旧习。

实际上，私派、陋规、锢习，三者均是相对而言，并无清晰的定义。大致以地方官之意，妄行佥派，可谓私派。地方官和胥吏熟知制度，又洞察民人息事心理，在事

---

① 咸丰三年（1853年）给事中雷维翰奏："州县收漕，竟有应交一石，浮收至两石之多。并有运米不收，勒折交银，以至民怨沸腾，激成事变。遂有聚众戕官之案，不得不发兵剿捕。"咸丰十一年（1861年），御史任兆坚奏称："山东省州县征收钱粮，大半用钱折银，而折价之法，各处不同。如银价增，则官不得不议增，而民不便于是，民与官争。如银价减，则民不得不请减，而官不利于是，官与民争。而抗粮滋事之案，层见叠出。"《清朝续文献通考》卷二《田赋考二》。
② 《清朝文献通考》卷二十二《职役考二》。
③ 《清朝文献通考》卷二十四《职役考四》。

役中靡杂费用，多收多派，动辄以"规矩"称之，可谓陋规。若此种陋规、私派等袭自前朝，由来已久，成为征收惯例，人尽皆知，习以为常，不觉为谬，可称锢习。以上私派、陋规、锢习等均出自清初历次禁革记录，① 是当时朝廷承认的弊端。雍正二年（1724年），禁止直省大小衙门各项科派的谕旨中说"直省衙门派累里下，锢习已久"，说明朝廷虽然知晓，却屡禁不止。且禁令之后，查禁稍宽，反而越演越炽。

终清一代，法定的里甲之役虽轻，而法外之私派、陋规、痼习等役，仍为民人不可避免的负担。这就构成里甲承役合同的背景。里民协商承担的役费，也有法定和非法定之分。严格地说，非法定之役不能算役，但民户订立合同时，只把役作为不能回避的负担，并不区分法定或非法定。为免繁琐，我们均统称承役合同。

## 第二节 轮充与应比

### 一、排年：里甲承充的办法

里甲之役，概称"里役"。明代，"有田即有赋，有身即有役"，纳粮和当差并行。明初定里甲制，设想的是一年服役，九年休息，所谓"一劳九逸"也。到了万历初年，知县田琬到浙江新昌上任，看到的景象是"更代无常，催办紊乱"。② 原来，全县里长按月排期，轮流应役，无有定期，大约每两年半要应役一月。人民不堪役使，正德初，新昌还有三十二里，此后"逃亡数多"，里甲空虚，万历时已裁成二十九里。

清初定下"赋随田办"的国策，各役采募雇制，的确减轻了民人的负担。不过，此时的服役期间也不能做到九年一更。一件清初的里甲承役合同说，樊仕元、文元兄弟等户为一股，俞仕林、廷佐叔侄等为一股，共同"轮充排年"。因樊股充当不便，拿出银九钱补贴俞仕林等，约定接下来两轮由俞姓两家各充一轮。合同中有一句话："今轮充排年，本房四年一轮。"③ 何以"四年一轮"？

明代，一里十个里长，一甲十个甲首。轮值应役的里甲，称见年里甲，又称当年

---

① 《清朝文献通考》卷二十一《职役考一》。又见《清朝文献通考》卷二《田赋考二》。
② 万历《新昌县志》卷六《民赋志·里役》。
③ 《清康熙十四年（1675年）三月俞仕林等轮充排年合同》（点校本1194页）。

里甲、值年里甲、该年里甲等，简称见年、值年、当年等。名虽不同，其义则一。其余轮流应役的里长和甲首，称排年里甲，简称排年。梁方仲先生解释说："应役之年名曰'见（现）年'，不应役的年份，名曰'排年'。"① 也即，排年就是不应役。梁先生的解释，是就常制而言，考有明一代的实施状况则不然。现年固然应役，排年却非无扰。有学者指出，明代的"官府有所征求，民间有所争斗，皆为现年里长所管。而清理军匠，质证争讼，根捕逃亡，挨究事由，一般则通用排年里长。不少地方，催征钱粮亦多用排年里长"。② 此为现年里长与排年里长在明代应役之大概。通常情况下，现年甲首，不免拘集在官应役。《续文献通考》载：宪宗成化元年（1465年），"令今后清理军匠外，其余一应事情粮差等项，止令该年里甲与老人结勘催办，不许拘扰十年里甲"。又载："（成化）十五年（1479年），令各处差徭，户分九等，门分三甲。凡遇上司坐派买办采办，务因所派多寡定民输纳，不许隔年通征银两在官。"③ "该年里甲"即见年，"十年里甲"即排年。这两条令恰恰说明，拘集排年里甲应役，以及"隔年通征银两"的情况，在全国已经比较普遍。成化年间的这两条令文，与正统初年实施均徭法和鼠尾册有关。鼠尾册的编制原则是，"里甲除当复者，论丁粮多少，编次先后，曰鼠尾册，按而征之"。实际就是按丁粮多少征敛，打破了原先的见年和排年的编制。它带来的后果，正如成化二年（1466年）八月给事中邱宏在上疏中所说："故一里之中，甲无一户之闲，十年之内，人无一岁之息。"④ 话虽说透了，但均徭法却越演越烈，发展到嘉靖三十三年（1554年），行提编均徭之法，达到了极致。⑤ 提编本是应付非常时期的非常之法，其后却不能止。到嘉靖四十四年（1565年），江南行十段锦册法。"其法，算该每年银力差各若干，总计十甲之田，派为定则。如一甲有余，则留以为二甲之用，

---

① 梁方仲：《明代粮长制度》，上海人民出版社2001年，第85页。
② 栾成显：《明代黄册研究》，中国社会科学出版社1998年，第341页。
③ 《续文献通考》卷十六《职役考》。
④ 《续文献通考》卷十六《职役考》："提编者，加派之名也。其法以银、力差排编十甲，如一甲不足，则提下甲补之。故谓之提编。是时，谙达犯京师，增兵设戍，饷额过倍，而东南被倭，由是度支为一切之法。浙闽多额外提编。江南至四十万。及倭患平，应天巡抚周如斗乞减加派，给事中何煃亦具陈南畿困敝，言军门养兵，工部料价，操江募兵，兵备道壮丁，府州县乡兵率为民累，甚者指一科十。请禁革之。命如煃议。而提编之额不能减。"
⑤ 《续文献通考》卷十六《职役考》："盖民以十户为甲，以十甲为里，向也均徭未行，但随时置户以定差，一年之中或止用三四户而足，其余犹得空闲以候后差。贫者出力，富者出财，各随所有，听从其便，故竭一年之劳，犹得数年之逸。今也均徭既行，以十甲之人户定十年之差徭，官吏、里书乘造册而取民财赋，富豪奸猾通贿赂以避重役，以下作上，以亡为存，殊不思民之贫富，何常丁之消长不一，只凭籍册，漫定科差，孤寡老幼，皆不免差。空闲人户，亦令出银。"

不足则提二甲补之。"十段锦的实质就是提编法，不过是换一个名称，把违反祖宗朝定制的非常之制，确立为常制了。提编法在江西等地，并未因实施一条鞭法而废止。到康熙六年（1667年），下旨整顿江西等处提甲陋习，此时距明中期行提编法已有一百余年。①

可见，提编法或十段锦法，就是打破见年应役、排年不应役的常制。若从正统初年实施鼠尾册开始起算，明代竟有二百余年未严守这一常制。所以，若从太祖朝定制来说，用"应役"和"不应役"来定义明代的见年与排年，似尚可行。若以鼠尾册以后，尤其提甲法以后的情况看，则用"应役"与否来定义见年和排年，就不合适了。恰当的区分办法，是看见年和排年的应役内容。从提编法的实况看，见年的主要差使仍是催征钱粮，排年主要是应付备办礼物等杂泛差役。明中后期的见年与排年，或可以此作为区分标准，即见年应催征之役，排年应杂泛差役。当然，各地的具体情况不同，以正役与杂泛作区别标准，也不能一概而论，只能说是约略如此而已。

排年又是十甲轮年应役的总称，泛称为"十排年"或"十排"。② 在一般意义上，明初的排年是指"里长、甲首按十年一周应役的次序"。③ 明中叶以后，随着粮长制的衰落，官府不断启用里甲替代粮长的收解赋税职责，方法仍是采用十年轮当，排年渐渐成为里甲或里役的代名词。清初，"排年"和"十排"的名称仍然沿用，但内涵又有变化。自明末以来，部分地方官府推行"滚单（长单）落甲"制度，将催征赋役的责任落实到甲首身上，清初继续推行这一制度，排年渐渐成为甲首或甲长的代名词。故"排年"和"十排"的名称自明至清虽无变化，而其内涵则经历了大致三个阶段：

> 在粮长征收制度下，"排年"的概念基本上是指里长、甲首按十年一周应役的次序；粮长制度衰落或崩溃以后，"排年"概念变为"里甲"的代名词，也就是说排年制度指的就是"里甲"赋役征收制度，因里甲为轮充，所以残余的粮长轮充制度，也被称为"排年"，这时的轮充制度可统称为排年制度；到清初，"滚单（长单）落甲"制广泛推行后，"排年"

---

① 《清朝文献通考》卷二十二《职役考二》："（康熙）六年，严禁江西提甲累民之弊。御史戈英疏言，州县每年设有轮值甲长，凡催征钱粮及衙门需用各项之费，皆令甲长承办。独江西更有提甲之弊，既将现年甲长追比各项钱粮，复提次甲为现年甲长，责成备办礼物。广信等府积弊尤甚，至有连提数甲不止者。"又据撰臣按语："臣等谨按，提甲之说，始于前明嘉靖中。名曰提编，实则加派。当时以兵役繁兴，为此不得已之法。迨乎役罢名存，遂不能改。其后所行十段锦，亦有此弊。污吏缘以为奸，非值圣明之世，不能一旦除之也。"

② 如："里长轮役十年，终而复始，故曰排年。里甲依次充当。"《续文献通考》卷二十《户口考》。

③ 刘文香：《"排年"新考》，《史林》2008年第6期。

的概念又演变为"甲首排年","排年"单指"甲首或单头"了。①

这种分阶段理解"排年"的思路给人启发颇多,但还有进一步细分的必要。上一节曾简要地梳理了清初赋役承充办法的变迁。顺治八年(1651年),苏松巡按秦世祯条奏中提到滚单之法,这是较早建议推行滚单法的。但滚单法必须与截票制度配合,到了顺治十三年(1656年),才定易知由单、截票等制度。至康熙二十八年(1689年)开始推行三联串票,又进一步完善截票制。康熙三十九年(1700年)正式在全国推行滚单法,由甲首催征钱粮时,止用一滚单,逐户开明田粮及应完分数限期,发给甲首,挨次滚催,令甲内之民自封投柜。推行滚单法后,里甲催征任务进一步简化为甲首按滚单法滚催的任务,故此后"排年"的催征任务主要表现为甲首催征。"排年"等同于"甲首排年",应在康熙三十九年后,此时,民人收到滚单后,按额数到县衙投柜,即完成纳税任务。在康熙三十九年之前,尚不敢遽定排年仅为"甲首排年"。

上引合同中称"本房"而有两姓,可知此"房"并非家族之房,而是指两姓合为一个承役单位。四年一轮,是指俞姓和樊姓等户每隔四年,在第五年上轮充里长户或甲首户。故所谓"四年一轮",也可以说是五年一轮。导致五年一轮的原因,是俞、樊两户作为一个承役单位,既要轮充里长户,又要轮充甲首户。两者均为十年一轮,为了避免承役过重,排序时错开五年,便成了四年一轮。图示如下:

| 里长 | 俞樊户 | 2 | 3 | 4 | 5 | 6 | 7 | 8 | 9 | 10 | 俞樊户 |
| --- | --- | --- | --- | --- | --- | --- | --- | --- | --- | --- | --- |
| 甲首 | 1 | 2 | 3 | 4 | 5 | 俞樊户 | 7 | 8 | 9 | 10 | 11 |

　　　　　　　└──四年──┘　└──四年──┘

图 25.1　俞、樊两户"四年一轮"的里甲排年例示图

上图显示了十一年中的排年情况。里长户排年为十年一轮,假定俞、樊两户第一年轮充里长户,下次轮充则为第十一年。甲首户与里长户错开,承充时间在第六年,下次轮充当在第十六年。里长户和甲首户排年合并,则每隔四年轮充一次,周而复始。由此可知,在康熙初年,里甲承役仍是分为里长户和甲首户的。此时,排年的含义仍

---

① 刘文香:《"排年"新考》,《史林》2008年第6期。

是里长排年和甲首排年的统称。不过，从这件合同看，康熙初年的徽州民间，里长和甲首的承役轻重已无太大的区别，如此方能视同一律，打通排序。

俞、樊两户共同承担里甲役，在当时又称"朋充"，是清代乡里较为流行的承役办法。导致朋充的原因：第一，是顺治四年（1647年）编排里甲时，并未按实际户数，以十户为甲，一百户外再编十户为里长户。从这件合同可知，俞、樊两户一直共同承担里甲役，到订立合同时，樊元户才出钱将里甲役一并委托给了俞姓。第二，此时距顺治四年编排里甲已近30年，人户又有滋生，原先的老户开始分出新户，但新生人户尚未多到需要新增里甲的地步。我们看合同的署名，可知俞姓已分为叔侄两户，樊元户指樊仕元和樊文元兄弟两家，这两家当时还在一个老户下，其后会因分家而成两个户头。

另一件清初的合同，进一步说明了排定里甲役和多户朋充的情况。这件合同与上件俞、樊两户应役合同为同一年。背景是从顺治四年到康熙十四年（1675年）已经28年，第六甲承充里役已经两轮，即将轮充第三轮里长。故合同中说："前有徐谏臣一股，与文祥承充。"由此可知，六甲的里长户是由十甲各出一户挂名，再由各甲协商共同承担里役。六甲的里长户本为徐永成户，但徐永成户只是老户名称，承担里役的是徐谏臣、程文祥等三股。因为差役浩繁，现在将原先三股扩充为四股，这样，每户就可以四十年轮一次里役。同时，将本甲三个绝户的程姓户下资产拨给程文祥，把其余五个绝户的程姓户下资产分拨给徐尔征、徐元星、徐谏臣三户下，以此补贴这四股承充里役的费用。①

有实力的家族，则以祠堂来组织里长之役。某个何姓之下已有两个祠堂，干脆由两个祠堂商议如何承充十甲排年。②实际上，清代里长户的家族化与明代并无本质区别，清初虽着力整顿州县赋役陋规，但催征钱粮、勾摄公事等基本的里役仍在，若非实力大户，难以独支。民间要应承里役，要么以家族分摊，要么数姓朋充，并无太多的选择。家族分摊或数姓朋充，均会"造成里长户籍严重失实，登记在黄册上的里长户户籍不是一个实体，只是一个虚体"。③这就是所谓的里长户虚化。里长户的虚化，表现有三：一是里长户仍在，但官府登记的里长姓名多为里甲报充之名，并非实有其人。若是家族式赋役共同体，则姓真名伪；若是数户朋充，则姓只代表其中一户之姓。二

---

① 《清康熙十四年（1675年）七月徐尔征等承充里役合同》（点校本1195页）。
② 《清嘉庆十九年（1814年）十一月何慎德、何叙伦堂等承充十甲值年合墨》（点校本1313页）。
③ 崔秀红、王裕明：《明末清初徽州里长户简论》，《安徽史学》2001年第1期。

是里长户名下的田产、人丁等内容，在家族式赋役共同体中，只代表整个家族在官府登记的田产和人丁数，其中，田产数基本上是全族户丁户名下田产的总和；在数户朋充的赋役共同体中，则代表数户田产的总和，再加上拨充里役的本甲绝户田产等。三是承充办法，家族式赋役共同体中，里役实为全甲共同承担，费用向各户派费，应役则有轮充、阄定等法；数户朋充时，亦是各户共担费用，应役则可协商，或由一户承担，或由数户轮充等。

里长户的虚化，容易造成清代里长户已经消亡的印象。其实，老户代表全族应役、异姓数户朋充、绝户财产补贴里长户等，都是朝廷允准的。康熙十三年（1674年）议准："江南有隐占、诡寄、包揽诸弊，皆因赋役不均。宜通计该州县田地总额，与里甲之数，均分办粮当差。不许豪户多占隐役，苦累小民。其推收编审，照均田均役，听民自相配搭。"① 所谓"自相配搭"，就是允许民户相互协商，共同承担里甲役费。

另外，有的地方为了补贴里长户承役，还由里甲共同购买田地，以田租补贴里长。如山西陵川县潞城镇上郊村《重整里下出米作钱碑记》，该碑立于同治九年（1870年），碑文曰："因置里长乡地田五十余亩，每年能收米十有余石，以为里长乡地公私之费。"② 由此可知，全国各地的里役，都已逐渐转化为民户协商承充。

直至清末，里甲的建制仍是完整的，里长的名义仍在。比如，此次整理的1901年一件里甲应役合同，仍在商议本甲如何"支持粮差膳食、使费"，以及"后日粮差进图公务"。此时已进入严格意义上的清末时期。在该合同的签名中，有"排长中"14人、"保中"1人，"中见"2人。"排长中"之"排长"，即排年里甲长的简称，"排长中"是强调这部分中人的身份为排年。③ "保中"与"中保"不同，"中保"在契约署名中专指既当中人又当保人之人，但"保中"之保与"排长中"之"排长"一样，表示这个中人的身份是保长。这也说明该地是里甲与保甲同时并存。当然，除了合同文书外，清末徽州各县里册书办理的归户册、实征册、推收税票等实物，存世较多，不必具引，这些文书均是里甲在清末仍发挥田亩登记和过割功能的明证。

总之，里长户和里长的名义仍在，里长户名多为老户名，里长名多为报充之名。

---

① 《康熙会典》卷二三《户部七·编审直省人丁》。
② 张正明、〔英〕科大卫、王勇红主编：《明清山西碑刻资料选》（续一），山西古籍出版社2007年，第119页。
③ 《清光绪二十七年（1901年）十二月方四有、张启茂等承充粮役合同》（点校本1526页）："立议批约人方四有、张启茂等，缘身祖于该管一甲，门户律例，十甲轮流。支持粮差膳食、使费，向未均平。为此挽凭排甲中保，另议章程。自今为始，后日粮差进图公务，该派若干，两姓均半。"

里长户应承担的排年或现年差役，或由数户朋充，或分摊到从里长户中分出的户丁户或者祠堂，实际由全甲共同分担。里长之役，也逐渐抽象为"里役"。

## 二、催征与应比

催征钱粮和点卯应比，是里役的基本内容。然而，从里长的角度看，催征已非要务。

嘉庆年间的里甲应役合同提到："轮挨排年收租、祭鬼神坛、并及支差应卯、关会十甲排年、里长戏文等事。"①此时承接雍正、乾隆朝的整顿钱粮陋规，朝廷的态度还把里甲之役定位为催征。不过，由于推行自封投柜，里长催征已经变成"轮挨排年收租"和"关会十甲排年"，也即与排年里长联络，再由排年和甲首代催民户。这说明催征职役已不像明代那样繁重，否则不会委之于排年里甲。合同中已提到"支差应卯"，也即亲身赴县支应差使。再晚一点，到咸丰年间，吴永盛等人轮充里役合同说得更明确："南米"由各甲甲首向业户催征，或业户自行赴县完纳。正税则由里册书负责催理。实际上，若非里甲之内订有委托和包揽纳税的协议，里甲长都是催而不征。催，不过是提醒、催促的意思。合同所说的里册书"催理"，则是里册书帮助里民计算当年的正税银额。

吴永盛等人轮充里役合同共两件，分别订立于咸丰元年（1851年）和咸丰九年（1859年），内容基本相同，都是协商即将到来的见年之役。合同提到，"缘因我祖蕴公，遗有五甲门户，向系九柱轮值充当"。意思是，清初以来，吴姓在本里占据第五甲，轮充见年里长时，惯例由甲内的"九柱"按月轮流值班，也称"月分办公"或"值月"。值月顺序早就拈阄确定，合同主要是确认值月的责任。

在他们看来，见年里长的第一件大事，是负责接送官府往来。第二，负责受理甲内之人投词，并公平调处，不得含糊。第三，若有县里发下赦文，或者图内发现缢命、毒毙等案件，以及官府派差造册等公务，均非值月之人能够单独办理，应通知九柱一起办理。第四，如有过客、流丐病饿死亡于本里，由九柱一起呈报，各项使费由九柱分摊。但若饿病未死，则由"值月之人扛抬过图"。②

这两件合同与嘉庆以后朝廷对里役的定位是吻合的。清初谕旨反复强调，里长、

---

① 《清嘉庆十九年（1814年）十一月何慎德、何叙伦堂等承充十甲值年合墨》（点校本1313页）。
② 《清咸丰元年（1851年）七月吴永盛等九柱人等轮值合同》（点校本1404页）。

甲首仅负责催征钱粮,这种观点到清中期已经过时。在明代,接送官府往来属于杂泛,到清代均属私派或私役。但是,嘉庆以后的里长之役,包含了"所需器物责令催办,所用人夫责令摄管"。这里的物料和人力,本来是指官府兴举地方公共事务时所需的,但民人没有资格审查什么叫做公共事务,实际就变成只要官府需要的物料和人力,均为公事。如此一来,私与公的界限已经模糊了。好在无论公私,按清朝的祖制,任何力役都用募雇,所以,只要把"公务"分门别类,载明募雇银两,就算有所交待。然而,在清中后期的县志中,只能看到存留和起运。而中等县的存留银两往往只有1500—2000两。① 这些钱别说主要用于募雇固定员役,看不到任何加派和接送往来的预算。这就形成了官方和民间视角的巨大差异。县志都是知县主持,赋役是转录县衙档册为主,因此,县志明显是官方的话语体系。它暗示读者的是,存留银两太少,连募雇必要的人役都不够,更别说接送往来和宴饮宾客了。但见年里长说:我们看见了,我们去接送的。

  类似的费用,在明代则详细登载于县志中,比如,黄岩县的"役银"之下,明确记载了"夫马银"共913.8两,又有"上司使客皂隶银"共108两,以及各项交际新官到任祭礼银96两,等等。② 实际上,明嘉靖以后的县志,记载杂泛的事项及银两是极平常的事。以浙江为例,嘉靖年间,浙江太平县的均徭分为力差和银差,未记载定额,力差共29项,银差10项,俱有银两数额,总计约2101两。③ 同一时期的武康县则是1944两零。④ 二者规模相当。加派银两在明代一直呈上升趋势,正役无法容纳时,就将其放在均徭之下。均徭又不能容纳,再造新的名目,这就是"三办"(额办、坐办和杂办),也即后来所说的均平银。如果说均徭是杂泛,均平银就是杂泛外的杂泛。⑤ 但是,如果不加控制的话,在"三办"之外还会继续滋生更多的加派。比如,嘉靖五年(1526年)的浦江志中,均徭银1828.9两,三办银1707.9两。两项之外尚有"支应里长"之名,这项开支是笼统的,只说"各官私衙柴炭、米肉、纸张、朱墨及一应修造,

---

① 也可参考曾小萍根据宫中档查到的雍正元年(1723年)江西九江府地丁钱粮存留额。五县的存留额:德化2012两,德安1459两,瑞昌1309两,湖口2266两,彭泽2100两。〔美〕曾小萍:《州县官的银两:18世纪中国的合理化财政改革》,董建中译,中国人民大学出版社2005年,第33页。
② 万历《黄岩县志》卷三《食货志·徭役·役银》。
③ 嘉靖《太平县志》卷三《食货志·杂役》。
④ 嘉靖《武康县志》卷第四《食货志·均徭》:岁派力差工798两8钱。银差共1145.42两。
⑤ 刘志伟:"与其说均平是里甲正役的货币化,还不如说是由附加在里甲正役之上的法外科敛产生出来的新税种。"刘志伟:《在国家与社会之间:明清广东里甲赋役制度研究》,中山大学出版社1997年,第134页。

俱于支应里长名下供取,日费七八两者有之"。① 粗略按每日 7 两估算,每年达 2500 两以上。当时浦江共 102 里,每年每里多出近 25 两银。浦江县禁革支应里长的时间在嘉靖二年(1523 年),说明它的流行时间在正德年间,正好与其他县志中记载的民户逃亡时间相印证。②

通常来说,杂办在"三办"中所占比例是最高的。如新昌县的"三办"银共 2430 两余,而杂办就高达 2122 两零,约占到"三办"银的 87.3%。县志承认:"惟杂办繁琐,费出无经,里甲之供亿烦难,而坊长之撮办,尤号偏重。"③ 嘉靖四十五年(1566 年),经庞尚鹏均平里甲,把每年的三办约为定费,均摊到全县丁田中,由官府统一征银。这就是均平银的由来。

迎送役银不但在明中期以后是公开的,清初依然如此。顺治十一年(1654 年)完成的《松阳县志》,三办银共计 2404 两零,放在均平银下。其中,杂办银 998 两零,约占全部均平银的 41.5%,主要是迎送接待费。这些费用明显带有分拆的痕迹,如,同样是"上司并公干官员"的迎送费用,却分拆为三项,一是"上司并公干员役经临本县中火食宿廪粮饭食等银",二是"上司经过公干官员下程油烛柴炭银",三是"上司经临并过往公干官员合用门皂银"。又如,科举的迎送费用,光是酒礼、花红、卷资、路费和各官陪席的银两,就分武举、季考生员、岁考生员、岁贡生员、科举生员、会试举人、三院观风考试生员等项。④ 清初松阳县的杂办银不到 1000 两,看似比新昌县少了许多,但是,新昌县的坐办银仅 266 两零,松阳县却是 1166 两零。其中,光是牲口银、果品银、蜡茶银、芦笋钱就高达 413 两零。而且,蜡茶银和芦笋钱都分为本项和"加派银"。在蜡茶银下还注明,本色只有 48 两零,也就是说,真正喝下去的茶和点的蜡烛只花了 48 两银。而折色高达 185 两零,是本色的 4 倍。这些都是随时加派和冲销账目的痕迹。显然,松阳县把迎送往来的物料费转移到坐办银项下,以免杂办银显得畸高。

万历七年(1579 年)的《新昌县志》接近"三办银"的产生时代,较为真实地反映了杂办银的实质。它可以说明,到明晚期时,一个中等县每年的迎送和筵席开支大约在 2000 两出头。而顺治年间的松阳县刻意压缩了杂办银,把物料等支出挪入坐办银中,反映的是"三办"改为均平银后的会计手法。如果把松阳县的坐办银和杂办银相

---

① 嘉靖《浦江志略》卷五《财赋志·课程》。
② 万历《新昌县志》卷六《民赋志·里役》:"正德初,本邑里分三十二。其后逃亡数多,而虚名犹存。"
③ 万历《新昌县志》卷六《民赋志·差徭·三办总考》。
④ 顺治《松阳县志》卷三《食货志·均平》。

加，同样在 2000 两出头。为什么要提出这个数额呢？清中期以后的县志中看不出迎送往来的预算和动支情况，我们可以假设此时的州县迎送开支回到清初水平，也就是用 16—17 世纪县志记载的"三办银"，作为 18 世纪末以后州县迎送开支的参考。考虑到清中期的物价明显地高于清初，这样假设毫不过分。

众所周知，均徭银主要用于固定员役的募雇，类似清中期以后县志中的存留各项。而"三办银"从来高于均徭银。比如，清初松阳县的均徭银定额约 1569 两，坐办加杂办银共计 2164 两，比均徭银多出约 37.9%。明万历初，新昌县的均徭银无定额，细项加总后约 1553 两（含遇闰），而杂办银约 2122 两，比均徭银多出约 36.6%。两个数据如此接近，几乎可以说，杂办多出均徭约在 1/3 强的水平。当然，更大的县，这一比例不一定相同，如黄岩的三办银共 3819.2 两，均徭银约 2973.6 两，① 只多出约 28%。

考虑到迎送往来的费用，州县官即使不贪腐，也必须创造两倍于存留银两的收入，才能维持州县每年的运转。因为，迎送往来银两之外，州县每年的公共事务如城墙修补、水利工程等，总还是要支出的。州县官利用加派等违法手段创造收入的办法，已经得到过较好的揭露。② 这里想说的是，明中后期不能制止加派，尚能如实记录迎送往来等动支项目和银额。清初吸取明代的教训，严厉禁止，反而导致相关收入和支出均无记录，实际更有利于贪腐。

应该承认，从咸丰年间的应役合同看，到 19 世纪中期，见年里长预期自己能够完成官府的一年役使。就是说，清中期的里役还未繁重到调取排年里长的地步。

---

① 万历《黄岩县志》卷三《食货志·徭役》。
② 〔美〕曾小萍：《州县官的银两：18 世纪中国的合理化财政改革》，董建中译，中国人民大学出版社 2005 年，第 44—50 页。

# 第二十六章

# 保甲承充合同

## 第一节 清代保甲制概述

### 一、从总甲到保甲

清代乡村之制，实以里甲与保甲并行。清初，每十家设一甲长，百家设一总甲。① 相当于明代的总甲和小甲。② 里甲之外设总甲和甲长职役。但明代的总甲在嘉靖末年已有废坏迹象，不少地方已将其事务归于里长。③ 顺治六年（1649年），议将逃民编入保甲。此时保甲制尚未于全国推行。康熙二十五年（1686年），直隶巡抚于成龙疏言顺、永、保、河四府旗民杂处，非力行保甲，不能宁谧。议从之。然仍未定制。

至康熙四十七年（1708年），才正式在全国推行保甲法。④ 定制：保甲以10户为

---

① 《清朝文献通考》卷二十一《职役考一》："顺治元年，置各州县甲长、总甲之役，各府州县卫所属乡村，十家置一甲长，百家置一总甲。凡遇盗贼、逃人、奸宄、窃发事件，邻佑即报知甲长，甲长报知总甲，总甲报知府州县卫核实，申解兵部。若一家隐匿，其邻佑九家、甲长、总甲不行首告，俱治以罪。"

② 嘉靖《太平县志》卷三《食货志·正役》："每图设总甲一名，统管小甲十名。本县总甲六十二名。已上（老人、总甲）二项，亦皆正役。"

③ 万历《黄岩县志》卷三《食货志·徭役·正役》"总甲，每里一名。掌巡徼火盗。后并以催办追摄责之。嘉靖末，杨令廷表议革，归其事于里长，民称便焉。"

④ 《清朝文献通考》卷二十二《职役考二》："申行保甲之法。……一州一县，城关各若干户，四乡村落各若干户，户给印信纸牌一张，书写姓名、丁男、口数于上，出则注明所往，入则稽其所来。面生可疑之人，非盘诘的确，不许容留。十户立一牌头，十牌立一甲头，十甲立一保长。若村庄人少，户不及数，即就其少数编之，无事递相稽查，有事互相救应。"

牌，十牌即 100 户为甲，十甲即 1000 户为保，分别立牌长、甲长和保长。故顺治元年（1644 年）总甲制之总甲，与保甲制的甲长相当。里甲制下的里与保甲制下的甲，人户数目相当。而里甲制下的甲与保甲制下的牌，人户数目相当。

## 二、保甲制的完善

此后，就是如何推行和完善保甲制的问题。雍正四年（1726 年），严饬推行保甲。定保正、甲长、牌头赏罚及选立族正之例。令村落畸零，仅有数家者，亦可编为一甲；边省土苗杂处之地，熟苗熟僮已经向化，照例编排保甲；如有堡子、村庄聚族满百人以上，保甲不能遍查，拣选族正，视同保甲。又，江西、浙江、福建棚民聚居地有多至四五百户至一千户以上者，令于棚居乡壮中拣选保甲长；广东寮户照保甲之法设立寮长，否则视同窝藏奸宄，寮长照总甲例治罪。将保甲制推行至边省土苗杂居处，以及棚民、寮户等边缘人群。雍正九年（1731 年），南北商贩青蓝布匹，苏州染造踹坊多至四百余处，踹匠不下万有余人，令设立甲长，与原设坊总互相稽查；又令甘肃回民居住处编排保甲，设立牌头、甲长、保正外，选一人为掌教，人户多者可再选一人为副掌教。①

入乾隆朝，继续推行保甲。如，乾隆二年（1737 年），令甘肃屯田地方设立屯长、总甲、渠长；乾隆八年（1743 年），令山陕边外种地人民设立牌头、总甲，编制为每堡设牌头四名，总甲一名，与十进位制的保甲制稍异，职责为"如种地民人内有拖欠地租，并犯偷窃等事，及来历不明之人，即报明治罪"。实为保甲制。② 这些说明，保甲制不但已在直省各州县得到彻底推行，且已逐步推行到各种边缘地域或边缘的聚居人群。

乾隆二十二年（1757 年），保甲制终告定型，完整的保甲之法颁布。③ 此令随后载入《户部则例》。以乾隆四十六年（1781 年）纂修完毕的《户部则例》看，保甲制的定型为十进位制："十户为牌，奇零散处，通融编列。立牌长。十牌为甲，立甲长。十甲为保，立保长。限年更代，以均劳役。士民公举诚实识字及有身家之人，报官点充。地方官不得派办别差，以专责成。"标准的一保是 1000 户，是与宋代都保相当的单位。

---

① 《清朝文献通考》卷二十三《职役考三》。
② 《清朝文献通考》卷二十四《职役考四》。
③ 《清朝文献通考》卷十九《户口考一》。

但清代的都已是地域概念，其下不可能辖 10 图，多数情况辖 1—5 图。而保在各地也不可能做到一保 1000 户，仍有 100 户为一保。① 只是从国家定制看，保甲与都图是两种不同的编列而已。保甲的编列，绅衿概不例外，只是"保甲长并轮值支更看栅等役，绅衿免充"。② 保甲之役也成了清代民户承役的一大内容。

除了各辖人户数不同外，保甲与里甲的选任方式也不一样。里甲的里长、甲首为轮充制，且为力役的一种，人户均不得免，只能尽量做到均平。保甲的保正、甲长，非常重视出身，原则上不是轮充。一是需由地方公举；二是诚实识字，及有身家之人。并再三申禁，不得以市井无赖滥厕其中。有督抚上奏提出以"十户轮充甲长一条"，被户部议驳，理由是"仍恐无赖之徒滥厕"。③ 保甲与里甲并立，自此得以确立。乾隆时人说"保甲与里甲相似而实不同，里甲主于役，保甲主于卫"，④ 是对这一制度的归纳。

然而，地方官府派役并不严格区分保甲与里甲，各省将编查户口、稽察匪类、缉拿人犯、催征钱粮等事派给保甲，民间视保甲之役为畏途。嘉庆初期，再次大力整顿保甲。嘉庆十九年（1814 年），因福建省奏称，人多畏避保甲之役，清廷重定保甲职能，"将缉拿人犯、催征钱粮二事，不派牌甲。保长专责成以编查户口、稽察匪类"。⑤ 至此，明确了编查户口和治安防范为保甲的核心职能。

综上所述，清代的保甲制是乡以下自治组织，属于地方治安系统，而里甲制属于地方赋役系统。保甲制的源头可溯自宋代都保制，但清代的都，就像宋代的乡一样，已蜕变为一种地理单位，不是编列登记户口的单位。且都图相联，图以地籍簿册为基础，明代以来地籍图已转为以一里绘制一图，故都在名义上与里甲联属，与保甲无关。

---

① 嘉庆《松江府志》卷二十七《田赋·役法》："十家为甲，十甲为一排。挨顺编户，每日一轮。置立一牌，牌到之日即为地方。"按此编列，清代松江府保甲之甲为 10 家，保为 100 家，且采用轮役之制，容易与里甲混同。
② 《钦定户部则例》（乾隆四十六年版）卷三《户口·保甲》。
③ 《清朝文献通考》卷二十四《职役考四》。
④ ［清］戈涛：《献县志保甲序》，载徐栋《保甲书》卷三《广存》。
⑤ 《清朝续文献通考》卷二十五《户口考一》。

## 第二节 保甲与乡里

### 一、保甲变例之一：以黟县为例

各省各州县编制保甲的情况，异于定制。实际编列的保甲，存在着十家一甲、百家一保的情况。这或许源于明代的传统，① 也可能源于改朝之初曾推行过总甲制。以黟县为例。徽州六县中，"黟之为邑最古"，史载秦始皇二十六年（前 221 年）设县，历朝因之不改。黟县之乡制也古，徽州六县中，唯黟县为四乡。明代黟县共 40 里。清代号称 56 里，实际只有 52 里。② 清嘉庆年间黟县的"乡—都—图（里）—自然村"的编制关系如下表。

---

① ［明］傅岩《歙纪》卷之五《纪政迹·事迹》："严行保甲，十家为甲，十甲为保。"卷之八《纪条示·严保甲》："各十户挨查，内有容留来历不明、面生可疑之人，及游方僧道、娼妇、方术人等，即时驱逐。窝隐者，保甲长指名呈究。"黄山书社 2007 年，第 55、87 页。
② 嘉庆《黟县志》卷二《地理·都图》："顺治时，四都增第五图。后递增二都至六图，倍于明。其二都第六图，则嘉庆十三年合晰户呈增者，村居散于各都，惟户籍属二都耳。今册籍晰图外，共五十六图。"按县志分别各都图记载的数字，实际计算仅得到 52 图。

表26.1　清代黟县四乡都图变化简表

| 乡名 | 明 | 清 | 村庄变动（嘉庆十七年以前） |
| --- | --- | --- | --- |
| 会昌乡 | 一都 5 图<br>二都 3 图<br>三都 5 图<br>共 13 里 | 一都 6 图<br>二都 6 图<br>三都 5 图<br>共 17 里 | 一都乾隆三十一年增加 23 村；嘉庆十六年增 2 村。<br>二都乾隆三十一年增加 13 村。<br>三都乾隆三十一年增加 11 村。 |
| 怀远乡 | 四都 4 图<br>五都 3 图<br>十二都 2 图<br>共 9 里 | 四都 5 图<br>五都 4 图<br>十二都 2 图<br>共 11 里 | 五都于乾隆三十一年增加 14 村；嘉庆十六年增 5 村。<br>十二都于乾隆三十一年增加 16 村。 |
| 新政乡 | 六都 5 图<br>七都 3 图<br>八都 2 图<br>共 10 里 | 六都 5 图<br>七都 4 图<br>八都 4 图<br>共 13 里 | 六都乾隆三十一年增加 23 村；嘉庆十六年增 4 村。<br>七都乾隆三十一年增加 18 村；嘉庆十六年增 9 村。<br>八都乾隆三十一年增加 8 村。 |
| 顺仁乡 | 九都 5 图<br>十都 3 图<br>十一都 2 图<br>共 10 里 | 九都 5 图<br>十都 3 图<br>十一都 3 图<br>共 11 里 | 九都乾隆三十一年增加 13 村；嘉庆十六年增 1 村。<br>十都康熙二十二年改 7 村入十一都；乾隆三十一年增加 8 村；嘉庆十六年增 2 村。<br>十一都乾隆三十一年增加 7 村；嘉庆十六年增 3 村。 |
| 总计 | 42 里 | 52 里 | 增 180 村 |

注：据嘉庆《黟县志》卷二《地理·都图》编制。

黟县的乡、都编制自明代以来没有变动，始终为四乡十二都。入清以后，图（里）和村庄呈现不断增加的趋势，至嘉庆十三年（1808年）、十六年（1811年），新析户和新增自然村仍在不断增编入图。此时，人丁编审早已停止，但立户、税亩过割等以里为单位，故而新增村数仍以图为单位计算。乾隆三十一年（1766年）春，黟县知县孙维龙清查四乡保甲，全县得 192 保，2198 甲，22993 户，126145 丁。这个数据说明，黟县每保平均下辖约 11.45 甲，每甲约辖 10.46 户，每户约 5.5 丁。换言之，黟县保甲之甲约 10 户，与里甲之甲相当；保甲之保约 110 户，与里甲之里相当。但既然都图和保甲的数量不一，二者又绝非重合的单位。

## 二、约保的传统：休宁与婺源

同府各县的保甲编制又有差异。婺源县自明万历以来形成约保的传统，到清代似无变化。以婺源为例,清代仍是"保总之于约"。<sup>①</sup>这种组织形式是得到县衙承认的。笔者收藏了一件光绪年间婺源县衙统一制颁的户口环册,其上刻印了"约保""经董""甲长""牌长"等称谓,显示婺源县在户口调查时,是按照约保系统下发指令。由册内文字可知,婺源是按10户立一名牌长,10牌立一名甲长,10甲立一名经董。户口循环册一本存县署,一本存经董,春秋点卯时呈换。<sup>②</sup>同时期婺源县空白未填的一家门牌,其上刻印的单位顺序是:乡、都、图、约、甲、牌。在"约"之前,押印了黑墨"思溪"二字。<sup>③</sup>这显然是婺源县向思溪约下发的空白门牌。所以,婺源县的保甲编制与定制相符,但没有保长称谓,只有经董。所谓"经董",就是乡约的经理董事的简称。

休宁县的情况与婺源相似。明万历三十二年(1604年)推行约保合一制。入清,照明代的约保编制,推举约正、约副。<sup>④</sup>休宁的约保成立于康熙三十二年(1693年)县志修成之前,也即康熙四十七年(1708年)颁布保甲法之前,故不能与定制相符。

清代有乡约的地方,多有独立的办公之地,称乡约所。<sup>⑤</sup>休宁县的约保也有自己的乡约所。康熙和道光《休宁县志》均载有乡约所的情况,因乡约与保甲合编,一个乡约所即代表一保,故据县志可知各都辖保的全貌,再据各都辖图(里)的数据,可知全县都图、保甲的对应情况。见表26.2。

---

① 廖华生:《清代蚺城的约保》,《安徽史学》2006年第5期。
② 《婺源县户口循环册·环字号》:"婺源县正堂,为给发循环册事,照得现办保甲,按十户立一牌长,十牌立一甲长,十甲立一经董,责成挨户编填,互相稽查,结保以清盗源。为此,给发循环册,即将保内丁口、籍贯、执业,挨户编填。各户现种田地,据实注明,不得稍涉含混。其册一本存署,一本存经董处。于地保春秋点卯之便,当堂呈换,循去环来。每年皆依此例。"自藏。
③ 《婺源县奉旨编查保甲一家门牌》(光绪十三年,1887年)。
④ 康熙《休宁县志》卷二《建置·约保》。
⑤ 《崔村创建约所记》(康熙五十八年(1719年),山西陵川县),张正明、[英]科大卫主编:《明清山西碑刻资料选》,山西人民出版社2005年,第637页。

表26.2 清代休宁县都图数与约保数对应表　　　　　　　　单位：个

| 都（隅） | 乡约（保） | 图（里） | 都（隅） | 乡约（保） | 图（里） |
| --- | --- | --- | --- | --- | --- |
| 四隅 | 4 | 10 | 十七都 | 13 | 8 |
| 一都 | 4 | 8 | 十八都 | 20 | 12 |
| 二都 | 5 | 6 | 十九都 | 1 | 5 |
| 三都 | 3 | 10 | 二十都 | 9 | 7 |
| 四都 | 7 | 12 | 二十一都 | 7 | 5 |
| 五都 | 7 | 7 | 二十二都 | 15 | 8 |
| 六都 | 2 | 3 | 二十三都 | 15 | 9 |
| 七都 | 8 | 3 | 二十四都 | 14 | 7 |
| 八都 | 3 | 5 | 二十五都 | 11① | 7 |
| 九都 | 3 | 3 | 二十六都 | 10 | 6 |
| 十都 | 4 | 2 | 二十七都 | 6 | 5 |
| 十一都 | 3 | 3 | 二十八都 | 10 | 9 |
| 十二都 | 4 | 2 | 二十九都 | 17 | 11 |
| 十三都 | 5 | 4 | 三十都 | 5 | 3 |
| 十四都 | 17 | 11 | 三十一都 | 5 | 2 |
| 十五都 | 7 | 6 | 三十二都 | 6 | 4 |
| 十六都 | 12 | 8 | 三十三都 | 13 | 7 |

注：本表乡约所数以康熙《休宁县志》卷二《建置·约保》为底，参考道光《休宁县志》卷三《学校·附乡约》"各都乡约所"。都图数以康熙《休宁县志》卷一《方舆·隅都》为本，参考康熙《休宁县志》卷一《方舆·建制沿革》。"建制沿革"表中载明清休宁县都图增减变动情况，但缺二十都、二十二都辖图数据。

由上表可知，休宁县各都约保与图的关系是没有规律的。同一都所辖图数，有远超约保数者，如一都、三都、四都、十九都等。又有所辖约保数远超图数者，如七都、

---

① 据道光《休宁县志》卷三《学校·附乡约》"各都乡约所"载，二十五都辖乡约所15处，与康熙《休宁县志》记载稍异。

十都、十四都、十六都、十七都、十八都、二十二都、二十九都、三十三都等。还有约保数与图数相当者,如二都、五都、九都、十一都、十五都、二十七都、二十八都等。这些都说明,休宁的保甲必定不会依附于里甲,更非里甲的下属单位。

同理,只要是像休宁这样采用约保制的地方,保甲均是完全独立于里甲。如婺源蚺城,该地共16坊厢,划为9区。乾隆二十年(1755年)以前,9区各设2约4保,共18个乡约正、36个保长。乾隆二十年改为一约一保,共18个乡约正、18个保长。采用乡约正领导保长的体制。① 由此可见,婺源蚺城的约保与坊厢各为独立单位,约保数小于坊厢数,故各约保所领地域和人口略大于各坊厢。

## 三、里甲与保甲重合:祁门与歙县

又不乏保甲与里甲相互结合的编制。康熙五十二年(1713年)祁门县十一都二保三甲的"十家门牌",该甲下的一名甲长朱本清归属于十一都二图。② 门牌自当属于保甲系统,但祁门县的门牌却是按里甲系统下发。光绪五年(1879年)祁门县编造的金碧坳户口环册,记载了该县十一都一图七甲"甲长"和其下四个"牌长"的年龄、职业等。③ 户口环册本属保甲系统,而"甲长"和"牌长"又在都图之下。这些都说明,祁门县的保甲与里甲具有重合关系。歙县也与祁门相近。歙县下发的空白门牌中,单位顺序是:乡、都、图、甲、牌。显示甲、牌依附于都、图。但职事顺序是:董事、地保、甲长、牌长。④ 说明歙县的保甲在甲以上有独立于里长之外的职事。

实际上,按《徽州府志》的记载,徽州六县中唯有歙县的乡都四级间夹杂了"保"的单位。徽州乡都编制大同小异,基本结构为"乡—都—图(里)—村"四级,又分城和乡。"在城曰关隅,在乡曰都。其属曰图。"⑤ 如歙县城区共八个关隅,又称四关四

---

① 廖华生:《清代蚺城的约保》,《安徽史学》2006年第5期。
② 王钰欣、周绍泉:《徽州千年契约文书》(清·民国编)卷一,花山文艺出版社1991年,第166页。
③ 王钰欣、周绍泉:《徽州千年契约文书》(清·民国编)卷三,花山文艺出版社1991年,第99—109页。
④ 《歙县土客户门牌》(光绪十七年,1891年)。
⑤ 道光《徽州府志》卷二之四《舆地志·乡都》。相同处主要是指县下共分四级;不同的县下四级,有名称的不同,如婺源县不称关隅,而称坊厢;黟县不分城乡,均编为乡都;等等。权仁溶认为:"在徽州也很难看到其编制方面的统一性。各县的县城和周围行政单位的名称不同,如被称为关隅、隅、坊等。不仅如此,在县城和作为各县乡村编制单位的乡和都的关系上,既有县城被独立编制的,也有附属于乡和都下面的。"〔韩〕权仁溶:《明代徽州里的编制与增减》,《上海师范大学学报》2005年第4期。这就夸大了称谓上的差异,忽视了编制级别上的统一性。

隅。四关为东关、西关、北关、古关；四隅为东南隅、西南隅、东北隅、西北隅。关隅之下的单位为图，图以下为街巷。乡都则指各乡所辖之都，再下则是图和村。徽州的县下四级基本结构如表26.3：

表26.3　清代徽州县下四级基本结构示意表

| 层级 | 县下结构 ||
| --- | --- | --- |
| 第一级 | 城 | 乡 |
| 第二级 | 关、隅 | 都 |
| 第三级 | 图（里） | 图（里） |
| 第四级 | 街巷 | 村 |

清中期，歙县共16个乡，下辖37个都，共258图，加上八个关隅下辖20图，全县共辖278图。整个县以下的结构是很清楚的。但在有的乡都之下有保的称谓。① 道光《徽州府志》关于歙县乡都的区划，是照录康熙《徽州府志》。而康熙《徽州府志》修于康熙三十六年（1697年），故歙县的这些保，不是康熙四十七年定制之后成立的。歙县的保与都图的关系如何呢？从府志可知五个都辖保的情况，分别是：一都辖10保，四都辖10保，七都辖10保，八都辖13保，十九都辖10保。这些都辖图的情况分别是：一都辖6图，四都辖2图，七都辖10图，八都辖8图，十九都辖11图。保数与图数完全对应的只有七都。一都、四都、八都所辖图数均小于保数。尤其是四都，辖2图而有10保，相当于1图有5保，图所领辖的范围和人户必定大于各保。而十九都辖11图10保，保所领辖的范围和人户略大于图。在四个保数和图数不对等的都中，保和图的辖区、边界和户数必定不一致，由此推测，七都虽然保数与图数相等，但保的辖区和人户也不必然与图相当。但是，歙县的保是否与休宁县一样，是继承了明代约保制呢？我认为不是。歙县并没有像休宁那样全县建立约保制，而是部分保留了保的称谓，这些保在清代歙县没有独立活动的迹象，是徒具虚名的保。它们是更早以前的建制，也即南宋的都保在府县志中的遗存。由于未在元明两代被取缔，至清代已成为地

---

① 道光《徽州府志》卷二之四《舆地志·乡都》：明德乡，一都八保至十保、二都、三都、四都上五保；仁礼乡，四都下五保、五都、六都、七都上五保；登瀛乡，一都一保至七保、七都下五保、八都上八保；德政乡，八都下五保、九都、十都；中鹄乡，十六都、十七都、十八都、十九都上五保；永丰乡，十九都下五保、二十三都四分之一、二十四都、二十八都。

理称谓。由此反而说明，歙县实际活动的保甲组织是与都图相结合的。

总的来说，徽州一府之内，保甲建制至少有三种：一是以黟县为代表的10户一甲、10甲一保的保甲制，二是以婺源和休宁为代表的约保制，三是以歙县与祁门为代表的与里甲相结合的保甲制。一府之内，编制已歧异多端，难怪学界在保甲与里甲关系上，历来诸多争议。较早的观点认为，明后期到清前期是里甲与保甲并存，清乾嘉时期已经彻底取消里甲。① 或者认为，明清两代都经历从里甲到保甲的演变过程。② 区域史研究多不支持这一观点。周绍泉已指出，徽州地区的里长和排年在清中叶尚未消亡。③ 刘志伟指出，广东省内的里甲在清代一直保持完整，是一种重要的地方制度。④ 杜正贞认为，山西泽州的保甲基于里甲的框架，在里甲的名义下执行。⑤ 似乎与祁门、歙县相当。结合徽州的各种保甲与里甲文书，我们认为，终清一朝，徽州的保甲与里甲都并立而存，只是不同属县的编制各有传统和差异而已。

同时，这些差异是符合定制的，不足为怪。从康熙四十七年（1708年）和雍正四年（1726年）的谕旨可知，清廷最初设立保甲以维持地方治安为目的，即"无事递相稽查，有事互相救应"。十户为牌、十牌为甲、十甲为保只是标准编制。康熙四十七年的谕旨："若村庄人少，户不及数，即就其少数编之。"雍正四年谕旨："村庄虽小，即数家亦可编为一甲。"这些都说明，居住邻近和人户数相结合，是编制保甲的基本原则。里甲编制则不然，里甲编制设于顺治初年，当时人丁稀少，是按实在人户，以10户为一甲、100户为一里编排。里甲之内或含数个自然村落，其后人丁滋生，老户经数次分家析产，已辖多个户丁户，且人丁数与户丁户数早已超过原编里甲。保甲编制按照居住邻近与人户数相结合的原则，自然会综合考虑实际人丁数和户丁户数。如，居住相邻而人口稠密之图，亦可编为一保；图内人户居住悬远，而人丁数与户丁户数接近一甲时，也可编为一甲。均视具体实在情形编列，否则，编列保甲又成虚应故事。清廷编列保甲，本是为救图甲内人户悬隔之弊，州县若不实力推行，仅以原有图甲编列保甲，反而有敷衍塞责之嫌。

---

① 唐文基：《明代赋役制度史》，中国社会科学出版社1991年，第345页。
② 赵秀玲：《中国乡里制度》，社会科学文献出版社1998年，第40—50页。
③ 周绍泉：《徽州文书所见明末清初的粮长、里长和老人》，《中国史研究》1998年第1期。
④ 刘志伟：《在国家与社会之间——明清广东地区里甲赋役制度与乡村社会》，中国人民大学出版社2010年，第190页。
⑤ 杜正贞：《村社传统与明清士绅——山西泽州乡土社会制度变迁》，上海辞书出版社2007年，第249页。

## 第三节　本职与兼差

下面通过民间的应役保甲合同，来看地方保甲之役的内容。保甲制毕竟是国家定制，在国家定制的变迁背景下，才能辨识哪些是保甲的职役，哪些是兼差。从朝廷推行与整顿保甲来看，清代保甲制大约经历了三个阶段：

第一阶段为顺治元年（1644年）至康熙四十七年（1708年），是初步成立期。出于维护地方治安的需求，在部分地方推行总甲制。此后，各地相继推行，进度不一。

第二阶段为康熙四十七年至嘉庆十九年（1814年），是全面推行期。先是在全国强制推行保甲，经雍正、乾隆两朝补阙、完善。各地保甲的职能随即泛化，地方官不分保甲与里甲，将催征钱粮、缉拿人犯、调处纠纷、踏勘查验等职能均予保甲兼充。

第三阶段为嘉庆十九年至清亡，是整顿期。嘉庆十九年颁谕整顿保甲，明确保甲职役仍以查纠匪类和调查人口为核心，一些地方的保甲职役曾回归到这两个核心功能上，但各地保甲兼充差务的情形不一。

### 一、保甲本职与保甲自治

#### （一）保甲本职

保甲原为弭盗安民而设。安民首先要知道民户之多少、原籍等，故保甲的一大本职是编查户口。顺治元年，令州县编置户口牌甲，此时尚依赖里甲。废止黄册后，里甲编审功能渐废，从里甲系统得来的人丁数据已经虚假。康熙中期，各地编查人户逐渐依赖保甲。再以后，整顿保甲基本上意味着编查户口和悬挂门牌。嘉庆十九年重申保甲职责。次年，嘉庆帝自述："本年八月间，朕恭谒东陵跸路，经过各州县，见比户悬设门牌，开载甚为详晰。问自外省来京大小官员，亦金称遵照令式，一体编查。是此次京外办理保甲，渐有成效。"① 可见，保甲编查的最终体现，就是填写烟户门牌，或按牌甲填写十家门牌，悬挂人户门首。诸多迹象表明，康熙朝中后期，新任知县到任，均要谕令保甲重新编查人户。笔者收藏的婺源县十一都五图门户文书中，有一件《康

---

① 《清朝续文献通考》卷二十五《户口考一》。

熙五十六年（1717年）新报约保甲烟户册底簿》，封面上有"窦青天莅任新报约保甲烟户册底"。"窦青天"即窦祖禹，字敬传，山西富平人。康熙壬辰（五十一年，1712年）进士，康熙五十六年至六十年（1721年）任婺源知县。此件约保烟户底册，正说明窦祖禹上任伊始，就要求各保甲清查人户。无独有偶，笔者藏有光绪十七年（1891年）正月，歙县正堂张某令城乡各董清查户口的手谕。① "正堂张"即歙县知县张树达，江苏高邮人。他在光绪十六年（1890年）上任，在任仅一年。② 也就是说，他在光绪十七年正月开篆不久，就要求全县保甲清查户口。这两件文书相互印证，说明自康熙朝至晚清，知县上任即清查全县户口人丁，已成惯例。新官到任清查户口，也使填写门牌等成为清代保甲的常规事务。

在祁门县十家门牌中，印有10类严禁：（1）三五成群、拜盟结党；（2）形迹诡秘、煽惑乡愚；（3）窝盗窝娼、扰害良民；（4）讼师讼棍、搭抬撞诈；（5）私铸私宰、相习为非；（6）赌局烟馆、容隐匪类；（7）持械打降、倚众逞强；（8）拐抢妇女、和诱略卖；（9）外来流丐、强讨恶索；（10）游手好闲、懒惰失业。③ 十家门牌为州县统一颁刻，编查户口时，交保甲按册填写，发给人户，悬挂门首。门牌上刻印的告示文字，通常简洁明快，最能代表州县对治安秩序的理解，也代表官府授权保甲可以干预的治安事务。

对照雍正十二年（1734年）的一件承充保甲合同，此时正在推行保甲的阶段，民间认为约保的作用主要是：管教"不法子侄"、稽查外来人员、举报赌博、搜检窃摸、制止"打降"等，④ 这些与州县门牌中的内容相吻合，说明保甲的另一本职是维持秩序、稽查匪类。

（二）保甲与自治

值得一提的是，保甲显然是一种地方性的自治组织。这主要体现在，它的经费由保内各户凑钱。雍正年间的保甲应役合同共列七款规则，有两款是关于约保经费。第一款说，约保中所需的小费，照旧轮流由各家承认。"倘有飞差重费"，则由各家头共

---

① 《歙县正堂张谕分董知悉案照保甲事宜谕》[光绪十七年（1891年）正月初九日]。
② 民国《歙县志》卷二《官司志·职官》。
③ 《光绪五年祁门县十家门票》。王钰欣、周绍泉：《徽州千年契约文书》（清·民国编）卷三，花山文艺出版社1991年，第111页。
④ 《清雍正十二年（1734年）十一月詹、汪、洪、程、俞、胡、李等七姓承充乡约保正议墨》(点校本1219页)。

同商量。第三款说，每年按户出银五分，"贴约保以为薪水之费"。①徽州各县一亩田的正税也是五分银左右。在未取消丁税之前，每户男丁需缴纳的丁税在一钱以上。婺源每丁甚至高达一钱四分以上。②当然，这只是理论上每丁应缴银两。为逃避丁税，在康熙五十二年（1713年）恩诏以前，民间也只承认老户中的一丁，这个男丁数视为丁银的原额，由分家后的各户分摊。州县虽然从保甲编查中已知全县男丁数，且全县实际男丁数早已超过原额，但只要原额不失，州县并不强行要求民间按实际男丁数缴税。简单地说，顺治初年，歙县的一丁之户，到康熙年间分家为两户，他们仍然按老户的登记，只缴纳一丁之税，也即每户摊缴五分左右。如果分家后在两户以上，则所需摊缴的丁银少于五分。

所以，到雍正年间，每户凑银五分作为地方保甲费用，等于或多于康熙年间实际应缴丁银。丁银本身是用于募雇人役的，但朝廷已将其用于各项开支，雍正元年（1723年）摊丁入亩之后，丁银的名目在奏销册中也不用显示了。换言之，朝廷预算中没有办理保甲的钱。同时，朝廷刚刚宣布永不加赋和摊丁入亩，也不好意思为募雇保甲人役加征赋税。

但是，地方公共事务不会因为朝廷无钱而消失。地方官府始终得面临这些事务，包括赈济灾荒、兴建水利工程、修桥铺路、抚恤贫困死亡等等。其中，有的是可以拖延的，如修桥铺路，或者侥幸不发生的，如旱涝灾害。唯有治安经费必须常设，可谓一日不可少。在这些背景下，鼓励地方自办乡约和保甲，不失为良策。保甲费用由地方自治组织收取，直接用在人役募雇上，既解决了治安问题，又省去了中间层盘剥。

保甲自治的一大特征，是异姓各户的联合。像上述合同中所说，经费原则上是由"七姓公同敷闻"。既然募雇钱由本地人出，募雇之人也在本地，保甲人役当然要为本地办事。所以，它的另一大特征就是带有本地性。该合同第四款说："外乡人员事情干及本地者，俱在约保值月，□劝调和。如不依者，据实呈究。"这一表述看似委婉中性，但它作为单独的一款，倾向性已经很明显了。

---

① 《清雍正十二年（1734年）十一月詹、汪、洪、程、俞、胡、李等七姓承充乡约保正议墨》（点校本1219页）："一议，……是约保，其小费俱照旧轮着之，六家承认。倘有飞差重费，仍是通村量事情轻重，各照家头敷闻。但值月者，不得推却。□□□，亦不得不出，免误公事。……一议，公众同议，递年照家头敷银五分，贴约保以为薪水之资，不拘早迟，付之可也。倘有不出者，其七姓在各姓家长敷闻。其杂姓及不在七姓之内者，亦系七姓公同敷闻。如有崛（倔）强不出者，公众闻公理论。此系众议，不□闻公。"
② 丁银科则：歙县，每丁科银一钱五厘零；婺源，一钱四分六厘零；休宁，一钱一分八厘零；祁门，一钱一分七厘零；黟县，一钱三分零；绩溪，一钱二分九毫零。道光《徽州府志》卷五之一《食货·赋役》。

## 二、衍生职役与兼差

一份光绪年间的应役保甲合同，仍记载着"造门牌"和巡更值夜等事务。① 同时，重点提到了"上堂见官及承值差票"和"投状过图"。"投状"，是纠纷投鸣到保甲长时，当事人所写的状子。"过图"则是跨越图里的投鸣。该保管辖地面包含两个以上的图，故跨图纠纷需要保长会集里长出面调处。

"差票"，是指州县发下拘传人员的信票。通常，信票都会要求当地保甲协助差役。② 该合同又说，"承值官票以硃笔判日为凭，于上手未清之事，至后日签出，仍系上手承当，不得遗累下手"。这段话的意思是，如果是同一件拘传事情，应以第一次开出信票的时间为准，由原来的承值人员继续办理，不能遗留给后面的值班人员。这是因为，该合同是甲内四个牌按月轮流值班的协议，不得不确认各自衔接的办法。

显然，"弭盗安民"是个大框框，大部分地方事务无法与保甲本职截然区分，这也是清中期以后，州县惯于佥差保甲的缘故。从弭盗安民衍生出的事务，如官府若发布文告、传讯案内被告和证人等，差役只需将其送达到保甲所在处，即可由保甲代为通知。争讼案件，无论一女二嫁、坟山原状、辨认尸身等，均需当地保长到场作证和配合查验。乡民若有纷争，若不及时劝解阻止，往往酿成命案，明代有乡民投词里老人的旧制，清代不设里老人，纷争双方往往向保甲、族长等投鸣。为避免事态扩大，保甲长不得不出面解劝，于是接受投词、调处纠纷，也成为保甲的一大衍生事务。而且，案件控争到县，保甲长于乡里情形最为熟知，又曾事先介入纷争，故每每负担复查或到堂作证。案件结束，涉及判决执行的，如盗葬之案需要起坟另葬，又如押败诉一方向胜诉方赔礼道歉，再如在查封事物上贴封皮等，可由保长监督，也可由保甲配合州县差役执行。

总的来说，保甲的弭盗安民本职，衍生出两类事务：一是治安预防，诸凡白日巡查、值更守夜、调处纠纷、制止争斗等，以及可能导致秩序紊乱、引发哄抢等事务，均有及时汇报、临时采取措施之责。重在提前预防。二是事后处置，保内发现盗墓、

---

① 《清光绪八年（1882年）三月江姓四牌承值保长合同》（点校本1470页）："造门牌、报乡约、积谷派失、巡更等事。"
② 《乾隆十三年（1748年）祁门县信票》："为此仰原役星即前去，协同该处乡保，即将后开有名犯证，逐一拘齐，定限三日赴县，以凭质讯。"王钰欣、周绍泉：《徽州千年契约文书》（清·民国编）卷一，花山文艺出版社1991年，第307页。

毁弃尸身等，保甲配合勘验；保内人众控争到县，保甲作证和配合调查；等等。

唯有催征钱粮一项，在嘉庆十九年（1814年）谕旨中明确排除在保甲职责之外，也唯有此项职责与查办户口、弭盗安民等可以截然区分。徽州各县让保甲兼差催征，大约起于乾隆年间，乾隆时期的休宁古林黄氏族谱中记载："惟保甲、雇役二条，自元明以至于本朝，相沿勿替，盖以弭盗贼、缉奸宄，责甚重也。近更加以催粮，尤非轻任。"① 可见，无论州县或乡民，此时已将保甲兼差催征视为当然。嘉庆谕旨免除保甲催征之责，在民间合同中立即有所反映。道光二年（1822年）歙县程氏轮充现年里长和保长的合同约定，道光二年充现年里长之役，负责"催征钱粮、营卫米"事务。道光三年（1823年）充保长则笼统称"充役"。② 此时，距嘉庆十九年才八九年，歙县民间尚能严格将里甲之役与保甲区分。但是，在道光末期，徽州民间的应役合同中，又有了"议本保之长经催钱粮，以免宪虑"的条款。③ 说明保长兼差催征在某些地方已经复苏。

## 三、结论

所谓弭盗安民，就是维持地方公共秩序。对现代国家而言，维持公共秩序是政府的分内之责。人民缴纳的税收，除用于对外抵御入侵，对内就是用于维持秩序和教育医疗卫生等公共支出。为维持公共秩序，政府可组建警察部队。明清时期没有警察机构，势必需要一种替代力量以填补这种公共需求。清廷对明代的用度浩繁与赋役不均有过深刻反省，前期曾尽力削减地方开支，州县一级只设置相当少的职官，又不断削

---

① 乾隆《休宁古林黄氏重修族谱》卷首下《祠规·饬保甲》，转引自陈瑞《明清时期徽州保甲组织的职能发挥及其影响因素》，《中国社会历史评论》第十四卷（2013年），第358页。陈瑞在引此例之前，举康熙、雍正朝两个催征钱粮的例子，其实都是族保合一的组织在内部约定帮贴保甲的经费如何征收。
② 《歙县程氏文书》："今因轮值六甲承役充当现年保长，勾摄催征等事。……现年之役，自道光二年五月初四日巳时起，至三年五月十四日申时夏至止。其催征钱粮、营卫米，自三年正月初一日起，催征比较，周而复始。如有失卯不到，系失卯之人支差补比，不得累及下（手）接管之人。其保长自三年五月十四日申时夏至起，至四年五月二十五日戌时夏至日止，照现年头阄挨至充役。其配定名下之役日期或有情愿托人当者，照旧例贴人充当。每一日，里、保共贴银二钱五分与代充役之人。"原件藏安徽大学徽学研究中心。转引自刘道胜《明清时期徽州的都保与保甲——以文书资料为中心》，载《历史地理》（第二十三辑），上海人民出版社2008年，第156—157页。
③ 《道光二十八年三月十六日徽州某县五保众姓人等立议同心合文》，原件藏南京大学历史系资料室，转引自陈瑞《明清时期徽州保甲组织的职能发挥及其影响因素》，《中国社会历史评论》第十四卷（2013年），第359页。

减吏役员额。吏役员额对应着固定的经费，并直接分摊在本县的丁粮中，削减一个员额就可在丁粮中少一份分摊，朝廷很乐意通过削减一批员额的办法，达到减轻赋税的直观效果。但是，地方公共事务及其必要开支，不会随着削减吏役员额而消失。这样，一方面导致不在正式编制中的"白役"增加，另一方面维护地方秩序之责被转移给保甲。

保甲是清朝全力推行的基层管理制度，通过保甲，国家制度延伸至乡村的末梢。保甲之役，非官职、无流品，以民人当之，无论官府还是地方乡绅，均视为至微至贱之役。但在普通民人的眼里，充保甲之人称"长"，乃"在官人役"。平日维持乡里秩序，有事挟官威办公，是半民半官的身份。保甲具有法定的"安民"职责，定位较为笼统，实际运行起来，很难将其法定与非法定的职责区分开来。于是，事无巨细，均有与焉。

清初以来，佥发民役的基本原则为募雇，但那只是就征发河工、修筑城墙等而言，普遍设于全国的里甲和保甲两种职役，没有法定报酬，全凭乡里派费。此项费用已成为民户正税之外必须负担的杂费。通过保甲承充合同可知，轮充和募雇是承充保甲之役的基本形式。在异姓杂居的地方，轮充由异姓家族代表各户订立合同，确定轮流应役的职责。在族保合一的地方，家族内部也以合同形式约定按房轮充。① 在合同中只要声明各户出钱数额，津贴专人承役，则这一保甲之役就属于雇募制。有财力的徽商，在外经商无法承役，也可订立雇役合同，约定雇役的价值，将承充保甲之役委托专人。② 总之，现有研究证明，清代保甲已经转型为普遍存在于乡里的以合同形式联接起来的自治组织。

当我们结合国家制度和民间文书这两个角度来观察清代保甲，会发现它的两个特征。

一方面，国家维持地方公共秩序的费用，为保甲组织及其派费所有效替代了。维持地方公共秩序的需求是广泛存在的，削减衙门开支之后，只意味着显性的税赋收入得到压缩，并非实质性地减少了公共开支。清代的保甲和里甲，都采用民间轮充或雇役的办法应役，费用仍然分摊到本地民户上。这部分费用，还有大量的"白役"的收入，对民户来说是隐形的赋税负担，在州县收支账上是看不见的。清中后期，"白役"

---

① 刘道胜：《明清时期徽州的都保与保甲——以文书资料为中心》，《历史地理》（第二十三辑），上海人民出版社2008年，第157页。
② 陈瑞：《徽商与明清徽州保甲差役的承充》，《中国社会经济史研究》2011年第3期。

作为重大政治问题屡屡由皇帝下诏处理，主要原因就是它大幅增加了民人负担。这份负担究竟有多重，从未反映在州县收支账中，今天已经无法计算。但是，保甲轮充或雇役的经费，却未转化为一种社会矛盾。究其缘故，不是全国的保甲经费开支较少，而是因为保甲经费通过自愿订立合同的方式摊派，这化解了其中的合理性争议。保甲的各项事务贴近民间，人们可以清楚地感受到保甲长的作用和意义。采取轮充的，每个轮充家庭能切实体验到保甲之役的艰辛和耗费。在开支透明的前提下，通过合同将开支固定下来，没有苦乐不均的怨望。雇募专人代充保甲，则可视为轮充制的发展形态，当保甲差役的内容和费用透明之后，免役之人出钱召募专人代充就成了一种市场交易行为，双方对交易对象的成本和市场价格均有深入了解，保证了交易事项的基本公平。而且，在募雇制下，毕竟出钱人是"老板"，这也保证了保甲不至于成为民间社会的反噬力量。清中后期的文献，对"白役"的非议颇大，而保甲虽有负面事件发生，总的来说褒多于贬。这之中，白役和保甲人役的"老板"不同，是不得不考虑的一大因素。

另一方面，保甲是一种自治组织。地方文献和合同文书同时表明，保甲虽由朝廷推行，但地方官府只管宣谕朝廷旨意，一纸公文而已，既不负担经费，也不实质审查充任人员。保甲长或由乡里推举，或由各户轮充，或者是出钱雇募，官府不过循例备案而已。经费自筹和人员推举，已是保甲属于自治组织的明证。当保长人选达不成一致意见时，又有控争到官、另立一保的现象。[①] 这都反映了，实施保甲需获得乡民的承认。保甲的自治性，又特别表现在约、保合一，或约、保、族合一的体制中。[②] 保甲历来为贱役，士绅不愿承充，而清前期的乡约主要由士绅组成，在约保结合的体制内，乡约实际发挥领导作用。[③] 在乡约、宗族和保甲相结合的体制内，则由族内士绅共同承担乡约正、副，以乡约之名控制保甲。[④] 朝廷推行保甲，只是在名义上保证了保甲的合

---

① 陈瑞：《清代徽州境内大、小族对保甲组织主导权的争夺——以乾隆年间休宁县西乡十二都三图渠口分保案为例》，《徽学》2011年。
② 关于约、保、族合一的体制，从雍正二年（1724年）开始纳入朝廷的议事日程，渐渐思路清晰，至雍正四年（1726年）谕旨，全面推行族正制，告一段落。常建华：《清代宗族"保甲乡约化"的开端：雍正朝族正制出现过程新考》，《河北学刊》2008年第6期。实施情况又见常建华《乡约·保甲·族正与清代乡村治理——以凌燽〈西江视臬纪事〉为中心》，《华中师范大学学报》2006年第1期。
③ 段自成：《略论清代乡约领导保甲的体制》，《郑州大学学报》1998年第4期；廖华生：《清代蚺城的约保》，《安徽史学》2006年第5期。
④ 〔韩〕洪性鸠：《明代中期徽州的乡约与宗族的关系——以祁门县文堂陈氏乡约为例》，《上海师范大学学报》2005年第2期。

法性。但实施保甲依靠的是用合同来广泛联络人户，协商经费分派。没有协商的自治性，保甲的合理性会大打折扣，甚至难以想象如何保障其经费来源。可见，保甲制能长期维持，平稳地发挥维护地方治安和编查人丁的职能，离不开协商自治所赋予的合理性。

从理解民间社会的角度来说，规则和人员组织是最重要的两个因素。里甲和保甲反映的正是民间自治中的人员组织层面。清代的民间自治，还反映在民户协商处理各种公共事务，以及自发地出钱出力治理各种地方事务，包括修桥铺路、赈济救恤等。我们通过合同文书的研究，只是走进了民间自治的一部分。但足可说明，民间社会具有自我组织和规则建设的强大能力。

明清官府在地方公共事务中发挥主导作用的看法，主要来自各种官方主持修订的志书和史书，其中是否贪天之功为己有，亟有检讨之必要。清代的民间自治实践，为清末和民国时期讨论县自治和乡村自治，提供了理论和实践的自信，是近代中国转型时可资借鉴的重要传统。

# 参考书目

## 一、典籍类

1. 杨伯峻：《春秋左传注》（修订本），中华书局1990年版。
2. 《礼记正义》，[汉]郑玄注，[唐]孔颖达正义，上海古籍出版社2008年版。
3. [清]阮元校刻：《周礼注疏》（十三经注疏），中华书局1980年影印本。
4. [清]孙诒让撰：《周礼正义》，王文锦、陈玉霞点校，中华书局1987年版。
5. [清]朱骏声：《说文通训定声》，中华书局1984年版。
6. 黄怀信：《小尔雅汇校集释》，三秦出版社2003年版。
7. [清]王先谦：《荀子集解》，中华书局2013年版。
8. 黎翔凤：《管子校注》，中华书局2004年版。
9. 《战国策》，缪文远等译注，中华书局2006年版。

## 二、史籍类

10. [唐]杜佑：《通典》，中华书局1984年版。
11. [元]马端临：《文献通考》，中华书局1986年版。
12. [明]王圻：《续文献通考》，浙江古籍出版社2000年版。
13. 《清朝通志》，乾隆官修，浙江古籍出版社2000年版。

14.《清朝文献通考》，乾隆官修，浙江古籍出版社2000年版。

15.［清］刘锦藻：《清朝续文献通考》，浙江古籍出版社2000年版。

16.［清］葛士浚：《皇朝经世文续编》，扫叶山房，光绪二十三年（1897年）排印版。

17.［汉］司马迁：《史记》（点校本二十四史），中华书局1982年版。

18.［汉］班固：《汉书》（点校本二十四史），中华书局1962年版。

19.［南朝宋］范晔：《后汉书》（点校本二十四史），中华书局2000年版。

20.［唐］房玄龄等：《晋书》（点校本二十四史），中华书局1996年版。

21.［北齐］魏收：《魏书》（点校本二十四史），中华书局1997年版。

22.［唐］魏徵：《隋书》（点校本二十四史），中华书局1997年版。

23.［后晋］刘昫等：《旧唐书》（点校本二十四史），中华书局1975年版。

24.［元］脱脱等：《宋史》（点校本二十四史），中华书局2004年版。

25.［清］张廷玉：《明史》（点校本二十四史），中华书局1974年版。

26.［清］赵尔巽等：《清史稿》（点校本二十四史），中华书局1977年版。

27. 康熙《徽州府志》，《中国地方志丛书·华中地方·安徽027》，（台北）成文出版社1975年版。

28. 道光《徽州府志》，《中国地方志集成·安徽府县志辑48—50》，江苏古籍出版社1998年版。

29. 乾隆《歙县志》，《中国地方志丛书·华中地方·安徽022》，（台北）成文出版社1975年版。

30. 光绪《婺源县志》，《中国地方志丛书·华中地方·安徽113》，（台北）成文出版社1985年版。

31. 民国《歙县志》，《中国地方志集成·安徽府县志辑51》，江苏古籍出版社1998年版。

32. 康熙《休宁县志》，《中国地方志丛书·华中地方·安徽006》，（台北）成文出版社1970年版。

33. 道光《休宁县志》，《中国地方志集成·安徽府县志辑52》，江苏古籍出版社1998年版。

34. 嘉庆《绩溪县志》，《中国地方志集成·安徽府县志辑54》，江苏古籍出版社1998年版。

35. 道光《祁门县志》，《中国地方志丛书·华中地方·安徽072》，（台北）成文出版社 1975 年版。

36. 同治《祁门县志》,《中国地方志集成·安徽府县志辑 55》, 江苏古籍出版社 1998 年版。

37. 嘉庆《黟县志》, 道光《黟县续志》,《中国地方志集成·安徽府县志辑 56》, 江苏古籍出版社 1998 年版。

38. 同治《黟县三志》,《中国地方志集成·安徽府县志辑 57》, 江苏古籍出版社 1998 年版。

39. 民国《黟县四志》,《中国地方志集成·安徽府县志辑 58》, 江苏古籍出版社 1998 年版。

40. 嘉靖《浙江通志》,《天一阁藏明代方志选刊续编 24—26》, 上海书店 1989 年版。

41. 永乐《乐清县志》,《天一阁藏明代方志选刊》, 上海古籍书店 1964 年版。

42. 嘉靖《武康县志》,《天一阁藏明代方志选刊》, 上海古籍书店 1962 年版。

43. 嘉靖《浦江志略》,《天一阁藏明代方志选刊》, 上海古籍书店 1963 年版。

44. 嘉靖《太平县志》,《天一阁藏明代方志选刊》, 上海古籍书店 1963 年版。

45. 嘉靖《温州府志》,《天一阁藏明代方志选刊》, 上海古籍书店 1964 年版。

46. 嘉靖《淳安县志》,《天一阁藏明代方志选刊》, 中华书局上海编辑所 1965 年版。

47. 万历《新昌县志》,《天一阁藏明代方志选刊》, 上海古籍书店 1964 年版。

48. 万历《黄岩县志》,《天一阁藏明代方志选刊》, 上海古籍书店 1963 年版。

49. 崇祯《嘉兴县志》,《日本藏中国罕见地方志丛刊》, 书目文献出版社 1991 年版。

50. 顺治《松阳县志》,《中国地方志集成·浙江府县志辑 67》, 上海书店 1993 年版。

51. 嘉庆《松江府志》,《续修四库全书·史部地理类》第 687—689 册, 上海古籍出版社 1995 年版。

52. [清] 沈葆桢等修:《光绪重修安徽通志》, 江苏广陵古籍刻印社 1986 年影印版。

53. [民国] 吴吉祜:《丰南志》, 安徽省图书馆 1981 年抄本。

54. [清] 凌应秋:《沙溪集略》, 抄本。

(以上两种出自《中国地方志集成·乡镇志专辑 17》, 上海书店 2013 年版。)

55. [民国] 许承尧纂:《西干志》七卷, 抄本。

56. [清] 佘华瑞纂:《岩镇志草》四卷, 抄本。

57. [清] 许显祖纂:《孚潭志》, 抄本。

58.［清］程文翰编:《善和乡志》八卷,光绪七年(1881年)抄本。

59.［清］江登云纂:《橙阳散志》十二卷,乾隆四十年(1775年)刊本。

（以上五种出自《中国地方志集成·乡镇志专辑27》,上海书店2013年版。）

60. 刘信芳、梁柱编著:《云梦龙岗秦简》,科学出版社1997年版。

61. 刘俊文撰:《唐律疏议笺解》,中华书局1996年版。

62.〔日〕仁井田陞:《唐令拾遗》,栗劲、霍存福、王占通、郭廷德编译,长春出版社1989年版。

63.《宋大诏令集》,中华书局1962年版。

64.《大元圣政国朝典章》,中国广播电视出版社(影印元刊本)1998年版。

65.《明实录·明太祖实录》,上海书店1982年版。

66. 万历《明会典》,中华书局1989年版。

67.《大清五朝会典·康熙会典》,线装书局2006年版。

68.《钦定大清会典事例》,《续修四库全书》(798—814册),上海古籍出版社2002年版。

69.［清］薛允升:《唐明律合编》,怀效锋、李鸣点校,法律出版社1999年版。

70.［清］薛允升:《读例存疑重刊本》,黄静嘉编校,(台北)成文出版社1970年版。

71.《大清律例》,田涛、郑秦点校,法律出版社1999年版。

72.《钦定户部则例》,故宫博物院编,海南出版社2000年影印版。

73. 刘海年、杨一凡主编:《中国珍稀法律典籍集成》乙编,科学出版社1994年版。

74.《古代乡约及乡治法律文献十种》,一凡藏书馆文献编委会,黑龙江人民出版社2005年版。

75.《中华民国暂行民律草案》(《大清民律草案》民国元年校刊本),法政学社1912年版。

76.《法国民法典》,马育民译,北京大学出版社1982年版。

77.《拿破仑法典》,李浩培等译,商务印书馆1979年版,1997年第6次印刷。

78.《德国民法》,戴炎辉编译,台湾大学法律学研究所1965年版。

79.《德国民法典》,杜景林、卢谌译,中国政法大学1999年版。《德国民法典》,郑冲、贾红梅译,法律出版社1999年版。

80.《意大利民法典》,费安玲、丁玫译,中国政法大学出版社1997年版。

81.《日本民法典》,王书江译,中国人民公安大学出版社1999年版。

82.《新译日本法规大全》第三类《民法》，南洋公学译书院译，商务印书馆1907年版。

## 三、文献类

83. 王业键：清代粮价资料库。
84.《顺天府档案·法律词讼》，中国第一历史档案馆藏。
85. 中国第一历史档案馆：《咸丰同治两朝上谕档》，广西师范大学出版社1998年版。
86. 张传玺主编：《中国历代契约粹编》，北京大学出版社2014年版。（张传玺主编：《中国历代契约会编考释》，北京大学出版社1995年版。）
87.《中国国家博物馆馆藏文物研究丛书·明清档案卷（清代）》，上海古籍出版社2007年版。
88.《明清徽州社会经济资料丛编》第一集，安徽省博物馆编，中国社会科学出版社1988年版。
89.《明清徽州社会经济资料丛编》第二集，中国社会科学院历史研究所徽州文契整理组，中国社会科学出版社1990年。
90. 王钰欣、周绍泉主编：《徽州千年契约文书》（宋·元·明编，20册）/（清·民国编，20册），花山文艺出版社1991年版。
91. 田涛、〔美〕宋格文、郑秦等编：《田藏契约文书粹编》（全3册），中华书局2001年版。
92. 刘伯山：《徽州文书》第1—5辑，广西师范大学出版社2005、2006、2009、2011、2015年。
93. 周向华编：《安徽师范大学馆藏徽州文书》，安徽人民出版社2009年版。
94. 陈娟英、张仲淳编：《厦门典藏契约文书》，福建美术出版社2006年版。
95. 王万盈辑校：《清代宁波契约文书辑校》，天津古籍出版社2009年版。
96. 张应强、王宗勋主编：《清水江文书》第1—3辑，广西师范大学出版社2007、2009、2011年版。
97.《广西少数民族地区碑文契约资料集》，《中国少数民族社会历史调查资料丛刊》修订编辑委员会，民族出版社2009年版。
98. 张介人编：《清代浙东契约文书辑选》，浙江大学出版社2011年版。

99. 孙兆霞等编:《吉昌契约文书汇编》,社会科学文献出版社 2010 年版。

100. 曹树基等编:《石仓契约》第 1—4 辑,浙江大学出版社 2011、2012、2014、2015 年版。

101.《名公书判清明集》,中国社会科学院历史研究所宋辽金元史研究室点校,中华书局 1987 年版。

102.［明］张瀚:《松窗梦语》,盛冬铃点校,中华书局 1997 年版

103.［明］海瑞:《海瑞集》,陈义钟编校,中华书局 1962 年版。

104.［明］祁彪佳:《宜焚全稿》十八卷。收入《祁彪佳文稿》第一册,国家图书馆出版社 1991 年版。

105.［明］傅岩:《歙纪》,黄山出版社 2007 年版。

106.［明］尹耕:《乡约　塞语》,《丛书集成初编》,商务印书馆 1936 年版。

107.［清］顾炎武:《日知录集释》,黄汝成集释,上海古籍出版社 2006 年版。

108.［清］顾炎武:《天下郡国利病书》,黄珅校注,上海古籍出版社 2012 年版。

109.［清］廖腾煃:《海阳纪略》二卷,清康熙浴云楼刻本。收入《四库未收辑刊》集部 07 辑 28 册,北京出版社 1998 年版。

110.［清］徐士林:《徐公谳词》,陈全伦等主编,齐鲁书社 2001 年版。

111.［清］董沛:《汝东判语》六卷,清光绪正谊堂全集本。

112.［清］胡文炳:《折狱龟鉴补》六卷,清光绪四年(1878 年)兰石斋刻本。(陈重业主编:《〈折狱龟鉴补〉译注》,北京大学出版社 2006 年版。)

113.［清］张廷骧编:《入幕须知五种》,光绪十八年(1892 年)浙江书局刻本。收入沈云龙主编《近代中国史料丛刊》第二十七辑 269,(台北)文海出版社 1966 年版。

114.《明清公牍秘本五种》,郭成伟、田涛点校整理,中国政法大学出版社 1999 年版。

115.［清］詹元相:《畏斋日记》,《清史资料》第四辑,中国社会科学院历史研究所清史研究室编,中华书局 1983 年版。

116.［明］叶春及:《惠安政书》,福建人民出版社 1987 年版。

117. 周绍泉、赵亚光:《窦山公家议校注》,黄山书社 1993 年版。

118.［清］俞正燮:《俞正燮全集》,黄山书社 2005 年版。

119.［清］吴翟:《茗洲吴氏家典》,黄山书社 2006 年版。

120.［清］赵吉士:《寄园寄所寄》,周晓光、刘道胜点校,黄山书社 2008 年版。

121. 梁漱溟:《乡村建设理论》,乡村书店(山东邹平)1937 年版。

122. 金柏东主编：《温州历代碑刻集》，上海社会科学院出版社 2002 年版。

123. 冯俊杰等编著：《山西戏曲碑刻辑考》，中华书局 2002 年版。

124. 《晋江碑刻选》，粘良图选注，吴幼雄审校，厦门大学出版社 2002 年版。

125. 张正明、〔英〕科大卫主编：《明清山西碑刻资料选》，山西人民出版社 2005 年。

126. 张正明、〔英〕科大卫、王勇红主编：《明清山西碑刻资料选》（续一、续二），山西古籍出版社 2007 年、山西经济出版社 2009 年。

127. 李晶明主编：《三晋石刻大全》，三晋出版社 2010 年版。

128. 《安徽宪政调查局编呈民事习惯答案》，清末稿本，国家图书馆（文津楼）藏。

129. 《民事习惯调查报告录》，前南京国民政府司法行政部编，中国政法大学出版社 2000 年版。

## 四、著作类

130. 杨西孟：《中国合会之研究》（《国立中央研究院社会科学研究所丛刊》第四种），商务印书馆 1935 年版。

131. 王宗培：《中国之合会》，中国合作学社 1935 年版。

132. 史尚宽：《民法总论》，中国政法大学出版社 2000 年版。

133. 梁方仲：《明代粮长制度》，上海人民出版社 2001 年版。

134. 梁方仲：《明清赋税与社会经济》，中华书局 2008 年版。

135. 韦庆远：《明代黄册制度》，中华书局 1961 年版。

136. 何炳棣：《中国历代土地数字考实》，中华书局 2017 年版。

137. 叶显恩：《明清徽州农村社会与佃仆制》，安徽人民出版社 1983 年版。

138. 章有义：《明清徽州土地关系研究》，中国社会科学出版社 1984 年版。

139. 张传玺：《秦汉问题研究》，北京大学出版社 1985 年版。

140. 杨国桢：《明清土地契约文书研究》，中国人民大学出版社 2009 年修订版。（人民出版社 1988 年 1 版。）

141. 张研：《清代族田与基层社会结构》，中国人民大学出版社 1991 年版。

142. 张研：《清代社会的慢变量》，山西人民出版社 2000 年版。

143. 唐文基：《明代赋役制度史》，中国社会科学出版社 1991 年版。

144. 郑振满：《明清福建家族组织与社会变迁》，中国人民大学出版社 2009 年再版。

（湖南教育出版社 1992 年 1 版。）

145. 郑振满:《乡族与国家：多元视野中的闽台传统社会》，三联书店 2009 年版。

146. 刘俊文主编:《日本学者研究中国史论著选译》(第三卷)，中华书局 1993 年版。

147. 周枬:《罗马法原论》，商务印书馆 1994 年版。

148. 冯尔康等:《中国宗族社会》，浙江人民出版社 1994 年版。

149. 刘志伟:《在国家与社会之间——明清广东里甲赋役制度研究》，中山大学出版社 1997 年版。

150. 刘志伟:《在国家与社会之间——明清广东地区里甲赋役制度与乡村社会》，中国人民大学出版社 2010 年版。

151. 栾成显:《明代黄册研究》，中国社会科学出版社 2007 年版。

152. 赵秀玲:《中国乡里制度》，社会科学文献出版社 1998 年版。

153. 丘光明、邱隆、杨平:《中国科学技术史·度量衡卷》，科学出版社 2001 年版。

154. 李贵连:《近代中国法制与法学》，北京大学出版社 2002 年版。

155. 赵华富:《徽州宗族研究》，安徽大学出版社 2004 年版。

156. 〔德〕鲍尔／施蒂尔纳:《德国物权法》(上册)，张双根译，法律出版社 2004 年版。

157. 〔美〕曾小萍:《州县官的银两》，中国人民大学出版社 2005 年版。

158. 〔美〕巫鸿:《礼仪中的美术》，三联书店 2005 年版。

159. 唐力行:《徽州宗族社会》，安徽人民出版社 2005 年版。

160. 刘和惠、汪庆元:《徽州土地关系》，安徽人民出版社 2005 年。

161. 陈进国:《信仰、仪式与乡土社会：风水的历史人类学探索》，中国社会科学出版社 2005 年版。

162. 张小也:《官、民与法：明清国家与基层社会》，中华书局 2007 年版。

163. 杜正贞:《村社传统与明清士绅——山西泽州乡土社会的制度变迁》，上海辞书出版社 2007 年版。

164. 杨一凡、刘笃才:《历代例考》，社会科学文献出版社 2012 年版。

165. 〔日〕寺田浩明:《权利与冤抑：寺田浩明中国法史论集》，王亚新等译，清华大学出版社 2012 年版。

166. 何小平:《清代习惯法：墓地所有权研究》，人民出版社 2012 年版。

167. 陈伟主编:《里耶秦简牍校释》(第一卷)，武汉大学出版社 2012 年版。

**168.** 李雪梅：《法制"镂之金石"传统与明清碑禁体系》，中华书局2015年版。

## 五、论文类

1. 彭超：《歙县唐模村许荫祠文书研究》，《中国社会经济史研究》1985年第2期。
2. 彭超：《明清时期徽州地区的土地价格与地租》，《中国社会经济史研究》1988年第2期。
3. 章有义：《徽州江姓〈新置田产各据正簿〉辑要》，《中国经济史研究》1986年第4期。
4. 陈春声：《论清代中叶广东米粮的季节差价》，《中山大学学报》1989年第1期。
5. 陈春声：《18世纪广东米价上升趋势及其原因》，《中山大学学报》1990年第4期。
6. 陈柯云：《略论明清徽州的乡约》，《中国史研究》1990年第4期。
7. 陈柯云：《从〈李氏山林置产簿〉看明清徽州山林经营》，《江淮论坛》1992年第1期。
8. 周绍泉：《明清徽州契约与合同异同探究》，《明史论文集——第五届中国明史国际学术讨论会暨中国明史学会第三届年会论文集》，黄山书社1993年版。
9. 周绍泉：《徽州文书所见明末清初的粮长、里长和老人》，《中国史研究》1998年第1期。
10. 刘淼：《清代徽州祠产土地关系——以徽州歙县棠樾鲍氏、唐模许氏为中心》，《中国经济史研究》1991年第1期。
11. 江太新、苏金玉：《论清代徽州地区的亩产》，《中国经济史研究》1993年第3期。
12. 江太新：《谈粮食亩产研究中的几个问题：以清代为例》，《中国经济史研究》2009年第2期。
13. 龚胜生：《18世纪两湖粮价时空特征研究》，《中国农史》1995年第1期。
14. 龚胜生：《从米价长期变化看清代两湖农业经济的发展》，《中国经济史研究》1996年第2期。
15. 李祝环：《中国传统民事契约中的中人现象》，《法学研究》1997年第6期。
16. 曹国庆：《明代乡约推行的特点》，《中国文化研究》1997年春之卷（总第15期）。

17. 杨念群：《基层教化的转型：乡约与晚清治道之变迁》，《学人》第 11 辑，江苏文艺出版社 1997 年版。

18. 徐畅：《"合会"述论》，《近代史研究》1998 年第 2 期。

19. 段自成：《略论清代乡约领导保甲的体制》，《郑州大学学报（哲学社会科学版）》1998 年第 4 期。

20. 麻国庆：《分家：分中有继也有合——中国分家制度研究》，《中国社会科学》1999 年第 1 期。

21. 崔秀红、王裕明：《明末清初徽州里长户简论》，《安徽史学》2001 年第 1 期。

22. 汪毅夫：《明清乡约制度与闽台乡土社会——〈闽台区域社会研究〉之一节》，《台湾研究集刊》2001 年第 3 期。

23. 胡庆钧：《从蓝田乡约到呈贡乡约》，《云南社会科学》2001 年第 3 期。

24. 张佩国：《制度与话语：近代江南乡村的分家析产》，《福建论坛》（人文社会科学版）2002 年第 2 期。

25. 高王凌：《地租征收率的再探讨》，《清史研究》2002 年第 2 期。

26. 黄志繁：《乡约与保甲：以明代赣南为中心的分析》，《中国社会经济史研究》2002 年第 2 期。

27. 黄冕堂：《中国历代粮食价格问题通考》，《文史哲》2002 年第 2 期。

28. 夏维中、王裕明：《也论明末清初徽州地区土地丈量与里甲制的关系》，《南京大学学报（哲学·人文科学·社会科学版）》2002 年第 4 期。

29. 王跃生：《20 世纪三四十年代冀南农村分家行为研究》，《近代史研究》2002 年第 4 期。

30. 张研：《对清代徽州分家文书书写程式的考察与分析》，《清史研究》2002 年第 4 期。

31. 戴学文：《清代徽州房地契的对价记录及其探讨》，《中国钱币论文集》第四辑，中国金融出版社 2002 年版。

32.〔日〕中岛乐章：《清代徽州的山林经营、纷争及宗族形成：祁门三四都凌氏文书研究》，《江海学刊》2003 年第 5 期。

33. 刘永华：《明清时期闽西四保的乡约》，《历史人类学学刊》第 1 卷 2 期（2003 年 10 月）。

34. 衷海燕：《明代中叶乡约与社区治理——吉安府乡约的个案研究》，《华南农业大学学报》2004 年第 3 期。

35. 卢锋、彭凯翔：《我国长期米价研究（1644—2000）》，《经济学》第 4 卷第 2 期（2005 年 1 月）。

36. 刘长东：《论宋代的甲乙与十方寺制》，《四川大学学报》2005 年第 1 期。

37. 徐越、方光禄：《清末和民国徽州民间的经济互助——以徽州会书为中心》，《黄山学院学报》2005 年第 2 期。

38. 〔韩〕洪性鸠：《明代中期徽州的乡约与宗族的关系——以祁门县文堂陈氏乡约为例》，《上海师范大学学报（哲学社科版）》2005 年第 2 期。

39. 陈荣文：《论"合会"会首的法律地位及其义务设计》，《福建公安高等专科学校学报》2005 年第 5 期。

40. 俞江：《继承领域内冲突格局的形成——近代中国的分家习惯与继承法移植》，《中国社会科学》2005 年第 5 期。

41. 俞江：《论分家习惯与家的整体性——对滋贺秀三〈中国家族法原理〉的批评》，《政法论坛》2006 年第 1 期。

42. 俞江：《家产制视野下的遗嘱》，《法学》2010 年第 7 期。

43. 俞江：《论清代"细事"类案件的投鸣与乡里调处——以新出徽州投状文书为线索》，《法学》2013 年第 6 期。

44. 俞江、陈云朝：《论清代合同的类型——基于徽州合同文书的实证分析》，《法学》2014 年第 6 期。

45. 汪崇篔：《清代徽州土地与商业投资回报率的比较》，《清史研究》2006 年第 1 期。

46. 汪崇篔：《清代徽商合墨及盘、帐单——以〈徽州文书〉第一辑为中心》，《中国社会经济史研究》2006 年第 4 期。

47. 汪崇篔：《硬租与实租：晚清民国徽州地租研究——以〈金长千公会租簿〉数据为中心》，《安徽大学学报（哲学社会科学版）》2011 年第 4 期。

48. 汪庆元：《清代徽州鱼鳞图册研究——以〈休宁新编弓口鱼鳞现业的名库册〉为中心》，《历史研究》2006 年第 4 期。

49. 汪庆元：《明清里甲的土地分布形态：以徽州府为中心的考察》，《明清论丛》第十三辑（2014 年）。

50. 常建华：《乡约·保甲·族正与清代乡村治理》，《华中师范大学学报》2006 年第 1 期。

51. 常建华：《清代宗族"保甲乡约化"的开端》，《河北学刊》2008 年第 6 期。

52. 张国刚：《论唐代的分家析产》,《中华文史论丛》2006 年第 1 期。

53. 廖华生：《清代蚺城的约保》,《安徽史学》2006 年第 5 期。

54. 王日根、周惊涛：《从示禁碑看清至民国闽南地方政府对社会的治理》,《中国社会经济史研究》2007 年第 4 期。

55. 刘道胜：《明清时期徽州的都保与保甲——以文书资料为中心》,载《历史地理》,上海人民出版社 2008 年。

56. 刘道胜、凌桂萍：《明清徽州分家阄书与民间继承关系》,《安徽师范大学学报》(人文社会科学版) 2010 年第 2 期。

57. 刘道胜：《众存产业与明清徽州宗族社会》,《安徽史学》2010 年第 4 期。

58. 邵凤芝：《从两件清代告示看中原农村祖先崇拜》,《农业考古》2008 年第 3 期。

59. 杨一凡：《明代榜例考》,《上海师范大学学报（哲学社会科学版）》2008 年第 5 期。

60. 刘文香：《"排年"新考》,《史林》2008 年第 6 期。

61. 王裕明：《明清商人分家中的分产不分业与商业经营——以明代程虚宇兄弟分家为例》,《学海》2008 年第 6 期。

62. 陈瑞：《明清徽州宗子考论》,《学术界》2009 年第 5 期。

63. 陈瑞：《徽商与明清徽州保甲差役的承充》,《中国社会经济史研究》2011 年第 3 期。

64. 陈瑞：《清代徽州境内大、小族对保甲组织主导权的争夺——以乾隆年间休宁县西乡十二都三图渠口分保案为例》,《徽学》第七卷（2011 年）。

65. 陈瑞：《明清时期徽州保甲组织的职能发挥及其影响因素》,《中国社会历史评论》第十四卷（2013 年）。

66. 马勇虎：《珍贵的徽商经营账簿——咸丰年间徽商"志成号"账簿文书介绍》,《黄山学院学报》2010 年第 1 期。

67. 马勇虎：《乱世中的商业经营——咸丰年间徽商志成号商业账簿研究》,《近代史研究》2010 年第 5 期。

68. 马勇虎：《晚清徽州钱号与地方社会的互动——以咸同年间万隆、志成账簿为中心》,《安徽师范大学学报（人文社会科学版）》2011 年第 1 期。

69. 吴秉坤：《清代徽州银洋价格问题》,《黄山学院学报》2010 年第 1 期。

70. 何秋琴：《承载漕粮税制的历史凭证——省档案馆馆藏晚清串票概览》,《浙江档案》2010 年第 1 期。

71. 周晓光：《明清徽州民间的众存祀会》，《安徽师范大学学报（人文社会科学版）》2010年第2期。

72. 张明：《清至民国徽州族田地权的双层分化》，《中国农史》2010年第2期。

73. 王春芳：《稻米流通与近代安徽地方社会（1877—1937）》，上海师范大学2010年博士论文。

74. 宾长初：《清代徽州钱会的计量分析——基于〈徽州文书〉第二辑所收会书的考察》，《中国社会经济史研究》2011年第4期。

75. 周生春、明旭：《明代徽州田价发覆》，《浙江大学学报（人文社会科学版）》2011年第3期。

76. 王振忠：《排日账所见清末徽州农村的日常生活——以婺源〈龙源欧阳起瑛家用账簿〉抄本为中心》，《中国社会历史评论》第十三卷（2012年）。

77. 李雪梅：《明清禁碑体系及其特征》，《南京大学法律评论》2012年秋季卷。

78. 万明：《明代税票探微——以所见徽州文书为中心》，《明史研究论丛》第十辑（2012年）。

79. 黄志繁：《"会"与近代小农资产运作：以徽州文书为中心》，《江西社会科学》2013年第5期。

80. 谢开键：《清水江分家文书档案考析》，《浙江档案》2013年第6期。

81. 倪静雯：《清末山东农村家族财产代际传递研究——以广饶杜氏家族地契、分家书和继单为例》，《中国农史》2013年第6期。

82. 秦海滢：《明清时期山东宗族分家析产与财产纠纷》，《东北师大报》（哲学社会科学版）2014年第3期。

83. 臧知非：《说"税田"：秦汉田税征收方式的历史考察》，《历史研究》2015年第3期。

84. 周海锋：《〈岳麓书院藏秦简（肆）〉的内容与价值》，《文物》2015年第9期。

# 全书图表名

图 7.1　康熙三十二年（1693 年）胡氏坟产关系图

图 7.2　嘉庆十四年（1809 年）汪、凌两家坟产相邻关系图

图 7.3　光绪七年（1881 年）程、汪两姓棺位相邻图

图 7.4　光绪二十一年（1895 年）方氏家族存众棺位示意图

表 8.1　近代中国民法典（含草案）中与《德国民法典》"亲属会议"条文对照表

表 11.1　适当会利率与市场利率的对应表

表 12.1　平金式轮会转会与收益简表

表 12.2　堆金式轮会 A 型转会与收益简表

表 12.3　堆金式轮会 B 型转会与收益简表

表 12.4　缩金式轮会 A 型转会与收益简表

表 13.1　缩金式摇会转会与收益简表

表 13.2　缩金式摇会 A 型实例简表

表 13.3　缩金式摇会 C 型转会与收益简表

表 13.4　缩金式摇会 D 型转会与收益简表

表 13.5　复式缩金式摇会转会与收益简表

表 14.1　堆积式摇会 B 型转会与收益简表

表 14.2　缩金式轮会 B 型转会与收益简表

表 15.1　三种基本会式中各位次静态收益率简表

表 15.2　道光年间江姓置产簿中每亩均价简表

表 15.3　1736—1911 年徽州 1 月份上米均价表

表 15.4　道光年间江姓置产簿中九块田亩收益率简表

表 16.1　歙县十七都三图三甲胡氏门户中的推税票简明表

表 16.2　歙县三十三都二图八甲吴氏门户中的推税票简明表

图 16.1　光绪三十二年歙县三十四都三图胡惟春户上下忙执照

图 16.2　明清田土管业的证据体系简图

图 25.1　俞、樊两户"四年一轮"的里甲排年例示图

表 26.1　清代黟县四乡都图变化简表

表 26.2　清代休宁县都图数与约保数对应表

表 26.3　清代徽州县下四级基本结构示意表

# 跋

突然想起，花了数十万字的篇幅，居然没有谈一点自己的整体印象，挺遗憾的。这项研究是以零散的古文书组合而成，是用碎片去拼凑全景。类似的工作在学界刚开始不久，若要严格遵守现在流行的学术规范，我怕今生也没有谈整体印象的机会。

民间社会本没有宏大的场景。没有耀眼的皇室，没有夺目的珠宝。没有深沉的信仰，没有悲壮的牺牲。没有政治阴谋，没有军事行动。别说帝王将相，连个地方名人都找不到。不过，看过本书的人，或许和我有同感，就这么随处闲逛，也挺过瘾。就像来到一个戈壁滩，别人寻找黄沙掩埋下的宫殿遗址，我只是来捡些好看的石头。玩玉的朋友或许知道，纯净的戈壁料也不容易。其实，不过是借着捡石头，感受一番这片戈壁滩。

翻看古文书，会有尘灰的味道扑面而来。我们趴在尘埃中，拿着放大镜看两三百年前的油盐酱醋。没有奇案或"某某之秘"需要破解。看似异常的现象，比如，几家亡人埋入同一个坟墓，仔细想想也很正常。如果说有什么整体印象，那就是，人们过着质朴而有规律的生活。

大多数事情都有预期。每个月都不缺节庆、娱乐或聚会。正月刚过，就有二月二，然后是三月三。接着就该清明上坟。祭拜祖先，吃完福肉，又该吃粽子。分家有规矩，修谱有规矩。山上有规矩，坟头也有规矩。迎神有规矩，打会也有规矩。连钱会倒了都有规矩，若在今天，会有人跳楼，有人跑路。

山林总会被盗砍，村里不乏小偷小摸，但都是疥癣之患。乡村里最大的势力，家族和约保，会出面干预的。大一点的山，还有忠心耿耿的看山人。大家吃了村里的肉，若再偷瓜果，被逮到就得请全村的客，这是合同里写明的，银子必须兑现。所以，那时的乡村，还不是破败的农村。一出城，沿途蓊蓊郁郁。天黑了回家，真有可能碰上没成精的狐狸。

看到原告和被告，来回跑两百里路，拿回一纸"约、族调处"的知县批示，然后立即达成和解协议。我暗暗地想，他们在路上碰到每个熟人，是不是都会说自己告状去也。这是去告状，还是要让人都知道他们去告状呢？这样想，很不符合学术规范，没有任何证据证明他们的真实意图。所以，一般人我也不告诉他。

其他都不算个事。最大的麻烦，是贫困和官府。贫困不用说，大多数人户都没几亩田。一年哪怕收三熟，也得粗细粮混着吃才对付得过去。往外拿几钱几分银子，都要掂量半天。碰上灾荒，没几家能挨得了太久。

那时候的官员以"圣人门生"为主，买官的不容易当上正印官。明面上，绝对应该体恤百姓。不过，加派的差役早就制度化，究竟多少人户到了破产边缘，不得而知。康乾盛世，已经有成千上万人涌入徽州，靠着开荒山种玉米维生。这也罢了，关键是没有法律承认合同上的财产也是财产。等到说犯法了，刑律就像为您精心打造，随便一款都合适。于是租约一文不值，所有的外地人都得打包回家。这时，本地人回禀官府说，租金早花光了，没办法退。一面急急地走，一面拿不回押金或价金。我瞎猜，不退租金的人里面，有多少人想乘机赖掉？如果多的话，是不是可以说人心坏了？这些都没法证明，瞎猜而已。

以上大约就是我看到的清代民间的图景。

驱散棚民已经到了19世纪前十年。再过三十年，英国人的舰炮声就要响起。又十年，太平军就要横扫长江以南。自那时起，中国进入了公认的"近代社会"。既然对近代的起限没有疑问，那以前算是"中世纪"，也该没有疑问。于是我想问，为什么中世纪那么长？

感谢与我一起整理和研读古文书的同学！他们是童旭、陈云朝、陈颖、胡沙松、韩军、余娜如、程晶、边琪、刘陈皓、丁亚兰、胡飞、纪力瑗、杨凌燕、姚启文、董佳佳、张静、夏桂梅等。在他们的努力下，完成了合同释文的抄录和校对。这为本书的写作提供了极大的便利。

感谢我的父母和妻子！是家庭的力量支撑我完成了这项"马拉松"。

感谢广西师范大学出版社对拙著的信任！感谢肖承清编辑的辛勤工作！

俞　江